U0329454

市政与环境工程设计系列丛书

A/A/O 污水处理厂工艺升级改造工程示例

贾学斌　阎春荣　朱　昆　张步强　马维超　编著

哈爾濱工業大學出版社

内 容 简 介

本书主要介绍了某污水处理厂 A/A/O 工艺升级改造工程的设计计算内容及设计细部的图纸表达。全书共分 3 篇：第 1 篇涉及污水处理的设计及计算说明，主要内容为工程设计依据，污水处理厂工艺方案论证，工程设计（工艺设计、电气设计、自控仪表设计、建筑及结构设计、采暖通风设计等），污水再生利用及污泥最终处理，机械设备设计及选型，新技术运用及项目管理，环境保护及风险预测，劳动安全、节能、消防及防腐，以及概预算及经济技术指标分析等内容；第 2 篇为主要设备及材料表，是用表格的形式将本工程设计中所涉及的主要设备及材料列出，主要包括工艺部分设备及材料表、电气部分设备及材料表、自控部分设备及材料表等；第 3 篇为施工图部分图纸示例，是污水处理厂的主体工艺设计的部分图纸，共百余张，主要包括污水处理厂的平面布置、水力高程布置、管道系统布置，粗格栅及提升泵房、格栅及沉砂池、A/A/O 生物反应池等主体工艺图。

本书可作为高等学校市政工程专业、环境工程专业的教学及毕业设计参考用书，同时也可供从事市政工程、环境工程工作的技术人员在设计、施工和运行管理中参考使用。

图书在版编目（CIP）数据

A/A/O 污水处理厂工艺升级改造工程示例 / 贾学斌等编著. —哈尔滨：哈尔滨工业大学出版社，2022.1

ISBN 978-7-5603-9707-8

Ⅰ. ①A… Ⅱ. ①贾 … Ⅲ. ①污水处理厂-技术改造-教材 Ⅳ. ①X505

中国版本图书馆 CIP 数据核字（2021）第 202592 号

策划编辑　贾学斌
责任编辑　张　荣
出版发行　哈尔滨工业大学出版社
社　　址　哈尔滨市南岗区复华四道街 10 号　邮编 150006
传　　真　0451-86414749
网　　址　http://hitpress.hit.edu.cn
印　　刷　黑龙江艺德印刷有限责任公司
开　　本　880 mm×1 230 mm　1/16　印张 21.25　插页 12　字数 677 千字
版　　次　2022 年 1 月第 1 版　2022 年 1 月第 1 次印刷
书　　号　ISBN 978-7-5603-9707-8
定　　价　88.00 元

（如因印装质量问题影响阅读，我社负责调换）

前　言

近年来，污水处理厂改扩建（升级）项目越来越多，设计人员及学习者对此类项目方案内容的撰写及说明不甚清晰，不知哪些内容需要提及，哪些内容需要详述；哪些原有的设备、设施仍需要使用，哪些需要改造，新建的设施及设备应该如何论述说明，不是很清楚；具体的说明书如何写，设备材料表都涉及哪些内容等，既没有较好的示例，也没有一个明确的导则说明。本书就是针对这种情况，几经筛选，找到了相应的工程案例，以期能够给予大家参考启迪。

本书主要介绍了某污水处理厂 A/A/O 工艺升级改造工程的设计计算内容及设计细部的图纸表达。全书共分 3 篇：第 1 篇涉及污水处理的设计及计算说明，主要内容为工程设计依据，污水处理厂工艺方案论证，工程设计（工艺设计、电气设计、自控仪表设计、建筑及结构设计、采暖通风设计等），污水再生利用及污泥最终处理，机械设备设计及选型，新技术运用及项目管理，环境保护及风险预测，劳动安全、节能、消防及防腐，以及概预算及经济技术指标分析等内容；第 2 篇为主要设备及材料表，是用表格的形式将本工程设计中所涉及的主要设备及材料列出，主要包括工艺部分设备及材料表、电气部分设备及材料表、自控部分设备及材料表等；第 3 篇为施工图部分图纸示例，是污水处理厂的主体工艺设计的部分图纸，共百余张，主要包括污水处理厂的平面布置、水力高程布置、管道系统布置，粗格栅及提升泵房、格栅及沉砂池、A/A/O 生物反应池等主体工艺图。

参加本书撰写的人员有黑龙江大学贾学斌、马维超，大连城建设计研究院有限公司阎春荣，华汇工程设计集团股份有限公司哈尔滨市分公司朱昆，中建安装集团有限公司张步强。具体分工如下：朱昆撰写及修改第 1、3、5～8 及 17 章部分内容，阎春荣撰写及修改第 2、10～15 及 17 章部分内容，张步强撰写及修改第 4 章及 17 章部分内容，贾学斌撰写及修改第 4、9、17 章部分内容及插页内容，马维超撰写及修改第 16 及 17 章部分内容。全书由贾学斌统稿。同时也要感谢在本书成书过程中做出大量工作的陶冉、何国鹏、李晓军、韩阳、李菲、关淑华、李树援、刘家宏、李秀英、白宇、李卓、王群、宋晓燕等，还要感谢赵文军、张军、许铁夫、马玉新、薛文博等同事的大力支持和帮助。

本书主要是给设计人员、学习者以及相关的专业技术人员提供参考，但绝对不是标准。本书的主要内容乃至计算可能存在疏漏之处，将在后期的设计过程中有所更改，但由于工程事务和设计的繁杂性，可能仍有部分欠缺未在设计说明中更新过来，敬请广大读者、同行批评指正。

作　者

2021 年 10 月

目　录

第1篇　设计说明书

第 2 篇 主要设备及材料表

第 3 篇 施工图部分图纸示例

第 2 篇 [illegible]

第 3 篇 施工图审查的图纸示例

第1篇　设计说明书

第1章　总　　论

1.1　项目概况

1.1.1　项目名称

×××××污水处理厂工艺升级改造工程。

1.1.2　项目地点

×××××污水处理厂工艺升级改造工程位于市郊开发区。

1.1.3　工程规模

污水处理厂日处理能力：$10\times10^4\ m^3/d$。

污水处理厂原日处理能力为 $8\times10^4\ m^3/d$，第二次修改要求，污水处理厂需扩容 $2\times10^4\ m^3/d$。

1.1.4　承办单位

开发区污水处理有限公司。

1.1.5　初步设计编制委托单位

×××××污水处理有限公司。

1.1.6　初步设计编制单位

××市政设计研究院有限责任公司。

1.1.7　项目具体内容

×××××污水处理厂始建于1988年，原设计水质执行二级排放标准。根据×××省新颁布的地方标准的污水综合排放标准的要求，本污水处理厂的出水标准需提高到一级A标准，因此，本污水处理厂的污水处理工艺必须进行升级改造。

该项目建成后，将大大削减污水处理厂向水体排放各种污染物的总量，其中每年可以削减排放COD_{cr} 1 460 t、BOD_5 584 t、SS 584 t、TN 1 314 t、TP 175.2 t，由此将提高周边水体环境质量和城市生态环境质量。该项目对预防疾病、提高人民健康水平、美化城市、改善投资环境、吸引外资、带动城市经济可持续发展都具有积极的作用。该项目建成后，污水处理厂出水水质将达到一级 A 标准；该厂的优质出水如能利用，每年可为国家节省 2 336 万 m^3 的淡水资源，促进污水良性循环。综上所述，本项目的环境效益、社会效益和经济效益是十分显著的。

本项目是对现有的污水处理厂进行升级改造，非新建项目。

本工程设计简介如下：

（1）根据现有污水处理厂设计规模和实际处理水量，确定本工程设计规模为 $10\times10^4\ m^3/d$。

（2）根据现有污水处理厂实际进水水质监测数据以及新颁布的《污水综合排放标准》的要求，确定本工程设计进、出水水质见表 1.1。

出水指标达到《城镇污水处理厂污染物排放标准》（GB 18918—2002）中一级标准的 A 标准。

表 1.1　污水处理厂进、出水水质

序号	指标	进水水质/（$mg\cdot L^{-1}$）	出水水质/（$mg\cdot L^{-1}$）
1	COD_{cr}	550	50
2	BOD_5	230	10
3	SS	230	10
4	TN	60	15
5	TP	6.5	0.5
6	大肠菌群数		$\leqslant10^3$ 个/L

（3）根据现有污水处理厂的实际情况，经多方案比较，确定采用如下的升级改造方案。

①生物处理改造方案：采用改良 A/A/O 生物除磷脱氮处理工艺。将原 A/O 池改造为改良 A/A/O 生物池的好氧段，并在其中 O 段添加纤毛状生物膜填料。拆除原有 4 座初沉池，新建改良 A/A/O 生物池的预缺氧、厌氧及缺氧池。

②沉淀池及深度处理扩容方案：将工艺升级改造施工图设计中新建周进周出沉淀池的直径增加到 36 m，在新建沉淀池东南侧新建一组深度处理构造物，满足对新增污水量的处理。深度处理采用涡旋混凝低脉动沉淀处理技术及纤维转盘过滤工艺。

③消毒方案：升级改造后，仍采用紫外消毒工艺。

（4）工程建成后，本厂出水水质达到一级 A 标准，其主要控制指标可达到“再生水用作工业用水水源的水质标准”以及“景观环境用水的再生水水质标准”的观赏性景观环境用水中的河道类标准。

因此，本项目实施后出水可考虑用作工业用水以及河道类的观赏性景观环境用水，但还需要对本污水处理厂出水控制指标以外的其他项目进行检测，在各项指标均满足规范要求的情况下才可用作再生水使用。

污水再生利用的先决条件是当地环保部门要严格控制各源头企业的各种污染物的排放量，以确保各企业的污水排放达到《污水排入城市下水道水质标准》（CJ 3082—1999），从而保证污水处理厂控制指标以外的其他项目不超标，为污水的再生利用创造条件。

（5）日处理 10×10^4 m^3 的污水，日产干泥 24.8 t，折合成 80%含水率的泥饼 122.5 m^3。

目前该厂对污泥采用外运直接填埋的方式，存在很大的二次污染的隐患。

（6）本工程总投资约为 18 000 万元，其中工程费用约为 14 000 万元，工程其他费用为 1 500 万元，基本预备费为 1 200 万元，建设期贷款利息为 355 万元，铺地流动资金为 225 万元。

（7）本工程资金来源：银行长期贷款占 70%，企业自筹占 30%。贷款偿还期为 12 年，贷款年利率为 6.14%。

（8）本工程年总成本约为 5 000 万元，年经营成本费用约为 4 000 万元，单位处理成本费用为 1.40 元/m^3，单位运行成本为 1.17 元/ m^3。

（9）本工程水价定为 1.72 元/ m^3。

（10）本工程财务内部收益率为 7.30%，投资回收期为 10.39 年。

1.2 编制依据、原则和范围

1.2.1 编制依据及主要基础资料

1. 编制依据

《×××××污水处理厂工艺升级改造工程可行性研究修改报告》。

《×××××污水处理厂工艺升级改造工程可研修改报告》批复文件。

“污水处理厂进、出水水质月报表”。

“×××××污水处理厂工艺升级改造工程”中标通知书。

2. 主要设计资料

厂区地形图（1∶1 000 电子地形图）。

“污水处理厂”施工图设计图纸。

3. 设计采用的主要标准和遵从的法令、法规、规范

（1）工艺专业。

《室外给水设计标准》（GB 50013—2018）；

《室外排水设计规范》（GB 50014—2006）；

《建筑给水排水设计标准》（GB 50015—2019）；

《泵站设计规范》（GB/T 50265—2010）；
《建筑防火设计规范》（GB 50016—2014）；
《城镇污水处理厂污染物排放标准》（GB 18918—2002）；
《污水排入城市下水道水质标准》（CJ 3082—2015）；
《污水综合排放标准》（GB 8978—1996）；
《中华人民共和国水法》；
《中华人民共和国水污染防治法》；
《中华人民共和国水污染防治法实施细则》；
《给水排水制图标准》（GB/T 50106—2010）；
《房屋建筑制图统一标准》（GB/T 50001—2017）。
（2）电气专业。
《民用建筑电气设计规范》（JGJ 16—2019）；
《10 kV 及以下变电所设计规范》（GB 50053—2013）；
《供配电系统设计规范》（GB 50052—2009）；
《低压配电设计规范》（GB 50054—2011）；
《电力工程电缆设计规范》（GB 50217—2018）；
《通用用电设备配电设计规范》（GB 50055—2011）；
《建筑物防雷设计规范》（GB 50057—2010）；
《建筑照明设计标准》（GB 50034—2013）；
《建筑设计防火规范》（GB 50016—2014）；
《爆炸和火灾危险环境电力装置设计规范》（GB 50058—2014）；
《钢制电缆桥架工程设计规范》（CECS 31—2006）；
《电力装置的继电保护和自动装置设计规范》（GB 50062—2008）；
《工业与民用电力装置的接地设计规范》（GBJ 65—2011）；
《工业与民用电力装置的过电保护设计规范》（GBJ 64—2014）。
（3）仪表专业。
《仪表系统接地设计规定》（HG/T 20513—2014）；
《控制室设计规定》（HG/T 20508—2014）；
《仪表供电设计规定》（HG/T 20509—2014）；
《自动化仪表工程施工及验收规范》（GB 50093—2013）；
《分散型控制系统工程设计规定》（HG/T 20573—2012）；
《自控专业设计管理规定》（HG/T 20636—2017）。

（4）建筑专业。

《建筑模数协调统一标准》（GBJ 2—2013）；

《厂房建筑模数协调标准》（GBJ 6—2016）；

《房屋建筑制图统一标准》（GB/T 50001—2017）；

《建筑结构设计统一标准》（GBJ 68—2018）；

《建筑设计防火规范》（GB 50016—2014）；

《建筑采光设计标准》（GB/T 50033—2013）；

《中华人民共和国建筑法》；

《建筑地面设计规范》（GB 50037—13）；

《办公建筑设计规范》（JGJ 67—2019）；

《建筑地面工程施工质量及验收规范》（GB 50209—2010）；

《建筑工程质量检验评定标准》（GBJ 301—2013）；

《建筑隔声评价标准》（GB/T 50121—2005）；

《民用建筑隔声测量规范》（GBJ 75—2010）。

（5）结构专业。

《房屋建筑制图统一标准》（GB/T 50001—2017）；

《建筑模数协调统一标准》（GBJ 2—2013）；

《砌体结构设计规范》（GB/T 50001—2011）；

《建筑地基基础设计规范》（GB 50007—2011）；

《建筑结构荷载规范》（GB 50009—2012）；

《混凝土结构设计规范》（GB 50010—2010）；

《建筑抗震设计规范》（GB 50011—2010）；

《钢结构设计规范》（GB 50017—2017）；

《建筑结构可靠度设计统一标准》（GB 50068—2018）；

《给水排水工程构筑物结构设计规范》（GB 50069—2002）；

《建筑结构制图标准》（GB/T 50105—2010）；

《建筑抗震设防分类标准》（GB 50223—2008）；

《建筑地基处理技术规范》（JGJ 79—2012）；

《构筑物抗震设计规范》（GB 50191—2012）；

《工业建筑防腐设计规范》（GB 50046—2018）；

《建筑桩基技术规范》（JGJ 94—2008）；

《砌体工程施工质量验收规范》（GB 50203—2011）；

《给水排水构筑物施工及验收规范》（GBJ 141—2008）；

《工程结构设计基本术语和通用符号》（GB/T 50132—2013）；

《混凝土结构工程施工质量验收规范》（GB 50204—2015）；

《混凝土外加剂应用设计规范》（GB 50119—2013）。

（6）暖通专业。

《通风与空调工程施工质量验收规范》（GB 50243—2016）；

《暖通空调制图标准》（GB/T 50114—2010）；

《采暖通风与空气调节设计规范》（GB 50019—2015）；

《供热工程制图标准》（CJJ/T 78—2010）；

《工业金属管道工程施工及验收规范》（GB 50235—2010）；

《城镇直埋供热管道工程技术规程》（CJJ/T 81—2013）。

（7）总图专业。

《建筑设计防火规范》（GB 50016—2014）；

《工业企业总平面设计规范》（GB 50187—2012）；

《城市道路设计规范》（GJJ 37—2012）；

《总图制图标准》（GB/T50103—2010）；

《城市工程管线综合规划规范》（GB 50289—2016）；

《防洪标准》（GB 50201—2014）；

《城市绿化工程施工及验收规范》（CJJ/T 82—2012）；

《城市防洪工程设计规范》（CJJ 50—2012）；

《城市规划工程地质勘察规范》（CJJ 57—2012）；

《城市绿地分类标准》（CJJ/T 85—2017）。

（8）技术经济专业。

《全国统一市政预算定额×××省单位估价表》；

《全国统一安装定额估价表》；

地方建设工程预算定额；

《某市价格信息》；

《市政工程可行性研究投资估算编制办法》建标〔2007〕164 号；

国家发展和改革委员会、建设部联合下发的发改投资〔2006〕1325 号《建设项目经济评价方法与参数》（第三版）；

《市政公用设施建设项目经济评价方法与参数》；

工程勘察设计收费标准（2002 年修订本）计价格〔2002〕10 号；

关于发布工程建设监理费有关规定的通知〔1992〕价费字 479 号；

国家计委关于加强对基本建设大中型项目概算中“价差预备费”管理有关问题的通知。

（9）环保与消防。

《环境空气质量标准＋修改单》（GB 3095—2012）；

《大气污染物综合排放标准》（GB 16297—1996）；

《地表水环境质量标准》（GB 3838—2002）；

《工业企业厂界噪声标准及其测量方法》（GB 12348～12349—2008）；

《建筑设计防火规范》（GB 50016—2014）；

《火灾自动报警系统设计规范》（GB 50116—2013）；

《建筑灭火器配置设计规范》（GBJ 140—2005）；

《低倍数泡沫灭火系统设计规范》（GB 50151—2010）；

《爆炸和火灾危险环境电力装置设计规范》（GB 50058—2014）；

《建筑物防雷设计规范》（GB 50057—2010）；

《农用污泥中污染物控制标准》（GB 4284—2018）；

《声音环境质量标准》（GB 3096—2008）；

《建设项目环境保护管理条例》国务院令第 253 号（2017 年）；

《建筑隔声评价标准》（GB 50121—2005）；

《民用建筑隔声测量规范》（GBJ 75—2010）；

《工业企业噪声控制设计规范》（GB 50087—2013）；

《工业企业噪声测量规范》（GBJ 122—88）；

《中华人民共和国环境保护法》主席令第 22 号。

1.2.2 编制原则

（1）在批准的可行性研究报告基础上，根据近几年污水处理厂进水水质检测情况，优化设计，力求获得最大的社会、环境和经济综合效益。

（2）执行国家关于环境保护的政策，符合国家的有关法规、规范及标准。

（3）在保证出水水质的前提下，因地制宜地选择污水升级改造工艺，力求技术先进可靠、经济合理、管理方便。

（4）更新老化的设备，全面解决现有污水处理厂存在的问题，使改造后的污水处理厂不存在任何隐患，保证污水处理厂的正常运行，保证出水的水质。

（5）处理工艺在满足出水水质的前提下，因地制宜，力求技术可靠、合理利用资金，积极稳妥地引进国外的先进技术和设备，力求经济合理、运行稳定、管理简单、操作方便、高效节能、成本低、提高自动控制水平。

（6）结合工程的实际情况，妥善处理、处置污水处理过程中产生的栅渣、污泥，避免产生二次污染。

（7）充分考虑污水、污泥的综合利用，为污水回用及污泥处置创造条件。

1.2.3 编制范围及设计深度

本工程初步设计的工程范围为对开发区污水处理厂的污水处理工艺进行升级改造，要求出水水质达到《城镇污水处理厂污染物排放标准》一级标准中的A标准，同时包括对原有设施的更新改造。

设计深度满足中华人民共和国国务院第293号令《建设工程勘察设计管理条例》(2017年修订）及中华人民共和国建设部《市政公用工程设计文件编制深度规定》(2013年版）的要求。

第 2 章　项目背景

2.1　城市概况

2.1.1　地理位置

项目位于我国辽东半岛沿海地区，是东北、华北的海上门户，也是重要的港口、贸易、工业、旅游城市。全区总面积为12 574 km^2，其中市区面积为2 415 km^2。

2.1.2　城市简介

项目属地为开发区，地处某市东北部，距离市区27 km，距离某区8 km，与大型现代化深水枢纽湾毗邻，地理位置优越。

2.2　自然条件

2.2.1　地形地貌

项目所在位置地势呈南高北低、东高西低，西部地势较为平坦，东部为山坡地区，地形饱满，坡度有缓有陡。规划区内的用地标高大多在海拔20 m以下，局部地区地势较高，最高处海拔为67.5 m。规划区内自然坡度在10%以下的用地占86.7%，适宜用作建设用地；自然坡度在10%～25%之间的用地占9.1%，经过处理后可作为建设用地；自然坡度在25%以上的用地占4.2%，不可作为建设用地。

2.2.2　水文条件

开发区内主要河流有三条：第一条河流的拓展区位于开发区水库东侧上游；第二条河流自北向南横贯开发区；第三条河流位于开发区的东侧，其入海口对本区产生较大的影响。

2.2.3　气象状况

开发区属北温带湿润季风气候区，四季分明，冬无严寒，夏无酷暑，气候温和，年均气温9.3～10.5 ℃。由于受海洋影响，夏季盛行偏西南风，冬季盛行偏西北风，春秋两季南北风交替。

平均年降水量：687.7 mm；

最大日降水量：171.1 mm；

最大24小时降水量：262.4 mm；

年蒸发量：1 548.1 mm；

主导风向：N25%（一月），SE24%（七月）；

年平均风速：5.4 m/s；

年平均相对湿度：66.5%；

最大冻土深度：95 cm；

最大风速：34 m/s。

历史最高潮位：5 m；

历史最低潮位：-1.03 m；

平均高潮位：3.31 m；

平均低潮位：0.96 m；

平均潮位：2.15 m；

平均潮差：2.36 m。

2.2.4 工程地质

项目规划区地质基础主要为太古界鞍山群片麻石，上元古界震旦系石英岩、板岩、石灰岩、砂灰岩以及第四系残积黏土和泥砾等，厚度为5～20 m，地耐力为30～80 t/m^2，地震烈度为7度。用地南部区域多为盐田、虾池，地貌形态为滨海沉积相。第四系地层厚度多大于16 m。主要岩性为粉砂（夹薄层）淤泥碎石混凝土等，地基强度低，地下水位埋深较浅，受潮汐影响水位变幅较大，地面稳定性较差。

2.3 污水处理厂概况及工程建设必要性

2.3.1 污水处理厂概况

开发区污水处理厂，1988年建厂，分两期实施，总设计规模为7.5×10^4 m^3/d。该污水处理厂设计之初出水执行《污水综合排放标准》(GB 8978—1996）二级排放标准。原一期工程设计规模为3×10^4 m^3/d，采用A/O工艺。二期工程设计规模为4.5×10^4 m^3/d，采用A/O除磷工艺。每期工程各采用2套系统，共4套系统，工艺流程如下：

污水→中格栅→进水泵房→曝气沉砂池→初沉池→A/O 生物池→二沉池→排放

污泥处理工艺为

污泥→储泥池→机械脱水→外运

目前该厂的出水水质满足二级排放标准。

2.3.2 工程建设必要性

根据2008年7月1日地方污水综合排放标准的要求，本污水处理厂出水执行的排放标准由原二级标准提高到一级A标准，因此本污水处理厂的污水处理工艺必须进行升级改造。

由于本污水处理厂工艺及电气设备均已超过了使用年限，设备故障率较多，维修费用较高，绝大多数设备勉强维持工作，设备更新已是当务之急。

本污水处理厂原有的曝气沉砂池，采用较原始的抓砂排砂方式，没有除油和排渣的功能及细格栅，进水的油脂和杂物已经严重影响了污水处理厂的正常运行。

污泥处理系统的污泥脱水间存在工作环境恶劣，设备运行不稳定且每日工作时间过长，污泥贮池停留时间过短等问题。

原鼓风曝气管路采用碳钢管，曝气头堵塞严重。

综上所述，对开发区污水处理厂进行工艺升级改造是十分必要的，而且是十分迫切的。

2.4 项目实施的意义

该项目建成后，将大大削减污水处理厂向水体排放各种污染物的总量，其中每年可以削减排放COD_{cr} 1 460 t、BOD_5 584 t、SS 584 t、TN 1 314 t、TP 175.2 t，由此将提高周边水体环境质量和城市生态环境质量。该项目对预防疾病、提高人民健康水平、美化城市、改善投资环境、吸引外资、带动城市经济可持续发展都具有积极的作用。该项目建成后，污水处理厂出水水质将达到一级A标准；该厂优质出水如能利用，每年可以为国家节省2 336万 m^3的淡水资源，促进污水良性循环。综上所述，本项目的环境效益、社会效益和经济效益是十分显著的。

2.5 可行性研究报告批复的主要结论

2.5.1 改造规模

污水处理厂日处理污水能力为10×10^4 m^3/d，再生水利用能力为6.4×10^4 m^3/d。

2.5.2 建设内容

污水处理厂升级改造工程包括新建细格栅间、曝气沉砂池、生物池、净水间及加药间，更换部分设备，并对电气和自动控制系统进行相应改造。

2.5.3 总投资

污水处理厂改造总投资为1.47 亿元。

2.5.4 建设期限

××××年7月～12月，总计6个月。

2.5.5 建设资金来源

以自筹资金为主，积极争取国家、省、市政策性资金支持。

第3章　工程建设方案概论

3.1　工程建设规模及范围

3.1.1　工程规模

根据《×××××区污水处理厂水量预测报告》对水量调查的结果，确定污水处理厂设计规模为10×10^4 m^3/d，即将原8×10^4 m^3/d的设计规模增加2×10^4 m^3/d，达到10×10^4 m^3/d，确定总变化系数为1.35。

3.1.2　工程范围

本工程初步设计的工程范围为×××××污水处理厂的污水处理工艺进行升级改造，要求出水水质达到《城镇污水处理厂污染物排放标准》（GB 18918—2002）一级标准中的A标准，同时包括对原有设施的更新改造。

3.2　进出水水质的确定

×××××污水处理厂收集的城市污水由生活污水和工业废水组成。生活污水来自街区居民、商业、医院及公建排水，工业废水来自工厂企业排水。

3.2.1　现状进水水质

在本工程可研阶段，根据该厂近几年的进出水水质统计表的进水水质统计情况，确定了以下的进水水质：COD为550 mg/L，BOD_5为230 mg/L，SS为240 mg/L，TN为60 mg/L，TP为6.5 mg/L。

在本次初步设计编制过程中，筹建单位又补充了该厂可研设计阶段的进水水质统计情况（表3.1），综合近年来的进水水质情况，经过分析，确定本工程进水水质仍维持上述可研阶段确定的进水水质。

3.2.2　出水水质

根据《城镇污水处理厂污染物排放标准》（GB 18918—2002）及《×××省污水综合排放标准》（DB 21/1627—2008），确定出水水质达到《城镇污水处理厂污染物排放标准》中一级A标准，即COD小于50 mg/L，BOD_5小于10 mg/L，SS小于10 mg/L，TN小于15 mg/L，NH_3-N小于5(8)① mg/L，TP小于0.5 mg/L，粪大肠菌群数小于10^3个/L。

注：① 括号外的数值为水温大于 12 ℃时的控制指标，括号内的数值为水温大于 12 ℃时的控制指标。

表 3.1　可研设计阶段的进水水质统计表

日期	最大量/($m^3 \cdot d^{-1}$)	最小量/($m^3 \cdot d^{-1}$)	日均进水/($m^3 \cdot d^{-1}$)	原水							排海						
				pH	SS/($mg \cdot L^{-1}$)	COD/($mg \cdot L^{-1}$)	BOD/($mg \cdot L^{-1}$)	TP/($mg \cdot L^{-1}$)	TN/($mg \cdot L^{-1}$)	NH_3–N/($mg \cdot L^{-1}$)	pH	SS/($mg \cdot L^{-1}$)	COD/($mg \cdot L^{-1}$)	BOD/($mg \cdot L^{-1}$)	TP/($mg \cdot L^{-1}$)	TN/($mg \cdot L^{-1}$)	NH_3–N/($mg \cdot L^{-1}$)
××××年8月	88 209	53 419	76 765	7.52	180.13	493.32	197.90	5.24		46.3	7.30	12.39	60.98	19	0.50		17.14
××××年9月	87 708	64 486	75 253	7.60	181.52	496.00	181.00	5.19		38.10	7.29	12.55	56.75	17.48	0.47		17.17
××××年10月	85 937	45 669	67 627	7.53	159.54	490.08	208.60	5.30		41.29	7.28	12.19	19.43	19.43	0.51		17.54
××××年11月	74 032	60 465	68 837	7.59	175.60	497.83	164.80	6.35		33.87	7.27	12.03	55.47	17.45	0.60		12.67
××××年12月	83 890	63 464	72 917	7.53	155.63	458.43	193.50	5.25		36.59	7.29	12.00	60.71	18.88	0.48		15.35
××××年1月	75 719	46 091	66 453	7.58	168.52	502.03	164.64	5.96		28.26	7.29	12.34	57.78	17.93	0.50		12.46
××××年2月	76 616	46 118	66 103	7.52	12.39	488.57	189.17	26.26		12.91	7.29	12.39	58.38	21.32	0.48		12.91
××××年3月	75 253	65 323	70 457	7.58	167.76	544.80	208.91	5.83		24.97	7.27	12.40	59.98	19.01	0.46		12.15
××××年4月	86 366	61 165	70 510	7.51	156.67	519.29	211.11	5.22		26.36	7.27	13.04	59.96	17.27	0.48		10.56
××××年5月	93 745	64 151	81 263	7.49	161.30	519.77	208.40	5.54		23.29	7.25	13.37	56.09	18.08	0.50		11.60
××××年6月	91 149	55 163	74 460	7.50	145.27	505.00	201.80	5.17		27.88	7.27	12.53	59.77	18.42	0.47		11.28
××××年7月	95 451	59 375	74 049	7.47	151.70	491.80	153.78	0.49		11.49	7.26	12.76	53.14	15.81	0.49		11.49
××××年8月	93 112	63 325	77 677	7.51	127.40	483.73	185.50	4.99		22.41	7.28	12.19	58.55	21.99	0.46		10.90
××××年9月	77 904	47 443	66 345	7.45	145.70	482.29	161.50	5.33		21.39	7.28	12.50	54.89	19.93	0.48		11.50
××××年10月	76 574	38 972	59 060	7.47	113.70	472.17	187.25	4.91		23.25	7.28	12.26	59.53	18.95	0.45		10.83

3.3 受纳水体

污水处理达标后，部分送至中水系统进一步处理后回用，部分排海。

3.4 污泥出路

本工程所产生的污泥采用污泥浓缩脱水一体机脱水后，外运至×××××污泥处理厂集中处理。

3.5 工艺方案进一步论证

3.5.1 工艺方案概述

根据对×××××污水处理厂工艺升级改造工程的工艺流程中处理构筑物的池容及设备参数的核算，工艺流程维持原工艺流程，仅在原工艺流程基础上，采取增加沉淀池池容、新建一组深度处理构筑物、更换不满足要求的设备等措施达到扩容的目的。核算的结果见表3.2。

表 3.2 构筑物池容及设备参数核算一览表

<table>
<tr><th>序号</th><th colspan="2">构筑物名称</th><th>核算结果</th><th>扩容措施</th></tr>
<tr><td>1</td><td colspan="2">粗格栅</td><td>满足要求</td><td>—</td></tr>
<tr><td>2</td><td colspan="2">细格栅</td><td>满足要求</td><td>—</td></tr>
<tr><td>3</td><td colspan="2">进水提升泵房</td><td>设备能力不足</td><td>更换进水提升泵</td></tr>
<tr><td>4</td><td colspan="2">曝气沉砂池</td><td>池体满足要求</td><td>①更换吸砂桥水泵
②增加砂水分离器</td></tr>
<tr><td rowspan="2">5</td><td rowspan="2">生物池</td><td>A 池
（预缺氧，厌氧、缺氧）</td><td>池容满足要求</td><td>—</td></tr>
<tr><td>好氧池（包括预曝气池）</td><td>①池容不足
②内回流泵能力不足</td><td>①增加填料可满足要求
②更换内回流泵</td></tr>
<tr><td>6</td><td colspan="2">二沉池配水井</td><td>满足要求</td><td>—</td></tr>
<tr><td>7</td><td colspan="2">沉淀池</td><td>表面负荷偏大</td><td>将原施工图设计5号周进周出辐流式沉淀池直径变为36 m（原34 m）</td></tr>
<tr><td>8</td><td rowspan="6">深度处理车间</td><td>提升泵池</td><td rowspan="5">仅能满足 8×10^4 m^3/d 的要求</td><td rowspan="5">新建深度处理设施，同5号沉淀池共同工作</td></tr>
<tr><td>9</td><td>静态混合器</td></tr>
<tr><td>10</td><td>絮凝池</td></tr>
<tr><td>11</td><td>协管沉淀池</td></tr>
<tr><td>12</td><td>V 型滤池</td></tr>
<tr><td>13</td><td>紫外消毒</td><td>不满足要求</td><td>设备渠道加宽，增加紫外灯管数量</td></tr>
<tr><td>14</td><td colspan="2">鼓风机房</td><td>满足要求</td><td>—</td></tr>
<tr><td>15</td><td colspan="2">污泥回流及剩余污泥泵房</td><td>满足要求</td><td>—</td></tr>
<tr><td>16</td><td colspan="2">污泥脱水间</td><td>污泥脱水机
设备能力不足</td><td>更换污泥脱水机设备</td></tr>
</table>

注：构筑物的管路系统，根据实际情况进行更换。

3.5.2 污水处理厂工艺流程

污水处理厂扩容后，仅对建（构）筑物的池容进行改造，整个污水处理厂的工艺流程不做变化，其工艺流程图如图3.1所示。

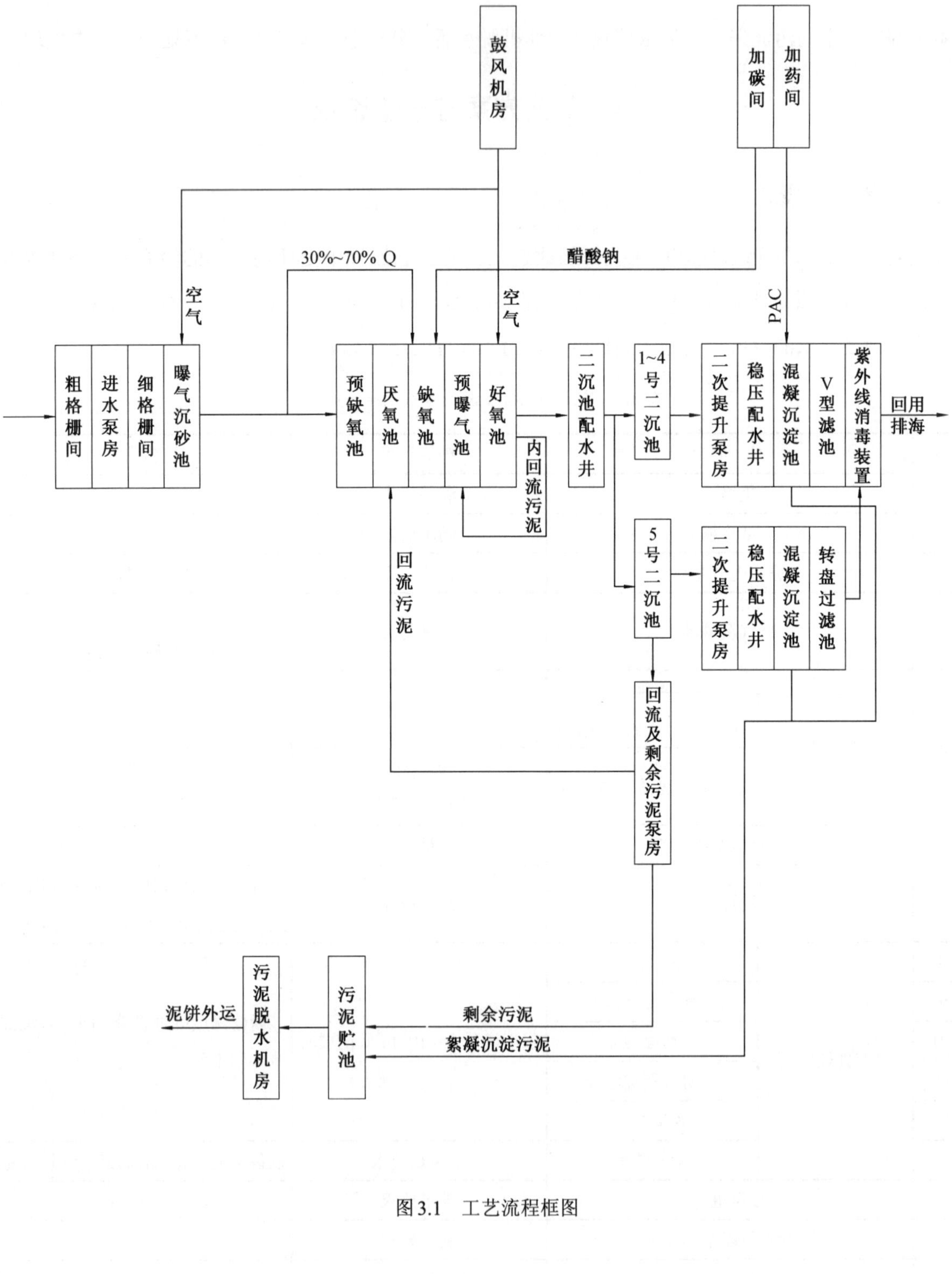

图3.1 工艺流程框图

3.5.3 一级处理

本污水处理厂的一级处理采用常规的处理方式，处理构筑物包括粗格栅、进水提升泵池、细格栅及曝气沉砂池。

因污水处理厂不能停产改造，同时因目前厂内无事故排放口，如一级处理构筑物停止运行，则服务范围的污水无法排除，将造成城市污水外溢，后果影响严重。故此改造期间，一级处理构筑物必须保证正常运行。但目前一级处理构筑物中的总进水闸门的更换、集水池的清掏都必须在停产的情况下进行。同时由于原一级处理构筑物的粗格栅设置不尽合理，工人劳动强度过大；提升泵池吸水井内淤积严重，清理问题在不停止运行的情况下，解决困难；原沉砂池设计比较原始，除砂方式落后，除油、除浮渣效果很差，而且已无法再进行改造。鉴于以上原因，经同建设单位协商，根据原总图位置，确定在原污水提升泵房西北侧及西南侧的空地新建一级处理构筑物，构筑物包括总进水闸门、粗格栅、进水提升泵池、细格栅及曝气沉砂池。新的一级处理构筑物建成且可使用后，将水引入新的一级处理构筑物，拆除相应的原处理设施。

3.5.4 二级处理改造方案（生物池）

（1）改造方案论证。

原工艺升级改造工程的生物池采用改良A/A/O的处理工艺，在生物池施工图设计中，已根据总平面图的布置，加大了生物池中A池（预缺氧池、厌氧池、缺氧池）的池容，并且在其末端增加了预曝气池（即可按好氧方式也可按缺氧的方式运行），经核算满足水量增加到10×10^4 m^3/d的要求。生物池O池的池容不足，且没有扩建O池的可能性，为了取得预定的脱氮除磷效果，采取了增加填料的措施。

考虑污水处理厂在改造期间不能停止运行，在改造的过程中，对改造池体的拆除及建设时，不能对运行中的处理构筑物产生影响。这就涉及到对运行池体的保护、管线的切改等一系列的问题，改造难度大且投入资金高，并且被保护的生物池体最终仍将被拆除。故本次设计中，确定保留原生物池体，对原A/O生物池体进行必要的维护及加固，更换其中的设备。同时在原生物池前端新建生物池，同原生物池共同组成改良的A/A/O生物池。

（2）改造工艺的总体方案。

在同建设单位充分协商讨论后，确定工艺改造方案如下。

拆除原有4座初沉池及曝气沉砂池，利用此地新建加大池容的4座生物A池（预缺氧、厌氧、缺氧），并且在其末端增加了预曝气池（即可按好氧方式也可按缺氧的方式运行）；将原生物池改造为好氧池，经核算为满足水量增加到10×10^4 m^3/d 的要求，生物池O池的池容不足，且没有扩建O池的可能性，为了取得预定的脱氮除磷效果，采取了增加填料的措施。

添加纤毛状生物膜填料。为保证在生物池施工期间污水处理厂不停产，一次只能对一个系列池子进行改造及建设，待一个系列池子建成通水后再施工下一个系列的池子。生物池施工按由南向北（原1～4号）的顺序进行。

生物池改造后按改良A/A/O工艺运行，也可以按普通A/A/O或倒置A/A/O等多种工艺方式运行。

由于本工程场地受限，为了取得预定的脱氮除磷效果，采取了增加填料的措施。采取添加纤毛状生物膜填料的措施，还基于以下的想法：

（3）A/A/O工艺存在的问题。

一般认为在生物除磷脱氮工艺（A/A/O）中，由硝化菌、反硝化菌、除磷菌以及其他多种微生物组成的污泥，在厌氧、缺氧和好氧段之间往复循环，但由于不同菌群的最佳生长环境不同，脱氮与除磷之间存在着矛盾，实际应用中经常出现脱氮效果好时除磷效果较差，而除磷效果好时脱氮效果不佳的情形。

（4）解决A/A/O工艺时常出现的问题的途径。

在生物除磷脱氮工艺中采用特殊结构的纤毛状生物膜填料，给不同菌群提供各自都能适应的生长环境，就能得到效果优良的同步除磷脱氮效果，具体方法概述如下。

① 生物反应池仍采用预缺氧池、缺氧池、好氧池，进水按一定的比例分别进入到厌氧池和缺氧池中，这样即使在进水C/N比较低（2.3～3.0）的条件下，仍不需要外加碳源就能达到脱氮的效果。

② 在好氧池中填充采用特殊结构的纤毛状生物膜填料，使附着微生物浓度提高，这样能同时利用附着在纤毛状生物膜填料上的固定相微生物和浮游流动相微生物，在较短的水力停留时间（5～7 h）内去除有机物、氮和磷（图3.2）。

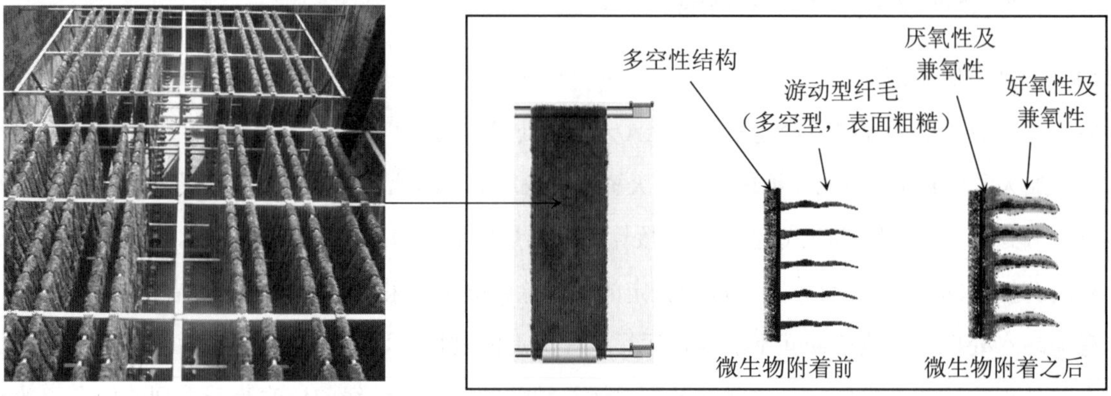

图3.2 纤毛状生物膜填料安装及结构

③ 纤毛状生物膜填料呈直毛状形态，微生物的附着和脱落达到动态平衡，不产生堵塞现象，可固定世代繁殖时间长的硝化菌，提高硝化反应速度；附着微生物中吞噬污泥的原生动物（vorticella、aspidisca等）和后生动物（rotaria、collurella等）共存，从而减少污泥量；这样即使在冬季10 ℃以下的进水温度，由于附着微生物的水膜现象，仍能有效地同步去除氮和磷。

厌氧层、缺氧层、好氧层的作用如下。

厌氧层：难降解的COD被转化成BOD，能够提高BOD/TN比值，帮助生物脱氮过程；

缺氧层：进行反硝化作用；

好氧层：进行硝化作用以及有机物的去除。

（5）纤毛状生物膜填料的特点。

① 比表面积大的直毛状改良填料（1 000～1 500 m^2/m^3）→ 效率高、停留时间短；

② 微生物容易挂膜、脱膜，无堵塞现象，更不需要反冲洗；

③ 维护和管理简单、容易；

④ 进水负荷（高、低浓度）变化时也可正常工作 → 抗冲击能力强；

⑤ 加快去除有机物和提高硝化速度 → 提高脱氮率；

⑥ 降低污泥产生量 → 使污泥量减少20%～30%；

⑦ 耐久性强 → 使用寿命可达20年以上。

众所周知，当在生物反应池中加入崭新的填料时，一般来说当时效果都还好，但过几年（或约半年）填料就会失效，从而使污水处理效果大打折扣。这是使用填料的工艺中最容易出现的问题，也是生物膜工艺无法回避的问题。尽管其原因很多，但是究其主要原因，一是在使用过程中填料毛孔或缝隙被污泥堵塞，这时即使经过反冲洗处理，其还原的效果还是很有限；二是形成生物膜的形态和结构不佳，即形成的厌氧区、兼氧区的比例或厚度不合适，往往容易发生深度厌氧区，进而影响了微生物的生长环境，甚至造成填料的完全失效。有的填料（如流动型填料）除了填料的作用失效之外，更为严重的是在反应池内随着水流往某一边堆积，而且还对回流泵产生严重的威胁，另外在反应池内由于剧烈的摩擦而引起的磨耗非常严重，因此无法在大型的污水处理工程上采用这种填料。

为了克服众多填料存在的问题，在本工艺中采用了经过精心设计、并经过无数次的反复试验和潜心研究而最终获得的专利产品——纤毛状生物膜填料。由于其结构的特殊性，在其填料表面始终形成动态、平衡、高效和多样的优势菌的增殖环境，从而形成了比以往填料有所不同的生物膜层。而且使吸附和脱落始终达到动态平衡，不发生堵塞现象，因此不需要反冲洗，并且其使用效果也不会随着时间的推移而明显地改变或下降。该填料是集游动型和固定型、柔性和刚性填料的优点为一身，与传统的A/A/O工艺结合得较为完美。而更为难能可贵的是该填料（纤毛状生物膜）已经过了十多年（据资料报道，经过18年应用后的填料，其效果仍然有效）的工业化应用实践的考验，证明其效果仍然非常有效。

（6）纤毛状生物膜的生物除氮。

① 硝化的实现。

纤毛状生物膜将繁殖速度缓慢的*Nitrosomonas*、*Nitrobacter*、*Acinetobacter*等硝化/反硝化微生物固定 → 提高氮的去除效率。

生物膜上生长了丰富的多样微生物并吸附了足够量微生物，耐负荷变动。特别是随着纤毛状生物膜的变厚，有机质和溶解氧扩散度减少。

外部：维持好氧性状态 → 微生物的活性高。

内部：形成兼氧性（或缺氧）生物膜 → 硝化和反硝化同时发生。

影响硝化的参数：pH、DO、水温（℃）、SRT、毒性物质。

② 反硝化的实现。

在缺氧池和好氧池的纤毛状生物膜内、中部，经内回流流到缺氧池的回流液，在缺氧状态下则发生反硝化菌的反硝化反应，将硝酸盐还原成N_2O、N_2等形态，排放到大气当中。

（7）纤毛状生物膜的生物除磷。

厌氧池中释放磷，好氧池中过量吸收磷，因此可以对磷进行处理。这是通过抑制培养的方式，使纤毛状生物膜过度吸收磷后随着污泥排放，达到除磷的目的。

① 微生物可过度吸收溶解性磷。

② 在厌氧状态下，除磷菌吸收挥发性脂肪酸（VFA）、单糖以PHB的形式储存在细胞内，利用的是

聚磷酸盐（Poly-P）分解为磷酸时放出的热量，同时磷酸被排除到细胞外。

③ 在好氧状态下，聚磷菌在利用PHB合成ATP的过程中吸收磷酸，剩余的ATP被合成为聚磷酸盐。

- 在厌氧池中磷的释放非常充分（达到进水浓度的3.6倍）；
- 在好氧池中过量吸收几倍的磷；
- 随着剩余污泥的排放去除磷。

本工程中，在用地不足的情况下，考虑添加纤毛状生物膜填料，以弥补池容不足的问题，同时强化硝化、反硝化及脱氮除磷的功能。

3.5.5 沉淀池

工艺升级改造中，共设置5座沉淀池，其中1～4号沉淀池为原有池体改造，无法进行扩容。但5号沉淀池为新建周进周出辐流式沉淀池，原设计池体直径为34 m。水量增加后，经核算，沉淀池表面负荷偏大。根据总平面的布置，将5号沉淀池的直径增加至36 m。

3.5.6 深度处理系统

可研阶段的深度处理方案推荐采用机械混合+高密度沉淀池+V型滤池处理工艺。因高密度沉淀池池体较深，且造价较高，投药量较大，运行费用较高，同时机械混合所用机械设备较多，所以本次在污水处理厂升级改造施工图设计中，采用静态混合+微涡絮凝+斜管沉淀池+V型滤池处理工艺。但处理构筑物仅能满足$8\times10^4\ m^3/d$的处理量，且工艺参数偏高。由于本次扩容受到场地的限制，在原综合楼位置处将新建$2.5\times10^4\ m^3/d$的深度处理构筑物。两组深度处理构造物的处理能力分别为$7.5\times10^4\ m^3/d$及$2.5\times10^4\ m^3/d$，总处理能力为$10\times10^4\ m^3/d$。

3.5.7 污泥处理系统

根据对厂内现有污泥脱水间及污泥贮池运行情况的调查，发现现有污泥脱水间内工作环境恶劣，设备老化陈旧，脱水机运行时间过长、运行状态不佳，污泥在贮池内贮存时间过短等一系列问题。根据厂区总图的总体布置情况，确定拆除现有污泥脱水间及污泥贮池，空出位置用作深度处理用地。同时将脱水间移至现有污泥脱水间西侧。这样布置的另一优点是可继续使用现状污泥仓。

污泥处理仍采用污泥浓缩脱水机对剩余污泥脱水后，外运至×××河污水处理厂。根据对污泥处理设备的校核，需更换污泥脱水机，增加设备的处理能力。

3.5.8 消毒工艺的确定

处理后出水的消毒，仍采用紫外线消毒工艺。根据核算，需扩大紫外线消毒渠的宽度，增加紫外灯管的数量。

3.5.9 除臭工艺

为去除污泥脱水间及粗格栅、进水提升泵池及细格栅间的臭气，修建两座土壤脱臭床。一座位于现有粗格栅及进水提升泵池处，另一座位于拟建污泥脱水间西北空地。同时在粗格栅、进水提升泵池及细格栅间、污泥脱水间内备用异味除臭机，以保证除臭效果。

3.6 最终采纳方案

3.6.1 一级处理

新建粗格栅、进水提升泵池、细格栅及曝气沉砂池。

3.6.2 二级处理

拆除原初沉池及曝气沉砂池，新建改良A/A/O的脱氮除磷池，将原生物池改造为改良A/A/O池的好氧池，因用地不足的问题，在池内添加纤毛状生物膜填料。同时对池体进行加固维护。

更换原4座二沉池的设备，包括堰板、导流筒等附属设施。其中1、2号二沉池原为单堰出水，本次改造中改为双侧堰出水，以保证出水负荷。

在原综合楼西北侧，新建1座二沉池。

修建1座二沉池配水井，为5座二沉池均匀配水。

鼓风机房内需增加1台离心风机，将风管材质更换为S304不锈钢。

污泥回流及剩余污泥泵房，需更换污泥回流泵及相应管路阀门。

3.6.3 深度处理

新建深度处理车间1座，内设混凝沉淀、转盘过滤、紫外线消毒及加药间。

3.6.4 污泥处理系统

新建污泥贮池及污泥脱水间。污泥脱水采用浓缩脱水一体机。

3.6.5 除臭系统

新建2座土壤脱臭床，分别为粗格栅、进水提升泵池、细格栅间及污泥脱水间服务。同时在这两座构筑物内设置异味除臭机，作为辅助除臭设施。

3.6.6 总图

根据构筑物的建设及改造情况，同步进行管线切改工作。

第 4 章　工程设计

4.1　工艺设计

4.1.1　一级处理

进水井、粗格栅、进水提升泵池、细格栅及曝气沉砂池合建，其中粗格栅、进水提升泵池、细格栅位于建筑内部，建筑尺寸为 31.65 m×21.30 m。

4.1.1.1　进水井及粗格栅

（1）进水井。

进水井结构形式为钢筋混凝土结构矩形池。

池子尺寸：5.8 m×2.0 m×5.55 m。

（2）粗格栅。

进水粗格栅是污水处理厂的第一道预处理设施，可去除水中的漂浮物、悬浮物并拦截直径大于 20 mm 的杂物，以保证污水提升系统正常运行。粗格栅构筑物的结构形式为三条钢筋混凝土结构直壁平行渠道。

池子尺寸：6.4 m×5.2 m×5.55 m；

格栅设计流量：$Q_{最大}$=4 500 m^3/h；

栅渣量：4.8 m^3/d。

（3）主要设备。

① 回转式格栅除污机，数量为 3 台，设计参数如下。

栅渠宽度：B=1 100 mm；

格栅宽度：B_1=1 000 mm；

栅条间隙：b=15 mm；

栅前水深：h=1 000 mm；

格栅倾角：α=70°；

过栅水液差：Δh_{max}=200 mm；

电机功率：N=2.2 kW；

控制方式：根据格栅前、后的液位差由 PLC 自动控制格栅的运行，同时设定时间控制，也可遥控或现场手动控制开、停；

材料：水下与介质接触部分采用不锈钢材料；

栅渣处理：收集后外运处置。

② 闸门类型为 DN900×900 铸铁镶铜方闸门，设备数量为 6 台，配手、电两用启闭机，参数如下。

电机功率 N=1.5 kW，启闭力 3.0 t，3 台；

电机功率 N=0.75 kW，启闭力 2.0 t，3 台。

③ 单梁电动悬挂起重机（进水泵房、粗格栅共用），设备数量为 1 台，配 CD 电动葫芦 1 台，设备参数如下。

T=2 t，L_K=9.0 m，N=2×0.4+3.0 kW。

④ 手动葫芦，设备数量为 3 台，设备参数见表 4.1。

（4）粗格栅间改造前后参数变化情况。

根据对粗格栅间设备参数的核算，粗格栅可满足 10×10^4 m^3/d 设计水量的要求，粗格栅在扩容过程中仅需对市政进水管线接入口进行改造，即加大管径或增加进水管的数量，以保证来水顺利接入。粗格栅间设计参数对比详见表 4.1。

表 4.1 粗格栅间设计参数对比表

序号	参数	现状设计流量	扩容后设计流量	备注
		8×10^4 m^3/d K_z=1.35	10×10^4 m^3/d K_z=1.3	
（一）	回转式粗格栅			不需更换
（1）	设备台数/台	3	3	
（2）	电机功率/kW	N=2.2	N=2.2	
（3）	格栅宽度/mm	1 000	1 000	
（4）	栅条间距/mm	15	15	
（5）	栅前水深/m	1.18	1.18	
（6）	过栅流速/(m·s^{-1})	0.68	0. 82	在 0.6～1.0 m/s 规范要求范围内
（7）	格栅倾角	α=70°	α=70°	
（8）	栅渣量/(m^3·d^{-1})	4.8	6	
（二）	闸门			
1	铸铁镶铜方闸门			不需更换
（1）	设备数量/台	6	6	
（2）	设备尺寸	DN800×800	DN800×800	
（3）	手、电两用启闭机	3 台 启闭力 3 t	3 台 启闭力 3 t	
（4）	手、电两用启闭机	2 台 启闭力 2 t	3 台 启闭力 3 t	
2	单梁电动悬挂起重机			不需更换
（1）	设备台数/台	1	1	
（2）	设备参数	T=1 t， N=2×0.4+3.0 kW	T=2 t， N=2×0.4+3.0 kW	
3	CD 电动葫芦			不需更换
（1）	设备数量	1	1	
（2）	设备参数	T=1 t，N=1.5 kW	T=1 t	
4	异味除臭机/kW	N=0.5	N=0.5	不需更换

4.1.1.2 进水提升泵池

进水提升泵池是全厂的咽喉，一旦出现故障，污水处理厂就得停产，因此水泵选择至关重要。根据近年来污水泵站设计技术发展情况，本设计选用进口品牌的潜水排污泵。

该泵具有高效低耗、无堵塞、高可靠性和自动控制等优点，采用自动耦合方式安装，可通过固定导杆将水泵提升至地面，维修保养非常方便。同时也可简化泵房下部结构和土建工程量，节省工程造价，改善工作环境。

粗格栅来水经污水泵提升后进入细格栅。提升泵池同粗格栅、细格栅合建于同一建筑内。

（1）主要构筑物。

地下式钢筋混凝土矩形泵池，数量 1 座；尺寸为 10.3 m×7.5 m×7.95 m。

（2）设计流量。

Q_{max}=4 500 m^3/h。

（3）主要设备。

① 不堵塞式潜水离心泵，设备数量为 5 台（4 用 1 备），设备参数如下。

设计流量 Q_{max} =1 125 m^3/h，扬程 H=15 m，电机功率 N=55 kW。其中 3 台采用变频控制，另外 2 台采用软启。

控制方式：根据提升水池水位由 PLC 自动控制水泵开停；根据累计运行时间水泵顺序轮值运行，也可遥控或现场手动控制开、停。

② 拍门，设备数量为 5 台，设备参数为 DN600。

（4）进水提升泵房改造前后变化情况。

根据对进水提升泵房内的设备参数的核算，提升泵的提升能力不满足 10×10^4 m^3/d 设计水量的要求，水泵需进行更换。同时，水泵吸水管路偏小，管径需相应增大，见表 4.2。

表 4.2 进水提升泵房设计参数对比表

序号	参数	现状设计流量	扩容后设计流量	备　注
		8×10^4 m^3/d K_z=1.35	10×10^4 m^3/d K_z=1.30	
1	潜水离心泵			
（1）	设备台数/台	6	6	不需更换
（2）	设备参数	Q=1 125 m^3/h, H=17 m, N=90 kW	Q=1 687 m^3/h，H=17 m, N=110 kW	更换
2	闸阀	DN600	DN700	更换
3	伸缩器	DN600	DN700	更换
4	闸阀	DN500	DN500	不需更换
5	伸缩器	DN500	DN600	更换
6	电动蝶阀	DN500	DN600	更换
7	伸缩器	DN450	DN450	不需更换
8	止回阀	DN450	DN450	不需更换

4.1.1.3 细格栅间

本工程新建 1 座带除油、除浮渣功能的曝气沉砂池，替代原有的沉砂池。新建沉砂池建成通水后，再拆除原有沉砂池。

新建粗格栅及进水提升泵池与新建细格栅间、曝气沉砂池合建，拟建在现有提升泵房南侧。进水由进水泵站的出水管接入，出水通过出水管分别接入后续 4 座生物池，通过配水井均匀分配流量。栅渣收集后外运处置。

（1）细格栅间。

① 设计流量 Q_{max} =4 500 m^3/h；栅渣量为 4.8 m^3/d。

② 细格栅构筑物的结构形式为三条钢筋混凝土结构直壁平行渠道，以下数据为细格栅间池体尺寸及细格栅参数。

池体尺寸：8 m×5.8 m×1.60 m；

栅渠宽度：B=1 400 mm；

格栅宽度：B_1=1 300 mm；

栅条间隙：b=5 mm；

栅前水深：h=1 000 mm；

格栅倾角：α=70°；

过栅水位差：Δh_{max}=200 mm；

过栅流速：0.8 m/s。

（2）主要设备。

① 回转式格栅除污机，设备数量为 3 台，设计参数如下。

电机功率：N=3 kW；

格栅材料：水下与介质接触部分采用不锈钢材料；

控制方式：根据格栅前、后的液位差由 PLC 自动控制格栅的运行，同时设定时间控制，也可遥控或现场手动控制开、停。

② 整体安装渠道闸，设备数量为 6 台，设计参数如下。

渠道闸尺寸：W×H=1.4 m×1.2 m；

手动启闭机：启闭力为 3 t。

③ 无轴螺旋输送机，采用与细格栅相配套的无轴式螺旋输送机，设备数量为 1 套，设计参数如下。

输送能力为 W=8 m^3/h，D320，L=3 m，N=4.0 kW；

控制方式：与细格栅联锁由 PLC 自动时序控制，也可遥控或现场手动控制开、停；

材质：不锈钢。

④ 螺旋压榨机，采用与无轴式螺旋输送机配套的螺旋压榨机，设备数量为 1 套，设计参数如下。

排除干渣能力为 3.2 m^3/h ，N=3.0 kW；

控制方式：与细格栅联锁由 PLC 自动时序控制，也可遥控或现场手动控制开、停；

材质：不锈钢。

（3）细格栅间改造前后变化情况。

根据对细格栅的设备参数的核算，满足 10×10^4 m^3/d 设计水量的要求，细格栅在扩容过程中不需再做改动，参数对比详见表 4.3。

表 4.3　细格栅间设计参数对比表

序号	参数	现状设计流量	扩容后设计流量	备　注
		8×10^4 m^3/d K_z=1.35	10×10^4 m^3/d K_z=1.30	
（一）	回转式格栅除污机			不需更换
（1）	设备台数/台	3	3	
（2）	设备参数	电机功率 N=2.2 kW	电机功率 N=2.2 kW	
（3）	栅条宽度/mm	1 300	1 300	
（4）	栅条间距/mm	5	5	
（5）	栅前水深/m	0.8	1	
（6）	过栅流速/(m·s^{-1})	0.8	0.9	在 0.6～1.0 m/s 规范要求范围内
（二）	伸缩器			不需更换
（1）	设备台数/台	1	1	
（2）	设备规格	DN1200	DN1200	

4.1.1.4　曝气沉砂池

设置曝气沉砂池可去除污水中比重大于 2.65、粒径大于 0.2 mm 的无机砂粒，以保证后续处理系统的正常运行。

曝气沉砂池分为 2 格，设置 1 台泵吸式桥式吸砂机，曝气气源来自鼓风机房。池底沉砂通过砂泵排入砂槽，然后重力排入砂水分离器，进行砂水分离。池子的两侧设有除油、除浮渣槽，集油和浮渣通过刮板排入集渣井，人工定期进行清捞。

（1）构筑物。

构筑物为 1 座钢筋混凝土矩形池，分为 2 格。

池子尺寸：15.8 m×7.7 m×4.05 m；

单格宽度：3.7 m；

有效水深：2.0 m。

（2）曝气沉砂池的主要设计参数。

最大设计流量：4 500 m^3/h；

水平流速：0.1 m/s；

停留时间：3 min；

曝气量：0.2 m^3 空气/m^3 污水。

（3）主要设备。

① 提砂设备，桥式吸砂机，配套提砂潜水泵，设备数量为 1 套，设计参数如下。

功率：N=1.4×2+2×0.37 kW；

材质：碳钢本体，水下部分采用不锈钢；

控制方式：由 PLC 控制时序运行，也可遥控或现场手动控制开、停。

② 砂水分离器，设备类型采用 LSSF320 螺旋式砂水分离器，设备数量为 1 台，设计参数如下。

流量：Q=8 m^3/h；

功率：N=4.0 kW；

控制方式：与提砂设备联锁运行，也可遥控或现场手动控制开、停。

（4）曝气沉砂池改造前后变化情况。

目前，污水处理厂内新建曝气沉砂池施工已经完成，并且已经投入使用。根据核算结果，曝气沉砂池的水平流速为 0.118 m/s，超过《室外排水设计规范》（GB 50014—2006）中 6.4.3.1 条宜为 0.10 m/s 的规定。在本条的条文说明表 10 中，苏联对曝气沉砂池的水平流速的规定为 0.08～0.12 m/s，核算结果在此范围之内。鉴于开发区一厂的现状，已经没有可扩建曝气沉砂池的用地，因此直接利用新建的曝气沉砂池。

但核算后，因扩容后排砂量增加，桥式吸砂机的吸砂泵需更换，砂水分离器需增加 1 台，其具体参数详见表 4.4。

表 4.4　曝气沉砂池设计参数及设备对比表

序号	参数	现状设计流量 8×10^4 m³/d K_z=1.35	扩容后设计流量 10×10^4 m³/d K_z=1.30	备　注
（一）	池体设计参数			
（1）	沉砂池长度/m	25.3	25.3	
（2）	沉砂池单格宽度/m	3.7	3.7	
（3）	有效水深/m	2	2	
（4）	水平流速/(m·s^{-1})	0.1	0.118	规范要求宜为 0.1 m/s
（5）	停留时间/min	5	3.56	规范要求大于 2 min
（二）	桥式吸砂机			
（1）	设备数量/台	1	1	
（2）	设备参数	L_K=7.7 m 吸砂泵吸砂能力： 24 m³/h，N=1.4 kW	L_K=7.7 m 吸砂泵吸砂能力： 42 m³/h，N=2.9 kW	沉砂量增加，吸砂泵需更换
（三）	砂水分离器			
（1）	设备数量/台	1	2	增加 1 台
（2）	设备参数	5～12 L/s，N=0.37 kW	5～12 L/s，N=0.37 kW	
（四）	对夹式蝶阀			
（1）	设备规格	DN80	DN80	
	设备数量	22	22	
（2）	设备规格	DN200	DN200	
	设备数量	1	1	
（五）	伸缩器			
	设备规格	DN200	DN200	
	设备数量	1	1	
（六）	对夹式蝶阀			
	设备规格	DN200	DN200	
	设备数量	1	1	

4.1.2 二级处理

（1）二级处理部分工程内容。

①拆除原有初沉池，改造4座生物池（改造为改良A/A/O池的好氧段）、新建4座生物池（改良A/A/O池的预缺氧段、好氧段、缺氧段）。

②更换原有4座二沉池的设备，对池体进行维护。

③新建1座二沉池。

④新建1座二沉池配水井。

⑤对现有鼓风机房建筑及结构进行维护，对设备进行大修，更换鼓风机房内的风管，增加1台鼓风机。

⑥对现有回流及剩余污泥泵的建筑和结构进行维护，加高吸泥井的高度，对设备进行大修，更换不满足要求的回流污泥泵。

（2）目前设计中采取的措施。

在工艺升级改造的施工图设计过程中，根据总平面图的布置，已将A池（预缺氧、厌氧、缺氧、好氧池）平面尺寸放大，加大了池深，并且在A池末端增加了预曝气池（既可按好氧运行，也可按缺氧运行），施工过程中没有填充填料。本次扩容，核算A池的池容满足$10\times10^4\ m^3/d$的要求，但是好氧池则必须增加纤毛状生物膜填料。

处理量增加后，沉淀池的表面负荷偏大，根据目前污水处理厂改造的实际情况，1～4号沉淀池的改造基本完成，仅5号沉淀池尚未开工建设。根据工艺升级改造工程施工图的设计，对总平面的调整考虑保证工艺流程顺畅，污水处理厂内布置美观，将5号沉淀池同1～4号沉淀池布置成一排（因原污水处理厂综合楼鉴定为危楼，拆除后移位至原机修及车库的位置，提供了用地）。利用目前的场地，可将5号沉淀池的直径放大到36 m，同时采用周进周出辐流式沉淀池，以满足扩容的需要。

4.1.2.1 改良A/A/O生物池

（1）原有处理工艺改扩建情况。

拆除原有4座初沉池及曝气沉砂池，利用此位置再新建4座生物池（脱氮除磷池，包括改良A/A/O池的预缺氧段、厌氧段、缺氧段）。原生物池改造为好氧池，添加纤毛状生物膜填料。

为保证在生物池施工期间污水处理厂不停产，一次只施工一个系列池子，一个系列池子建成通水后再施工下一个系列池子。因原1号二沉池闲置，为把改造期间对污水处理厂的影响降到最低，改造及新建顺序应由南向北（原1号向4号）进行。

虽然生物池按改良A/A/O工艺设计，但也可以按普通A/A/O或倒置A/A/O等多种工艺方式运行。

曝气沉砂池出水进入生物池，由于来水碳源不足，在冬季脱氮效果不佳，故考虑生物池在冬季需补充碳源，碳源采用醋酸钠。

（2）新建池体所组成的A/A/O工艺。

新建池体同原有生物池共同组成改良A/A/O生物池，由预缺氧区、厌氧区、缺氧区及好氧区组成。预缺氧区、厌氧区和缺氧区设有潜水搅拌机；好氧区设有曝气头。

曝气沉砂池的来水，经配水井按比例分配给2组生物池。

每座生物池的来水从生物池上的进水渠道进入生物池，采用进水闸板控制10%～30%的污水进入预缺氧区，70%～90%的污水进入厌氧区。

每座池的好氧区出水端设有4台内回流泵，3用1备（干式备用），混合液回流至缺氧区。

回流污泥由进水渠首端进入预缺氧区。

（3）生物池的构筑物设置及容积。

① 根据现有4座生物池的池容，将生物池的处理池容进行如下划分：

原1、2号生物池为一组，处理水量为 5.625×10^4 m^3/d；

原3、4号生物池为一组，处理水量为 4.375×10^4 m^3/d。

② 共建4座生物池，1、2系列每座新建生物池设计参数如下。

新建1、2系列生物池尺寸：52.8 m×68.5 m×7 m；

有效水深：6.0 m；

单池有效池容：21 225.6 m^3。

③ 3、4系列每座新建生物池设计参数如下。

新建3、4系列生物池尺寸：52.6 m×51.7 m×7 m；

有效水深：6.0 m；

单池有效池容：15 888.72 m^3。

④ 原生物池改造为好氧池，总池容为28 159.2 m^3。好氧池的曝气气源来自鼓风机房，每根曝气干管上设有一个电动空气调节阀，根据生物池内DO值调节曝气量，以满足工艺要求，并达到节能的目的。

（4）生物池的设计参数。

① 进水水质的参数如下。

COD：550 mg/L；

BOD_5：230 mg/L；

SS：210 mg/L；

TN: 60 mg/L；

TP: 6.5 mg/L。

② 主要设计参数如下。

设计流量：3 333 m^3/h；

计算水温：10 ℃；

溶解氧：2 mg/L；

醋酸钠投加量：85 mg/L；

泥龄：16 d；

BOD产泥率：0.81 kg/（kg·d）；

剩余污泥量（DS）：1 430.91 kg/d；

污泥浓度：3 650 mg/L；

BOD污泥（MLSS）负荷：0.18 kg/（kg·d）；

BOD容积负荷：0.625 kg/（m^3·d）；

混合液回流比：150%～300%；

污泥回流比：50%～100%；

预缺氧区有效池容：6 198 m^3；

厌氧区有效池容：6 702 m^3；

缺氧区有效池容：24 216 m^3；

好氧区有效池容：28 159 m^3；

总有效池容：65 275 m^3；

有效水深：6.0 m；

预缺氧段停留时间：1.86 h；

厌氧段停留时间：2.0 h；

缺氧段停留时间：7.26 h；

好氧段停留时间：8.45 h；

总名义停留时间：19.57 h；

最大标准需氧量（SOR）：2 620 kg/h；

所需最大标准空气量：32 610 m^3/h。

（5）主要设备。

① 潜水搅拌机（3、4 号池缺氧段），设备数量为 6 台，设备参数如下。

潜水搅拌机：SR4660，Φ＝580 mm，r=475 r/min；

功率：N=10 kW。

② 潜水搅拌机（3、4 号池预缺氧、厌氧段），设备数量为 8 台，设备参数如下。

潜水搅拌机：SR4650，Φ＝580 mm， r=475 r/min；

功率：N=5.5 kW。

③ 潜水搅拌机（1、2 号池缺氧段），设备数量为 6 台，设备参数如下。

潜水搅拌机：SR4670，Φ＝770 mm ，r=360 r/min；

功率：N=1 kW。

④ 潜水搅拌机（1、2 号池预缺氧、厌氧段），设备数量为 8 台，设备参数如下。

潜水搅拌机：SR4650，Φ＝580 mm，r=475 r/min；

功率：N=5.5 kW。

⑤ 立式轴流泵（1、2 号池好氧段），设备数量为 6 台，4 用 2 备，设备参数如下。

立式轴流泵：Q=1 500 m^3/h，H=3.5 m；

功率：N=30 kW。

⑥ 潜水排污泵（3、4 号池好氧段），设备数量为 8 台，6 用 2 备（干式备用），设备参数如下。

潜水排污泵：Q=1 091 m^3/h，H=7.5 m；

功率：N=37 kW。

⑦ 曝气设备，设备类型为橡胶膜微孔曝气设备，计算设备数量为 11 442 个（设计按实际参考数）实际中各需 8 384 个。

⑧ 电动空气调节蝶阀，设备参数如下。

电动空气调节蝶阀：DN150；

设备数量：96 个。

⑨ 电动空气调节蝶阀，设备数量为 10 个，设备参数如下。

电动空气调节蝶阀：DN250。

⑩ 填料，类型采用纤毛状生物膜填料，设备参数如下。

数量：1、2 号池为 12 420 m^2，3、4 号池为 9 640 m^2。

（6）生物池改造前后变化情况。

根据现有 4 座生物池的池容，将生物池的处理池容进行如下划分：原 1、2 号生物池为一组，处理水量为 5.625×10^4 m^3/d; 原 3、4 号生物池为一组，处理水量为 4.375×10^4 m^3/d。改良后的 A/A/O 生物池工艺设计参数及设备对比表见表 4.5。

表 4.5　生物池设计参数及设备对比表

序号	参数	现状设计流量	扩容后设计流量	备　注
		8×10^4 m^3/d K_z=1.35	10×10^4 m^3/d K_z=1.3	
（一）	设计参数			
1	设计流量/（$m^3\cdot h^{-1}$）	3 333.3	4 166	
2	设计水温/℃	10	10	
3	醋酸钠投加量/（$mg\cdot L^{-1}$）	85	106.25	
4	泥龄/d	16	15.36	
5	BOD 产泥率/（kg·（kg·d）$^{-1}$）	0.81	0.81	
6	污泥浓度/（$mg\cdot L^{-1}$）	3 650	3 500	
7	BOD 污泥（MLSS）负荷/（kg·（kg·d）$^{-1}$）	0.138	0.173	
8	BOD 容积负荷/（kg·（m^3·d）$^{-1}$）	0.48	0.604	
9	混合液回流比	150%～300%	150%～300%	
10	污泥回流比	50%～100%	50%～100%	
11	预缺氧区有效池容/m^3	6 198	6 241.1	
12	厌氧区有效池容/m^3	6 702	7 088.6	
13	缺氧区有效池容/m^3	24 216	34 489	
14	好氧区有效池容/m^3	28 159	36 406.3	
15	总有效池容/m^3	65 275	84 224.93	
16	有效水深/m	6	7	
17	预缺氧段停留时间/h	1.86	1.5	
18	厌氧段停留时间/h	2	1.7	
19	缺氧段停留时间/h	7.26	8.27	
20	好氧段停留时间/h	8.45	8.74	
21	总名义停留时间/h	19.57	20.21	
22	最大标准需氧量（SOR）/（$kg\cdot h^{-1}$）	2 620	3 275	
23	所需最大标准空气量/（$m^3\cdot h^{-1}$）	32 610	40 762.5	

续表 4.5

序号	参数	现状设计流量	扩容后设计流量	备　注
		8×10^4 m^3/d K_z=1.35	10×10^4 m^3/d K_z=1.3	
（二）	主要设备			
（1）	潜水搅拌机			3、4 号池缺氧段（不需更换）
①	设备台数/台	6	6	
②	设备参数	SR4660，Φ=580 mm，r=475 r/min，N=10 kW	SR4660，Φ=580 mm，r=475 r/min，N=10 kW	
（2）	潜水搅拌机			3、4 号池预缺氧、厌氧段（不需更换）
①	设备数量/台	8	8	
②	设备参数	SR4650，Φ=580 mm，r=475 r/min，N=5.5 kW	SR4650，Φ=580 mm，r=475 r/min，N=5.5 kW	
（3）	潜水搅拌机			1、2 号池缺氧段（不需更换）
①	设备数量/台	6	6	
②	设备参数	SR4670，Φ=770 mm，r=360 r/min，N=1 kW	SR4670，Φ=770 mm，r=360 r/min，N=1 kW	
（4）	潜水搅拌机			1、2 号池预缺氧、厌氧段（不需更换）
①	设备数量/台	8	8	
②	设备参数	SR4650，Φ=580 mm，r=475 r/min，N=5.5 kW	SR4650，Φ=580 mm，r=475 r/min，N=5.5 kW	
（5）	立式轴流泵			1、2 号池好氧段（需更换）
①	设备数量	6 台，4 用 2 备	6 台，4 用 2 备	
②	设备参数	Q=1 500 m^3/h，H=3.5 m，N=30 kW	Q=1 800 m^3/h，H=4.5m，N=37 kW	
（6）	潜水排污泵			3、4 号池好氧段（需更换）
①	设备数量	8 台，6 用 2 备（干式备用）	8 台，6 用 2 备（干式备用）	
②	设备参数	Q=1 091 m^3/h，H=7.5 m，N=37 kW	Q=1 366 m^3/h，H=7.5 m，N=37 kW	
（7）	螺旋曝气管			
①	设备数量/个	8 384	8 384	
②	设备参数	D=64，L=1 000，曝气能为 12.5 m^3/（h·m）	D=64，L=1 000，曝气能为 12.5 m^3/（h·m）	
（8）	电动空气调节蝶阀			不更换
①	设备数量/个	96	96	
②	设备参数	DN150	DN150	
（9）	电动空气调节蝶阀			不更换
①	设备数量/个	10	10	
②	设备参数	DN250	DN250	
（10）	纤毛状生物膜填料			增加
①	1、2 号池	—	12 420 m^2	
②	3、4 号池	—	9 640 m^2	

4.1.2.2 二沉池、配水井及主要设备

（1）新建配水井1座。

新建配水井收集来自1、2号生物池出水总管及3、4号生物池出水总管出水，经过配水堰配水后分别为1～5号二沉池配水。

配水井尺寸：5.4 m×7.8 m×3.5 m。

（2）新建1座二沉池。

新建1座二沉池后，共有5座二沉池：原有二沉池4座（1、2、3、4号二沉池），新建1座（5号二沉池）。

1、2号二沉池有效直径：32 m；

3、4号二沉池有效直径：38 m；

5号二沉池有效直径：40 m。

（3）设计参数。

设计总流量：Q=3 333.3 m^3/h；

1、2号池每池设计流量：$Q_1= Q_2$=616 m^3/h；

3、4号池每池设计流量：$Q_3= Q_4$=688.4 m^3/h；

5号二沉池设计流量：Q_5=725 m^3/h；

表面负荷：q=0.83 m^3/（$m^2 \cdot h$）；

沉淀时间：t=2.5 h；

污泥浓度：X=3 650 mg/L；

回流污泥浓度：X_r=7 300 mg/L；

污泥回流比：R=100%；

污泥停留时间：t_1=2 h；

堰口负荷：q'=1.08 L/（s·m）；

固体负荷：G=133 kg/（$s^2 \cdot m$）。

（4）二沉池改造及新建。

原二沉池采用的均是中心进水、周边出水辐流式沉淀池，本次改造不改变其形式，而是改变1、2号二沉池的原有集水槽、更换原刮泥机，更换3、4号二沉池刮泥机，新建一座5号沉淀池。

① 1、2号二沉池（改造）。1、2号二沉池为原有二沉池，本次设计中需改造1、2号二沉池。

原1、2号二沉池为中心进水、周边出水辐流式沉淀池，单座直径为32 m，其中有效水深h=3.5 m。

改造内容：更换原32 m直径刮泥机设备及改造原有集水槽，更换原刮泥机2套，集水槽由原单侧出水改造为双侧出水。

② 3、4号二沉池（改造）。

原3、4号二沉池为中心进水、周边出水辐流式沉淀池，单座直径为38 m，其中有效水深h=3.5 m。

改造内容：更换原38 m直径刮泥机2套。

③ 5号二沉池（新建）。

新建内容见后面的设计及图纸。

（5）主要设备。

① 1、2 号二沉池周边传动刮泥机，设备数量为 2 台，设备参数如下。

周边传动刮泥机：Φ=32 m，N=8 kW；

控制方式：由 PLC 控制时序运行，也可遥控或现场手动控制开、停。

② 3、4 号二沉池周边传动刮泥机，设备数量为 2 台，设备参数如下。

周边传动刮泥机：Φ=38 m，N=8 kW；

控制方式：由 PLC 控制时序运行，也可遥控或现场手动控制开、停。

③ 5 号二沉池周边传动刮吸泥机，设备数量为 1 台，设备参数如下。

周边传动刮吸泥机：Φ=40 m，N=8 kW；

控制方式：由 PLC 控制时序运行，也可遥控或现场手动控制开、停。

（6）沉淀池和配水井改造前后变化情况。

经过核算（详见表 4.6），虽然表面负荷平均值在规范规定的 0.6～1.5 m^3/（m^2·h）的范围内，为 5 座沉淀池表面负荷的平均值，但原 1～4 号沉淀池的处理效率会低于新建的 5 号沉淀池。同时，沉淀池的固体负荷 146 kg/（m^2·d）偏高。为使出水达到一级 A 标准，必须加强深度处理的处理效果。

表 4.6　沉淀池和配水井设计参数及设备对比表

序号	参数	现状设计流量	扩容后设计流量	备　注
		8×10^4 m^3/d K_z=1.35	10×10^4 m^3/d K_z=1.3	
1	1、2 号沉淀池			
	平均设计流量/（$m^3·h^{-1}$）	616	616	
（1）	池型	中心进水、周边出水辐流式沉淀池		
（2）	有效直径/m	32	32	
（3）	有效水深/m	3.5	3.5	
（4）	沉淀时间/h	2.5	2.5	
（5）	平均表面负荷 q /（m^3·（m^2·h）$^{-1}$）	0.62	0.81	
	最大表面负荷 q /（m^3·（m^2·h）$^{-1}$）	0.92	1.05	
（6）	污泥浓度 X /（mg·L^{-1}）	3 650	3 500	
（7）	回流污泥浓度 X_r /（mg·L^{-1}）	7 300	7 000	
（8）	污泥回流比	R=100%	R=100%	
（9）	污泥停留时间/h	2	2	
（10）	堰口负荷 q' /（L·（s·m）$^{-1}$）	1.08	1.29	
（11）	固体负荷 G /（kg·（s^2·m）$^{-1}$）	133	135.49	

续表 4.6

序号	参数	现状设计流量 8×10^4 m³/d K_z=1.35	扩容后设计流量 10×10^4 m³/d K_z=1.3	备　注
2	3、4 号二沉淀池			
	平均设计流量/（$m^3 \cdot h^{-1}$）	688.4	688.4	
（1）	池型	中心进水、周边出水辐流式沉淀池		
（2）	有效直径/m	38	38	
（3）	有效水深/m	3.5	3.5	
（4）	沉淀时间/h	2.5	2.5	
（5）	平均表面负荷 q /（$m^3 \cdot (m^2 \cdot h)^{-1}$）	0.62	0.81	
（6）	最大表面负荷 q /（$m^3 \cdot (m^2 \cdot h)^{-1}$）	0.92	1.05	
（7）	污泥浓度 X /（$mg \cdot L^{-1}$）	3 650	3 500	
（8）	回流污泥浓度 Xr /（$mg \cdot L^{-1}$）	7 300	7 000	
（9）	污泥回流比	R=100%	R=100%	
（10）	污泥停留时间/h	2	2	
（11）	堰口负荷 q' /（$L \cdot (s \cdot m)^{-1}$）	1.08	1.29	
（12）	固体负荷 G /（$kg \cdot (s^2 \cdot m)^{-1}$）	133	135.49	
3	5 号二沉池设计流量			
	平均设计流量/（$m^3 \cdot h^{-1}$）		725	
（1）	池型	周边进水、周边出水辐流式沉淀池		
（2）	有效直径/m		40	
（3）	有效水深/m		4.2	
（4）	平均表面负荷		1.02	
（5）	最大表面负荷		1.33	
（6）	污泥浓度 X /（$mg \cdot L^{-1}$）		3 500	
（7）	回流污泥浓度 Xr /（$mg \cdot L^{-1}$）		7 000	
（8）	污泥回流比		R=100%	
（9）	污泥停留时间/h		2	
（10）	堰口负荷 q' /（$L \cdot (s \cdot m)^{-1}$）		1.08	
（11）	固体负荷 G /（$kg \cdot (s^2 \cdot m)^{-1}$）		172.01	

4.1.2.3 鼓风机房

鼓风机房原有 5 台单级离心鼓风机，经过核算，最大用气量时需要 4 台工作，根据设计规范，需增加 1 台同型号的鼓风机，即风机房内共设有 6 台风机，4 用 2 备。

（1）主要设计参数。

所需最大标准空气量：G_s=517 454.67 m^3/d=21 560.61 m^3/h。

（2）主要设备——鼓风机。

鼓风机设备类型选用单级离心鼓风机，设备数量为 1 台，选用与原鼓风机一致的型号，设备参数如下。

单级离心鼓风机：Q=7 500 m^3/h，风压 p=7 m，N=185 kW。

（3）鼓风机房改造前后变化情况。

工艺升级改造后，按照规范的要求，需设置 6 台鼓风机，4 用 2 备。本次从 8×10^4 m^3/d 扩容至 10×10^4 m^3/d 后，鼓风机房设备核算结果见表 4.7，鼓风机数量可满足要求。

表 4.7 鼓风机房设计参数及设备对比表

序号	参数	现状设计流量 8×10^4 m^3/d K_z=1.35	扩容后设计流量 10×10^4 m^3/d K_z=1.3	备　注
（1）	设备数量/台	5	6	4 用 2 备
（2）	设备参数	Q=7 500 m^3/h， 风压 p=7 m，N=185 kW	Q=7 500 m^3/h， 风压 p=7 m，N=185 kW	

4.1.2.4 回流及剩余污泥泵房

（1）原回流及剩余污泥泵房。

① 回流污泥泵 5 台，其中，4 台功率为 22 kW，1 台功率为 8 kW。

② 剩余污泥泵 4 台，功率均为 2.2 kW。

（2）回流及剩余污泥泵房的改扩建。

① 回流污泥泵：经过复核，回流污泥泵的设计流量偏小，需更换设备及相应的管路与阀门。

回流污泥泵分成 2 组，分别为 2 组生物池（1、2 号生物池组及 3、4 号生物池组）。

现在回流污泥泵的内回流污泥泵的泵位为 5 台，故此，中间 1 台泵作为 2 组回流污泥泵的公共备用泵。

② 剩余污泥泵：原有泵的流量及扬程满足要求。

（3）主要设计参数。

最大回流污泥量：3 333 m^3/h；

剩余污泥量：19 600 kgDS/d，2 450 m^3/h。

（4）主要设备。

① 回流污泥泵（4.5×10^4 m^3/d，1、2 号生物池），采用不堵塞式潜水离心泵（干式安装），设备数量为 3 台（2 用 1 备），其中，备用泵为 2 组回流泵公共备用，设备参数为 Q=937.5 m^3/h，H=13 m，N=75 kW。

② 回流污泥泵（3.5×10^4 m^3/d，3、4 号生物池），采用不堵塞式潜水离心泵（干式安装），设备数量为 2 台（2 用），设备参数为 Q=730 m^3/h，H= 13 m，N=55 kW。

③ 手动闸阀，设备类型采用 Z45T 暗杆楔式手动闸阀，设备数量为 5 台，设备参数为 DN500。

④ 电动闸阀，设备类型采用 Z945T 暗杆楔式闸阀，设备数量为 7 台，设备参数为 DN500。

⑤ 电动闸阀，设备类型采用 Z945T 暗杆楔式闸阀，设备数量为 1 台，设备参数为 DN600。

⑥ 电动闸阀，设备类型采用 Z945T 暗杆楔式闸阀，设备数量为 1 台，设备参数为 DN700。

⑦ 止回阀，设备类型采用 HH44 微阻缓闭止回阀，设备数量为 5 台，设备参数为 DN500。

（5）污泥回流和剩余污泥泵房改造前后变化情况。

经核算，污泥回流及剩余污泥泵房内的设备可满足要求，结果见表 4.8。

表 4.8　污泥回流和剩余污泥泵房设计参数及设备对比表

序号	参数	现状设计流量	扩容后设计流量	备　注
		8×10^4 m³/d K_z=1.35	10×10^4 m³/d K_z=1.3	
（一）	污泥回流			
1	最大污泥回流量/（$m^3\cdot h^{-1}$）	3 333.3	4 166.7	
2	不堵塞式潜水离心泵			1、2 号生物池组
（1）	设备数量	3 台，2 用 1 备，其中 1 台为 1、2 及 3、4 号生物池组共同备用	3 台，2 用 1 备，其中 1 台为 1、2 及 3、4 号生物池组共同备用	
（2）	设备参数	Q=937.5 m³/h，H=13 m，N=45 kW	Q=1 171.88 m³/h，H=13 m，N=75 kW	
3	不堵塞式潜水离心泵			3、4 号生物池组
（1）	设备数量/台	2	2	
（2）	设备参数	Q=730 m³/h，H=13 m，N=55 kW	Q=911 m³/h，H=7.5 m，N=75 kW	
（二）	剩余污泥			
1	剩余污泥量（DS）/（$kg\cdot d^{-1}$）	19 600	24 500	
2	剩余污泥泵			
（1）	设备数量	4 台，2 用 2 备	4 台，2 用 2 备	
（2）	设备参数	Q=60 m³/h，H=15 m，N=2.2 kW	Q=60 m³/h，H=15 m，N=2.2 kW	

4.1.3　深度处理

4.1.3.1　原设计深度处理构筑物核算

（1）深度处理车间新建工程内容。

深度处理部分全部为新建。新建深度处理车间 1 座，处理规模为 8×10^4 m³/d，建在原污泥脱水间及污泥贮池的位置。深度处理车间由以下 5 个部分组成，即

①1 座提升泵池及配水井。

②2 座絮凝沉淀池。

③1 座转盘过滤池。

④1 座紫外消毒渠。

⑤1 座加药间。

（2）深度处理车间设计参数情况。

深度处理间采用轻钢网架结构屋顶。建筑尺寸为 54.0 m×54.8 m，层高为 10.2 m。水量增加到 10×10^4 m^3/d 后，经过核算，深度处理车间沉淀池、V 型滤池的设计参数，超出了规范要求的范围，不能满足处理要求。核算的结果详见表 4.9。

表 4.9　深度处理设计参数及设备对比表

序号	参数	现状设计流量 8×10^4 m^3/d K_z=1.35	扩容后设计流量 10×10^4 m^3/d K_z=1.3	备　注
（一）	提升泵池			
1	设计参数			
（1）	时变化系数	1.2	1.15	
（2）	设计水量/($m^3 \cdot h^{-1}$)	3 833.33	4 791.71	
2	泵池尺寸 $L×B×H$	7.6 m×4.5 m×4 m	7.6 m×4.5 m×4.3 m	
3	主要设备——潜水轴流泵			
（1）	设备数量	3 台，2 用 1 备	3 台，2 用 1 备	设备不满足要求
（2）	设备参数	Q=2 250 m^3/h， H=5 m，N=55 kW	Q=2 398.5 m^3/h， H=7.5 m，N=75 kW	
（二）	絮凝池			
1	池体尺寸 $L×B×H$	16.3 m×6.1 m×5.3 m	16.3 m×6.1 m×5.3 m	
（1）	池容/m^3	758.4	758.4	
（2）	有效水深/m	4	4	
2	设计参数			
（1）	一级流速/（$m \cdot s^{-1}$）	0.01	0.02	
（2）	二级流速/（$m \cdot s^{-1}$）	0.09	0.021	
（3）	三级流速/（$m \cdot s^{-1}$）	0.06	0.015	
（4）	絮凝时间/min	13	10.92	满足《室外排水设计规范》（GB 50014—2006）中 5～20 min 要求
3	主要设备——静态混合器			
（1）	设备数量/台	1	1	
（2）	设备规格	DN500	DN600	需扩大口径
（3）	混合器长度/m	4	4	
（4）	混合时间/min	4.7	3.4	

续表 4.9

序号	参数	现状设计流量	扩容后设计流量	备　注
		8×10^4 m³/d K_z=1.35	10×10^4 m³/d K_z=1.3	
（三）	沉淀池			
1	池体尺寸 $L\times B\times H$	16.3 m×11 m×5.3 m	16.3 m×11 m×5.3 m	
2	设计参数			
（1）	板内沉淀时间/h	9.02	9.02	
（2）	沉淀池有效沉淀面积/m^2	616	616	
（3）	清水区上升流速/（$mm\cdot s^{-1}$）	1.58	2.16	超出《室外排水设计规范》（GB 50014—2006）中0.4～0.6（mm/s）的规定
（4）	表面负荷/（$m^3\cdot(m^2\cdot h)^{-1}$）	6.49	7.78	《室外给水设计标准》（GB 50013—2019）中给定值为5.0～9.0（$m^3\cdot(m^2\cdot h)^{-1}$）
（5）	超高/m	0.6	0.6	
（6）	清水区深度/m	1.2	1.2	
（7）	斜板区高度/m	0.87	0.87	
（8）	配水区高度/m	1.5	1.5	
（9）	集泥区高度/m	0.6	0.6	
（10）	总高/m	7.77	7.77	
3	主要设备			
（1）	泵吸式吸泥行车	L_K=16.9 m， N=0.37×2 kW	L_K=16.9 m， N=0.37×2 kW	
（2）	配套排泥泵	Q=50 m³/h，H=2.5 m， N=1.5 kW	Q=50 m³/h，H=2.5 m， N=1.5 kW	

续表 4.9

序号	参数	现状设计流量	扩容后设计流量	备　注
		8×10^4 m^3/d K_z=1.35	10×10^4 m^3/d K_z=1.3	
（四）	V 型滤池			
1	设计流量/（m^3·h^{-1}）	3 500	47 911.7	
2	池体尺寸			
（1）	单格滤池尺寸/（m×m）	8.0×9.0	8.0×9.0	
（2）	滤池分格数/个	8	8	
（3）	滤池总过滤面积/m^2	576	576	
（4）	滤池超高/m	0.95	0.95	
	清水区高度/m	1.5	1.5	
	滤层厚度/m	1.5	1.5	
	承托层厚度/m	0.15	0.15	
	滤板厚度/m	0.1	0.1	
	支撑梁高/m	0.9	0.9	
	滤池高度/m	5.10	5.10	
3	设计参数			
（1）	设计滤速/（m·h^{-1}）	6.94	8.68	水量增加后滤速超过《污水再生利用工程设计规范》（GB/T 50335—2002）6.1.4.5 条中 4～7 m/h 规定值
（2）	强制滤速/（m·h^{-1}）	7.93	9.94	
（3）	单独气洗强度/（m·h^{-1}）	54	54	
（4）	单独水洗强度/（m·h^{-1}）	15	15	
（5）	联合冲洗气洗强度/（m·h^{-1}）	54	54	
（6）	联合冲洗水洗强度/（m·h^{-1}）	7.5	7.5	
（7）	表面扫洗	6	6	
（五）	紫外消毒渠			
1	模块数/个	25	32	将原紫外渠改为两条渠道，增加模块数及灯管数量
2	灯管数/根	255	288	

根据对沉淀池参数核算的结果，沉淀池的表面负荷较高，对深度处理提出了较高的要求。目前建设的深度处理构筑物的沉淀及过滤的设计参数按扩容水量核算，超出了设计规范的规定范围。因此，应考虑另外建设一组深度处理构筑物，以满足水量增加的要求。

4.1.3.2 新建深度处理构筑物

根据污水处理厂工艺升级改造后的总平面布置，在目前 5 号沉淀池东南方（原综合楼拆除的位置），新建深度处理构筑物，用于处理新增污水。因 5 号沉淀池为新建周进周出沉淀池，根据总平面图的位置，可建成 36 m 直径沉淀池，表面负荷为 1 $m^3/(m^2 \cdot h)$，处理能力可达到 2.44×10^4 m^3/d。

因原深度处理车间处理规模在 8×10^4 m^3/d 的情况下，沉淀池的表面负荷也偏高，V 型滤池的滤速也在规范规定的范围上限，故此，新建深度处理构筑物的处理规模同 5 号二沉池的规模相对应，处理规模按照 2.5×10^4 m^3/d 的规模进行设计。

根据总平面图的可利用空地面积，处理工艺拟采用微涡混凝沉淀+转盘过滤，可对水中残留的悬浮固体物质（SS）和溶解性总磷（TP）进行化学絮凝、过滤处理。深度处理间内设置提升泵池、絮凝沉淀池（含管式静态混合器）和滤布转盘式滤池 3 个部分。

4.1.3.3 提升泵池

二沉池出水经提升泵提升至配水井后，均匀分配至 2 座絮凝沉淀池中。

提升泵池和配水井合建，提升泵池尺寸为 7.2 m×4.0 m×4.0 m，配水井尺寸为 7.6 m×4.4 m×6.0 m。

提升泵池内设有 2 台潜水轴流泵，1 用 1 备。

（1）主要设计参数。

最大设计流量：1 355 m^3/h。

（2）主要设备参数。

① 潜水排污泵，设备类型采用潜水轴流泵，设备数量为 2 台（1 用 1 备），设备参数为 Q=1 355 m^3/h，H=5 m，N=30 kW。

② 闸门，设备类型采用铸铁镶铜闸门，设备数量为 1 个，设备参数为 DN800，0.1 MPa，反向受压。

③ 铸铁镶嵌铜闸门，设备类型采用铸铁镶铜闸门，设备数量为 1 个，设备参数为 DN800，0.1 MPa，反向受压。

④ 拍门，数量为 2 个，设备参数为 DN500，1.0 MPa。

4.1.3.4 絮凝沉淀池

混凝沉淀池分为混合池、絮凝池及沉淀池 3 部分。絮凝沉淀部分分为 4 组。沉淀池部分尺寸为 16.3 m×11 m×5.3 m。

（1）混合池。

混合装置利用水流通过时所产生的高比例微涡旋的惯性效应，使药剂水解产物在几秒内迅速完成亚微观扩散，彻底地解决了混凝剂水解产物细部传质问题。独特的伞形布药装置使混合更加均匀，安装方便，混合时间短，节省药量。

混合设备类型采用管式混合器，设备数量为 2 个，设备参数如下。

设计流量：Q=231 L/s；

水头损失：0.5 m；

混合时间：3～5 s；

工作压力：0.1～0.3 MPa；

材质：不锈钢。

（2）絮凝池。

絮凝池采用竖向流翻腾式絮凝池，在竖向流道中放置星形絮凝设备。材质为改性 PVC。絮凝池排泥采用重力斗式排泥，使用 DN200 排泥管，每根排泥管管端设置手动蝶阀、电动蝶阀各 1 个，快开排泥。

絮凝池水力分级分为三级：一级流速为 0.11 m/s，二级流速为 0.09 m/s，三级流速为 0.06 m/s，絮凝时间共计 13 min。

池内分为 4 段，排泥斗深度为 1.2 m，泥斗侧壁倾角为 60°。

① 絮凝池池体构筑物。

尺寸：16.6 m×8.26 m×5.2 m（净内尺寸），共 2 组，并联运行。

a. 池体分段尺寸：

第一段分格平面尺寸为 1.15 m×1.1 m，每组 6 格；

第二段分格平面尺寸为 1.35 m×1.15 m，每组 6 格；

第三段分格平面尺寸为 1.43 m×1.43 m，每组 5 格；

第四段分格平面尺寸为 1.43 m×1.43 m，每组 5 格；

b. 设计参数：

第一段上升流速为 0.15 m/s，过孔流速为 0.31 m/s；

第二段上升流速为 0.12 m/s，过孔流速为 0.23 m/s；

第三段上升流速为 0.09 m/s，过孔流速为 0.16 m/s；

第四段上升流速为 0.09 m/s，过孔流速为 0.09 m/s；

总反应时间：18 min；

最大水量时反应时间：14 min。

② 主要设备。

a. 管式静态混合器，设备数量为 1 台，设备参数为 DN600，材质为不锈钢。

功能：絮凝剂投加至混合器后，在混合器内短时间将药液迅速混合均匀。

b. 絮凝设备，设备类型采用小孔眼絮凝设备，设备数量为1套，单套处理能力为0.52×10^4 m^3/d，材质为不锈钢。

c. 排泥电动刀闸阀，设备数量为 10 个，设备参数为 DN200。

d. 排泥手动刀闸阀，设备数量为 10 个，设备参数为 DN200。

e. 吸泥车（泵吸），设备类型为桥式吸泥车（泵吸），设备数量为 4 台，设备参数为 L_K=16.3 m，N=3×0.37+1.4 kW。

f. 斜板，设备类型为小间距斜板，设备装容量为 165 m^3。设备参数：斜板间距为 25 mm，斜板长度为 1.0 m，斜板倾角为 60°，材质为 PVC 材质。

g. 手动闸阀，设备类型为暗杆楔式闸阀，设备数量为 1 个，设备参数为 DN300，1.0 MPa。

4.1.3.5 转盘式微滤池

絮凝后的水中含有悬浮固体物质，需要进入微滤池进行进一步过滤，微滤池内设置 1 台滤布转盘过滤器，将出水中剩余的 SS 和絮凝形成的絮体通过滤布拦截去除。

（1）构筑物。

微滤池尺寸：6.0 m×4.0 m×5.3 m。

（2）主要设备。

① 纤维转盘滤池成套设备，设备数量为 1 套（包含驱动装置）。设备参数：滤盘直径为 3 m，过滤网孔径不大于 10 μm，平面过滤介质抗拉强度不小于 600 N/cm，每个滤盘过滤面积不小于 12.6 m^2。

② 反冲洗水泵，设备采用自吸泵，设备数量为 2 台。设备参数：流量 Q＝50 m^3/h，扬程 H=7 m，功率 N＝2.2 kW，材质为不锈钢。

功能：过滤时，部分污泥吸附于滤布外侧，逐渐形成污泥层。随着滤布上污泥的积聚，滤布过滤阻力增加，滤池水位逐渐升高。通过压力传感器监测池内液位变化，当该池内液位到达清洗设定值（高水位）时，PLC 即可启动反抽吸泵，开始清洗过程。清洗时，滤池可连续过滤。

控制：由 PLC 时间及液位差计控制，达到设定时间时，启动反冲洗泵；微滤池内水头损失达到设定值时启动反冲洗泵。以上任意一个启动条件满足时均启动反冲洗泵。

③ 电动球阀，设备数量为 20 个。

设备参数：DN80。

功能：反冲洗进水管路切换用。

④ 液位控制器，设备采用超声波液位控制器，设备数量为 1 个。

⑤ 进水闸门，采用铸铁镶嵌铜闸门，设备数量为 1 个。

设备参数：DN1200，1.0 MPa，正向受压。

⑥ 铸铁镶嵌铜闸门，设备数量为 2 个。

设备参数：1 400 mm×800 mm，正向受压。

4.1.3.6 紫外消毒渠

紫外消毒渠设置在原深度处理车间内，经核算，需在原有 225 根紫外灯管的基础上增加紫外消毒渠道的宽度及紫外灯管的数量。

设置 1 座紫外消毒渠，按峰值流量设计 1 条渠道，对出水进行消毒。为保证检修时，其他单体仍可正常工作，紫外消毒渠设置超越渠。

（1）构筑物。

紫外消毒渠尺寸：$B \times L \times H$= 2.44 m×8.0 m×1.62 m。

（2）主要设备。

① 紫外消毒设备，设计参数如下。

设计流量：4 500 m^3/h；

紫外线有效剂量：1 500 mJ/cm^2；

TSS：TSS 不大于 10 mg/L；

单灯管功率：320 W；

灯管数：176 根；

总功率：56 kW；

灯管类别：低压高强紫外灯管；

灯管类型：产生零臭氧类灯管；

紫外灯管内贡合金形态：固态；

253.7 nm 波长处的紫外光透光率：65%。

根据紫外消毒设备相关标准，若污水处理达到一级 A 标准，紫外消毒设备在峰值流量和紫外灯运行寿命终点时紫外线有效剂量不应低于 20 mJ/cm^2。

由此计算出考虑紫外灯套管结垢及老化影响时紫外灯管在峰值流量时的有效剂量，此时取紫外灯管老化系数为 0.8，石英套管结垢系数为 0.8。因此，有效紫外剂量＝最低紫外线有效剂量÷老化系数÷套管结垢系数＝20÷0.8÷0.8＝31.25（mJ/cm^2）。

根据紫外消毒系统——有效计量图（图 4.1）可知，每根紫外灯的处理流量为 320 lpm/灯（460.8 t/d）。

通过以上算法计算开发区一厂所需紫外线灯管数：130 000÷460.8=283（进一法）。

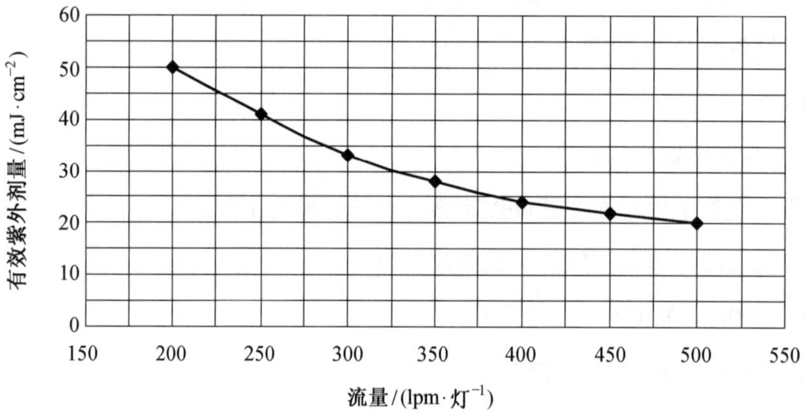

图 4.1　紫外消毒系统——有效计量图

② 设备数量及具体参数见表 4.10。

③ 清洗方式：机械加化学清洗方式。

④ 运行模式：手动和自动。自动清洗模式时，根据紫外线光强变化或清洗周期自动运行和停止。清洗系统由 PLC 控制并且可由操作人员调节清洗频率和清洗次数。如打开手动方式，清洗系统可立即进行清洗。

消毒指标：粪大肠菌群小于 1 000 个/L。

执行《城镇污水处理厂污染物排放标准》（GB 18918—2002）一级 A 标准排放。

（3）铸铁镶嵌铜闸门。

数量：3 个；

参数：DN1200，6 m 水压。

表 4.10　深度处理设计参数及设备对比表

序号	参数	现状设计流量	扩容后设计流量	备　注
		8×10^4 m^3/d K_z=1.35	10×10^4 m^3/d K_z=1.3	
1	出水要求	一级 A 标准	一级 A 标准	
2	消毒系统模块数/个	25	31	新增 6 个
3	清洗系统模块数/个	25	31	新增 6 个
4	紫外灯总数/根	225 根	283 根	新增 58 根
5	每个模块中灯管数/根	9	9	
6	明渠数量/条	1	1	
7	每条明渠中的模块数/个	25	31	
8	紫外线强度监测系统	1	1	
9	水位控制系统	1	1	
10	溢流槽 5 000 mm×400 mm×500 mm	6	8	新增 2 条
11	石英管/根	225	283	新增 58 根

4.1.3.7　原深度处理加药间

原深度处理车间内设置加药间，用于三级处理絮凝剂和生物池加碳的投加和储存。因原深度处理的规模不发生变化，加药间内池体及设备无需做改动。原加药间的设计简述如下。

聚合氯化铝作为絮凝剂，投加在净水间的混合器前端；醋酸钠作为生物池碳源补充，投加在生物池的缺氧池内。

药剂制备采用 2 个溶解池和 2 个溶液池，1 用 1 备。药剂投加采用 6 套隔膜计量泵，分 2 组分别供给生物池，每组均为 2 用 1 备。

（1）构筑物。

加药间尺寸：13.5 m×27 m×6 m。

（2）主要设计参数。

平均设计流量：3 333 m^3/h；

最大设计流量：4 500 m^3/h。

（3）投加药剂。

① 投加药剂——聚合氯化铝（PAC）。

a. 投加计量及参数：平均加药量为 50 mg/L，4 000 kg/d；药剂调制次数为 2 次/d；溶解质量分数为 25%；投加质量分数为 15%。

b. PAC 加药主要设备。

搅拌器：采用垂直搅拌器，数量为 2 台；设备参数为 D=1 500 mm，N=3.0 kW。

计量泵：采用隔膜计量泵，数量为 3 套（2 用 1 备）；设备参数 Q=750 L/h，p=200 kPa。

配套背压阀、阻尼器、安全阀及 Y 型过滤器。

② 投加药剂——醋酸钠（NaAC）。

a. 投加计量及参数：平均加药量为 85 mg/L（15 mg/L 有效碳），6 800 kg/d；制备质量分数为 40%；投加质量分数为 20%；

b. NaAC 加药主要设备。

搅拌器：设备类型采用垂直搅拌器，设备数量为 2 台；设备参数为 D=1 300 mm，N=1.5 kW。

计量泵：设备采用隔膜计量泵，设备数量为 6 套（4 用 2 备）；设备参数为 Q=480 L/h，p=200 kPa。配套背压阀、阻尼器、安全阀及 Y 型过滤器。

（4）其他加药间内设备。

① 单悬梁电动吊车，数量为 1 台，参数为 T=1 t，L_K=9.0 m。

② 台秤，数量为 1 台，参数为 T=1 t 。

③ 壁式轴流风机，数量为 3 台，参数为 Q=125 m^3/min，p=300 Pa，N=1.5 kW。

④ 潜水排污泵，数量为 2 台（1 用 1 备），参数为 Q=10 m^3/h，H=0 m，N=1.1 kW。

⑤ 超声波液位计，数量为 9 套，参数为 0～2 m。

4.1.4 污泥处理系统

4.1.4.1 污泥贮池

污水处理厂内污泥贮池为新旧 2 池连通结构。新建 1 座矩形封闭钢筋混凝土构筑物，用于贮存、缓冲生物池排放的剩余污泥。新建污泥贮池底部设有连通管，与旧污泥贮池连通，以增加污泥缓冲容积。污水处理厂扩容后，增加污泥脱水机的工作能力，对原贮池不做变动。以下对污水处理厂内的污泥进行简要介绍。

预计 2 池合并后最大贮泥时间约为 8 h。

（1）构筑物。

污泥贮池尺寸：$B\times L\times H$=16 m×16 m×4.3 m，池子数量为 1 座。

（2）设计参数。

剩余污泥量：24 500 kg/d;

含水率：99.2%;

污泥体积：2 450 m^3;

存储时间：t=8 h。

（3）主要设备。

主要设备是搅拌机，采用潜水搅拌机。设备数量为 2 台。

设备参数：DN400，N=4.0 kW。

4.1.4.2 污泥脱水间

由于扩容后产泥量的增加，需增加污泥脱水机及相应设备的设计容量。

（1）建筑物。

污泥脱水间尺寸：$B\times L\times H$=18.5 m×9.5 m×7.0 m。

（2）机械脱水。

采用机械脱水的方式处理剩余污泥，提高污泥含固率，减小污泥体积。主要参数如下。

干污泥量：19 600 kg/d，扩容后污泥量变为 24 500 kg/d;

进泥含水率：99.2%；

进泥体积：Q=2 450 m^3/d；

出泥含水率：75%～80%；

出泥体积：98 m^3/d；

每吨污泥（DS）絮凝剂投加量：3～4 kg；

运行时间：16 h；

控制方式：采用 PLC 程序控制污泥脱水系统的运行。

（3）主要设备。

① 离心污泥浓缩脱水一体机，设备数量为 3 台（3 用），设备参数如下。

处理能力：45 m^3/h；

功率：N=55 kW；

控制方式：采用 PLC 程序控制，也可遥控或者现场手动控制开、停。

② 污泥进料泵，采用偏心螺杆泵，数量为 3 台（3 用），设计参数如下。

流量：Q=45 m^3/h；

扬程：H=20 m；

功率：N=18.5 kW；

控制方式：采用 PLC 程序控制，也可遥控或者现场手动控制开、停。

③ PAM 自动溶配药系统，共设计 2 套，1 套用于污泥脱水加药，另 1 套用于深度处理的絮凝池加药。主要设计参数如下。

药液配置质量分数：0.1%～0.3%；

最大供药能力：3 m^3/h；

配带功率：5 kW；

控制方式：采用 PLC 程序控制，也可遥控或者现场手动控制开、停。

④ 计量泵分为两种，一种用于输送污泥去脱水，另一种用于深度处理的絮凝池加药。

用于污泥脱水的计量泵，数量为 3 台（3 用），设备参数如下。

流量：Q=0.85 m^3/h；

扬程：H=20 m；

功率：N=1.5 kW；

控制方式：采用 PLC 程序控制，也可遥控或者现场手动控制开、停。

用于深度处理的絮凝池加药的计量泵，数量为 3 台（2 用 1 备），设计参数如下。

流量：Q=0.75 m^3/h；

扬程：H=20 m；

功率：N=0.75 kW；

控制方式：采用 PLC 程序控制，也可遥控或者现场手动控制开、停。

⑤ 冲洗水泵，采用潜水泵冲洗，数量为 2 台（1 用 1 备），设计参数如下。

流量：Q=30 m^3/h；

扬程：H=30 m；

功率：N=4 kW；

控制方式：采用 PLC 程序控制，也可遥控或者现场手动控制开、停。

其余设备：螺旋输送机、螺杆泵、起重机、空压机、混合器、助凝加配药装量、潜污泵、流量剂、除味装量等见表 4.11。

表 4.11　污泥脱水间设计参数及设备对比表

序号	参数	现状设计流量	扩容后设计流量	备　注
		$8\times10^4\ m^3/d$ K_z=1.35	$10\times10^4\ m^3/d$ K_z=1.3	
（一）	设计参数			
（1）	干污泥量/（$kg\cdot d^{-1}$）	19 600	24 500	
（2）	进泥含水率	99.2%	99.2%	
（3）	进泥体积/（$m^3\cdot d^{-1}$）	2 450	3 062.5	
（4）	出泥含水率	75%～80%	75%～80%	
（5）	出泥体积/（$m^3\cdot d^{-1}$）	98	122.5	
（6）	每吨污泥（DS）絮凝剂投加量/kg	3～4	3～4	
（7）	运行时间/h	16	16	
（二）	主要设备			
1	离心浓缩脱水一体机			提高设备处理能力
（1）	设备数量/台	3	3	
（2）	设备参数	Q=45 m³/h，N=55 kW	Q=45 m³/h，N=55 kW	
2	污泥进料泵			不需变化
（1）	设备数量/台	3	3	
（2）	设备参数	Q=50～60 m³/h，N=18.5 kW	Q=50～60 m³/h，N=18.5 kW	
3	冲洗泵			不需变化
（1）	设备数量/台	2	2	
（2）	设备参数	KDL50-250(I)A，Q=23 m³/h，H=70 m，N=11 kW	KDL50-250(I)A，Q=30 m³/h，H=30 m，N=4 kW	
4	脱水剂自动溶配药装置			不需变化
（1）	设备数量/台	1	2	
（2）	设备参数	PT6660，N=2.2+2.2+0.18 kW	PT6660，Q=3 m³/u，N=5 kW	
5	脱水计量泵			不需变化
（1）	设备数量/台	3	3	
（2）	设备参数	NM021BY01P05B，Q=1～2 m³/h，N=1.5 kW	NM021BY01P05B，Q=0.85 m³/h，N=1.5 kW	
6	空压机			不需变化
（1）	设备数量/台	2	2	
（2）	设备参数	FG-10，Q=0.12 m³/min，N=0.75 kW	FG-10，Q=0.12 m³/min，N=0.75 kW	

续表 4.11

序号	参数	现状设计流量 8×10^4 m^3/d K_z=1.35	扩容后设计流量 10×10^4 m^3/d K_z=1.3	备　注
7	水平螺旋输送机			不需变化
（1）	设备数量/台	1	1	
（2）	设备参数	LSW360-15100， L=16.5 m，N=1.5 kW	LSW360-15100， L=16.5 m，N=1.5 kW	
8	泥饼泵			不需变化
（1）	设备数量/台	2	2	
（2）	设备参数	C4H CxDQ 4AAA， Q=2～8 m^3/h，N=18.5 kW	C4H CxDQ 4AAA， Q=2～8 m^3/h，N=18.5 kW	
9	锥形混合器			不需变化
（1）	设备数量/台	3	3	
（2）	设备参数	HHQ150	HHQ150	
10	助凝剂自动配药装置			不需变化
（1）	设备数量/台	1	1	
（2）	设备参数	Py3-2000，N=1.8 kW	Py3-2000，N=1.8 kW	
11	助凝剂加药泵			不需变化
（1）	设备数量/台	2	2	
（2）	设备参数	GM1000， Q=1 000 L/h，N=0.55 kW	GM1000， Q=1 000 L/h，N=0.55 kW	
12	输泥管电伴热装置			不需变化
（1）	设备数量/台	11	11	
（2）	设备参数	30DXW，N=3.0 kW， 30 W/m，L=100 m	30DXW，N=3.0 kW， 30 W/m，L=100 m	
13	潜污泵			不需变化
（1）	设备数量/台	1	1	
（2）	设备参数	Q=10 m^3/h，H=10 m， N=0.75 kW	Q=10 m^3/h，H=10 m， N=0.75 kW	
14	管道过滤器			不需变化
（1）	设备数量/台	3	3	
（2）	设备参数	Q=30 m^3/h	Q=30 m^3/h	
15	污泥电磁流量计			不需变化
（1）	设备数量/台	3	3	
（2）	设备参数	24 V，N=0.012 kW	24 V，N=0.012 kW	
16	异味除臭装置			不需变化
（1）	设备数量/台	2	2	
（2）	设备参数	N=0.5 kW	N=0.5 kW	

4.1.5 辅助建筑物

污水处理厂内的辅助建筑包括综合楼、门卫室等。本次扩容工程，不对辅助建筑进行改造。

4.2 电气设计

4.2.1 设计范围及标准规范

4.2.1.1 设计范围

① 厂区内的高、低压供配电系统设计；

② 变配电所高、低压配电装置布置；

③ 工艺设备及其他动力设备的配电及控制；

④ 全厂建（构）筑物和厂区道路照明；

⑤ 全厂建（构）筑物的防雷接地系统；

⑥ 厂区动力、照明电缆敷设。

4.2.1.2 标准规范

设计中主要用到的规范和标准：

①《中华人民共和国电力法》；

②《电力工程电缆设计规范》（GB 50217—2007）；

③《国家电气设备安全技术规范》（GB 19517—2004）；

④《3-110 kV 高压配电装置设计规范》（GB 50060—2008）；

⑤《10 kV 及以下变电所设计规范》（GB 50053—94）；

⑥《供配电系统设计规范》（GB 50052—2009）；

⑦《低压配电设计规范》（GB 50054—2011）；

⑧《建筑设计防火规范》（GB 50016—2014）；

⑨《建筑物防雷设计规范》（GB 50057—2010）；

⑩《民用建筑电气设计标准》（GB 5138—2019）；

⑪《建筑照明设计标准》（GB 50034—2013）；

⑫《城镇排水系统电气与自动化工程技术标准》（CJJ/T 120—2018）。

4.2.2 供电系统及设置

4.2.2.1 供电电源及电压

根据规范，本污水处理厂为二级负荷，采用 2 路 10 kV 电源供电。输电线采用 YJV22-8.7/15 kV 型铠装电力电缆，直接埋地敷设。

4.2.2.2 负荷计算及变压器的选择

污水处理厂用电负荷主要集中在鼓风机房和进水提升泵站，负荷计算采用需要系数法，全厂计算负荷为 S_{js}=319.56 kV·A，详见表 4.12～4.15。

表 4.12 污泥脱水间负荷计算

序号	设备名称——污泥脱水间	单台容量/kW	安装台数/台	工作台数/台	需要系数 K_x	cos Φ	计算负荷		
							P_{js}/kW	Q_{js}/kvar	S_{js}/（kV·A）
1	带式浓缩脱水机	2.95	3	3	0.85	0.85	7.522 5	4.662	8.85
2	污泥泵	9.2	3	3	0.85	0.85	23.46	14.539	27.6
3	滤带冲洗泵	11	3	3	0.85	0.85	28.05	17.384	33
4	脱水剂配药装置	4.58	1	1	0.85	0.85	3.893	2.412 7	4.58
5	脱水剂加药泵	1.5	1	1	0.6	0.85	0.9	0.557 8	1.06
6	空压机	0.75	1	1	0.6	0.85	0.45	0.278 9	0.53
7	水平螺旋输送机	4	1	1	0.85	0.85	3.4	2.107 1	4
8	泥饼泵	18.5	2	2	0.8	0.85	29.6	18.344	34.82
9	助凝剂自动配药装置	4.58	1	1	0.8	0.85	3.664	2.270 7	4.31
10	助凝剂加药泵	1.5	3	3	0.85	0.85	3.825	2.370 5	4.5
11	离心风机	2.2	2	2	0.85	0.8	3.74	2.805	4.68
12	输泥管电伴热	7.5	1	1	0.85	0.85	6.375	3.950 9	7.5
13	集水坑潜污泵	0.75	1	1	0.85	0.85	0.637 5	0.395 1	0.75
14	照明配电箱	10	1	1	0.2	0.5	2	3.464 1	4
15	排风扇控制箱电源	2	1	1	0.85	0.85	1.7	1.053 6	2
	合计						119.22	76.596	142.18

表 4.13 污泥固流泵房负荷计算

序号	设备名称——污泥固流泵房	单台容量/kW	安装台数/台	工作台数/台	需要系数 K_x	cos Φ	计算负荷		
							P_{js}/kW	Q_{js}/kvar	S_{js}/（kV·A）
1	卧式离心泵	75	3	2	0.85	0.85	127.5	79	150
2	卧式离心泵	4.2	4	2	0.85	0.85	7.14	4.425	8.4
3	卧式离心泵	75	2	2	0.85	0.85	127.5	79	150
4	电动阀	2.2	7	7	0.2	0.8	3.08	2.31	3.85
5	吊车电源	3	1	1	0.2	0.5	0.6	1.039 2	1.2
6	排水泵控制箱电源	3	1	1	0.8	0.85	2.4	1.487 4	2.82
7	PLC 控制柜电源	6	1	1	0.8	0.85	4.8	2.974 8	5.65
8	机修间及车库电源	60	1	1	0.8	0.85	48	29.748	56.47
9	浴池电源	20	1	1	0.8	0.85	16	9.915 9	18.82
10	照明配电箱电源	10	1	1	0.8	0.85	8	4.958	9.41
11	提升泵池 1#潜水轴流泵	55	3	3	0.8	0.85	132	81.806	155.29

续表 4.13

序号	设备名称——污泥固流泵房	单台容量/kW	安装台数/台	工作台数/台	需要系数 K_x	cos Φ	计算负荷		
							P_{js} /kW	Q_{js} /kvar	S_{js} /（kV·A）
12	1#罗茨鼓风机	45	3	2	0.8	0.85	72	44.622	84.71
13	1#反冲洗泵	30	3	4	0.8	0.85	96	59.495	112.94
14	絮凝沉淀池 1#吸泥车	0.75	4	4	0.8	0.85	2.4	1.487 4	2.82
15	絮凝沉淀池 1#排泥泵	1.5	8	8	0.8	0.85	9.6	5.949 5	11.29
16	V 型滤池起重机	2.24	1	1	0.8	0.85	1.792	1.110 6	2.11
17	反冲洗泵房起重机	2.24	1	1	0.8	0.85	1.792	1.110 6	2.11
18	紫外消毒渠 1#电动阀	1.1	1	1	0.8	0.85	0.88	0.545 4	1.04
19	紫外消毒渠 2#电动阀	1.1	1	1	0.8	0.85	0.88	0.545 4	1.04
20	加药间 1#隔膜计量泵（PAC）	0.55	3	3	0.8	0.85	1.32	0.818 1	1.55
21	加药间 1#隔膜计量泵（NaAC）	0.55	6	6	0.8	0.85	2.64	1.636 1	3.11
22	鼓风机房起重机	3.74	1	1	0.8	0.85	2.992	1.854 3	3.52
23	鼓风机房 1#放风阀	0.37	3	3	0.8	0.85	0.888	0.550 3	1.04
24	加药间 1#搅拌器	1.5	4	4	0.8	0.85	4.8	2.974 8	5.65
25	加药间 5#搅拌器	2.2	4	4	0.8	0.85	7.04	4.363	8.28
26	压缩空气干燥机	1.1	1	1	0.8	0.85	0.88	0.545 4	1.04
27	提升泵池起重机	3.74	1	1	0.8	0.85	2.992	1.854 3	3.52
28	紫外消毒渠控制柜	56	1	1	0.8	0.85	44.8	27.765	52.71
29	三级处理照明控制箱 1	20	1	1	0.8	0.85	16	9.915 9	18.82
30	三级处理照明控制箱 2	20	1	1	0.8	0.85	16	9.915 9	18.82
31	三级处理照明控制箱 3	20	1	1	0.8	0.85	16	9.915 9	18.82
32	1#空压机	11	2	2	0.8	0.85	17.6	10.908	20.71
33	三级处理排风机控制箱	5	1	1	0.8	0.85	4	2.479	4.71
34	加药间起重机	2.24	1	1	0.8	0.85	1.792	1.110 6	2.11
35	潜水排污泵控制箱	0.75	1	1	0.8	0.85	0.6	0.371 8	0.71
36	提升泵池 1#闸门	1.1	3	3	0.8	0.85	2.64	1.636 1	3.11
	合计						805	500	948
	同时系数	K_P=	0.9				724		
		K_q=	1			0.831		485	872
	补偿前平均功率因数							0.806	
	计算补偿容量（补偿到 0.90 以上）							228.8	
	补偿电容器容量							300	

续表 4.13

序号	设备名称——污泥固流泵房	单台容量/kW	安装台数/台	工作台数/台	需要系数 K_x	cos Φ	计算负荷		
							P_{js}/kW	Q_{js}/kvar	S_{js}/（kV·A）
	补偿后的计算负荷					0		185.17	748.09
变压器选择									
	变压器容量/（kV·A）						1 000		
	变压器负荷率/%						74.81		
	变电所变压器损耗						25.26	126.292	

注：为了更清楚表达表中数量此处用“#”代替“号”。

表 4.14　变电所负荷计算

序号	设备名称——变电所	单台容量/kW	安装台数/台	工作台数/台	需要系数 K_x	cos Φ	计算负荷		
							P_{js}/kW	Q_{js}/kvar	S_{js}/（kV·A）
1	鼓风机房风机	185	6	5	0.8	0.85	740	458.61	870.59
2	1#、2#缺氧池立式轴流泵	37	6	4	0.8	0.85	118.4	73.378	139.29
3	3#、4#缺氧池立式轴流泵	37	6	4	0.8	0.85	118.4	73.378	139.29
4	1#、2#厌氧池搅拌机	11	4	4	0.8	0.85	35.2	21.815	41.41
5	1#、2#缺氧池搅拌机	7.5	10	10	0.8	0.85	60	37.185	70.59
6	推进器	4	6	6	0.8	0.85	19.2	11.899	22.59
7	3#、4#厌氧池搅拌机	5.5	12	12	0.8	0.85	52.8	32.723	62.12
8	3#、4#缺氧池搅拌机	11	6	6	0.8	0.85	52.8	32.723	62.12
9	二沉池刮泥机	8	5	5	0.8	0.85	32	19.832	37.65
10	1#、2#厌氧池闸门	0.75	6	6	0.8	0.85	3.6	2.231 1	4.24
11	3#、4#厌氧池闸门	0.75	6	6	0.8	0.85	3.6	2.231 1	4.24
12	PLC 控制柜电源	10	1	1	0.8	0.85	8	4.958	9.41
13	变压器 1#电源	2	1	1	0.8	0.85	1.6	0.991 6	1.88
14	变压器 2#电源	2	1	1	0.8	0.85	1.6	0.991 6	1.88
15	直流屏 1#电源	10	1	1	0.8	0.85	8	4.958	9.41
16	直流屏 2#电源	10	1	1	0.8	0.85	8	4.958	9.41
17	变电所一层照明箱	10	1	1	0.8	0.85	8	4.958	9.41
18	变电所二层照明箱	10	1	1	0.8	0.85	8	4.958	9.41
19	鼓风机房配电柜电源	20	1	1	0.8	0.85	16	9.915 9	18.82
20	变电所一层排风机控制箱	1	1	1	0.8	0.85	0.8	0.495 8	0.94
21	厂区检修照明控制箱	20	1	1	0.8	0.85	16	9.915 9	18.82

续表 4.14

序号	设备名称——变电所	单台容量/kW	安装台数/台	工作台数/台	需要系数 K_x	cos Φ	计算负荷		
							P_{js}/kW	Q_{js}/kvar	S_{js}/（kV·A）
22	污泥脱水间配电						119	76	142
	合计						1431	889	1 686
	同时系数	K_P=	0.9				1 287.9		
		K_q=	1			0.832		862	1 550
	补偿前平均功率因数							0.806	
	计算补偿容量(补偿到0.90以上)							406	
	补偿电容器容量							600	
	补偿后的计算负荷					0		262	1 314
变压器选择									
	变压器容量/（kV·A）						1 600		
	变压器负荷率/%						82.15		
	变电所变压器损耗						53	263	

注：为了更清楚表达表中数量此处用“#”代替“号”。

表 4.15 进水提升泵房负荷计算

序号	设备名称——进水提升泵房	单台容量/kW	安装台数/台	工作台数/台	需要系数 K_x	cos Φ	计算负荷		
							P_{js}/kW	Q_{js}/kvar	S_{js}/（kV·A）
1	潜水离心泵	110	6	4	0.85	0.85	374	231.78	440
2	螺旋压榨机	3	1	1	0.6	0.85	1.8	1.115 5	2.12
3	砂水分离器	0.37	2	1	0.8	0.85	0.296	0.183 4	0.35
4	桥式吸砂机	2.9	1	1	0.8	0.85	2.32	1.437 8	2.73
5	综合楼电源	60	1	1	0.8	0.85	48	29.748	56.47
6	室外照明箱电源	20	1	1	0.8	0.85	16	9.915 9	18.82
7	粗格栅 1#格栅机控制箱	3	1	1	0.6	0.75	1.8	1.587 5	2.4
8	粗格栅 2#格栅机控制箱	3	1	1	0.6	0.75	1.8	1.587 5	2.4
9	粗格栅 3#格栅机控制箱	3	1	1	0.6	0.75	1.8	1.587 5	2.4
10	电动葫芦	6	1	1	0.2	0.5	1.2	2.078 5	2.4
11	细格栅 1#格栅机控制箱	2.2	1	1	0.6	0.75	1.32	1.164 1	1.76
12	细格栅 2#格栅机控制箱	2.2	1	1	0.6	0.75	1.32	1.164 1	1.76
13	细格栅 3#格栅机控制箱	2.2	1	1	0.6	0.75	1.32	1.164 1	1.76
14	厂房照明配电箱	10	1	1	0.8	0.85	8	4.958	9.41

续表 4.15

序号	设备名称——进水提升泵房	单台容量/kW	安装台数/台	工作台数/台	需要系数 K_x	cos Φ	计算负荷		
							P_{js}/kW	Q_{js}/kvar	S_{js}/（kV·A）
15	粗格栅照明配电箱	10	1	1	0.8	0.8	8	6	10
16	细格栅照明配电箱	10	1	1	0.8	0.8	8	6	10
17	配电室照明配电箱	10	1	1	0.8	0.85	8	4.958	9.41
18	一层排风机控制箱	2.5	1	1	0.8	0.85	2	1.239 5	2.35
19	配电间风机控制箱	2.5	1	1	0.8	0.85	2	1.239 5	2.35
20	PLC 控制柜电源	6	1	1	0.8	0.85	4.8	2.974 8	5.65
21	粗格栅进水阀门控制箱	1.1	1	1	0.2	0.8	0.22	0.165	0.28
22	细格栅进水阀门控制箱	1.5	1	1	0.2	0.8	0.3	0.225	0.38
23	细格栅出水阀门控制箱	1.5	1	1	0.2	0.8	0.3	0.225	0.38
24	新建三级处理车间								
25	提升泵	30	2	1	0.8	0.85	24	14.874	28.24
26	吸泥车	2.2	4	4	0.8	0.85	7.04	4.363	8.28
27	电动阀	1.1	1	1	0.8	0.85	0.88	0.545 4	1.04
28	转盘微滤池	5.87	1	1	0.8	0.85	4.696	2.910 3	5.52
29	反冲洗水泵	2.2	2	1	0.8	0.85	1.76	1.090 8	2.07
30	水源热泵电源	150	1	1	0.8	0.85	120	74.369	141.18
	合计						652.97	410.66	771.91
	同时系数	K_P=	0.9				587.7		
		K_q=	1			0.828		398.34	709.95
	补偿前平均功率因数							0.803	
	计算补偿容量（补偿到 0.90 以上）							200	
	补偿电容器容量							300	
	补偿后的计算负荷					0		98.34	595.8
	变压器选择								
	变压器容量/（kV·A）							800	
	变压器负荷率/%							74.48	
	变电所变压器损耗						23.83	119.168	

注：为了更清楚表达表中数量此处用“#”代替“号”。

根据上述负荷计算结果，变电所选用 2 台 SCB10-1600 kVA，10/0.4 kV 干式变压器，1 用 1 备。一级处理选用 2 台 SCB10-400 kVA，10/0.4 kV 干式变压器。污泥泵房选用 2 台 SCB10-800 kVA，10/0.4 kV 干式变压器。

4.2.2.3 负荷性质及供电系统

（1）负荷性质。

×××××污水处理厂承担该地区的污水收集及处理任务，供电电源必须安全可靠。供电电源长时间停电不仅会造成污水溢流，污染环境，影响市区人民的正常生活和工作，而且还会给污水处理厂正常运行造成极大的影响。污水处理采用生化方式进行，长时间停电，造成供氧中断，将会使微生物成批死亡，严重影响污水处理厂的正常运行。因此，污水处理厂的供电应按二级负荷考虑，需要 2 路独立电源供电，供电电源电压等级为 10 kV。

（2）高压系统。

高压系统需采用 10 kV 电源电缆入户，引至污水处理厂变电所的高压进线柜。10 kV 配电装置选用 KYN 型高压手车开关柜，接线方式为单母线分段接线，1 路工作，1 路备用。2 路进线开关和联络开关设机械电气联锁装置，防止误操作。

（3）变压器设置。

变电所内变压器 1 台工作，1 台备用，变压器负荷率为 75.9%。一级处理变压器 1 台工作，1 台备用，变压器负荷率为 68.4%。污泥泵房内变压器 1 台工作，1 台备用，变压器负荷率为 72%。

（4）低压系统。

低压配电系统为 380/220 V 中性点直接接地系统，全厂设 5 个电机控制中心，分别为 MCC1、MCC2、MCC3、MCC4、MCC5，MCC1 位于一级处理配电间，MCC2 位于变电所，MCC3 位于污泥脱水间配电间，MCC4 位于污泥泵房，MCC5 位于鼓风机房原有配电间。

（5）无功功率补偿。

无功功率补偿采用低压模块化电容自动补偿装置，在 MCC1、MCC2、MCC4 的 2 段母线上分别装设 2 面无功功率自动补偿柜，集中补偿。MCC3 为单母线，设 1 面无功功率自动补偿柜。无功功率补偿装置采用自动控制器，根据用电负荷功率因数的变化，自动切换投入电容的组数，保证功率因数 $\cos\phi \geqslant 0.9$。

MCC5 内原有 185 kW 风机因无功功率较大，采用节能补偿器就地补偿。

4.2.2.4 继电保护与控制

（1）控制。

10 kV 配电装置进出线断路器均采用开关柜就地控制，直流操作，操作电源由装在配电室内的直流屏供给。

污水处理厂用电设备电压均为 380/220 V。所有电机均采用机旁按钮手动控制和 PLC 自动控制 2 种方式，在 MCC 上设有手动/自动转换开关。自动状态下，所有电机的起停，将根据工艺运行要求由 PLC 进行控制。正常运行时，以 PLC 自动控制为主。

（2）继电保护。

高压保护采用计算机综合保护系统。低压保护采用热继电器，断路器作为后备保护。

4.2.3 设备选型

（1）高压开关柜。

10 kV 高压开关柜选用 KYN 金属铠装中置式开关柜。

（2）低压开关柜。

低压开关柜选用 GCS 低压抽屉式开关柜。

（3）变压器。

变压器选用 SCB10 型三相干式变压器。

（4）电线电缆。

10 kV 电力电缆采用 YJV22-8.7/15 kV 铠装电力电缆，低压电缆选用 YJV-1 kV 交联聚氯乙烯绝缘电力电缆。

4.2.4 防雷与接地

10 kV 配电装置 2 段母线均装设避雷器，以防止雷电波侵入，造成过电压。综合楼按三类防雷建筑物设计，在屋顶装设避雷针或避雷带，以防止雷击。变电所按照二类防雷建筑物设计。

10 kV 变电所设置保护及工作接地，接地电阻小于 1 Ω，当建筑物与变电所的距离大于 50 m 时，电源电缆引入该建筑物之前应做重复接地，接地电阻不大于 1 Ω，防雷装置接地电阻不大于 10 Ω。污水处理厂高低压开关柜、变压器、配电箱外壳，用电设备不带电金属部分均设有可靠接地。由室外引入室内的电线、电缆在进线母排或配电箱处装设电涌保护器，以防止高电压的侵入。由室内配出至室外设备的电缆回路中装设电涌保护器。

为保证厂内工作人员安全，全厂设等电位接地网，与各建筑单体接地装置相连。

4.2.5 电缆敷设

室内电缆选用无铠装电力电缆，采用电缆沟、电缆桥架或穿保护钢管暗、明敷设。室外电缆选用铠装电力电缆，采用直埋方式敷设，或采用非铠装电缆在电缆沟中敷设。直埋敷设电缆过路或与工艺管道交叉时穿钢管保护。

4.2.6 操作电源

10 kV 系统采用直流操作，直流屏交流电源分别取自 0.4 kV 的 2 段低压母线，在总变电室设免维护电池直流屏组为断路器的控制、信号、继电保护及断路器的合闸提供电源。高压室直流屏输出电压为直流 220 V。

4.2.7 电能计量

电能计量采用高供高计方式，动力照明合一。每路 10 kV 进线电源在高压配电室设高压计量装置，计量表安装在高压配电室的计量柜上。

计量表由开发区供电局供应和安装，计量表为三相三线型，计量用 PT、CT 精度为 0.2 级，容量为 30 kA，且要经当地供电局表计权威测试部门认可。

4.2.8 电动机的起动及控制

15 kW 以上电机采用软启动器或变频器启动，15 kW 及以下电机采用全压直接启动。

4.2.9 全厂照明及检修网络

照明与检修电源网络采用 380/220 V 电压系统。

照明分为变电室、鼓风机房、一级处理间、污泥脱水机房、污泥泵房、综合楼及道路照明等几部分。变电室照度不低于 200 lx，设备间照度不低于 100 lx，化验室及控制室照度不低于 300 lx，道路照度不低于 20 lx。

灯具一般采用均匀布置法，重要部位装设局部照明灯。变电室照明采用荧光灯，T5 灯管；设备间采用防腐防潮泛光灯；综合楼采用荧光灯及装饰灯；生化池上照明采用泛光灯；厂区道路照明采用 6 m 高路灯杆，照明光源采用 85 W LED 灯，单侧布置。

在变电所、综合楼、变电室、控制室等设自带蓄电池应急照明灯。

室内照明导线选用 BV-500 V 型导线，穿保护管暗敷设。

室外照明采用 YJV-1 KV 电缆穿 PC40 尼龙管敷设，穿过道路穿钢管保护。

所有灯具及配电箱外壳、用电设备不带电金属部分均设可靠接地。

4.2.10 电缆敷设

厂区内采用电缆沟、电缆线槽或电缆直埋方式，车间内采用电缆沟、电缆线槽或电缆穿钢管敷设。

为防止电气火灾蔓延，采取以下措施：

（1）在必要部位设耐火隔墙和防火门；

（2）电缆穿线孔洞用耐火材料封堵。

4.3 自控仪表设计

4.3.1 概述

随着现代环保要求的增强，原有的污水处理厂处理能力已经不能满足现在的要求；同时工业现代化的发展，使得生产规模不断扩大，生产技术和生产工艺日趋复杂，对生产过程的监视和控制提出了更高的要求。为了保证污水处理厂生产的稳定和高效，减轻劳动强度，改善操作环境，同时为了实现污水处理厂的现代化生产管理，所以在本次改造方案设计中，采用了改良的 A/A/O 生物处理工艺。

4.3.2 设计原则

根据工艺方案对自控、仪表系统的要求和甲方的运行管理经验，本着成熟、先进、安全、可靠、实用、经济的原则对全厂的自控、仪表系统做如下改造。

全厂的自控系统由计算机控制管理系统和仪表检测系统两大部分组成。前者遵循“集中管理、分散控制、资源共享”的原则，后者遵循“工艺必需、先进实用、维护简便”的原则。

设计方案力求满足本工程污水处理工艺的特性，保证污水处理厂生产的稳定和高效，减轻劳动强度，改善操作环境，实现污水处理厂的现代化生产管理。在此基础上，按照具有先进技术水平的现代化污水处理厂进行设计。

本改造工程自控系统的硬件和软件配置将充分考虑工程的需求，并提供良好的技术手段，保证将来对已有系统资源的有效利用。

整体性能的规划满足如下要求：

① 可靠性——整个系统采用模块化设计，分层分布式结构，控制、保护、测量之间既互相独立又互相联系。

② 先进性——系统的设计以实现“现场无人职守，总站少人值班”为目的。设备装置的启、停及联动运转均可由中央控制室远程操纵与调度。

③ 经济性——系统具有较高的性能价格指标，力争在性价比最高的情况下，将主要设备尽量采用在国际上有较高声誉公司的进口产品，提高可靠性。

④ 实用性——系统设计多个控制层面，既考虑正常工作时的全自动化运行，又考虑了多种非正常运行状态下的配置策略。

4.3.3 设计范围

设计范围包括以下主要内容：

① 自控系统设计。

② 仪表系统设计。

③ 通信网络设计。

④ 监控系统设计。

⑤ 防雷/接地系统设计。

4.3.4 系统方案

自控系统采用集散型计算机控制系统，由可编程序控制器（PLC）及自动化仪表组成的检测控制系统——现场控制站，对污水处理厂各过程进行分散控制，化验室设置操作站采录化验数据；再由通信系统、数据服务器、监控计算机和动态模拟屏组成的中央控制系统——中央控制室，对全厂实行集中管理。各分控站与中央控制室之间由工业以太网进行数据通信。现场控制站与现场测控仪表之间由开放式现场总线连接。现场控制站根据污水处理厂所采用的工艺和构筑物的平面分布，设置在控制对象和信号源相对集中的建筑物中。

工厂控制系统网络采用总线型拓扑网络结构，其主要技术参数：光纤网，MB+通信协议，分布式实时关系数据库，自适应 10/100 Mbit/s 传输速率，全双工通信，网络连接设备采用工业级交换机，主网络系统布线、子网络系统布线统一考虑，综合利用，配置网络操作系统及相关应用软件。

工艺设备的控制方式如下。

① 现场手动模式：设备的现场控制箱或 MCC 控制柜上的“就地/远程”开关选择“就地”方式时，通过现场控制箱或 MCC 控制柜上的按钮实现对设备的启/停、开/关操作。

② 就地检修维护：现场控制箱或 MCC 控制柜上的“就地/远程”开关选择“远程”方式时，设备控

制权在现场控制站 LCS。操作人员通过现场控制站 LCS 的操作面板上选择“手动”方式，利用监控画面或键盘对设备进行检修操作。

③ 远控模式：即远程手动控制方式。现场控制箱或 MCC 控制柜上的“就地/远程”开关选择“远程”方式时，操作人员通过操作面板或中控系统操作站的监控画面用鼠标器或键盘选择“遥控”方式并对设备进行启/停、开/关操作。

④ 自动模式：现场控制箱或 MCC 控制柜上的“就地/远程”开关选择“远程”方式，且现场控制站的“自动/遥控”设定为“自动”方式时，设备的运行完全由各现场控制站根据污水处理厂的工况及生产要求来完成对设备的运行或开/关控制，而不需要人工干预。

控制方式设计为就地手动控制优先，在此基础上，设置远程遥控和自动控制。控制级别由高到低为现场手动控制、就地检修控制、遥控控制、自动控制。

4.3.5 系统组成

根据本厂工艺流程和总平面布置，结合 MCC 的位置和供配电范围，按照控制对象的区域、设备量，新增 1 座中央控制室，根据构筑物的功能设置 5 座现场控制站、1 座化验室操作站。

（1）中央控制室。

中央控制室设于变电所二楼。中央控制室的监控管理计算机系统完成全厂的自动控制，包括 2 套互为热备的监控操作站、1 套服务器、1 套便携式编程器、1 套动态模拟屏、1 套故障打印机、1 套图表打印机、1 套 UPS 电源、1 套防雷及过电压保护装置。中央控制系统通过工业以太网协议，采用光缆与各现场控制站、化验室操作站连接。

这 2 套监控操作站为冗余配备，可以分别侧重监测或组态功能，故障时互为备用，具有灵活的运行方式。

厂级生产管理系统以数据服务器为依托，建立客户/服务器（Client/Server）模式的分布式关系数据库，既方便全厂的高效管理又有机地将控制层与管理层分开，确保了控制层的网络安全。

模拟屏负责显示全厂生产工艺动态数据，直接与通信总线连接，能够独立工作，而不依附于中控室的数据服务器和监控计算机。

（2）现场控制站 LCS。

每个现场控制站配置 1 套 PLC 控制柜、1 套 UPS 电源。柜内包括可编程序控制器、操作员界面 OP、24V DC 电源装置、适配器、总线隔离器、电源防雷过电压保护装置、小型短路器、接线端子、小型继电器，安装连接缆线和附件等。LCS 控制站分配如下：

① LCS1 控制站：控制柜编号为 PLC1，控制范围为一级处理间设备、提升泵池等。

② LCS2 控制站：控制柜编号为 PLC2，控制范围为 AO 生物池、二沉池及鼓风机房设备（鼓风机房原系统利旧，新增 1 台鼓风机 PLC 系统与原系统作为 LCS2 的子站实现主从控制）。

③ LCS3 控制站：控制柜编号为 PLC3，控制范围为污泥回流泵房设备。

④ LCS4 控制站：控制柜编号为 PLC4，控制范围为污泥脱水间设备。在控制污泥脱水间设备的同时考虑与污泥脱水机等成套设备的通讯。

⑤ LCS5 控制站：控制柜编号为 PLC5，控制范围为三级处理间设备。考虑到三级处理间构筑物与变电所控制室的位置较近，故将三级处理间控制中心 PLC5 设置在变电所控制室并与变电所 PLC 合并。

⑥ LCS6 控制站：控制柜编号为 PLC6，控制范围为新建三级处理车间，负责提升泵，转盘微滤池等设备。

4.3.6 系统功能

（1）中央控制室。

中央控制室设监控管理系统。系统具有以下功能：

① 实时采集全厂生产过程的工艺参数、电气参数，电气设备运行状态。

② 在彩色监视器（TFT）上显示总工艺流程图、分段工艺流程图、供电系统图、工艺参数、电气参数、电气设备运行状态。

③ 在操作站以“人-机”对话方式指导操作，远程设定工艺参数，控制电气设备。

④ 根据采集到的信息，自动建立数据库，保存工艺参数、电气参数、电气设备运行状态、报警数据和故障数据，并自动生成工艺参数的趋势曲线。管理人员通过对工艺曲线进行分析、研究，进一步改进工艺运行方案，提高生产效率。

⑤ 按生产管理要求打印年、月 、日、班运行报表、报警报表、故障报表及工艺流程图（彩色硬拷贝）。实时报警打印和故障打印。

⑥ 模拟屏模拟显示总工艺流程图，在流程图上动态显示主要的工艺参数、主要设备的状态、电气系统状态、主要电气参数。

⑦ 通过光纤以太网与分控制室的现场控制系统进行通信。

⑧ 设不间断电源，保证在发生停电故障时该系统仍能安全可靠地运行。

⑨ 与工厂管理系统联网，实现资源共享、综合管理。

（2）现场控制站。

现场控制站内设现场控制系统，其主要功能如下：

① 按控制程序对所辖工段内的工艺过程、电气设备进行控制，同时采集工艺参数，电气参数及电气设备运行状态。

② 通过通信总线与中央控制室的监控管理系统进行通信。向监控管理系统传送数据，并接受监控管理系统发出的开/停机命令。

③ 采集的主要工艺参数有：水位、流量、压力、溶解氧、ORP、COD、MLSS、电流、电压、功率等。

④ 与带有通信接口的就地控制柜进行通信，采集电气设备运行状态，向就地控制柜发送开停机命令。

⑤ 设不间断电源，保证在停电故障时系统仍能安全可靠地运行。

4.3.7 主要监测内容

（1）控制系统的测控参数。

控制系统的主要测控参数压力、流量、液位、pH 值、ORP、溶解氧浓度、COD、格栅运行控制、沉砂池运行控制、泵组轮值控制、消毒系统控制、污泥脱水系统控制、电力系统运行数据和状态、电气设备运行状态等。

（2）主要测控内容。

温度：进水温度；

压力：鼓风机总出口空气压力；

振动：鼓风机振动检测；

流量：污水进水流量、剩余污泥流量、工厂出水流量等；

液位：粗格栅水位差、细格栅水位差、进水泵房水位、贮泥池液位等；

水质分析：MLSS 值、pH 值、ORP 值、溶解氧浓度等；

其他：各池极限液位、进水自动取样、出水自动取样、电力系统运行数据和状态、电气设备运行状态；

自动控制：格栅及栅渣输送压实机、水泵组、吸砂机及砂水分离器、污泥进料泵组、空压机、螺旋输送机、鼓风机及搅拌器机组、脱水一体机组、电动阀门等。

4.3.8 主要控制回路描述

4.3.8.1 格栅机及其附属输送压榨设备的控制

格栅自动控制采用液位差控制和定时控制。

（1）液位差控制。

通过水位差测量仪检测格栅前后水位差值，具体为在格栅机的前后均设置一台超声波液位传感器，检测出格栅机的前后液位差。当水位差值大于设定值时，启动除污耙；当格栅距上次运行的时间超过设定值时，启动除污耙。启动除污耙时，先启动螺旋式输送机和栅渣压实脱水机，格栅停止后延迟一段时间再停螺旋式输送机和栅渣压实脱水机。通过监控管理系统和现场控制系统的操作屏可以设定水位差值，格栅距上次运行的时间间隔及格栅的运行周期，设定低液位差 LDF2 和高液位差 LDF1。当检测到的液位差大于 LDF1 时，启动格栅机；当检测到的液位差低于 LDF2 时，停止格栅机（减少了运行时间，有效地节约成本）。

（2）定时控制。

根据外来污水状况和运行经验，通过设定相关定时参数，自动控制格栅机的启动时间和停止时间。控制过程如图 4.2 所示。

格栅附属设备的联动：皮带输送机和压榨机作为格栅机的附属输送压榨设备，它们在定时或自动运行模式下，一般与格栅机联动。附属设备应适当地提前或延时运行。

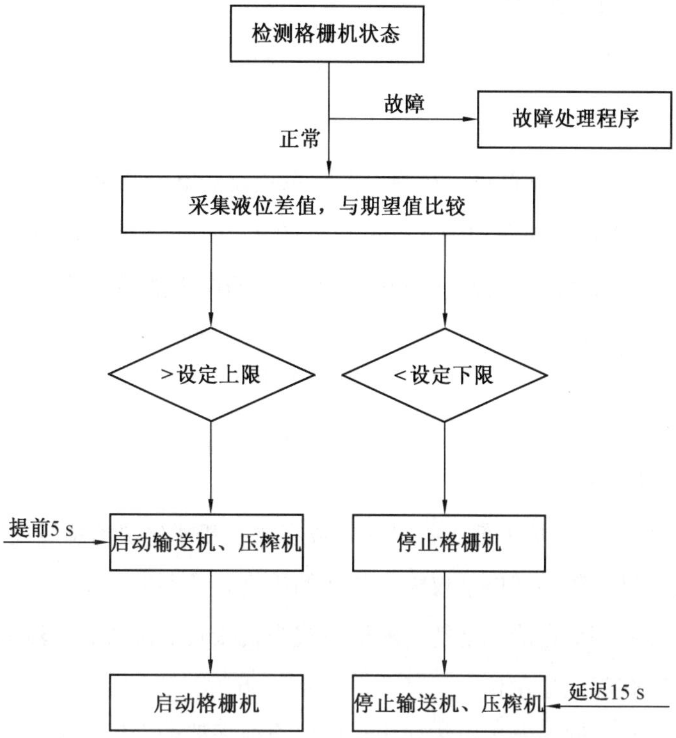

图 4.2　格栅机及其附属设备的控制

4.3.8.2　水泵自动控制

水泵自动控制是通过超声波液位计检测水位值，当水位升高时，控制水泵依次逐台启动，水泵的启动顺序按累计的水泵运行时间从小到大排列。当水位降低时，控制水泵依次逐台停止，顺序与之相反。同时自动累积水泵运行时间，实现水泵的自动轮值，保证水泵总是处在最佳运行状态。当水位降低到干运转保护水位时，水泵全停。通过监控管理系统和现场控制系统的操作屏，可以设定水位值。

4.3.8.3　曝气沉砂池的控制

PLC 控制定时自动启动吸砂机、砂水分离器对沉砂池排砂，并可由 PLC 及中控室远程控制设备的运行。

4.3.8.4　生物池曝气量自动调节

曝气量自动控制系统作为一个恒值控制系统，系统给定一个保持不变的最佳溶解氧值，通过 PLC 控制调节输出量（即鼓风机开启台数），使被控量（实测生物池溶解氧浓度）不断地接近给定值。在这个系统中，要求稳定性和动态特性良好，被控量向给定值过渡的时间短，同时过程平稳，振荡幅度小。

曝气供氧系统是由鼓风机、电动调节阀和溶解氧仪共同组成的闭环系统，为反应池好氧段提供氧气，并维持好氧过程的溶解氧浓度值。依照好氧过程的溶解氧浓度值控制鼓风机的开启程度，维持溶解氧浓度值在一定的范围内变动。通过监控管理系统和现场控制系统的操作屏，可以设定生物池中的溶解氧值。

4.3.8.5　鼓风机自动控制

机组采用系统总的空气流量变化为基准的直接流量控制法，PLC 依据溶解氧的变化，通过调节鼓风机变频器频率维持系统总管路空气流量，从而满足曝气池的溶解氧要求。并联鼓风机采用顺序运行方案。

4.3.8.6 污泥浓缩脱水一体机自动控制

污泥浓缩脱水系统控制采用时间控制和手动控制 2 种控制方式。

4.3.8.7 电力监控

与污水处理厂电力监控系统建立联系，在中央控制系统设置电力监控程序，显示电力系统的主接线、各段母线的电压、各母线开关的状态和电流、各变压器的状态、各主要用电设备的状态和电流、高压进线、低压进线处的电量数据等，实现监控、管理污水处理厂的电力消耗。

4.3.9 系统主要硬件设计选型

4.3.9.1 自动化仪表

（1）自动化仪表总要求。

选用高精度、高稳定性、免维护或低维护量的的数字式、智能化现场总线仪表。要求如下：

① 全厂的仪表采用先进的数字式电动仪表，整体的精度要求不低于 1%；

② 水质分析仪表应具备探头自清洗功能，清洗方式为机械式清洗或其他液体清洗剂；

③ 每套检测仪表都需有就地显示仪；

④ 每套检测仪表需带有足够的专用电缆（由传感器至变送器的专用电缆长度不得少于 10 m）；

⑤ 现场安装的传感器必须提供全套完整的安装固定用支架、保护箱、安装材料及附件，材质为优质不锈钢；

⑥ 温度传感器必须提供全套完整的安装连接器件；

⑦ 仪表的传感器及连接电缆在-10～+60 ℃的环境温度下可以正常运行；

⑧ 主要检测仪表需提供必要的现场总线接口。

（2）主要仪表选型。

① 水位——连续非接触式单通道超声波水位计；

② 溶解氧——金属电极、有自动消泡的溶解氧测量仪；

③ 液体流量——电磁感应、有空管检测电极的电磁流量计或多普勒原理的超声波流量计；

④ MLSS；

⑤ ORP。

4.3.9.2 可编程序控制器（PLC）

PLC 采用世界知名公司的先进产品。PLC 的选型充分考虑其可靠性、先进性、可扩充性，应能满足中高控制性能的要求。PLC 系统结构简洁、使用方便、特别是程序编制方法应简单易学。PLC 的输入输出控制点留有 20％以上的余量。

选用模块化的分布式控制系统，且支持现场总线协议。远程分布式 I/O 单元的 I/O 模块选用与主 PLC 同系列同等级的产品；输入信号全部为隔离型，输出信号均有保护，模拟输入信号的分辨率不小于 12 位，模拟输出信号的分辨率不小于 12 位。现场总线适配器采用隔离型。各种接口模块必须可带电插拔。

工业以太网：100 Mbit/s；现场总线：12 Mbit/s。

4.3.9.3 计算机操作员站

工业监控机，硬件的一般配置和性能要求如下：

① 不小于 P4 2 GHz 中央处理器；

② 硬盘驱动器：500 GB，转速 7 200，2 048 KB 缓存，不小于 4 GB 内存；

③ 16 速 DVD-ROM；

④ PS2 键盘及鼠标；

⑤ 通信卡：工业 Ethernet、100 Mbit/s，32 KB 缓存，MB+卡；

⑥ PCI 插槽不小于 4 个；

⑦ 22 in（英寸，1 in=2.54 cm）TFT 液晶显示器。

4.3.9.4 数据服务器

服务器硬件的一般配置和性能要求如下：

① CPU 字长不小于 64 位体系结构的中央处理器；主频不小于 1 GHz；ECC 奇偶校验；内存错误侦测和修正；扩展能力不小于 4 GB。

② 内置硬盘容量不小于 500 GB（SCSI，2*18 GB）；内置磁盘驱动器扩充能力不小于 6 个；扩展插槽（I/O）能力不小于 6 个。

③ 外接光纤通道接口卡支持 PCI。

④ 电源不小于 2 个，冗余，可热插拔；电源故障/自动重启。

⑤ 工业以太网卡不小于 2 个；100 M/1 000 M 自适应以太网卡。

⑥ 操作系统支持：无限用户数；支持语言：中文。

⑦ 浮点操作在至少 32 位之上。

⑧ 全自动硬件优先中断结构；具有可选择性地开启/关闭某一中断的功能。

⑨ 实时时钟，1 ms 的分辨率；人工时钟修正不会导致在其他程序处理中差异。

4.3.9.5 供电电源

（1）供电电源。

220 V AC 采用在线式、隔离型、连续双转换或后备式的 UPS 不间断供电电源，蓄电池续航能力为 0.5 h 或 1.0 h 以上；24 V DC 配置独立的高品质直流稳压电源。

中央控制室：3 kV·A，0.5 h，在线式；

现场控制站：3 kV·A，0.5 h，在线式。

（2）液晶多媒体投影仪。

① 显示技术：0.9 in（x3）；

② 镜头：伸缩式电动聚变焦；

③ 峰值亮度：2 800 ANSI 流明 ；

④ 分辨率：1 024×768 XGA 或以上 / 对比度：400∶1；

⑤ 投射大小：30～300 in / 投射距离：1.1～12 m；

⑥ 灯泡：200 W UHB 灯 / 灯泡寿命：4 000 h（环保节能模式下）；

⑦ 其他功能：无线遥控，内建鼠标，水平、垂直梯形校正；激光教鞭，局部放大漫游；具有分量视频输入，支持 HDTV 显示模式；

⑧ 投射方式：正/背投影，吊投。

4.3.9.6 打印机

选用喷墨打印机、激光打印机、彩色喷墨打印机，并适当增配内存容量。

报表打印机——A3 单色喷墨打印机，配备有连续走纸机构；

故障打印机——A4 彩色激光打印机；

图表打印机——A3 彩色喷墨打印机。

4.3.9.7 电缆

工业以太网和视频信号采用可直接埋地的光纤电缆，现场总线网采用屏蔽型双绞型电缆，信号回路采用总/对屏蔽型计算机电缆，电源回路采用屏蔽型控制电缆。

构筑物内缆线采用电缆桥架和保护钢管敷设，厂区缆线采用电缆沟和 PVC 保护管直埋敷设。

4. 3. 10 防雷、过电压保护及接地

为了确保自控仪控系统运行的稳定性，对中央控制室、现场控制站的电源进线设置两级避雷器。对非光缆通讯网络端口、以及 4～20 mA 模拟信号端口配置相应的防雷保护器件。

中央控制站及每个现场分控站设置 1 套电源防雷装置。每个现场检测仪表设置 1 套电源防雷装置和 1 套信号防雷装置。每个现场总线单元设置 1 套电源防雷装置和 1 套信号防雷装置。

整个污水处理厂的接地装置按照国家标准，根据系统接地要求等电位或分别接地。仪表自控系统的接地采用分类汇总，最终与总接地板连接。接地电阻小于 1 欧姆。

4.3.10.1 当电源进线从 LPZ0A 区进入 LPZ1 区时

雷电冲击电流 I_{imp}：100 kA（10/350 μs）；

电压保护级别 U_p：≤1.5 kV；

响应时间 t_A：≤100 ns。

4.3.10.2 当电源进线从 LPZ0B 区进入 LPZ1 区时

额定放电电流 I：20 kA（8/20 μs）；

电压保护级别 U_p：≤1.5 kV（20 KA，8/20 μs）；

响应时间 t_A：≤25 ns。

4.3.10.3 若现场仪表为四线制仪表，应分别对仪表的信号和电源进行保护

冲击通流容量 I_{sn}：20 kA（8/20 μs）；

响应时间 t_A：≤1 ns。

4. 3. 11 工厂管理计算机系统

分别在厂长办公室、实验室、总工程师室等处配置计算机，并采用标准以太网（集线器方式）与中央控制系统连接，组成工厂计算机综合管理控制系统。

4. 3. 12 远程通讯

厂区内控制中心与公司级控制中心的通讯，由数据服务器承担，通过公共数据宽带网，将污水处理厂处理水量和水质数据、污水处理厂各种运行数据等，实时传送到市污水管理部门，并接受监控管理系统发出的管理指令。

厂区内控制中心与厂外泵站之间采用通讯方式。

4. 3. 13 控制系统软件

4.3.13.1 系统软件

系统软件包括 Windows NT 网络操作系统、工业实时监控组态软件开发版、运行版和监控版、实时分布式关系型数据库系统、现场总线组态软件、可编程序控制器专用编程及监控软件。软件容量包括二期工程所需的 I/O 量。

4.3.13.2 应用软件

应用软件包括仿真调试程序、软硬件测试程序、故障诊断程序、实时监控软件、实时通讯软件、数据库应用程序、污水处理厂监控管理专家系统、标准工业控制、专用水处理过程控制图形库、网络防病毒软件（具有在线监控的防火墙功能）。

（1）组态软件。

通信组态：生成各种通信关系。明确节点间的通信关系，可实现现场仪表与 PLC 之间、PLC 与监控计算机之间，以及计算机与计算机之间的数据通信。

控制系统组态：生成各种控制回路。明确系统的控制功能，各控制回路组成结构、控制方式与策略。

（2）维护软件。

维护软件。对现场控制系统软硬件的运行状态进行监视、故障诊断，以及软件的测试维护等。

（3）仿真软件。

仿真软件。对控制系统的部件（通信节点、网段、功能模块等）进行仿真运行。可对系统进行组态、调试、研究。

（4）设备管理软件。

设备管理软件。对现场设备进行维护管理，并配置专门的设备管理软件。

（5）监控软件。

实时数据采集：将现场的实时数据送入计算机，并置入实时数据库的相应位置。

常规控制计算与数据处理：标准 PID，积分分离，超前滞后，比例，一阶、二阶惯性滤波，高选、低选，输出限位等。

优化控制：根据数学模型，完成监控层的各种先进控制功能，如专家系统、预测控制、模糊控制等。

逻辑控制：时间程序控制，如完成开、停车的顺序启停过程。

报警监视：监视生产过程的参数变化，并对信号越限进行相应的处理，如声光报警等。

运行参数的画面显示：带有实时数据的流程图、棒图显示，历史趋势显示等。

报表输出：生产报表的打印输出。

操作与参数修改：实现操作人员对生产过程的人工干预，修改给定值、控制参数、报警设定等。

（6）文件管理。

数据库管理：在线与历史数据管理、综合利用、保存等。

统计控制软件：按照数理统计方法分析现场采集的工艺变量数据，监视和评判系统的控制与运行状态，指导操作人员全面掌握生产情况，排除故障。以科学方法评估生产过程能力，指导系统改进。包括在线与历史数据预处理、各种统计控制图、直方图、事件触发采样、在线报警、过程能力分析、分析记录等。

4.3.14 闭路电视监控系统

根据污水处理厂厂区的构筑物及工艺设备的位置，分别在一级处理间、鼓风机房，变电所、AO 生物池、污泥脱水间、污泥回流泵房、深度处理净水间等处设置电视监控装置，对于污水处理厂生产的全过程和重要的管理部门实施电视监控。对整个厂区的安全防护设置相应的监控装置。这些监控系统可加强管理的力度，实现现代化管理。电视监控系统的监视器安装在中控室内。

监控系统的核心为矩阵切换控制器，可控制若干个摄像点，各摄像点的图像接入控制器参与切换，同时接入多画面分割器，进行画面切割处理，在一个显示器上显示多个画面或者一个画面。同时，将切割过的图像送至长时间录像机进行 24 小时录像。录过的图像可以通过分割器互访，可重现和放大其中的任何一个图像。从键盘或控制系统送来的控制信号，经矩阵控制器送至各个解码器，执行云台、镜头的各个动作，并可进行图像切换，实现电视系统全厂联网。

4.3.15 标准、规范

采用或参照的主要技术标准和规范：

《过程检测和控制流程图用图形符号和文字代号》（GB 2625—81）；

《自动化仪表工程施工及验收规范》（GB 50093—2002）；

《分散型控制系统工程设计规范》（HG/T 20573—2012）；

《控制室设计规定》（HG/T 20508—2014）；

《仪表供电设计规定》（HG/T 20509—2014）；

《信号报警及联锁系统设计规范》（HG/T 20511—2014）；

《仪表配管配线设计规范》（HG/T 20512—2014）；

《自动化仪表选型设计规范》（HG/T 20507—2014）；

《城镇排水系统电气与自动化工程技术标准》（CJ/T 120—2018）；

《自动化仪表工程施工及质量验收规范》（GB 50093—2013）；

《仪表系统接地设计规范》（HG/T 20513—2014）；

《安全防范工程程序与要求》（GA/T 75—94）；

《安全防范系统通用图形符号》（GA/T 74—2017）；

《民用闭路监视电视系统工程技术规范》（GB 50198—2011）；

《防盗报警中心控制台》（GB/T 16572—1996）；

《视频安防监控系统技术要求》（GA/T 367—2001）；

《工业电视系统工程设计规范》（GB 50115—2009）；

《智能建筑设计标准》（GB/T 50314—2015）。

4.4 建筑设计

4.4.1 设计依据

《房屋建筑制图统一标准》（GB/T 50001—2017）；

《建筑设计防火规范》（GB 50016—2014）；

《城市污水处理工程项目建设标准》（（修订）建标[2001]77 号）。

4.4.2 单体设计

升级改造工程在建筑设计上力求一种简洁、新颖、别致的建筑艺术风格，要求与原建筑设计形式协调统一，力求创造一个良好的现代化企业形象和工作环境。

本项目建筑物设计使用年限为 50 a。抗震设防烈度为 7 度，设计基本地震加速度值为 0.15 g。

本次升级改造建筑物中，新建的建（构）筑物有粗格栅、进水提升泵池、细格栅及曝气沉砂池、生物池（脱氮除磷池）、深度处理车间、变电所、污泥脱水间、污泥贮池、土壤脱臭床、二沉池 1 座，改造建（构）筑物为原有 4 座生物池、4 座二沉池、二沉池配水井、鼓风机房、污泥回流及剩余污泥泵房。

厂区内较大的混凝土构筑物较多，处理不好将造成沉闷呆滞感，因此在满足工艺要求的前提下，与总图、工艺等专业密切配合，尽量降低地面外露，对梯子、过道、栏杆等加以艺术处理，达到美化效果。

主要道路两侧植行道树，大面积草皮绿化，适当配以树篱，可根据实际情况设置多样式的建筑小品，增加污水处理厂厂区的艺术效果。

（1）屋面。

屋面采用新型卷材防水材料，保温层采用阻燃型聚苯乙烯泡沫塑料芯板，改造部分屋面均重新做防水及保温。一般采用有组织排水。

（2）墙体。

承重墙体一般均采用非黏土承重实心砖墙，钢筋混凝土框架填充墙采用轻集料加气空心砌块。改造部分承重墙体不变，外墙装饰均采用轻钢龙骨的干挂花岗岩。

（3）楼地面。

一般要求的建筑物楼地面面层为 1∶2 水泥砂浆；改造部分综合楼采用地砖，其余均为混凝土耐磨地面或水磨石地面。

（4）装修。

一般建筑内墙面均抹灰刷涂料，装修水平要求较高的房间作油漆或瓷砖墙裙，房间均作踢脚，顶棚抹灰刷涂料。

（5）门、窗设置。

门：一般采用不锈钢玻璃门，有特殊要求时采用保温门、隔声门、防火门。

窗：一般采用塑钢窗，有特殊要求时采用隔声窗、防火窗。

4.4.3 交通组织

本次升级改造工程主要生产建筑物均为单层建筑，且每座厂房均有直接对外的门，满足防火规范要求。

4.4.4 厂房结构形式

本工程新建建（构）筑物均为框架结构，填充墙采用轻集料加气空心砌块，满足环保要求。

4.4.5 立面设计

在建筑立面设计的处理上，力求突出现代化工业建筑的特点，力求体现人文标准。全厂作为一个建筑群体考虑，使建筑立面形式基本与原有建筑立面统一协调，并运用简洁明快的设计手法，减少不必要的装饰。厂区主要建筑物外墙装修均为花岗岩贴面，整体建筑造型体现出现代建筑的典雅大气。

4.4.6 主要建筑物单体设计

建筑物的单体设计指导思想是按照国家有关建筑规范，执行污水处理厂附属建筑物的有关规定，同时根据国家《城市污水工程项目建设标准》（修订本）而确定的。工业生产用房则根据生产要求而确定。建筑装修标准依据《建筑装修装饰工程质量验收标准》（GB 50210—2018）。

（1）综合楼。

综合楼为原有综合楼改造而成。因原综合楼为砖混结构，故改造时立面造型只能在保持原建筑物墙体不变的前提下力求新颖时尚，简洁明快，在立面处理上采用花岗岩贴面，即简洁又富于时代感。

综合楼全部重新装修，除有功能要求用房如化验室、中控室需按要求装修外，其余均为中级装修标准。会议室、接待室及要求较高标准用房，设有吊顶、木地板及细部装饰线外，其他房间为一般装修。

内墙：一般采用乳胶漆，厕所、厨房、浴室采用瓷砖。

顶棚：一般采用乳胶漆，局部门厅及特殊需要处用轻钢龙骨吊平顶。

地面：一般房间铺设地砖地面。

（2）辅助生产用房。

包括深度处理车间、粗、细格栅间及曝气沉砂池、鼓风机房、变电所、车库及机修间、污泥脱水间、污泥回流及剩余污泥泵房、浴池等。因考虑此建筑的功能性既与办公区有一定距离又与生产区有相应连接，所以设有独立的出入口，既不影响办公区的优雅环境又有通畅的引导道路引入。

内装修按如下进行设计。

内墙：一般采用刮大白，乳胶漆，厕所、厨房、浴室采用瓷砖。

顶棚：一般采用刮大白，乳胶漆。

地面：一般房间铺设地砖地面、混凝土耐磨地面，变电所要求采用防静电地板。

4.4.7 防火措施

对所有建筑物的防火要求，包括材料选用、布置、构造、疏散等均按《建筑设计防火规范》及《建筑内部装修设计防火规范》等执行。

4.4.8 防噪声措施

对产生噪声较大的生产厂房（如鼓风机房、污泥脱水间），墙壁装设多孔吸声板，并且在声源附近的操作室均采用隔音门窗。

4.4.9 全厂新建建筑面积汇总

新建建筑面积汇总见表 4.16。

表 4.16　新建建筑面积汇总表

序号	建筑物名称	建筑面积/m^2	备　注
1	一级处理	706.3	一层
2	深度处理车间	3 013.85	一层
3	污泥脱水机房	456.28	一层
4	变电所	672.5	两层
5	门卫	28.60	一层
	合计	4 877.53	

4.4.10 全厂改造建筑面积汇总

改造建筑面积汇总见表 4.17。

表 4.17　改造建筑面积汇总表

序号	建筑物名称	建筑面积/m^2	备　注
1	鼓风机房	663.34	
2	污泥回流及剩余污泥泵房	591.6	
3	综合楼	2 575	
4	浴池	197	
5	车库及机修	756.5	
	合计	4 783.44	

4.5 结构设计

4.5.1 设计依据及设计条件

4.5.1.1 主要设计规范

《工业建筑防腐蚀设计标准》（GB 50046—2018）；

《混凝土外加剂应用技术规范》（GB 50119—2013）；

《建筑结构可靠性设计统一标准》（GB 50068—2018）；

《建筑地基基础设计规范》（GB 50007—2012）；

《建筑地基处理技术规范》（JGJ 79—2012）；

《建筑结构荷载规范》（GB 50009—2012）；

《混凝土结构设计规范》（GB 50010—2010）；

《砌体结构设计规范》（GB 50003—2011）；

《给水排水工程构筑物结构设计规范》（GB 50069—2002）；

《给水排水工程钢筋混凝土水池结构设计规程》（CECS 138：2002）；

《给水排水工程钢筋混凝土沉井结构设计规程》（CECS 137：2002）；

《给水排水工程管道结构设计规范》（GB 50332—2002）；

《给水排水工程混凝土构筑物变形缝设计规程》（CECS 117：2000）；

《建筑抗震设计规范》（GB 50011—2010）；

《构筑物抗震设计规范》（GB 50191—2012）；

《给水排水构筑物施工及验收规范》（GB 50141—2008）；

《室外给水排水和燃气热力工程抗震设计规范》（GB 50032—2003）；

《地下工程防水技术规范》（GB 50108—2018）；

《建筑基坑支护技术规程》（JGJ 120—2012）。

4.5.1.2 设计参数

① 抗震设防烈度为 7 度，设计基本加速度值为 0.15 *g*；

② 50 a 一遇局部风压为 0.65 kN/m^2，基本雪压为 0.40 kN/m^2；不上人屋面活荷载为 0.5 kN/m^2；

③ 标准深度为 0.7 m；

④ 设计基准期为 50 年；

⑤ 建筑结构安全等级为二级；

⑥ 侧土压力：重度 r=18 kN/m^3，饱和重度γ_{sat}=20 kN/m^3；

⑦ 构筑物平台活荷载按功能取值 2.5～5.0 kN/m^2，安装检修荷载按设备实际重量取集中荷载折算成等效均布荷载，动力冲击系数取 1.2～2.0（视人工或机械安装而定）；

⑧ 构筑物四周地面堆载取 10 kN/m^2；

⑨ 池内水位取工艺设计最高水位超高 0.2 m 计；

⑩ 栏杆水平荷载取 1 kN/m；

⑪ 建筑结构安全等级为二级；

⑫ 地基基础设计等级为丙级。

其余活荷载按荷载规范和给排水结构设计规范执行。

混凝土结构的环境类别一般室内正常环境为一类，室外及地下混凝土结构的环境类别为二类 b。混凝土中的允许最大氯离子含量为 0.2%，最大含碱量为 3.0 kg/m^3。

4.5.1.3 设计原则

本工程的设计原则为技术先进、经济合理、安全适用、确保质量，并确保建（构）筑物有足够的强度、刚度、延性、稳定性和使用寿命。

该污水处理厂各项工程结构设计主要应满足工艺和建筑提出的条件，同时也要满足国家制定的现行结构规范对结构本身的各项要求，大型盛水构筑物的防渗、防漏设计应引起重视，使用材料应严格挑选，混凝土结构的环境类别为二类 b 级，确保结构在设计基准期（50 a）内安全、顺利的使用，为人民造福。

① 贮水构筑物分别按池外有土，池内无水和池内有水，池外无土计算内力。并考虑温差和湿差产生的附加内力，取最不利内力组合进行设计。

② 矩形水池的池壁按其高、宽比分为浅壁池、深壁池和一般壁池进行内力分析，底板原则上采用构造底板（即地基反力按直线分布），并按弹性地基板进行校核，同时考虑空池时地下水浮托力的作用。

③ 对大型水池，需设置诱发缝，设缝间距控制在 20～30 m 之间，缝宽 30 mm，中间埋设橡胶止水带并用密封腻子封嵌。

④ 配筋计算以正常使用极限状态为主，承载力极限为辅进行强度校核，裂缝控制在 0.2 mm 以下。

4. 5. 2 抗震设计

4.5.2.1 设防烈度

根据现行的中国地震动参数区划图及勘察报告，拟建场地地震基本烈度为 7 度，设计基本加速度值为 0.15 g。

4.5.2.2 设防标准

随着人们对环境意识的增强，环境工程的重要性也日益为人们所重视，提高环境工程的抗震设防标准已成共识，根据有关抗震规范的要求，拟对工艺流程上的主要构筑物定为乙级标准进行抗震设计，并严格执行现行的国家抗震标准和规范。抗震设防烈度为 7 度，设计基本地震加速度值为 0.15 g，设计地震分组为第一组,重要建（构）筑物提高一度设防。

4. 5. 3 基础

一般框架结构均采用现浇钢筋混凝土独立基础，砌体结构砖墙下基础采用毛石条形基础或钢筋混凝土条形基础，设备基础一般采用混凝土基础。局部基底高差较大处采用 C15 毛石混凝土。

4.5.4 主要工程材料

4.5.4.1 钢材

受力直径：HRB335 f_y=300 N/mm^2，HRB400 f_y=360 N/mm^2；

分布直径：HPB235 f_y=210 N/mm^2；

钢预埋件采用 Q235。

4.5.4.2 混凝土

贮水构筑物为 C30，抗渗等级为 S8。地上池抗冻等级为 F200。上部结构及建筑物为 C30。垫层及填料为 C15、C20。

4.5.4.3 砖砌体

设计地面以下采用 M7.5 水泥砂浆砌 MU10 非黏土实心砖。设计地面以上承重墙体采用 M5 或 M7.5 混合砂浆砌 MU10 非黏土实心砖。设计地面以上填充墙体采用 M5 混合砂浆砌比重小于 12 kN/m^3 的砌块。

随着国家经济和科学技术的飞速发展，人们对建（构）筑物的使用要求越来越高，同时施工中对混凝土的适用性有了较高的要求。由于给排水构筑物混凝土使用量大，混凝土常因温度收缩、干收缩、自收缩以及变断面处应力集中等因素影响导致混凝土产生早期裂缝和正常使用期间的裂缝，严重影响构筑物的质量和使用，针对该种情况，我们在设计中采取下列措施：

（1）配制无收缩（或限制收缩）混凝土。

在混凝土内掺加一定数量的外加剂，使其膨胀率控制在（2～3）×10^{-4}，可有效抵抗和补偿混凝土早期因各种因素产生的收缩应力，同时外加剂还替代了部分水泥，减少了水化热的产生量，有效地预防混凝土裂缝的产生。

（2）设置后浇带。

在较长构筑物中适当设置后浇带，宽度为 0.8～1 m，用以释放早期混凝土内部产生的拉应力，待后浇带灌缝完毕后，后浇带的限制膨胀作用会在混凝土内产生一定的压应力，作为混凝土的安全储备。后浇带的限制膨胀率宜控制在（4～6）×10^{-4}。

（3）设置加强带。

在较长构筑物中适当设置加强带，宽度为 1.5～2 m，要求加强带内混凝土的限制膨胀率不小于（4～6）×10^{-4}，使其在周围混凝土中产生一定的预压应力，以补偿混凝土内的拉应力。

优化钢筋的直径及间距，在保证配筋率的情况下，使混凝土内部应力均匀分布，从而可提高混凝土的极限拉伸及抗拉强度，有效提高混凝土的抗裂性能。

综合以上措施，不但有效地提高了混凝土的抗裂性能，而且拉大了规范所要求的温度缝缝距，降低了施工难度。

4.5.5 施工要求

① 构筑物基础拟采用开挖施工，合理选择放坡开挖或支护开挖。

② 基坑排水可视基坑土质状况和深度，分别采用井点降水、明沟排水或井点与明沟结合排水。排水设施必须待回填土完毕以及构筑物的抗浮稳定不受影响时，方可拆除。

4.5.6 主要新建建（构）筑物形式

（1）一级处理。

粗格栅平面尺寸为 9.5 m×4.9 m，深为 5.55 m，顶标高为 7.60 m，底标高为 2.05 m。其中进水井尺寸为 2.0 m×4.9 m。粗格栅分为 3 条渠道，每条渠宽为 1.1 m。

提升泵池平面尺寸为 10.3 m×7.5m，深为 7.95 m，顶标高为 7.60 m，底标高为-0.35 m。泵池出水井平面尺寸为 10.6 m×1.65 m，顶标高为 14.40 m，底标高为 6.00 m。

细格栅部分平面尺寸为 8.0 m×5.8 m，分为 3 条渠道，每条渠宽为 1.4 m，顶标高为 14.40 m，底标高为 12.80 m。

曝气沉砂池平面尺寸为 15.8 m×7.7 m，顶标高为 14.40 m，底标高为 10.35 m。出水井平面尺寸为 1.2 m×7.7 m，顶标高为 14.40 m，底标高为 10.35 m。此构筑物采用钢筋混凝土结构。

细格栅及曝气沉砂池均为独立柱基础。

（2）生物池（A 池）。

1#、2#生物池平面尺寸为 69.9 m×54.2 m，顶标高为 11.9 m，底标高为 4.9 m。采用现浇钢筋混凝土结构。

3#、4#生物池平面尺寸为 53.1 m×54 m，顶标高为 12.25 m，底标高为 4.25 m。采用现浇钢筋混凝土结构。

（3）二沉池。

二沉池直径为 40 m，池深 4.2 m，顶标高为 10.1 m，底标高为 5.9 m。

（4）深度处理车间。

絮凝沉淀池平面尺寸为 17.5 m×16.3 m，池深为 5.3 m，顶标高为 11.5 m，底标高为 6.2 m。共 4 座絮凝沉淀池，采用现浇钢筋混凝土结构。

提升泵池及分配井平面尺寸为 6.8 m×8.3 m，池深为 7.8 m，顶标高为 13.2 m，底标高为 5.3 m，采用现浇钢筋混凝土结构。

消毒渠及转盘滤池平面尺寸为 15.6 m×11.04 m，池深为 4.7 m，顶标高为 10.65 m，底标高为 5.95 m，采用现浇钢筋混凝土结构。

深度处理车间维护结构为框排架结构，外墙为混凝土空心砌块，屋面为钢结构网架。

（5）污泥脱水机房。

污泥脱水机房建筑尺寸为 37.4 m×12.2 m×8.1 m，采用钢筋混凝土框排架结构，基础设计采用钢筋混凝土柱下独立基础。

（6）污泥贮池。

污泥贮池为钢筋混凝土水池，结构尺寸为 16.0 m×16.0 m×4.0 m。基础设计采用钢筋混凝土水池基础。

（7）变电所。

变电所平面尺寸为 26.9 m×12.5 m，二层。其中一层为值班室、配电室、卫生间，层高为 4.5 m；二层为控制室、库房、休息室、卫生间，层高 3.6 m。采用钢筋混凝土框架结构。基础设计采用钢筋混凝土柱下独立基础。

（8）门卫。

此建筑为一层砖混结构，建筑面积为 28.6 m^2。基础设计采用毛石基础。

4.6 采暖通风设计

4.6.1 设计依据

4.6.1.1 采用设计规范

《工业建筑供暖通风与空气调节设计规范》（GB 50019—2015）；

《城市热力网设计规范》（CJJ 34—2002）。

4.6.1.2 室外气象参数

台站位置：北纬 38° 54'，东京 121° 38'，海拔 92.8 m；

大气压力：冬季 1 013.8 hPa，夏季 994.7 hPa；

室外风速：冬季平均 5.8 m/s，夏季平均 4.3 m/s；

冬季采暖室外计算温度：-11 ℃。

4.6.1.3 设计范围

采暖室外供热网改造设计；

粗格栅、进水提升泵房、细格栅及曝气沉砂池、深度处理间、污泥脱水间、变电所的采暖设计；

粗格栅、进水提升泵房、细格栅及曝气沉砂池、深度处理间、污泥脱水间、变电所的通风设计。

4.6.2 供热设计

污水处理一厂工艺升级改造工程采暖热负荷为 0.43 MW（kCal/h）。

采暖热源由城市集中供热管网供给，供水温度为 70 ℃，回水温度为 50 ℃。

4.6.3 采暖设计

室内采暖设计温度：细格栅间、鼓风机房、净水间为 5 ℃；净水间内加药间为 10 ℃，值班室温度为 18 ℃。

采暖系统采用上供下回，水平单管串联系统，散热器选用柱型散热器。

采暖管道材料采用 PPR 塑料管，保温材料采用聚氨酯发泡。

4.7 总图及公用工程设计

4.7.1 总平面布置

4.7.1.1 设计依据

《建筑制图标准》（GB/T 50104—2010）；

《总图制图标准》（GB/T 50103—2010）；

《建筑设计防火规范》(GB 50016—2014);

《工业企业总平面设计规范》(GB 50187—2012)。

4.7.1.2 厂址地理位置

本次设计为某开发区污水处理一厂工艺升级改造工程。本次工程场地在工程原厂内进行。

4.7.1.3 全厂总体规划

根据工艺布置的要求,升级改造工程新建构筑物插建在原厂空地,并拆除原有 4 座初沉池、曝气沉砂池。

新建粗格栅、进水提升泵房、细格栅及曝气沉砂池。构筑物建于原有粗格栅及进水提升泵池西南侧,建成后将原粗格栅及进水提升泵房拆除,建设为粗格栅、进水提升泵房、细格栅服务的土壤脱臭床。

拆除原有初沉池及曝气沉砂池,在空出的空地建生物池(脱氮除磷池)。

在原有二沉池及原有生物池之间,新建二沉池配水井 1 座。

在原污泥脱水间西北侧,新建污泥脱水间,在同新建脱水间并列的西侧,建为污泥脱水间服务的土壤脱臭床。

原污泥脱水间、污泥贮池及其周围的临时建筑拆除后的空地,新建净水间。

因南侧生物池建设,占用部分原有变电所的位置,故变电所移位重建,将原厂内加氯间拆除,作为新建变电所用地。

这样布置,既有效地利用了厂内的用地,又保证了建筑物群体布局的合理,充分满足采光和日照的要求。新建建筑物同原有建筑物形式协调统一。

4.7.1.4 竖向布置

场地设计平均标高维持原设计,竖向布置形式为平坡式,场地雨水由雨水口收集,经雨水管道排出厂外。

4.7.2 管线综合

4.7.2.1 设计原则

① 在保证生产工艺管线简洁、顺畅的条件下,力求其他管线简洁和合理,并满足间距要求;

② 压力管线让重力流管线;

③ 易弯管线让不易弯管线;

④ 小口径管线让大口径的管线;

⑤ 由于工程分期建设,因此各管线应统一设计,并考虑分期实施的措施。

4.7.2.2 管线布置

① 在保证生产工艺管线简洁、顺畅的条件下,力求合理,并满足间距要求;

② 厂区生活用水及消防用水取自城市供水管网。厂区供水管管径为 DN150,满足消防要求,确保厂区安全;

③ 污水处理厂设有事故排放管,即事故或停电时,污水直接排放;

④ 厂区生活、生产废水送至粗格栅前池;

⑤ 厂内电缆管线较为集中的部位，采用电缆沟形式敷设，其余采用直埋敷设。

4.7.3 厂区给水

全厂的消防、生活和部分生产用水由市区给水管网供给。进水管管径为 DN200，经水表井后至各用水点。消防、生产、生活用水管道共用，在适当位置设置阀门井。

4.7.4 厂区排水

生产、生活污水经厂区污水管道收集后排入粗格栅的进水井，与原污水一并处理。

厂区雨水排入金龙寺河。

4.7.5 交通运输

升级改造工程项目维持原车道宽度，新建车道为沥青混凝土路面，4 m 宽，考虑消防及运输要求，设环状道路网。满足消防规范要求。

车行路路面结构为城市型沥青路面，人行便道用彩色路面砖铺砌。

4.7.6 厂区绿化

升级改造厂区四周布置绿化带，种植一些高大树种。人行小路两侧种植常绿灌木和草坪，与原厂区绿化融合在一起，面积达到规范要求。

4.8 主要设备材料表

主要工艺设备一览表见表 4.18，主要电气设备一览表见表 4.19，主要自控设备一览表见表 4.20，主要自控仪表一览表见表 4.21。

表 4.18 主要工艺设备一览表

编号	名　　称	型号规格	材 料	单位	数量	备注
（一）粗格栅间						
1	回转式格栅除污机	B=1 000 mm，b=15 mm，N=2.2 kW		台	3	原设计满足要求
2	铸铁镶铜方形闸门	$B\times H$=800×800		台	3	原设计满足要求
3	铸铁镶铜方形闸门	$B\times H$=800×800		台	3	原设计满足要求
4	电动单梁悬挂起重机	T=1 t，N=2×0.4 kW，L_K =5 m		台	1	原设计满足要求
5	CD 电动葫芦	T=1 t，N=1.5 kW		台	1	原设计满足要求
6	异味除臭机	N=1.5 kW		台	1	原设计满足要求
7	栅渣小车	0.5 m^3		辆	3	原设计满足要求

续表 4.18

编号	名　　称	型号规格	材 料	单位	数量	备注
（二）细格栅间						
1	回转式格栅除污机	B=1 300 mm，b=5 mm，N=3 kW		台	3	原设计满足要求
2	无轴螺旋输送机	DN320，L=7 m，8 m^3/h，N=4 kW		台	1	原设计满足要求
（三）进水提升泵房						
1	*潜水排污泵	Q=1 687 m^3/h，H=15 m，N=55 kW		台	6	需更换设备
2	*法兰式蝶阀	DN500，P=1 Mpa		台	6	需更换设备
3	*伸缩器	DN500，P=1 Mpa		台	6	需更换设备
4	*法兰式蝶阀	DN700，P=1 Mpa		台	3	需更换设备
5	*伸缩器	DN700，P=1 Mpa		台	3	需更换设备
（四）曝气沉砂池						
1	*桥式吸砂机	双槽：L=7.7 m，驱动功率：2×0.37 kW 配套吸砂泵 2 台； 设备能力： 24 m^3/h，H=4.05 m； 提砂泵功率：2.9 kW		台	1	需更换设备 （更换提砂泵）
2	*砂水分离器	LSSF-320II 处理量：5～12 L/s，N=0.37 kW		台	2	增加 1 台
（五）生物池						
（1）1、2 号 A 池（预缺氧、厌氧、缺氧池）						
1	潜水搅拌器	Φ=580 mm，r=500 r/min，N=8.2 kW	不锈钢	套	2	原设计满足要求
2	潜水搅拌器	Φ=580 mm，r=500 r/min N=10.8 kW	不锈钢	套	2	原设计满足要求
3	潜水推进器	Φ=2 100 mm，n=360 r/min，N=5.3 kW	不锈钢	套	6	原设计满足要求
4	潜水搅拌器	Φ=580 mm，r=500 r/min，N=5.8 kW	不锈钢	套	2	原设计满足要求
5	调节堰门	DY-1000×500，N=0.75 kW	不锈钢	套	4	原设计满足要求
6	调节堰门	DY-1000×600，N=0.75 kW	不锈钢	套	4	原设计满足要求

续表 4.18

编号	名　　称	型号规格	材 料	单位	数量	备注
7	调节堰门	DY-700×700，N=0.55 kW	不锈钢	套	4	原设计满足要求
8	简易渠道闸	B×L=1 m×1 m		套	1	原设计满足要求
9	法兰式涡轮传动蝶阀	DN800，0.6 MPa	铸铁	套	1	原设计满足要求
10	法兰式涡轮传动蝶阀	DN600，0.6 MPa	铸铁	套	1	原设计满足要求
11	电磁流量计	DN800，0.6 MPa		套	1	原设计满足要求
12	电磁流量计	DN800，0.6 MPa		套	2	原设计满足要求
13	曝气器		硅橡胶	套		原设计满足要求
（2）1、2 号 O 池						
1	立式轴流泵	Q=1 800 m^3/h，H=3.5m，N=37 kW	铸铁	套	6	更换设备
2	微孔曝气器	0.25 kg/（h·个）		个	6 450	
3	*填料	W200 mm×L2 500 mm×2 面		m^2	15 525	新增设备
（3）3、4 号 A 池（预缺氧、厌氧、缺氧池）						
1	潜水搅拌器	Φ=580 mm，r=475 r/min，N=5.8 kW	不锈钢	套	4	原设计满足要求
2	潜水推进器	Φ=770 mm，n=360 r/min，N=5.3 kW	不锈钢	套	6	原设计满足要求
3	潜水搅拌器	Φ=580 mm，r=475 r/min，N=3.3 kW	不锈钢	套	6	原设计满足要求
4	配水闸阀	PZ800	铸铁	台	1	原设计满足要求
5	配水闸阀	PZ1000	铸铁	台	1	原设计满足要求
6	简易分水闸	1 250×1 600		套	1	原设计满足要求
7	铸铁镶铜方闸门	DN800×400，N=0.75 kW	铸铁	台	8	原设计满足要求
8	铸铁镶铜方闸门	DN1200，N=3 kW	铸铁	台	1	原设计满足要求
9	手动蝶阀	DN500	铸铁	台	8	原设计满足要求
10	止回阀	DN500	铸铁	台	6	原设计满足要求
11	盘式曝气器	Q=4.5 m^3/h	硅橡胶	个	504	原设计满足要求
12	电磁流量计	DN500		个	2	原设计满足要求
（4）3、4 号 O 池						
1	潜水排污泵	Q=1 366 m^3/h，H=7.5m，N=37 kW	铸铁	台	6	更换设备
2	*盘式曝气器	Q=4.5 m^3/h	硅橡胶	个	3 240	原设计满足要求
3	排气阀	DN600	铸铁	台	6	原设计满足要求
4	*纤毛填料	W200 mm×L2 500 mm×2 面		m^2	9 640	新增设备
5	填料用框架		不锈钢	吨	38	原设计满足要求

续表 4.18

编号	名　　称	型号规格	材 料	单位	数量	备注
6	蝶阀	DN500	铸铁	台	6	原设计满足要求
7	止回阀	DN500	铸铁	台	6	原设计满足要求
（六）沉淀池						
（1）1、2 号（原有）						
	周边传动刮泥机	$\varPhi$=32.2 m，N=8 kW				原设计满足要求
（七）二沉池（3、4 号）（原有）更换原有刮泥机·设备						
（2）3、4 号（原有）						
	全桥式周边驱动式刮吸泥机	D=38 m，N=8 kW	水上碳钢，水下316不锈钢	台	2	原设计满足要求
（3）5 号（新建）						
	*中心传动式单管吸泥机	D=36 m，N=8 kW	Q235	套	1	更换设备
（八）鼓风机房						
	离心鼓风机	Q=7 500 m^3/h，H=7 000 mmH_2O，N=185 kW		套	6	原设计满足要求
（九）深度处理间（已施工）						
（1）7.5×10^4 m^3/d 组						
1	潜水轴流泵	Q=1 750 m/h，H=7 m，N=55 kW	铸铁	台	3	原设计不变
2	手电两用圆形闸门	DN1000，启闭力 T=3 t，N=1.1 kW	铸铁	台	1	原设计不变
3	手电两用圆形闸门	DN700，启闭力 T=3 t，N=1.1 kW	铸铁	台	2	原设计不变
4	拍门	DN700	铸铁	台	3	原设计不变
5	电动单梁悬挂起重机	T=2.0 t，L_K=9.0 m，N=0.37×2+3（kW）		台	1	原设计不变
6	涡轮传动手动蝶阀	DN500，0.6 MPa	铸铁	台	4	原设计不变
7	管式静态混合器	DN500，L=3 m，水头损失 0.5～1 m	不锈钢	台	4	原设计不变
8	网格絮凝反应箱 1	2 300 mm×1 000 mm		套	4	原设计不变
9	网格絮凝反应箱 2	1 150 mm×1 000 mm		套	40	原设计不变
10	网格絮凝反应箱 3	1 400 mm×1 000 mm		套	40	原设计不变
11	网格絮凝反应箱 4	1 400 mm×1 400 mm		套	40	原设计不变
12	泵吸式吸泥行车	L_K=16.9 m，N=0.37×2（kW）	铸铁	台	4	原设计不变
13	配套排泥泵	Q=50 m^3/h，H=2.5 m，N=1.5 kW	铸铁	台	8	原设计不变
14	沉淀池斜板			m^3	536	原设计不变

续表 4.18

编号	名　　称	型号规格	材 料	单位	数量	备注
15	气动快开型刀闸阀	DN200，0.6 MPa		台	32	原设计不变
16	手动闸阀	DN300，0.6 MPa	铸铁	台	4	原设计不变
17	整体安装渠道闸	800 mm×800 mm	S304	套	4	原设计不变
18	手动方形闸门	400 mm×400 mm，启闭力 T=0.5 t		套	8	原设计不变
19	气动方形闸门	400 mm×400 mm，启闭力 T=0.5 t		套	8	原设计不变
20	气动方形闸门	500×500，启闭力 T=0.5 t		套	8	原设计不变
21	对夹式气动蝶阀	DN350，0.6 MPa		套	8	原设计不变
22	对夹式气动蝶阀	DN500，0.6 MPa		套	8	原设计不变
23	对夹式气动可调蝶阀	DN350，0.6 MPa		套	8	原设计不变
24	对夹式气动蝶阀	DN200，0.6 MPa		套	8	原设计不变
25	直动式电磁阀	DN50，0.6 MPa		套	8	原设计不变
26	滤板	980 mm×980 mm×100 mm		块	576	原设计不变
27	电动单梁悬挂起重机			台	1	原设计不变
28	石英砂	d=0.95～1.2 mm，k_{80} =1.3		3 m	691.5	原设计不变
29	紫外线消毒成套设备	Q=3 500 m^3/h，N=56 kW		套	1	原设计不变
30	手动圆形闸门	DN1200	铸铁	台	1	原设计不变
31	手动圆形闸门	DN1000	铸铁	台	1	原设计不变
32	整体安装渠道闸	$B\times H$=2 240 mm×1 000 mm	铸铁	台	1	原设计不变
33	整体安装渠道闸	$B\times H$=1 500 mm×1 000 mm	铸铁	台	1	原设计不变
34	卧式中吸双开泵	Q=540 m^3/h，H=10 m，N=30 kW	铸铁	台	3	原设计不变
35	手动对夹式蝶阀	DN350，0.6 MPa		套	3	原设计不变
36	微阻缓闭式止回阀	DN300，0.6 MPa		套	3	原设计不变
37	手动对夹式蝶阀	DN300，0.6 MPa		套	3	原设计不变
38	电动单梁悬挂起重机			台	1	原设计不变
39	罗茨鼓风机	Q=35.6 m^3/min，H=6 m，N=45 kW	铸铁	台	3	原设计不变
40	立式消音器	DN200	铸铁	台	3	原设计不变
41	放风阀	DN100, 0.6 MPa, N=0.37 kW	铸铁	台	3	原设计不变
42	放风消音器	DN100	铸铁	台	3	原设计不变
43	孔板流量计	DN350		个	1	原设计不变

续表 4.18

编号	名　　称	型号规格	材 料	单位	数量	备注
44	空压机	Q=76 m^3/h， H=0.8 MPa，N=11 kW	铸铁	台	2	原设计不变
45	冷冻式压缩空气干燥机	N=1.1 kW		台	1	原设计不变
46	储气罐	V=1 m^3，D=0.8 m		个	2	原设计不变
47	电动单梁悬挂起重机	T=1 t，L_K=6 m， N=0.37×2+1.5（kW）		台	1	原设计不变
48	隔膜计量泵	Q=600 L/h，3bar（1bar=100 kPa），N=0.55 kW		台	3	原设计不变
49	隔膜计量泵	Q=500 L/h，3bar（1bar=100 kPa），N=0.55 kW		台	6	原设计不变
50	直动式电磁阀	DN50		台	16	原设计不变
51	搅拌器	D=600 mm，N=4 kW， 85 r/min		台	4	原设计不变
52	搅拌器	D=1 000 mm，N=5.5 kW， 41 r/min		台	4	原设计不变
53	电动单梁悬挂起重机	T=1 t，L_K=6 m， N=0.37×2+1.5（kW）		台	1	原设计不变
54	潜污泵	Q=10 m^3/h，H=6 m， N=0.75 kW	铸铁	台	2	原设计不变
55	混流风机	Q=180 m^3/min，350 Pa， N=1.5 kW		台	1	原设计不变
56	混流风机	Q=90 m^3/min，350 Pa， N=1.1 kW		台	2	原设计不变
57	台秤	T=1 000 kg		台	1	原设计不变
（2）2.5×10^4 m^3/d 组（新建）						
1	潜水轴流泵	Q=90 m^3/h，H=5.1 m， N=30 kW		套	2	新增设备
2	铸铁镶铜圆闸门	DN800	铸铁	台	1	新增设备
3	铸铁镶铜圆闸门	DN700	铸铁	台	1	新增设备
4	拍门	DN500	铸铁	台	2	新增设备
5	静态混合器	DN600	不锈钢	台	1	新增设备
6	小网眼絮凝器		不锈钢	套	1	新增设备
7	排泥电动刀闸阀	DN200		个	10	新增设备
8	吸泥车（泵吸）	L_K=16.3 m， N=3×0.37+1.4（kW）		台	4	新增设备
9	斜板	斜板长度 1 m， 斜板间距 2.5 mm	PVC	m^3	165	新增设备
10	暗杆楔式手动闸阀	DN300，PN1.0MPa	铸铁	个	1	新增设备
11	纤维转盘过滤池成套装置	滤盘直径 3 m， 滤网孔孔径 d≤10 mm		套	1	新增设备

续表 4.18

编号	名　　称	型号规格	材 料	单位	数量	备注
12	反冲洗水泵（自吸式）	Q=50 m^3/h，H=7 m，N=2.2 kW	不锈钢	台	2	新增设备
（十）加药间						
1	垂直搅拌器	D=1 500 mm，3 kW		台	2	原设计不变
2	隔膜计量泵	Q=750 L/h，H=2 bar		台		原设计不变
3	垂直搅拌器	D=1 300 mm，3 kW		台	2	原设计不变
4	隔膜计量泵	Q=480 L/h，H=2 bar		台	6	原设计不变
5	单悬梁电动吊车	T=1 t，L_K=9 m		台	1	原设计不变
6	台秤	T=1 t		台	3	原设计不变
7	壁式轴流风机	Q=125 m^3/min，H=300 Pa，N=1.5 kW		台	3	原设计不变
8	潜水排污泵	Q=10 m^3/h，H=10 m，N=1.1 kW		台	2	原设计不变
（十一）紫外消毒渠						
1	消毒系统模块数			个	31	更换设备
2	清洗系统模块数			个	31	更换设备
3	紫外灯总数			根	283	更换设备
4	紫外线强度监测系统			套	1	更换设备
5	水位控制系统			套	1	更换设备
6	溢流槽	5 m×0.4 m×0.5 m		个	8	更换设备
7	石英管			根	283	更换设备
（十二）污泥脱水间						
1	*带式浓缩脱水一体机	B=2 m，N=2.2+0.75（kW）		台	3	更换设备
2	污泥泵	B1KL CDQ 4APA，Q=50～60 m^3/h，N=9.2 kW		台	3	原设计不变
3	滤带冲洗泵	KDL50-250(I)A，Q=23 m^3/h，H=70 m，N=11 kW		台	3	原设计不变
4	脱水剂自动配药装置	PT6660，N=2.2+2.2+0.18（kW）		台	1	原设计不变
5	脱水剂加药泵	NM021BY01P05B，Q=1～2 m^3/h，N=1.5 kW		台	3	原设计不变
6	空压机	Q=0.12 m^3/min，N=0.75 kW		台	2	原设计不变
7	水平螺旋输送机	LSW360-15100，L=15.1 m，N=4 kW		台	1	原设计不变
8	泥饼泵	Q=2～8 m^3/h，N=18.5 kW		台	2	原设计不变
9	锥形混合器	HHQ150		套	3	原设计不变

续表 4.18

编号	名　　称	型号规格	材 料	单位	数量	备注
10	助凝剂自动配药装置	Py3-2000，N=1.8 kW		套	1	原设计不变
11	助凝剂加药泵	Q=1 000 L/h，N=0.55 kW		台	2	原设计不变
12	输泥管电伴热装置	N=3 kW，N=30 W/m，L=100 m		套台	11	原设计不变
13	集水坑潜污泵	CP50.75-50，Q=10 m^3/h，H=10 m，N=0.75 kW		台	1	原设计不变
14	管道过滤器	Q=30 m^3 /h		台	3	原设计不变
15	污泥电磁流量计	MKULC2100-150，24 V，N=0.012 kW		台	3	原设计不变
16	异味除臭装置	N=0.5 kW		台	2	原设计不变
17	轴流风机	N=2.2 kW		台	1	原设计不变
（十三）污泥回流及剩余污泥泵房						
1	*污泥回流泵	Q=1 171.88 m^3/h，H=13 m，N=90 kW		台	3	需更换
2	污泥回流泵	NT-3202-LT，Q=911 m^3/h，H=13 m，N=75 kW		台	2	
3	剩余污泥泵	NT-3102-SH，Q=60 m^3/h，H=15 m，N=4.2 kW		台	4	需更换
4	电动闸阀	DN500，N=2.2 kW		台	7	
5	电磁流量计	MKULC2100-100，24 V，N=0.012 kW		台	2	
6	超声波液位计	有效量程 5 m，分体式，220 V		台	1	
7	电动闸阀	DN100，N=0.37 kW		台	4	

表 4.19　主要电气设备一览表

编号	名　　称	型号规格	单位	数量	备注
1	10 kV 高压开关柜	KYN28	台	16	变电所（改造升级）
2	中央信号屏		套	1	
3	负荷控制屏		套	1	
4	高压模拟操作屏		套	1	
5	工艺流程模拟及监控屏		套	1	

续表 4.19

编号	名　　称	型号规格	单位	数量	备注
6	高压综保计算机		套	1	
7	干式电力变压器	SCB10-1600kV·A　10 kV/0.4 kV	台	2	变电所
8	低压配电柜	GGD	台	25	变电所
9	高压开关柜	KYN28	台	4	一级处理（改造升级）
10	干式电力变压器	SCB10-800kV·A　10 kV/0.4 kV	台	2	一级处理（改造更换）
11	低压配电柜	GGD	台	14	一级处理（增加 2 台）
12	高压开关柜	KYN28	台	4	污泥泵房（改造升级）
13	干式电力变压器	SCB10-1000kV·A　10 kV/0.4 kV	台	2	污泥泵房（改造更换）
14	低压配电柜	GGD	台	11	污泥泵房（改造升级）
15	低压配电柜	GGD	台	1	鼓风机房
16	变频器	55 kW	台	2	变电所
17	软启动器	55 kW	台	1	
18	变频器	37 kW	台	2	
19	软启动器	37 kW	台	4	
20	变频器	37 kW	台	2	
21	软启动器	37 kW	台	4	
22	变频器	75 kW	台	2	污泥回流泵房（改造更换）
23	软启动器	75 kW	台	3	（改造更换）
24	变频器	110 kW	台	4	一级处理（改造更换）
25	软启动器	110 kW	台	1	（改造更换）
26	软启动器	18.5 kW	台	3	污泥脱水间
27	软启动器	37 kW	台	2	
28	软启动器	185 kW	台	1	鼓风机房
29	电力电缆	YJV22-8.7/15 kV-3X240	米	550	
30	电力电缆	YJV-1 kV 3X300+1X150	米	800	

续表 4.19

编号	名　　称	型号规格	单位	数量	备注
31	电力电缆	YJV-1kV 4×240	m	400	
32	电力电缆	YJV-1kV 3×70+1×35	m	340	
33	电力电缆	YJV-1kV 3×50+1×25	m	800	
34	电力电缆	YJV-1kV 3×25+1×16	m	1 000	
35	电力电缆	YJV-1kV 5×10	m	600	
36	电力电缆	YJV-1kV 4×6	m	300	
37	电力电缆	YJV-1kV 4×4	m	10 000	
38	室内照明配电箱		套	10	
39	室外照明配电箱		套	2	
40	排风机控制箱		套	5	
41	电缆桥架	400 mm×100 mm	m	300	
42	电缆桥架	200 mm×100 mm	m	200	
43	电缆桥架	100 mm×100 mm	m	100	
44	镀锌钢管	SC100	m	500	
45	镀锌钢管	SC32	m	600	
46	室外电缆沟	800 mm×1 200 mm	m	200	砖砌

表 4.20　主要自控设备一览表

编号	名　　称	型号规格	单位	数量	备注
（一）PLC1——一级处理分控站					
1	140CPU11302	CPU 254 KB SRAM, 8 KB LL984, 109 KB IEC，10 KB 寄存器，1 MB&1MB+	块	1	
2	140XBP01000	背板，10 槽	块	1	
3	140CPS21400	Quantum 电源，24 VDC，可累加，8 A	块	1	
4	140NOM21200	MB+网络适配器，1 MB，1 MB+，双电缆	块	1	
5	140DDI34400	开关量 DC 输入，94 点，24 VDC，4 组隔离	块	2	
6	140DDO34400	开关量 DC 输出，94 点，24 VDC，4 组隔离，0.5 A/点	块	1	
7	TSXCDP301	20 线预制电缆，一端 HE 10 连接器，一端飞线，3 m	块	18	
8	140ACI04000	模拟量输入，14 通道，4～20 mA，0～20 mA，0～25 mA，12 或 14 位	块	1	

续表 4.20

编号	名　　称	型号规格	单位	数量	备注
9	140XTS00200	40 点模块端子条	块	1	
10	140XCP51000	空槽模块，带悬挂门	块	3	
11	XBTGT5330	10.4 in，45 534 色，TFT，32MB 存储容量，512 KB 掉电备份，CF 卡插槽，USB，以太网口	台	1	
12	VJDSNDTGSV50M	Vijeo Designer V5.0 配置软件（中文版），单授权，不含电缆	套	1	
13	990NAA24320	编程电缆，RS232，3.7 MB/12 英尺（1 英尺=30.48 cm）	根	1	
14	PLC 控制柜		个	1	
15	UPS 电源	3 kV·A	个	1	
（二）PLC2——AO 生物池及二沉池					
1	140CPU11302	CPU 254KB SRAM，8KB LL984，109KB IEC，10KB 寄存器，1MB&1MB+	块	1	
2	140XBP01400	背板，14 槽	块	1	
3	140CPS21400	Quantum 电源，24 VDC，可累加，8 A	块	1	
4	140NOM21200	MB+网络适配器，1 MB，1 MB+，双电缆	块	1	
5	140DDI34400	开关量 DC 输入，94 点，24 VDC，4 组隔离	块	4	
6	140DDO34400	开关量 DC 输出，94 点，24 VDC，4 组隔离，0.5 A/点	块	1	
7	TSXCDP301	20 线预制电缆，一端 HE 10 连接器，一端飞线，3 m	块	30	
8	140ACI04000	模拟量输入，14 通道，4～20 mA，0～20 mA，0～25 mA，12 或 14 位	块	3	
9	140XTS00200	40 点模块端子条	块	3	
10	140XCP51000	空槽模块，带悬挂门	块	5	
11	XBTGT5330	10.4 in，45 534 色，TFT，32 MB 存储容量，512 KB 掉电备份，CF 卡插槽，USB，以太网口	台	1	触摸屏
12	VJDSNDTGSV50M	Vijeo Designer V5.0 配置软件（中文版），单授权，不含电缆	套	1	
13	990NAA24320	编程电缆，RS232，3.7 MB/12 英尺	根	1	
14	PLC 控制柜		个	1	
15	UPS 电源	3 kV·A	个	1	

续表 4.20

编号	名　　称	型号规格	单位	数量	备注
（三）PLC3——污泥回流泵房					
1	140CPU11302	CPU 254KB SRAM，8KB LL984，109KB IEC，10KB 寄存器，1MB&1MB+	块	1	
2	140XBP01000	背板，10 槽	块	1	
3	140CPS21400	Quantum 电源，24 VDC，可累加，8 A	块	1	
4	140NOM21200	MB+网络适配器，1 MB，1 MB+，双电缆	块	1	
5	140DDI34400	开关量 DC 输入，94 点，24 VDC，4 组隔离	块	1	
6	140DDO34400	开关量 DC 输出，94 点，24 VDC，4 组隔离，0.5 A/点	块	1	
7	TSXCDP301	20 线预制电缆，一端 HE 10 连接器，一端飞线，3 m	块	12	
8	140ACI04000	模拟量输入，14 通道，4～20 mA，0～20 mA，0～25 mA，12 或 14 位	块	1	
9	140XTS00200	40 点模块端子条	块	1	
10	140XCP51000	空槽模块，带悬挂门	块	4	
11	XBTGT5330	10.4 in，45 534 色，TFT，32 MB 存储容量，512 KB 掉电备份，CF 卡插槽，USB，以太网口	台	1	
12	VJDSNDTGSV50M	Vijeo Designer V5.0 配置软件（中文版），单授权，不含电缆	套	1	
13	990NAA24320	编程电缆，RS232，3.7 MB/12 英尺	根	1	
14	PLC 控制柜		个	1	
15	UPS 电源	3 kV·A	个	1	
（四）PLC4——污泥脱水间、污泥贮池					
1	140CPU11302	CPU 254KB SRAM，8KB LL984，109KB IEC，10KB 寄存器，1MB&1MB+	块	1	
2	140XBP01000	背板，10 槽	块	1	
3	140CPS21400	Quantum 电源，24 VDC，可累加，8 A	块	1	
4	140NOM21200	MB+网络适配器，1 MB，1 MB+，双电缆	块	1	
5	140DDI34400	开关量 DC 输入，94 点，24 VDC，4 组隔离	块	1	
6	140DDO34400	开关量 DC 输出，94 点，24 VDC，4 组隔离，0.5 A/点	块	1	

续表 4.20

编号	名　　称	型号规格	单位	数量	备注
7	TSXCDP301	20 线预制电缆，一端 HE 10 连接器，一端飞线，3 m	块	30	
8	140ACI04000	模拟量输入，14 通道，4～20 mA，0～20 mA，0～25 mA，12 或 14 位	块	1	
9	140XTS00200	40 点模块端子条	块	1	
10	140XCP51000	空槽模块，带悬挂门	块	4	
11	XBTGT5330	10.4 in，45 534 色，TFT，32 MB 存储容量，512 KB 掉电备份，CF 卡插槽，USB，以太网口	台	1	触摸屏
12	VJDSNDTGSV50M	Vijeo Designer V5.0 配置软件(中文版)，单授权，不含电缆	套	1	
13	990NAA24320	编程电缆，RS232，3.7 MB/12 英尺	根	1	
14	PLC 控制柜		个	1	
15	UPS 电源	3 kV·A	个	1	
（五）PLC5——三级处理及变电所					
1	140CPU43412A	CPU484，2MB SRAM，44KB LL984，894KB IEC，57KB 寄存器，2MB&1MB+	块	1	
2	140XBP01400	背板，14 槽	块	1	
3	140CPS21400	Quantum 电源，24 VDC，可累加，8 A	块	1	
4	140NOM21200	MB+网络适配器，1 MB，1 MB+，双电缆	块	1	
5	140DDI34400	开关量 DC 输入，94 点，24 VDC，4 组隔离	块	8	
6	140DDO34400	开关量 DC 输出，94 点，24 VDC，4 组隔离，0.5 A/点	块	2	
7	TSXCDP301	20 线预制电缆，一端 HE 10 连接器，一端飞线，3 m	块	40	
8	140ACI04000	模拟量输入，14 通道，4～20 mA，0～20 mA，0～25 mA，12 或 14 位	块	2	
9	140XTS00200	40 点模块端子条	块	2	
10	140XCP51000	空槽模块，带悬挂门	块	1	
11	XBTGT5330	10.4 in，45 534 色，TFT，32MB 存储容量，512 KB 掉电备份，CF 卡插槽，USB，以太网口	台	1	触摸屏

续表 4.20

编号	名　　称	型号规格	单位	数量	备注
12	VJDSNDTGSV50M	Vijeo Designer V5.0 配置软件（中文版），单授权，不含电缆	套	1	
13	990NAA24320	编程电缆，RS232，3.7 MB/12 英尺	根	1	
14	PLC 控制柜		个	1	
15	UPS 电源	3 kV·A	个	1	
（六）PLC6——新增三级处理					
1	140CPU43412A	CPU484，2MB SRAM，44KB LL984，894KB IEC，57KB 寄存器，2MB&1MB+	块	1	新增
2	140XBP01400	背板，14 槽	块	1	新增
3	140CPS21400	Quantum 电源，24 VDC，可累加，8 A	块	1	新增
4	140NOM21200	MB+网络适配器，1 MB，1 MB+，双电缆	块	1	新增
5	140DDI34400	开关量 DC 输入，94 点，24 VDC，4 组隔离	块	8	新增
6	140DDO34400	开关量 DC 输出，94 点，24 VDC，4 组隔离，0.5 A/点	块	2	新增
7	TSXCDP301	20 线预制电缆，一端 HE 10 连接器，一端飞线，3 m	块	40	新增
8	140ACI04000	模拟量输入，14 通道，4～20 mA，0～20 mA，0～25 mA，12 或 14 位	块	2	新增
9	140XTS00200	40 点模块端子条	块	2	新增
10	140XCP51000	空槽模块，带悬挂门	块	1	新增
11	XBTGT5330	10.4 in，45 534 色，TFT，32 MB 存储容量，512 KB 掉电备份，CF 卡插槽，USB，以太网口	台	1	新增
12	VJDSNDTGSV50M	Vijeo Designer V5.0 配置软件（中文版），单授权，不含电缆	套	1	新增
13	990NAA24320	编程电缆，RS232，3.7 MB/12 英尺	根	1	新增
14	PLC 控制柜		个	1	新增
15	UPS 电源	3 kV·A	个	1	新增

续表 4.20

编号	名　　称	型号规格	单位	数量	备注
（七）PLC——网络附件及其他					
1	414NHM30032A	MB+网卡 PCI，双口	块	2	
2	490NAA27102	MB+电缆，500 英尺	块	2	
3	990NAD23000	MB+TAP 接头	块	14	
4	990NAD21110	MB+站电缆，2.4 MB	块	14	
5	ASMBPL001	MB+接头工具	块	1	
6	490NRP25400	光纤中继器，双光口，Modbus Plus	块	10	
7	372SPU47401V24	Concept 软件，XL 版本，V2.4	块	1	
8	990NAA24320	编程电缆，RS232，3.7 M/12 英尺	块	1	
9	打印机	A4 黑白激光打印 1 200 DPI	套	3	
10	UPS 电源	3 kV·A	个	1	
11	便携式编程器	IBM 主流配置	套	1	
12	实时数据库服务器	双 CPU 双硬盘冗余，工控型，至少 2.7 GHz 主频，1 GB 内存，140 GB 硬盘，2 MB 高速缓存，22"TFT-LCD	套	1	
13	操作员、工程师站	工控型，至少 2.7 GHz 主频，4 GB 内存，320 GB 硬盘，2 MB 高速缓存，22"TFT-LCD	套	2	
14	网路综合服务器	工控型，至少 2.7 GHz 主频，1 GB 内存，140 GB 硬盘，2 MB 高速缓存，17"TFT-LCD	套	1	
15	计算机	至少 2.7 GHz 主频，1 GB 内存，140 GB 硬盘，2 MB 高速缓存，17"TFT-LCD	套	5	
16	UPS	4 kV·A，2 h，在线式	套	1	
17	投影仪		套	1	
18	打印机	A4 黑白激光打印 1 200 DPI	套	3	
19	打印机	A3 彩色喷墨打印 1 200 DPI	套	1	
20	工业以太网络电缆	多模光缆（铠装），四芯	米	3 500	
21	工业以太网附件	满足系统要求（含交换机等）	套	1	
22	现场总线电缆	满足系统要求	米	5 000	
23	电源防雷器	20 kA	套	80	
24	信号防雷器	20 kA	套	80	
25	打印机服务器	1 个以太网口，4 个打印机口	套	1	
26	软件	包括操作系统软件，监控软件	套	1	
（八）局域网系统					
1	以太网交换器	14 个 RJ45 端口	套	4	
2	网络电缆	超五类八芯双绞线	米	2 000	

续表 4.20

编号	名　　称	型号规格	单位	数量	备注
（九）电缆桥架等					
1	控制电缆	KVVP22-450/750-7X1.5 mm^2	m	8 000	
2	控制电缆	KVVP22-450/750-10X1.5 mm^2	m	8 000	
3	控制电缆	KVV22-450/750-4X1.5 mm^2	m	10 000	
4	控制电缆	KVVP-450/750-7X1.5 mm^2	m	3 000	
5	计算机电缆	DJYPVP22-2X2X1.5 mm^2	m	10 000	
6	计算机电缆	DJYPVP-2X2X1.5 mm^2	m	5 000	
7	镀锌钢管	各种规格	项	1	

表 4.21 主要自控仪表一览表

编号	名　　称	型号规格	单位	数量	备注
1	超声波流量计	DN1000/mm	套	1	
2	超声波液位差计	0～2/m	套	3	
3	超声波液位差计	0～2/m	套	3	
4	超声波液位计	0～5/m	套	1	
5	进水 COD 测量仪	10～5 000/($mg \cdot L^{-1}$)	套	1	
6	进水 pH/T 测量仪	0～14	套	1	
7	进水 NH_4-N 测量仪	20～1 200/($mg \cdot L^{-1}$)	套	1	
8	超声波流量计	DN200，0～2 000/($m^3 \cdot h^{-1}$)	套	1	
9	DO 溶解氧测量仪	0～20/(10^{-10} $mg \cdot L^{-1}$)	套	4	
10	ORP 测量仪	-1 000～+1 000/mV	套	2	
11	DO 溶解氧测量仪	0～20/(10^{-10} $mg \cdot L^{-1}$)	套	4	
12	DO 溶解氧测量仪	0～20/(10^{-10} $mg \cdot L^{-1}$)	套	12	
13	MLSS 测量仪	0～20 000/($mg \cdot L^{-1}$)	套	4	
14	超声波流量计	DN100/mm	套	2	
15	MLSS 测量仪	0～20 000/($mg \cdot L^{-1}$)	套	1	
16	压力变送器	0～0.3/MPa	套	5	
17	超声波流量计	0～80/($m^3 \cdot h^{-1}$)	套	3	
18	超声波液位计	0～4/m	套	1	
19	超声波液位计	0～2/m	套	9	
20	电磁流量计	DN32/mm	套	2	
21	电磁流量计	DN25/mm	套	2	
22	超声波液位计	0～5/m	套	1	新增设备

续表 4.21

编号	名　　称	型号规格	单位	数量	备注
23	超声波液位计	0～5/m	套	1	新增设备
24	超声波流量计	DN100/mm	套	1	新增设备
25	超声波流量计	DN1000/mm	套	1	
26	COD 测量仪	0～100/(mg·L^{-1})	套	1	
27	pH/T 测量仪	0～14	套	1	
28	进水 NH_4-N 测量仪	0～50/(mg·L^{-1})	套	1	

第 5 章　污水再生利用及污泥最终处理

5.1　污水再生利用

项目建成后，本厂出水水质将达到一级 A 标准，其主要控制指标可达到“再生水用作工业用水水源的水质标准”一级，“景观环境用水的再生水指标”的观赏性景观环境用水中的河道类标准。

因此，本项目实施后出水可考虑用作工业用水以及河道类的观赏性景观环境用水，但还需对本污水处理厂控制指标以外的其他项目进行检测，在各项指标均满足规范要求的情况下才可以作为再生水使用。

污水再生利用的先决条件是当地环保部门要严格控制各源头企业的各种污染物的排放量，以确保各企业的污水排放达到《污水排入城市下水道水质标准》(CJ 343—2010)，从而保证污水处理厂控制指标以外其他项目不超标，为污水的再生利用创造条件。

一旦本污水处理厂的出水能被再生利用，既可节省大量的淡水资源，又可给污水处理厂带来一定的经济收益，从而也能促进污水处理厂的良性循环。因此，建议有关部门尽快落实再生水用户，避免再生水资源白白地浪费。

为避免各种污染物循环积累，再生水重复利用率应控制在 80%以内，再生水最大使用量为 6.4×10^4 m^3/d，不包括消耗水量。

5.2　污泥最终处置

按日处理 10×10^4 m^3 污水计，本厂日产干污泥 19.6 t，折合成 80%含水率的泥饼为 98 m^3。如此大量的污泥必须寻求一个妥善的污泥处理方式，否则会不可避免地对环境造成二次污染，后果将不堪设想。

目前该污水处理厂自行对污泥进行填埋处理，存在很多二次污染的隐患。希望有关部门尽快把污泥处置项目提到议事日程，尽早解决污泥处置问题，避免污泥再给环境造成二次污染。

第 6 章 机械设备设计及选型

6.1 设计原则

本工程按以下原则进行设计。

（1）设备技术先进、性能良好；

（2）设备选型力求经济合理、满足工艺的需要，并配合土建构筑物形式的要求；

（3）设备的工作能力满足 8×10^4 m^3/d 处理水量，并适应所处理水质的要求，充分考虑运行的方式，备有足够的余量；

（4）主要设备的选用如污水处理核心设备——曝气器、潜水污水泵、鼓风机、脱水机、搅拌器等，考虑选用国内外较有声誉、具有使用业绩、技术先进且用户反映良好的制造厂商的成套产品，从而保证所选设备技术先进、运行可靠；

（5）控制方式采用就地及控制室集中控制两种方式；

（6）潜水电机的防护等级为 IP68，其他配套电机和就地控制箱防护等级不低于 IP55；

（7）考虑污水腐蚀的环境，对机械设备材料选用的原则为：水下部分（含不可分割的延伸段）采用不锈钢、铸铁或工程塑料等耐蚀材料，平台以上部分为碳钢（镀锌或涂刷环氧漆）；

（8）所有设备的设计标准和规范均符合 ISO、GB、JB、CJ 等有关标准；

（9）机电设备以选用标准定型产品为原则，尽量避免非标设备，所选用产品的制造商具有制造同类产品的经验。

6.2 主要设计指标

本工程具有以下 3 个主要设计指标。

6.2.1 栅渣量

按 0.06 m^3/1 000 m^3 污水量计；

栅渣总量为 4.8 m^3/d；

栅渣含水率为 80%；

压榨后含水率为 55%～60%。

6.2.2 沉砂量

按 0.03 m^3/1 000 m^3 污水量计；

沉砂量为 2.4 m^3/d；

排砂输送时含水率按 95%计；

砂水分离器输出砂含水率按 60%计。

6.2.3 污泥产量

干污泥量为 19 600 kg/d，含水率为 99.2%，污泥体积为 2 450 m^3/d；

污泥经浓缩脱水后含水率为 80%，污泥体积为 98 m^3/d。

6.3 设备设计

本工程主要机械设备包括粗格栅、细格栅、潜水污水泵、桥式除砂机、曝气器、潜水推进器、鼓风机、浓缩脱水机等。设备选型均采用国内外知名品牌的产品，以保证设备的先进性和可靠性，确保污水处理厂的安全运行，同时降低运行成本。

6.3.1 格栅

本工程设 3 台机械粗格栅、3 台机械细格栅、1 台螺旋输送机、1 台螺旋压实机。根据水质要求，粗格栅采用回转式格栅除污机，细格栅也采用回转式格栅除污机。回转式格栅除污机工作原理为：减速机带动主轴作旋转运动，设置在主轴左右两侧的驱动链轮带动机架两侧的传动链条回转，从而带动两侧传动链条间的耙栅系统作回转运动，设置在耙栅系统上的一组独特的耙齿将格栅井里的垃圾捞起并输送至井上。该格栅主要由驱动装置、机架、耙栅系统、导向装置、卸渣耙刷及电气控制柜等部分组成。机架采用碳钢防腐，齿耙、链条等采用不锈钢材质。

6.3.2 潜水污水泵

本工程采用 5 台大通道无堵塞潜水污水泵，立式耦合式，叶轮为整体铸造，均进行静平衡和动平衡试验。电机为三相鼠笼电机，三相 380 V，50 Hz，防护等级为 IP68，F 级绝缘，水泵设有传感器，以保护水泵正常运行。水泵的经常工作点效率大于 85%。水泵叶轮采用球墨铸铁，泵、电机壳体采用优质铸铁。

6.3.3 潜水推进器

本工程生物池设 8 台水下搅拌器，水解池设 4 台水下搅拌器，污泥贮池设 2 台水下搅拌器，以维持混合液保持悬浮状态，不产生沉降。潜水搅拌器为全套设备，配备不锈钢导杆和不锈钢提升链，搅拌叶采用高效和无阻塞叶片螺旋桨。

6.3.4 鼓风机

鼓风机用于为生物池提供微生物所需氧气。本工程增加 1 台同原鼓风机同型号的离心鼓风机。

6.3.5 污泥螺杆泵

用于输送剩余污泥的污泥泵应是单通道式，并配备无堵塞及无超负荷特性的螺旋离心叶轮，能通过直径不大于 100 mm 的颗粒杂质，并能泵送含固量达 13%～18%的污泥。

叶轮在水力学设计上，应揉合正向推动力及离心力。叶轮和蜗壳的流向线条设计应为渐变式，其他将导致堵塞机会较高的设计如双通道或多通道设计均不被接受。

6.3.6 污泥浓缩脱水机

污泥浓缩脱水机采用离心脱水机，为逆流卧式螺旋卸料沉降离心机。主机由柱锥型转鼓、螺旋和差速系统构成。在离心力的作用下对污泥进行每天 16 h 的连续脱水。机器具备优良的密封性能，以确保污泥、水不会溢出机外而污染环境。

第7章　新技术运用

随着人类的发展和科学的进步，涌现出了许多新事物，其中有积极先进的，也有消极落后的。在污水处理领域也同其他事物一样，出现许多新工艺、新材料、新设备、新技术。我们在本工程总体设计中，力求应用这些新的、先进的技术，主要目的是降低工程投资，降低日常运行费用，提高自动化程度，降低劳动强度，提高设备使用寿命，确保处理效果稳定可靠，以使我们的设计更为合理，更为节省，更为优化。本工程采用的新工艺、新设备、新技术和新材料包括：

（1）在污水处理过程中生化反应是一种可以以多种方式运行的工艺，运行方式的调节和控制灵活简便、稳定可靠。

（2）对污泥的处置采取机械离心浓缩脱水方式，操作环境较好，设备可靠，保证了系统运行的可靠性。

（3）采用 PLC 控制技术，提高污水处理厂自动化控制水平。

（4）根据近几年的设计与施工技术发展情况，在大型污水处理厂的贮水钢筋砼构筑物中，添加高效外加剂在增强、抗渗、补偿砼的温度应力、抗腐蚀等方面都获得较为明显的效果，而且可将伸缩缝的长度由 20 m 加长到 80 m 左右。本工程也将采用外加剂。

第 8 章　项目管理及实施计划

8.1　实施原则及步骤

项目管理的实施原则与步骤：

（1）本工程项目的实施首先应符合国内基本建设项目的审批程序。

（2）某开发区污水处理厂有限公司作为执行单位，负责项目实施的组织协调和管理工作。

（3）项目的设计、供货、施工安装等履行单位应与项目执行单位履行必要的法律手续，违约责任应按国家的有关法律法规执行。

（4）项目执行单位应与项目履行单位协商制定项目实施计划表，并在履行前通知有关各方。初步的项目实施与安排参见表 14.1。

项目执行单位应为履行单位开展工作创造有利条件，项目履行单位应服从项目执行单位的指挥和调度。

8.2　项目建设的管理机构

为了实施某开发区污水处理一厂升级改造工程，应组建污水处理厂工艺升级改造工程筹建处，负责工程的组织协调和管理。筹建处下设 5 个职能部门，如图 8.1 所示。

（1）行政管理科：负责日常行政工作以及与项目履行单位的接待、联络等工作。

（2）计划财务科：负责项目的财务计划和实施计划，安排与项目履行单位办理合同协作与手续，以及资金使用安排和收支手续。

（3）技术管理科：负责项目的技术文件、技术档案的管理工作，主持设计图纸的会审，处理有关技术问题，组织技术交流，组织职工的专业技术培训、技术考核等工作。

（4）施工管理科：负责项目的土建施工及安装的协调与指挥，施工进度与计划的安排，施工质量与施工安全的监督检查及工程的验收工作。

（5）设备材料科：负责项目设备材料的订货、采购、保管、调拨等验收工作。

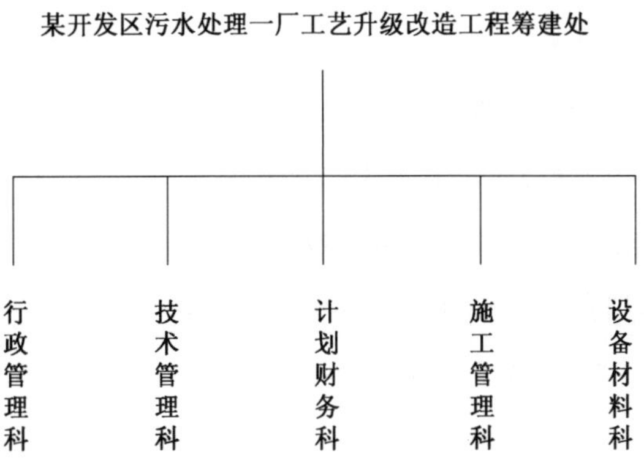

图 8.1　5 个职能部门

8.3　计划主要履行单位的选择

由于本工程技术要求较高，因此对参与履行项目供货、设计、施工、安装的单位均要进行严格的资格审查，并应将审查程序和结果以书面形式报告各有关部门，并存档备案。

8.3.1　供货

进口设备的供货将采用招标的方式来确定供货商，国内设备的供货一般情况下也应采用招标的方式确定供货商。

8.3.2　土建施工

土建施工必须从具有大型城市污水处理厂施工经验的专业施工单位中选择。本工程建议由项目执行单位对各施工单位进行资格审查后，通过招标方式确定。

8.3.3　安装

设备安装和电气仪表控制系统的安装应分别选择专业安装单位，其选择程序同上条。

8.4　设计、施工与安装

某开发区污水处理一厂升级改造工程项目的设计、施工和安装必须按照国家的专业技术规范与标准执行。其有关规范和标准如下：

8.4.1　设计规范和标准

详见第 1 章中有关内容。

8.4.2　施工规范和标准

《给水排水构筑物施工及验收规范》（GB 50141—2008）；

《钢结构工程施工质量验收标准》（GB 50205—2020）；

《地下防水工程质量验收规范》（GB 50208—2011）；

《钢筋焊接及验收规范》(JGJ 18—2012);

《防腐工程施工操作规程》(YSJ 411—89);

《地基与基础工程施工操作规程》(YSJ 402—89);

《钢筋混凝土工程施工操作规程》(YSH 403—89);

《结构吊装、工程施工操作规程》(YSJ 404—89);

《特种结构工程施工操作规程》(YSJ 405—89);

《砌筑工程施工操作规程》(YSJ 406—89)。

8.4.3 安装规范和标准

《自动化仪表工程施工及验收规范》(GB 50093—2002);

《现场设备、工业管道焊接工程施工及验收规范》(GB 50683—2011);

《电气装置安装工程 爆炸和火灾危险环境电气装置施工及验收规范》(GB 50257—2014);

《采暖与卫生工程施工及验收规范》(GBJ 242—82);

《机械设备安装工程施工及验收通用规范》(GB 50231—2009)。

与外方进行的设计联络和技术谈判将在买方的主持下,由承担项目设计的单位会同项目执行单位一同参加,设计联络的安排及设计资料的提供将在商务合同中明确。

进口设备的安装与调试必须在外国专家的指导下进行,有关设备安装与调试的详细资料与供货装船清单应在设备到货前提供。有关的细节将在商务合同中明确。

所有关于项目设计、施工、安装等方面的技术文件都应存入技术档案以备查用。

8.5 调试与试运转

(1)国内配套设备的调试可根据有关的技术标准进行或由供货单位派人进行技术指导。

(2)进口设备的调试必须由外方技术专家指导进行,有关的细节可在商务谈判中商定并写入商务合同。

(3)试运转工作应邀请外国专家、设计单位、安装单位共同参加,试运转操作人员上岗前必须通过专业技术培训。

(4)有关设备调试,通水试运转以及验收等项工作的技术文件必须存档备查。

8.6 项目运行的管理及人员管理

8.6.1 项目运行的组织管理

本项目的管理单位为“×××××污水处理一厂工艺升级改造工程污水处理厂”。

某开发区污水处理一厂工艺升级改造工程污水处理厂组织机构如图 8.2 所示。

8.6.2 运行的技术管理

(1)配合市政环保部门监测污水系统水质,监督工厂企业工业废水排放水质。工业废水排放要求见

《污水排入城市下水道水质标准》(CJ 3082—2015)。

(2)根据进厂水质、水量变化，调整运行条件。做好日常水质化验、分析，保存记录完整的各项资料。

(3)及时整理汇总、分析运行记录，建立运行技术档案。

(4)建立处理构筑物和设备的维护保养工作和维护记录的存档。

(5)建立信息系统，定期总结运行经验。

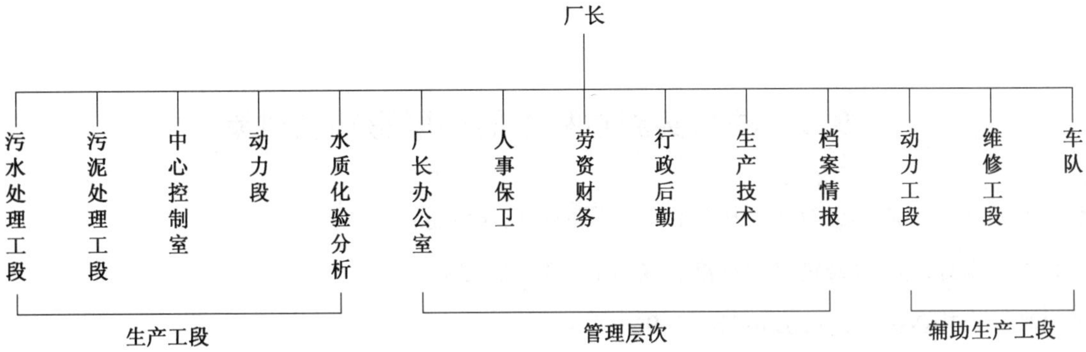

图 8.2　某开发区污水处理一厂工艺升级改造工程组织机构

8.6.3　人员培训

(1)对生产管理和操作人员进行上岗前的专业技术培训。

(2)聘请有经验的专业技术人员负责厂内技术管理工作。

(3)选派专业技术人员到已建成污水处理厂进行技术培训。

(4)专业技术人员提前上岗，参与施工、安装、调试、验收的全过程，为今后运行管理奠定基础。

第 9 章　环境保护及风险预测

9.1　项目实施过程中的环境影响及对策

本污水处理厂工艺升级改造工程项目环境保护设计执行标准：

《城镇污水处理厂污染物排放标准》（GB 18918—2002）；

《污水综合排放标准》（GB 8978—1996）；

《声音环境质量标准》（GB 3096—2008）；

《地表水环境质量标准》（GB 3838—2002）；

《工业企业厂界噪声标准》（GB 12348—2008）；

《城市污水处理厂污水污泥排放标准》（CJ 3025—93）。

9.1.1　主要的环境影响

本次污水处理厂工艺升级改造工程项目施工期间主要的环境影响有噪声、扬尘、弃土和土壤植被破坏以及对交通的影响。

9.1.1.1　对交通的影响

本工程施工期间设备材料及土方垃圾运输将影响污水处理厂附近道路的正常通行，虽然道路交通不太繁忙，但工程建设时仍使车辆运输受阻。同时由于堆土、建筑材料的占地，使道路变得狭窄，晴天尘土飞扬，雨天泥泞路滑，使交通变得拥挤和混乱，极易造成堵塞。这种影响将随着工程的结束而消失。

9.1.1.2　施工扬尘、噪声的影响

（1）扬尘的影响：工程施工期间，挖掘的泥土通常堆放在施工现场，短则几个星期，长则数月。堆土裸露，车辆过往时，满天尘土，使大气中悬浮颗粒物含量骤增，严重影响市容和景观。施工扬尘将使附近的建筑物、植物等蒙上厚厚的尘土，使邻近居家普遍蒙上一层泥土，给居住区环境的整洁带来许多麻烦。雨、雪天气时，由于雨水和雪水的冲刷以及车辆的辗压，使施工现场变得泥泞不堪，行人步履艰难。

（2）噪声的影响：施工噪声主要来自污水处理厂建设时施工机械和建筑材料运输、车辆马达的轰鸣及喇叭的喧闹声。特别是在夜间，施工噪声将严重影响邻近居民的工作和休息。根据《建筑施工场界环境噪声排放标准》（GB 12523—2011），不同施工阶段作业噪声限值见表 9.1。

表 9.1　建筑施工场界噪声限值等效声级　　dB

施工阶段	主 要 噪 声 源	噪声限值	
		昼间	夜间
土石方	推土机、挖掘机、装载机等	75	55
打桩	各种打桩机等	85	禁止施工
结构	混凝土搅拌机、振捣棒、电锯等	70	55
装修	吊车、升降机等	65	55

采用点声源衰减公式对主要施工设备的噪声影响进行了预测计算，其结果列于表 9.2 中。

表 9.2　预测距声源不同距离处的噪声值　　dB

序号	设备名称	声功率级	不同距离处的噪声值								
			5 m	10 m	20 m	40 m	60 m	80 m	100 m	150 m	200 m
1	翻斗车	106	84	78	72	66	63	60	58	55	52
2	装载车	106	84	78	72	66	63	60	58	55	52
3	推土机	116	94	88	82	76	73	70	68	65	62
4	挖掘机	108	86	80	74	68	65	62	60	57	54
5	打桩机	136	114	108	102	96	93	90	88	85	82
6	混凝土搅拌车	110	88	82	76	70	67	64	62	59	56
7	振捣棒	101	79	73	67	61	58	55	53	50	47
8	电锯	111	89	83	77	71	68	65	63	60	57
9	吊车	103	81	75	69	63	60	57	55	52	49
10	工程钻机	96	74	68	62	56	53	50	48	45	42
11	平地机	106	84	78	72	66	63	60	58	55	52
12	移动式空压机	109	87	81	75	69	66	64	61	58	55

9.1.1.3　生活垃圾的影响

工程施工时，施工区内劳动力的食宿将会安排在工作区域内。这些临时食宿地的水、电以及生活废弃物若没有做出妥善的安排，则会严重影响施工区的卫生环境，导致工作人员体力下降，尤其是在夏天，施工区的生活废弃物乱扔轻则导致蚊蝇孳生，重则致使施工区工人暴发流行性疾病，严重影响工程施工进度，同时使附近的居民遭受蚊、蝇、臭气、疾病的影响。

9.1.1.4　对地下水的影响

工程建设将不会对地下含水层的水流、水量及水质等方面产生影响。

9. 1. 2　环境影响的缓解措施

9.1.2.1　交通影响的缓解措施

建设单位在制定项目施工实施方案时应充分考虑附近的道路交通因素，制定合理的工程运输方案，避开交通特别繁忙的道路或避开道路交通高峰时间。

9.1.2.2 减少扬尘

工程施工中沟渠挖出的泥土堆在路旁，旱季风致扬尘和机械扬尘导致沿线尘土飞扬，影响附近居民和工厂。为了减少工程扬尘对周围环境的影响，建议施工中遇到连续的晴好天气又起风的情况下，对弃土表面洒上一些水，防止扬尘。工程承包者应按照弃土处理计划，及时运走弃土，并在装运的过程中不要超载，装土车沿途不洒落，车辆驶出工地前应将轮子的泥土去除干净，防止沿程弃土满地，影响环境整洁，同时施工者应对工地门前的道路环境实行保洁制度，一旦有弃土、建材撒落应及时清扫。

9.1.2.3 施工噪声的控制

工程施工开挖沟渠、运输车辆喇叭声、发动机声、混凝土搅拌声以及复土压路机声等均会造成施工噪声。为了减少施工对周围居民的影响，工程在距民舍 200 m 的区域内不允许在晚上 11 时至次日早上 6 时内施工，同时应在施工设备和方法中加以考虑，尽量采用低噪声机械。对夜间一定要施工又要影响周围居民声环境的工地，应对施工机械采取降噪措施，同时也可在工地周围或居民集中地周围设立临时的声障之类的装置，以保证居民区的声环境质量。

9.1.2.4 施工现场废弃物处理

工程建设需要工人，实际需要的人工数决定于工程承包单位的机械化程度。项目开发者及工程承包单位应与当地环卫部门联系，及时清理施工现场的生活废弃物，工程承包单位应对施工人员加强教育，不随意乱丢废弃物，保证工人工作、生活环境卫生质量。

9.1.2.5 倡导文明施工

要求施工单位尽可能地减少在施工过程中对周围居民、工厂、学校的影响，提倡文明施工，做到“爱民工程”，组织施工单位、街道及业主联络会议，及时协调解决施工中的环境影响问题。

9.2 项目建成后的环境影响及对策

污水处理厂本身是一个环境保护项目，它建成后对改善地区环境有一定的影响，因此就环境保护方面，需采取一定的措施。

本项目建成后主要环境影响因素见表 9.3。

表 9.3 环境问题表

序号	名　　称	设备及排污量	环境问题
1	污水处理厂	3 000 m^3/d	污水
2	DS 剩余污泥量	50 348 kg/d	固体废弃物
3	格栅	回转式格栅	固体废弃物、恶臭、噪声、污水
4	进水泵站	离心潜水泵	恶臭、噪声
5	沉砂池	搅拌器提砂泵	固体废弃物、恶臭、噪声、污水
6	鼓风机房	鼓风机	噪声
7	浓缩脱水机房	浓缩机、脱水机	噪声、污泥

9. 2. 1 污水处理厂对周围环境的影响

9.2.1.1 臭味对环境的影响

由于污水处理厂内很多污水处理设施均为敞开式水池，所以污水、污泥的臭味散发在大气中，势必会影响到周围地区。

为了解决污水对环境的影响程度，我国其他城市（如上海市）做过专门的现状闻味调查，组织了 10 名 30 岁以下，无烟酒嗜好，未婚男女青年进行现场臭味嗅闻。

现状调查将臭味强度分成六级，见表 9.4。

表 9.4 臭味强度分级表

强度	指　标
0	无气味
1	勉强能感觉到气味（感觉阈值）
2	气味很弱但能分辨其性质（识别阈值）
3	很容易感觉到气味
4	强烈的气味
5	无法忍受的极强气味

调查人员分别在下风向设 5 m、30 m、50 m、70 m、100 m、200 m、300 m 等距离，来回嗅闻，并以上风向作为对照嗅闻。调查当天的风向为 NE，风速约 4.5 m/s，气温为 12 ℃，嗅闻结果见表 9.5。

表 9.5 嗅闻结果表

风向	距离/m	嗅闻人员感觉比例/%					
		0	1	2	3	4	5
上风向	5				100		
	20		100				
下风向	5					60	40
	30					100	
	50				20	80	
	70				40	60	
	100			20	70	10	
	200		50	50			
	300		80	20			

由嗅闻结果统计可知，在污水处理设施下风向 100 m 范围内，其臭味对人的感觉影响明显，在 300 m 以外，则臭味已嗅闻不到。

污水处理厂建成后在主要污染源 300 m 之内无居民区，不会对居民产生影响。

9.2.1.2 噪声对环境的影响

污水处理厂的噪声来源于厂内传动机械工作时发出的噪声，有污水泵、污泥泵的噪声，有脱水机、鼓风机的噪声，还有厂区内外来往车辆等的噪声。根据调查，污水处理厂使用的机械产生的噪声见表 9.6。

表 9.6 污水处理厂机械产生噪声表

名　称	噪声/dB
污水泵	90～100
污泥泵	90～100
鼓风机	70～90
浓缩机、脱水机	40～60
汽车	75～90

污水处理厂内噪声较大的设备，如鼓风机，设在室内，经墙壁隔声以后传播到外环境时已衰减很多。污水泵采用潜水方式，据调查资料表明，距泵房 30 m 时测得的噪声值已达到国家《声音环境质量标准》（GB 3096—2008）的标准值。

9. 2. 2 对环境影响的对策

综上所述，虽然本工程建成运行后对周围环境影响不大，但为了进一步减小对环境的影响，本工程拟采取以下措施：

9.2.2.1 气味

开发区污水处理厂厂内处理构筑物除生物池敞开工作外，其他处理构筑物均设置在室内或加盖。本工程中主要气味污染源为粗、细格栅及污泥区，设计时将这几部分的臭气收集后，送入脱臭床进行处理。以上措施都能有效地减缓气味对周围环境的影响。

9.2.2.2 噪声

污水处理厂内产生噪声的主要来源是鼓风机房和污泥浓缩脱水机房，在设计时对建筑稍加处理即可满足要求。

厂区噪声主要通过绿化来实现降噪。

9.2.2.3 厂区污水

厂区生活污水及生产废水排放均通过厂内污水管道系统收集，汇入厂区格栅前配水井，而后与城市污水共同进入污水处理系统进行处理，做到达标排放。

9.2.2.4 固体废弃物

厂内细格栅、沉砂池、污泥浓缩脱水机房均有废弃物产生，在设计时已将这几部分废弃物分别进行处置，然后从边门统一外运，因而避免了对厂区内其他部位的污染。同时在设计及运行管理中尽量保证废弃物不落地，而直接进入废弃物箱或直接装车外运，避免造成废弃物落地后的二次污染。污泥外运时采用半封闭式自卸车，送至夏家河污泥处理厂进行处置。

9.3 工程风险分析

9.3.1 污水处理厂风险影响预测

9.3.1.1 地震对构筑物的可能影响

地震是一种破坏性很大的自然灾害，波及的范围也很大，万一发生地震，必将造成很大的破坏，致使构筑物损坏，污水将溢流于厂区和附近地区及水域，造成严重的局部污染。

由于本工程结构已考虑了抗震问题，以七级抗震强度进行设计，因此一般地震不会对工程造成破坏，从而造成对环境的不良影响的可能性较小。

9.3.1.2 事故排污对环境的影响

污水处理厂建成运行后，若因机械设施或电力故障而造成污水处理设施不能正常运行时，污水只能由超越管直接排放到水体，使下游水体受到严重污染。因此，要求污水处理厂管理人员加强运行管理，保证污水处理厂的正常运行，从而尽可能地降低这种风险。

9.3.2 污水处理系统维修风险分析

在维护污水系统正常运行过程中也时有风险发生。由于污水系统事故风险具有突然性，会给维护系统的工作人员带来重大损害，严重的会危及生命。

污水管道的损坏，会产生泄漏溢流等情况；当污水泵站的格栅被杂物堵塞而不及时清理，会影响污水的收集和排出。当污水系统的某一构筑物出现事故，必须立即予以排除，此时需操作工人进入管道和集水井内操作。因污水内含有各类污染物质，有些污染物质以气体形式存在，如 H_2S 等，若管道内操作人员遇上高浓度的有毒气体，则会造成操作人员的中毒、昏迷，直至丧失生命。

据统计资料记载，在维修时常有工作人员因通风不畅吸入污水管中有毒气体而感到头晕、呼吸不畅等症状，严重的甚至死亡。

凡要进入管道内或泵站池子内工作的人员，应采取如下措施：

（1）首先填写下井、下池操作表，对操作工人进行安全教育；

（2）由专人在工作场地监测 H_2S，急救车辆停在检修点旁；

（3）戴防毒面具下井，一旦感觉不适立即返回地面；

（4）重大检修采用 GF2 下水装置；

（5）提高营养保健费用，增强工人体质；

（6）定期监测污水管内气体，并对污水系统维修、防护等技术措施进行研究。

通过以上措施的实施，可将工程的风险性降低至最小。

第 10 章　劳动安全卫生

10.1　编制依据

（1）《建设项目工程劳动安全卫生监察规定》[劳字（1996）第 3 号]；

（2）《国务院关于加强防尘防毒工作决定》[国发（1984）97 号]；

（3）《工业企业设计卫生指标》（GBZ 1—2010）；

（4）《工业企业噪声控制设计规范》（GBJ 87—85）；

（5）《工业企业厂界噪声排放标准》（GB 12348—2008）；

（6）《社会生活环境噪声排放标准》（GB 22337—2008）；

（7）《声音环境质量标准》（GB 3096—2008）；

（8）《工业企业煤气安全规程》（GB 6222—2005）；

（9）《建筑设计防火规范》（GB 50016—2014）；

（10）《建筑物防雷设计规范》（GB 50057—95（2000 年版））；

（11）《建筑抗震设计规范》（GB 50011—2010）；

（12）《爆炸和活火灾危险环境电力装置设计规范》（GB 50058—2014）；

（13）《采暖通风与空气调节设计规范》（GB 50019—2003）。

10.2　主要危害因素分析

本工程的主要危害因素可分为两类。其一为自然因素形成的危害和不利影响，一般包括地震、不良地质、暑热、雷击、暴雨等因素；其二为生产过程中产生的危害，包括有害尘毒、火灾爆炸事故、机械伤害、噪声振动、触电事故、坠落及碰撞等各种因素。

10.2.1　自然危害因素分析

（1）地震：地震是一种能产生巨大破坏的自然现象，尤其对建（构）筑物的破坏作用更为明显，它作用范围大，威胁设备和人员的安全。

（2）暴雨和洪水：暴雨和洪水威胁污水处理厂安全，其作用范围大，但出现的机会不多。

（3）雷击：雷击能破坏建（构）筑物和设备，并可能导致火灾和爆炸事故的发生，其出现的机会不大，作用时间短暂。

（4）不良地质：不良地质对建（构）筑物的破坏作用较大，甚至影响人员安全。同一地区不良地质对建构筑物的破坏作用往往只有一次，作用时间不长。

（5）风向：风向对有害物质的输送作用明显，若人员处于危害源的下风向则极为不利。

（6）气温：人体有最适宜的环境温度，当环境温度超过一定范围时，会产生不舒服感。气温过高会发生中暑；气温过低，则可能发生冻伤和冻坏设备。气温对人的作用广泛，作用时间长，但其危害后果较轻。

自然危害因素的发生基本是不可避免的，因为它是自然形成的；但可以对其采取相应的防范措施，以减轻人员、设备等可能受到的伤害或损坏。

10.2.2 生产危害因素分析

（1）高温辐射：当工作场所的高温辐射强度大于4.2 $J\cdot m^2\cdot min$时，可使人体过热，产生一系列生理功能变化，使人体体温调节失去平衡，水盐代谢出现紊乱，消化及神经系统受到影响，表现为注意力不集中，动作协调性、准确性差，极易发生事故。

（2）振动与噪声：振动能使人体患振动病，主要表现在头晕、乏力、睡眠障碍、心悸、出冷汗等。

噪声除损害听觉器官外，对神经系统、心血管系统亦有不良影响。长时间接触，能使人头痛头晕，易疲劳，记忆力减退，使冠心病患者发病率增多。

（3）火灾爆炸：火灾是一种剧烈燃烧现象，当燃烧失去控制时，便形成火灾事故，火灾事故能造成较大的人员及财产损失。爆炸同火灾一样，能造成较大的人员伤亡及财产损失。

此外，触电、碰撞、坠落、机械伤害等事故均会对人身形成伤害，严重时可造成人员的死亡。

10.2.3 安全卫生防范措施

（1）抗震：本工程区域的地震基本烈度为7度，污水处理厂设计均按7度设防，本工程的建（构）筑物抗震设计均按《建筑抗震设计规范》（GB 5011—2010）的有关要求进行。

（2）防洪：设计中为了防止内涝，及时排出雨水，避免积水毁坏设备、厂房，在厂区内设有相应的场地雨水排除系统。

（3）防雷：对第三类防雷建筑物采用避雷或防直击雷，放散管及风帽按规范要求采取相应的防雷措施，烟囱设避雷针。

（4）减振降噪：在工艺设计中将鼓风机、离心脱水机等噪声设备尽量采取措施以减小噪声。

强振设备与管道间采用柔性连接方式，防止振动造成的危害。在总图布置中，根据声源方向性、建筑物的屏蔽作用及绿化植物的吸纳作用等因素进行布置，以减弱噪声对岗位的危害作用。主要生产场所设置能起到隔声作用的操作室、休息室，以减少噪声的影响。

经采取上述措施后，对于操作人员每天接触噪声8 h的场所，噪声级均可低于85 dB（A），车间办公室、休息室、操作室等室内噪声级均小于70 dB（A），中央控制室、综合楼内噪声低于60 dB（A），其他生活、卫生用室室内噪声则低于55 dB（A）；对于操作人员接触噪声不足8 h的场所及其他作业地点的噪声，均满足《工业企业噪声控制设计规范》（GBJ 87—85）中的标准要求。

（5）防火防爆：在总平面布置中，各生产区域、装置及建筑物的布置均留有足够的防火安全间距，道路设计则满足消防车对通道的要求。

厂区设置相应的消防给水管网及室内外消火栓。

（6）其他：为了防止触电事故并保证检修安全，两处及多处操作的设备在机旁设事故开关；1 kV 以上正常不带电的设备金属外壳设接地保护；0.5 kV 以下的设备金属外壳作接零保护；设备设置漏电保护装置。

为了防止机械伤害及坠落事故的发生，生产场所梯子、平台及高处通道均设置安全栏杆，栏杆的高度和强度符合国家劳动保护规定；设备的可动部件设置必要的安全防护网、罩；地沟、水井设置盖板；有危险的吊装口、安装孔等处设安全围栏；厂内水池边设置救生衣、救生圈；在有危险性的场所设置相应的安全标志及事故照明设施。

绿化对净化空气、降低噪声具有重要作用，是改善卫生环境、美化厂容的有效措施之一，并且绿化能改善景观，调节人的情绪，从而减少人为的安全事故。

机械设备和电气设备的布置留有足够的安全操作距离和空间。污水处理厂起吊提升设备的选型、生产制造、安装和使用应严格按劳动部门的规定执行，使用前必须报当地劳动主管部门，做到：合格设计，定点制造，具有安装合格证的队伍安装，劳动部门核发许可证后使用。

设计要求污水处理厂在运行前制定相应的安全法规，操作人员上岗前必须进行必要的专门技术培训，以确保污水处理厂正常、安全运转。

（7）电气安全设计：电力供应是污水处理厂运行的生命线，供电及电力设施的安全、可靠运行，才能保证污水处理厂正常运转。本工程电气设计采取以下安全措施：

① 低压配电装置：低压电气设备和器材的绝缘电阻不得低于 0.5 MΩ，维护人员应定期用摇表检查，不附合要求应及时检修或更换。

污水处理厂环境潮湿，必须保证低压电器正常、可靠运行。室内开关柜和配电屏防护等级为 IP4X，室外控制箱和动力箱防护等级为 IP55。

② 电力变压器：值班人员对变压器的巡视检查每天不少于一次，每周夜间检查一次，查看变压器温控箱有无故障指示，变压器运行有无异响，接地是否良好等。

③ 电力电缆：厂区供电回路全部采用电力电缆，室外电缆的敷设方式采用电缆沟、电缆桥架和直埋三种敷设方式。

为防止电缆火灾蔓延，在电缆设施的重要部位，采取设防火门或防火隔墙、电缆表面刷涂防火涂料，电缆通过的孔洞用耐火材料封堵等措施。

④ 严防触电，保证人身安全：全厂设接地网，将接地装置全部联接成整体，接地装置的接地电阻小于 2 Ω，并与自然接地体连接，接地保护和接零保护与接地网连接，每台电气设备均以单独的接地线与接地干线相连接。

10 kV 开关柜全部采用五防功能，0.4 kV 配电柜全部采用开关与门联锁，不停电打不开柜门，不关柜门合不上闸，防止人员误操作触电。

配电装置防护等级为 IP4X 以上，全部为封闭式，操作人员无任何机会触及带电导体，以确保人身安全。

配电装置操作面板前的地板上铺绝缘橡胶板，操作人员戴绝缘手套，穿绝缘胶靴。

⑤ 配电装置建筑物：建筑物门全部向外开启，以便人员发生电气事故时迅速、安全撤离现场。窗全部一玻一纱，冷却通风窗全部采用百叶窗和钢丝网。通向室外的电缆沟洞口，全部用水泥砂浆封堵，以防小动物窜入，造成带电导体之间短路。在变压器室大门上写有“止步！高压危险”的醒目字样，以防他人误入，造成电击事故等。

第 11 章　节能设计

11.1　能源构成

某开发区污水处理一厂采用改良 AAO+深度处理工艺对城市污水进行生化处理，处理过程中消耗的能源主要是电能。

11.2　耗能计算

污水处理厂能耗包括：

（1）满足工艺要求的介质提升设备耗能：进水提升泵、生物池进出水泵、剩余污泥泵等。

（2）维持工艺需氧要求的空气供给设备耗能：鼓风机。使介质免于沉降的搅拌设备耗能。

（3）用于污泥浓缩脱水的浓缩机、脱水机等耗能。

（4）生活及照明等耗能：通风、空调、用水等。

11.3　节能措施

（1）空气量可根据生物池内的溶解氧仪读数，通过鼓风机变频改变风量来完成生物池内溶解氧的调节。

（2）所有泵、电气设备等均为国家推荐的节能产品。

（3）厂区道路照明采用智能照明控制器，建筑物内灯具控制根据生产要求及自然采光情况分组控制。

（4）污水处理厂出水充分回用厂区：污泥脱水机反冲洗、绿化、道路浇洒、冲洗车辆等，减少新鲜水用量。

（5）在满足生产要求和环境保护情况下，尽量减少补充水。

（6）做好厂内各工段的耗能计量工作。

（7）供电设计采用新型无功补偿装置，提高功率因数。

（8）全厂水力计算力求准确，减少扬程。

11.4　建筑节能

（1）本工程围护结构按节能 50%进行设计，主要传热系数指标如下：

① 外墙（300 mm 厚轻集料混凝土小型空心砌块+50 mm 厚 XPS 板保温层+水泥砂浆找平层等）：0.451 W/（$m^2·K$）；

② 屋面（100 mm 厚楼板+100 mm 厚 EPS 板保温层+找坡防水层等）：0.411 W/（$m^2·K$）；

③ 保温材料热工指标：

EPS 板导热系数：不大于 0.041 W/（$m^2·K$）；密度：18～2 kg/m^3；修正系数：1.2；压缩强度不小于 100 kPa； 阻燃型；氧指数不小于 30%；

XPS 板导热系数：不大于 0.036 W/（$m^2·K$）；密度：25～32 kg/m^3；修正系数：1.2；压缩强度不小于 150 kPa； 阻燃型；氧指数不小于 30%。

（2）外保温按照《外墙外保温工程技术标准》(JGJ 144—2019)，和国标图集《外墙外保温建筑构造》10J121 施工；在外墙外保温系统上安装的设备或管道应固定于基层上，并应做密封和防水处理。

（3）外窗选用不小于 88 系列的塑钢框料，玻璃采用中空玻璃，6 低透光热反射+12 空气+6 透明，传热系数 K<2.3 W/（$m^2·K$）；

（4）建筑幕墙采用全铝型材（断热型）框料，灰色镀膜玻璃，6 高透光 Low-E（透光率达到 85%以上）+12 空气+6 透明（白浮法玻璃）。

（5）外门窗（包括建筑幕墙）抗风压性能：4 级；气密性能：4 级（玻璃幕墙为 3 级）；水密性能：3 级；隔声性能：4 级。

以上所用保温材料的具体构造，有关技术要求及保护措施由厂家负责提供并确保施工质量。

第 12 章　防　　腐

12.1　防腐工作的重要性

在诸多灾难中（水灾、火灾、风灾、地震、车祸等），腐蚀给人类带来的危害遥居领先。美国最新统计表明：每年因腐蚀损失 3 000 亿美元，人均 1 100 百美元。我国每年因腐蚀损失 1 500 多亿元，平均每天损失 3 亿元。因腐蚀造成的经济损失约占国民生产总值的 4%左右，其中包括上百万吨钢材和各种灾难事故造成的损失，世界钢产量的 1/3 因腐蚀而报废，造成的直接和间接经济损失是巨大的。此外，腐蚀造成资源和能源的损失也是很严重的，例如管道因腐蚀、结垢造成管径变小、摩阻增大、泵功率增加；腐蚀造成的跑、冒、滴、漏不仅浪费了资源还严重地污染环境，甚至造成人身的伤亡事故；腐蚀造成的火灾、爆炸、窒息事件不断发生，直接威胁人民生命财产的安全。腐蚀的严重性不单是经济问题也是一个严重的社会问题。

做好防腐工作有重要意义，它可以控制腐蚀灾难的发展，消除腐蚀事故和环境污染，增产节约，只要我们采取有效的防腐措施就可以夺回 1/3 的经济损失，这直接关系到国家现代化的实现进程。

12.2　建（构）筑物防腐

（1）提高混凝土抗城市污水的浸蚀能力，我们将有针对性地选择混凝土的外加剂，使其能与水泥的水化产物形成不溶凝胶，阻塞混凝土的毛细通路，以提高混凝土的密实度，达到混凝土防腐，钢筋防锈蚀的作用。

（2）对所有钢制管件及预埋件等外露件，均采用除锈后，刷 GSR 无毒环氧防腐涂料 2 遍的施工方法。

12.3　设备及管道防腐

12.3.1　设备防腐

为了使污水处理厂的设备提高使用年限，延长使用寿命，节省投资，减少维护量，设计过程中根据不同的工作环境，不同的场合，对设备选材及防腐作出不同的选择，采取不同的防腐措施，有针对性地选择抗老化、不易锈蚀的材料，增加设备的耐久性。

考虑污水、污泥腐蚀的环境，设备材料的选择原则为：水下部分材料为不锈钢或特种塑料等耐蚀材料，水上部分亦尽可能采用不锈钢或特种塑料，部分设备的水上部分采用碳钢，但需做镀锌保护或涂刷环氧漆。

全厂构筑物栏杆全部采用不锈钢或其他新型耐腐蚀材料制作。

12.3.2 管道防腐

在本污水处理厂中，许多仍为金属管道，但是通常埋地管道由于直接检测困难，往往要到输送介质泄漏时方知管道腐蚀已很严重，为了保证管道长期安全运行，防止泄漏造成对邻近居民和企业的危害，各国政府和管道公司都制定了相关管道防腐规程。我国石油工业部也颁布了《钢质管道及储罐腐蚀控制工程设计规范》（SY 0007—1999）作为我国管道防腐蚀工作准则，必须在工作中贯彻执行。

在探讨各种防腐对策和采取适当措施时，应视管道的不同环境和条件，从技术、经济、管理等多方面综合平衡来考虑。目前通常采用的方案是内壁涂层、外壁涂层加阴极保护，若严格施行这些措施，可保证管道安全运行 50 a。

本污水处理厂金属管道采用环氧煤沥青防腐涂层。该涂料主要由环氧树脂、煤沥青、填料和固化剂组成，它综合了环氧树脂机械强度高、黏结力大，耐化学介质浸蚀和煤沥青的耐水、抗微生物、抗植物根的优点，是一种优良的防腐绝缘材料。

在涂防腐材料之前必须做好表面处理。表面处理包括清除钢管表面的氧化皮、锈蚀、油脂、污垢，并在钢管表面形成适宜的粗糙度，使防腐层与钢管表面之间除了涂料分子与金属表面极性基团的相互引力之外，还存在机构咬合作用，这对增大防腐层的黏附力是十分有利的。

总之，在设计中根据不同的用途采取相应的防腐蚀措施，均会避免或减少因各种各样的腐蚀而造成的损失。

第 13 章　消防设计

13.1　编制依据

编制依据见《建筑设计防火规范》（GB 50016—2014）。

13.2　爆炸及火灾危险特征分析

总变配电站：总变配电站根据国家规定，设干式变压器，定为丙类防火标准。

厂区建筑设计均按国家建筑防火规范执行。

13.3　防火及消防措施

本工程在正常生产情况下，一般不易发生火灾，只有在操作失误、违反规程、管理不当、其他非正常生产情况或意外事故状态下，才可能由各种因素导致火灾发生。因此为了防止火灾的发生，或减少火灾发生造成的损失，根据“预防为主，防消结合”的方针，本工程在设计上采取了相应的防范措施。

13.3.1　总图运输规划

在厂区内部总平面布置上，按生产性质、工艺要求及火灾危险性的大小等级划分出各个相对独立的小区，并在各小区之间采用道路相隔。

厂内道路呈环形布置，保证消防通道畅通，厂内主干道宽 6 m，道路净空高度不小于 4.5 m，污水处理厂设 2 个出入口，均与厂外道路相连，满足消防车对道路的要求。

在火灾危险性较大的场所设置安全标志及信号装置，对各类介质管道涂以相应的识别色。

13.3.2　建筑

本工程配电室为Ⅰ级耐火等级，其余建筑物均为Ⅱ级耐火等级。

各建筑物的出入口及疏散口的设置均按照《建筑设计防火规范》（GB 50016—2014）的规定进行防火设计。

13.3.3　电气

在爆炸和火灾危险场所配电线路采用非延燃型缆线，明敷置于桥架内或埋地敷设，电气设备和其他金属管线、设备金属外壳等均应可靠接地，以保证用电的可靠性。

建（构）筑物的设计均根据其不同的防雷级别按防雷规范设置相应的避雷装置，防止雷击引起的火灾。

在爆炸和火灾危险场所严格按照环境的危险类别或区域配置相应的防爆型电器设备和灯具，避免由电气火花引起的火灾。

电气系统具备短路、超负荷、接地漏电等完备保护系统，防止电气火灾的发生。

13.3.4 通风

非爆炸危险性厂房屋面设风帽进行自然通风。轴流风机采用防爆型。

13.3.5 消防给水及消防设施

（1）消防用水量：按《建筑设计防火规范》（GB 50016—2014）有关规定，本工程统一时间内的火灾次数为 1 次，室外消火栓用水量为 15 L/s。

（2）消防用水来自城市自来水管网，生产消防共用 1 套供水系统。消防水管直径为 DN150 mm，室外消防采用低压给水系统，按规范规定，最不利点消火栓的水压不低于 10 m 水柱。

（3）在厂区消防给水管上设室外消火栓 1 座，布置在综合楼及变电所附近。

（4）厂区设有完整的雨水管网系统，消防水可以就近排入厂区雨水管网。

建立完整的消防体系，制定可行有效的条例措施，保证上述设施处于良好的使用状态。

第 14 章　对原有固定资产的利用情况

本工程内容主要是厂内原有污水处理工艺进行升级改造，包括对原有设备的更新。为降低工程投资，本工程对原有的还有利用价值的设施应合理地进行改造和利用，对没有利用价值的设施予以拆除和废弃。

本工程拆除了原有的 1 座曝气沉砂池、4 座初沉池、原有粗格栅及污水提升泵房、污泥贮池及污泥脱水间、变电所。更新 4 台二沉池刮泥机，更换部分电气自控设备，除此之外的其他原有设施予以保留利用，表 14.1 是将保留利用的建（构）筑物住屋及主要工艺设备。

表 14.1　保留利用的建构筑物及主要的工艺设备一览表

序号	建（构）筑物及主要设备	数量	单位	备　注
一	原有 1～4 号生物池	1	座	池体维护
二	二沉池	4	座	池体维护
三	鼓风机房	1	座	建筑结构维护
	鼓风机	5	台	需检修
	吊车	1	台	需检修
四	污泥回流及剩余污泥泵房	1	座	建筑结构维护
	剩余污泥泵	3	套	需维护
五	办公楼	1	座	建筑结构维护
六	维修间	1	座	建筑结构维护
七	车库	1	座	建筑结构维护
八	浴池	1	座	由原仪表空压站改造

第15章 工程概算总投资及主要技术经济技术指标

15.1 工程概算总投资

（1）某开发区一厂污水处理工艺升级工程总投资：14 509.08 万元；

（2）第一部分工程费用：11 780 万元；

（3）第二部分工程费用：1 311.37 万元；

（4）基本预备费：654.57 万元；

（5）建设期贷款利息：285.78 万元；

（6）流动资金：477.77 万元。

15.2 主要技术经济技术指标

（1）年总成本（平均值）：3 426.89 万元；

（2）年经营成本（平均值）：2 591.31 万元；

（3）单位水量生产成本：1.17 元/m^3；

（4）单位水量经营成本：0.89 元/m^3。

第 2 篇　主要设备及材料表

第 16 章　工艺部分主要设备及材料

在工艺改造中，由于原有的工艺设备需要更换及增加，为了更好地明晰工程中增加的设备及材料的型号和数量，特将这些设备及材料列于设备、材料表中。

16.1　一级处理工艺部分设备及材料

16.1.1　一级处理工艺改造的工程内容

本工程在升级改造过程中，在一级处理工艺中新建了粗格栅列、提升泵房及细格栅，拆除了原有的初沉池。

进水井、粗格栅、进水提升泵池、细格栅及曝气沉砂池合建。其中粗格栅、进水提升泵池、细格栅位于建筑内部，建筑尺寸为 31.65 m×21.30 m。

进水井为钢筋混凝土结构矩形池，尺寸为 5.8 m×2.0 m×5.55 m。

粗格栅来水经污水泵提升后进入细格栅，提升泵站采用地下式钢筋混凝土矩形泵池，数量为 1 座，尺寸为 10.3 m×7.5 m×7.95 m。

细格栅构筑物的结构形式为三条钢筋混凝土结构直壁平行渠道，池体尺寸为 8 m×5.8 m×1.60 m，栅渠宽度 B=1 400 mm，格栅宽度 B_1=1 300 mm。

曝气沉砂池在此前已经施工完成，因扩容后排砂量增加，桥式吸砂机的吸砂泵已经更换，砂水分离器也按需增加了 1 台，并且已经投入使用，因此直接利用此曝气沉砂池，没有设备和材料增添。

16.1.2　一级处理工艺改造所需的设备及材料

一级处理工艺部分新建设备及材料见表 16.1。

表 16.1　一级处理（粗格栅、提升泵房及细格栅）新建·设备

编号	名　　称	型号规格	材 料	单位	数量	备注
（一）一级处理（粗格栅、提升泵房及细格栅）（新建）·设备						
1	回转式格栅除污机	B=1 000 mm，b=15 mm，N=2.2 kW		台	3	不锈钢材质，注意安装角度
2	回转式格栅除污机	B=1 300 mm，b=5 mm，N=3 kW		台	3	不锈钢材质，安装角度为 70°
3	铸铁镶铜方形闸门	$B\times H$=900 mm×900 mm		台	3	配手电两用启闭机，启闭力：T=3 t，N=1.1 kW
4	整体安装渠道闸	$B\times H$=1.4 m×1.2 m		台	6	配手动启闭机，启闭力：T=3 t
5	潜水排污泵	Q=312.5 L/s，H=15 m，N=55 kW		台	5	其中一台备用
6	拍门	DN600		台	5	
7	无轴螺旋输送机	DN320，L=7 m，8 m^3/h，N=4 kW		台	1	
8	砂水分离器	LSSF-320II 处理量：5～12 L/s，N=0.37 kW		台	1	
9	桥式吸砂机	双槽：L=7.7 m；吸砂泵能力：24 m^3/h，H=4.05 m；驱动功率：2×0.37 Kw；提砂泵功率：1.4 kW		台	1	
10	螺旋压榨机	N=3 kW 排除干渣量为 3.2 m^3/h		台	1	
11	电动单梁悬挂起重机	T=2 t，N=2×0.4 kW，L_K=9 m		台	1	配套电动葫芦
12	CD 电动葫芦	T=2 t，N=3 kW		台	1	
13	移动式垃圾小车	V=0.5 m^3		台	5	
14	CD 手动葫芦	T=2 t		台	3	
15	简易渠道闸	$B\times H$=2 000 mm×1 000 mm		套	3	
16	通风机	Q=9 166 m^3/h，H=2.5 m，N=15 kW		套	2	其中一台备用
17	铸铁镶铜方形闸门	$B\times H$=900 mm×900 mm		台	3	配手电两用启闭机，启闭力：T=2 t，N=0.75 kW
18	异味除臭机	N=0.5 kW		台	3	

续表 16.1

编号	名　　称	型号规格	材 料	单位	数量	备注
（二）一级处理（粗格栅、提升泵房及细格栅）（新建）·设备						
1	对夹式蝶阀	DN100，p=0.6 MPa	铸铁	个	12	
2	法兰式蝶阀	DN500，p=0.6 MPa	铸铁	个	4	
3	法兰式伸缩蝶阀	DN200，p=0.6 MPa	铸铁	个	1	
4	钢　管	Φ1 220×9	钢	m	6	
5	钢　管	Φ630×9	钢	m	68	
6	钢　管	Φ219×6	钢	m	71	
7	钢　管	Φ109×4	钢	m	18	
8	钢　管	Φ89×4	钢	m	24	
9	玻璃钢管	DN500，p=0.6 MPa	玻璃钢	m	50	
10	混凝土管	Φ1 000	混凝土	m	3	
11	钢制法兰	DN600	钢	个	5	
12	钢制法兰	DN350	钢	个	5	
13	钢制法兰	DN200	钢	个	8	
14	钢制法兰	DN100	钢	个	24	
15	玻璃钢法兰	DN500	玻璃钢	个	8	
16	90°弯头	DN1000	钢	个	1	
17	90°弯头	DN600	钢	个	5	
18	90°弯头	DN200	钢	个	9	
19	90°弯头	DN100	钢	个	14	
20	90°弯头	DN500	玻璃钢	个	6	
21	等径三通	DN500	玻璃钢	个	2	
22	异径管	DN600×350	钢	个	5	
23	异径三通	DN100×80	钢	个	12	
24	等径四通	DN200	钢	个	2	
25	玻璃钢整流栅条	100×8，间距 50 mm	玻璃钢	根	184	
26	地漏	DN300	钢	个	1	
27	流量计	DN200		个	1	

16.2　二级处理工艺部分设备及材料

本工程二级处理工艺在原有初沉池的位置上新建了 4 座生物池（改良 A/A/O 池的预缺氧、好氧、缺氧段）；将原有的 4 座生物池改造为改良 A/A/O 池的好氧段；更换原有 4 座二沉池的设备，对池体进行维护；新建 1 座二沉池；新建二沉池配水井 1 座。

16.2.1 生物池工艺部分所需设备及材料

新建1、2号生物池（预缺氧、厌氧、缺氧池），尺寸为52.8 m×68.50 m×7 m。改造原有4座生物池为好氧池（O池，1、2、3、4号），总池容为28 159.2 m^3。其中新建的1、2号生物池（预缺氧、厌氧、缺氧池）工艺上与改建后的好氧池1、2号对应。新建1、2号生物池的工艺部分设备及材料见表16.2；原有改造后的1、2号好氧池需增添的设备及材料见表16.3。

表16.2 生物池（A池）（1、2号）（预缺氧、厌氧、缺氧池）新建设备及材料表

编号	名　　称	型号规格	材 料	单位	数量	备注
（一）生物池（A池）（1、2号）（预缺氧、厌氧、缺氧池）（新建）设备						
1	潜水推进器	Φ=580 mm，n=475 r/min，N=5.5 kW	不锈钢	套	8	
2	潜水推进器	Φ=770 mm，n=360 r/min，N=15 kW	不锈钢	套	6	
3	钢板闸	1 200 mm×3 000 mm×12 mm	不锈钢	套	2	
4	调节堰门	DY-1000 mm×500 mm，N=0.75 kW	不锈钢	套	4	配启闭机
5	镶铜方形闸门	700 mm×700 mm，N=0.75 kW	铸铁	套	2	配启闭机
6	手动蝶阀	DN500	铸铁	套	2	配启闭机
7	超声波流量计	DN700		套	1	
（二）生物池（A池）（1、2号）（预缺氧、厌氧、缺氧池）（新建）设备						
1	进水管	DN900，L=5 000 mm	Q235	根	1	
2	90°弯头	DN900	Q235	个	2	
3	出水管	DN900，L=27 320 mm	Q235	根	2	
4	90°弯头	DN900	Q235	个	6	
5	内回流管	DN900，L=6 500 mm	Q235	根	2	
6	90°弯头	DN900	Q235	个	4	
7	污泥回流管	DN700，L=59 500 mm	Q235	根	1	
8	90°弯头	DN700	Q235	个	2	
9	放空管	DN500，L=5 650 mm	Q235	根	2	
10	加药管	DN25，L=6 000 mm	PE	根	2	
11	球阀	DN25	铸铁	个	2	
12	90°弯头	DN25	PE	个	2	
13	刚性防水套管	DN900，L=400 mm		个	5	
14	刚性防水套管	DN700，L=400 mm		个	4	
15	刚性防水套管	DN500，L=400 mm		个	2	
16	刚性防水套管	DN25，L=400 mm		个	2	

表 16.3　生物池（O 池）（1、2 号）原有·设备及材料增添表

编号	名　　称	型号规格	材 料	单位	数量	备注
（一）生物池（O 池）（1、2 号）（原有）增添设备						
1	立式轴流泵	Q=1 500 m^3/h，H=3.5 m，N=30 kW	铸铁	套	6	4 用 2 备
2	微孔曝气器	0.25 kg/（h·个）		个	6 450	
3	填料	W200 mm×L2500 mm×2 面		m^2	12 420	
（二）生物池（O 池）（1、2 号）（原有）增添材料						
1	进水管	DN900，L=4 050 mm	Q235	根	2	
2	90° 弯头	DN900	Q235	个	2	
3	出水管	DN600，L=3 400 mm	Q235	根	2	
4	90° 弯头	DN600	Q235	个	2	
5	放空管	DN700，L=5 150 mm	Q235	根	2	
6	轴流泵出水管	DN350，L=6 000 mm	Q235	根	6	
7	45° 弯头	DN350	Q235	个	14	
8	拍门	DN350	铸铁	套	6	
9	内回流管	DN900，L=210 000 mm	Q235	根	1	
10	90° 弯头	DN900	Q235	个	7	
11	空气干管	DN200，L=50 000 mm	不锈钢	根	10	
12	空气支管（水上）	DN150，L=1 800 mm	不锈钢	根	60	
13	空气支管（水下）	DN150，L=5 800 mm	ABS	根	60	
14	空气支管（水下）	DN100，L=7 000 mm	ABS	根	430	
15	90° 弯头	DN200	不锈钢	个	10	
16	90° 弯头	DN150	不锈钢	个	120	
17	90° 弯头	DN100	ABS	个	240	
18	橡胶接头	DN150		个	60	
19	蝶阀	DN200	铸铁	个	10	
20	蝶阀	DN150	铸铁	个	60	
21	填料框架			个	400	

新建 3、4 号生物池（预缺氧、厌氧、缺氧池），尺寸为 52.6 m×51.7 m×7 m，工艺上与改建后的好氧池 3、4 号对应。 新建 3、4 号生物池的工艺部分设备及材料见表 16.4；原有改造后的 3、4 号好氧池需增添的设备及材料见表 16.5。

表 16.4　生物池（A 池）（3、4 号）（预缺氧、厌氧、缺氧池）新建·设备及材料表

编号	名　　称	型号规格	材 料	单位	数量	备注
（一）生物池（A 池）（3、4 号）（预缺氧、厌氧、缺氧池）（新建）设备						
1	潜水搅拌机			台	6	
2	潜水搅拌机			台	8	
3	铸铁镶铜方闸门	DN1200	铸铁	台	1	
4	配水闸阀	PZ800	铸铁	台	1	
5	配水闸阀	PZ1000	铸铁	台	1	
6	叠梁闸	1 250 mm×1 600 mm	铸铁	套	1	含 4 套闸框、1 套闸板及配件
7	铸铁镶铜方闸门	800 mm×400 mm	铸铁	台	6	手电两用含启闭机
8	超声波流量计	DN700	铸铁	台	1	
9	手动蝶阀	DN500	铸铁	台	2	
10	电动葫芦	CD 1-6D，N=1.5+0.2（kW）		套	1	直线运行
（二）生物池（A 池）（3、4 号）（预缺氧、厌氧、缺氧池）（新建）材料						
1	钢管	D820×9	钢	m	95.7	
2	刚性防水套管（A 型）	DN800		个	3	
3	钢管	D1020×9	钢	m	17.9	
4	90° 弯头	DN1000	钢	个	4	
5	刚性防水套管（A 型）	DN1000		个	2	
6	刚性防水套管（A 型）	DN1000		个	2	
7	钢管	D720×9	钢	m	13.3	
8	90° 弯头	DN700	钢	个	2	
9	卡箍式柔性伸缩接头	DN700		个	1	
10	柔性防水套管（A 型）II 型	DN700		个	1	
11	地面操作式钢筋混凝土矩形立式阀门井	DN700	钢筋混凝土		1	
12	90° 弯头	DN800	钢	个	2	
13	PPR	DN25		m	81.8	
14	球阀	DN25		个	2	
15	钢管	DN530×9	Q235	m	13.4	
16	卡箍式柔性伸缩接头	DN500		个	2	
17	地面操作式钢筋混凝土矩形立式蝶阀井	DN500	钢筋混凝土		2	
18	柔性防水套管（A 型）II 型	DN500		个	4	

表 16.5　生物池（O 池）（3、4 号）原有·设备及材料增添表

编号	名　　称	型号规格	材 料	单位	数量	备注
（一）生物池（O 池）（3、4 号）（原有）增添设备						
1	蝶阀	DN600	铸铁	台	6	
2	潜水排污泵	Q=303 L/s，H=7.5 m，N=37 kW	铸铁	台	6	
3	橡胶膜微孔曝气器	Φ260 mm	EPDM	个	4 992	
4	排气阀	DN600	铸铁	台	6	
5	纤毛填料			M^2	9 640	
6	填料用框架		不锈钢	t	38	
（二）生物池（O 池）（3、4 号）（原有）增添材料						
1	钢管	Φ1 020×9	钢	m	12.5	
2	90° 弯头	DN1000	钢	个	2	
3	刚性防水套管（A 型）	DN1000		个	2	
4	钢管	Φ820×9	钢	m	94.5	
5	钢管	Φ620×9	钢	m	126	
6	90° 弯头	DN800	钢	个	2	
7	90° 弯头	DN600	钢	个	12	
8	三通	DN800×600	钢	个	4	
9	异径管	DN350×600	钢	个	6	
10	地面操作式钢筋混凝土矩形立式蝶阀井	DN600	钢筋混凝土		6	
11	钢管	Φ620×9	不锈钢	m	27	
12	钢管	Φ420×9	不锈钢	m	32	
13	钢管	Φ325×8	不锈钢	m	4.5	
14	钢管	Φ273×8	不锈钢	m	176	
15	钢管	Φ159×4.5	不锈钢	m	276	
16	三通	DN250×150	不锈钢	个	30	
17	三通	DN300×250	不锈钢	个	2	
18	三通	DN400×150	不锈钢	个	4	
19	三通	DN400×250	不锈钢	个	4	
20	法兰短管	DN150	不锈钢	m	38	
21	蝶阀	DN150	不锈钢	个	36	
22	90° 弯头	DN150	不锈钢	个	38	
23	45° 弯头	DN150	不锈钢	个	36	

续表 16.5

编号	名　　称	型号规格	材 料	单位	数量	备注
24	钢管	DN150	不锈钢	m	36	
25	ABS 法兰	DN150	ABS	个	28	
26	ABS 管	DN150	ABS	m	70	
27	支架	DN150		个	36	具体做法参见 03S402
28	酸洗喷嘴			只	36	由曝气厂家提供并指导安装

原有生物池改造为 3、4 号好氧池，在拆除改造过程中需要的材料见表 16.6。

表 16.6　原生物池改造为好氧池（3、4 号）所需增添材料表

编号	名　　称	型号规格	材 料	单位	数量	备注
1	钢管	DN700		m	10	
2	90° 弯头	DN700		个	2	
3	防水套管	DN700		套	2	
4	钢管	DN500		m	10	
5	90° 弯头	DN500		个	2	
6	防水套管	DN500		套	2	
7	原有空气管路系统					拆除量以现场发生量为准

新建配水井收集来自 1、2 号生物池出水总管及 3、4 号生物池出水总管出水，经过配水堰配水后分别为 1～5 号二沉池配水，配水井尺寸为 5.4 m×7.8 m×3.5 m。新建集配水井在此前已经施工完成，并且已经投入使用，因此，本次工程中没有设备和材料增添。

16.2.2　二沉池工艺部分所需设备及材料

本工程在升级改造中，新建 1 座二沉池（5 号二沉池），将原有二沉池 4 座（1、2、3、4 号二沉池）进行部分改造。原有的二沉池采用的均是中心进水周边出水辐流式沉淀池，本次改造不改变其形式，只是改变 1、2 号二沉池的原有集水槽，更换 1、2、3、4 号二沉池刮泥机。

二沉池新建及改建工艺部分设备及材料见表 16.7。

表 16.7　二沉池新建和改建工艺部分设备及材料表

编号	名　　称	型号规格	材 料	单位	数量	备注
（一）二沉池（1、2 号）（原有）更换原有刮泥机设备						
	周边传动刮泥机	Φ=32.2 m，N=8 kW				包括出水堰
（二）二沉池（1、2 号）（原有）更换原有刮泥机材料						
1	出水管	DN500，L=5 500	Q235	根	2	
2	90° 弯头	DN500	Q235	个	4	

续表 16.7

编号	名　　称	型号规格	材 料	单位	数量	备注
3	排渣管	DN300，L=5 000 mm	Q235	根	2	
4	45° 弯头	DN300	Q235	个	2	
5	刚性防水套管（A 型）	DN500，L=400 mm		个	2	
6	刚性防水套管（A 型）	DN300，L=400 mm		个	2	
7	集水槽	$B\times H\times L$= 0.4 m×0.9 m×96.8 m	玻璃钢	个	2	
8	出水堰板	$B\times L\times \delta$=350 mm×1 000 mm×6	不锈钢	个	800	
（三）二沉池（3、4 号）（原有）更换原有刮泥机设备						
	全桥式周边驱动式 刮吸泥机	D=38 m，N=8 kW 水上碳钢，水下 316 不锈钢		台	2	包括出水堰
（四）二沉池（5 号）（新建）设备						
	周边传动刮吸泥机	D=40 m，N=8 kW	Q235	套	1	配套三角堰板、浮渣挡板、排渣斗、连接板及螺栓等
（五）二沉池（5 号）（新建）材料						
1	钢管	Φ720×8	钢	m	28	
2	刚性防水套管（A 型）	DN700	钢	个	1	
3	90° 弯头	DN700	钢	个	1	
4	钢管	Φ630×8	钢	m	2	
5	钢管	Φ530×9	钢	m	23	
6	刚性防水套管（A 型）	DN500	钢	个	1	
7	钢管	Φ426×9		m	7	
8	刚性防水套管（A 型）	DN400	钢	个	1	
9	柔性防水套管（A 型）Ⅱ型	DN400	钢	个	2	
10	60° 弯头	DN300	钢	个	1	
11	钢管	Φ325×8	钢	M	5.39	
12	斜刚性防水套管（A 型）	Φ325×8	钢	个	1	
13	刚性防水套管（A 型）	DN300	钢	个	2	
14	渣　桶	Φ700×500，H=450 mm	不锈钢	个	4	
15	外圈三角堰	H=350 mm，L=3 215 mm，δ=5	不锈钢	块	4	
16	内圈三角堰	H=350 mm，L=3 080 mm，δ=5	不锈钢	块	4	
17	浮渣挡板	H=400 mm，L=3 035 mm，δ=5	不锈钢	块	4	
18	支　撑	$B\times L$=450 mm×50 mm，δ=6	不锈钢	块	4	

16.3 其他构筑物及设施所需设备及材料

对现有鼓风机房建筑及结构进行维护，对设备进行大修，更换鼓风机房内的风管，增加 1 台鼓风机。

鼓风机房原有 5 台单级离心鼓风机，经过复核，最大用气量时需要 4 台工作，根据设计规范，需增加 1 台同型号的鼓风机，即风机房内共设有 6 台鼓风机，4 用 2 备。

鼓风机房改扩建所需设备及材料见表 16.8。

表 16.8 鼓风机房改扩建所需设备及材料表

编号	名　　称	型号规格	材 料	单位	数量	备注
（一）鼓风机房（原有）增添设备						
	离心鼓风机	Q=7 500 m^3/h， H=7 000 mmH_2O，N=185 kW		套	1	
（二）鼓风机房（原有）增添材料						
1	不锈钢管	DN1000	不锈钢	m	11	更换
2	不锈钢管	DN600	不锈钢	m	11	更换
3	不锈钢管	DN400	不锈钢	m	22	更换
4	不锈钢法兰	DN400	不锈钢	个	66	更换
5	90° 弯头	DN600	不锈钢	个	6	更换
6	90° 弯头	DN400	不锈钢	个	20	更换
7	异径管	DN1000×600	不锈钢	mm	2	更换
8	异径管	DN600×400	不锈钢	个	2	更换
9	异径管	DN600×350	不锈钢	个	6	更换
10	异径管	DN400×200	不锈钢	个	6	更换
11	等径三通	DN1000	不锈钢	个	1	更换
12	等径三通	DN400	不锈钢	个	6	更换
13	三通	DN1000×400	不锈钢	个	2	更换
14	三通	DN600×400	不锈钢	个	2	更换
15	喇叭口	DN600	不锈钢	个	6	更换

16.3.1 新建深度处理车间工艺部分设备及材料

新建深度处理车间一座，建筑尺寸为 54.0 m×54.8 m，层高为 10.2 m，处理规模为 8×10^4 m^3/d。深度处理车间由以下 5 个部分组成：1 座提升泵池及配水井，提升泵池和配水井合建，提升泵房尺寸为 7.2 m×4.0 m×4.0 m，配水井尺寸 7.6 m×4.4 m×6.0 m；絮凝沉淀部分为 2 座 4 段式，絮凝部分池体尺寸为 16.6 m×8.26 m×5.2 m，沉淀池部分尺寸为 16.3 m×11 m×5.3 m；1 座转盘微滤池，尺寸为 6.0 m×4.0 m×5.3 m；1 座紫外消毒渠，尺寸为 $B\times L\times H$= 2.44 m×8.0 m×1.62 m；1 座加药间，尺寸为 13.5 m×27 m×6 m。

新建深度处理车间所需设备及材料见表16.9。

表16.9　新建深度处理车间工艺部分设备及材料表

编号	名　　称	型号规格	材 料	单位	数量	备注
（一）深度处理间（新建）设备						
1	潜水轴流泵	Q=2 250 m^3/h，H=5m，N=55 kW	铸铁	台	3	
2	手电两用圆形进水闸门	DN1200	铸铁	台	1	
3	手电两用圆形出水闸门	DN800	铸铁	台	2	
4	手动蝶阀	DN500	铸铁	台	4	
5	吸泥车	Lk=16.3 m，N=2×0.37+1.4（kW）	不锈钢	台	4	
6	手动闸阀	DN300	铸铁	个	4	
7	管式混合器	DN500，L=4 m		个	4	
8	小孔眼絮凝器	2万t		套	4	
9	斜板			m^3	547.5	
10	手电两用圆形进水闸门	DN1200	铸铁	台	1	
11	手电两用进水闸门	1 400 mm×800 mm	铸铁	台	2	
12	滤布滤盘	D=3.2 m 16盘片		组	2	
13	反冲洗水泵	Q=50 m^3/h，H=7 m，N=2.2 kW	铸铁	台	6	
14	4 500 m^3/h成套设备	N=56 kW		套	1	
15	手动圆形进水闸门	DN1200	铸铁	台	3	
16	搅拌器1	D=1.3 m，N=1.5 kW	不锈钢	台	4	
17	搅拌器2	D=1.5 m，N=3 kW	不锈钢	台	4	
18	隔膜计量泵（PAC加药）	Q=1 125 L/h，2bar，N=1.1 kW		个	3	
19	隔膜计量泵（NaAC加药）	Q=480 L/h，2bar，N=0.75 kW		个	6	
20	电动单梁悬挂起重机	T=1 t，N=1.5 kW		个	1	
21	潜水排污泵	Q=10 m^3/h，H=5 m，N=0.75 kW	铸铁	台	2	
22	超声波液位计	0～2		个	9	
23	电磁流量计	DN25		个	2	
24	电磁流量计	DN32		个	2	
25	壁式轴流风机	Q=125 m^3/min，300 Pa，N=1.51 kW	玻璃钢	个	1	
26	手电葫芦	T=1 t		个	1	

续表 16.9

编号	名　　称	型号规格	材 料	单位	数量	备注
（二）深度处理间（新建）材料						
1	电动快开刀型闸阀	DN200，N=0.75 kW	铸铁	32	个	不锈钢阀板
2	手动快开刀型闸阀	DN200	铸铁	32	个	不锈钢阀板
3	不锈钢板	厚 4 mm	不锈钢	312	m^2	
4	工字钢	I25	Q235a	88	m	
5	角钢	L63	Q235a	1176	m	
6	焊接钢管	DN1200	Q235a	31.7	m	
7	焊接钢管	DN800	Q235a	105	1	
8	焊接钢管	DN500	Q235a	18	m	
9	焊接钢管	DN400	Q235a	18.5	m	
10	焊接钢管	DN200	Q235a	771	m	
11	刚性防水套管	DN1200	Q235a	4	个	02S403-15
12	刚性防水套管	DN800	Q235a	4	个	02S403-15
13	刚性防水套管	DN500	Q235a	4	个	02S403-15
14	刚性防水套管	DN400	Q235a	4	个	02S403-15
15	刚性防水套管	DN200	Q235a	32	个	02S403-15
16	90° 弯头	DN1200	Q235a	1	个	02S403-6、7
17	90° 弯头	DN800	Q235a	6	个	02S403-6、7
18	90° 弯头	DN500	Q235a	4	个	02S403-6、7
19	45° 弯头	DN200	Q235a	8	个	02S403-13、14
20	异径管	DN800×DN500	Q235a	4	个	02S403-52、53
21	异径管	DN1200×DN800	Q235a	2	个	02S403-52、53
22	法兰	DN500，1 MPa	Q235a	8	个	02S403-78、79
23	法兰	DN200，1 MPa	Q235a	164	个	02S403-78、79
24	法兰盲板	DN200，1 MPa	Q235a	36	个	
25	等径三通	DN800×DN800	Q235a	4	个	02S403-48、49
26	等径三通	DN200×DN200	Q235a	32	个	02S403-48、49
27	电动球阀	DN80，N=0.09 kW	铸铁	20	个	
28	真空表	0.05 MPa		6	个	
29	柔性接头	DN80	橡胶	6	个	
30	PPR 给水管	DN80	PPR	174	m	
31	电动球阀	DN80，N=0.09 kW	铸铁	8	个	药液池出水

续表 16.9

编号	名　　称	型号规格	材 料	单位	数量	备注
32	电动球阀	DN50，$N=0.09$ kW	铸铁	8	个	药液池进水
33	电磁阀	DN25，$N=0.09$ kW	PVC	6	个	NaAC 加药泵
34	电磁阀	DN32，$N=0.09$ kW	PVC	3	个	PAC 加药泵
35	安全阀	DN25	PVC	6	个	NaAC 加药泵
36	安全阀	DN32		3	个	PAC 加药泵
37	背压阀	DN25		6	个	NaAC 加药泵
38	背压阀	DN32		3	个	PAC 加药泵
39	Y 型过滤器	DN25		6	个	NaAC 加药泵
40	Y 型过滤器	DN32		3	个	PAC 加药泵
41	脉冲阻尼器	DN25		6	个	NaAC 加药泵
42	脉冲阻尼器	DN32		3	个	PAC 加药泵
43	手动球阀	DN80		8	个	药液池出水
44	手动球阀	DN50		8	个	药液池放空
45	手动球阀	DN32		8	个	PAC 加药泵
46	手动球阀	DN25		18	个	NaAC 加药泵
47	进水过滤器（底阀）	DN80 PVC		8	个	药液池出水
48	刚性防水套管	DN80		16	个	药液池出水
49	刚性防水套管	DN50		8	个	药液池放空
50	给水管	DN50	PPR	50	m	
51	药液管	DN25	PPR	81	m	
52	药液管	DN32	PPR	132	m	
53	药液管	DN80	PPR	19	m	
54	干粉灭火器	磷酸铵盐 MF/ABC5		4	个	
55	台秤	$T=1$ t		1	个	
56	洗手池	陶瓷成品		1	个	
57	镀锌网格板			165	m^2	
58	栏杆	高度 1 m 不锈钢管制作	不锈钢	283	m	
59	拍门	DN800		个	3	

16.3.2　污泥脱水间及贮泥池设备及材料

1. 污泥脱水间设备及材料

由于扩容后产泥量的增加，本工程在升级改造中增加污泥脱水机 3 台，以及一些其他设备，加大了相应设备的设计参数。污泥脱水间尺为 $B \times L \times H$=18.5 m×9.5 m×7.0 m。

污泥脱水间所需设备及材料见表 16.10。

表 16.10　污泥脱水间所需设备及材料表

编号	名　　称	型号规格	材 料	单位	数量	备注
（一）污泥脱水间（新建）·设备						
1	污泥浓缩脱水卧式螺旋离心机	分离因素为 2 100，N=55 kW，Q=45 m^3/h		3	台	3 用（配套电控柜）
2	絮凝剂制备装置	N=5 kW，制备能力 Q=3 000 L/h		2	套	（配套电控柜）包括二次稀释系统
3	干粉输送器	N=0.25 kW，DP30，Q=30 kg/h		2	套	
4	偏心螺杆泵	Q=45 m^3/h，H=20 m，N=18.5 kW		3	台	3 用
5	加药计量泵	Q=850 L/h，H=20 m，N=1.1 kW		3	台	计量泵配套全套阀门及安装装置
6	加药计量泵	Q=750 L/h，H=20 m，N=0.75 kW		台	3	计量泵配套全套阀门及安装装置（配套电控柜），2 用 1 备
7	偏心螺杆泵	Q=10 m^3/h，H=240 m，N=37 kW		台	2	2 用
8	无轴螺旋输送机（水平）	N=1.5 kW，L=16.5 m		台	1	
9	（倾斜）无轴螺旋输送机	N=3 kW，L=8 m（倾角为 30°）		台	1	
10	LX 型电动单梁悬挂起重机	L=9 m，N=2×0.4（kW）		台	1	
11	电动葫芦	T=5 t，H=6 m，N=7.5 kW		台	1	与 9 配套
12	贮泥箱	5 000 mm×3 000 mm×1 500 mm		台	1	不锈钢板现场制作
13	污泥切割机	DN150，N=3.70 kW		台	3	3 用
14	冲洗水泵	Q=30.0 m^3/h，H=30 m，N=4 kW		台	2	1 用 1 备
15	离心风机	Q=38.0 m^3/min，p=2.03 kPa，N=2.2 kW				
16	轴流风机	N=0.25 kW，Q=2 500 m^3/h		台	5	
17	异味除臭机			台	1	

续表 16.10

编号	名　　称	型号规格	材 料	单位	数量	备注
（二）污泥脱水间（新建）材料						
1	泥管	DN150	钢	m	20	
2	手动闸阀	DN150	铸铁	个	3	
3	电磁偏心构造阀	DN150	铜	台	3	
4	电动闸阀	DN150	铸铁	个	3	
5	伸缩节	DN150	钢	个	6	
6	加药管	DN25	钢	m	30	
7	自来水进水管	DN40	PPR	m	40	
8	手动球阀	DN50	铜	个	1	
9	电动球阀	DN50	铜	个	1	
10	止回阀	DN50	铜	个	1	
11	电磁流量计	DN150	铜	套	3	
12	手动闸阀	DN200	铸铁	个	4	
13	伸缩节	DN200	钢	个	4	
14	喇叭口	DN200	钢	个	2	
15	弯头	DN150	钢	个	21	
16	弯头	DN200	钢	个	9	
17	排水管	DN200	钢	m	12	
18	排水管	DN100	钢	m	6	
19	排水篦子	B=500 mm	不锈钢	m	12	
20	刀闸阀	DN400	钢	个	3	

2. 污泥贮池设备及材料

新建 1 座矩形封闭钢筋混凝土污泥贮池与旧池连通，新建污泥贮池尺寸为 $B \times L \times H$=16 m×16 m×4.3 m。需添置的设备及材料见表 16.11。

表 16.11　污泥贮池所需设备及材料表

编号	名　　称	型号规格	材 料	单位	数量	备注
（一）污泥贮池（新建）设备						
	潜水搅拌机	D=400 mm，n=980 r/min，N=4.0 kW		台	2	

续表 16.11

编号	名　　称	型号规格	材 料	单位	数量	备注
（二）污泥贮池（新建）材料						
1	穿孔管	DN25，L=12 m	UPVC	根	8	
2	空气管	DN50	UPVC	m	20	
3	钢管	DN150	钢	m	6	
4	钢管	DN100	钢	m	2	
5	钢管	DN200	钢	m	2	
6	通气管	DN200	钢	m	4	
7	通气帽	DN200	钢	个	2	
8	喇叭口	DN150	钢	个	3	
9	喇叭口	DN200	钢	个	1	
10	喇叭口支架	DN80	钢	个	2	
11	钢爬梯		钢	套	1	
12	水管吊架	DN200	钢	套	1	

16. 3. 3　污泥回流及剩余污泥泵房设备及材料

由于污水处理厂的原有回流污泥泵的流量偏小，需更换设备及相应的管路及阀门。现有的内回流污泥泵的泵位为 5 个，故此，本工程将新增 1 台泵作为两组回流泵的公共备用泵。改造工作包括对现有回流及剩余污泥泵的建筑及结构进行维护，加高吸泥井的高度，对设备大修，更换不满足要求的回流污泥泵。污泥回流及剩余污泥泵房的改造及更换设备及材料见表 16.12。

表 16.12　污泥回流及剩余污泥泵房设备及材料表

编号	名　　称	型号规格	材 料	单位	数量	备注
（一）污泥回流及剩余污泥泵房（改造）更换设备						
1	卧式直接式离心泵	Q=937.5 m³/h，H=13 m，N=75 kW		台	3	4 用 1 备
2	卧式直接式离心泵	Q=730 m³/h，H=13m，N=55 kW		台	2	中间回流污泥泵为 2 组回流泵公共备用
3	卧式离心泵	Q=15 m³/h，H=15m，N=2.2 kW		台	2	（已建）1 用 1 备
4	卧式离心泵	Q=15 m³/h，H=15m，N=2.2 kW		台	2	（已建）1 用 1 备
5	LX 型电动单梁悬挂起重机	L=12 m，N=2×0.4（kW）		台	1	（已建）
6	电动葫芦	T=2 t，H=6 m，N=4.5 kW		台	1	（已建）与 9 配套

续表 16.12

编号	名　　称	型号规格	材 料	单位	数量	备注
（二）污泥回流及剩余污泥泵房（改造）更换材料						
1	泥管	DN500	钢	m	70	
2	闸阀	DN500	铸铁	个	5	
3	喇叭口	DN500	钢	个	5	
4	异径管	DN350～DN500	钢	个	10	
5	伸缩节	DN500	钢	个	10	
6	止回阀	DN500	钢	个	10	
7	泥管	DN600	钢	m	10	
8	四通	DN600	铸铁	个	1	
9	弯头	DN600	铸铁	个	1	
10	电动闸阀	DN500	铸铁	个	7	
11	异径管	DN500～DN600	钢	个	1	
12	异径管	DN500～DN700	钢	个	1	
13	泥管	DN700	钢	m	10	
14	三通	DN700	铸铁	个	3	
15	弯头	DN700	铸铁	个	1	
16	气动闸阀	DN700	铸铁	个	2	
17	异径管	DN500～DN700	钢	个	1	
18	泥管	DN100	钢	m	5	
19	气动闸阀	DN100	铸铁	个	1	
20	三通	DN100	铸铁	个	1	

16.3.4　污泥脱水机房土壤脱臭床材料

本次工程改造中，污泥脱水机房土壤脱臭床的排风及引风设备此前已经更换完成，本次只需对一些易损部件的材料和零件进行更换即可，具体见表 16.13。

表 16.13　污泥脱水机房土壤脱臭床更换材料表

编号	名　　称	型号规格	材 料	单位	数量	备注
1	UPV-C 管	DN400	UPVC	m	7	
2	异径管	DN400×300	UPVC	个	2	
3	等径四通	DN300	UPVC	个	4	
4	90° 弯头	DN300	UPVC	个	8	
5	等径三通	DN300	UPVC	个	6	
6	UPV-C 管	DN300	UPVC	m	116	
7	UPV-C 管	DN100	UPVC	m	6	
8	90° 弯头	DN100	UPVC	个	3	
9	碎石			m^3	270	
10	普通短纤透气层			m^3	22.5	
11	混合土			m^3	202.5	
12	M7.5 水泥砂浆砌筑 MU40 毛石			m^3	360	

16.4　电气部分设备及材料

本工程设计针对原有厂区内的高、低压供配电系统，变配电所高、低压配电装置，工艺设备及其他动力设备的配电及控制设施，全厂建（构）筑物和厂区道路照明线路及灯具，全厂建（构）筑物的防雷接地系统，厂区动力、照明电缆敷设等内容进行增设和改造。具体见表 16.14。

表 16.14　电气部分设备材料表

编号	名称	型号规格	单位	数量	备注
1	10 kV 高压开关柜	KYN28	台	16	变电所
2	免维护直流屏	MK-10-80AH/220 V	套	2	
3	中央信号屏		套	1	
4	负荷控制屏		套	1	
5	高压模拟操作屏		套	1	
6	工艺流程模拟及监控屏		套	1	
7	高压综保计算机		套	1	
8	干式电力变压器	SCB10-1 600 kV·A，10 kV/0.4 kV	台	2	变电所
9	低压配电柜	GCS 抽屉式	台	20	变电所
10	高压负荷开关柜	SF6	台	4	一级处理
11	干式电力变压器	SCB10-400 kV·A，10 kV/0.4 kV	台	2	一级处理

续表 16.14

编号	名称	型号规格	单位	数量	备注
12	低压配电柜	GCS 抽屉式	台	9	一级处理
13	高压负荷开关柜	SF6	台	4	污泥泵房
14	干式电力变压器	SCB10-800 kV·A，10 kV/0.4 kV	台	2	污泥泵房
15	低压配电柜	GCS 抽屉式	台	11	污泥泵房
16	低压配电柜	GCS 抽屉式	台	5	污泥脱水间
17	低压配电柜	GCS 抽屉式	台	1	鼓风机房
18	滤波补偿柜	非标	台	2	
19	变频器/kW	55	台	2	变电所
20	软启动器/kW	55	台	1	
21	变频器/kW	30	台	2	
22	软启动器/kW	30	台	4	
23	变频器/kW	37	台	2	
24	软启动器/kW	37	台	4	
25	变频器/kW	75	台	2	污泥回流泵房
26	软启动器/kW	75	台	3	
27	变频器/kW	55	台	4	一级处理
28	软启动器/kW	55	台	1	
29	软启动器/kW	18.5	台	3	污泥脱水间
30	软启动器/kW	37	台	2	
31	软启动器/kW	185	台	1	鼓风机房
32	电力电缆	YJV22-8.7/15 kV-3×240	m	550	
33	电力电缆	YJV-1 kV 3×300+1×150	m	600	
34	电力电缆	YJV-1 kV 4×240	m	400	
35	电力电缆	YJV-1 kV 3×70+1×35	m	340	
36	电力电缆	YJV-1 kV 3×50+1×25	m	800	
37	电力电缆	YJV-1 kV 3×25+1×16	m	1 000	
38	电力电缆	YJV-1 kV 5×10	m	600	
39	电力电缆	YJV-1 kV 4×6	m	300	

续表 16.14

编号	名称	型号规格	单位	数量	备注
40	电力电缆	YJV-1 kV 4×4	m	10 000	
41	室内照明配电箱		套	10	
42	室外照明配电箱		套	2	
43	排风机控制箱		套	5	
44	电缆桥架	400×100	m	300	
45	电缆桥架	200×100	m	200	
46	电缆桥架	100×100	m	100	
47	镀锌钢管	SC100	m	500	
48	镀锌钢管	SC32	m	600	
49	室外电缆沟	800×1 200	m	200	砖砌

16. 5　自控和自控仪表设备及材料

16. 5. 1　自控部分设备及材料

本改造工程自控系统的硬件和软件配置将充分考虑工程的需求，并提供良好的技术手段，保证将来对已有系统资源的有效利用。设计范围包括以下主要内容：自控系统设计、仪表系统设计、通讯网络设计、监控系统设计、防雷/接地系统设计等。

根据本厂工艺流程和总平面布置，结合 MCC 的位置和供配电范围，按照控制对象的区域、设备量，新增 1 座中央控制室，设于变电所二楼。根据构筑物的功能，设置 5 座现场控制站、1 座化验室操作站。

自控部分设备及材料见表 16.15。

表 16.15　自控部分设备材料表

编号	名　　称	型号规格	单位	数量	备注
（一）PLC1——一级处理分控站					
1	140CPU11302	CPU 254KB SRAM，8KB LL984，109KB IEC，10KB 寄存器，1 MB&1MB+	块	1	
2	140XBP01000	背板，10 槽	块	1	
3	140CPS21400	Quantum 电源，24 VDC，可累加，8 A	块	1	
4	140NOM21200	MB+ 网络适配器，1MB, 1MB+，双电缆	块	1	
5	140DDI34400	开关量 DC 输入，94 点，24 VDC，4 隔离	块	2	

续表 16.15

编号	名　　称	型号规格	单位	数量	备注
6	140DDO34400	开关量 DC 输出，94 点，24 VDC，4 组隔离，0.5 A/点	块	1	
7	TSXCDP301	20 线预制电缆，一端 HE 10 连接器，一端飞线，3 m	块	18	
8	140ACI04000	模拟量输入，14 通道，4～20 mA，0～20 mA，0～25 mA，12 或 14 位	块	1	
9	140XTS00200	40 点模块端子条	块	1	
10	140XCP51000	空槽模块，带悬挂门	块	3	
11	XBTGT5330	10.4 in，45 534 色，TFT，32 MB 存储容量，512 KB 掉电备份，CF 卡插槽，USB，以太网口	台	1	
12	VJDSNDTGSV50M	Vijeo Designer V5.0 配置软件（中文版），单授权，不含电缆	套	1	
13	990NAA24320	编程电缆，RS232，3.7 MB/12 英尺	根	1	
14	PLC 控制柜		个	1	
15	UPS 电源	3 kV·A	个	1	
（二）PLC2——AO 生物池及二沉池					
1	140CPU11302	CPU 254KB SRAM，8KB LL984，109KB IEC，10KB 寄存器，1MB&1MB+	块	1	
2	140XBP01400	背板，14 槽	块	1	
3	140CPS21400	Quantum 电源，24 VDC，可累加，8 A	块	1	
4	140NOM21200	MB+网络适配器，1 MB，1 MB+，双电缆	块	1	
5	140DDI34400	开关量 DC 输入，94 点，24 VDC，4 隔离	块	4	
6	140DDO34400	开关量 DC 输出，94 点，24 VDC，4 组隔离，0.5 A/点	块	1	
7	TSXCDP301	20 线预制电缆，一端 HE 10 连接器，一端飞线，3 m	块	30	
8	140ACI04000	模拟量输入，14 通道，4～20 mA，0～20 mA，0～25 mA，12 或 14 位	块	3	
9	140XTS00200	40 点模块端子条	块	3	
10	140XCP51000	空槽模块，带悬挂门	块	5	

续表 16.15

编号	名　　称	型号规格	单位	数量	备注
11	XBTGT5330	10.4 in，45 534 色，TFT，32 MB 存储容量，512 KB 掉电备份，CF 卡插槽，USB，以太网口	台	1	触摸屏
12	VJDSNDTGSV50M	Vijeo Designer V5.0 配置软件（中文版），单授权，不含电缆	套	1	
13	990NAA24320	编程电缆，RS232，3.7 MB/12 英尺	根	1	
14	PLC 控制柜		个	1	
15	UPS 电源	3 kV·A	个	1	
（三）PLC3——污泥回流泵房					
1	140CPU11302	CPU 254KB SRAM，8KB LL984，109KB IEC，10KB 寄存器，1MB&1MB+	块	1	
2	140XBP01000	背板，10 槽	块	1	
3	140CPS21400	Quantum 电源，24 VDC，可累加，8 A	块	1	
4	140NOM21200	MB+网络适配器，1 MB，1 MB+，双电缆	块	1	
5	140DDI34400	开关量 DC 输入，94 点，24 VDC，4 组隔离	块	1	
6	140DDO34400	开关量 DC 输出，94 点，24 VDC，4 组隔离，0.5 A/点	块	1	
7	TSXCDP301	20 线预制电缆，一端 HE 10 连接器，一端飞线，3 m	块	12	
8	140ACI04000	模拟量输入，14 通道，4～20 mA，0～20 mA，0～25 mA，12 或 14 位	块	1	
9	140XTS00200	40 点模块端子条	块	1	
10	140XCP51000	空槽模块，带悬挂门	块	4	
11	XBTGT5330	10.4 in，45 534 色，TFT，32 MB 存储容量，512 KB 掉电备份，CF 卡插槽，USB，以太网口	台	1	
12	VJDSNDTGSV50M	Vijeo Designer V5.0 配置软件（中文版），单授权，不含电缆	套	1	
13	990NAA24320	编程电缆，RS232，3.7 MB/12 英尺	根	1	
14	PLC 控制柜		个	1	
15	UPS 电源	3 kV·A	个	1	

续表 16.15

编号	名　　称	型号规格	单位	数量	备注
（四）PLC4——污泥脱水间、污泥贮池					
1	140CPU11302	CPU 254KB SRAM，8KB LL984，109KB IEC，10KB 寄存器，1 MB & 1 MB+	块	1	
2	140XBP01000	背板，10 槽	块	1	
3	140CPS21400	Quantum 电源，24 VDC，可累加，8 A	块	1	
4	140NOM21200	MB+网络适配器，1 MB，1 MB+，双电缆	块	1	
5	140DDI34400	开关量 DC 输入，94 点，24 VDC，4 组隔离	块	1	
6	140DDO34400	开关量 DC 输出，94 点，24 VDC，4 组隔离，0.5 A/点	块	1	
7	TSXCDP301	20 线预制电缆，一端 HE10 连接器，一端飞线，3 m	块	30	
8	140ACI04000	模拟量输入，14 通道，4～20 mA，0～220 mA，0～225 mA，12 或 14 位	块	1	
9	140XTS00200	40 点模块端子条	块	1	
10	140XCP51000	空槽模块，带悬挂门	块	4	
11	XBTGT5330	10.4 in，45 534 色，TFT，32 MB 存储容量，512 KB 掉电备份，CF 卡插槽，USB，以太网口	台	1	触摸屏
12	VJDSNDTGSV50M	Vijeo Designer V5.0 配置软件（中文版），单授权，不含电缆	套	1	
13	990NAA24320	编程电缆，RS232，3.7 MB/12 英尺	根	1	
14	PLC 控制柜		个	1	
15	UPS 电源	3 kV·A	个	1	
（五）PLC5——三级处理及变电所					
1	140CPU43412A	CPU484，2MB SRAM，44KB LL984，894KB IEC，57KB 寄存器，2 MB & 1 MB+	块	1	
2	140XBP01400	背板，14 槽	块	1	
3	140CPS21400	Quantum 电源，24 VDC，可累加，8 A	块	1	
4	140NOM21200	MB+网络适配器，1 MB，1 MB+，双电缆	块	1	
5	140DDI34400	开关量 DC 输入，94 点，24 VDC，4 组隔离	块	8	
6	140DDO34400	开关量 DC 输出，94 点，24 VDC，4 组隔离，0.5 A/点	块	2	

续表 16.15

编号	名　　称	型号规格	单位	数量	备注
7	TSXCDP301	20 线预制电缆，一端 HE10 连接器，一端飞线，3 m	块	40	
8	140ACI04000	模拟量输入，14 通道，4～20 mA，0～20 mA，0～25 mA，12 或 14 位	块	2	
9	140XTS00200	40 点模块端子条	块	2	
10	140XCP51000	空槽模块，带悬挂门	块	1	
11	XBTGT5330	10.4 in，45 534 色，TFT，32 MB 存储容量，512 KB 掉电备份，CF 卡插槽，USB，以太网口	台	1	触摸屏
12	VJDSNDTGSV50M	Vijeo Designer V5.0 配置软件（中文版），单授权，不含电缆	套	1	
13	990NAA24320	编程电缆，RS232，3.7 MB/12 英尺	根	1	
14	PLC 控制柜		个	1	
15	UPS 电源	3 kV·A	个	1	
（六）PLC 网络附件及其他					
1	414NHM30032A	MB+网卡 PCI，双口	块	2	
2	490NAA27102	MB+电缆，500 英尺	块	2	
3	990NAD23000	MB+ TAP 接头	块	14	
4	990NAD21110	MB+站电缆，2.4 MB	块	14	
5	ASMBPL001	MB+接头工具	块	1	
6	490NRP25400	光纤中继器，双光口，Modbus Plus	块	10	
7	372SPU47401V24	Concept 软件，XL 版本，V2.4	块	1	
8	990NAA24320	编程电缆，RS232, 3.7 MB/12 英尺	块	1	
9	打印机	A4 黑白激光打印 1 200 DPI	套	3	
10	UPS 电源	3 kV·A	个	1	
11	便携式编程器	IBM 主流配置	套	1	
12	实时数据库服务器	双 CPU 双硬盘冗余，工控型，至少 2.7 GHz 主频，1 GB 内存，140 GB 硬盘，2 MB 高速缓存，22"TFT-LCD	套	1	
13	操作员、工程师站	工控型，至少 2.7 GHz 主频，4 GB 内存，320 GB 硬盘，2 MB 高速缓存，22"TFT-LCD	套	2	

续表 16.15

编号	名　　称	型号规格	单位	数量	备注
14	网络综合服务器	工控型，至少 2.7 GHz 主频，1 GB 内存，140 GB 硬盘，2 MB 高速缓存，17"TFT-LCD	套	1	
15	计算机	至少 2.7 GHz 主频，1 GB 内存，140 GB 硬盘，2 MB 高速缓存，17"TFT-LCD	套	5	
16	UPS	4 kV·A，2.0 h，在线式	套	1	
17	投影仪		套	1	
18	打印机	A4 黑白激光打印 1 200 DPI	套	3	
19	打印机	A3 彩色喷墨打印 1 200 DPI	套	1	
20	工业以太网络电缆	多模光缆（铠装），四芯	m	3 500	
21	工业以太网附件	满足系统要求（含交换机等）	套	1	
22	现场总线电缆	满足系统要求	m	5 000	
23	电源防雷器	20 kA	套	80	
24	信号防雷器	20 kA	套	80	
25	打印机服务器	1 个以太网口，4 个打印机口	套	1	
26	软件	包括操作系统软件、监控软件	套	1	
（七）局域网系统					
1	以太网交换器	14 个 RJ45 端口	套	4	
2	网络电缆	超五类八芯双绞线	m	2 000	
(八）电缆桥架等					
1	控制电缆	kVVP22-450/750-7×1.5 mm^2	m	8 000	
2	控制电缆	kVVP22-450/750-10×1.5 mm^2	m	8 000	
3	控制电缆	kVV22-450/750-4×1.5 mm^2	m	10 000	
4	控制电缆	kVVP-450/750-7×1.5 mm^2	m	3 000	
5	计算机电缆	DJYPVP22-2×2×1.5 mm^2	m	10 000	
6	计算机电缆	DJYPVP-2×2×1.5 mm^2	m	5 000	
7	镀锌钢管	各种规格	项	1	

16. 5. 2　自控仪表所需的设备及材料

根据本厂工自控部分的设计要求，以及各个自控监测和检测的需求，在工艺系统相应位置设置流量计、液位差计、COD 测量仪、氨氮测量仪、DO 测量仪等，其需要的具体仪表型号、数量见表 16.16。

表 16.16　自控仪表设备材料表

编号	名　　称	型号规格	单位	数量	备注
1	超声波流量计	DN1000	套	1	进水总管
2	超声波液位差计	0～2 m	套	3	粗格栅前、后
3	超声波液位差计	0～2 m	套	3	细格栅前、后
4	超声波液位计	0～5 m	套	1	提升泵池
5	进水 COD 测量仪	10～5 000 mg/L	套	1	细格栅间
6	进水 PH/T 测量仪	0～14	套	1	细格栅间
7	进水 NH_4-N 测量仪	2～120 mg/L	套	1	细格栅间
8	超声波流量计	DN200，0～2 000 m^3/h	套	1	沉砂池曝气总管
9	DO 溶解氧测量仪	0～20 kg/m^3	套	4	预缺氧区生物池
10	（ORP）测量仪	-1 000～+1 000 mV	套	2	预缺氧区生物池
11	DO 溶解氧测量仪	0～20 kg/m^3	套	4	缺氧区生物池
12	DO 溶解氧测量仪	0～20 kg/m^3	套	12	好氧区 ABC 三段
13	MLSS 测量仪	0～20 000 mg/L	套	4	好氧区 ABC 三段
14	超声波流量计	DN100	套	2	污泥回流泵房
15	MLSS 检测	0～20 000 mg/L	套	1	污泥回流泵房
16	压力变送器	0～0.3 MPa	套	5	污泥回流泵房
17	超声波流量计	0～80 m^3/h	套	3	污泥脱水间
18	超声波液位计	0～4	套	1	污泥贮池
19	超声波液位计	0～2 m	套	9	加药池
20	电磁流量计	DN32	套	2	絮凝剂计量泵管路
21	电磁流量计	DN25	套	2	醋酸钠计量泵管路
22	超声波流量计	DN1000	套	1	出厂水总管
23	COD 测量仪	0～100 mg/L	套	1	紫外消毒槽
24	PH/T 测量仪	0～14	套	1	紫外消毒槽
25	进水 NH_4-N 测量仪	0～50 mg/L	套	1	紫外消毒槽

16.6　总图中所需管材及其他附属设施材料

本部分主要涉及厂区内工艺污水管配件及管材、电力隧道及电缆（直埋电缆）、厂区内污水及自来水水管、工艺鼓风曝气管、除臭及加药管配件、厂区热力管道等设施及材料。

管材及其他附属设施材料见表 16.17。

表 16.17　管材及其他的附属设施材料表

编号	名　　称	型号规格	材 料	单位	数量	备注
（一）工艺污水管						
1	钢管	DN1200	Q235A	m	281	
2	钢管	DN1100	Q235A	m	20	
3	钢管	DN1000	Q235A	m	55	
4	钢管	DN900	Q235A	m	327	
5	钢管	DN800	Q235A	m	344	
6	钢管	DN700	Q235A	m	160	
7	钢管	DN600	Q235A	m	650	
8	钢管	DN500	Q235A	m	20	
9	90° 弯头	DN1200	Q235A	个	3	
10	90° 弯头	DN1000	Q235A	个	8	
11	90° 弯头	DN800	Q235A	个	4	
12	90° 弯头	DN700	Q235A	个	3	
13	90° 弯头	DN600	Q235A	个	4	
14	三通	DN1200×1200	Q235A	个	1	
15	三通	DN1200×600	Q235A	个	1	
16	三通	DN1000×800	Q235A	个	2	
17	三通	DN800×600	Q235A	个	2	
18	异径管	DN1200×1000	Q235A	个	1	
19	异径管	DN1000×800	Q235A	个	2	
20	异径管	DN800×600	Q235A	个	2	
21	异径管	DN1100×600	Q235A	个	1	
（二）工艺污泥管						
1	钢管	DN900	Q235A	m	22	
2	钢管	DN800	Q235A	m	18	
3	钢管	DN700	Q235A	m	365	
4	钢管	DN500	Q235A	m	101	
5	钢管	DN400	Q235A	m	83	
6	钢管	DN200	无缝钢管	m	30	
7	钢管	DN150	无缝钢管	m	44	
8	钢管	DN100	无缝钢管	m	230	
9	90° 弯头	DN700	Q235A	个	6	

续表 16.17

编号	名　　称	型号规格	材 料	单位	数量	备注
10	90° 弯头	DN150	无缝钢管	个	13	
11	90° 弯头	DN100	无缝钢管	个	6	
（三）电力隧道						
1	电力隧道	$B\times H$=1.2×0.8	混凝土	m	501	
2	隧道内电缆			m	20 000	
（四）厂区污水管						
1	污水管	DN1200	排水 PE 管	m	93	
2	污水管	DN800	排水 PE 管	m	589	
3	污水管	DN700	排水 PE 管	m	132	
4	污水管	DN600	排水 PE 管	m	183	
5	污水管	DN500	排水 PE 管	m	494	
6	污水管	DN400	排水 PE 管	m	83	
7	污水管	DN300	排水 PE 管	m	241	
8	污水检查井	Φ1000	砖砌	个	34	
9	污水检查井	Φ1250	砖砌	个	22	
10	污水检查井	矩形井	砖砌	个	2	
（五）厂区自来水管道						
1	球墨铸铁管	DN200	球墨铸铁	m	810	
2	球墨铸铁管	DN100	球墨铸铁	m	135	
3	球墨铸铁管	DN50	球墨铸铁	m	50	
4	90° 弯头	DN200	球墨铸铁	个	7	
5	90° 弯头	DN100	球墨铸铁	个	2	
6	90° 弯头	DN50	球墨铸铁	个	4	
7	三通	DN200×200	球墨铸铁	个	3	
8	三通	DN200×50	球墨铸铁	个	6	
9	异径管	DN200×100	球墨铸铁	个	1	
10	异径管	DN200×50	球墨铸铁	个	1	
11	阀门	DN200	球墨铸铁	个	1	
12	阀门	DN100	球墨铸铁	个	1	
13	阀门	DN50	球墨铸铁	个	7	
（六）厂区空气管道						
1	玻璃钢管	DN1000	玻璃钢	m	53	

续表 16.17

编号	名　称	型号规格	材 料	单位	数量	备注
2	玻璃钢管	DN900	玻璃钢	m	10	
3	玻璃钢管	DN800	玻璃钢	m	15	
4	玻璃钢管	DN700	玻璃钢	m	38	
5	玻璃钢管	DN600	玻璃钢	m	48	
6	玻璃钢管	DN400	玻璃钢	m	37	
7	玻璃钢管	DN200	玻璃钢	m	310	
8	玻璃钢管	DN50	玻璃钢	m	290	
9	90° 弯头	DN200	玻璃钢	个	3	
10	90° 弯头	DN50	玻璃钢	个	4	
（七）除臭						
1	玻璃钢管	DN500	玻璃钢	m	23	
2	玻璃钢管	DN300	玻璃钢	m	125	
3	玻璃钢管	DN250	玻璃钢	m	11	
4	90° 弯头	DN500	玻璃钢	个	2	
5	90° 弯头	DN300	玻璃钢	个	4	
6	90° 弯头	DN250	玻璃钢	个	1	
（八）直埋电缆						
1	高压电缆		砖砌	m	3 080	
2	低压电缆		砖砌	m	600	
3	电力井		砖砌	个	16	
4	电缆沟		砖砌	m	200	
5	电力排管	6 孔		m	300	
（九）厂区热力管道						
1	钢管	DN100	无缝钢管	m	40	
2	钢管	DN80	无缝钢管	m	680	
3	钢管	DN50	无缝钢管	m	90	
4	钢管	DN40	无缝钢管	m	70	
5	钢管	DN25	无缝钢管	m	20	
6	90° 弯头	DN25	无缝钢管	个	4	
7	三通	DN100×80	无缝钢管	个	2	
8	三通	DN80×50	无缝钢管	个	2	
9	三通	DN50×40	无缝钢管	个	2	

续表 16.17

编号	名　　称	型号规格	材 料	单位	数量	备注
10	三通	DN50×25	无缝钢管	个	2	
11	偏心大小头	DN80×50	无缝钢管	个	4	
12	偏心大小头	DN50×40	无缝钢管	个	4	
13	偏心大小头	DN50×25	无缝钢管	个	4	
14	阀门井	DN100	砼	套	1	
15	阀门井	DN80	砼	套	2	
16	阀门井	DN50	砼	套	2	
17	阀门井	DN40	砼	套	3	
18	阀门井	DN25	砼	套	1	
（十）出水管						
1	钢管	DN1200	Q235A	m	177	
2	90°弯头	DN1200	Q335A	个	3	
（十一）通信电缆						
1	通信电缆			m	7 236	
2	通信用手孔井			个	10	
3	通信排管	9 孔		m	300	
4	电话电缆			m	100	
（十二）加药管						
1	钢管	DN25	无缝钢管	m	690	
2	90°弯头	DN25	无缝钢管	个	14	
（十三）煤气管线						
	燃气管	DN80	PE	m	450	
（十四）厂区监控						
1	摄像头			个	10	带灯杆
2	监控电缆			m	1 800	
3	通信电缆			m	2 000	
（十五）厂区照明						
	LED 灯			盏	25	带 6 m 高灯杆

第 3 篇　施工图部分图纸示例

第 17 章　主体工艺部分设计图纸部分示例图

为了更好地展示设计思想和表达工程设计的思路，我们将污水处理厂主体工艺设计图中部分图纸作为样图展示给大家，以期能够给予各位同仁在以后的污水处理厂设计中些许的提示和帮助。当然这些图纸中会有部分不足和纰漏，这都是由于设计结果和实际工程环境不一样造成的，虽然我们在后续的施工过程中都一一做了图纸变更，但由于设计院的繁杂事务和众多的设计工作量，使我们难于将这些内容一一存档。虽然大部分图纸经过修改，但也肯定存在一些疏漏的地方，希望大家不要把这些图纸当成标准图，这些图纸仅供设计参考。同时，图纸上使用的部分标准为当时设计时所依据，故未做更新，请读者注意参考最新国家标准。

在编排中为了使图号尽量保持与工程设计中的工艺图保持一致，本部分的图纸没有按前面的章节进行编排，是单独按照施工图的习惯和前后位置编排的。因此，本部分的图号与其他书籍中的编排不同，望各位读者在参考和使用本部分内容时有所注意。由于本书的图纸直接采用的是实际工程的施工图纸，为防止在修改这些文字和符号中出现错误和纰漏，因此并没有对图纸中的字体和外文正斜符号进行编辑和修改，保持了图纸的原貌，请大家在参考使用或学习过程中，尽量按照相应的规范和要求进行辨别，不要为一些不正确和不规范的用法所诱导。

工艺总说明

本工程为XXXXX污水处理厂工艺升级改造工程，水厂设计规模为 8.0万d/t，处理工艺为改良A/A/O+深度处理工艺。厂内现有工艺为传统活性污泥法，现有主要生产构筑物有提升泵池、曝气沉砂池、初沉池、生物池、二沉池、污泥储池、污泥脱水机房及鼓风机房等。本次改造主要将原有传统活性污泥法改造为A/A/O+深度处理工艺，提高水厂出水水质达到《城镇污水处理厂污染物排放标准》(GB18918-2002)中的一级A标准。改造新建构筑物为粗格栅间、细格栅间及曝气沉砂池、预缺氧池及缺氧池、新增二沉池、深度处理间；改造单体为污水提升泵房、好氧池、原有二沉池、污泥脱水机房及鼓风机房等。本图册为总图分项。

一、设计依据

1.《XXXXX污水处理厂工艺升级改造工程–工艺施工图》 大连市市政设计研究院有限责任公司 2010.05

2.《XXXXX污水处理厂事故管工程》 大连市市政设计研究院有限责任公司 2010.05

3.《城市给水工程规划规范》 (GB50282-98)

4.《城市排水工程规划规范》 (GB50318-2000)

5.《室外给水设计规范》 (GB50013-2006)

6.《室外排水设计规范》 (GB50014-2006)

7.《机械设备安装工程施工及验收通用规范》 (GB50231-98)

8.《现场设备.工业管道焊接施工及验收规范》 (GBJ236-82)

9.《给水排水管道工程施工及验收规范》 (GB52268-97)

10.《工业金属管道工程施工及验收规范》 (GB50235-97)

11.《埋地聚乙烯排水管管道工程技术规程》 (CECS164-2004)

12.《埋地硬聚氯乙烯给水管道工程技术规程》 (CECS17-2000)

二、工程设计

(一)设计内容

总图分项主要包括工艺总图、建筑总图、管网综合和厂区内各种管线，包含临时工艺污水管线、工艺污水管线、污泥、厂区污水及放空溢流管线、厂区自来水、空气管线、加药管线、热力管线、中水管线及电力自控管线等管线设计。

(二)各分项主要内容简述

1.建筑平面

厂区内新建(构)筑物共 6座，建(构)筑物占地面频 6882.13m ，建筑密度 30.8%，绿化系数 50.5%。

2.临时工艺污水管线

本工程属于改造工程，改造施工期间需要保持原有水池正常进水运行。为此，本工程设计了临时工艺污水管线。在新建细格栅间及A池(预缺氧池、厌氧池及缺氧池)施工期间，污水直接从污水泵房接入至原有好氧池内。临时工艺污水管线管径为 DN600~DN1200，管材为焊接钢管，焊接连接。为保证各组生物池之间的切换改造，临时工艺污水管接入生物池之前均设置阀门。

3.工艺管线

污水厂内工艺污水管线主要包括污水处理厂进出水管线、各个单体构筑物进出水管线及连接管、生物池内回流管线等。在曝气沉砂池后即深度处理间出水管分别设置进水流量计井及出水流量计井。工艺管线管径为 DN600~DN1200，工艺污水管线管材采用焊接钢管，接口为焊接连接。

污水进入提升泵池之前设置事故井，事故管接入厂事故管线。

4.污泥管线

整个工艺的污泥管线分为两部分，第一部分为生物池的外回流管线，即二沉池排泥管至污水泵房污泥管及污泥泵房至生物池缺氧池的污泥管路，第二部分为剩余污泥部分。第一部分污泥管管径为 DN600~DN900，底二部分污泥管管径为 DN100。污泥管管材为焊接钢管，焊接接口。

5.厂区污水及放空溢流管线

厂区污水及放空溢流管线主要为厂区内各个单体污水收集管线及放空管线。管线管径为 DN300~DN800，管材采用 HDPE排水管，热熔连接。

图名	工艺总说明	图号	0-工艺-01

6. 自来水管线

自来水管线为综合楼浴池、门卫、深度处理间及变电所生活用水。主要为水龙头及食堂等供水。自来水管线采用给水PE管，热熔连接；管径为DN25~DN50。

7. 空气管线

空气管为鼓风机房至生物池、曝气沉砂池及污泥储池的空气管路，空气管管径为 DN200~DN1000，管材为不锈钢管，焊接连接。其中现有曝气空气主干管露出地面部分的管线需拆除原有碳钢管之后再在原有位置新设不锈钢管。

8. 加药管线

本工程中加药分为三部分，第一部分为生物池内补充碳源的醋酸钠加药管路，加药泵位于深度处理间内，第二部分为深度处理间内的助凝剂加药管路，加药泵位于污泥脱水间内，加药点位于深度处理间。第三部分为深度处理间的絮凝剂加药，该部分管线在深度处理间内部，不属于总图范围内管线。加药管线管径为 DN25，管材为 PPR管，热熔连接。

9. 热力管线

厂区热力采用水源热泵供热的方式供暖，热源为深度处理间出水。厂区供热范围为综合楼、门卫、粗格栅间、提升泵房、细格栅间、变电所值班室、鼓风机房值班室、深度处理间、污泥泵房及浴池等建筑物。热力管线管径为 DN25~DN200。管材采用焊接钢管（预制保温层），焊接连接。

10. 中水管线

厂区中水为厂区内冲厕及各个单体内的冲洗地面、加药等水源，同时为厂区内的消防管路。中水水源为水源热泵房内设置的加压水泵出水管。管路分两部分，第一部分为深度处理间出水至水源热泵吸水池及水源热泵吸水池至水源热泵房的管路，第二部分为水源热泵房出水后的厂区压力管路。厂区内共设置7个消火栓，保证厂区任何一点均有 2个及以上消火栓保护。第一部分中水管管径为 DN500~DN300，管材为焊接钢管；第二部分中水压力管管径为 DN25~DN150。管材为 PE给水管，热熔连接。

11. 电气及自控设计

厂区配电主要采用电缆沟及电力排管形式，电缆沟宽为 1.0m，电力排管为 4~9孔，内设供电及控制线路。具体详见厂区动力、自控平面布置图。

三、主要技术要求

1. 管道基础

除雨水管线外，其余管线基础采用砂基础，对管道基础地基的要求：要求地基承载力>120kpa.

2. 沟槽开挖

当管道处于挖方地段，开挖沟槽时，槽底设计标高以上 0.2−0.3m的原状土应予以保留，禁止扰动，铺管前用人工清理。如局部超挖，需用沙土或符合要求的原土填补并分层夯实。

当管道处于填方地段，其基础下回填土应按道路回填要求进行处理，最终地基承载力>20kpa。如回填部分存在地下水应采取相应的降水措施。

3. 沟槽回填

当管道安装达到要求，并经监理验证合格后，方可进行管沟回填，回填时，必须管道两侧同步进行，严禁单侧回填。两侧填筑高差，不应超过一个土层厚度（200−250mm）。

从管底基础至管顶以上0.5m范围内，必须采用人工回填，严禁用机械推土回填。管顶 0.5m以上沟槽采用机械回填时应从管轴线两侧同时均匀进行，并夯实、碾压沟槽回填土的要求为槽底至管顶以上 0.5m处回填粗砂，管顶以上 50cm处至路槽底回填山皮石，分层夯实，密实度要求达到道路设计要求，回填土中不得含有有机物，冻土及粒径大于 50mm的砖、石等硬块，回填时槽内应无积水。

4. 管道防腐

（1）所有室内钢管及管道支架需防腐

① 所有的钢管及管道支架（不锈钢除外）涂漆前必须进行表面除锈处理，达到 Sa2.5级后，方可进行防腐处理。

② 管道内壁防腐：厚浆型环氧煤沥青防腐涂料 (HL52−3)底漆一道，面漆三道。

③ 管道外壁及支架防腐：环氧富锌底漆 (H06−1)一道，环氧云铁防锈漆 （H53−6）一道，环氧厚浆型防腐面漆 (H52−2)两道。

（2）所有埋地钢管防腐要求如下：

① 除锈及内防腐要求同室内钢管防腐除锈要求，

图名	工艺总说明	图号	0－工艺－02

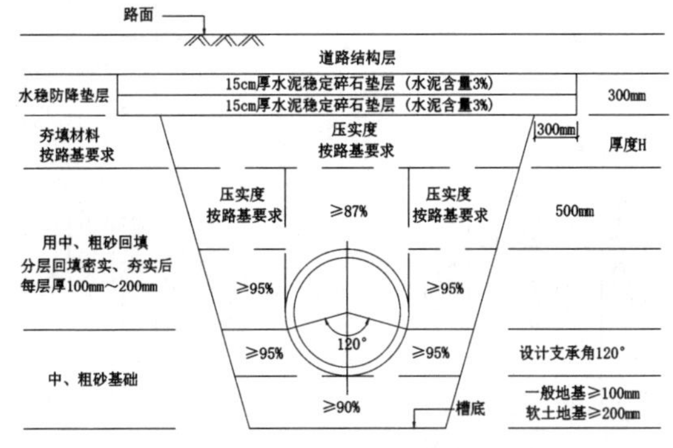

砂基础沟槽回填示意图（一）

适用于机动车道下

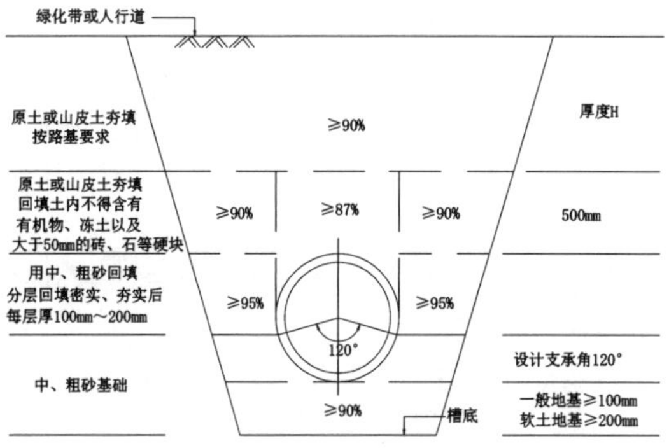

砂基础沟槽回填示意图（二）

适用于绿化带或人行道下

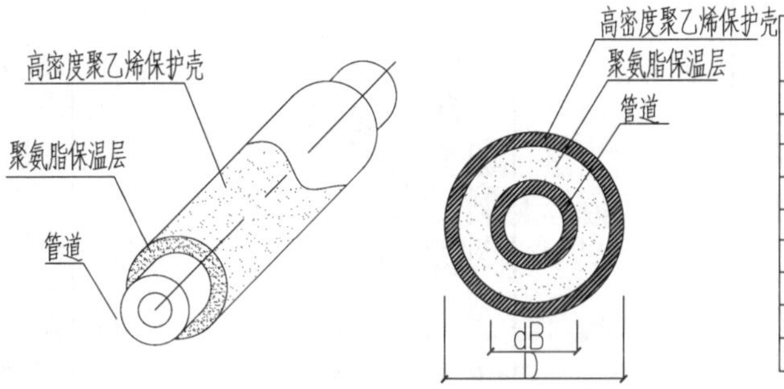

管道保温做法

保温结构尺寸表

管径 dB mm	保温层厚度 mm	保护壳厚度 mm	保护壳外径 D mm
219X6	43	5.0	315
273X7	40.4	5.6	365
325X8	40.5	7.0	420
325X8	40.5	7.0	420
426X8	53.2	8.8	550
820X10	55	13.0	955
920X10	55	13.0	1055
1020X10	55	13.0	1155
1220X10	55	13.0	1355

②管道外壁防腐：环氧煤沥青防腐底漆一道，玻璃布及胶料三道，面漆两道。

埋地不锈钢管需做外防腐处理，做法同钢管外防腐要求一致。

上述要求的具体防腐施工方法应严格遵照产品说明进行操作。

5.管道保温

所有室外外漏工艺管线（空气管线除外）均需进行保温处理，具体做法如上图所示，聚氨酯为现场发泡。

四、管道施工注意事项

(1)管道开槽：管道开槽施工应严格按照有关施工规范进行. 沟槽弃土应随清随处理，均匀堆放在距沟槽上口边线 10m 以外，沟槽开挖过程中及成槽后，槽顶应避免出现振动荷载，成槽后应尽快完成铺设基础和管道等工作，避免长时间晾槽。

(2)污水管道与检查井的联接处灌浆要饱满，检查井内外均采用 1：2水泥砂浆抹面，其面厚 20mm.

(3)本工程中对于原有管线处理，有部分采取利用原有管线与新建管线连接，部分管线采取在原来管位废除后重新敷设新的管线，部分管线为废除，具体详见各专业管线的设计说明。

五、其它

(1)施工单位进行施工前应严格校核出口及现状接入管标高.

(2)未尽事宜请施工单位严格按国家现行规范及省、市有关标准执行

图名	工艺总说明	图号	0－工艺－03

建构筑物名称	粗格栅间	进水泵房	细格栅间	曝气沉砂池	
建构筑物数量及尺寸	1座LxBxH=11.5x4.9x5.9m	1座 LxBxH=44.5x12.5x8.13m	1座LxBxH=10.6x6.05x1.6m	1座 LxBxH=26.8x7.7x4.05m	
主要设备名称	回转式格栅机	250WD污水泵	回转式格栅除污机	桥式吸砂机	砂水分离器
设备总数量	3台	6台(4用2备)	3台	1台	1台
单台设备性能参数	B=1000mm b=15mm N=2.2kw	Q=1125m^3/h H=17m N=90Kw	B=1300mm b=5mm N=3.0kw	L=7.7m Q=245m^3/h	H=4.05m 12L/s N=3.0kw

建构筑物名称	进水流量计井	生物池配水井	预缺氧、厌氧、缺氧池				好氧池			
建构筑物数量及尺寸	5.25x4.6x4.2m	4.0x2.0x6.2m	1座 LxBxH=81.6x54.3x8.0m		1座 63.7x52.9x8.0m		2座 43x30.9x7.1m		2座 42.5x24.4x6.8m	
主要设备名称	电磁流量计	配水闸阀	潜水搅拌机	潜水推进器	潜水搅拌机	潜水推进器	立式轴流泵	盘式曝气器	潜水排污泵	盘式曝气器
设备总数量	1台	1台	10台	6台	10台	6台	6台(4用 2备)	4000套	6台 4用2 备)	3240
单台设备性能参数	DN1200	DN1000	ø580 500r/min	ø2100 36r/min	ø580 475r/min	ø770 360r/min	1500m^3/h 3.5m 90Kw	4.5m^3/h/套	303L/s 7.5m 37Kw	4.5m^3/h/套

建构筑物名称	污泥储池	污泥脱水间				鼓风机房	出水流量计井	紫外线消毒间	反冲洗泵池
建构筑物数量及尺寸	1座LxBxH=10*10*4.48m					1座LxBxH=36x12x8.07m	4.3x4.2x2.93m	1座1.3*4.14*4.2m	1座7.55*7.5*3.8m
主要设备名称	潜水搅拌机	带式浓缩脱水机	泥饼泵	多级立式泵	螺杆泵	离心鼓风机	电磁流量计	紫外线消毒成套设备	中吸双开泵
设备总数量	4台	3台	3台	2台	3台	6台(4用2备)	1台	1套	3台(2用1备)
单台设备性能参数	ø620 480r/min 4.0kw	B=2.0m Q=50m^3/h	50m^3/h 20m 9.2kW	Q=8m^3/h N=18.5kW	23m^3/h 70m 11kW	Q=125m^3/h 0.167MPa N=185Kw	DN1200	Q=8*10^4 m^3/d	540m^3/h 10m 30Kw

建构筑物名称	V型滤池			絮凝沉淀池		提升泵池	二沉池		
建构筑物数量及尺寸	8座9.4*9.0*4.8m			2座 33.2*17.5*5.9m		1座 6.9x9.5x9.15m	2座D=32.2m	2座D=32.2m	1座D=34m
主要设备名称	气动闸门	滤板	石英砂	管式混合气	泵吸式吸泥行车	潜水轴流泵	周边传动刮泥机	周边传动全桥式刮吸泥机	单管吸泥机
设备总数量	8台	576块	865 m^3	4台	4台	3台(2用1备)	2台	2台	1台
单台设备性能参数	500*500	980*980	980*980	DN500 L=4m	Lk=16.9m N=0.37*2kw	Q=1750m^3/h H=7m N=55Kw	D=32.2m N=2.2kw	D=38m N=2*0.37Kw	D=34m N=2*0.37Kw

图名	构筑物的数量及参数	图号	0-工艺-05

工艺说明

一、工程设计

设计平均流量为8.0×10^4 t/d，总变化系数 Kz=1.35。粗格栅间内不设配电室和控制室，电力动力线引自原提升泵房配电间，并由原提升泵房控制室集中控制。

1.处理构筑物部分

（1）进水井

进水井尺寸为 1.9×4.9×5.55m。配水井内有进水管一根，管径为 DN1200，管材为钢管；事故管一根，管径为 DN1000，管材为钢管；

（2）粗格栅

粗格栅共有 3条渠道，设 3台回转式格栅除污机。渠道宽 1100mm，渠深 5.55m。配备设备有效栅宽为 1000mm ，格栅间隙为 15mm。

（3）出水井

出水井尺寸为1.6×4.9×7.05m。出水井有出水管一根，管径为 DN1200，管材为钢管。

2.管路部分

工艺管线包括如下几种：进水管、出水管、事故溢流管。具体如下：

（1）进水管

粗格栅进水管尺寸为 DN1200，管底标高为 2.350m。穿池壁处，管材均为钢管，接出池体后改为玻璃钢管，换管材处采用法兰连接。

（2）出水管

粗格栅出水管尺寸为 DN1200，管底标高为 0.750m。穿池壁处，管材均为钢管，接出池体后改为玻璃钢管，换管材处采用法兰连接。

3.设备部分

粗格栅间主要包括粗格栅、进水闸门、出水闸门、起重机。主要参数见设备一览表。

二、工艺管线及附属设备的技术要求

1.管材

所有管道按管材不同采取不同连接方式。不同管材之间及管道与阀门连接均采用法兰连接。不同管材连接方式如下：钢管采用焊接，玻璃钢管采用胶圈连接。

2.管道公称压力管道工程压力

给水管材采用PE给水管，公称压力为1.0MPa，工艺污水管材采用玻璃钢管，公称压力为0.6MPa。

3.支墩

地面上管道在阀门、三通（四通）、转弯处设置混凝土支墩。

三、工艺管线及附属设备的防腐要求

所有钢制管道及支架需进行防腐处理，具体做法如下：

（1）所有的钢管及管道支架（不锈钢除外）涂漆前必须进行表面除锈处理，达到Sa2.5级后，方可进行防腐。

（2）管道内壁防腐：厚浆型环氧煤沥青防腐涂料(HL52-3)底漆一道，面漆三道。

（3）管道外壁及支架防腐：环氧富锌底漆(H06-1)一道，环氧云铁防锈底漆(H53-6)一道，环氧厚浆型防腐面漆(H52-2)两道。

上述要求的具体防腐施工方法应严格遵照产品说明进行操作。

四、其它技术要求

（1）防水套管的长度与所在处的墙同宽。

（2）所有设备的安装和验收应严格按照厂家提供的产品安装说明进行，以保证设备安全运行。

（3）凡本说明未提及之处，均按现行国家有关规范、规程严格执

主要设备一览表

编号	名称	规格 型号	单位	数量	备注
①	回转式格栅除污机	B=1000mm b=15mm N=2.2Kw	台	3	不锈钢材质，安装角度70°
②	TFZ型铸铁镶铜方形闸门	BxH=800x800	台	3	配手电两用启闭机 启闭力：t=3.0t N=1.1Kw
③	铸铁镶铜方形闸门	BxH=800x800	台	3	配手动启闭机 启闭力：t=2t
④	电动单梁悬挂起重机	t=1.0t，N=2.0x0.4Kw，Lk =5.0m	台	1	配套电动葫芦
⑤	CD电动葫芦	t=1.0t,N=1.5Kw	台	1	
⑥	移动式垃圾小车	V=0.5m³	台	3	
⑦	异味除臭机	N=0.5kw	台	1	

主要材料一览表

编号	名称	规格	材料	单位	数量	重量(Kg) 单重	重量(Kg) 总重	备注
①	钢管	D1220*10=1400	Q235A	根	1			
②	钢管	D1220*10=3300	Q235A	根	1			
③	钢制法兰	DN1200 P=0.6MPa	Q235A	个	2			
④	PE给水管	DN50 P=1.0MPa	PE	m	5			
⑤	水龙头	DN50 P=1.0MPa	PE	个	1			

图名	粗格栅工艺说明及设备材料表	图号	1－工艺－01

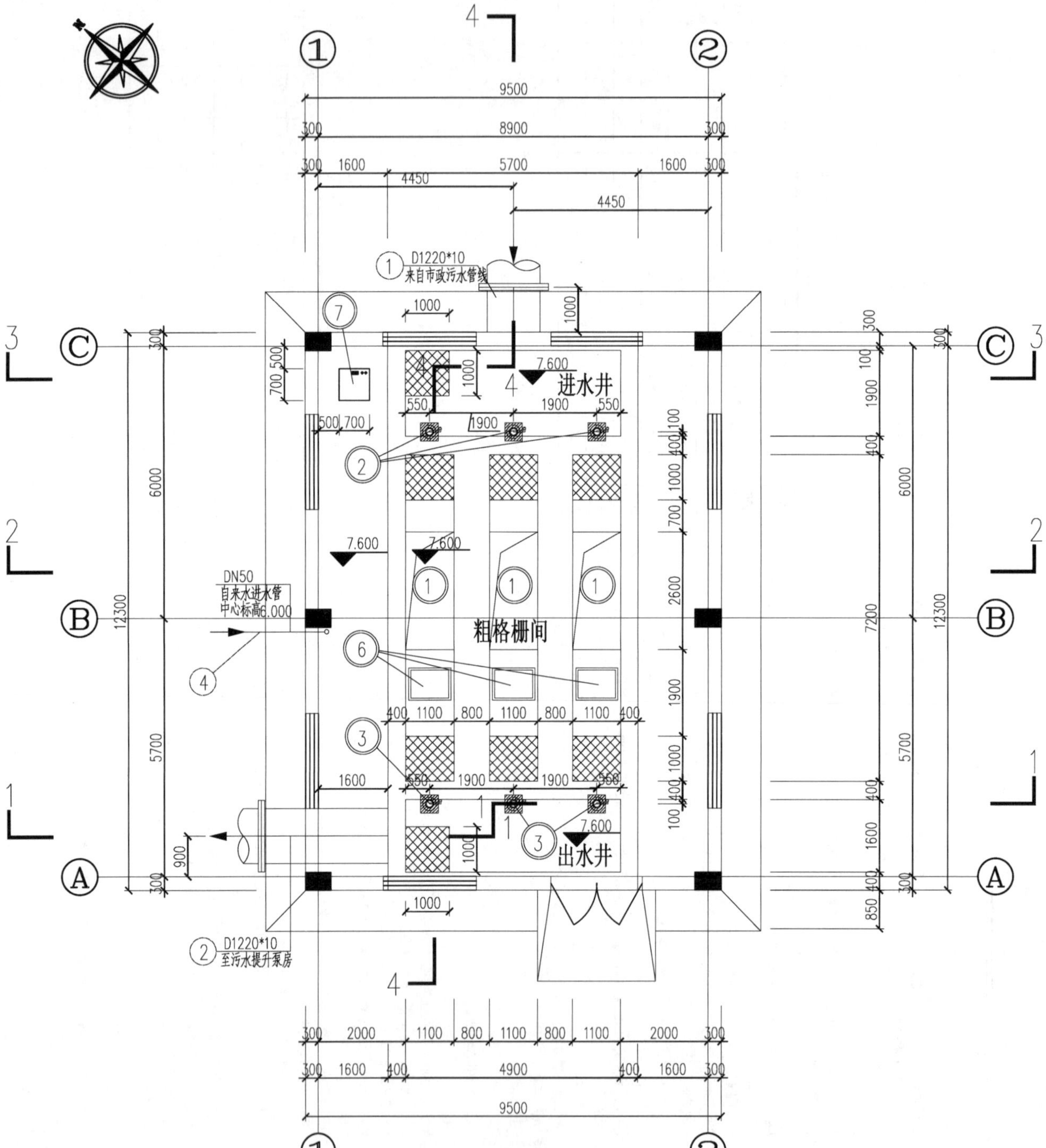

工艺平面俯视图

图名	粗格栅工艺平面俯视图	图号	1－工艺－02

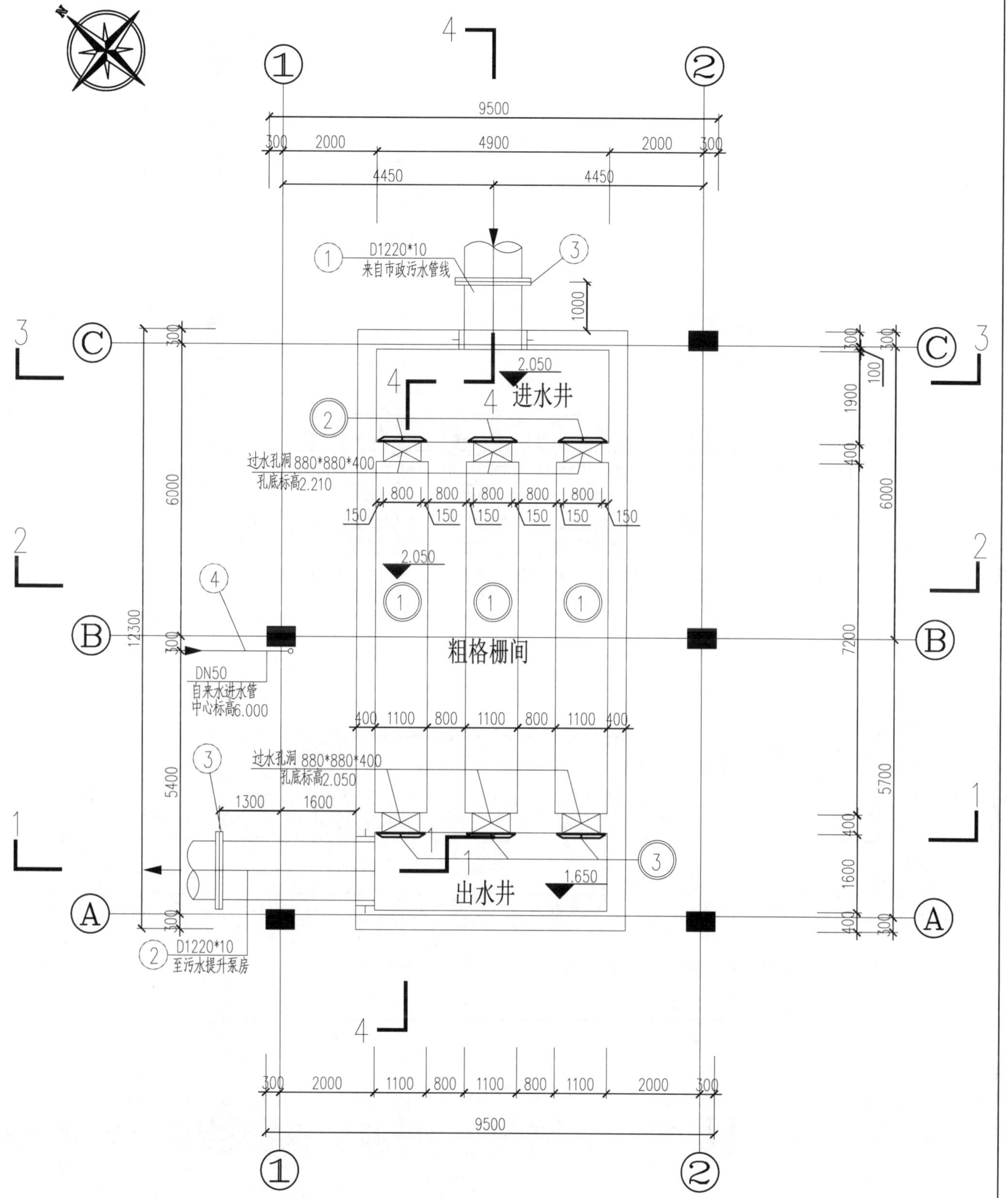

底层平面图

图名	粗格栅工艺底层平面图	图号	1－工艺－03

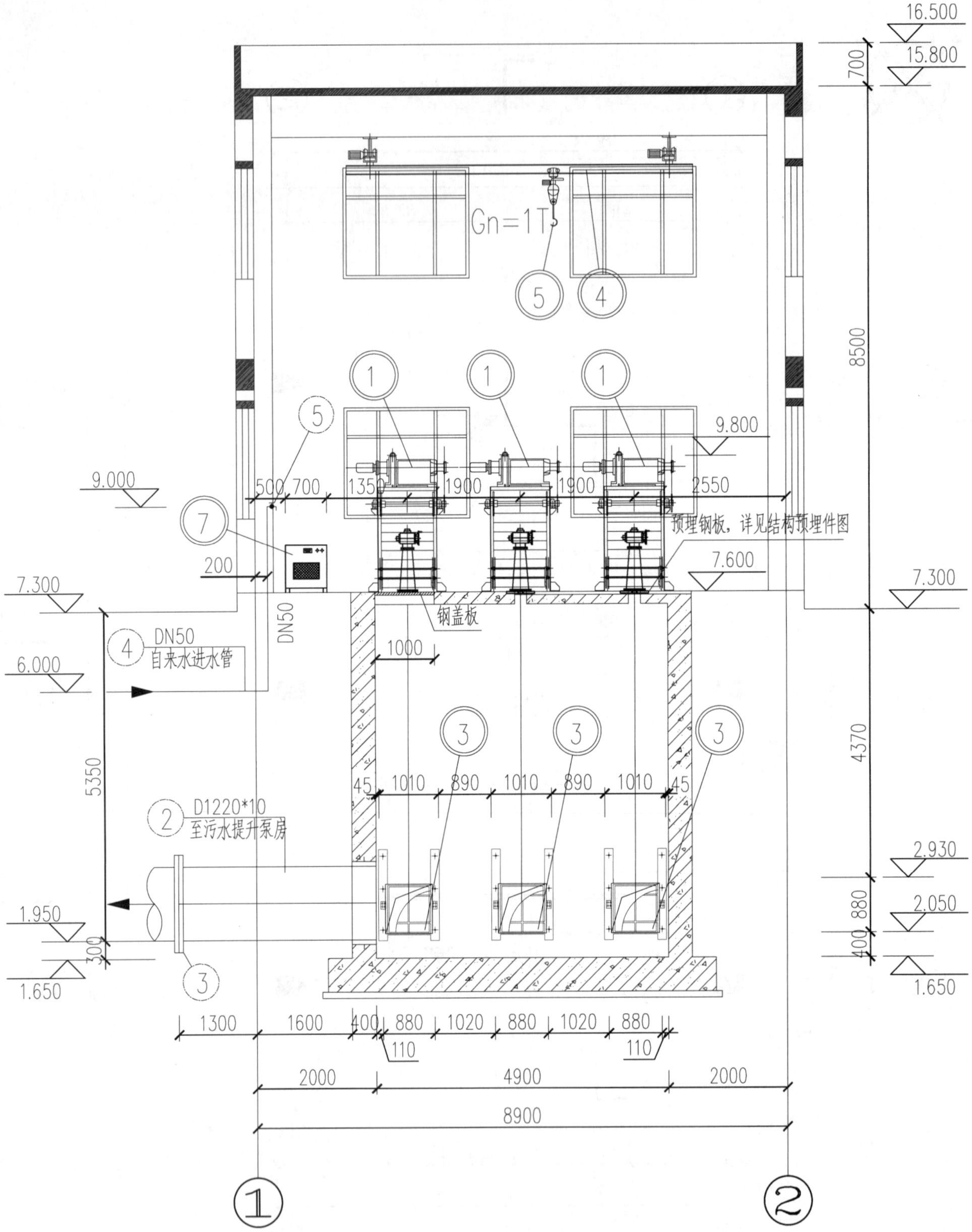

1-1 剖面图

图名	粗格栅1－1 剖面图	图号	1－工艺－04

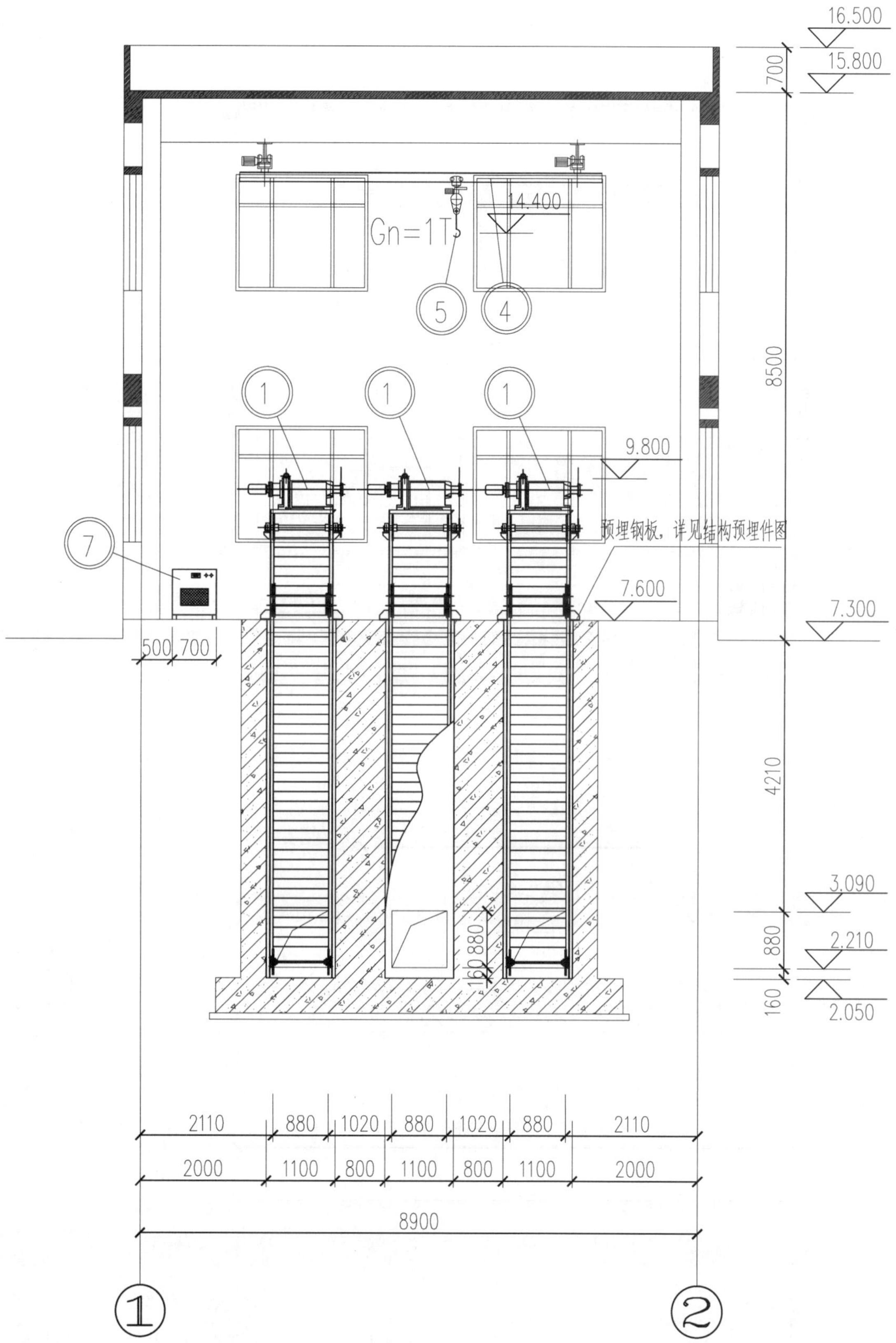

2-2 剖面图

图名	粗格栅2－2 剖面图	图号	1－工艺－05

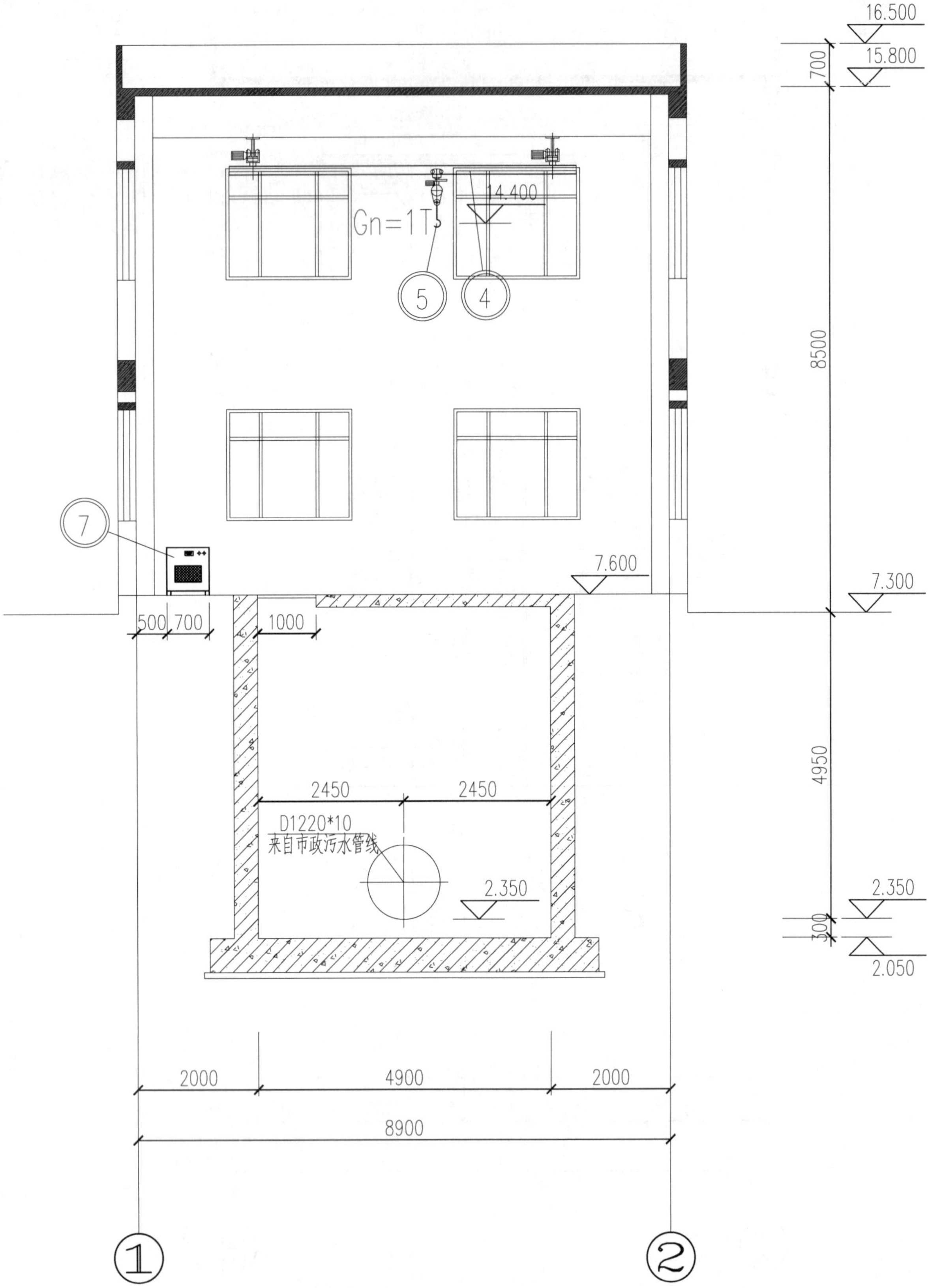

3-3 剖面图

图名	粗格栅3－3 剖面图	图号	1－工艺－06

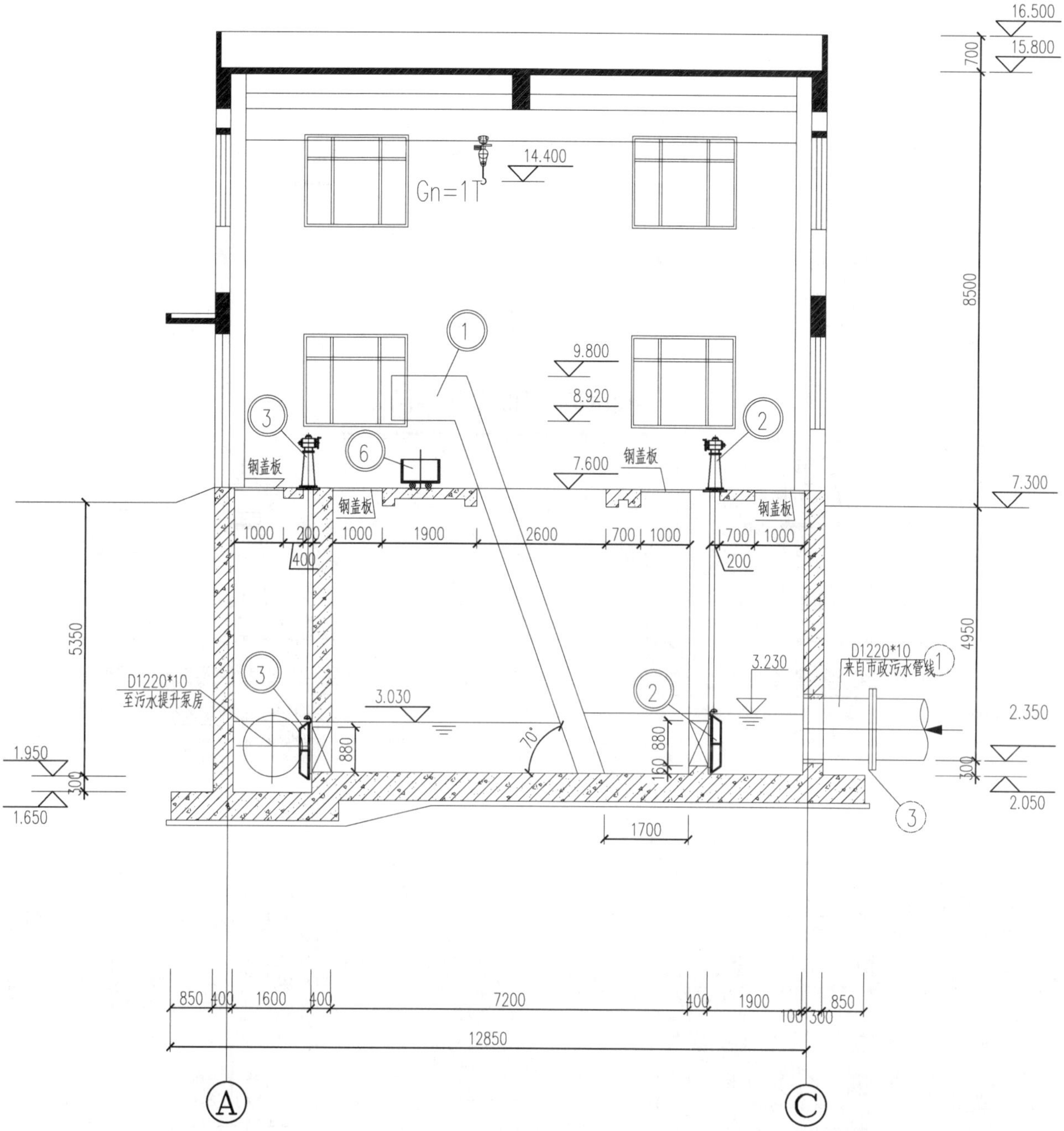

4-4 剖面图

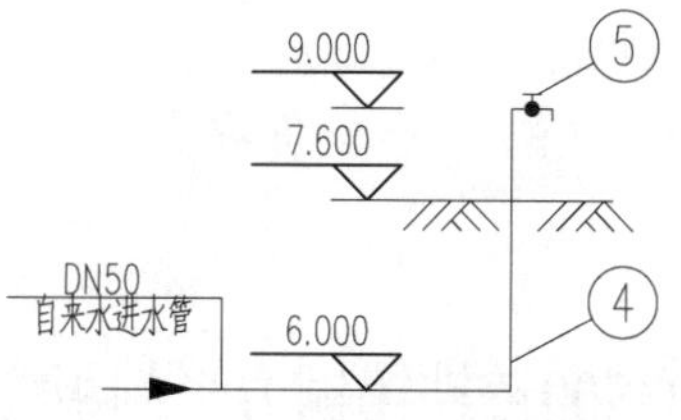

给水系统图

图名	粗格栅4－4 剖面图	图号	1－工艺－07

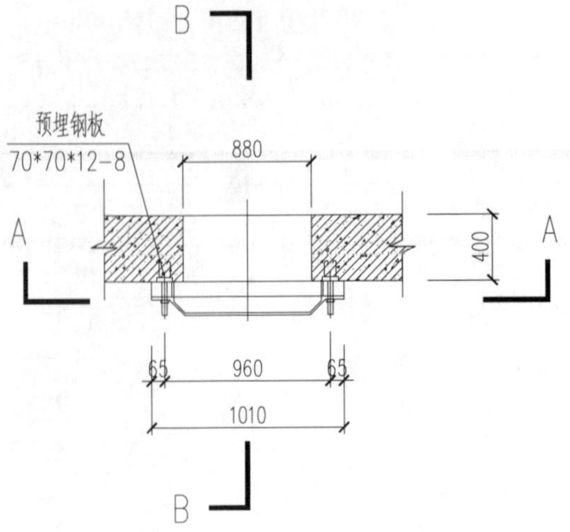

800*800闸板安装平面图

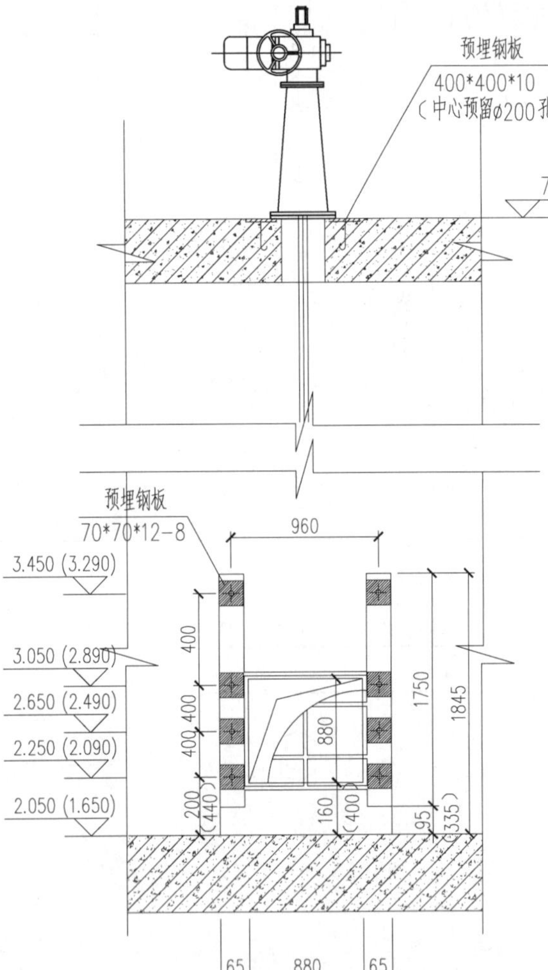

A-A剖面图

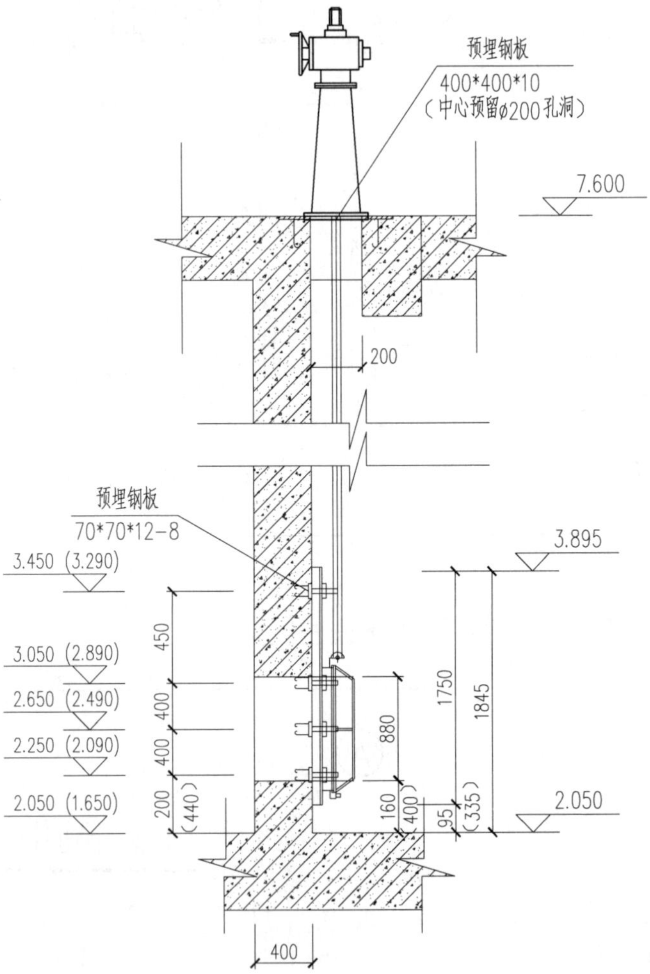

B-B剖面图

800*800铸铁镶铜方形闸板安装图

注：“2.050 (2.090)”括号内标高为出水闸板预埋钢板标高，

图名	粗格栅闸门安装图及给水系统图	图号	1－工艺－08

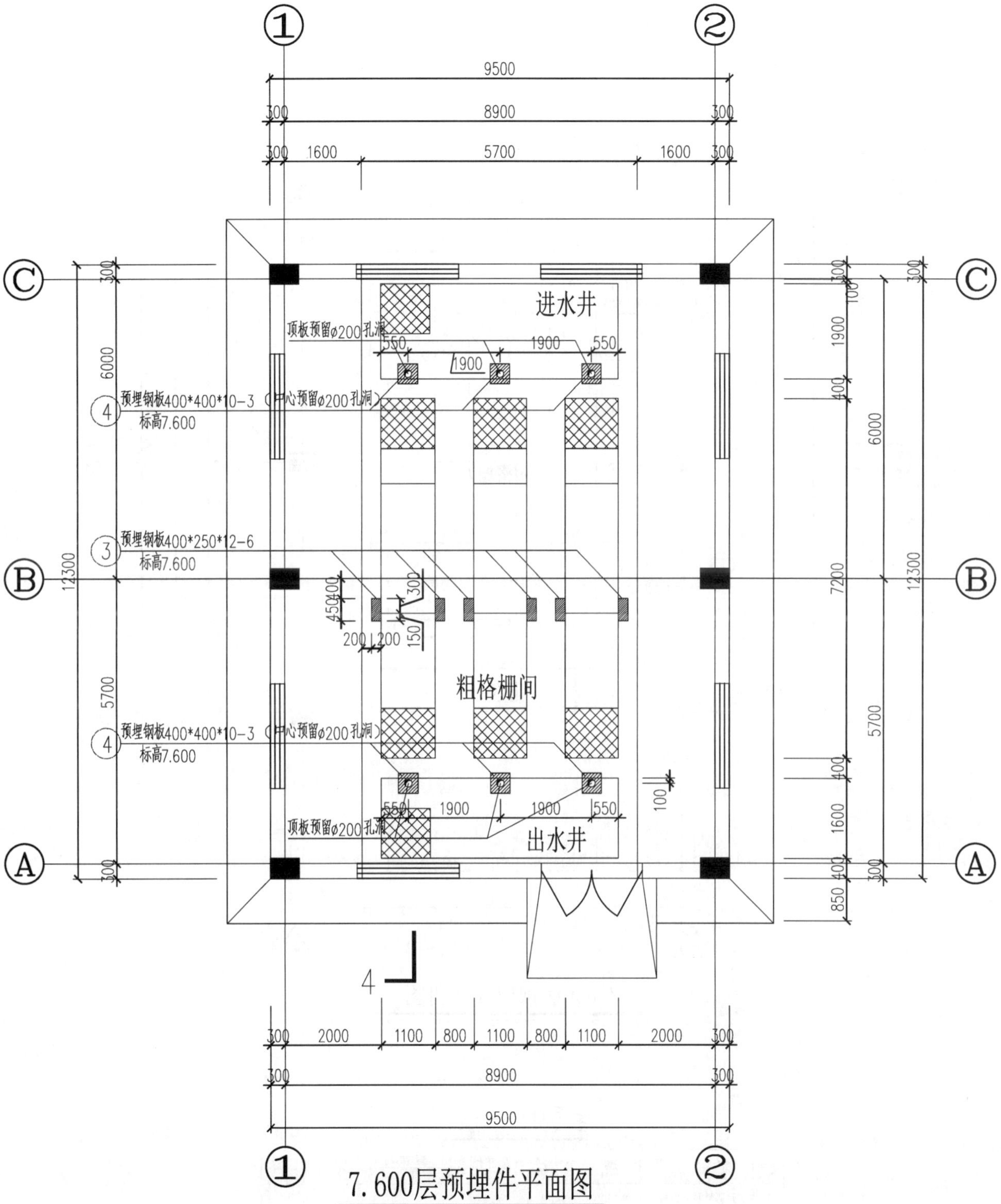

7.600层预埋件平面图

图名	7.600层预埋件平面图	图号	1-工艺-09

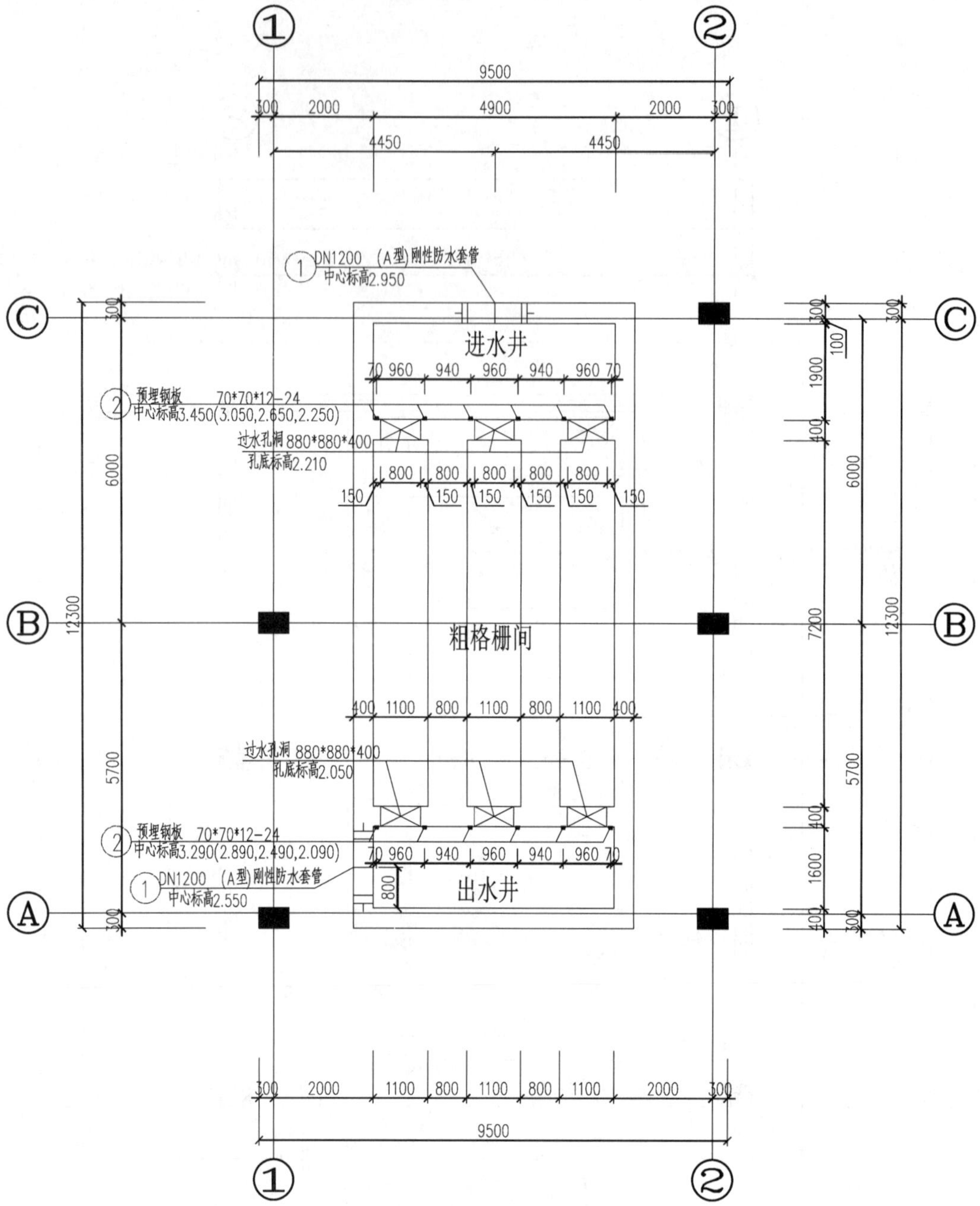

2.050层预埋件平面图

主要材料一览表

编号	名称	规格	材料	单位	数量	重量(Kg) 单重	重量(Kg) 总重	备注
①	A型刚性防水套管	DN1200 L=400		套	2			
②	预埋钢板	70*70*12	Q235A	个	48			
③	预埋钢板	400*250*12	Q235A	个	6			
④	预埋钢板	400*400*10	Q235A	个	6			中心预留φ200孔洞

图名	2.050层预埋件平面图	图号	1-工艺-10

工艺说明

一、工程设计

设计平均流量为8万吨/d，总变化系数Kz=1.35。细格栅间内不设配电室和控制室，电力动力线引自原提升泵房配电间，并由原提升泵房控制室集中控制。

处理构筑物部分

1.细格栅

细格栅共有3条渠道，设3台回转式格栅除污机。渠道宽1400mm，渠深1.60m。格栅设计参数为：b=5mm　B=1300　N=3.0Kw;

2.曝气沉砂池

曝气沉砂池为2组，每组平面尺寸为：3.7m*24.0m，有效水深3.1m。主要设备包括：桥式吸砂机1台。吸砂机设计参数为：Lk=7.7m　N驱=2*0.37kW，吸砂机配两台潜水排污泵，设计参数为：　24m ^{3}/h　N=1.4kW　H=4.05m

二、工艺管线

根据工艺要求，细格栅间内设置管线包括进水管路、出水管路、排砂管路、排渣管路、空气管路等。

1.进水管路

进水管采用 DN1200焊接钢管，连接方式为焊接，接出室外1m处采用法兰连接变管材，厂区单体连接管管材见厂区管网总图。

2.出水管路

出水管采用 DN1200焊接钢管，连接方式为焊接，接出沉砂池外1m处采用法兰连接变管材，厂区单体连接管管材见厂区管网总图。

3.排砂管路

沉砂池排砂槽排水管采用 DN200焊接钢管，连接方式为焊接。

4.排渣管路

沉砂池排渣管采用 DN200焊接钢管，连接方式为焊接，接出排渣井外1m处，通过法兰连接变管材，厂区单体连接管管材见厂区管网总图。

5.空气管路

空气管路采用 DN200焊接钢管，管道与阀门连接处采用法兰连接，管道与管道连接处采用焊接方式。

三、工艺管线及附属设备的技术要求

钢管管材工称压力为 0.6MPa。

四、工艺管线及附属设备的防腐要求

1.有室内及室外地上钢制管道及支架需进行防腐处理

（1）所有的钢管及管道支架（不锈钢除外）涂漆前必须进行表面除锈处理，达到Sa2.5级后，方可进行防腐

（2）管道内壁防腐：厚浆型环氧煤沥青防腐涂料(HL52－3)底漆一道，面漆三道。

（3）管道外壁及支架防腐：环氧富锌底漆(H06－1)一道，环氧云铁防锈底漆(H53－6)一道，环氧厚浆型防腐面漆(H52－2)两道。

2.所有埋地钢管防腐要求

（1）除锈及内防腐要求同室内钢管防腐除锈要求，

（2）管道外壁防腐：环氧煤沥青防腐底漆一道，玻璃布及胶料三道，面漆两道。

上述要求的具体防腐施工方法应严格遵照产品说明进行操作。

五、设备安装

各设备安装要求具体详见图纸。设备预埋件位置及规格，待设备招标后在厂家确定后，需重新确认修改设计后方可施工；

六、其它技术要求

（1）防水套管的长度与所在处的墙同宽。刚性防水翼环长度应根据具体要求，预留100mm的焊接接头管，详见结构预埋件大样图。所有预留洞，待设备安装完毕，用素混凝土封堵；

（2）所有设备的安装和验收应严格按照厂家提供的产品安装说明进行，以保证设备安全运行；

（3）穿墙套管、爬梯、钢盖板计入土建工程量，本图仅表示工艺需要；

（4）凡本说明未提及之处，均按现行国家有关规范、规程严格执。

七、管道电伴热安装说明

（1）室外地上排水管线采用玻璃棉制品电伴热保温（空气管道除外），沉砂池出水总管采用玻璃棉制品保温；

（2）温差　t(℃)=30；

（3）玻璃棉制品厚度为60mm；

（4）采用电热带规格25DXW，缠绕在管道上的螺距长度为555mm;

（5）制作方法参照图集03S401－92,108,112制作；

（6）需要做玻璃棉制品电伴热保温的总管道长度为15m，电热带长度30m，规格DN200。

图名	细格栅工艺说明	图号	2－工艺－01

主要材料一览表

编号	名称	规格	材料	单位	数量	备注
①	钢管	ø108*4	Q235A	m	1	
②	90°弯头	DN100	Q235A	个	1	
③	钢管	ø219*6L=5 100	Q235A	根	1	
④	钢管	ø219*6L=500	Q235A	根	1	
⑤	22.5°弯头	DN200	Q235A	个	1	
⑥	喇叭口	DN500*200	Q235A	个	1	
⑦	钢管	ø1220*10L=700	Q235A	根	1	
⑧	钢管	ø1220*10L=5 960	Q235A	根	1	
⑨	钢管	ø1220*10L=1 460	Q235A	根	1	
⑩	90°弯头	DN1200	Q235A	个	3	
⑪	钢板	ø1700-6	Q235A	块	1	
⑫	钢管	ø1220*10L=4 230	Q235A	根	1	
⑬	钢管	ø1220*10L=700	Q235A	根	1	
⑭	钢管	ø219*6 L=3 450	Q235A	根	1	
⑮	钢管	ø219*6 L=680	Q235A	根	1	
⑯	钢管	ø219*6 L=2 400	Q235A	根	1	
⑰	钢管	ø219*6 L=900	Q235A	根	1	
⑱	钢管	ø219*6 L=300	Q235A	根	1	
⑲	钢管	ø159*4.5L=150	Q235A	根	1	
⑳	异径管	DN200*150	Q235A	个	1	
㉑	法兰	DN150 P=0.6 MPa	Q235A	个	1	
㉒	法兰	DN200 P=0.6 MPa	Q235A	个	9	
㉓	钢管	ø219*6 L=150	Q235A	根	1	
㉔	钢管	ø219*6 L=1 200	Q235A	根	1	
㉕	钢管	ø219*6 L=21 650	Q235A	根	1	
㉖	钢管	ø219*6 L=3 350	Q235A	根	1	
㉗	钢管	ø219*6 L=5 450	Q235A	根	1	

主要材料一览表

编号	名称	规格	材料	单位	数量	备注
㉘	钢管	ø219*6 L=440	Q235A	根	1	
㉙	钢管	ø219*6 L=1 600	Q235A	根	1	
㉚	钢管	ø219*6 L=800	Q235A	根	1	
㉛	90°弯头	DN200	Q235A	个	14	
㉜	盘堵	DN200 P=0.6 MPa	Q235A	根	5	
㉝	钢管	DN80	Q235A	m	66	
㉞	钢管	DN50	Q235A	m	44	
㉟	对夹式蝶阀	DN80		个	22	
㊱	法兰	DN80	Q235A	个	44	
㊲	法兰式蝶阀	DN200 P=0.6 MPa		个	1	
㊳	伸缩器	DN200 P=0.6 MPa		个	1	
㊴	90°弯头	DN80	Q235A	个	22	
㊵	三通	DN80*50	Q235A	个	22	
㊶	四通	DN200*200	Q235A	个	2	
㊷	钢管	ø219*6 L=600	Q235A	根	2	
㊸	钢管	ø219*6 L=5 070	Q235A	根	2	
㊹	钢管	ø219*6 L=420	Q235A	根	2	
㊺	钢管	ø219*6 L=850	Q235A	根	2	
㊻	钢管	ø219*6 L=650	Q235A	根	2	
㊼	钢管	ø219*6 L=400	Q235A	根	2	
㊽	45°弯头	DN200	Q235A	个	2	
㊾	地漏	DN200	Q235A	个	1	
㊿	钢管	ø219*6 L=900	Q235A	根	1	
51	钢管	ø219*6 L=1 300	Q235A	根	1	
52	整流栅条	1320*100X12	不锈钢	根	60	
53	角钢	50*4	Q235A	m	50	
54	膨胀螺栓	M8X150	不锈钢	个	60	

主要设备一览表

编号	名称	规格 型号	单位	数量	备注
①	回转式格栅除污机	B=1 300 mm b=5 mm N=3.0 kW	台	3	不锈钢材质，安装角度70°
②	整体安装渠道闸	B×H=1.4 m×1.1 m	台	6	配手动启闭机 启闭力：T=3 t
③	简易渠道闸	BxH=1 250x1 000	套	2	现场制作，材料表见大样图
④	简易渠道闸	BxH=800x1 000	套	1	现场制作，材料表见大样图
⑤	砂水分离器	LSSF-320II 处理量：5~12 L/s N=0.37 kW	台	1	
⑥	桥式吸砂机	双槽 L=7.70 m 吸沙泵能力： 24 m³/h,H=4.05 m 驱动功率：2*0.37 kW 提砂泵功率：1.4 kW	台	1	
⑦	螺旋压榨机	N=3.0 kW 排除干渣量为 3.2 m³/h	台	1	
⑧	电动单梁悬挂起重机	T=2.0 t, N=2.0x0.4 kW，Lk =7.5 m	台	1	配套电动葫芦
⑨	CD电动葫芦	T=2.0 t,N=3.0 kW	台	1	
⑩	移动式垃圾小车	V=0.5 m³	台	2	
⑪	异味除臭机	N=0.5 kW	台	1	
⑫	无轴螺旋输送机	D320 L=8 m 7 m³/h N=4.0 kW	台	1	

图名	主要设备及材料一览表	图号	2 - 工艺 - 02

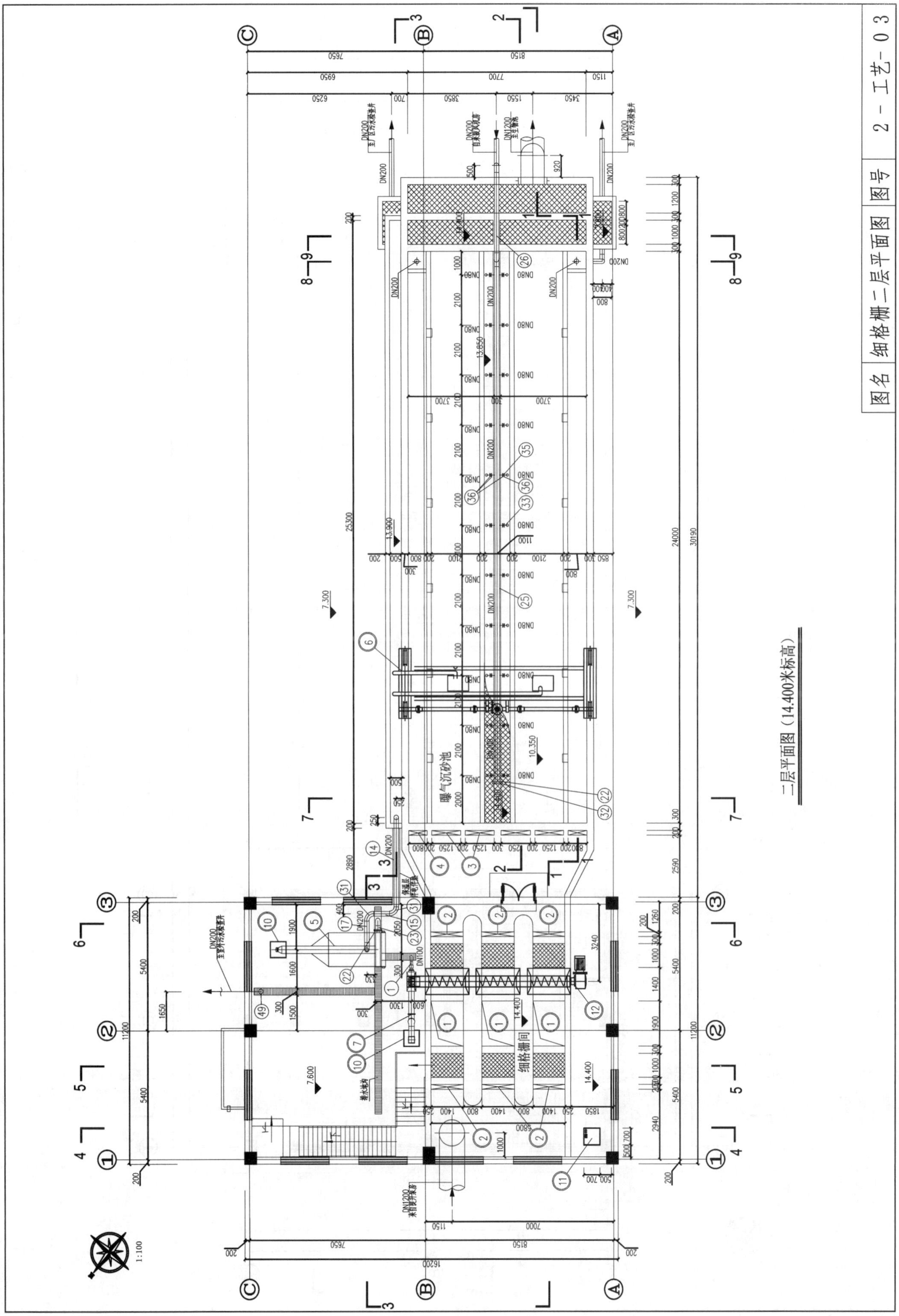

图名
细格栅二层平面图
图号
2-工艺-03
二层平面图（14.400米标高）
曝气沉砂池
细格栅间
1:100

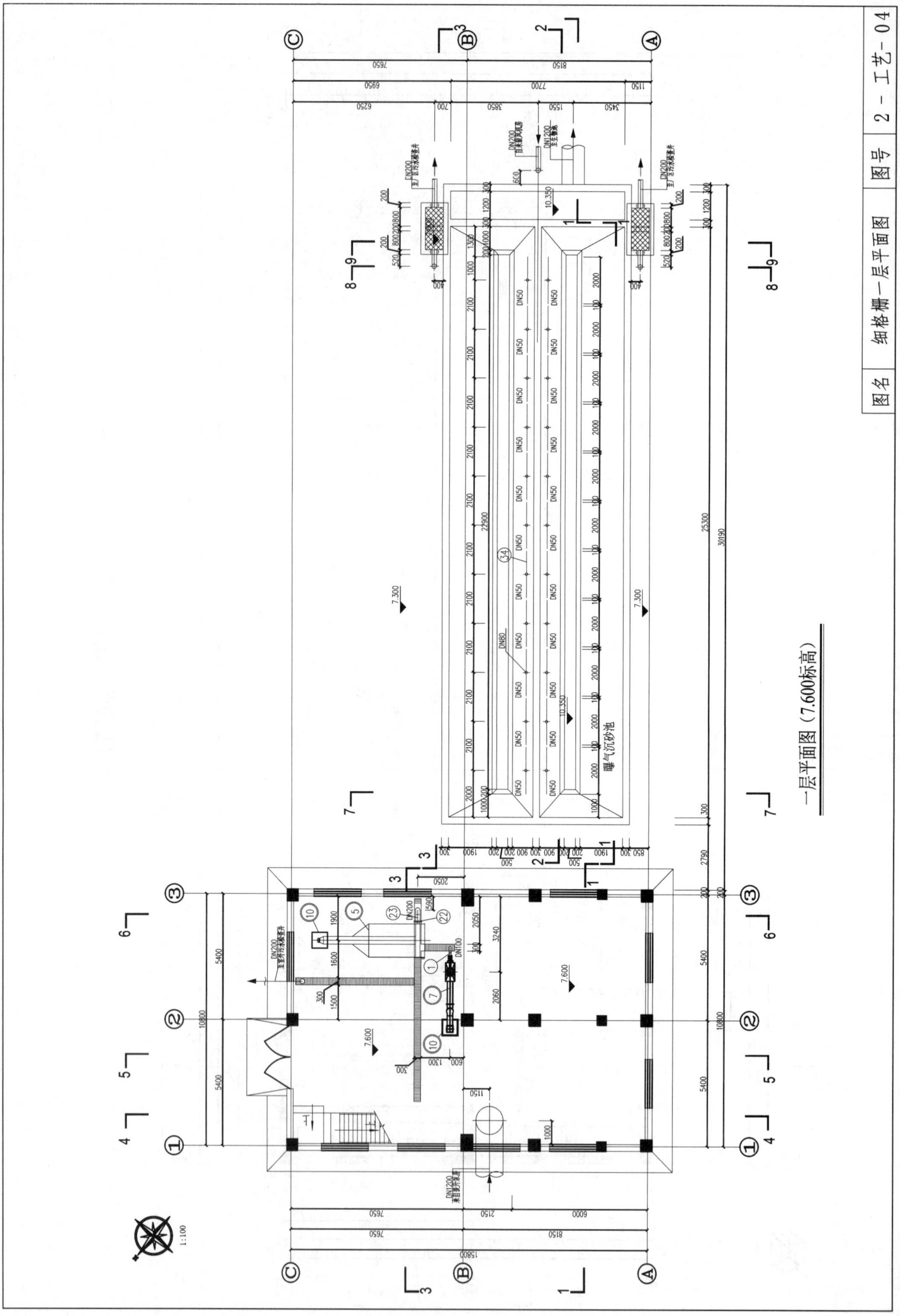
图名
细格栅一层平面图
图号
2-工艺-04
一层平面图（7.600标高）
曝气沉砂池
1:100

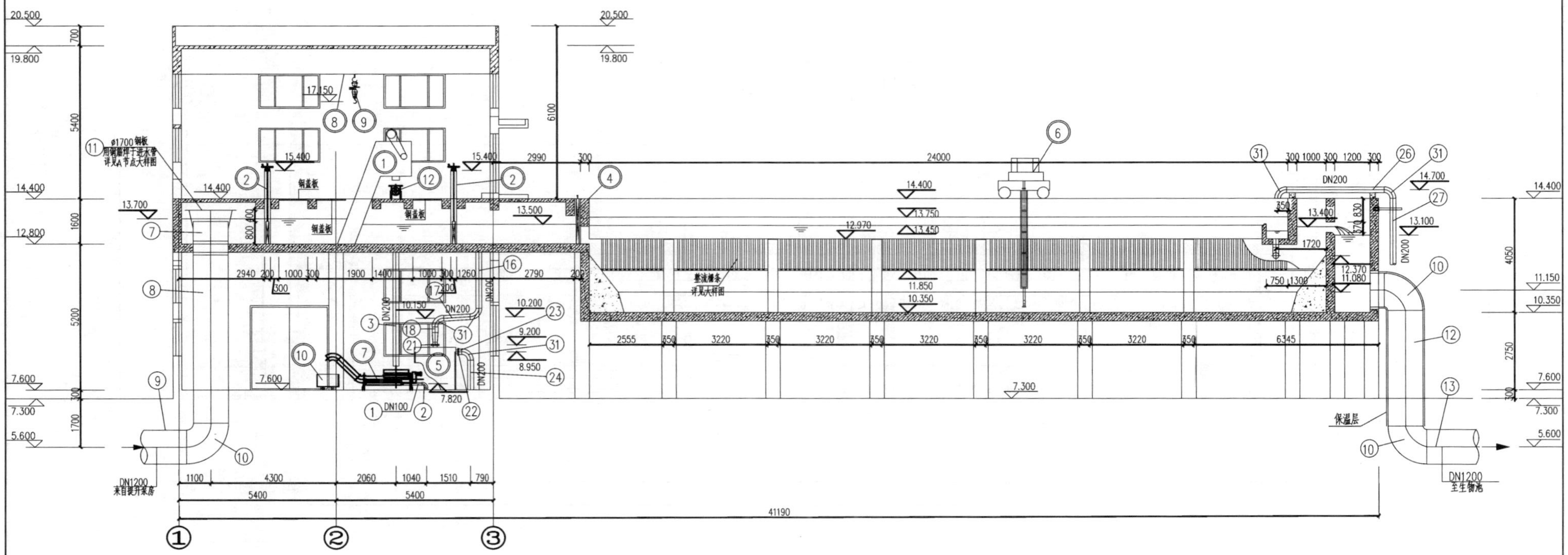

1 - 1剖面图

图名	细格栅1 - 1 剖面图	图号	2 - 工艺- 0 5

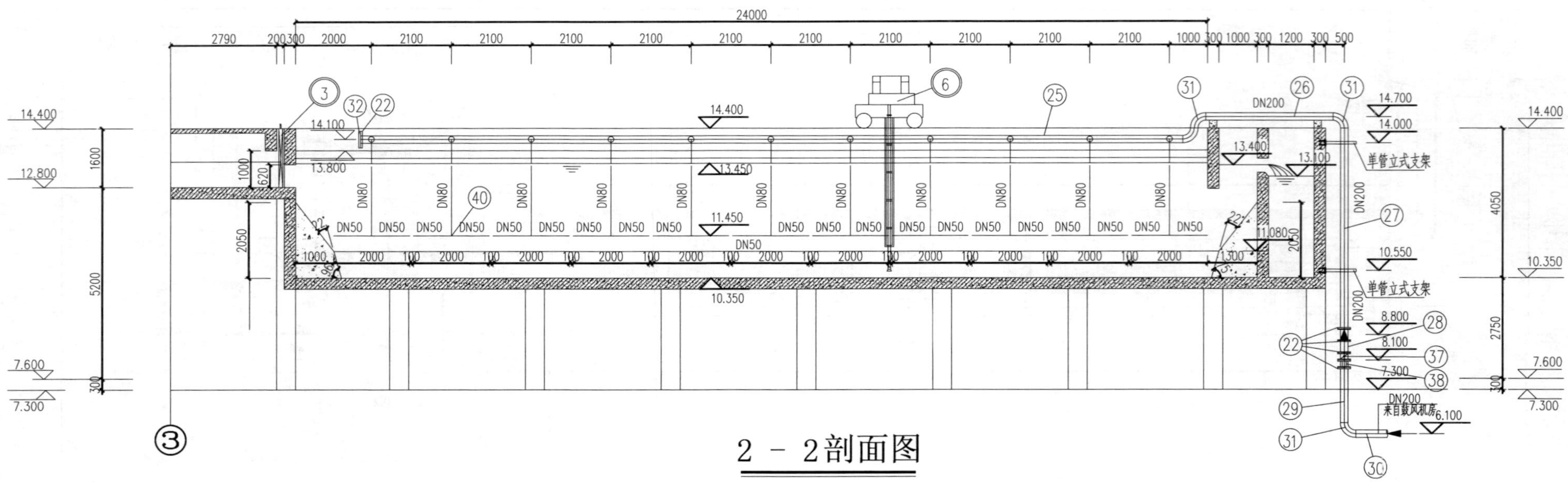

2 - 2剖面图

图名	细格栅2 - 2 剖面图	图号	2 - 工艺- 0 6

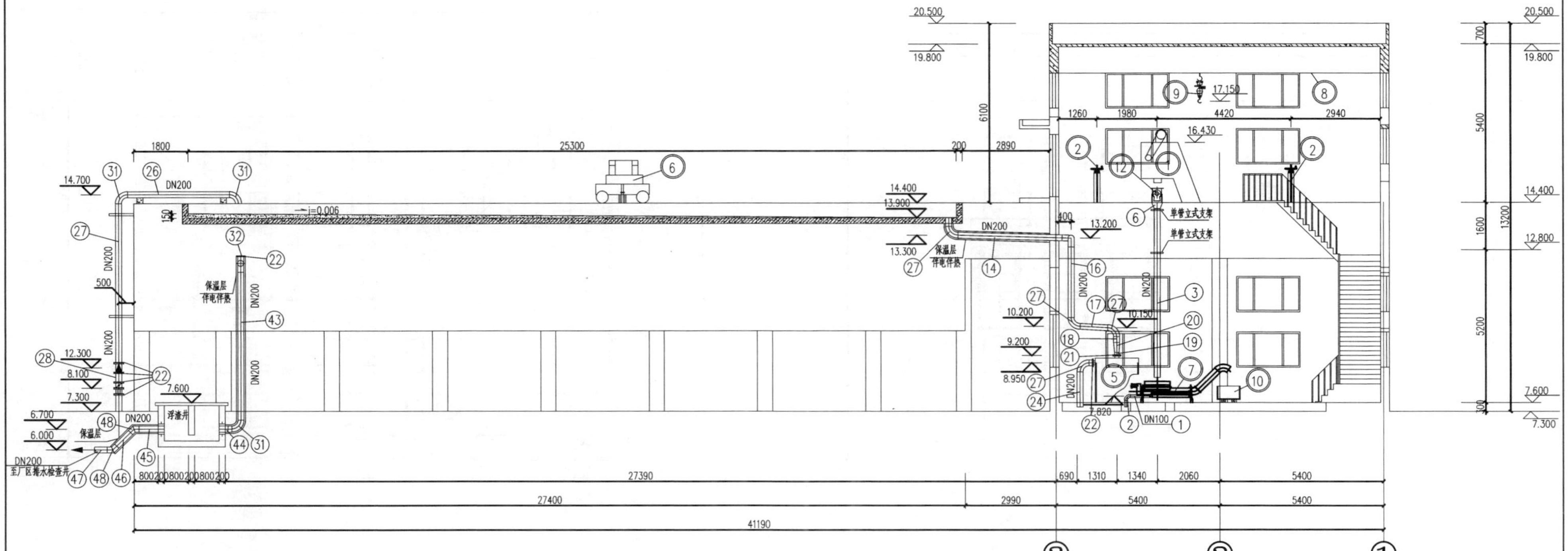

3-3剖面图

图名	细格栅3－3剖面图	图号	2－工艺－07

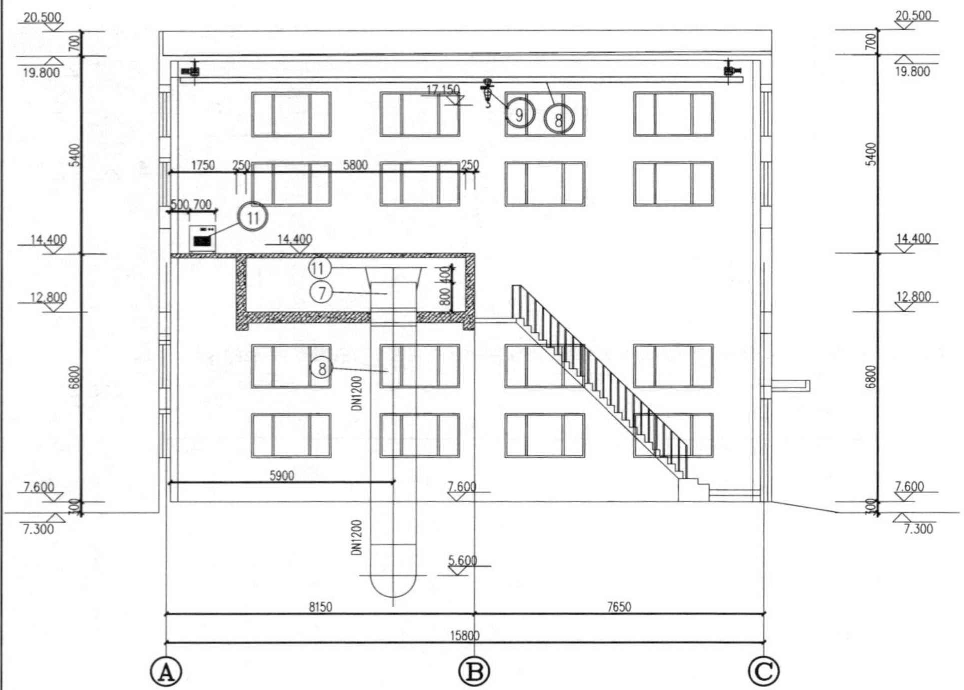

4－4剖面图 1：100

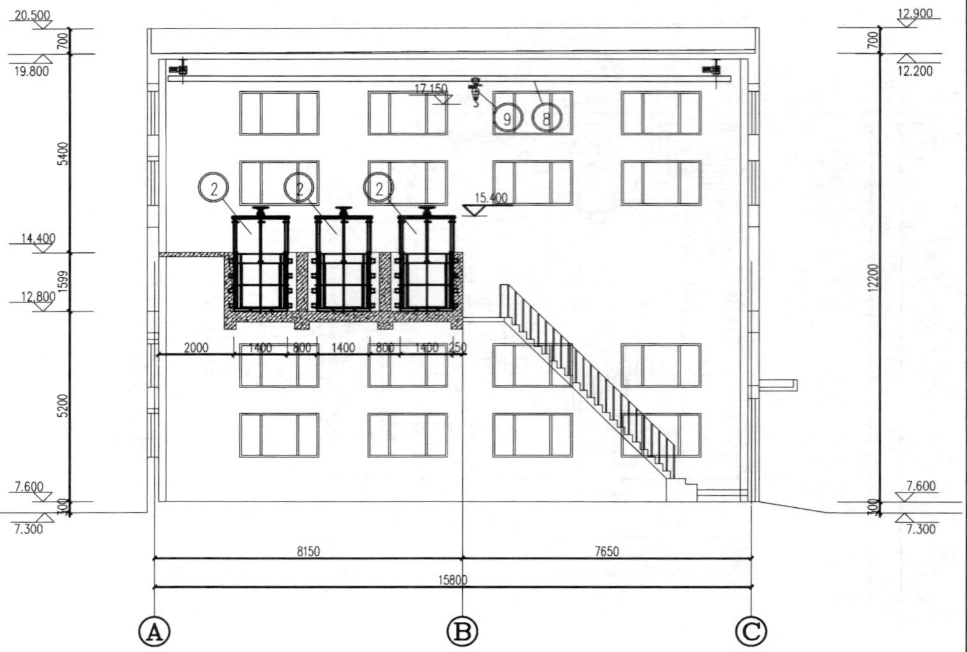

5－5剖面图 1：100

图名	细格栅4－4、5－5剖面图	图号	2－工艺－08

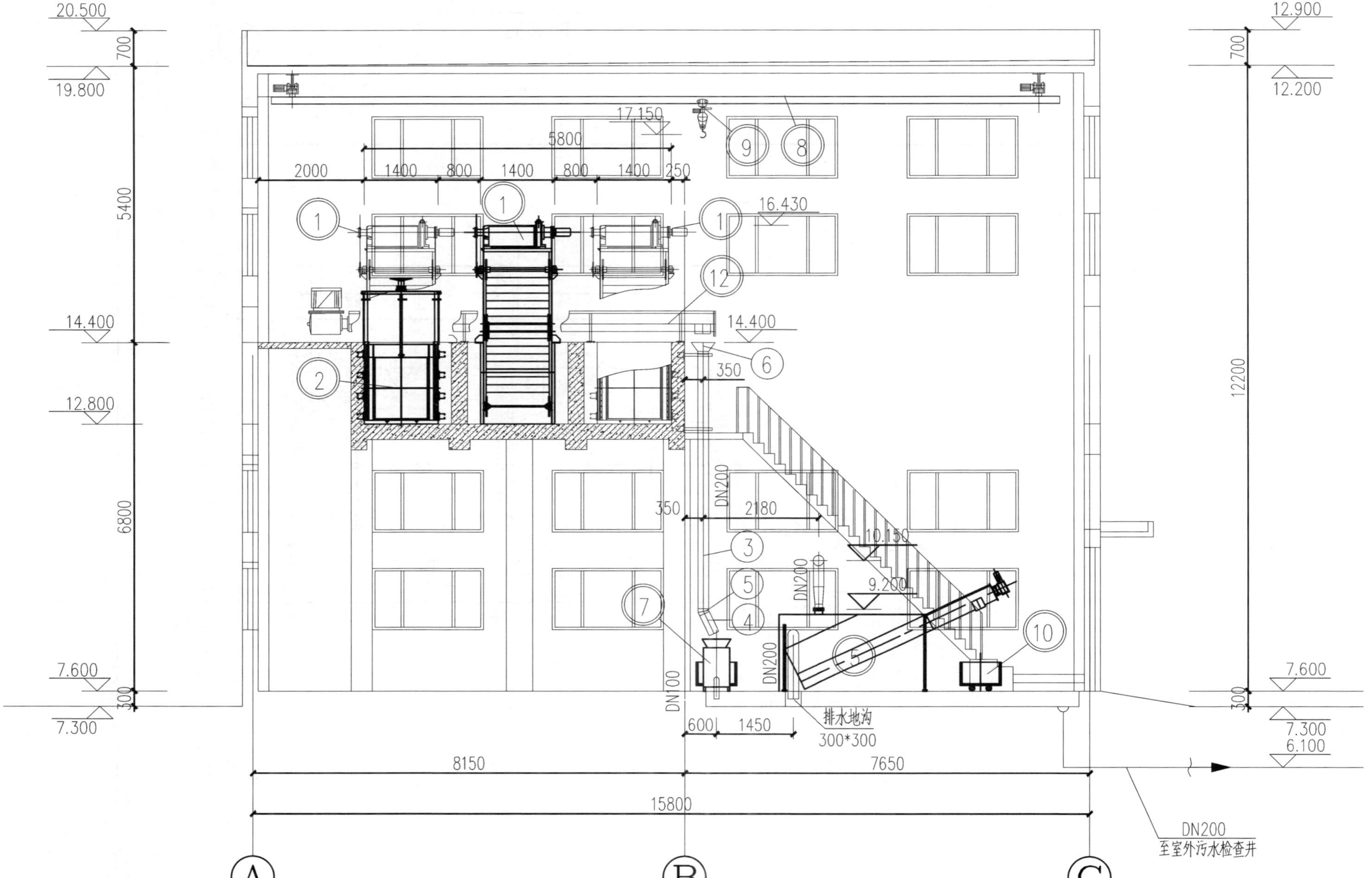

6 - 6 剖面图

图名	细格栅6 - 6 剖面图	图号	2 - 工艺- 0 9

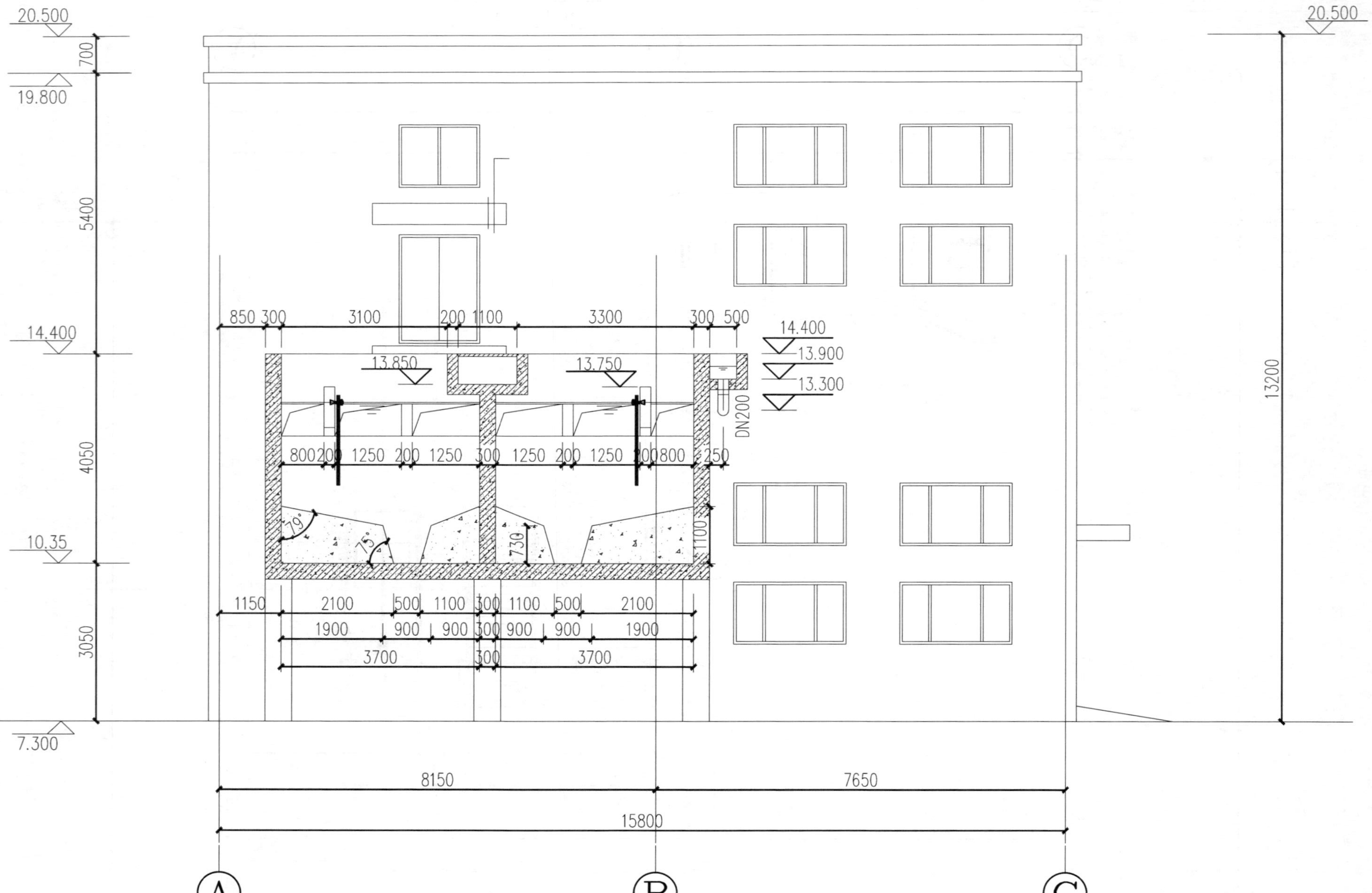

7 - 7 剖面图

图名	细格栅7 - 7 剖面图	图号	2 - 工艺 - 1 0

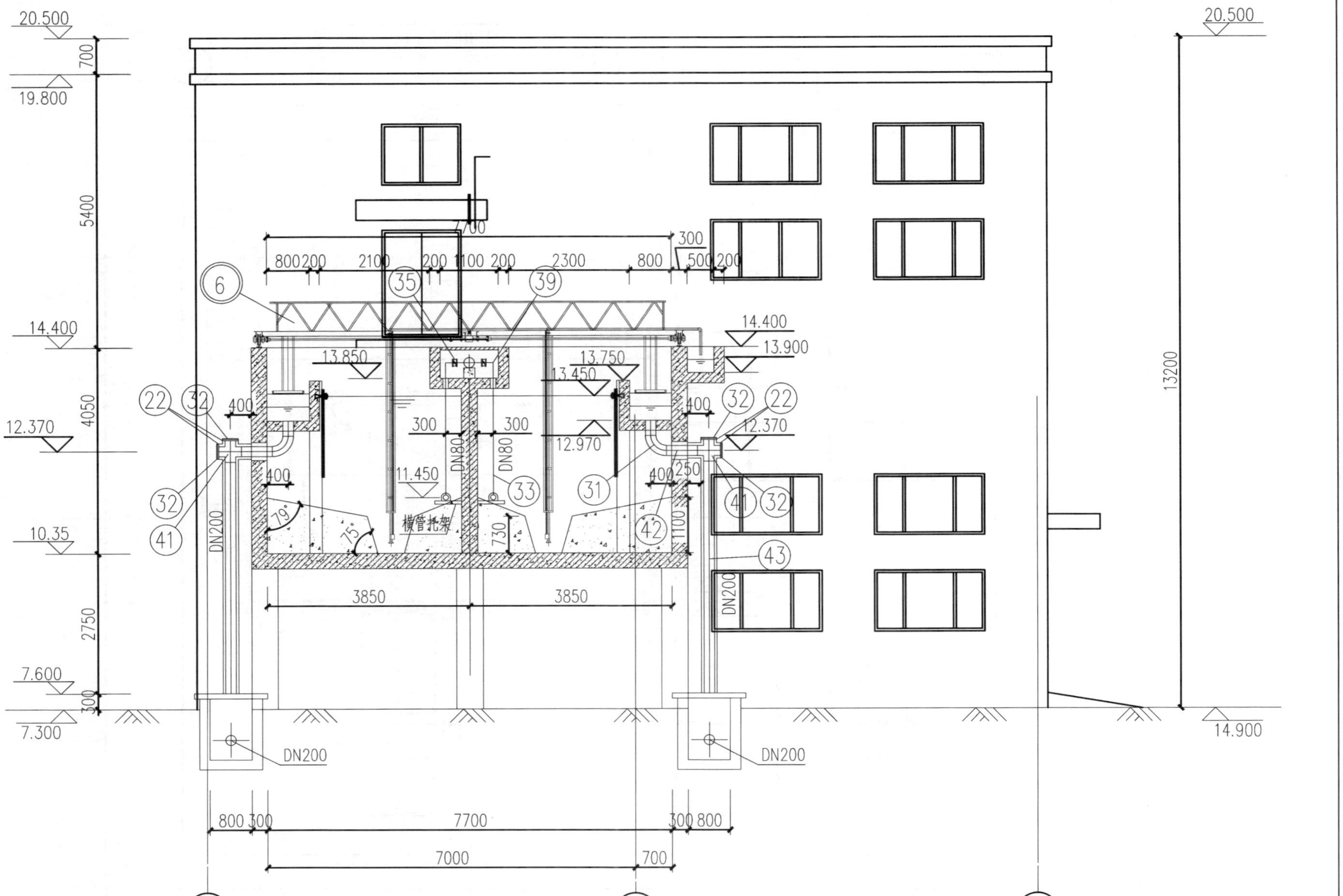

8 - 8 剖面图

图名	细格栅8 - 8 剖面图	图号	2 - 工艺- 1 1

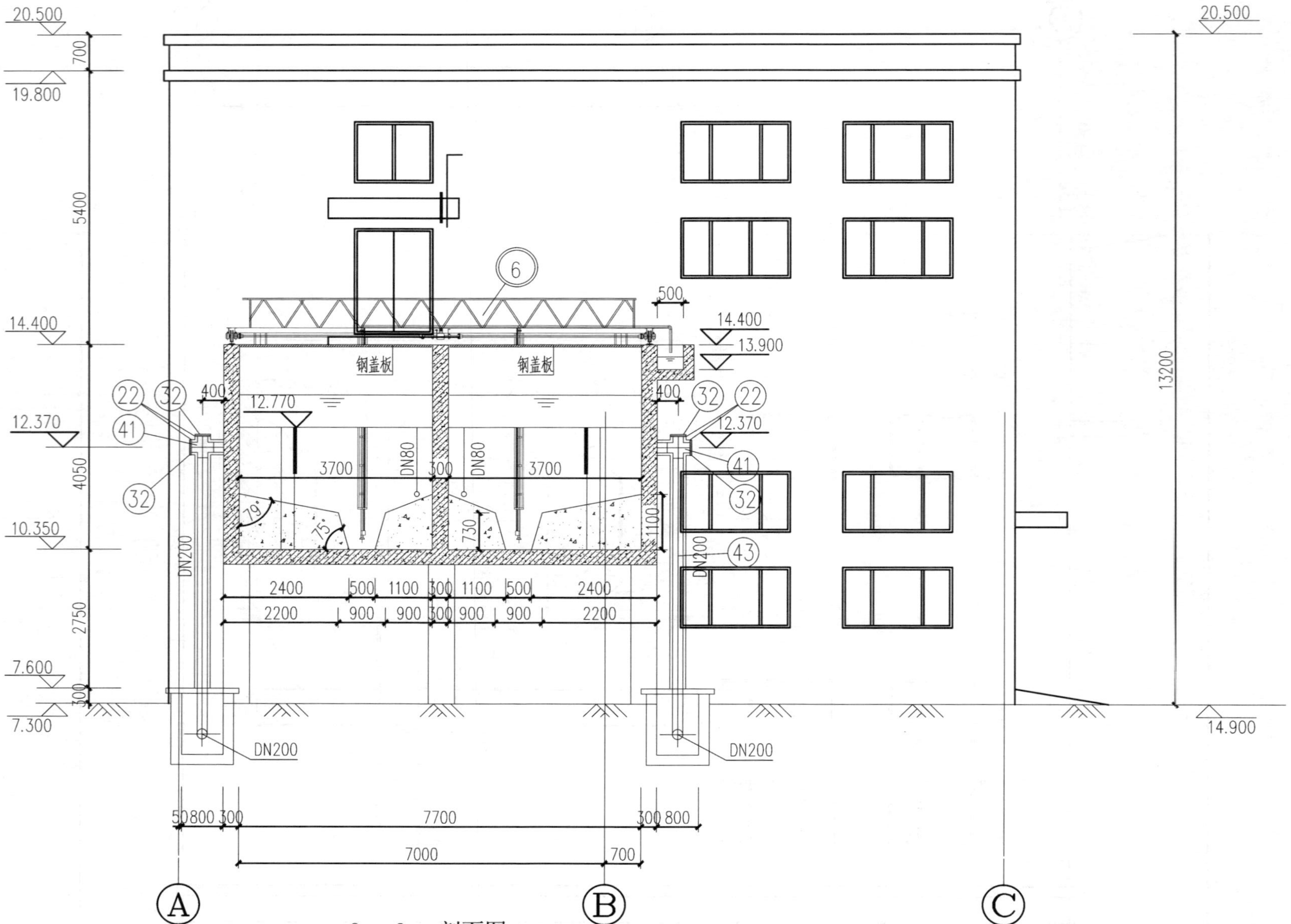

9 - 9　剖面图

图名	细格栅9 - 9 剖面图	图号	2 - 工艺- 1 2

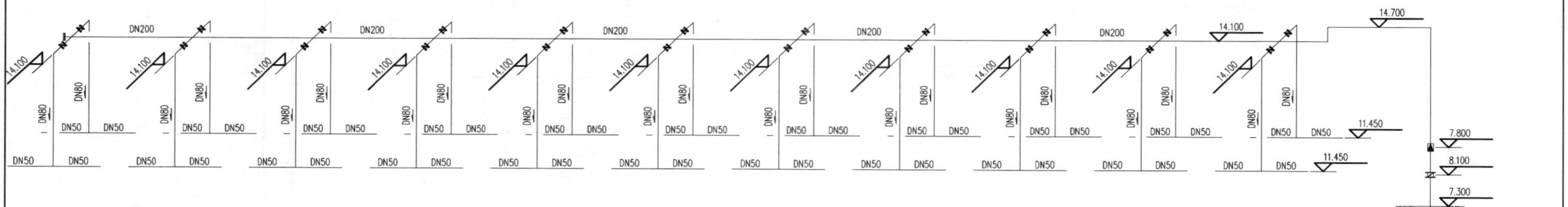

沉砂池曝气系统图

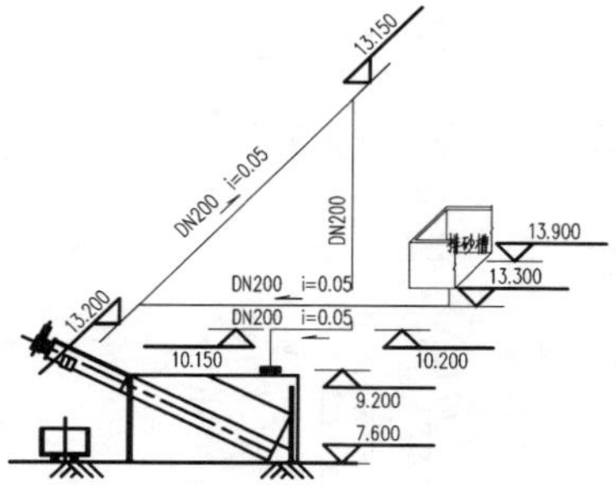

沉砂池排砂系统图

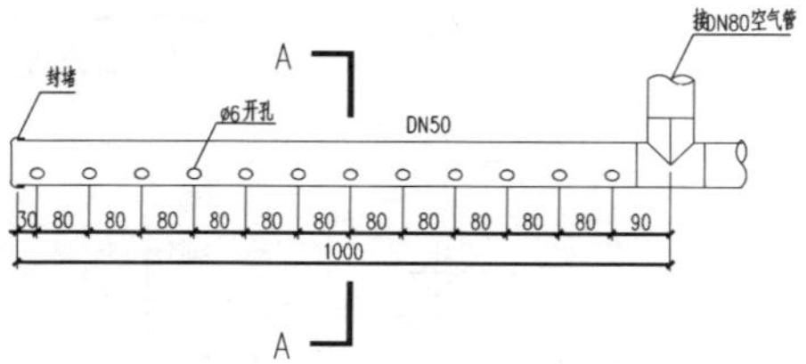

沉砂池曝气穿孔管大样图

A-A剖面图

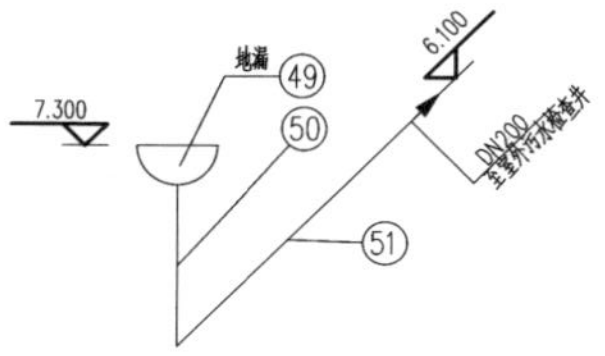

地沟排水系统图

图名	沉砂池曝气系统图	图号	2 - 工艺- 1 3

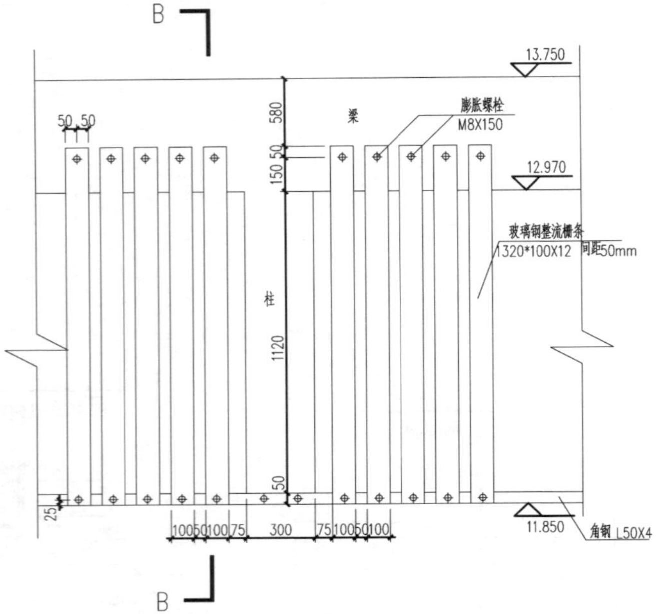

整流栅条安装图

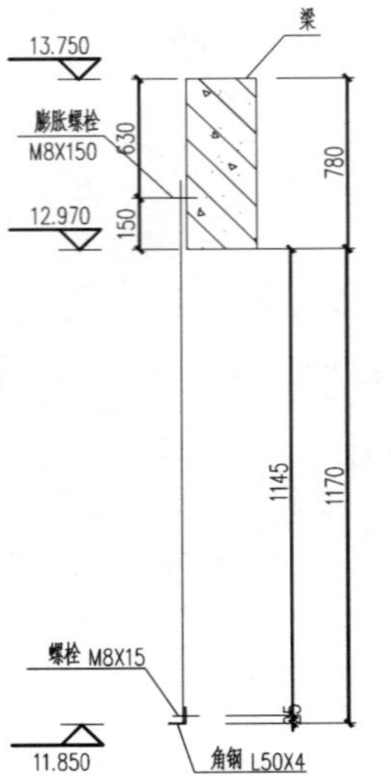

B-B面图

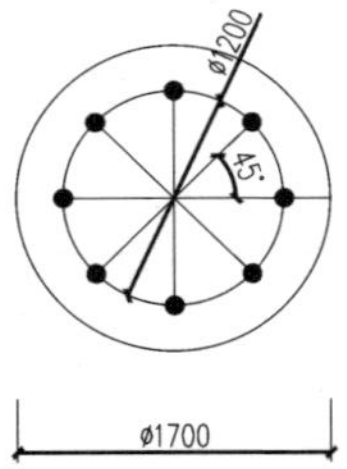

C-C剖面图

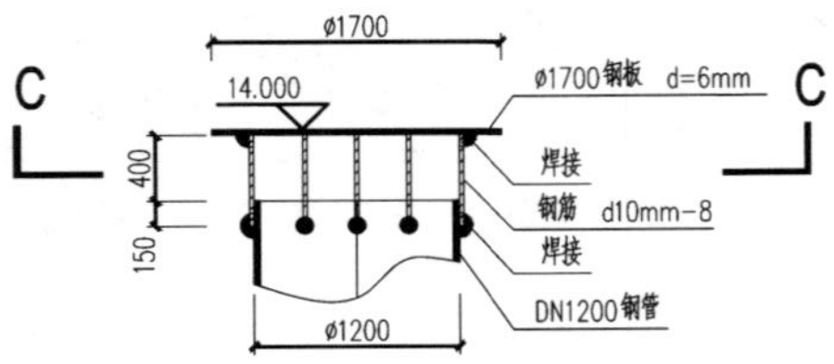

A节点大样图

见工艺图1-1剖面图中

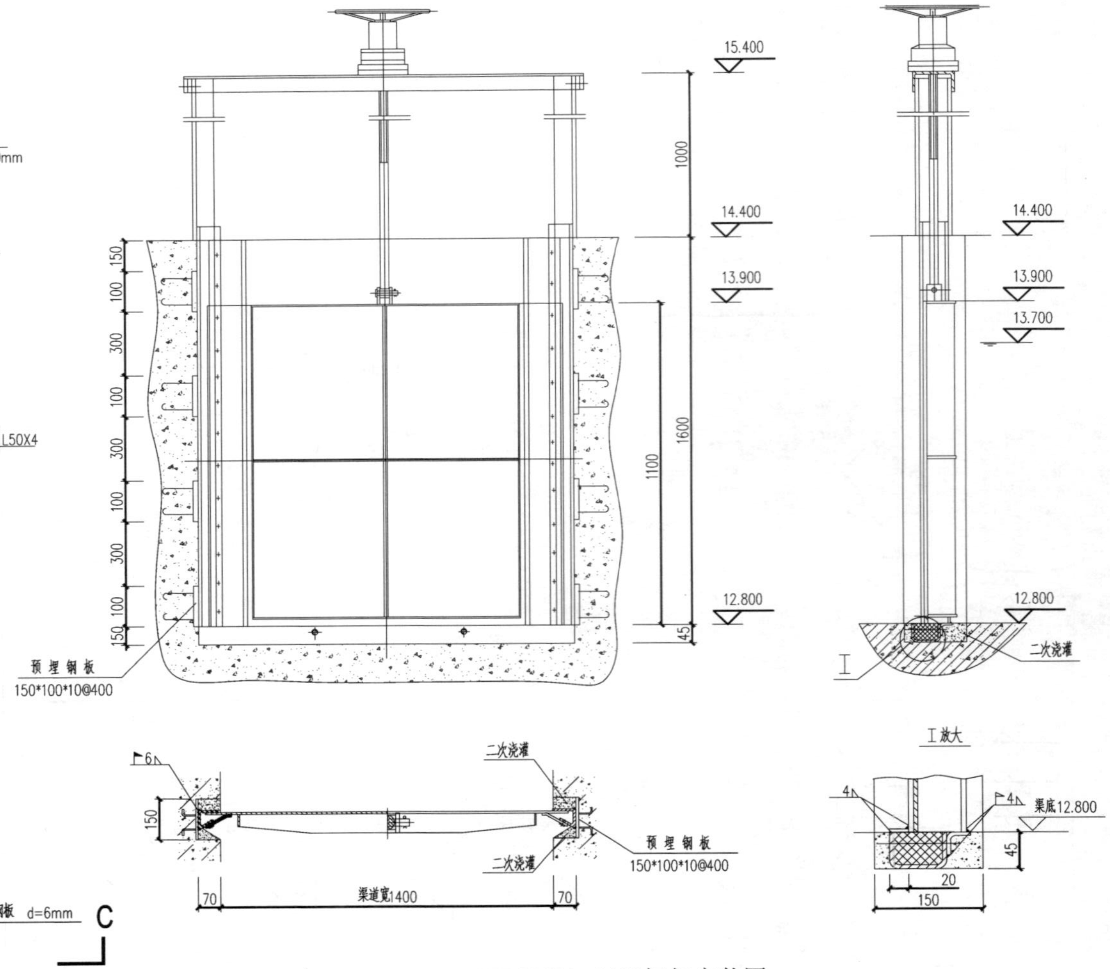

PZM1400×1100闸门安装图

图名	闸门安装图、节点大样图、整流栅条安装图	图号	2 - 工艺- 1 4

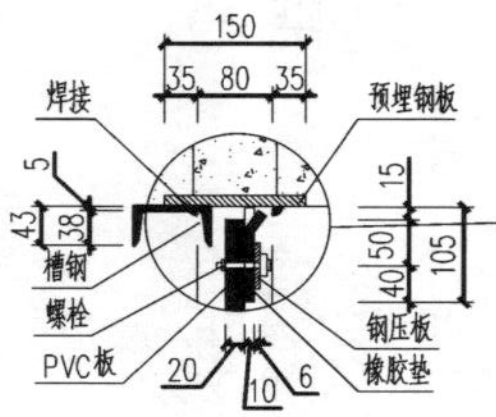

节点大样图

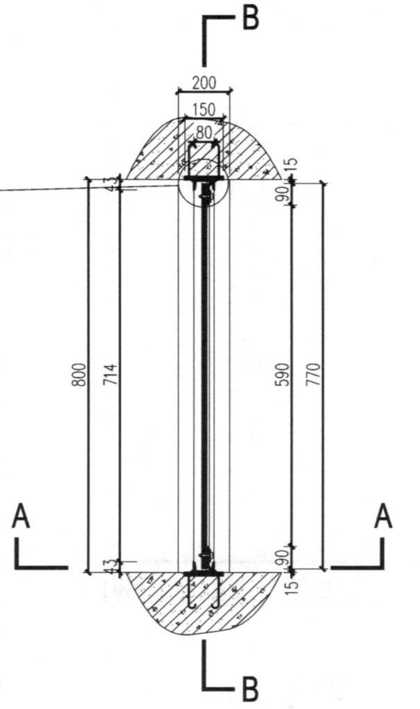

1600*800简易渠道闸平面大样图

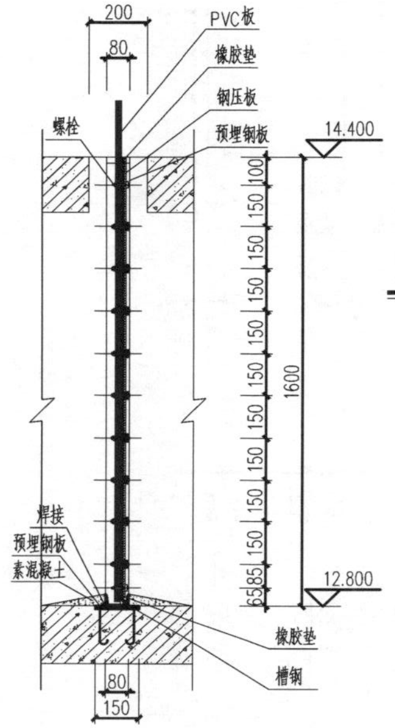

A-A剖面图

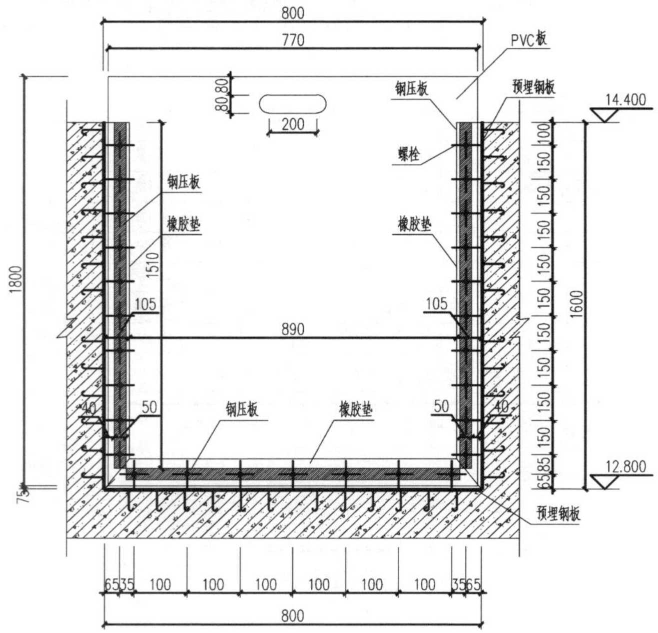

B-B剖面图

1600*800简易渠道闸主要材料一览表(单套)

编号	名称	规格	材料	单位	数量	重量(kg) 单重	重量(kg) 总重	备注
a-1	PVC板	B*L*d=714*1800*20	PVC	块	1			
a-2	橡胶垫	B*L*d=1600*104*10	橡胶	个	2			
a-3	橡胶垫	B*L*d=800*104*10	橡胶	个	1			
a-4	钢压板	B*L*d=50*1510*6	Q235A	块	2			
a-5	钢压板	B*L*d=50*730*6	Q235A	块	1			
a-6	螺栓	M12-60	Q235A	个	27			配螺母
a-7	槽钢	[8 L=1600	Q235A	根	2			
a-8	槽钢	[8 L=800	Q235A	根	1			

图名	细格栅简易闸门大样图A－A、B－B 剖面图	图号	2－工艺－15

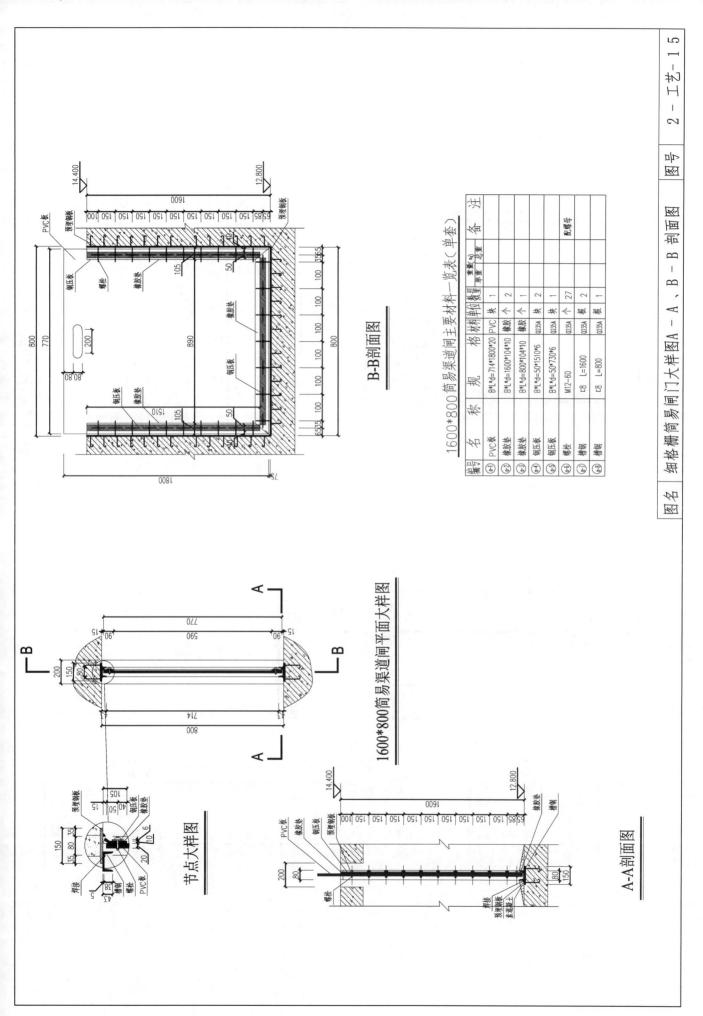

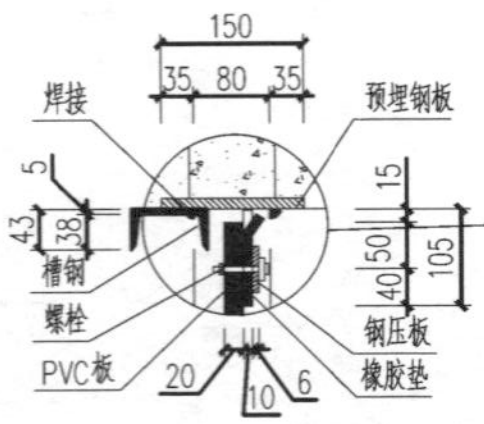

节点大样图

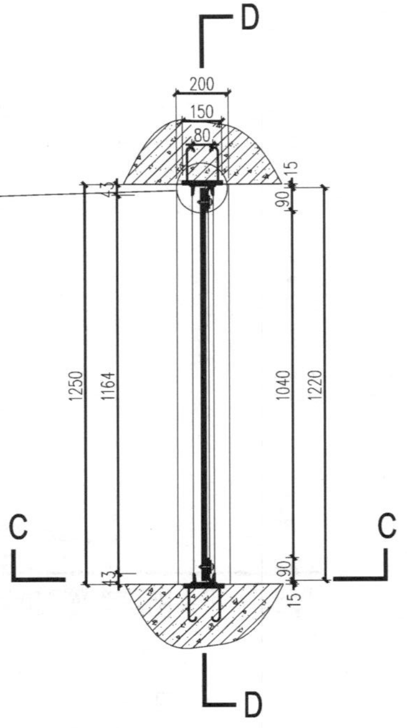

1600*1250简易渠道闸平面大样图

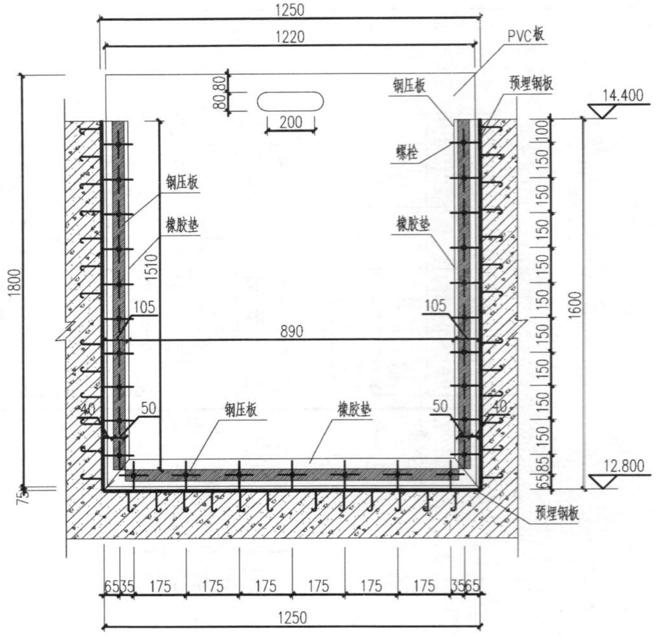

D-D剖面图

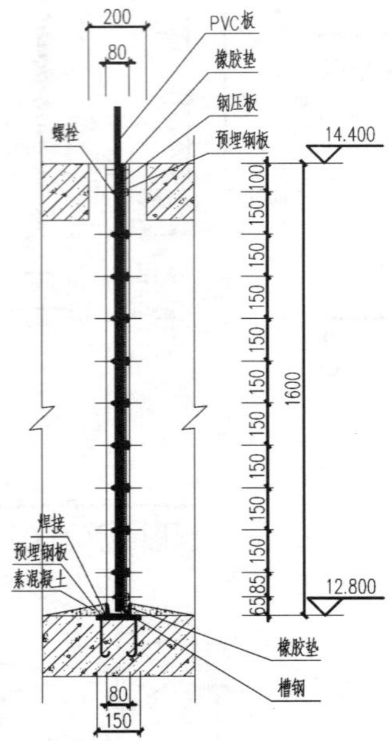

C-C剖面图

1600*1250简易渠道闸主要材料一览表(单套)

编号	名　称	规　格	材料	单位	数量	重量(Kg) 单重	总重	备　注
b-1	PVC板	B*L*d=1014*1800*20	PVC	块	1			
b-2	橡胶垫	B*L*d=1600*104*10	橡胶	个	2			
b-3	橡胶垫	B*L*d=1100*104*10	橡胶	个	1			
b-4	钢压板	B*L*d=50*1510*6	Q235A	块	2			
97	钢压板	B*L*d=50*1030*6	Q235A	块	1			
b-5	螺栓	M12-60	Q235A	个	27			配螺母
b-6	槽钢	⊏8　L=1600	Q235A	根	2			
b-7	槽钢	⊏8　L=1100	Q235A	根	1			

图名	细格栅简易闸门大样图C－C、D－D 剖面图	图号	2－工艺－16

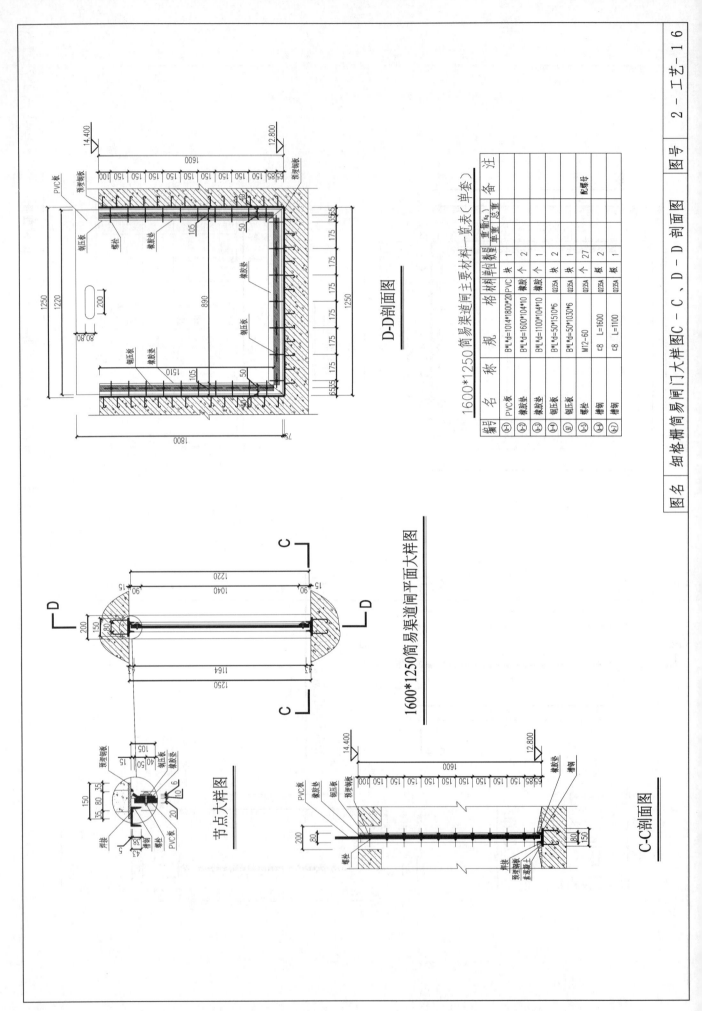

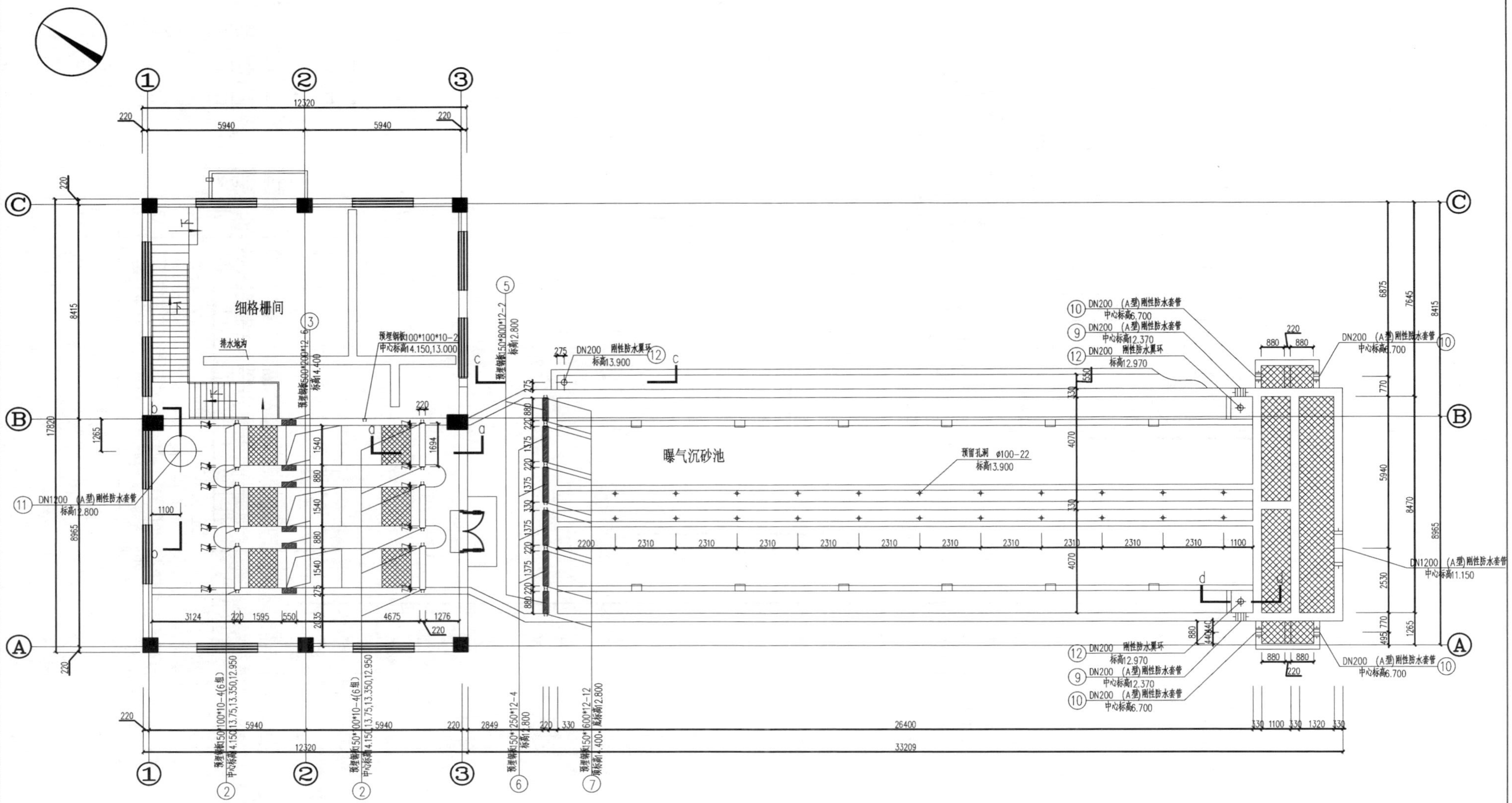

预埋件平面图

图名	细格栅预埋件图	图号	2-工艺-17

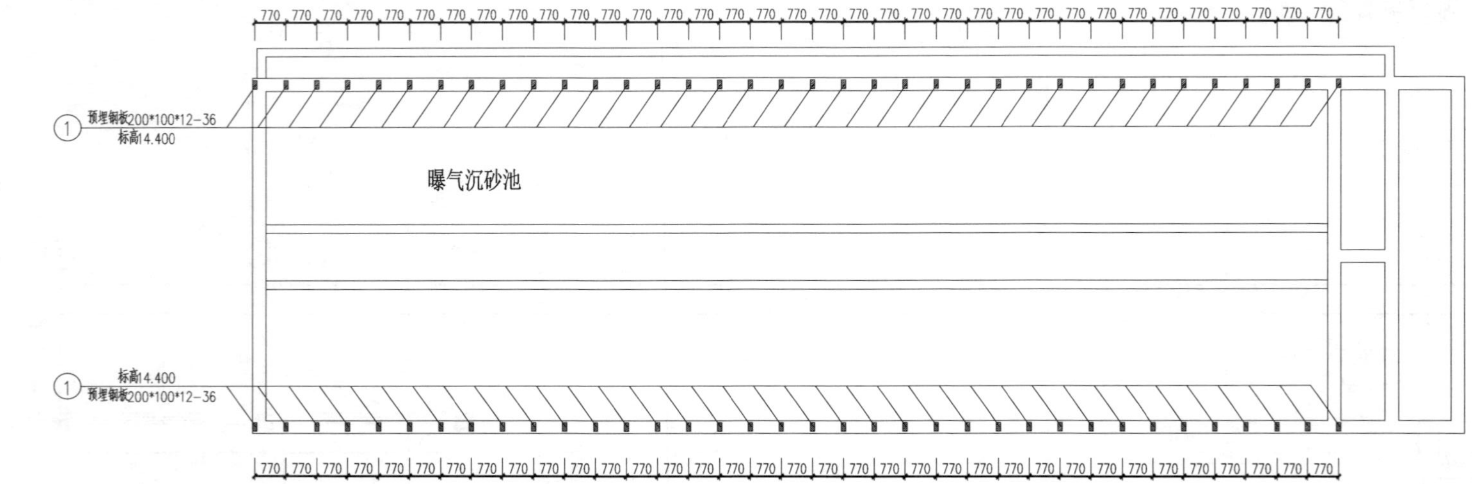

桥式吸砂机预埋件图 1:100

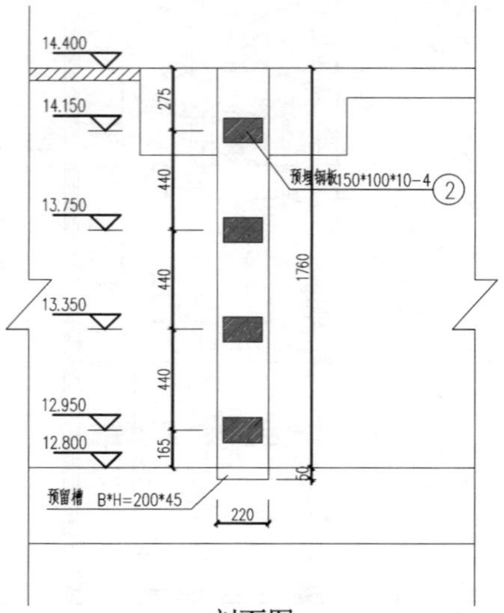

a-a剖面图

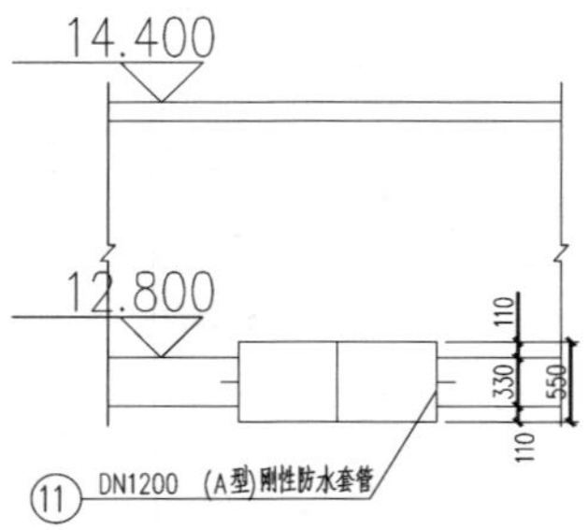

b-b剖面图 1:50

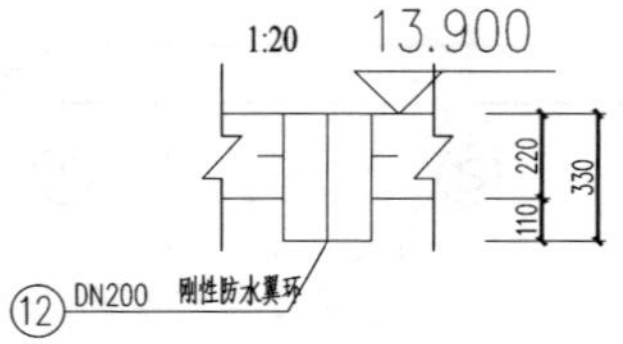

c-c剖面图 1:20

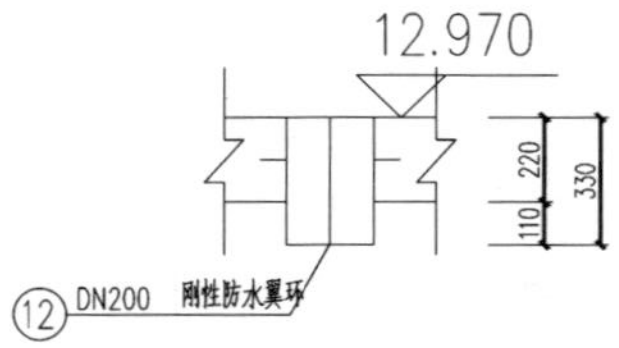

d-d剖面图 1:20

主要材料一览表

编号	名称	规格	材料	单位	数量	重量(Kg) 单重	重量(Kg) 总重	备注
①	预埋钢板	200*100*12	Q235A	个	72			
②	预埋钢板	150*100*10	Q235A	个	48			
③	预埋钢板	500*200*12	Q235A	个	6			
④	预埋钢板	100*100*10	Q235A	个	2			
⑤	预埋钢板	150*800*12	Q235A	个	2			
⑥	预埋钢板	150*1250*12	Q235A	个	4			
⑦	预埋钢板	150*1600*12	Q235A	个	12			
⑧	(A型)刚性防水套管	DN1200L=300		套	1			
⑨	(A型)刚性防水套管	DN200 L=300		套	2			
⑩	(A型)刚性防水套管	DN200 L=200		套	4			
⑪	刚性防水翼环	DN1200 L=500	Q235A	个	1			
⑫	刚性防水翼环	DN200 L=300	Q235A	个	3			

图名	细格栅预埋件图	图号	2-工艺-18

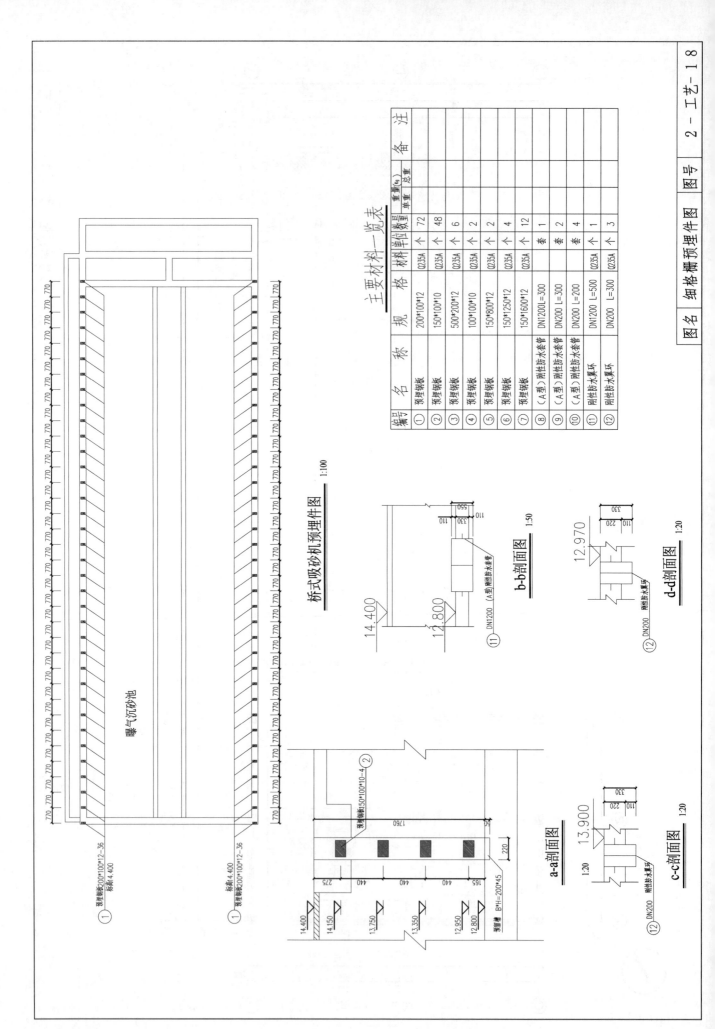

工 艺 说 明

一、设计依据

1. 本工程的设计合同；

2.《提升泵房工艺图》中国市政工程东北设计院 1993.6 .

二、工程设计

某开发区污水处理厂设计规模为80000t/d，在保留原有土建部分基础上，进行工艺改造升级。改造部分包括：更换水泵，更换泵站内管线。

1. 主要设备的设计参数与技术要求。

（1）水泵。

① 水泵的型号。

水泵设计参数参照原水泵设计参数，流量为$Q=1\,250\ m^3/h$，扬程$H=22\ m$，电机功率为132 kW，其中2台备用。

② 水泵控制。

水泵采用手动控制和自动控制两种方式，水泵应配备就地控制柜及自动控制数据接口，水泵的启停由液位控制，液位采用超声波液位计监测。

水泵启动控制程序如下：

a. 液位上升到1.000 m时，启动1台水泵工作。

b. 液位上升到1.500 m时，启动2台水泵工作。

c. 液位上升到2.000 m时，启动3台水泵工作。

d. 液位上升到2.550 m时，启动4台水泵工作。

水泵的停泵控制程序如下：

a. 当液位从2.950 m降至2.550 m时，停1台泵，由4台水泵变为3台水泵工作。

b. 当液位从2.550 m降至2.000 m时，停2台泵，由3台水泵变为2台水泵工作。

c. 当液位从2.000 m降至1.500 m时，停3台泵，由2台水泵变为1台水泵工作。

d. 当液位从1.500 m降至1.000 m时，停4台泵，由1台水泵变为0台水泵工作。

另外，每台水泵出水管上均设置压力变送器，出水总管上设置超声波流量计，通过自控系统监测压力、流量数据，供远程值班人员判断水泵工作状态、并记录运行数据。

③ 水泵安装。

水泵安装在水泵混凝土基础上，基础上预留地脚螺栓孔，用于二次浇注固定水泵机座螺栓。水泵上方的吊车保留，便于今后水泵的检修。

2. 工艺管线及附属设备的技术要求。

泵站内管线全部采用焊接钢管。

① 钢管及管道支架（不锈钢除外）防腐。

a. 所有的钢管及管道支架（不锈钢除外）涂漆前必须进行表面除锈处理，达到Sa2.5级后，方可进行防腐。

b. 管道内壁防腐：厚浆型环氧煤沥青防腐涂料(HL52−3)底漆一道，面漆三道。

c. 管道外壁及支架防腐：环氧富锌底漆(H06−1)一道，环氧云铁防锈底漆(H53−6)一道，环氧厚浆型防腐面漆(H52−2)两道。

上述要求的具体防腐施工方法应严格遵照产品说明进行操作。

② 阀门：阀室内，每个水泵出水管均设置电动闸阀、手动闸阀及止回阀。止回阀均采用微阻缓闭式止回阀。

三、其他技术要求

1. 所有设备的安装和验收应严格按照厂家提供的产品安装说明进行，以保证设备安全运行。

2. 泵站管线与外管网接口处施工时应严格校对外管网的管径及标高。

图名	污水提升泵房工艺说明	图号	3－工艺－01

主要材料一览表

编号	名称	规格	材料	单位	数量	重量(Kg) 单重	总重	备注
①	法兰式蝶阀	DN600 P=1.0 Mpa	Q235 A	个	3			
②	伸缩器	DN600 P=1.0 Mpa	Q235 A	个	3			
③	法兰式蝶阀	DN500 P=1.0 Mpa	Q235 A	个	6			
④	伸缩器	DN500 P=1.0 Mpa	Q235 A	个	6			
⑤	法兰式电动蝶阀	DN450 P=1.0 Mpa	Q235 A	个	6			
⑥	伸缩器	DN450 P=1.0 Mpa	Q235 A	个	6			
⑦	微阻缓闭止回阀	DN450 P=1.0 Mpa	Q235 A	个	6			
⑧	闸阀	DN50 P=1.0 Mpa	Q235 A	个	2			
⑨	钢管	ø1220*10 L=5 800	Q235 A	根	1			
⑩	钢管	ø1220*10 L=600	Q235 A	根	1			
⑪	钢管	ø630*9 L=1 800	Q235 A	根	2			
⑫	钢管	ø630*9 L=4 655	Q235 A	根	2			
⑬	钢管	ø630*9 L=560	Q235 A	根	2			
⑭	钢管	ø630*9 L=2 122	Q235 A	根	1			
⑮	钢管	ø630*9 L=2 082	Q235 A	根	1			
⑯	钢管	ø630*9 L=3 000	Q235 A	根	1			
⑰	钢管	ø480*9 L=2 480	Q235 A	根	1			
⑱	钢管	ø480*9 L=2 380	Q235 A	根	1			
⑲	钢管	ø480*9 L=1 633	Q235 A	根	2			
⑳	钢管	ø480*9 L=1 583	Q235 A	根	4			
㉑	钢管	ø530*9 L=1 880	Q235 A	根	6			
㉒	钢管	D59*4	Q235 A	m	70			其中穿孔管21.3m 见管道系统图
㉓	90°弯头	DN600	Q235 A	个	6			
㉔	90°弯头	DN450	Q235 A	个	8			
㉕	45°弯头	DN500	Q235 A	个	6			
㉖	异径三通	DN600*450	Q235 A	个	4			
㉗	三通	DN600*600	Q235 A	个	2			
㉘	异径管	DN600*450	Q235 A	个	2			
㉙	异径管	DN450*250	Q235 A	个	6			
㉚	偏心异径管	DN500*300	Q235 A	个	6			

主要材料一览表

编号	名称	规格	材料	单位	数量	重量(Kg) 单重	总重	备注
㉛	钢制法兰	DN1200 P=1.0 Mpa	Q235 A	个	2			
㉜	盲板	DN1200 P=1.0 Mpa	Q235 A	个	2			
㉝	钢制法兰	DN600 P=1.0 Mpa	Q235 A	个	8			
㉞	钢制法兰	DN450 P=1.0 Mpa	Q235 A	个	24			
㉟	钢制法兰	DN500 P=1.0 Mpa	Q235 A	个	12			
㊱	钢制法兰	DN250 P=1.0 Mpa	Q235 A	个	6			
㊲	钢制法兰	DN300 P=1.0 Mpa	Q235 A	个	6			
㊳	钢制法兰	DN50 P=1.0 Mpa	Q235 A	个	4			
㊴	钢管	ø480*9 L=500	Q235 A	根	6			

主要设备一览表

编号	名称	规格 型号	单位	数量	备注
①	250WD污水泵	Q=1 125 m^3/h H=17 m N=9.0 kW	台	6	两台备用

图名	主要设备及材料一览表	图号	3 - 工艺- 0 2

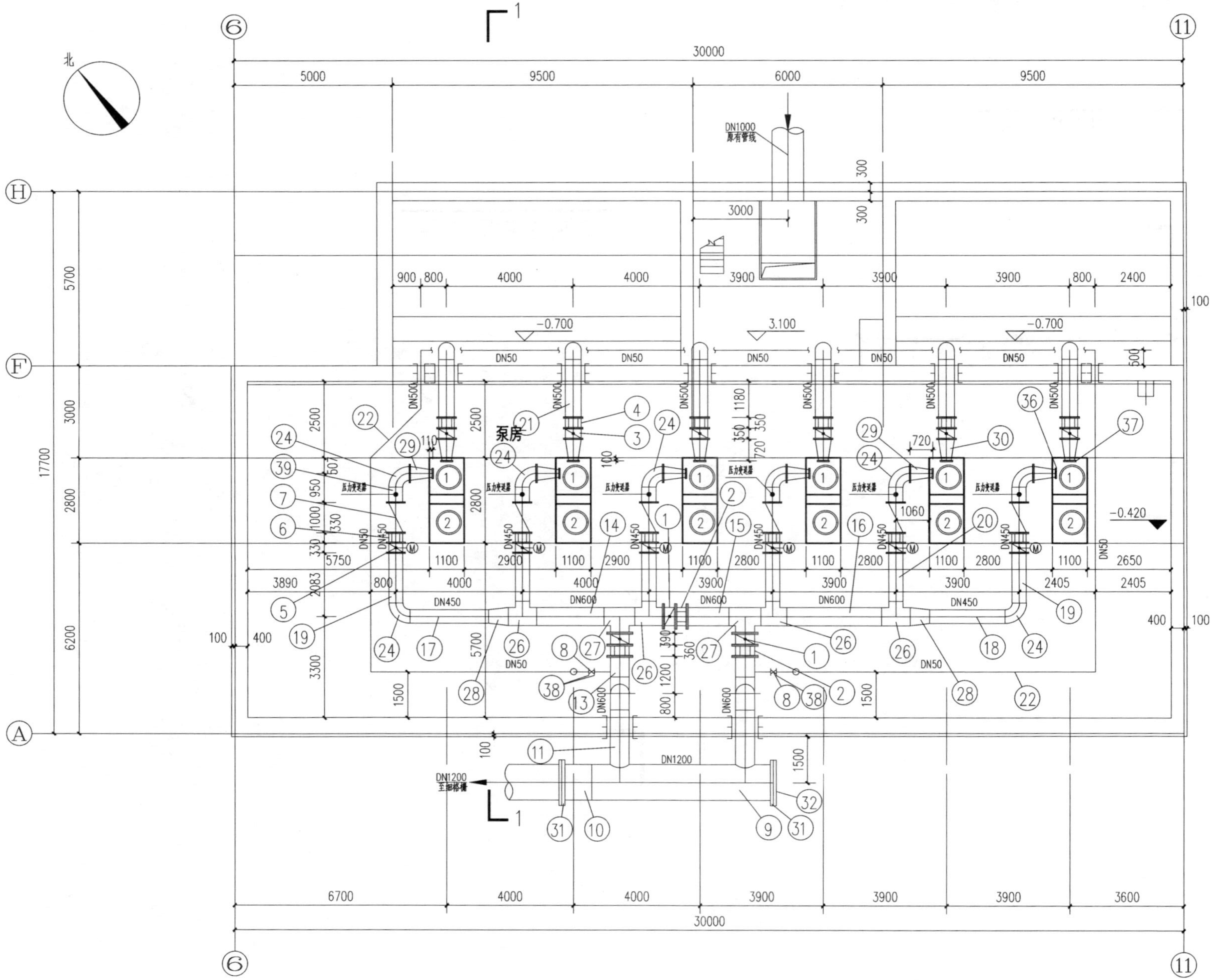

污水提升泵房平面布置图

图名	污水提升泵房平面布置图	图号	3 - 工艺- 0 3

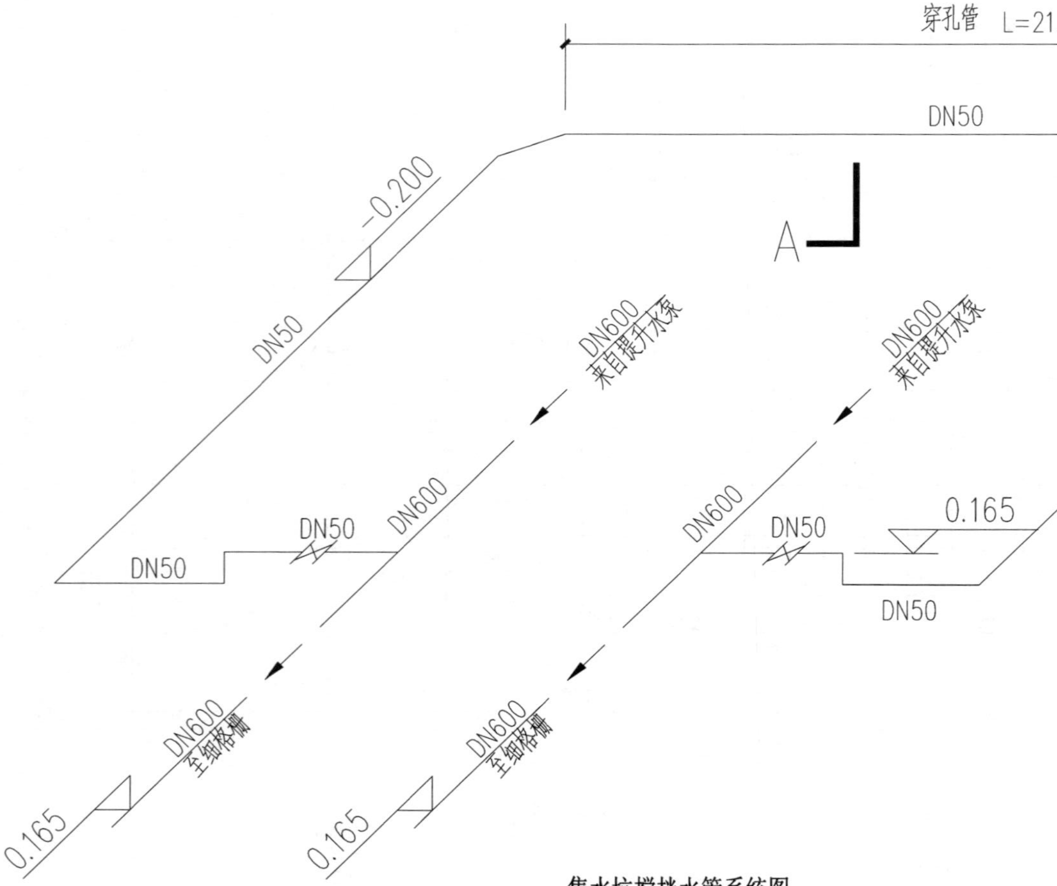

集水坑搅拌水管系统图

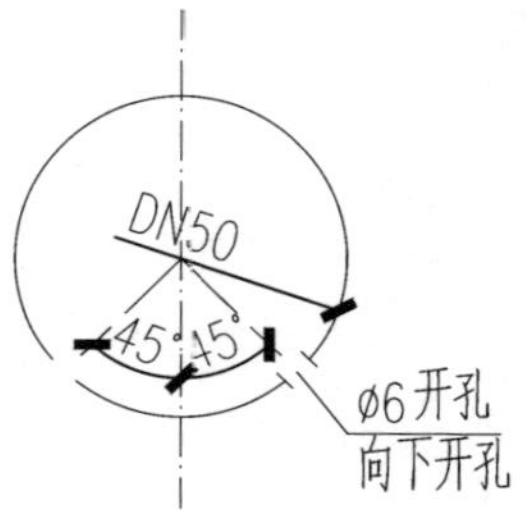

A-A剖面图

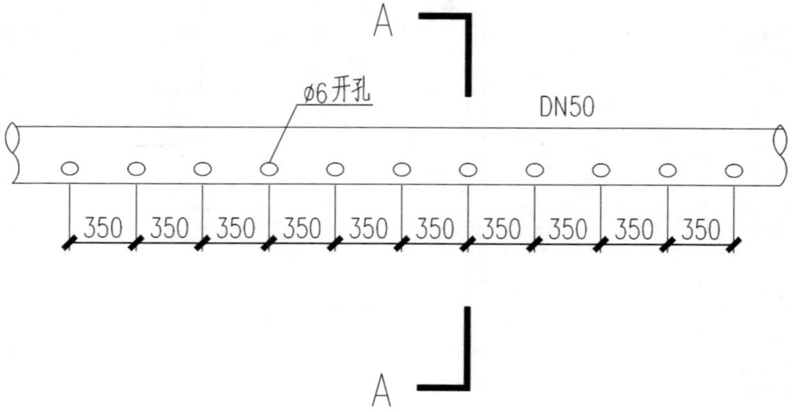

集水坑搅拌水管穿孔管大样图

图名	集水坑搅拌水管系统图及大样图	图号	3－工艺－04

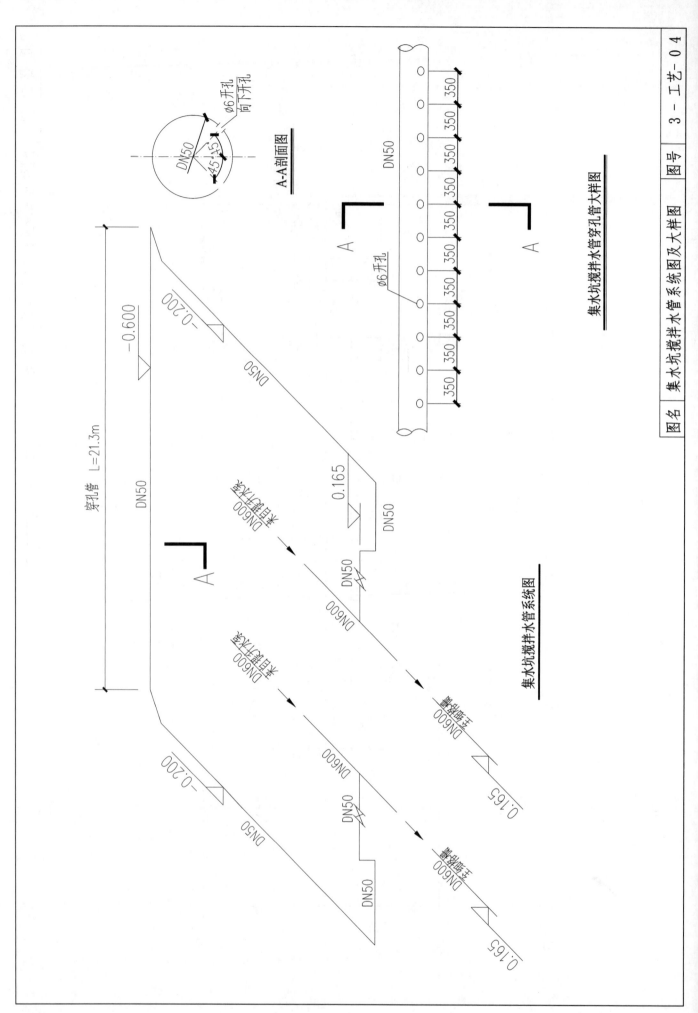

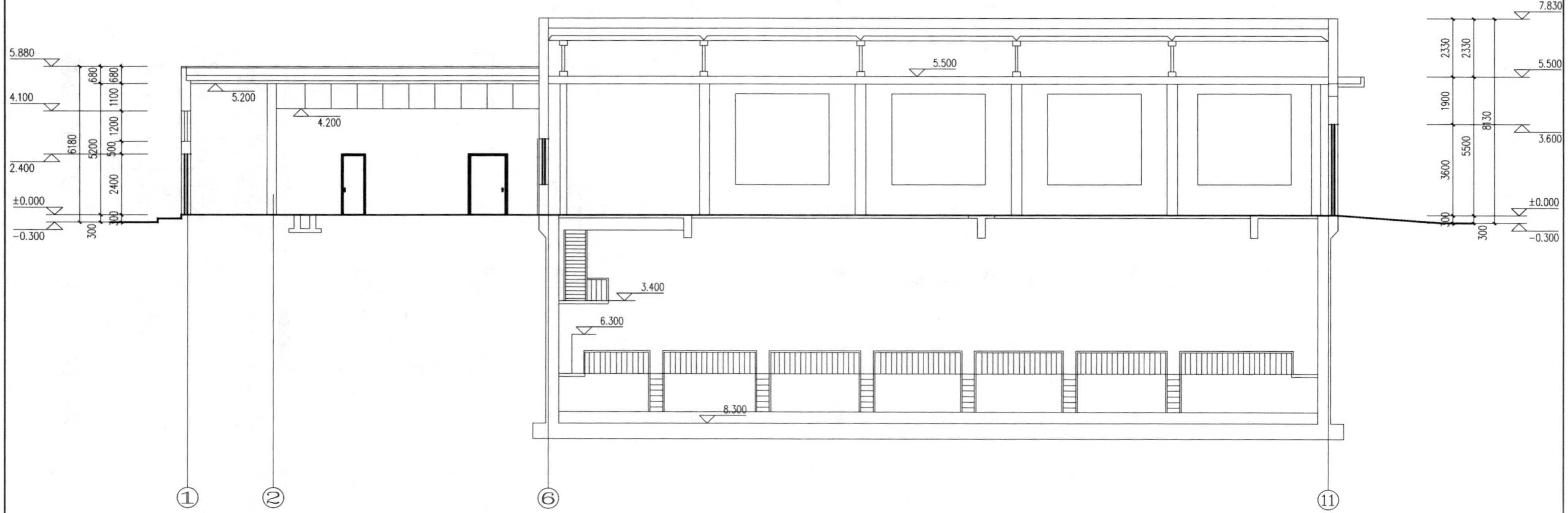

1 - 1　　剖面图

图名	污水提升泵房上层平面图	图号	3 - 工艺- 0 5

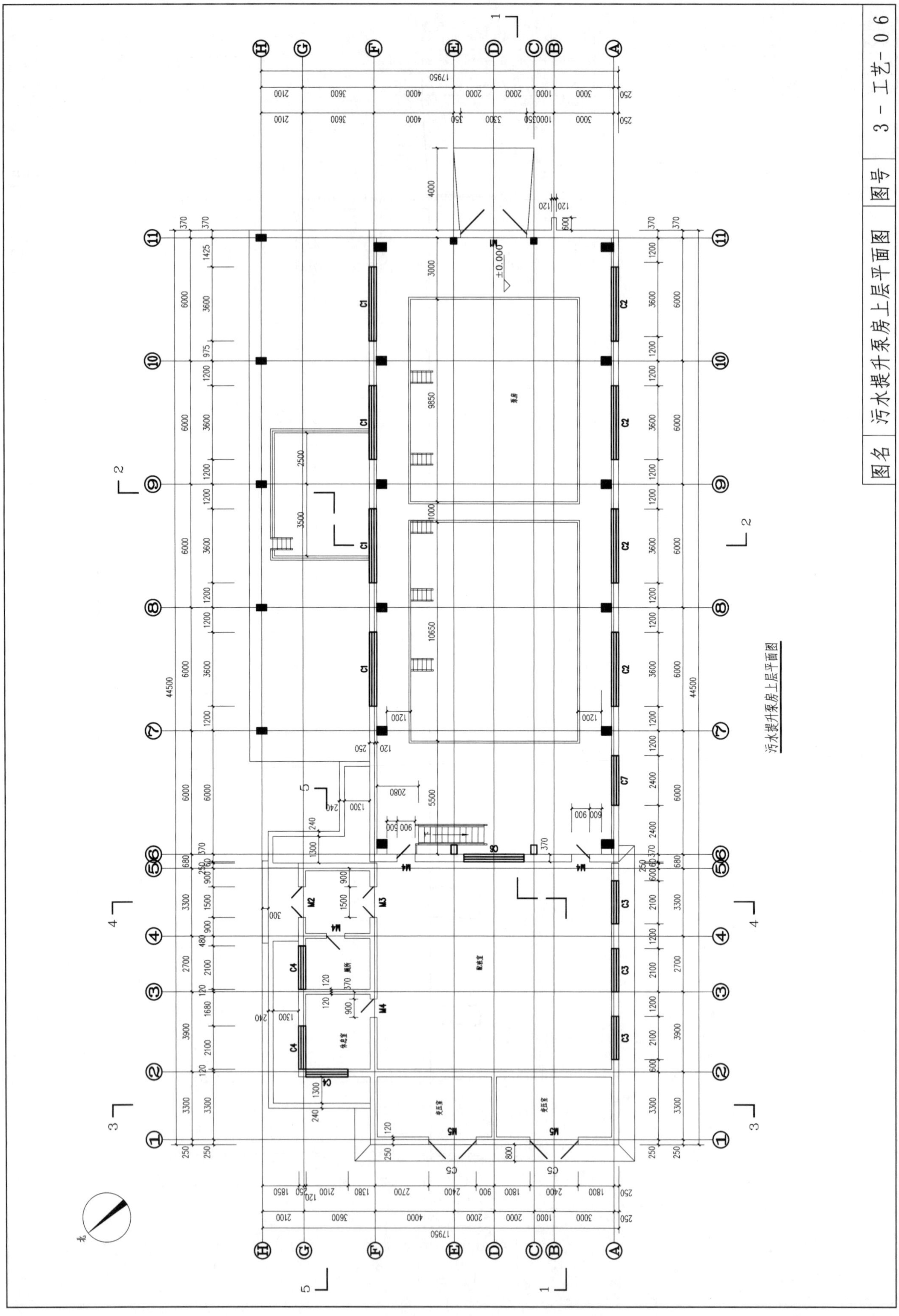
污水提升泵房上层平面图
图名 污水提升泵房上层平面图
图号 3-工艺-06

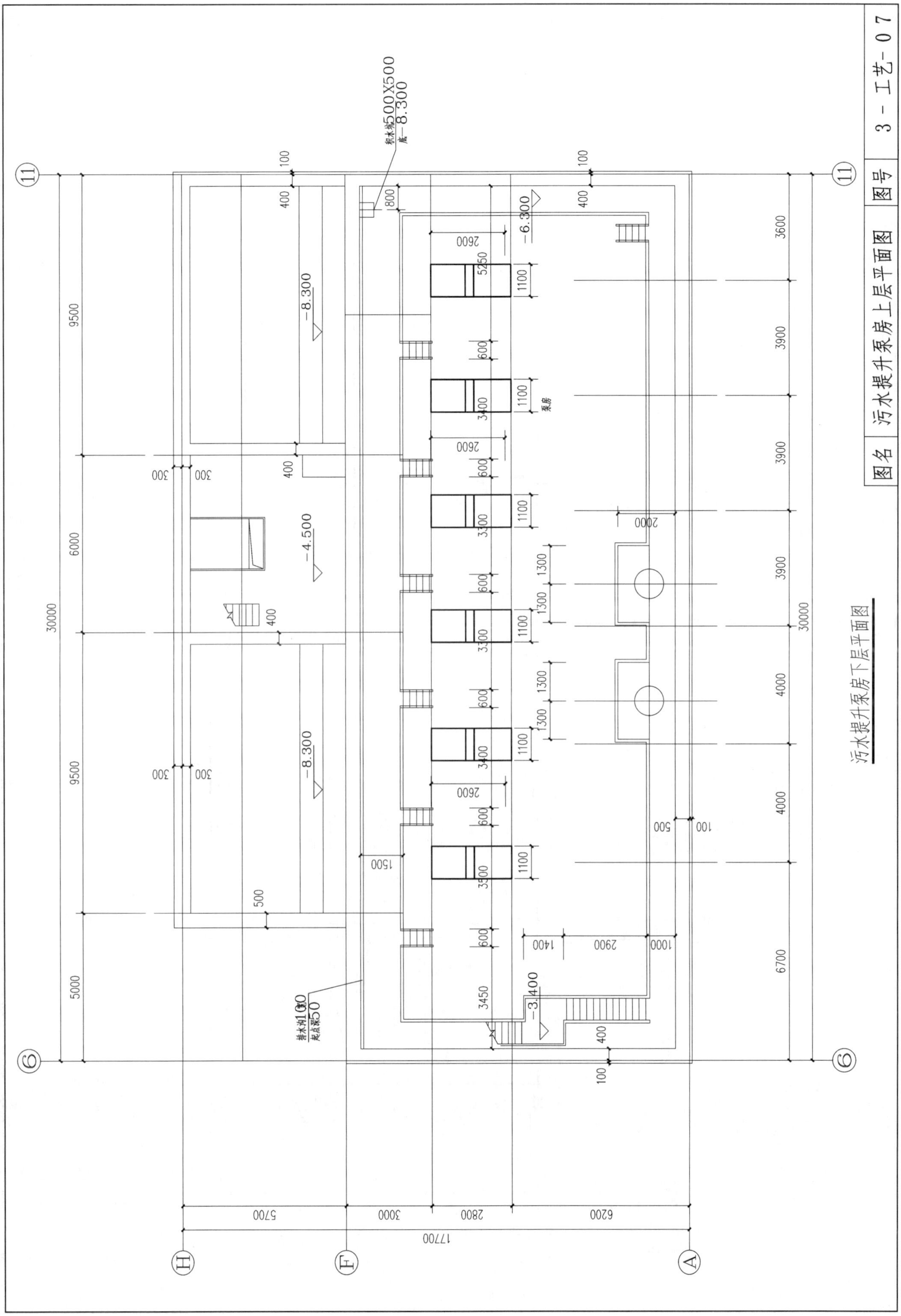
图名
污水提升泵房上层平面图
图号
3-工艺-07
污水提升泵房下层平面图
泵房
积水坑500X500
底-8.300
排水沟100
起点深50
-8.300
-4.500
-6.300
-3.400
30000
9500
6000
5000
17700
5700
3000
2800
6200
3600
3900
4000
6700

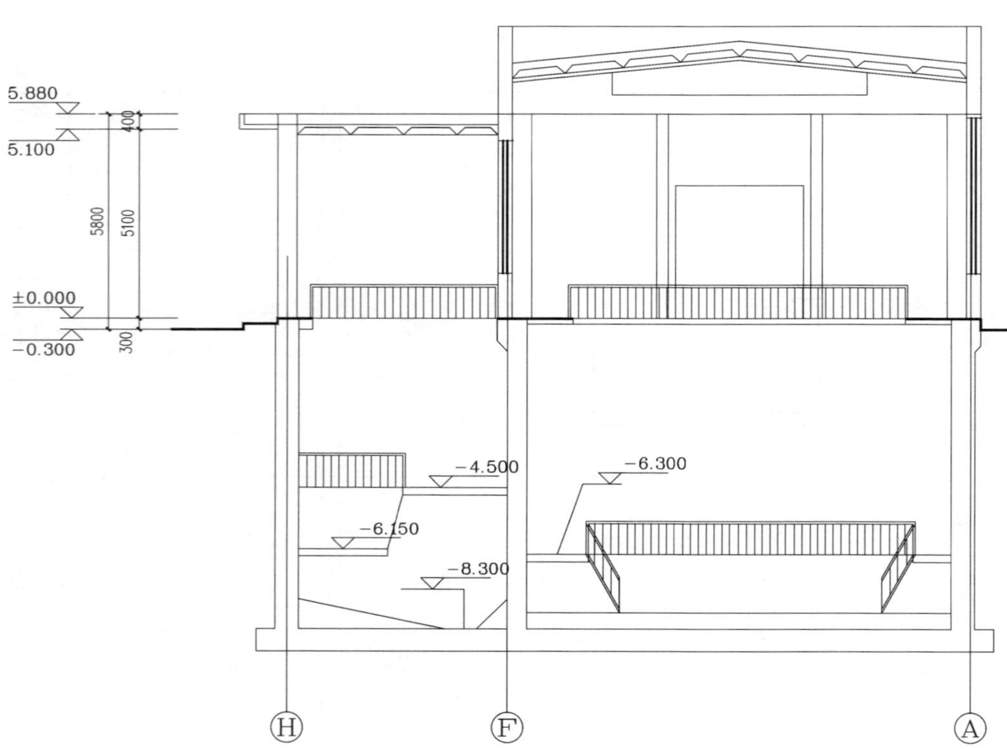

2−2 剖面图

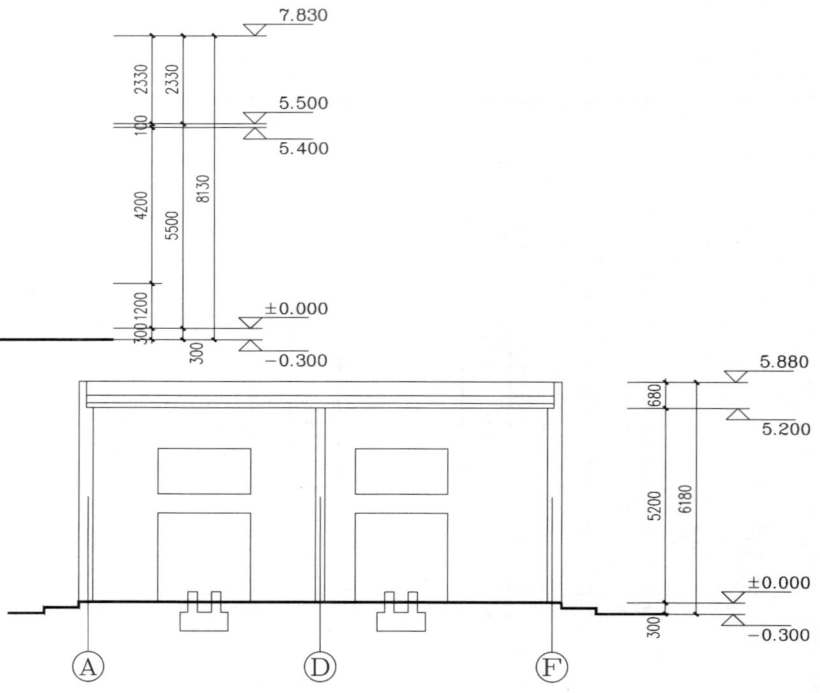

3−3 剖面图

图名	污水提升泵房2－2、3－3 剖面图	图号	3－工艺－08

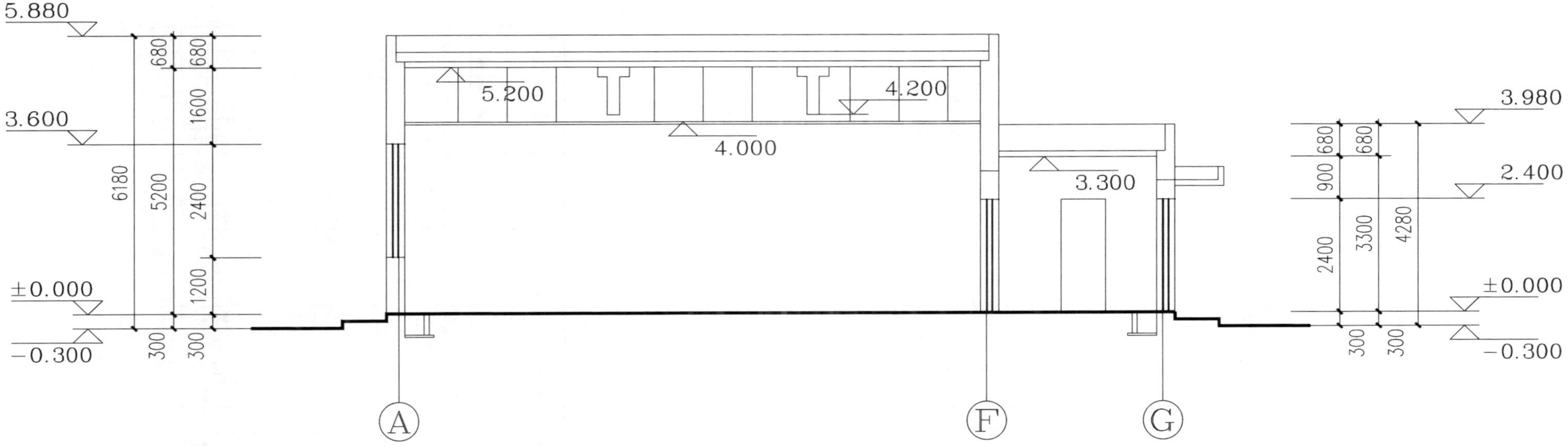

4—4 剖面图

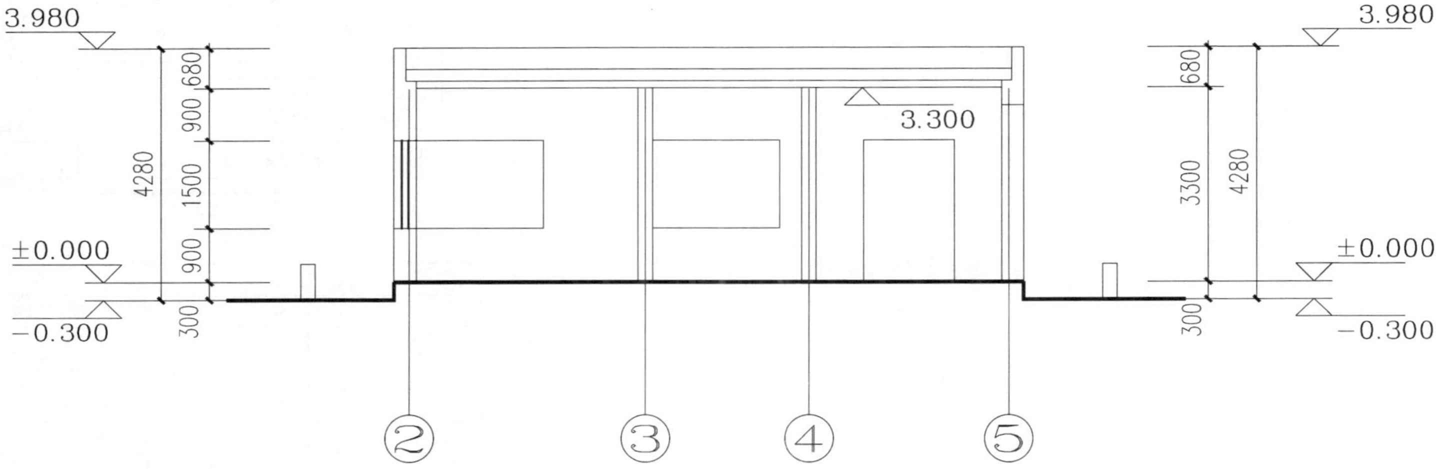

5—5 剖面图

图名	污水提升泵房4－4、5－5 剖面图	图号	3－工艺－09

主要设备一览表

编号	名称	规格 型号	单位	数量	备注
①	放空消声器	进口流量125 m³/min 出口压力0.167 MPa	台	1	
②	道口过滤器	D=2 000 mm N=3 kW	台	1	
③	道口消声器	L=4.9 m A*B=800*600 mm N=3 kW	台	1	
④	离心鼓风机	进口流量125 m³/min 出口压力0.167 MPa 电机功率185Kw	台	1	
⑤	流量计				设备厂家提供
⑥	出口消声器	ø612*2 080 mm	套	1	
⑦	电动蝶阀	DN450 L=116	只	1	

主要材料一览表

编号	名称	规格	材料	单位	数量	备注
①	穿墙直管	DN600 L=1 100	Q235A	根	1	详见02S403
②	柔性接头	DN600 L=350		个	1	详见02S403
③	异径管	DN600*450 L=635	Q235A	只	1	详见02S403
④	柔性接头	DN450 L=350		个	1	详见02S403
⑤	短管	DN450 L=650	Q235A	根	1	详见02S403
⑥	90°弯头	DN450 L=450	Q235A	只	2	详见02S403
⑦	直管	DN450 L=1 300	Q235A	只	1	详见02S403
⑧	短管	DN450 L=1 250	Q235A	根	1	详见02S403
⑨	短管	DN450 L=850	Q235A	根	1	详见02S403
⑩	三通	DN450*450	Q235A	只	1	详见02S403
⑪	异径管	DN450*300	Q235A	只	1	详见02S403
⑫	止回阀	DN450		只	1	HH49X-10型
⑬	穿墙套管	DN450 L=500	Q235A	只	1	详见02S403
⑭	90°弯头	DN450 L=450	Q235A	根	1	详见02S403
⑮	异径管	DN450*300	Q235A	只	1	详见02S403
⑯	短管	DN300 L=460	Q235A	只	1	详见02S403
⑰	90°弯头	DN300 L=300	Q235A	只	1	详见02S403
⑱	短管	DN450*600	Q235A	根	1	详见02S403
⑲	蝶阀	DN300 L=178		只	1	D941型
⑳	穿墙短管	DN450 L=1 300	Q235A	根	1	详见02S403
㉑	管道支撑架			套	1	做法参照03S4023
㉒	法兰	DN600	Q235A	片	2	做法参照03S4023
㉓	法兰	DN450	Q235A	片	13	做法参照03S4023
㉔	法兰	DN300	Q235A	片	5	做法参照03S4023

工艺说明

一、设计依据

1.本工程的设计合同。

2.《鼓风机房工艺施工图》2006.6.

二、工程设计

某开发区污水处理厂设计规模为80000t/d，鼓风机房在保留原有土建部分基础上，进行工艺升级改造。改造部分包括：增加1台同规格离心鼓风机。

鼓风机房原有5台鼓风机，其中4用1备。根据工艺升级改造的需要，需增加1台鼓风机，鼓风机台数增加到6台，其中5用1备。鼓风机房保留原有建筑，但需改造大门及管沟等设施。

1.主要设备、材料详见《主要设备一览表》《主要材料一览表》。

2.风机控制。

风机采用手动控制和自动控制两种方式，风机应配备就地控制柜及自动控制数据接口。

3.风机安装。

风机安装在风机混凝土基础上，基础上预留地脚螺栓孔，用于二次浇注固定风机机座螺栓。风机上方的吊车保留，便于今后风机的检修。

4.工艺管线及附属设备的技术要求。

鼓风机房内管线全部采用焊接钢管。

(1)钢管及管道支架（不锈钢除外）防腐。

① 所有的钢管及管道支架（不锈钢除外）涂漆前必须进行表面除锈处理，达到Sa2.5级后，方可进行防腐。

② 管道内壁防腐：厚浆型环氧煤沥青防腐涂料(HL52-3)底漆一道，面漆三道。

③ 管道外壁及支架防腐：环氧富锌底漆(H06-1)一道，环氧云铁防锈底漆(H53-6)一道，环氧厚浆型防腐面漆(H52-2)两道。

上述要求的具体防腐施工方法应严格遵照产品说明进行操作。

三、其他技术要求

所有设备的安装和验收应严格按照厂家提供的产品安装说明进行，以保证设备安全运行。

图名	鼓风机房工艺说明及设备材料表	图号	4-工艺-01

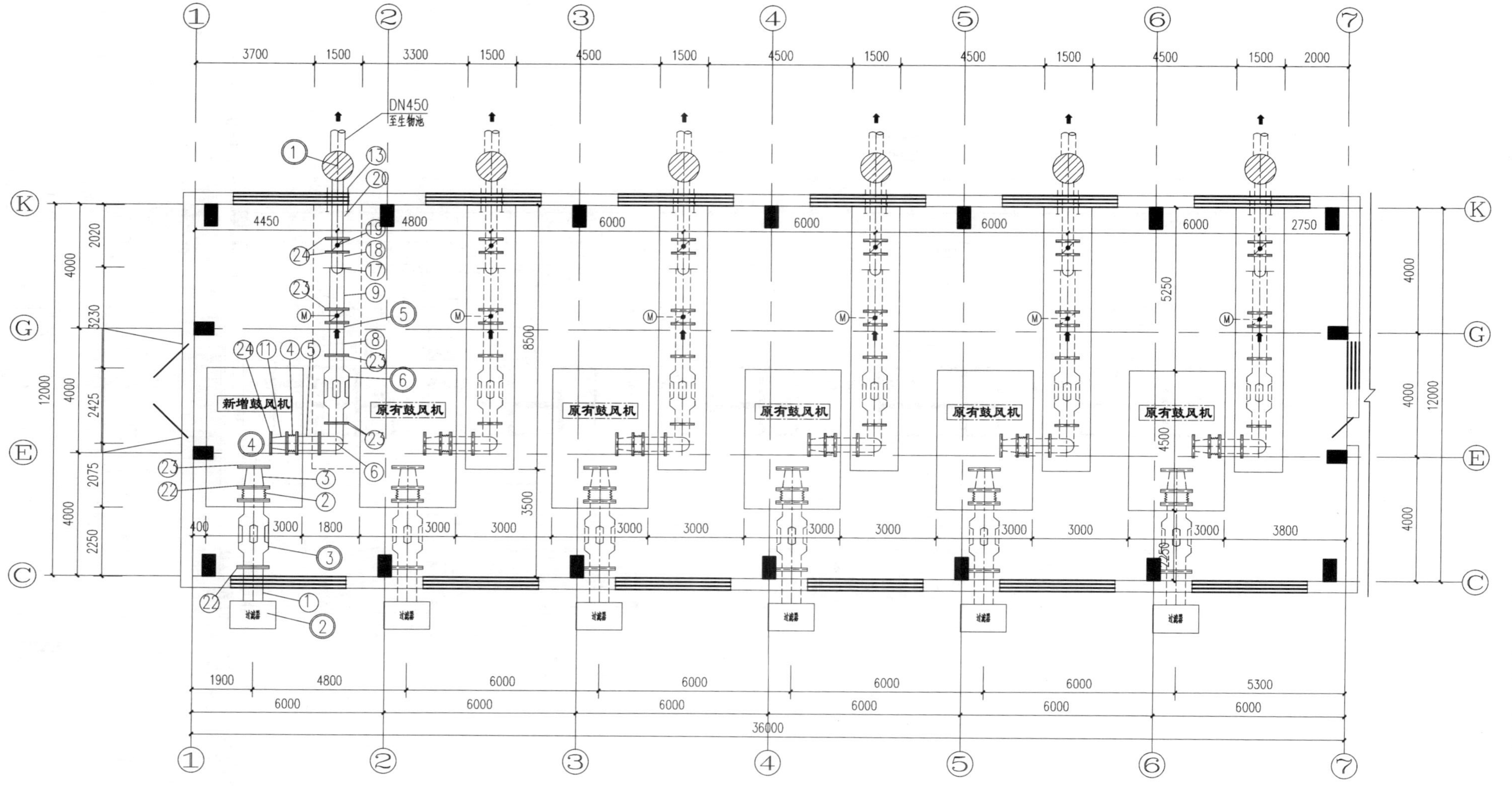

工艺平面布置图

图名	鼓风机房工艺平面布置图	图号	4 - 工艺- 0 2

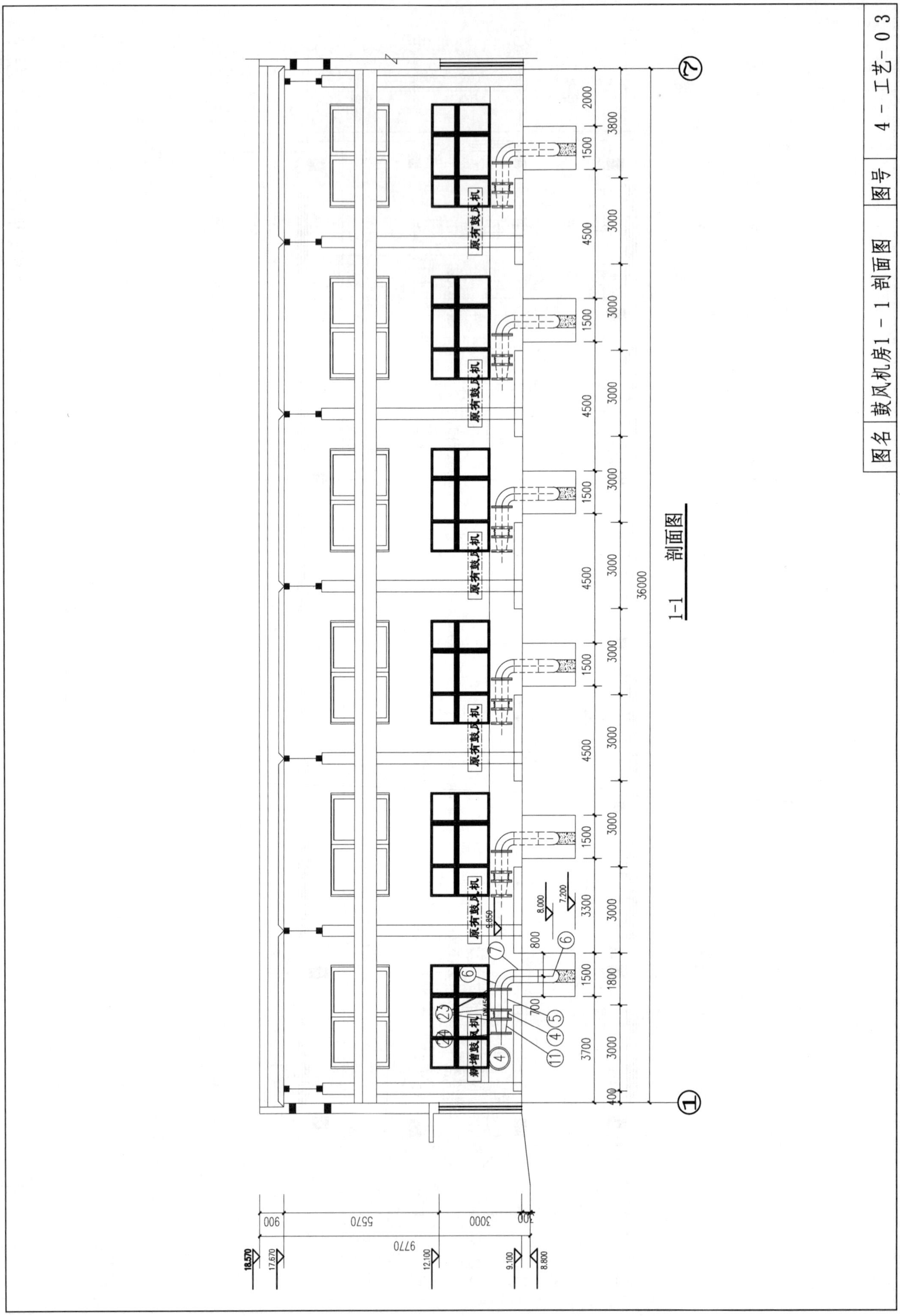
1-1 剖面图
原有鼓风机
新增鼓风机
36000
1500
4500
3000
3800
2000
3300
1800
3700
800
700
400
9770
5570
3000
900
300
18.570
17.670
12.100
9.100
8.800
8.000
7.200
9.850
图名 鼓风机房1-1剖面图
图号 4-工艺-03

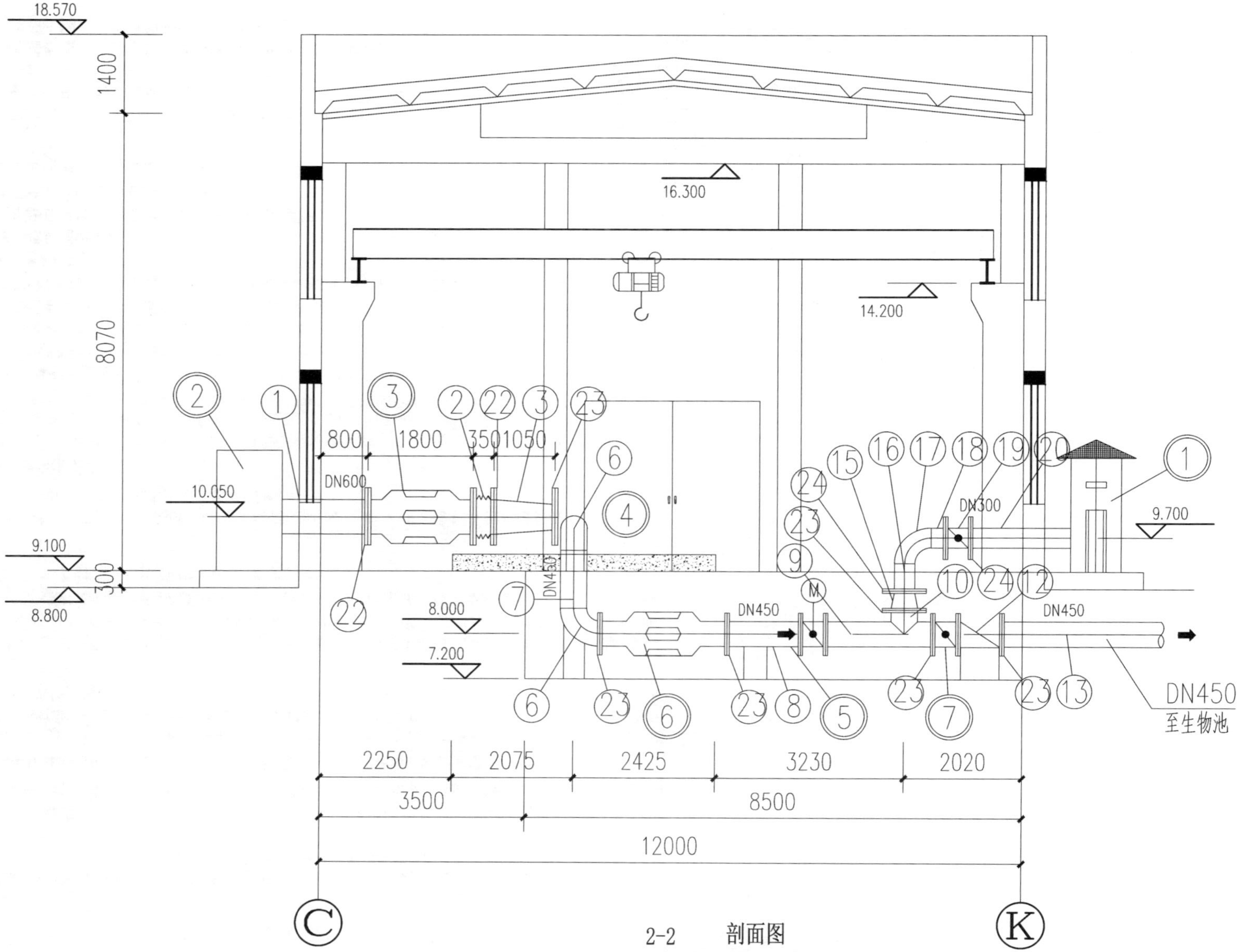

2-2 剖面图

图名	鼓风机房2－2 剖面图	图号	4－工艺－04

污泥回流及剩余污泥泵房

一、工程设计

污泥回流及剩余污泥泵房主要包括2个部分：污泥回流泵单元及剩余污泥回流泵单元，均为在现有污泥回流泵房内部进行改造。

泵房平面尺寸：9.0 mx36.3 m。主要设备包括：污泥回流泵、剩余污泥泵等，设备参数详见设备表。泵均为潜污泵干式安装，泵自带冷却系统。

（1）污泥回流泵单元。

污泥回流泵共5台，编号为泵A、B、C、D、E。泵A、B、C对应1号、2号生化池；泵D、E对应3号、4号生化池。泵C为总备用泵，通过阀门可以选择向1号、2号生化池或3号、4号生化池回流。泵A、泵E为软起动，其余泵为变频控制，可通过1号、2号、3号、4号生化池的电磁流量计信号进行控制或根据流量手动调节变频器频率。每台泵出口处均配备压力变送器、止回阀及电动闸阀。向1号、2号生化池回流污泥量设定为2.25~4.5×10⁴ t/天，向3号、4号生化池污泥回流量设定为1.75~3.5×10⁴ t/天。根据系统实际运行情况进行回流污泥流量调节。水泵采用手动控制和自动控制两种方式。水泵应配备就地控制柜及自动控制数据接口，水泵的启停由液位控制，液位采用超声波液位计监测。压力变送器、超声波液位计的数据通过自控系统远传至厂内中心控制室，供远程值班人员判断水泵工作状态、并纪录运行数据。

（2）剩余污泥泵单元。

剩余污泥泵共4台，编号为泵A、B、C、D。泵A、B编为一组，泵C、D编为一组，分别为1用1备。备用泵设计为自动切换，根据规范，备用泵每月至少运行一次。每台泵出口处均配备压力变送器、止回阀及电动闸阀。每组泵配一台电磁流量计，该流量计为一体式，并带数据传送功能。水泵采用手动控制和自动控制两种方式。水泵应配备就地控制柜及自动控制数据接口，水泵的启停由液位控制，液位采用超声波液位计监测。压力变送器、超声波液位计的数据通过自控系统远传至厂内中心控制室，供远程值班人员判断水泵工作状态、并纪录运行数据。

二、工艺管线

污泥回流及剩余污泥泵房内管线均为污泥管线。污泥管穿墙壁套管沿用原有套管，但施工前必须认真检查原有套管的强度及水密性。

污泥管路采用DN100、DN500钢管。阀门、管道、管件之间采用法兰连接或焊接。

三、工艺管线及附属设备的技术要求

钢管管材、管件及阀门公称压力为1.0MPa，管材应符合《低压流体输送用焊接钢管》（GB/T 3091-2001）之标准；法兰应符合《平面、突面板式平焊钢制管法兰》（GB/T 9119-2000）之标准；管件的公称直径、外径及壁厚应符合《管道元件的公称尺寸》（GB/T 1047-2005）之标准；管件的公称压力应符合《管道元件的公称压力》（GB/T 1048-2005）。

四、工艺管线及附属设备的防腐要求

（1）所有室内及室外地上钢制管道及支架需进行防腐处理，具体做法如下：

①所有的钢管及管道支架（不锈钢除外）涂漆前必须进行表面除锈处理，达到Sa2.5级后，方可进行防腐。

②管道内壁防腐：厚浆型环氧煤沥青防腐涂料(HL52-3)底漆一道，面漆三道。

③管道外壁及支架防腐：环氧富锌底漆(H06-1)一道，环氧云铁防锈底漆(H53-6)一道，环氧厚浆型防腐面漆(H52-2)两道。

（2）所有埋地钢管防腐要求如下：

①除锈及内防腐要求同室内钢管防腐除锈要求。

②管道外壁防腐：环氧煤沥青防腐底漆一道，玻璃布及胶料三道，面漆两道。

③埋地不锈钢管的外防腐要求同碳钢管道外防腐要求。

上述要求的具体防腐施工方法应严格遵照产品说明进行操作。

五、设备安装

各设备安装、配管要求具体详见图纸。污泥泵为干式安装，安装要求详见厂家说明书。

所有三通、弯头、阀门处均应砌筑混凝土支墩。

六、其他技术要求

（1）所有设备的安装和验收应严格按照厂家提供的产品安装说明进行，以保证设备安全运行。

（2）凡本说明未提及之处，均按现行国家有关规范、规程严格执行。

主要设备表

序号	名称	型号	参数	单位	数量	备注
①	污泥回流泵A/B/C	NT-3301-LT	Q=940m ³/h，H=13 m，N=45 kW	台	3	2用1备
②	污泥回流泵D/E	NT-3202-LT	Q=730m ³/h，H=13 m，N=37 kW	台	2	
③	剩余污泥泵A/B/C/D	NT-3102-SH	Q=60m ³/h，H=15 m，N=4.2 kW	台	4	2用2备
④	电动闸阀	Z941T-10K	DN500，N=2.2 kW	台	7	
⑤	电磁流量计	MKULC2100-100	24 V，N=0.012 kW	台	2	
⑥	超声波液位计	MKSONIC3000-K-050-F	有效量程5m，分体式，220 V	台	1	
⑦	电动闸阀	Z941T-10K	DN100，N=0.37 kW	台	4	

图名	污泥回流及剩余污泥泵房工艺说明及主要设备表	图号	5-工艺-01

主要材料一览表

编号	名称	规格	材料	单位	数量	重量(kg) 单重	重量(kg) 总重	备注
①	法兰	DN500 P=1.0 MPa	钢	片	20	27.70	544.00	02S403-78页
②	闸阀	DN500 P=1.0 MPa	铸铁	个	5			Z41T
③	减震喉	DN500 P=1.0 MPa	橡胶	个	10			
④	短管	DN500 δ=8.0 mm L=3.07 m	钢	根	1	316.18	316.18	
⑤	偏心异径管	DN500 δ=9.0 mm L=3.07 m	钢	根	3	32.04	96.12	02S403-61页
⑥	法兰	DN400 P=1.0 MPa	钢	片	5	21.80	109.00	02S403-78页
⑦	法兰	DN300 P=1.0 MPa	钢	片	5	12.90	64.50	02S403-78页
⑧	异径管	DN500x300 δ=9.0 mm	钢	个	5	51.83	259.15	02S403-52页
⑨	止回阀	DN500 P=1.0 MPa	钢	个	5			HH44X
⑩	弯头	DN500 δ=9.0 mm	钢	个	2	92.00	184.00	02S403-8页
⑪	短管	DN500 δ=8.0 mm L=2.9 m	钢	根	1	298.64	298.64	
⑫	四通	DN500 δ=9.0 mm	钢	个	2	150.60	301.20	02S403-48页
⑬	异径管	DN500x800 δ=9.0 mm	钢	个	1	76.01	76.01	02S403-55页
⑭	短管	DN500 δ=8.0 mm L=1.2 m	钢	根	3	123.58	370.74	
⑮	三通	DN500 δ=9.0 mm	钢	个	1	133.00	133.00	02S403-48页
⑯	短管	DN500 δ=8.0 mm L=11.96 m	钢	根	3	1 231.64	3 694.92	
⑰	短管	DN500 δ=8.0 mm L=11.98 m	钢	根	2	1 233.70	2 467.40	
⑱	喇叭口	DN500 δ=9.0 mm	钢	个	5	87.20	436.00	02S403-72页
⑲	短管	DN500 δ=8.0 mm L=2.59 m	钢	根	1	266.72	266.72	
⑳	短管	DN800 δ=10.0 mm L=2.0 m	钢	根	1	350.18	350.18	
㉑	异径管	DN500x700 δ=9.0 mm	钢	个	1	54.18	54.18	02S403-52页
㉒	短管	DN700 δ=8.0 mm L=2.0 m	钢	根	1	245.42	245.42	
㉓	吸水喇叭管	DN100x6 δ=6.0 mm	钢	个	4	2.10	8.40	02S403-110页
㉔	冲压弯头	DN100 δ=5.0 mm	钢	个	4	2.03	8.12	02S403-87页
㉕	法兰	DN100 P=1.0 MPa	钢	片	36	4.01	144.36	02S403-78页
㉖	短管	DN100 δ=4.0 mm L=12.13 m	钢	根	4	131.61	526.44	
㉗	闸阀	DN100 P=1.0 MPa	铸铁	个	8			SZ45X-Q
㉘	减震喉	DN100 P=1.0 MPa	橡胶	个	8			
㉙	异径管	DN100x80 δ=4.0 mm	钢	个	4	1.86	7.44	02S403-52页
㉚	止回阀	DN100 P=1.0 MPa	钢	个	4			HH44X
㉛	短管	DN100 δ=4.0 mm L=1.31 m	钢	根	1	14.21	14.21	
㉜	三通	DN100x100 δ=4.0 mm	钢	个	6	5.50	33.00	02S403-48页
㉝	短管	DN100 δ=4.0 mm L=2.0 m	钢	根	2	21.70	43.40	

主要材料一览表

编号	名称	规格	材料	单位	数量	重量(kg) 单重	重量(kg) 总重	备注
㉞	短管	DN100 δ=4.0 mm L=6.0 m	钢	根	2	65.10	130.20	
㉟	短管	DN100 δ=4.0 mm L=0.63 m	钢	根	2	6.84	6.84	
㊱	短管	DN100 δ=4.0 mm L=1.28 m	钢	根	1	13.89	13.89	
㊲	短管	DN500 δ=8.0 mm L=0.693 m	钢	根	1	71.37	71.37	
㊳	45^{0}弯头	DN500 δ=9.0 mm	钢	个	4	50.40	201.60	02S403-13页
㊴	短管	DN100 δ=4.0 mm L=0.285	钢	根	2	3.09	6.18	
㊵	短管	DN100 δ=4.0 mm L=1.01	钢	根	2	10.95	21.90	
㊶	短管	DN100 δ=4.0 mm L=0.285	钢	根	2	3.09	6.18	
㊷	法兰	DN80 P=1.0 MPa	钢	片	4	3.24	12.96	02S403-78页
㊸	管线支墩A	200x200x1 085	砼	个	14			
㊹	管线支墩B	200x200x750	砼	个	2			
㊺	管线支墩C	200x200x300	砼	个	2			
㊻	管线支墩D	300x300x170	砼	个	5			
㊼	管线支墩E	300x300x1 365	砼	个	5			
㊽	剩余污泥泵基础	600x600x840	砼	个	4			
㊾	污泥回流泵基础	1 600x1 400x1 220	砼	个	5			
㊿	短管	DN100 δ=4.0 mm L=2.0 m	钢	根	4	9.87	39.48	
(51)	吸水喇叭管支架	DN100 δ=4.0 mm L=2.0 m	钢	根	4	28.96	115.84	02S403-112页

说明：1、如无特别说明，材料表材质一栏中钢的含义是Q235-A；不锈钢的含义是SUS304，即0Cr18Ni9.
2、材料表中法兰应符合《平面、突面板式平焊钢制管法兰》GB/T 9119-2000之标准.
3、材料表中碳钢管可选用有缝钢管，且符合《低压流体输送用焊接钢管》(GB/T 3091-2001)之标准.
4、法兰应配橡胶法兰垫、镀锌螺栓、垫片等，此类低值材料于表中不再逐一列出.
5、表中碳钢密度取7850 kg/m^3，不锈钢密度取7930 kg/m^3.
6、如无特别说明，弯头指直角弯头；三通指等径直三通.

图名	污泥回流及剩余污泥泵房主要材料表	图号	5-工艺-02

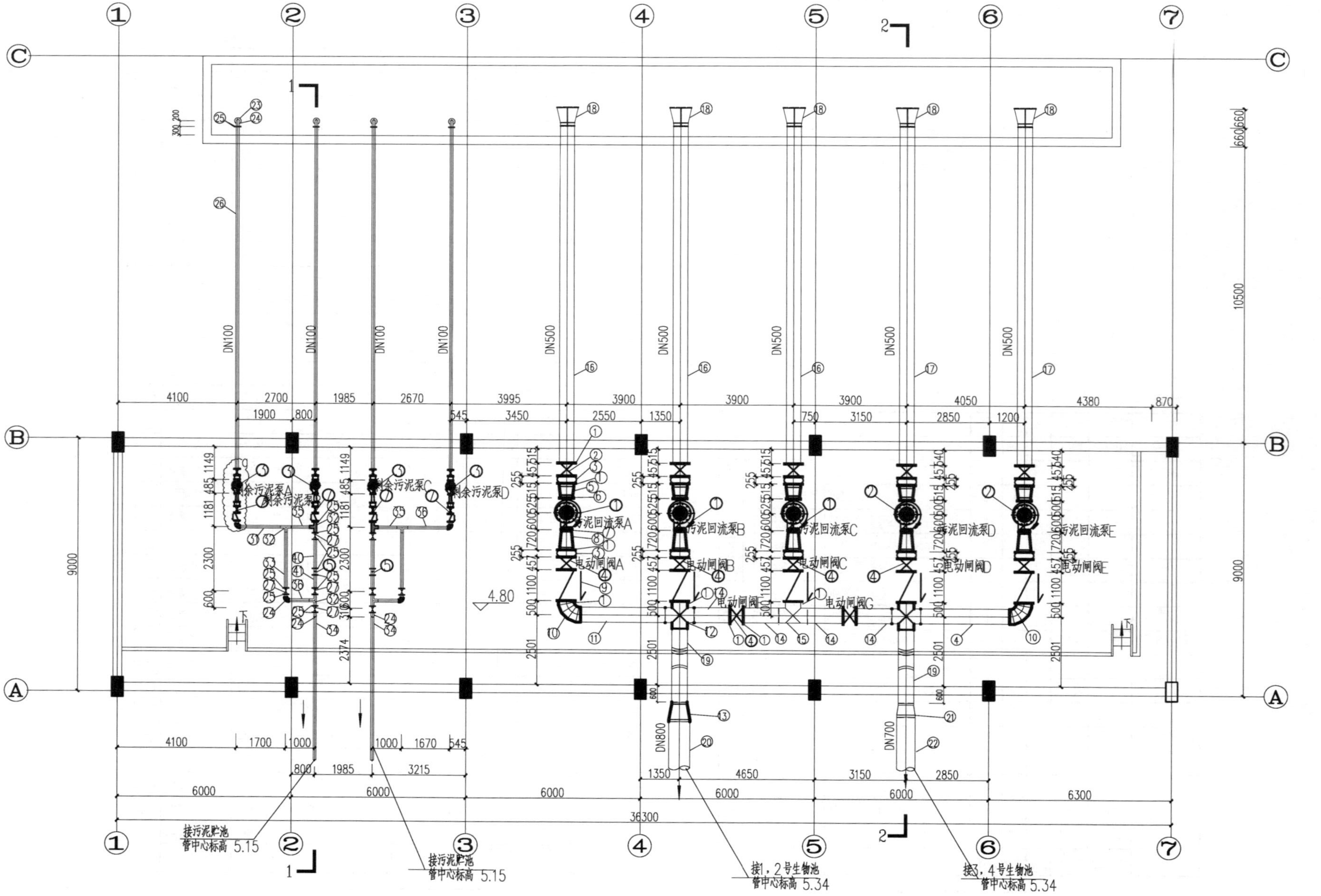

污泥回流及剩余污泥泵房工艺平面图

图名	污泥回流及剩余污泥泵房工艺平面图	图号	5－工艺－03

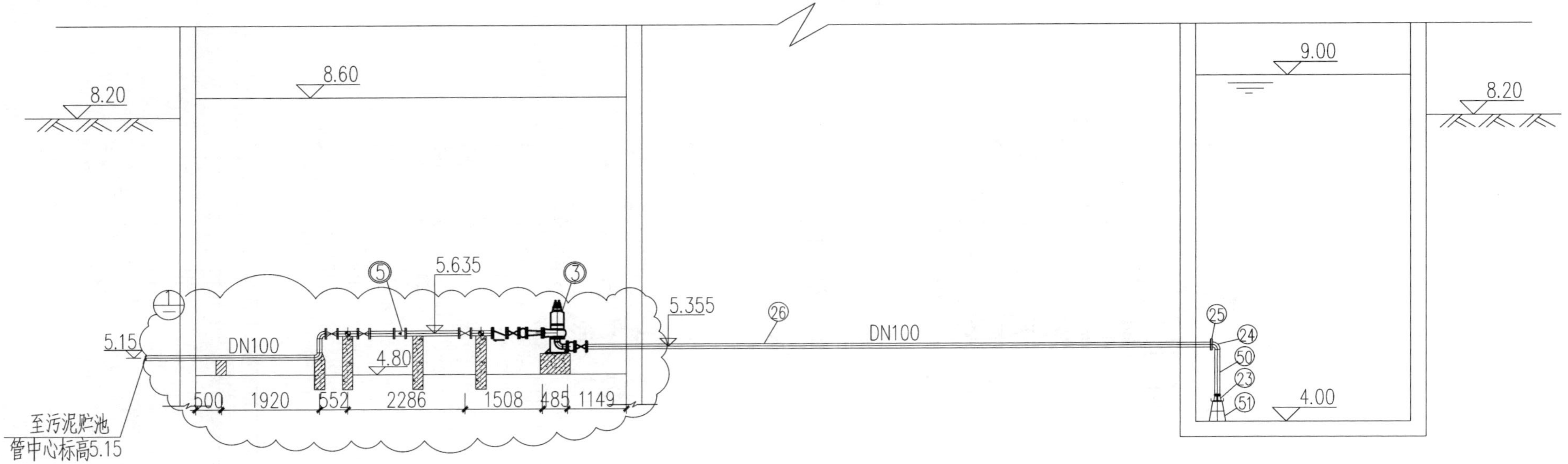

1-1剖面图

剩余污泥泵管线剖面图

图名	剩余污泥泵管线1－1剖面图	图号	5－工艺－04

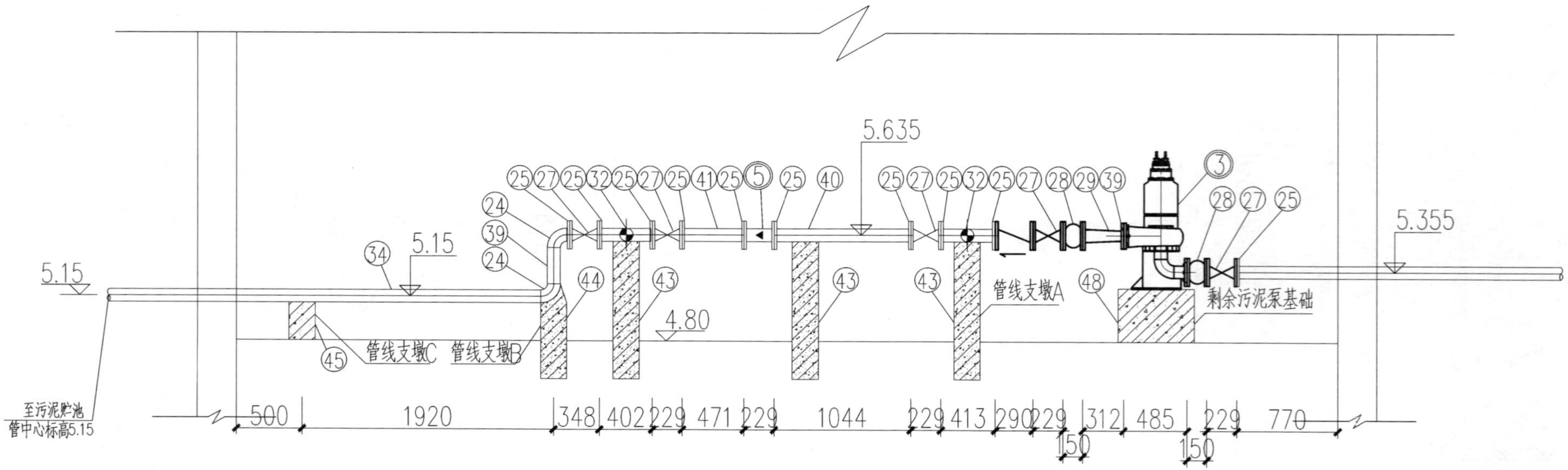

节点⑬ 详图

剩余污泥泵立面配管图

图名	剩余污泥泵立面配管图	图号	5－工艺－05

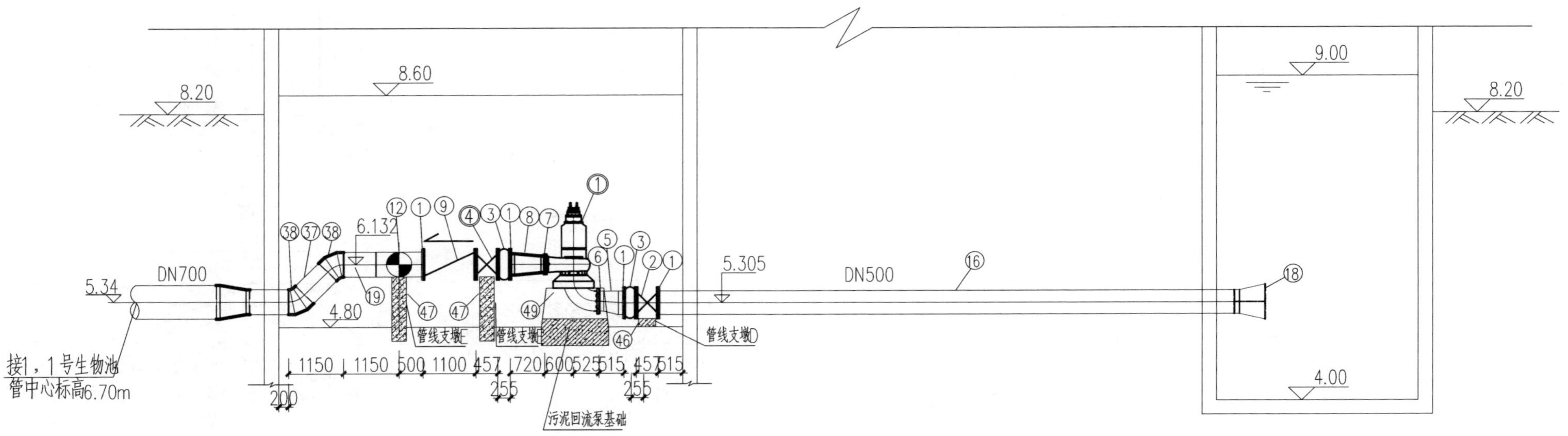

2-2剖面图

回流污泥泵剖面图

说明

1. 本图尺寸单位：标高以m计，其余均以mm计；
2. 标高为绝对标高，高程系统采用1985国家高程基准；
3. 本图所标管径为公称直径。

图名	回流污泥泵房2－2剖面图	图号	5－工艺－06

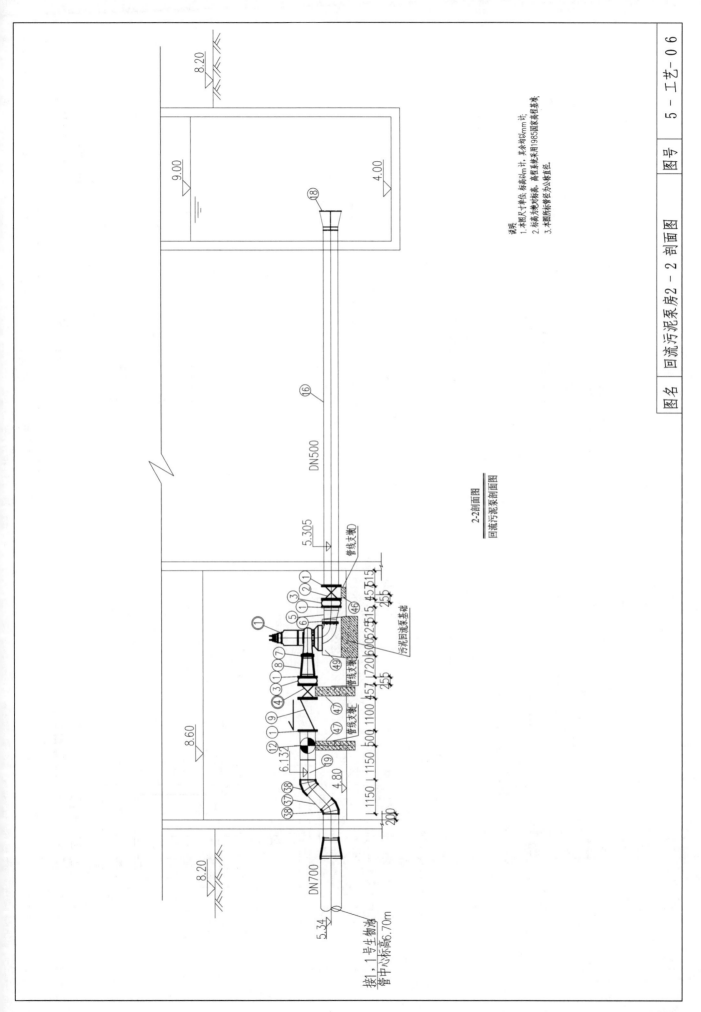

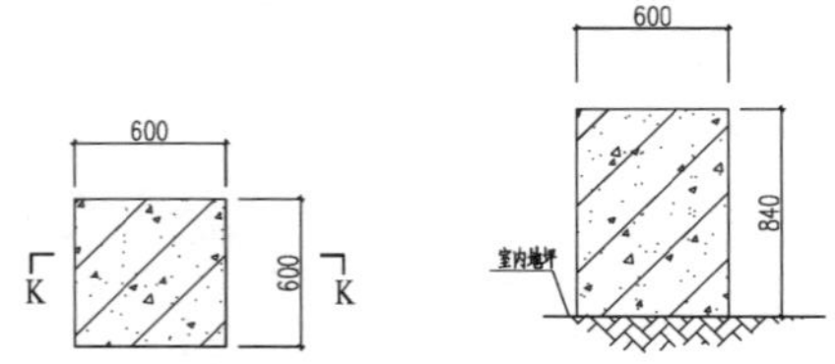

基础平面图　K-K剖面图

剩余污泥泵基础图　比例 1:25

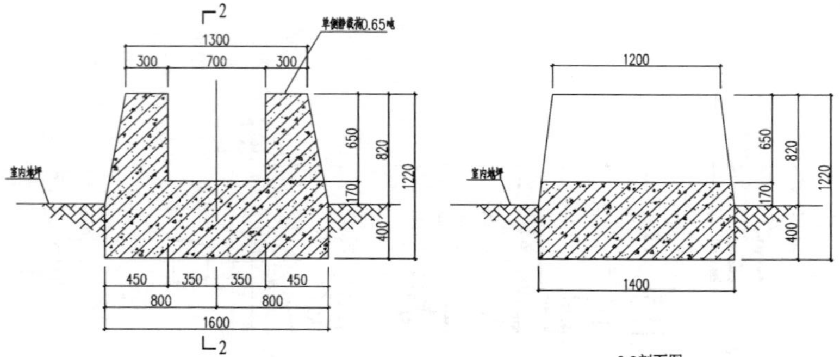

1-1剖面图　2-2剖面图

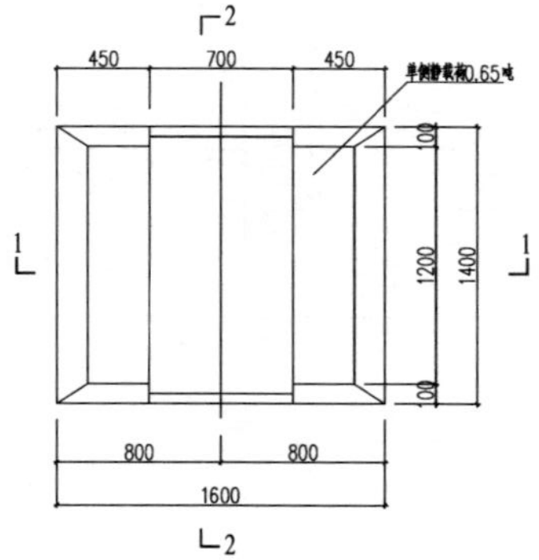

污泥回流泵基础平面图

污泥回流泵基础图　比例 1:25

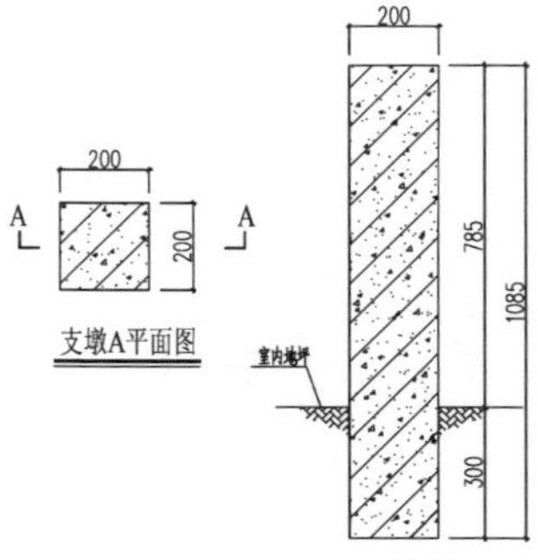

支墩A平面图　A-A剖面图

支墩A
剩余污泥泵管道支墩图　比例 1:12.5

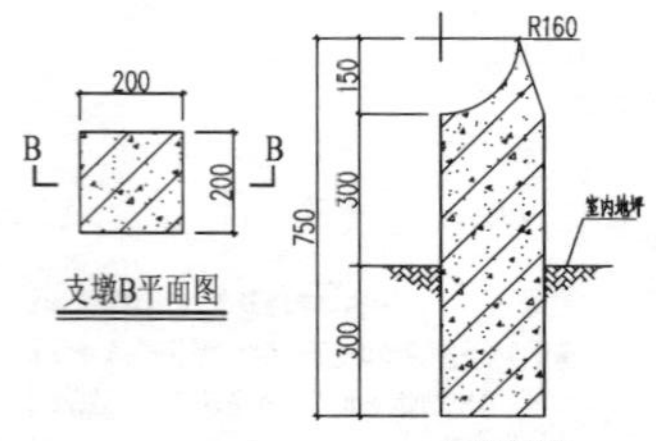

支墩B平面图　B-B剖面图

支墩B
剩余污泥泵管道支墩图　比例 1:12.5

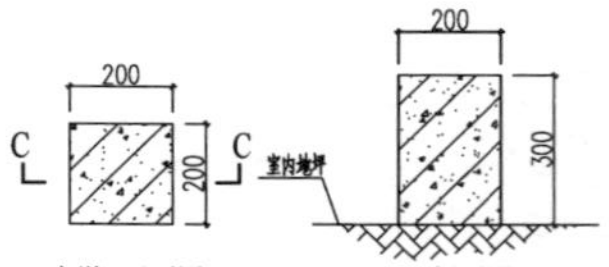

支墩C平面图　C-C剖面图

支墩C
剩余污泥泵管道支墩图　比例 1:12.5

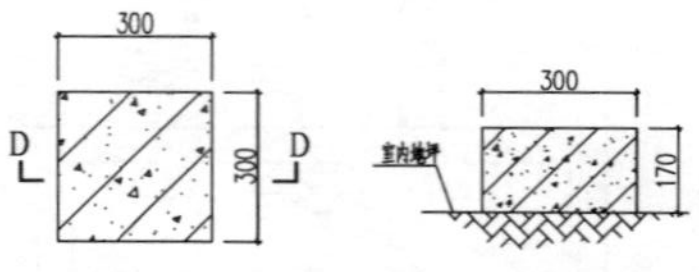

支墩D平面图　D-D剖面图

支墩D
污泥回流泵管道支墩图　比例 1:12.5

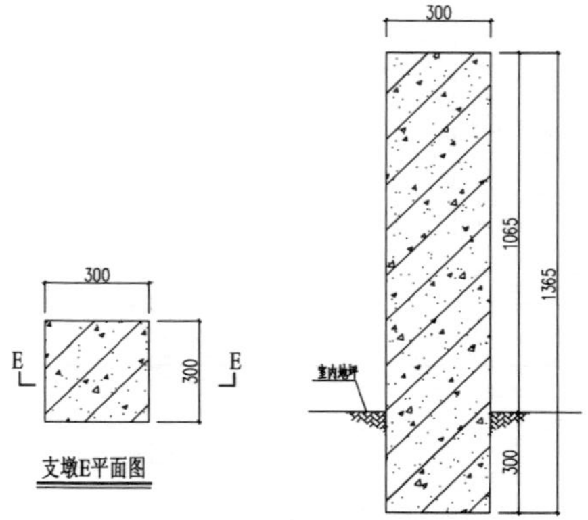

支墩E平面图　E-E剖面图

支墩E
污泥回流泵管道支墩图　比例 1:12.5

说明:
1. 本图尺寸单位均以mm计。
2. 混凝土标号由结构专业确定。
3. 各支墩及泵基础的数量见材料表。

图名	污泥回流及剩余污泥泵房设备、管线基础图	图号	5－工艺－07

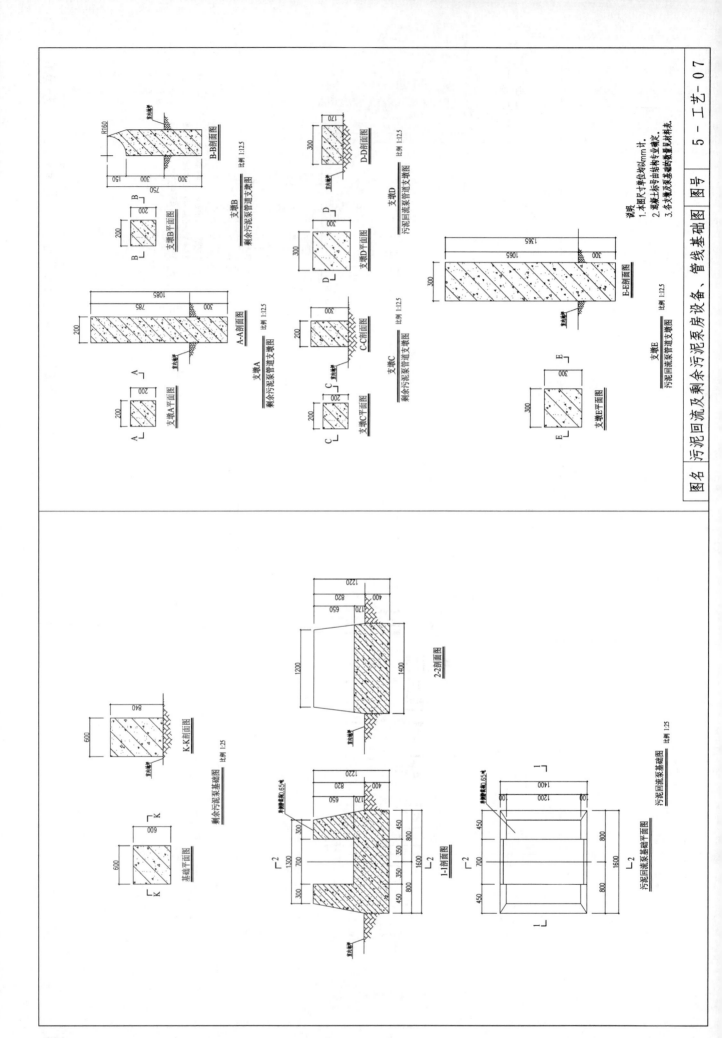

工艺说明

一、工程设计

污泥贮池为新旧两池连通结构。新建1座矩形封闭钢筋混凝土构筑物，用于贮存、缓冲生物池排放的剩余污泥。新、旧污泥贮池之间连接阀井位置及规格见总图。

新建污泥贮池尺寸：10.0 m×10.0 m×4.68 m。设计贮泥时间约4 h。设备为潜水搅拌机。仪表为超声波流量计。设备、仪表参数详见设备表。

新建污泥贮池底部设有连通管，与旧污泥贮池连通，以增加污泥缓冲容积，预计2池合并后最大贮泥时间约8 h。

新建污泥贮池配备潜水搅拌机共2台，编号为潜水搅拌机A、B。潜水搅拌机A、B在池内呈对角布置，叶轮中轴线与池壁呈30°交角。潜水搅拌机配有安装支架、起吊系统、角度调节装置等。原有污泥贮池内现存潜水搅拌机共2台，编号为潜水搅拌机C、D，改造时做设备检修、维护。

污泥贮池内的入泥管接自污泥回流及剩余污泥泵房，主要起污泥缓冲、均质作用。池底部有污泥管通向污泥脱水车间。池壁上方设有溢流管，事故时可以将污泥溢流至厂内污水管线。池底部设有集水坑，方便清池时使用。出泥管附近也设有一个集水坑，以尽可能减少池内的死容积。

潜水搅拌机采用手动控制和自动控制两种方式，配备就地控制柜。潜水搅拌机自动控制时设定为24h运行，并受超声波液位计控制，当处于超低液位时潜水搅拌机停止运行。再次达到启动液位时方可重新启动。

该超声波液位计同时也控制污泥脱水车间污泥泵的启停，当处于超低液位时污泥泵停止运行，当再次达到启动液位时方可重新启动。超低液位时发出报警信号。新建污泥贮池的潜水搅拌机受本池的液位控制器控制，原有污泥贮池的潜水搅拌机受原池的液位控制器控制。

超声波液位计的数据通过自控系统远传至厂内中心控制室，供远程值班人员判断污泥液位状态、并纪录运行数据。

鉴于长期工程实践已充分证明在污泥贮池中安装固定式爬梯存在诸多不安全因素，因此本设计不在池内设置固定式爬梯。

为防止污泥在池内厌氧分解，污泥贮池底部设有穿孔曝气管，对污泥进行曝气以维持一定溶解氧浓度，也可在潜水搅拌机发生故障时起到一定搅拌作用。

由于原污泥贮池内的潜水搅拌机及液位控制器均保持原位，只在施工时进行维护、保养，因此不在本图中进行描述。

二、工艺管线

污泥贮池内管线分为污泥管线和空气管线。污泥管线进一步分为入泥管、溢流管及出泥管；空气管线分为主干管和曝气支管。

污泥管线采用DN100、DN150、DN300钢管。阀门、管道、管件之间采用法兰连接或焊接。空气管线采用DN150钢管或UPVC管。

曝气支管采用DN50 UPVC管。钢管采用焊接、法兰连接，UPVC管采用法兰连接及粘接。

三、工艺管线及附属设备的技术要求

钢管管材、管件及阀门公称压力为1.0MPa。管材应符合《低压流体输送用焊接钢管》（GB/T 3091-2001）之标准；法兰应符合《平面、突面板式平焊钢制管法兰》（GB/T 9119-2000）之标准；管件的公称直径、外径及壁厚应符合《管道元件的公称尺寸》（GB/T 1047-2005）之标准；管件的公称压力应符合《管道元件的公称压力》（GB/T 1048-2005）之标准。

UPVC管材、管件公称压力为1.0MPa，且应符合《给水用硬聚氯乙烯（PVC-U）管材》（GB/T 10002.1-1996）及《给水用硬聚氯乙烯（PVC-U）管件》（GB/T 10002.2-88）之标准。

四、工艺管线及附属设备的防腐要求

（1）所有室内及室外地上钢制管道及支架需进行防腐处理，具体做法如下：

① 所有的钢管及管道支架（不锈钢除外）涂漆前必须进行表面除锈处理，达到Sa2.5级后，方可进行防腐。

② 管道内壁防腐：厚浆型环氧煤沥青防腐涂料(HL52-3)底漆一道，面漆三道。

③ 管道外壁及支架防腐：环氧富锌底漆(H06-1)一道，环氧云铁防锈底漆(H53-6)一道，环氧厚浆型防腐面漆(H52-2)两道。

（2）所有埋地钢管防腐要求如下：

① 除锈及内防腐要求同室内钢管防腐除锈要求。

② 管道外壁防腐：环氧煤沥青防腐底漆一道，玻璃布及胶料三道，面漆两道。

③ 埋地不锈钢管的外防腐要求同碳钢管道外防腐要求。

上述要求的具体防腐施工方法应严格遵照产品说明进行操作。

五、设备安装

（1）各设备安装、配管具体要求详见图纸。潜水搅拌机安装要求详见厂家说明书，并应由潜水搅拌机厂家派专业人员现场指导安装。

（2）潜水搅拌机设备升降孔盖板之规格、材质见建筑、结构图纸。

（3）超声波液位计安装位置见电气、自控图纸。

六、其他技术要求

（1）所有设备的安装和验收应严格按照厂家提供的产品安装说明进行，以保证设备安全运行。

（2）凡本说明未提及之处，均按现行国家有关规范、规程严格执行。

主要设备表

序号	名 称	型 号	参 数	单位	数量	备 注
①	潜水搅拌机A/B	MA4/12-620-480	480 rpm, N=4 kW, D=620 mm	台	2	新污泥贮池配置
②	污泥贮池超声波液位计	MKSONIC3000-K-050-F	有效量程5 m，分体式，220 V	台	1	新污泥贮池配置
③	潜水搅拌机C/D		N=4 kW	台	2	原有，维护
④	污泥贮池超声波液位计			台	1	原有，维护

图名	污泥贮池工艺说明及主要设备表	图号	6－工艺－01

主要材料一览表

编号	名称	规格	材料	单位	数量	重量/kg 单重	重量/kg 总重	备注
①	短管	DN100 δ=4.0 mm L=2 m	钢	根	2	21.70	43.40	
②	冲压弯头	DN100 δ=5 mm	钢	个	2	2.03	4.06	02S403-87页
③	短管	DN100 δ=4.0 mm L=3.2 m	钢	根	2	34.72	69.44	
④	支架A	∠50x50x5 L=0.24 m	钢	个	6	1.98	11.88	
⑤	喇叭口	DN100 δ=4.0 mm	钢	个	2	1.75	3.50	02S403-70页
⑥	短管	DN300 δ=6.0 mm L=2.0 m	钢	根	1	94.40	94.40	
⑦	冲压弯头	DN300 δ=6.5 mm	钢	个	1	36.60	36.60	02S403-87页
⑧	短管	DN300 δ=6.0 mm L=2.67 m	钢	根	1	126.02	126.02	
⑨	支架B	[100x48x5.3	钢	个	2	7.00	14.00	
⑩	喇叭口	DN300 δ=8.0 mm	钢	个	1	24.48	24.48	02S403-70页
⑪	喇叭口	DN150 δ=4.5 mm	钢	个	3	4.05	12.15	02S403-70页
⑫	冲压弯头	DN150 δ=5.6 mm	钢	个	6	5.06	30.36	02S403-87页
⑬	短管	DN150 δ=5.0 mm L=2.0 m	钢	根	8	37.98	303.84	
⑭	短管	DN200 δ=6.0 mm L=2.0 m	钢	根	1	63.04	63.04	
⑮	短管	DN150 δ=5.0 mm L=3.9 m	钢	根	2	122.93	245.86	
⑯	短管	DN150 δ=5.0 mm L=0.47 m	钢	根	2	14.81	29.62	
⑰	法兰	DN150 P=0.6 MPa	钢	片	2			
⑱	蝶阀	DN150 P=0.6 MPa	铸铁	个	2			
⑲	法兰	DN150 P=0.6 MPa	UPVC	片	2			

主要材料一览表

编号	名称	规格	材料	单位	数量	重量/kg 单重	重量/kg 总重	备注
⑳	弯头	DN150 P=0.6 MPa	UPVC	个	2			
㉑	短管	DN150 P=0.6 MPa L=0.32 m	UPVC	根	2			
㉒	三通	DN150 P=0.6 MPa	UPVC	个	2			
㉓	异径三通	DN150x100 P=0.6 MPa	UPVC	根	1			
㉔	短管	DN100 P=0.6 MPa L=0.8 m	UPVC	根	12			
㉕	管支架C	∠50x50x5 L=0.45 m	钢	个	12			
㉖	弯头	DN100 P=0.6 MPa	UPVC	个	4			
㉗	补芯	DN100x50	UPVC	个	16			
㉘	穿孔曝气管	DN50 P=0.6 MPa L=5.6 m	UPVC	根	16			
㉙	支架D	∠50x50x5 L=0.40 m	钢	个	78			
㉚	弯头	DN50 P=0.6 MPa	UPVC	个	4			
㉛	短管	DN50 P=0.6 MPa L=0.8 m	UPVC	根	7			
㉜	三通	DN50 P=0.6 MPa	UPVC	个	6			
㉝	支架E	∠50x50x5 L=0.40 m	钢	个	10			
㉞	短管	DN150 P=0.6 MPa L=3.64 m	UPVC	根	2			
㉟	短管	DN150 P=0.6 MPa L=2.0 m	UPVC	根	2			
㊱	支架E	∠50x50x5 L=0.40 m	钢	个	4			
㊲	补芯	DN150x100	UPVC	个	4			
㊳	45° 弯头	DN150 P=0.6 MPa	UPVC	个	4			
㊴	短管	DN150 δ=5.0 mm L=0.6 m	钢	根	1			

说明：1、如无特别说明，材料表材质一栏中钢的含义是Q235A；不锈钢的含义是SUS304，即0Cr18Ni9。
2、材料表中法兰应符合《平面、突面板式平焊钢制管法兰》GB/T 9119-2000之标准。
3、材料表中碳钢管可选用有缝钢管，且符合《低压流体输送用焊接钢管》(GB/T 3091-2001)之标准。
4、法兰应配橡胶法兰垫、镀锌螺栓、垫片等，此类低值材料于表中不再逐一列出。
5、表中碳钢密度取7 850 kg/m³，不锈钢密度取7 930 kg/m³。
6、如无特别说明，弯头指直角弯头，三通指等径直三通。

图名	主要材料表	图号	6－工艺－02

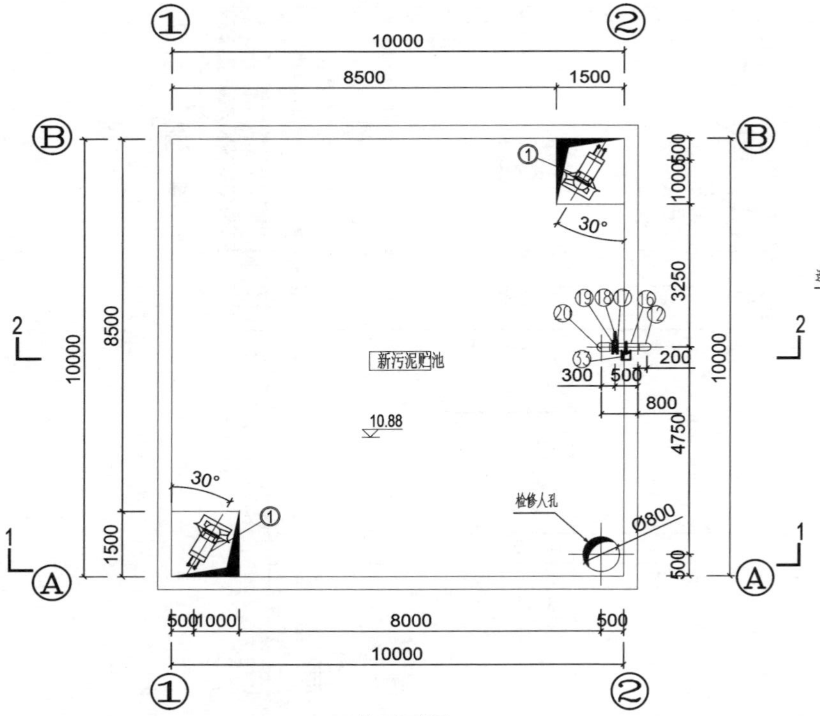

工艺平面图1
池顶部俯视

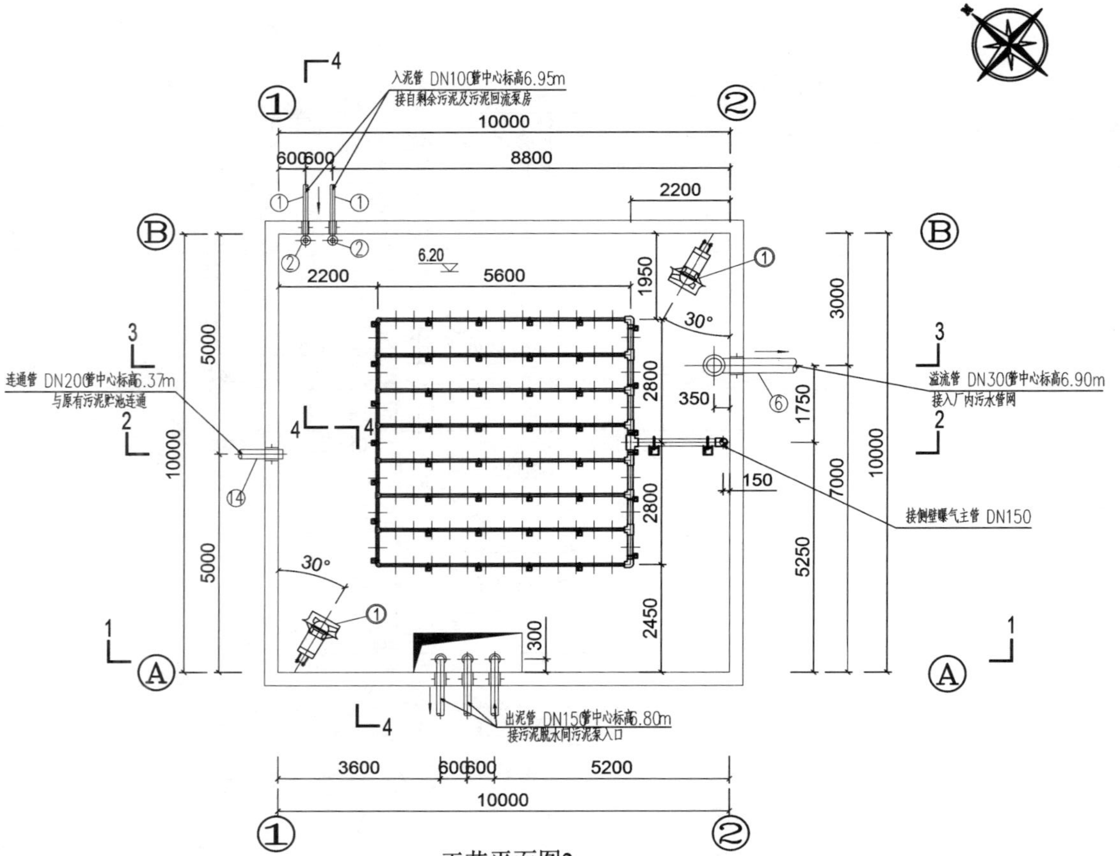

工艺平面图2
池内部俯视

图名	贮泥池平面图	图号	6－工艺－03

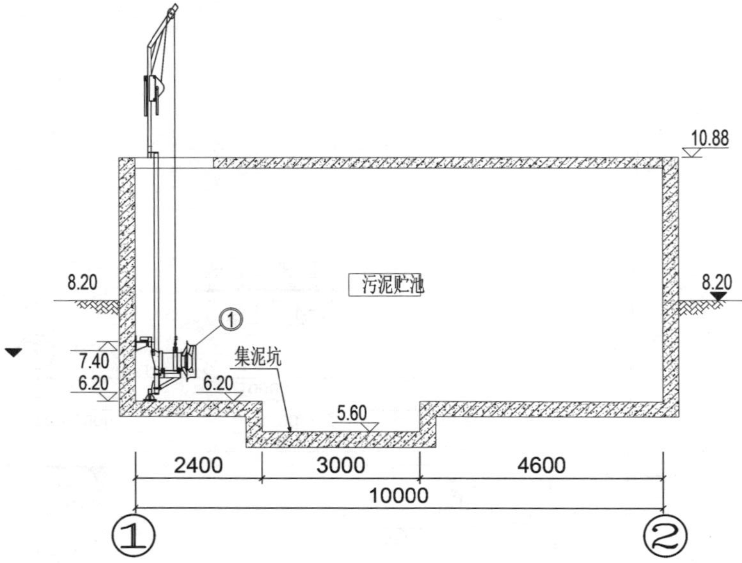

1-1剖面图

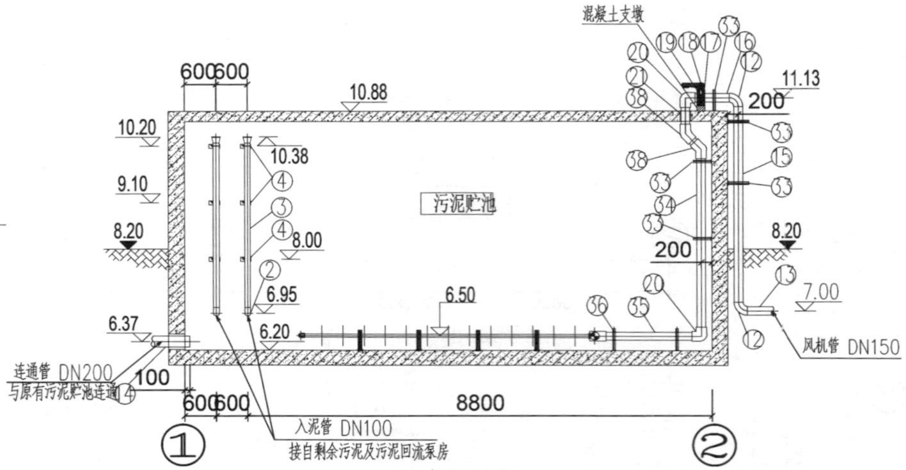

2-2剖面图

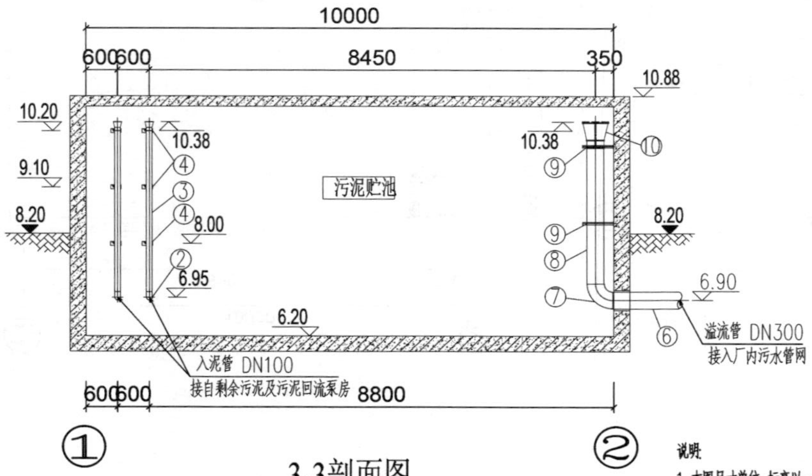

3-3剖面图

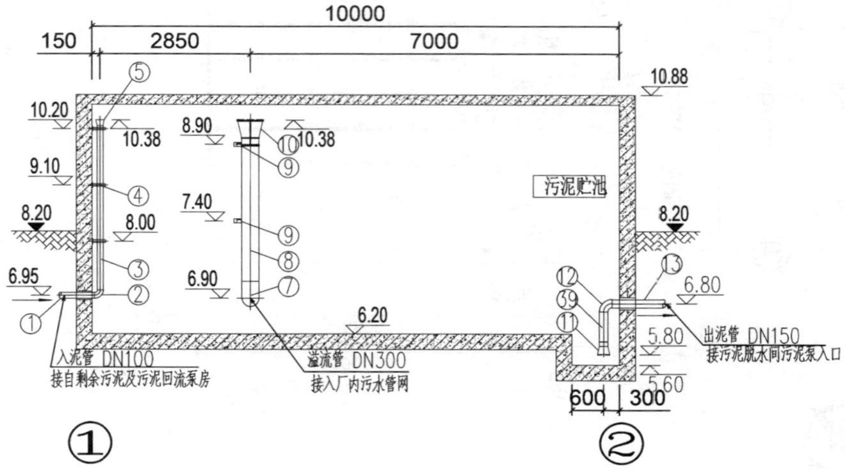

4-4剖面图

说明

1. 本图尺寸单位：标高以m计，其余均以mm计；
2. 标高为绝对标高，高程系统采用1985国家高程基准；
3. 本图所标管径为公称直径。
4. 底部曝气管安装详图见图9－工艺－04。

图名	贮泥池1－1～4－4剖面图	图号	6－工艺－04

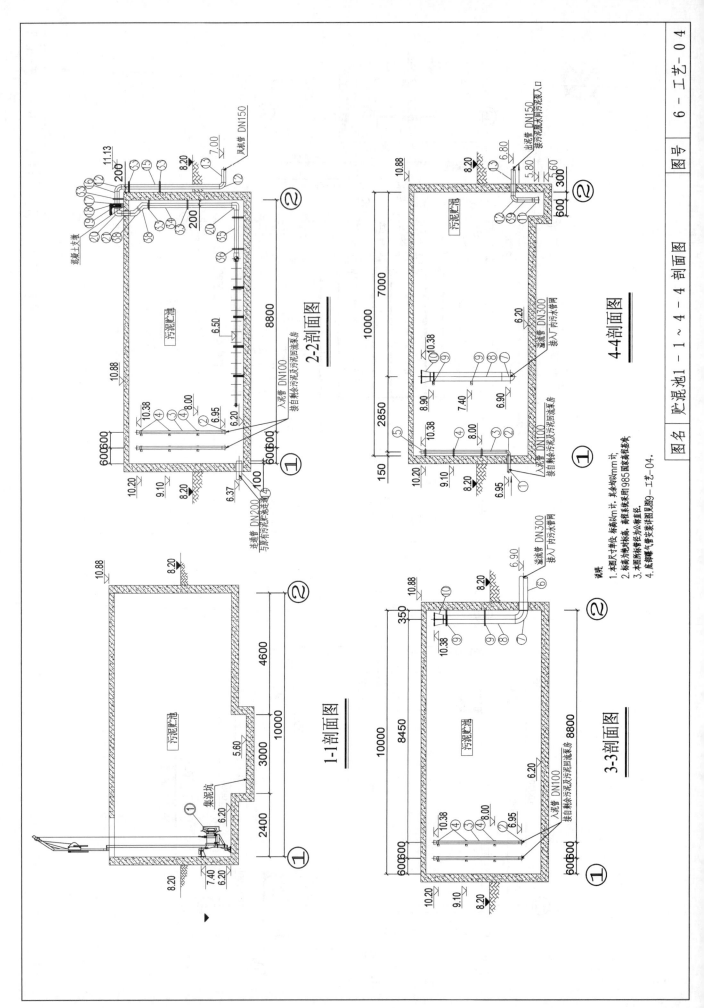

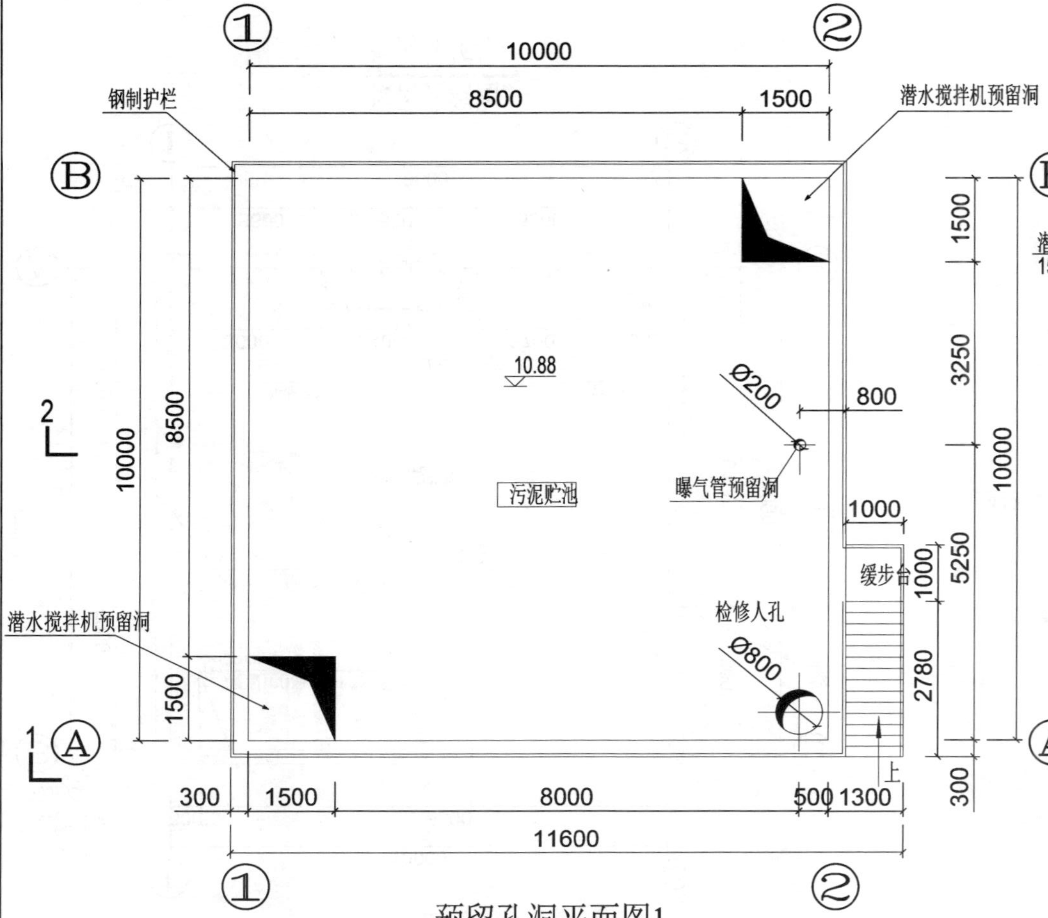

预留孔洞平面图1

池顶部俯视

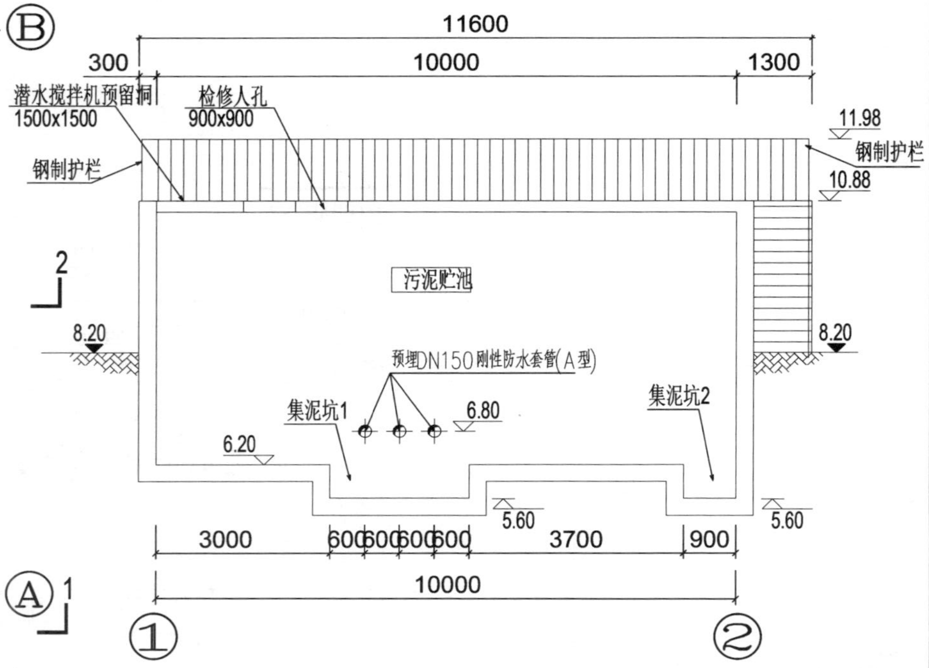

1-1剖面图

图名	贮泥池预留孔洞平面图1 及1－1 剖面图	图号	6－工艺－05

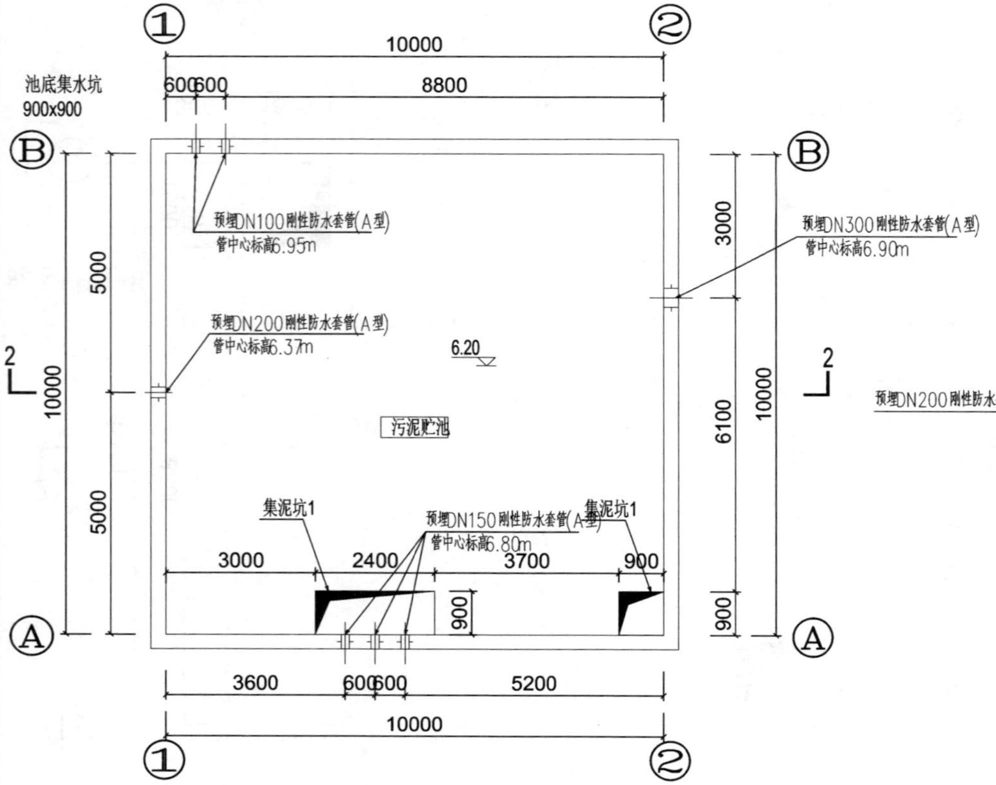

预留孔洞图2

池内部俯视

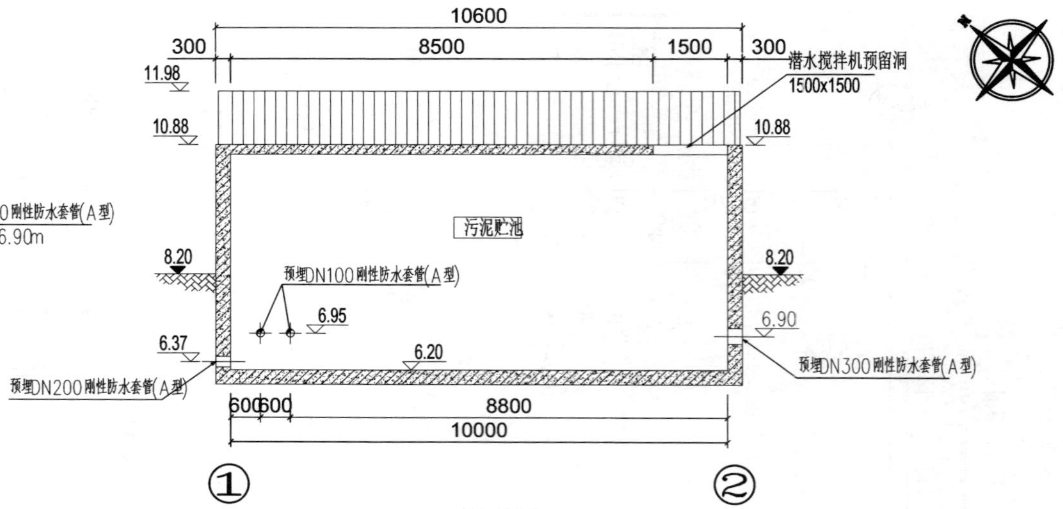

2-2剖面图

说明:

1. 本图尺寸单位: 标高以m计，其余均以mm计;
2. 标高为绝对标高，高程系统采用1985国家高程基准;
3. 本图所标管径为公称直径。
4. 各预留洞盖板之具体规格、材质见结构图纸。

图名	贮泥池预留孔洞平面图2 及2－2 剖面图	图号	6－工艺－06

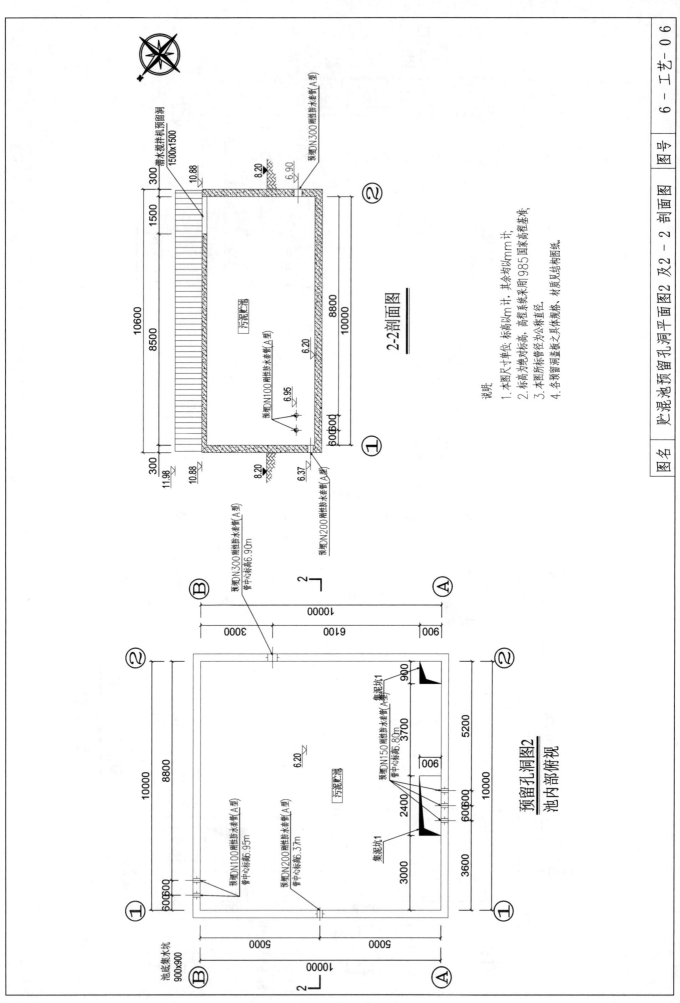

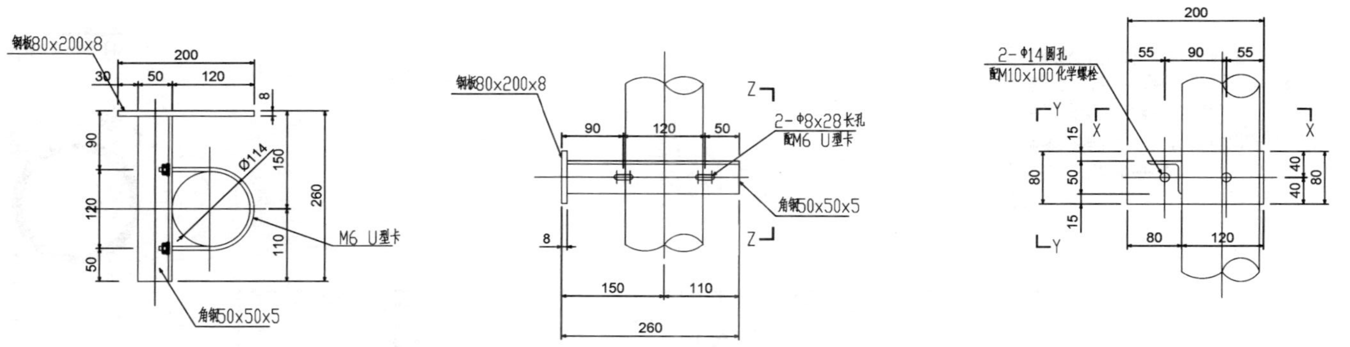

X-X剖面　Y-Y剖面　Z-Z剖面

管支架A加工图 比例 1:10

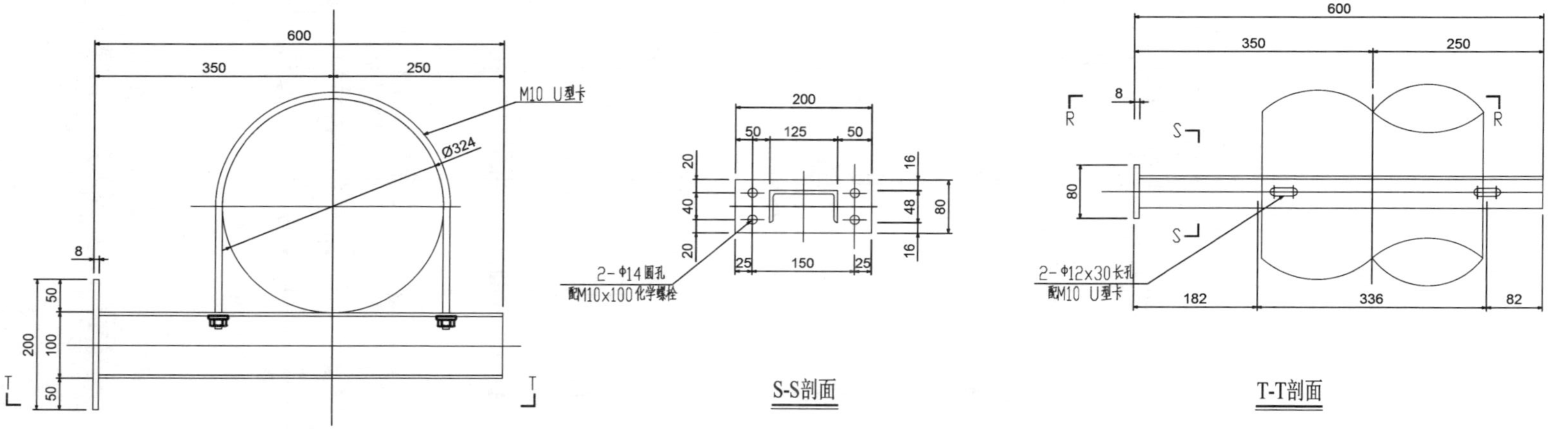

R-R剖面　S-S剖面　T-T剖面

管支架B加工图 比例 1:10

说明：
1.本图尺寸单位均以mm计。
2.加工要求见设计说明，各支架数量见材料表。

图名	污泥贮池池壁管支架加工图	图号	6－工艺－07

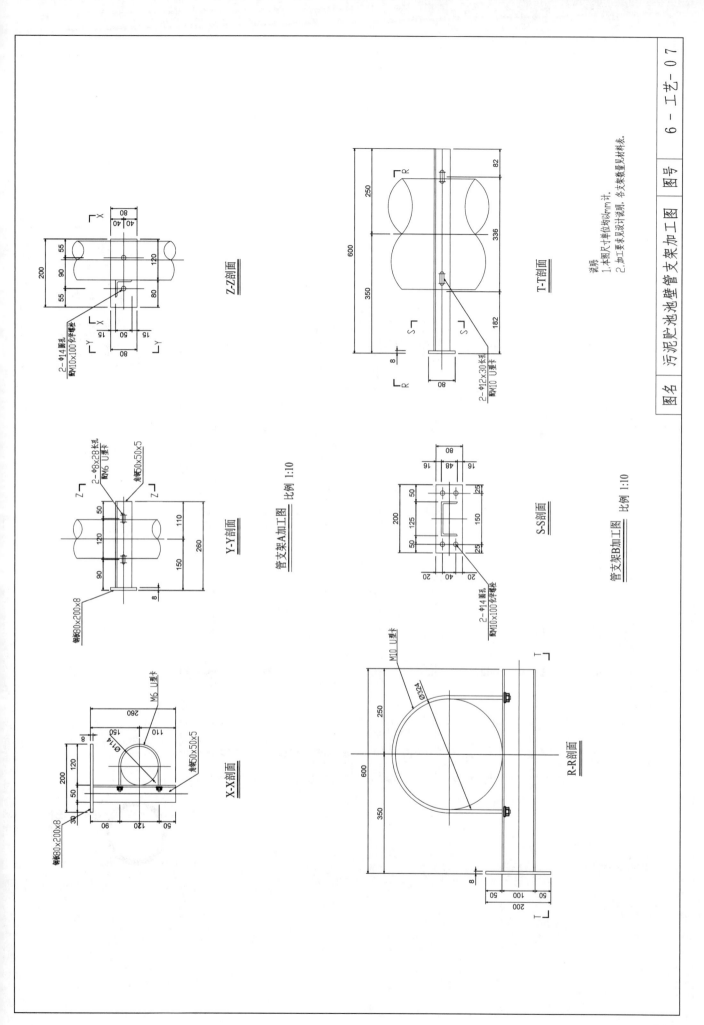

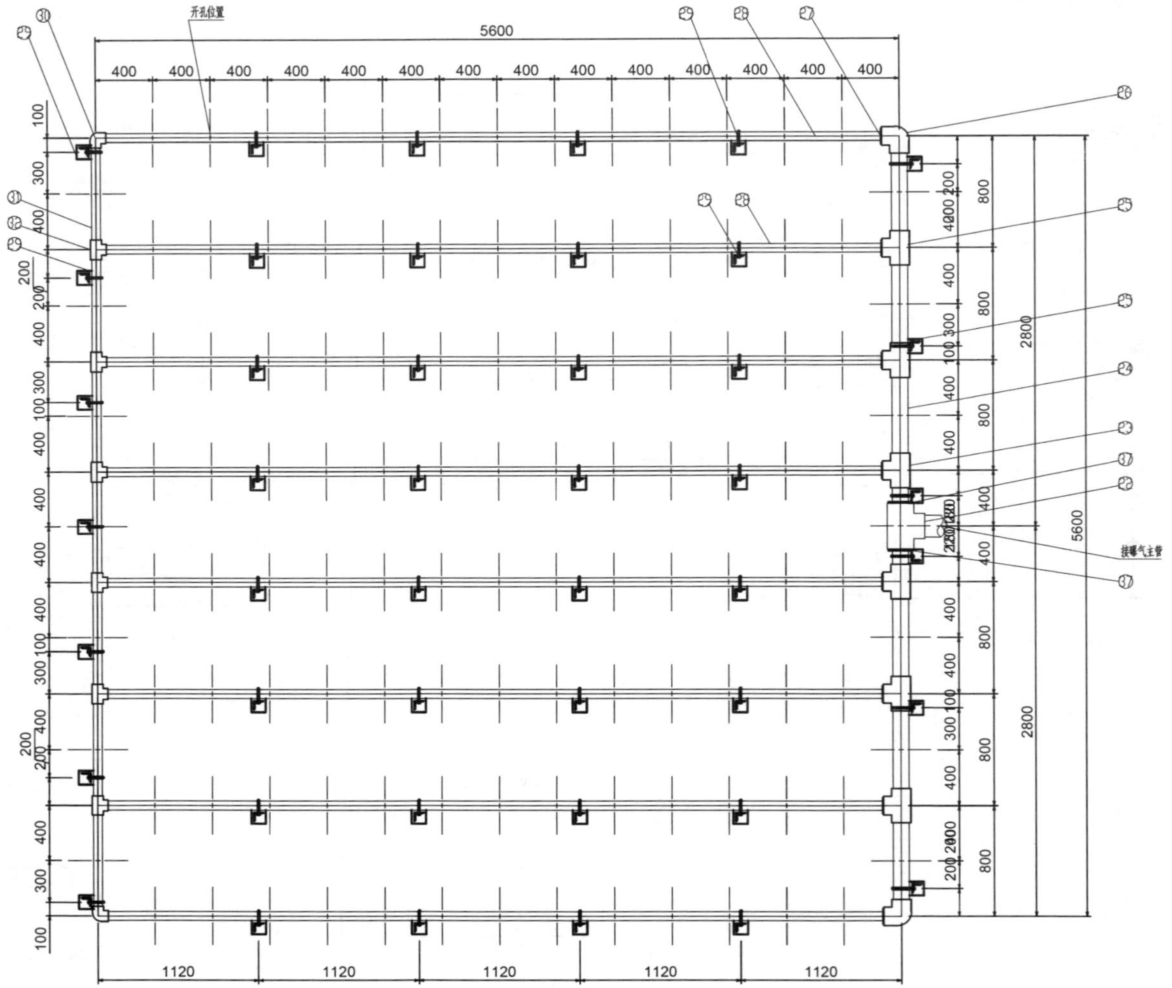

池底曝气管安装图

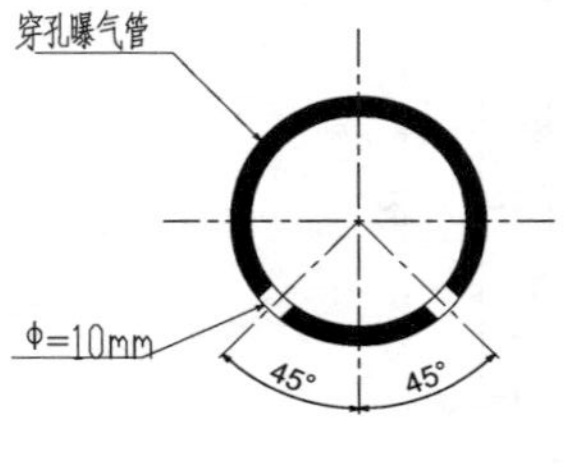

穿孔管开口示意图

说明：

1. 本图尺寸单位均以mm计。
2. 曝气孔斜向下45°开孔，间隔400mm，遇到弯头、三通除外，共计118对。
3. 开孔位置在图中以垂直管短线表示。
4. 曝气管支架加工样式参见9－工艺－05，支架高度见材料表。
5. 本图同时适用于新、旧两个污泥贮池。

图名	污泥贮池池底曝气管安装图	图号	6－工艺－08

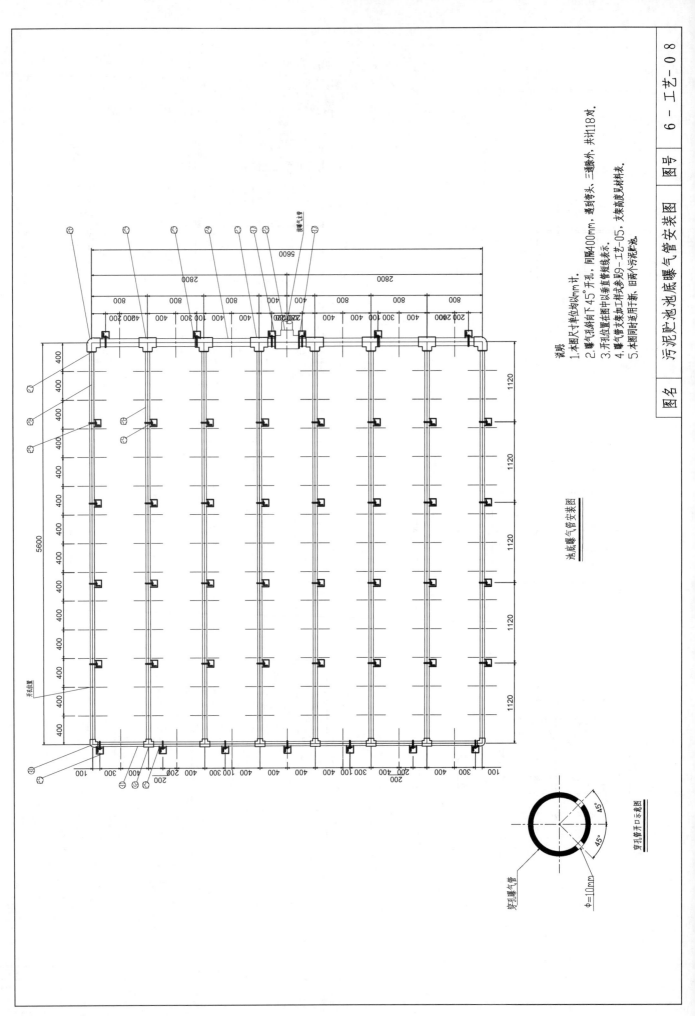

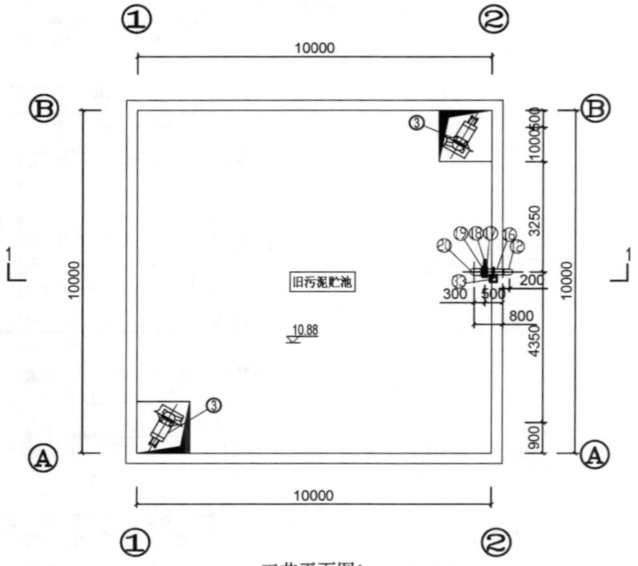

工艺平面图1 比例 1:100
池顶部俯视

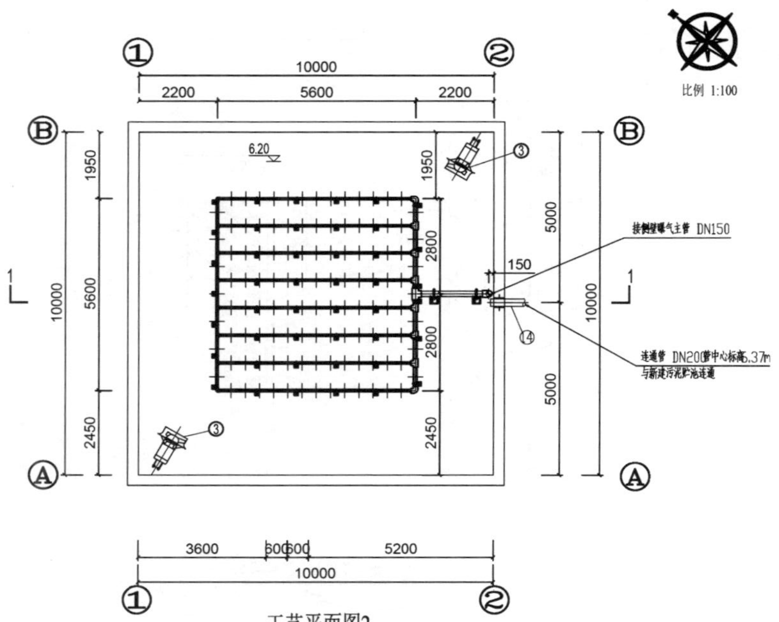

工艺平面图2 比例 1:100
池内部俯视

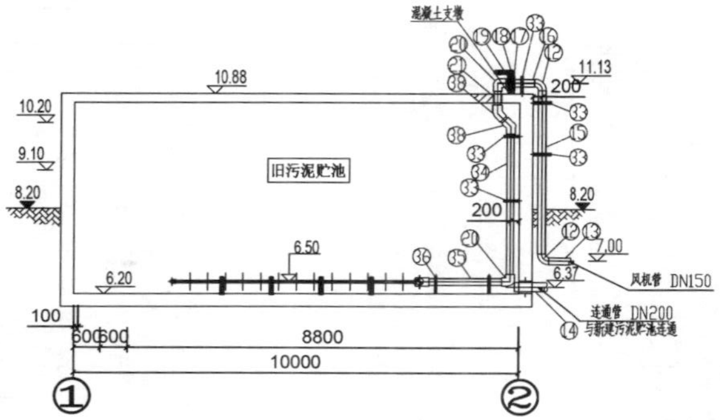

1-1剖面图 比例 1:100

说明：

1.本图尺寸单位:标高以m计，其余均以mm计。
2.标高为绝对标高，高程系统采用1985国家高程基准。
3.本图所标管径为公称直径。
4.本图只表示新安装穿孔曝气管及新、旧污泥贮池连通管之规格及位置，不涉及原有其他设备、管线。
5.由于旧污泥贮池无图纸可依，如遇池体规格与本图标注有所差异，现场可酌情合理调整。
6.底部曝气管安装详图见图9-工艺-05。

图名	旧污泥贮池工艺平面图及剖面图	图号	6-工艺-09

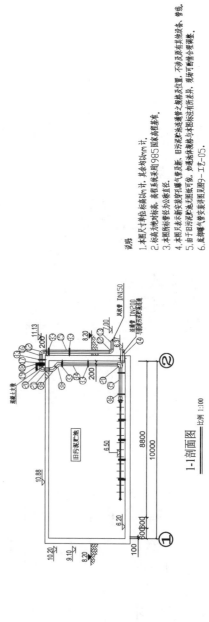

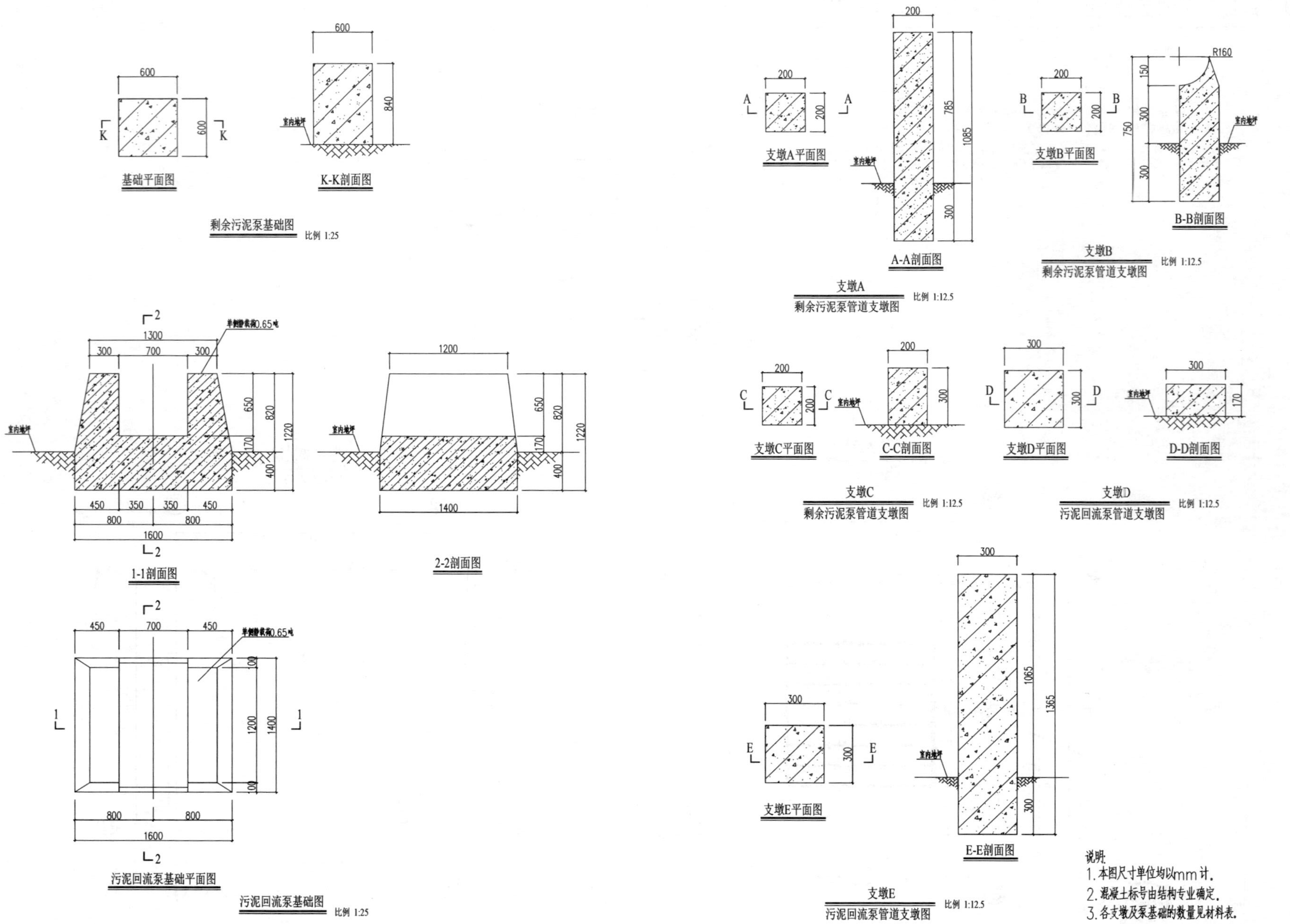

说明:
1. 本图尺寸单位均以mm计。
2. 混凝土标号由结构专业确定。
3. 各支墩及泵基础的数量见材料表。

图名	污泥回流及剩余污泥泵房设备管线基础图	图号	6－工艺－10

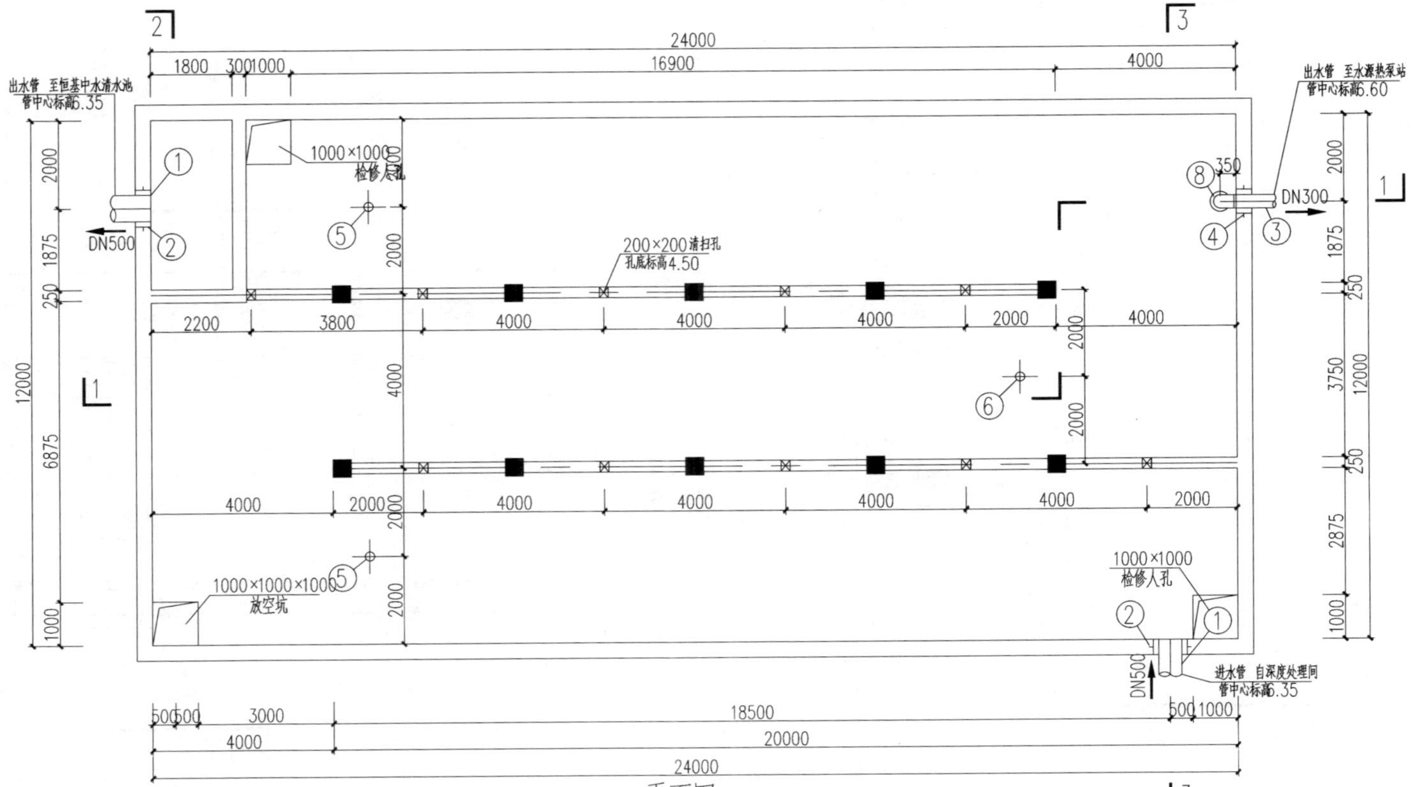

平面图

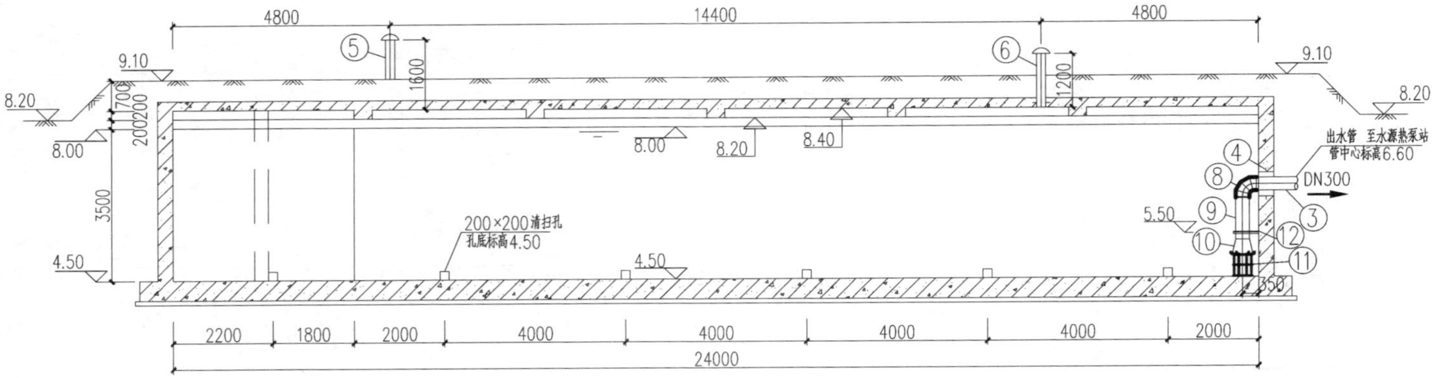

1—1剖面图

图名	水源热泵吸水池平面图及1－1 剖面图	图号	7－工艺－01

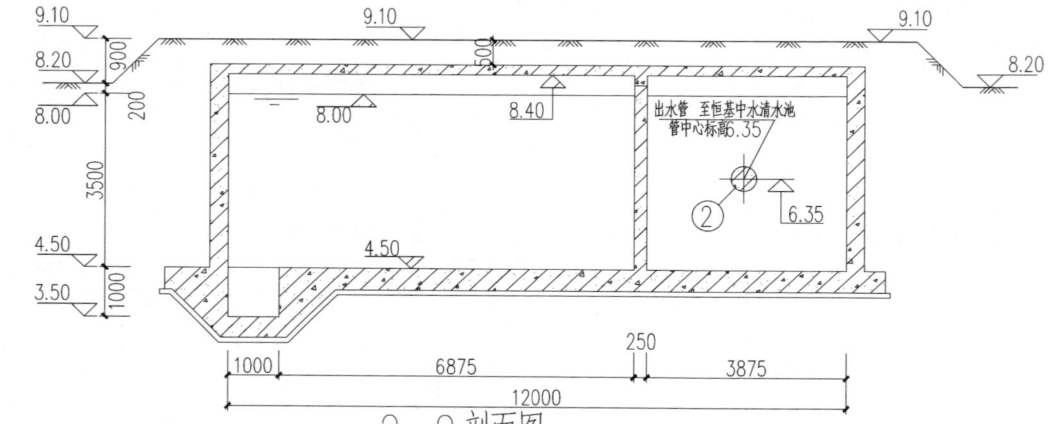

2—2剖面图

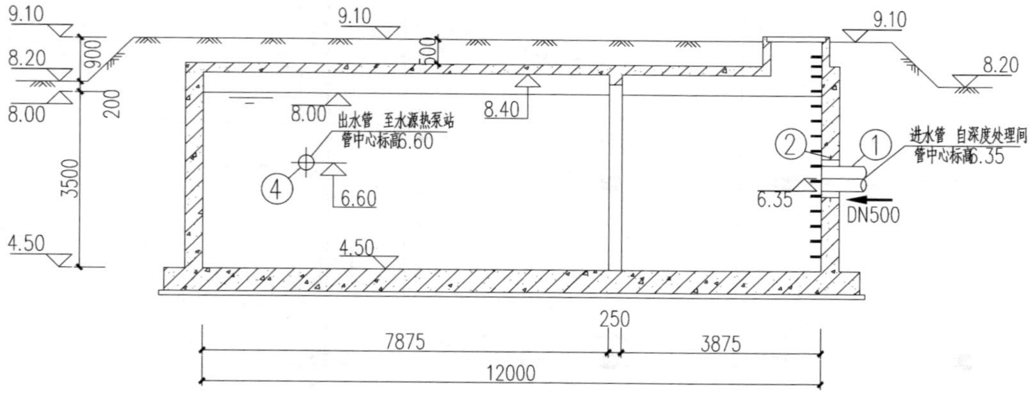

3—3剖面图

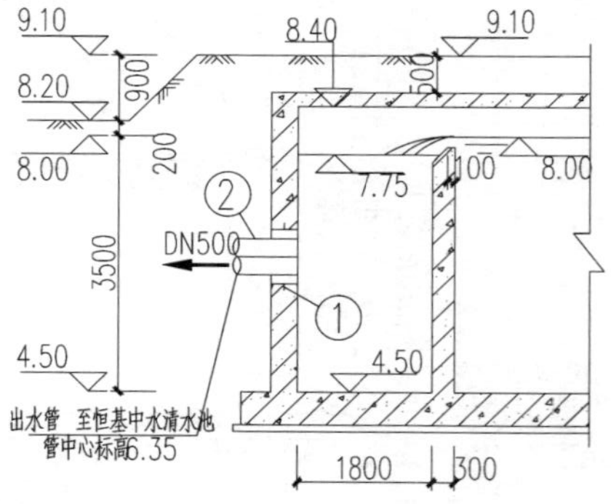

4—4剖面图

主要材料一览表

序号	名称	型号及规格	材料	单位	数量	备注
①	直管	DN500 L=1300mm	Q235a	根	2	
②	刚性防水套管(A型)	DN500 L=350mm	Q235a	个	2	详见02S404-15
③	直管	DN300 L=1300mm	Q235a	根	1	
④	刚性防水套管(A型)	DN300 L=350mm	Q235a	个	1	详见02S404-15
⑤	通风管	DN200 L=1600mm	Q235a	根	2	配通风帽
⑥	通风管	DN200 L=1200mm	Q235a	个	1	配通风帽
⑦	刚性防水翼环	DN200	Q235a	个	3	详见02S404-24
⑧	90°弯头	DN300	Q235a	个	1	详见02S403-8
⑨	直管	DN300 L=952mm	Q235a	根	1	
⑩	吸水喇叭口	DN300	Q235a	个	1	详见02S403-110
⑪	吸水喇叭管支架(B型)	DN300*450	Q235a	个	1	详见02S403-113
⑫	立管支架	DN300	Q235a	个	1	详见03S403-65

图名	水源热泵吸水池剖面图及材料表	图号	7-工艺-02

1、2号预缺氧、厌氧、缺氧池主要材料表

分项	序号	名称	规格及型号	材料	单位	数量	备注
工艺管线	A1	直管	DN1000 L=1 000 mm	S304	根	1	进水管
	A2	90°弯头	DN1000	S304	个	2	进水管
	A3	直管	DN1000 L=376 mm	S304	根	1	进水管
	A4	直管	DN1000 L=1 881 mm	S304	根	1	进水管
	A5	刚性防水翼环	DN1000 L=400 mm		个	1	进水管
	A6	直管	DN900 L=36 146 mm	S304	根	2	循环液回流管
	A7	90°弯头	DN900	S304	个	2	循环液回流管
	A8	直管	DN900 L=1 520 mm	S304	根	2	循环液回流管
	A9	刚性防水套管	DN900 L=1 020 mm		个	2	循环液回流管
	A10	直管	DN1200 L=2 290 mm	S304	根	2	出水管
	A11	90°弯头	DN1200	S304	个	2	出水管
	A12	直管	DN1200 L=2 340 mm	S304	根	2	出水管
	A13	刚性防水翼环	DN1200 L=200 mm		个	2	出水管
	A14	直管	DN800 L=1 000 mm	钢	根	2	污泥回流管
	A15	90°弯头	DN800	钢	个	2	污泥回流管
	A16	直管	DN800 L=4 092 mm	钢	根	1	污泥回流管
	A17	直管	DN800 L=41 300 mm	钢	根	1	污泥回流管
	A18	四通	DN800×600	钢	个	1	污泥回流管
	A19	直管	DN800 L=10 300 mm	钢	根	1	污泥回流管
	A20	直管	DN800 L=1 400 mm	钢	根	1	污泥回流管
	A21	法兰盘	DN800	钢	个	2	污泥回流管
	A22	伸缩节	DN800	铸铁	个	1	污泥回流管
	A23	直管	DN800 L=1 300 mm	钢	根	1	污泥回流管
	A24	直管	DN600 L=1 400 mm	钢	根	2	污泥回流管
	A25	法兰盘	DN600	钢	个	4	污泥回流管
	A26	伸缩节	DN600	铸铁	个	2	污泥回流管
	A27	直管	DN600 L=1 300 mm	钢	根	2	污泥回流管
	A28	直管	DN600 L=31 100 mm	钢	根	2	污泥回流管
	A29	刚性防水套管	DN800 L=200 mm		个	2	污泥回流管
	A30	柔性防水套管	DN600 L=250 mm		个	2	污泥回流管

1、2号预缺氧、厌氧、缺氧池主要材料表

分项	序号	名称	规格及型号	材料	单位	数量	备注
	A32	刚性防水套管	DN500 L=1 000 mm		个	6	放空管
空气管线	B1	直管	DN150 L=1 000 mm	S304	根	8	空气管
	B2	90°弯头	DN150	S304	个	24	空气管
	B3	直管	DN150 L=2 651 mm	S304	根	8	空气管
	B4	法兰盘	DN150	S304	个	24	空气管
	B5	对夹式蝶阀	DN150 0.6 Mpa	铸铁	个	8	空气管
	B6	直管	DN150 L=1 717 mm	S304	根	8	空气管
	B7	直管	DN150 L=1 304 mm	S304	根	8	空气管
	B8	直管	DN150 L=5 785 mm	S304	根	8	空气管
	B9	法兰盘	DN150	UPVC	个	24	空气管
	B10	直管	DN150 L=1 000 mm	UPVC	根	8	空气管
	B11	直管	DN150 L=7 050 mm	UPVC	根	8	空气管
	B12	直管	DN80 L=5 630 mm	UPVC	根	64	空气管
	B13	管堵	DN80	UPVC	个	64	空气管
堰板	C1	进水堰板	B×L×δ=400×3 300×6	S304	个	2	
	C2	进水堰板	B×L×δ=400×800×6	S304	个	8	
	C3	进水堰板	B×L×δ=400×6 000×6	S304	个	2	
管道支架	D1	垂直空气管道支架	DN150	S304	个	16	详见03S402-110
	D2	水平空气管道支架	DN80	S304	个	256	
	D3	水平空气管道支架	DN150	S304	个	32	
喷酒除臭	E1	软管	DN10	纤维缠绕胶管	m	200	喷酒除臭管
	E2	三通	DN10×10	工程塑料	个	1	喷酒除臭管
	E3	合金铜喷嘴		合金铜	个	18	喷酒除臭管

图名	1、2号预缺氧、厌氧、缺氧池材料表	图号	8-工艺-02

工艺说明

一、概述

《某开发区污水处理一厂工艺升级改造工程》中污水处理厂生物处理工艺改造为改良A/A/O工艺。生物池共2组，1、2号生物池为1组，3、4号生物池为1组。1、2号生物池包括1组新建对称结构"预缺氧、厌氧、缺氧池"及2座原有构筑物改造好氧池；3、4号生物池也包括1组新建对称结构"预缺氧、厌氧、缺氧池"及2座原有构筑物改造好氧池。其中1、2号生物池设计规模为平均日流量4.5×10^4 t/d，3、4号生物池设计规模为平均日流量3.5×10^4 t/d。生物池的变化系数为1.35。

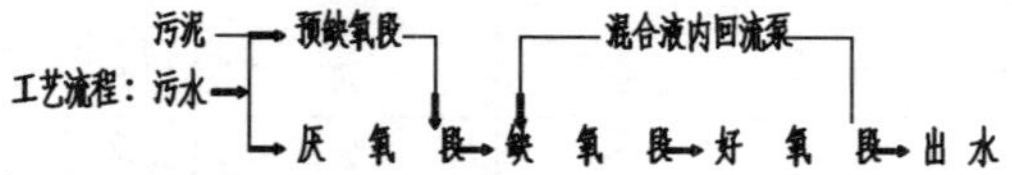

本分项为1、2号预缺氧、厌氧、缺氧池部分。

二、设计依据

1.《某开发区污水处理一厂升级改造初步设计》（某市市政设计研究院有限责任公司 2009.11）。

2.《室外给水设计规范》（GB 50013-2006）。

3.《室外排水设计规范》（GB 50014-2006）。

三、工程设计

1. 进水井及配水井。

其作用为进水流量调节：污水进入进水井后，经简易闸板进行流量分配（通过把简易闸板放置在不同的闸槽实现），一部分与回流污泥混合后进入预缺氧池，另一部分进入厌氧池。污水流量的分配主要根据预缺氧段反硝化的效果（硝氮测量仪测量值判断）进行调整，硝氮值大时，增大进入预缺氧池的污水量，反之减小。混合液内回流泵的回流量调节根据缺氧池中反硝化效果进行。

2. 预缺氧、厌氧、缺氧池、预曝气池。

预缺氧、厌氧、缺氧池及预曝气池均设置潜水搅拌器，其中预曝气池内还增加设置曝气管。

四、设备及管路安装

1. 潜水搅拌器由设备供货厂提供全部安装附件（包括不锈钢导杆、吊索、吊架等），并负责指导安装。

2. 潜水搅拌器、起吊架及曝气管采用不锈钢膨胀螺栓安装方式，位置现场确定。

3. 工艺管道与设备除特殊注明为法兰连接，钢制管道与管件除特别注明外其余均为焊接。钢管管材及法兰公称压力为1.0MPa。

4. 钢制管道及管件焊接均按《现场设备、工业管道焊接施工及验收规范》（GB 50236-98）执行，钢管道施工及验收按《工业金属管道工程施工及验收规范》（GB 50235-97）及《给水排水管道工程施工及验收规范》（GB 50268-97）和当地的其他有关规定执行。

5. 钢管防腐要求：

①所有的钢管件及管道支架（不锈钢除外）涂漆前必须按照《涂装前钢材表面锈蚀等级和除锈等级》（GB/T 8923-88）进行表面除锈处理，达到Sa2.5级后方可进行防腐处理。

② 污水、污泥钢管内壁防腐：环氧煤沥青防腐涂料底漆一道，面漆三道。

③ 埋地钢管外壁防腐：采用环氧煤沥青冷缠防腐层（厚0.6 mm）进行防腐。（外包混凝土钢管不做防腐）

④ 明敷钢管及管支架：外涂环氧富锌底漆一道，环氧云铁防锈底漆一道，环氧厚浆型防腐面漆两道。

上述要求的具体防腐施工方法应严格遵照产品说明进行操作。

6. 各设备安装要求具体详见图纸。预留螺栓孔洞间距待设备招标后在厂家确定后，需重新确认，修改设计后方可施工。

7. 曝气管路系统内立管法兰（法兰距池底1米）以下所有曝气系统，包括管式曝气器、曝气主管、主管调节支架、曝气支管与其相关的管配件、曝气管调节支架、冷凝水排污装置均采用S304不锈钢紧固件。底部曝气系统由曝气设备厂家进行设计，本图仅供参考，不作为施工依据，曝气系统由厂家指导安装。

五、其他技术要求

（1）防水套管的长度与所在处的墙同宽。所有预留洞，待设备安装完毕，用素混凝土封堵。

（2）所有设备的安装和验收应严格按照厂家提供的产品安装说明进行，以保证设备安全运行。

（3）穿墙套管、爬梯、钢盖板计入土建工程量，本图仅表示工艺需要。

（4）凡本说明未提及之处，均按现行国家有关规范、规程严格执行。

主要设备

序号	名称	规格及型号	材料	单位	数量	备注
①	潜水搅拌器	Φ=580 mm r=500 r/min　N=8.2 kW	S304	套	2	预缺氧池
②	潜水搅拌器	Φ=580 mm r=500 r/min　N=10.8 kW	S304	套	2	厌氧池
③	潜水推进器	Φ=2 100 mm r=360 r/min　N=5.3 kW	S304	套	6	缺氧池
④	潜水搅拌器	Φ=580 mm r=500 r/min　N=5.8 kW	S304	套	6	预曝气池
⑤	调节堰门	DY-1000×500 N=0.75 kW	铸铁	套	2	配水渠道
⑥	调节堰门	DY-1200×600 N=0.75 kW	铸铁	套	2	配水渠道
⑦	调节堰门	700×700 N=0.55 kW	铸铁	套	4	污泥回流廊道
⑧	简易渠道闸门	DN1000 L=1 007 mm		套	2	主要材料见渠道闸安装图
⑨	盘式曝气器	Q=4.5 m^3/h	硅橡胶	套	640	
⑩	法兰式涡轮传动蝶阀	DN800 0.6 Mpa	铸铁	套	1	污泥回流管
⑪	法兰式涡轮传动蝶阀	DN600 0.6 Mpa	铸铁	套	2	污泥回流管
⑫	电磁流量计	DN800 0.6 Mpa		套	1	污泥回流管
⑬	电磁流量计	DN600 0.6 Mpa		套	2	污泥回流管

图名	1、2号预缺氧、厌氧、缺氧池工艺说明及主要设备表	图号	8-工艺-03

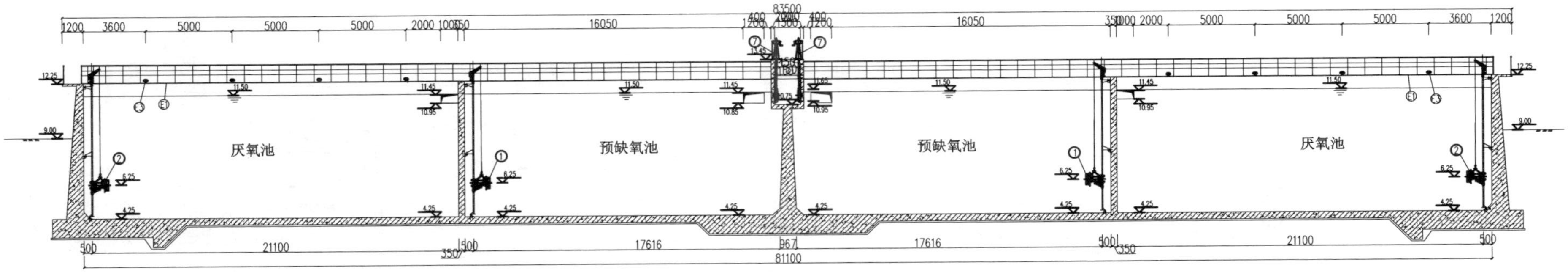

1-1剖面图

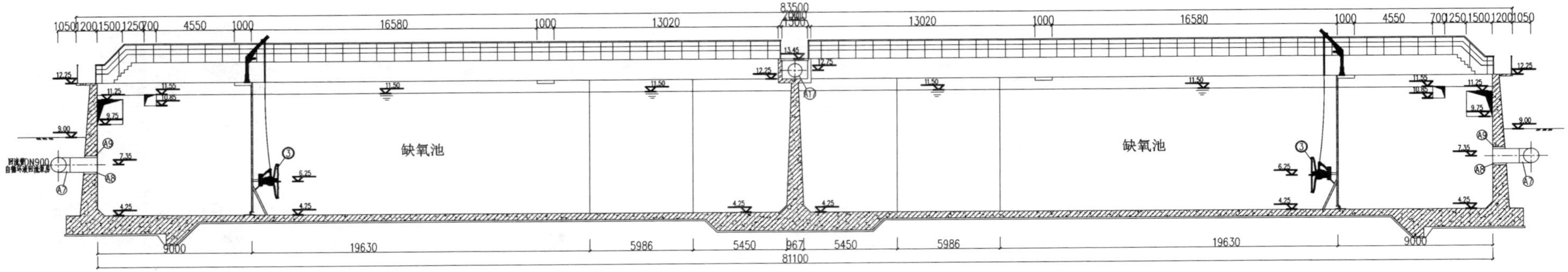

2-2剖面图

图名	1、2号预缺氧、厌氧、缺氧池1-1、2-2剖面图	图号	8-工艺-06

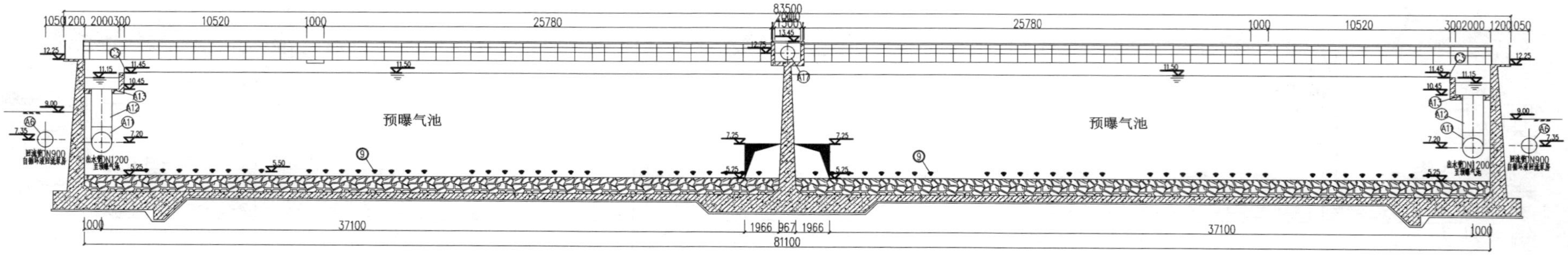

3-3剖面图

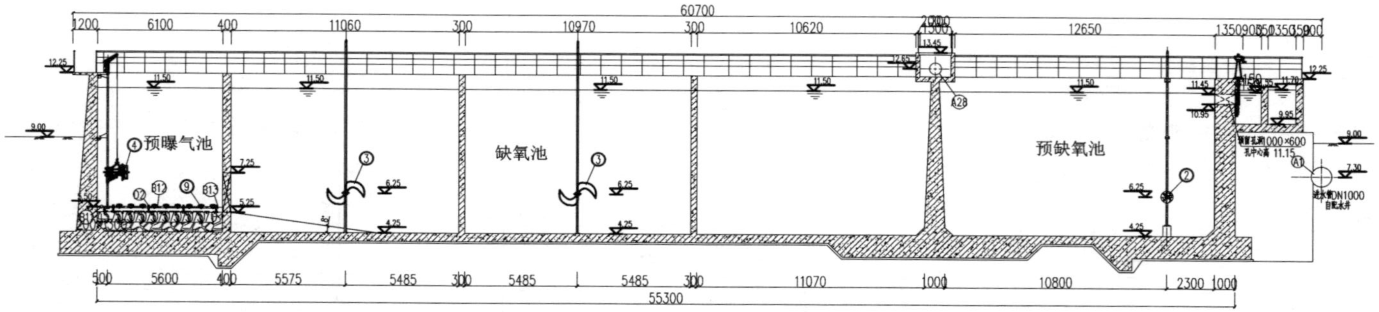

4-4剖面图

图名	1、2号预缺氧、厌氧、缺氧池3-3、4-4剖面图	图号	8-工艺-07

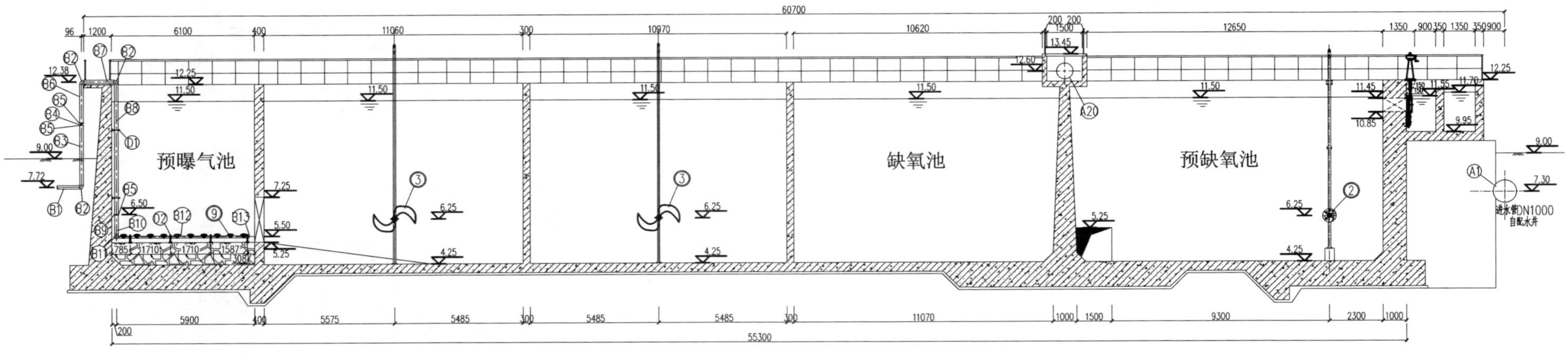

5-5剖面图

图名	1、2号预缺氧、厌氧、缺氧池5－5剖面图	图号	8－工艺－08

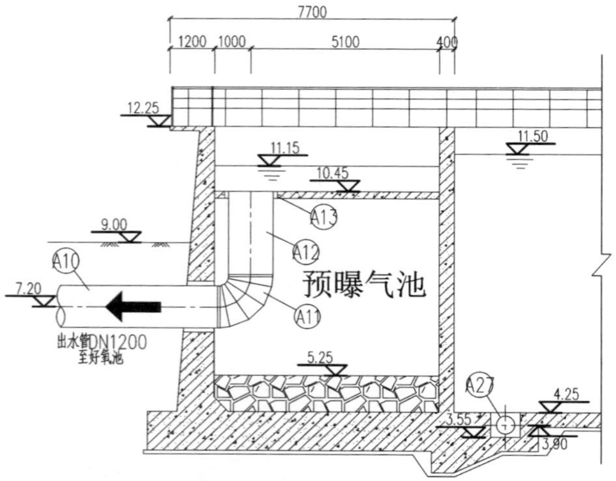

6-6 剖面图

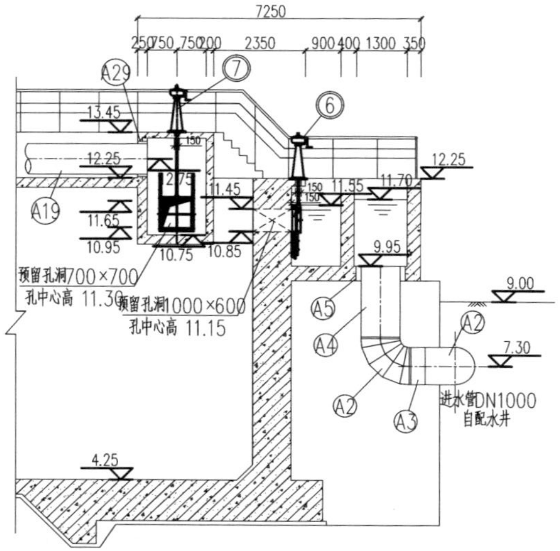

7-7 剖面图

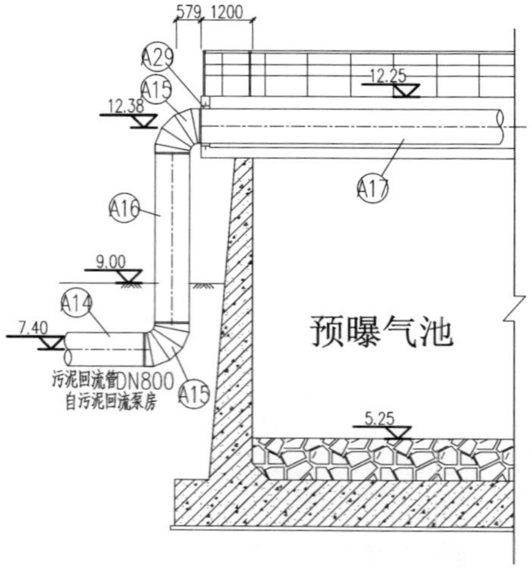

8-8 剖面图

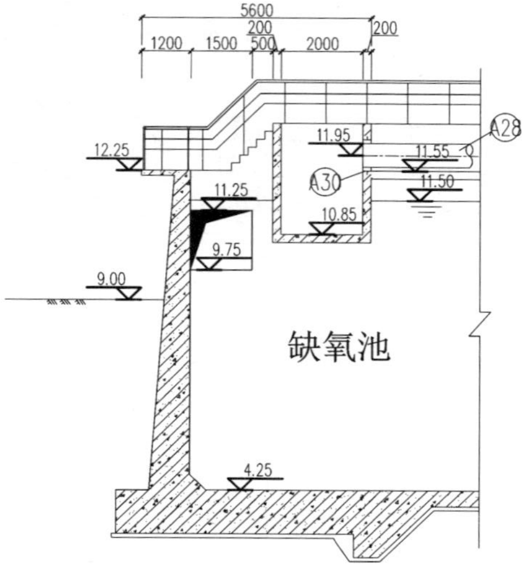

9-9 剖面图

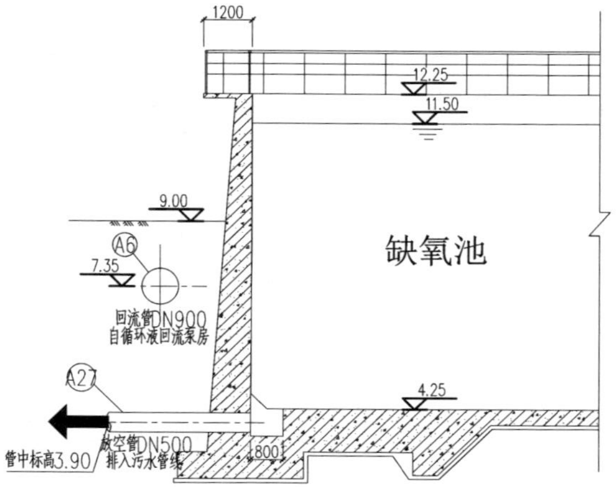

10-10 剖面图

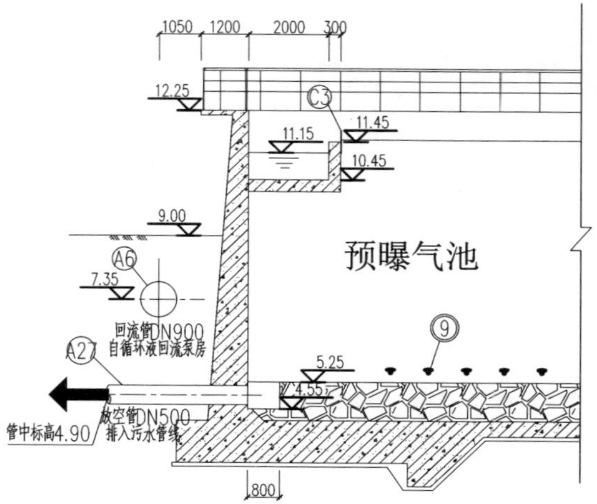

11-11 剖面图

图名	1、2 号预缺氧、厌氧、缺氧池剖面图	图号	8－工艺－09

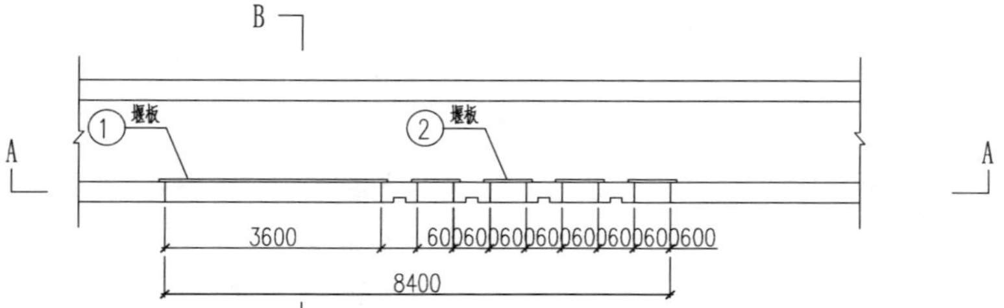

节点A 平面图 1:100

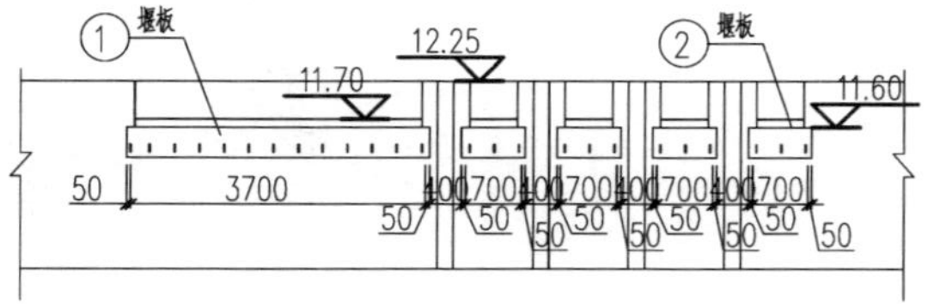

A—A 剖面图 1:100

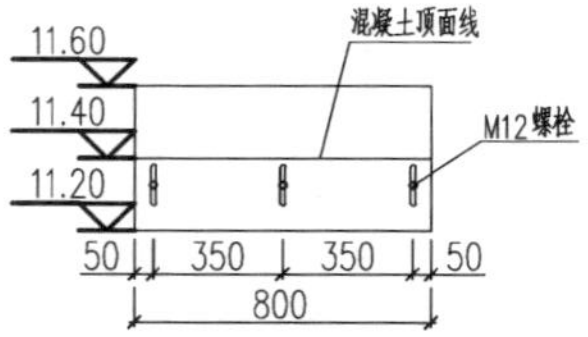

进水堰板加工图(一) 1:25

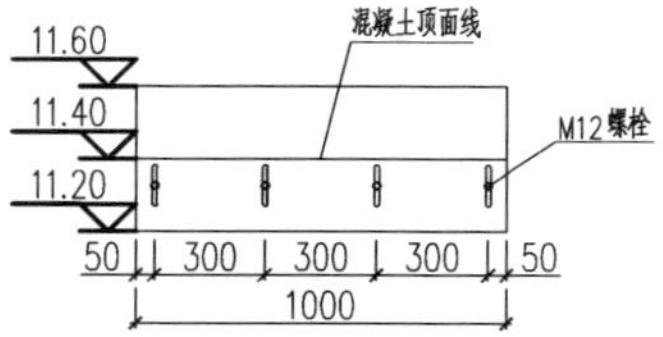

进水堰板加工图(二) 1:25

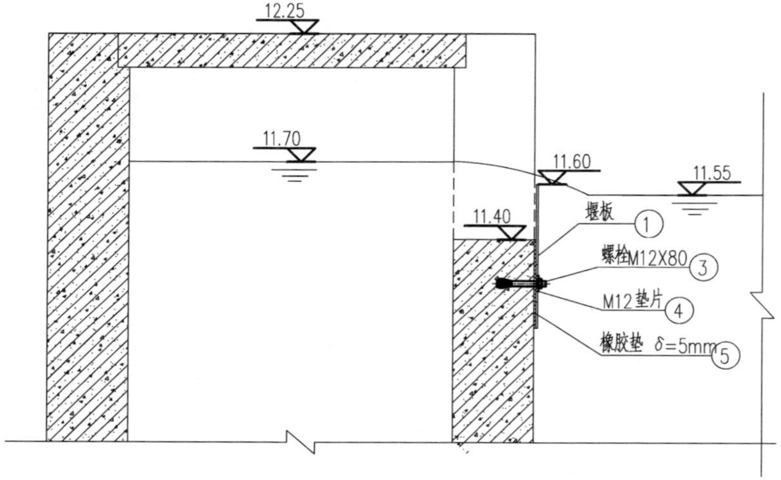

B—B 剖面图 1:20

单池进水堰主要材料一览表

编号	名称	规格	材料	单位	数量	备注
①	堰板	B*L*δ=400*800*6	S304	块	4	
		B*L*δ=400*1000*6	S304	块	1	
②	堰板	B*L*δ=400*800*6	S304	块	4	
③	螺栓	M12-80	S304	个	24	配螺母
④	垫片	M12	橡胶	个	24	
⑤	橡胶垫	δ=5mm	橡胶	个	24	

图名	1、2号预缺氧、厌氧、缺氧池进水堰板安装图	图号	8-工艺-10

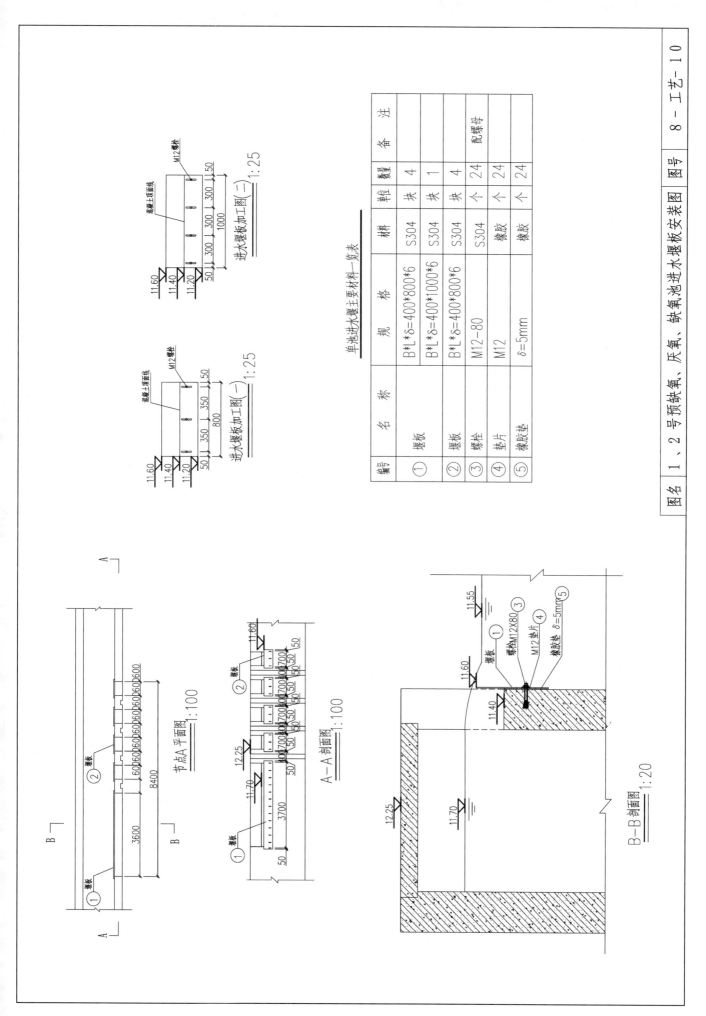

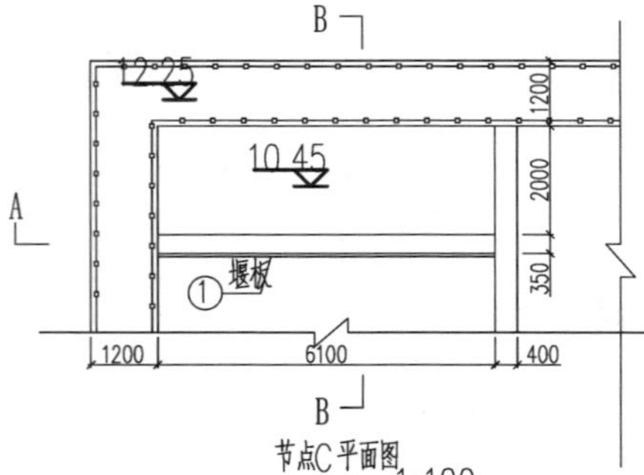

节点C平面图 1:100

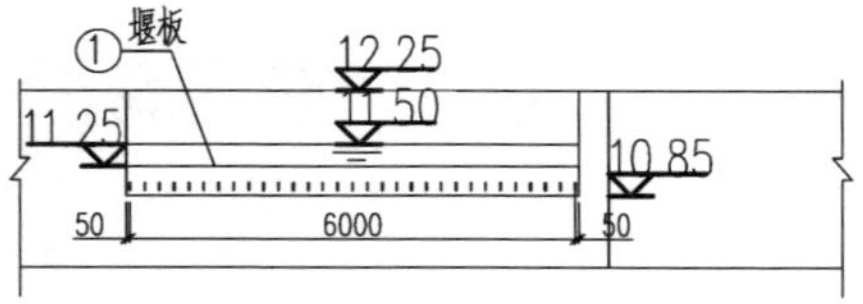

A−A剖面图 1:100

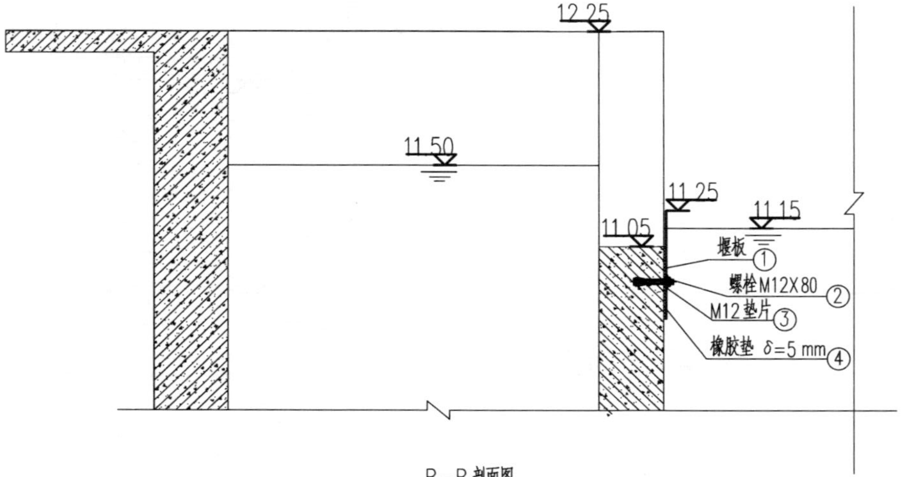

B−B剖面图 1:20

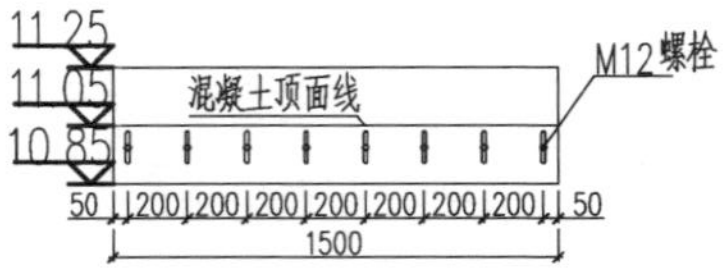

出水堰板加工图(一) 1:25

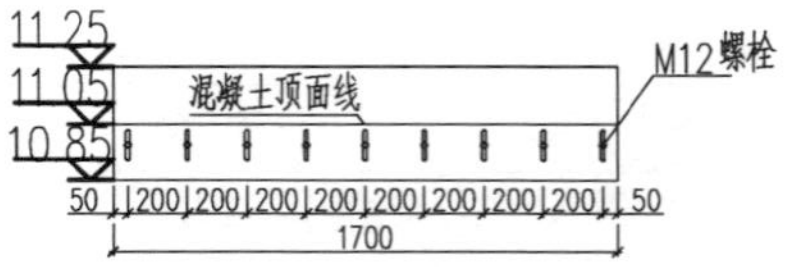

出水堰板加工图(二) 1:25

单池出水堰主要材料一览表

编号	名称	规格	材料	单位	数量	备注
①	堰板	B*L*δ=400*1 500*6	S304	块	3	
		B*L*δ=400*1 700*6	S304	块	1	
②	螺栓	M12-80	S304	个	30	配螺母
③	垫片	M12	橡胶	个	30	
④	橡胶垫	δ=5 mm	橡胶	个	30	

图名	1 、2 号预缺氧、厌氧、缺氧池出水堰板安装图	图号	8 - 工艺- 1 1

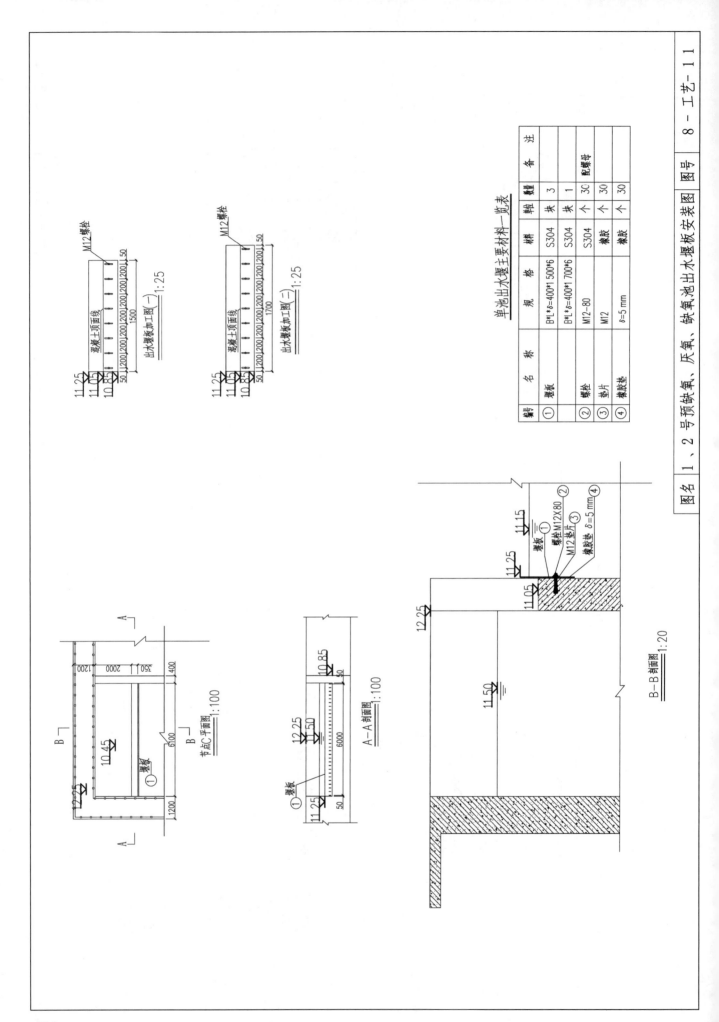

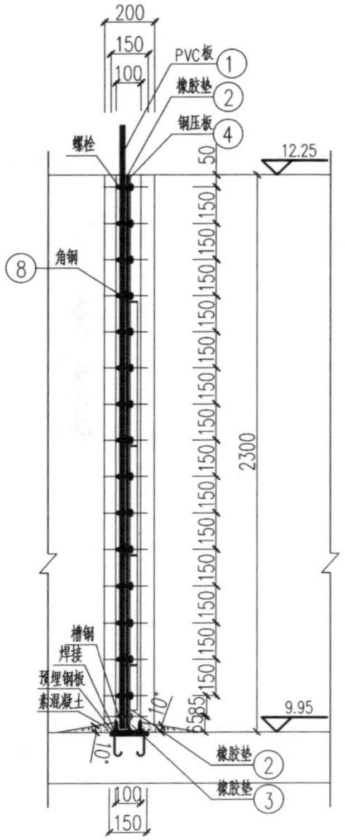

b-b 剖面图

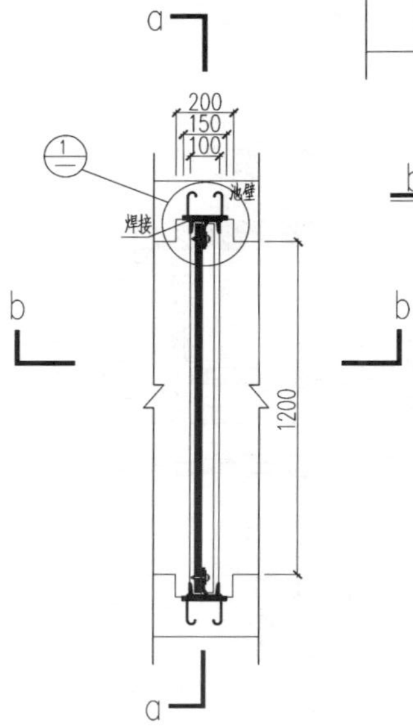

节点B 平面大样图

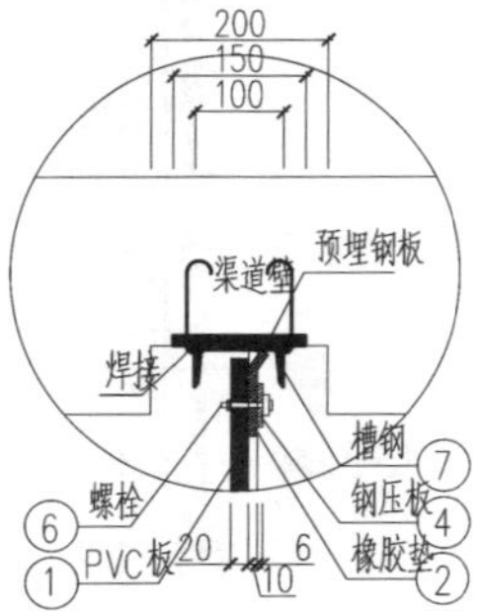

节点1大样图

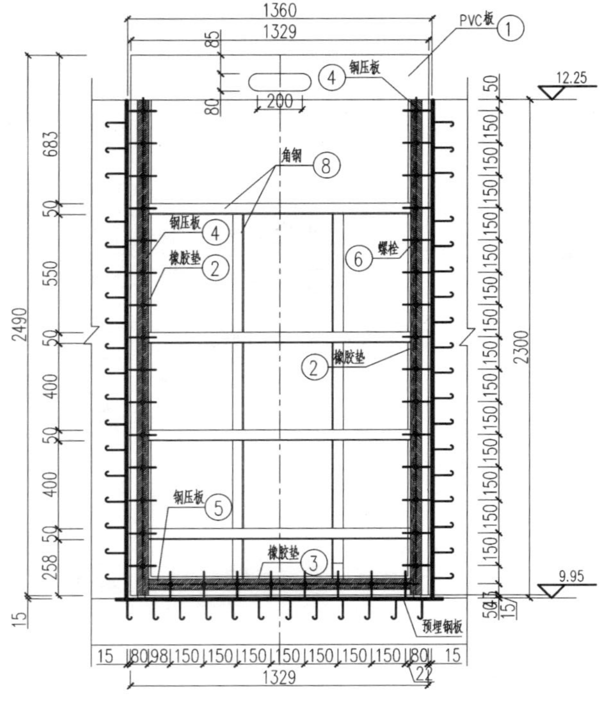

a-a 剖面图

单座简易渠道闸主要材料一览表

编号	名称	规格	材料	单位	数量	备注
①	PVC板	B*L*d=1329*2490*20	PVC	块	1	
②	橡胶垫	B*L*d=104*24904*10	橡胶	个	2	
③	橡胶垫	B*L*d=104*1329*10	橡胶	个	1	
④	钢压板	B*L*d=50*2285*8	SS304	块	2	
⑤	钢压板	B*L*d=50*1170*8	SS304	块	1	
⑥	螺栓	M12-60	SS304	个	38	配螺母
⑦	槽钢	⊏10	SS304	mm	5770	
⑧	角钢	∟5	SS304	mm	7275	

图名	1、2号预缺氧、厌氧、缺氧池简易渠道闸安装图	图号	8-工艺-12

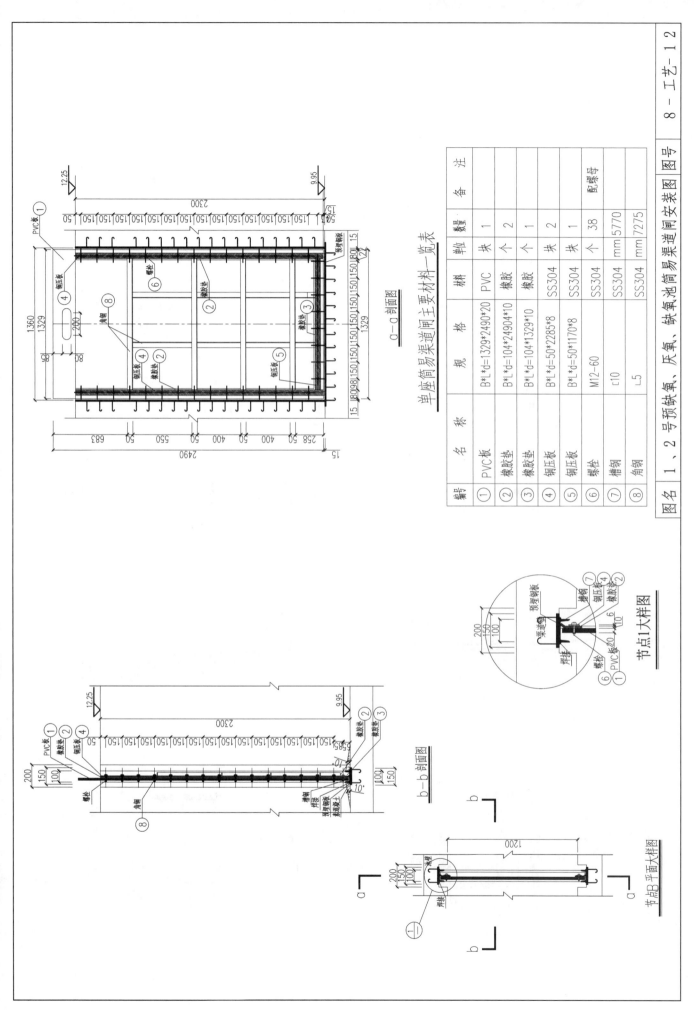

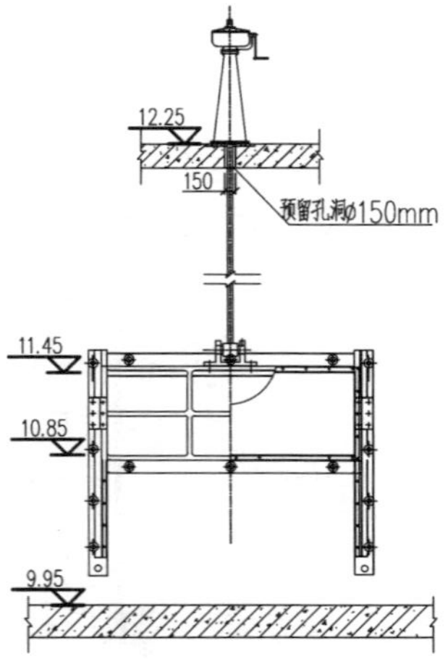

1200*600闸门剖面图(一) 1:50

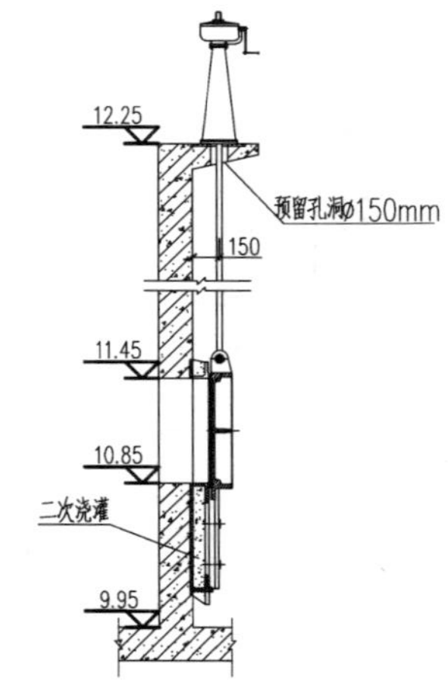

1200*600闸门剖面图(二) 1:50

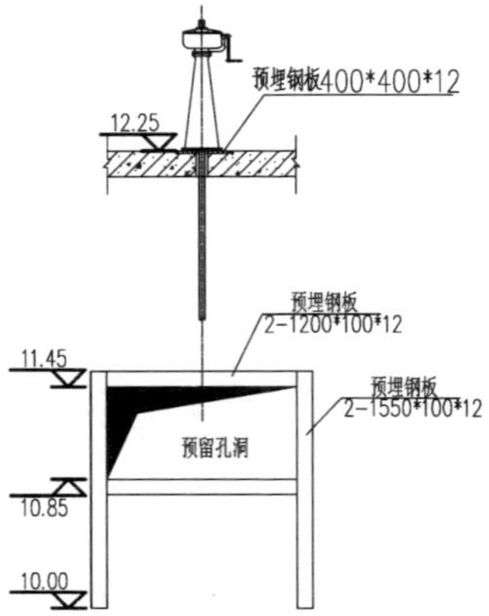

1200*600闸门预埋件图 1:50

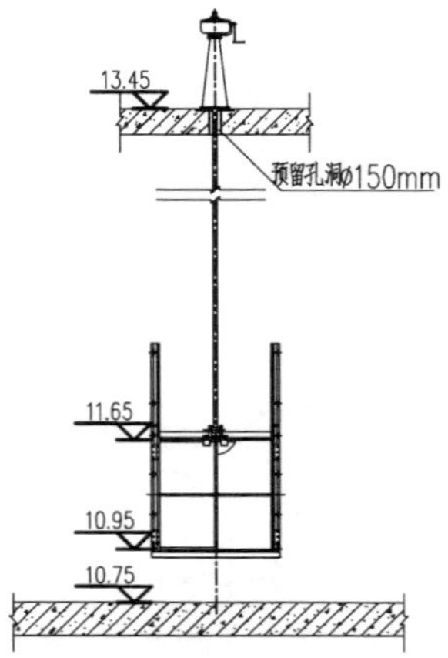

700*700闸门剖面图(一) 1:50

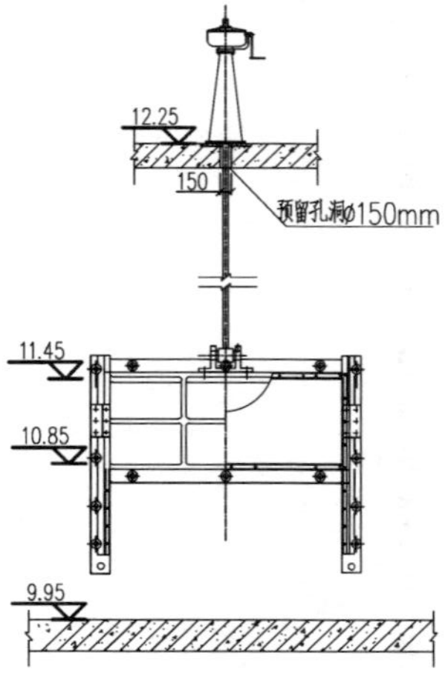

1000*500闸门剖面图(一) 1:50

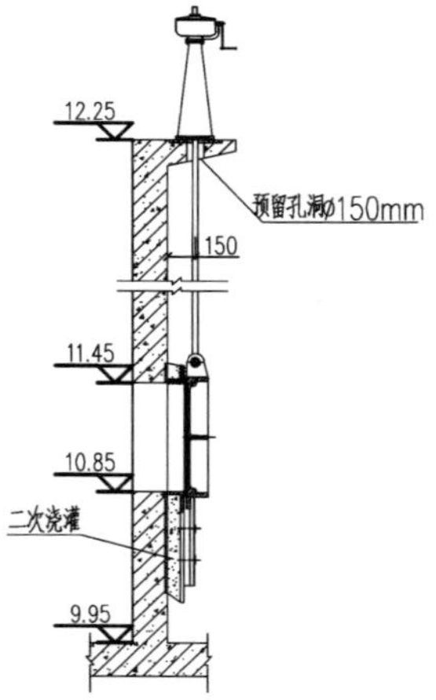

1000*500闸门剖面图(二) 1:50

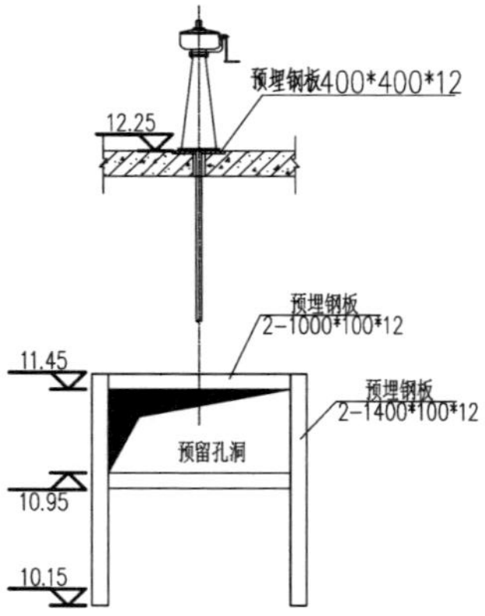

1000*500闸门预埋件图 1:50

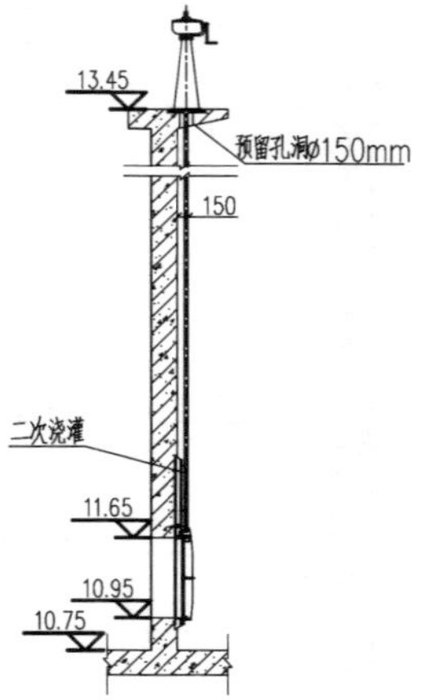

700*700闸门剖面图(二) 1:50

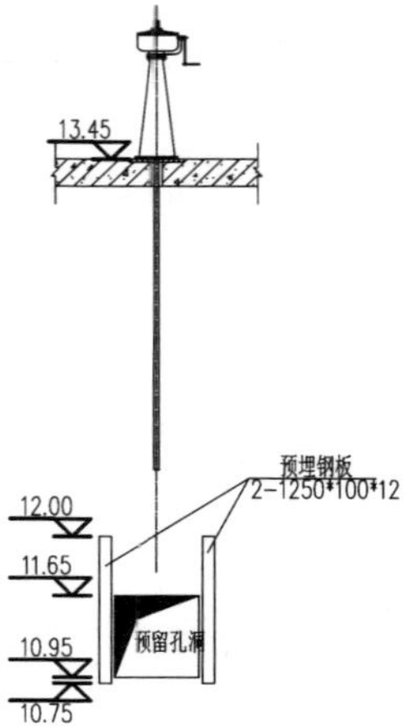

700*700闸门预埋件图 1:50

图名	1、2号预缺氧、厌氧、缺氧池闸门预埋件图	图号	8-工艺-13

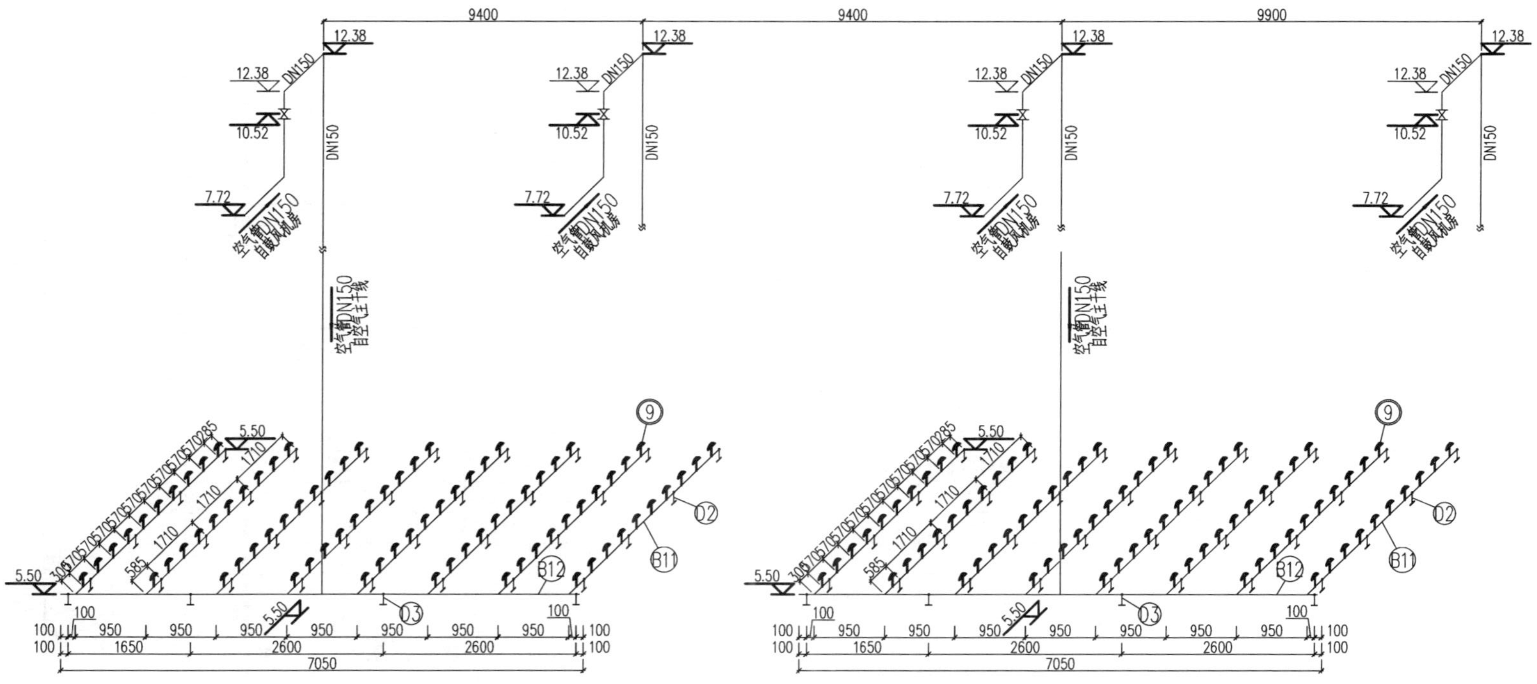

单组预曝气池空气主干线系统图 1:20

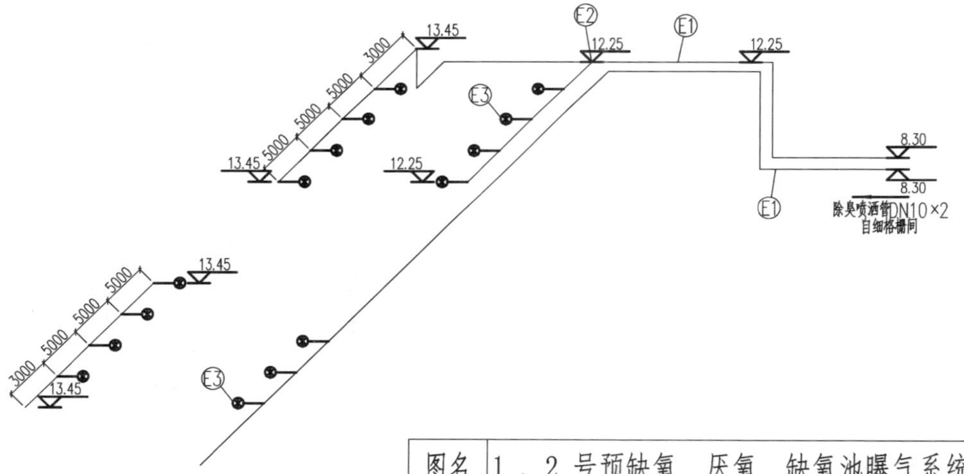

图名	1、2号预缺氧、厌氧、缺氧池曝气系统图和喷淋除臭管线系统图	图号	8-工艺-14

1、2号好氧池主要材料表

分项	序号	名称	规格及型号	材料	单位	数量	备注
工艺管线	A1	直管	DN1200 L=1 000 mm	S304	根	2	进水管
	A2	异径管	DN1000×900	S304	个	2	进水管
	A3	90°弯头	DN900	S304	个	2	进水管
	A4	直管	DN900 L=1 532 mm	S304	根	2	进水管
	A5	刚性防水翼环	DN900 L=200 mm		个	2	进水管
	A6	直管	DN900 L=1 000 mm	S304	根	2	出水管
	A7	90°弯头	DN900	S304	个	2	出水管
	A8	直管	DN900 L=382 mm	S304	根	2	出水管
	A9	刚性防水翼环	DN900 L=300 mm		个	2	出水管
	A10	直管	DN700 L=4 000 mm	S304	根	2	放空管
	A11	刚性防水套管	DN700 L=400 mm		个	2	放空管
	A12	直管	DN900 L=1 000 mm	S304	根	2	循环液回流管
	A13	90°弯头	DN900	S304	个	4	循环液回流管
	A14	直管	DN900 L=443 mm	S304	根	2	循环液回流管
	A15	直管	DN900 L=331 mm	S304	根	2	循环液回流管
	A16	刚性防水套管	DN900 L=300 mm		个	2	循环液回流管
空气管线	B1	直管	DN300 L=1 000 mm	S304	根	10	空气管
	B2	90°弯头	DN300	S304	个	40	空气管
	B3	直管	DN300 L=2 930 mm	S304	根	10	空气管
	B4	直管	DN300 L=585 mm	S304	根	10	空气管
	B5	法兰盘	DN300	S304	个	20	空气管
	B6	对夹式蝶阀	DN300 0.6 Mpa	铸铁	个	20	空气管
	B7	直管	DN300 L=3 120 mm	S304	根	8	空气管
	B8	三通	DN300×150	S304	个	20	空气管
	B9	异径管	DN300×200	S304	个	10	空气管
	B10	直管	DN200 L=7 495 mm	S304	根	10	空气管
	B11	三通	DN200×150	S304	个	20	空气管
	B12	直管	DN200 L=8 150 mm	S304	根	10	空气管
	B13	异径管	DN200×150	S304	个	20	空气管
	B14	直管	DN150 L=7 705 mm	S304	根	10	空气管
	B15	三通	DN150×150	S304	个	10	空气管
	B16	直管	DN150 L=930 mm	S304	根	10	空气管
	B17	管堵	DN150	S304	个	10	空气管
	B18	直管	DN150 L=135 mm	S304	根	10	空气管
	B19	法兰盘	DN150	S304	个	150	空气管

1、2号好氧池主要材料表

分项	序号	名称	规格及型号	材料	单位	数量	备注
空气管线	B20	对夹式蝶阀	DN150 0.6 Mpa	铸铁	个	50	空气管
	B21	直管	DN150	S304	根	50	空气管
	B22	橡胶接头	DN150	橡胶	个	50	空气管
	B23	直管	DN150 L=605 mm	S304	根	50	空气管
	B24	90°弯头	DN150	S304	个	50	
	B25	直管	DN150 L=5 000 mm	S304	根	50	空气管
	B26	直管	DN150 L=7 050 mm	UPVC	根	50	空气管
	B27	直管	DN80 L=5 630 mm	UPVC	根	400	空气管
	B28	法兰盘	DN150	UPVC	个	50	空气管
	B29	管堵	DN80	UPVC	个	64	空气管
	B30	刚性防水套管	DN300 L=150 mm		个	10	
	B31	刚性防水套管	DN150 L=300 mm		个	50	
硝化液回流泵池	C1	法兰盘	DN350	钢	个	6	
	C2	直管	DN350 L=1 000 mm	钢	根	50	
	C3	30°弯头	DN350	钢	个	3	
	C4	直管	DN350 L=1 495 mm	钢	根	3	
	C5	45°弯头	DN350	钢	个	4	
	C6	直管	DN350 L=970 mm	钢	根	2	
	C7	直管	DN350 L=1 135 mm	钢	根	2	
	C8	拍门	DN350	钢	个	3	
	C9	直管	DN350 L=3 952 mm	钢	根	1	
	C10	柔性防水套管	DN350 L=200 mm		个	3	
	C11	柔性防水套管	DN350 L=600 mm		个	3	
堰板	D1	好氧池出水堰板	B×L×δ=200×2 500×6	S304	个	2	详见安装图
	D2	轴流泵房进水堰板	B×L×δ=200×2 000×6	S304	个	2	详见安装图
管道支架	E1	垂直空气管道支架	DN150	S304	个	16	详见03S402-110
	E2	水平空气管道支架	DN80	S304	个	256	
	E3	水平空气管道支架	DN150	S304	个	32	
加药系统	F1	直管	DN25 L=7 225 mm	PE	根	2	
	F2	90°弯头	DN25	PE	个	6	
	F3	对夹式蝶阀	DN25	钢	个	2	
	F4	法兰短管	DN25	PE	个	4	

图名	1、2号好氧池主要材料表	图号	9-工艺-01

1、2号好氧池说明

一、概述

某开发区污水处理一厂工艺升级改造工程中污水处理厂生物处理工艺改造为改良A/A/O工艺。生物池共2组，1、2号生物池为1组，3、4号生物池为1组。1、2号生物池包括1组新建对称结构"预缺氧、厌氧、缺氧池"及2座原有构筑物改造好氧池；3、4号生物池也包括1组新建对称结构"预缺氧、厌氧、缺氧池"及2座原有构筑物改造好氧池。其中1、2号生物池设计规模为平均日流量4.5×10^4 m³/d，3、4号生物池设计规模为平均日流量3.5×10^4 m³/d。生物池的变化系数为1.35。

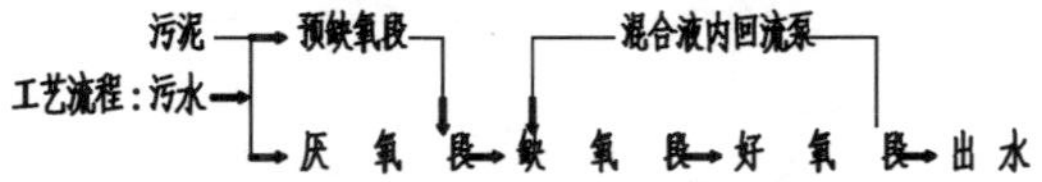

本分项为1、2号好氧池部分。

二、设计依据

1.《某开发区污水处理一厂升级改造可行性研究报告》（中国市政华北市政设计研究总院2009.4）。

2.《室外给水设计规范》(GB 50013-2006)。

3.《室外排水设计规范》(GB 50014-2006)。

三、工程设计

1. 进水管。

现状好氧池进水管直径为DN500，改造后缺氧池出水管直径为DN1200，由于现状好氧池进水渠道宽1 m，因此进水管调整直径为DN900，采用异径管与缺氧池DN1200管线连接。此处孔洞需要扩大加固。

2. 出水管。

改造后，硝化液回流量和污泥回流量增加，原DN600出水管调整为DN900，此处孔洞需要扩大加固。

3. 放空管。

现状放空管直径为DN700，本次改造工程中更换新管材，其他保持不变。

4. 轴流泵房。

由于硝化液回流量增大，原轴流泵房内轴流泵不能满足设计要求，因此本次改造需更换原水泵，新水泵参数Q=1 500 m³/h，H=3.5m，N=30 kW。每个泵房3台，2用1备。水泵仍采用立式轴流泵，其中在标高11.80处水泵传动轴预留孔洞需要从原来ø300扩大加固到ø450，在标高9.80处水泵底座预留孔洞仍保留原ø600孔洞。同时由于硝化液回流点调整为新建缺氧池内，因此硝化液提升后经管道直接进入新建压力井内，通过压力井回流至缺氧池。

5. 空气管路系统。

由于现状曝气系统运行年限较长，损坏严重，本次改造中全部更换。

6. 填料。

为了保证出水水质，本次改造中增加填料。

7. 加药。

加药管线出地面后需要采取4 cm厚岩棉保温措施。

四、设备及管路安装

1. 工艺管道与设备除特殊注明为法兰连接，钢制管道与管件除特别注明外其余均为焊接。钢管管材及法兰公称压力为1.0 MPa。

2. 钢制管道及管件焊接均按《现场设备、工业管道焊接施工及验收规范》(GB 50236-98)执行，钢管道施工及验收按《工业金属管道工程施工及验收规范》(GB 50235-97)及《给水排水管道工程施工及验收规范》(GB 50268-97)和当地的其他有关规定执行。

3. 钢管防腐要求：

①所有的钢管件及管道支架（不锈钢除外）涂漆前必须按照《涂装前钢材表面锈蚀等级和除锈等级》(GB/T 8923-88)进行表面除锈处理，达到Sa2.5级后方可进行防腐处理。

②污水、污泥钢管内壁防腐：环氧煤沥青防腐涂料底漆一道，面漆三道。

③埋地钢管外壁防腐：采用环氧煤沥青冷缠防腐层（厚0.6 mm）进行防腐。（外包混凝土钢管不做防腐）

④明敷钢管及管支架：外涂环氧富锌底漆一道，环氧云铁防锈底漆一道，环氧厚浆型防腐面漆两道。

上述要求的具体防腐施工方法应严格遵照产品说明进行操作。

4. 各设备安装要求具体详见图纸。预留螺栓孔洞间距待设备招标后在厂家确定后，需重新确认，修改设计后方可施工

5. 曝气管路系统内立管法兰（法兰距池底1米）以下所有曝气系统，包括管式曝气器、曝气主管、主管调节支架、曝气支管与其相关的管配件、曝气管调节支架、冷凝水排污装置均采用S304不锈钢紧固件。底部曝气系统由曝气设备厂家进行设计，本图仅供参考，不作为施工依据，曝气系统由厂家指导安装。

五、其他技术要求

（1）防水套管的长度与所在处的墙同宽。所有预留洞，待设备安装完毕，用素混凝土封堵。

（2）所有设备的安装和验收应严格按照厂家提供的产品安装说明进行，以保证设备安全运行。

（3）穿墙套管、爬梯、钢盖板计入土建工程量，本图仅表示工艺需要。

（4）凡本说明未提及之处，均按现行国家有关规范、规程严格执行。

1、2号好氧池主要设备表

序号	名称	规格及型号	材料	单位	数量	备注
1	立式轴流泵	Q=1 500 m³/h，H=3.5 m N=30 kW	铸铁	套	6	
2	盘式曝气器	Q=4.5 m³/h	硅橡胶	套	4 000	
3	填料	W200 mm×L2 500 mm×2面		m²	12 420	
4	电动葫芦	CD1-6D N=1.5+0.2 kW	铸铁	套	1	配相应配工字钢

图名	1、2号好氧池说明及主要设备表	图号	9-工艺-02

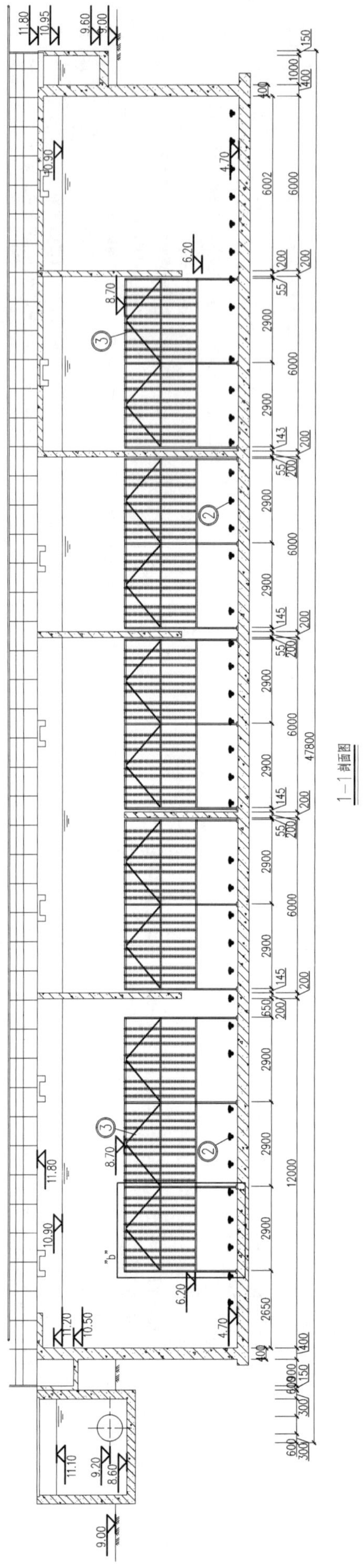

1-1剖面图

图名	1、2好氧池1-1剖面图	图号	9-工艺-06

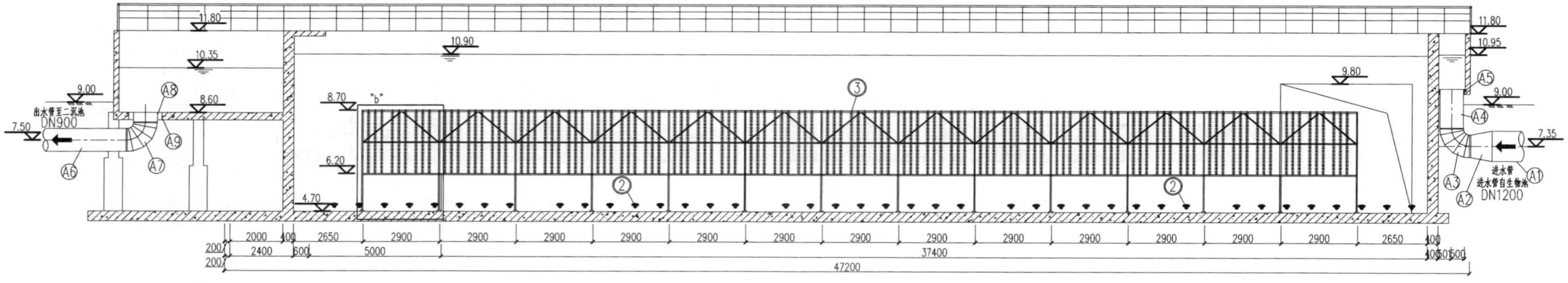

3-3剖面图

图名	1、2 好氧池3-3 剖面图	图号	9-工艺-07

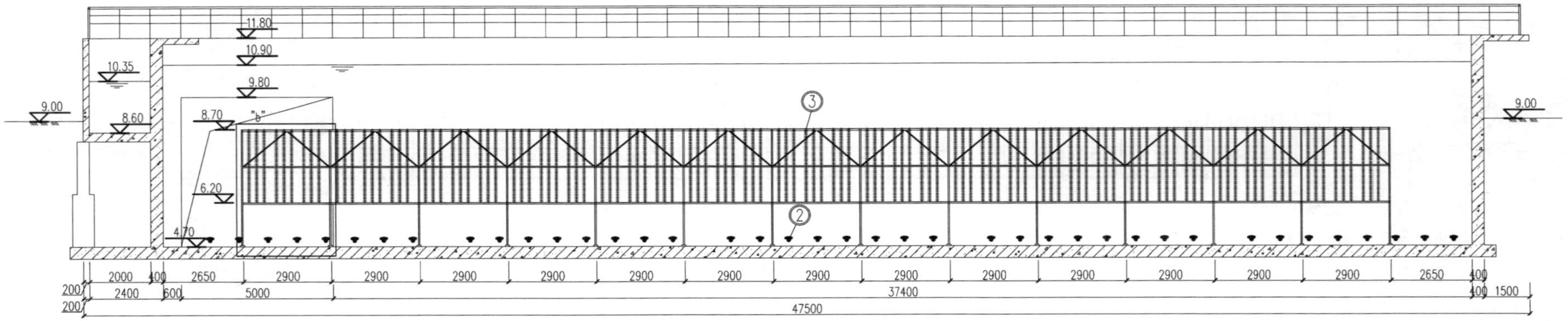

4－4 剖面图

图名	1、2 好氧池4－4 剖面图	图号	9－工艺－08

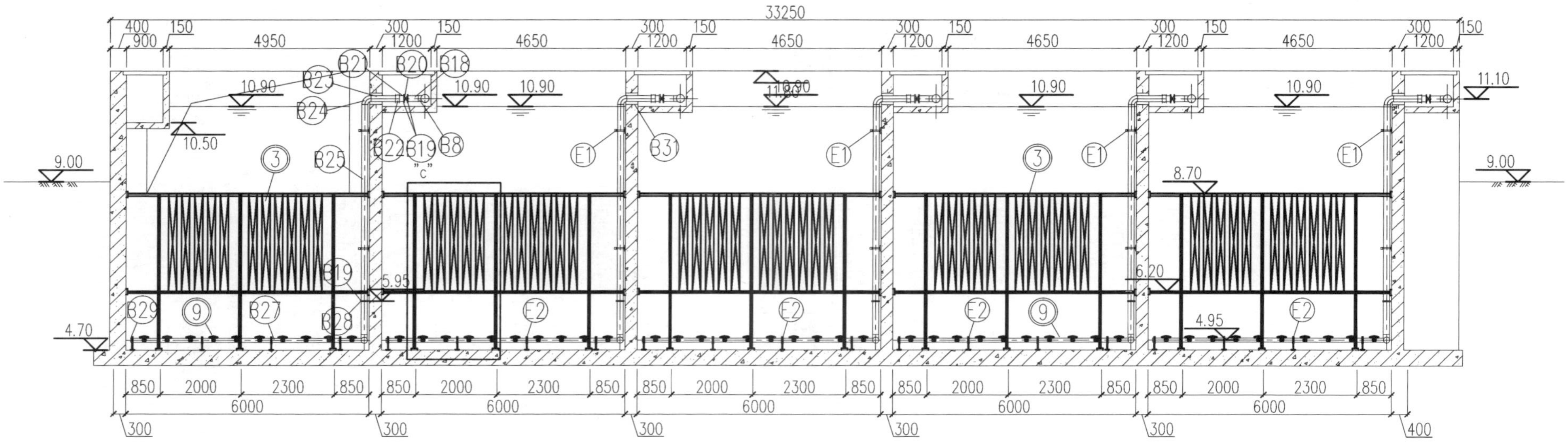

8-8剖面图

图名	1、2好氧池8-8剖面图	图号	9-工艺-09

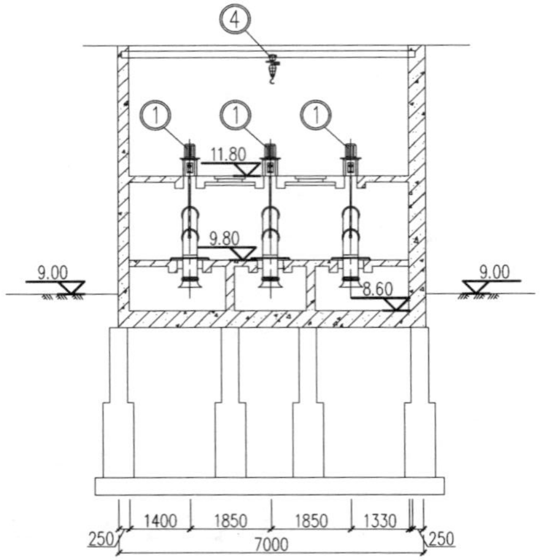

2–2剖面图

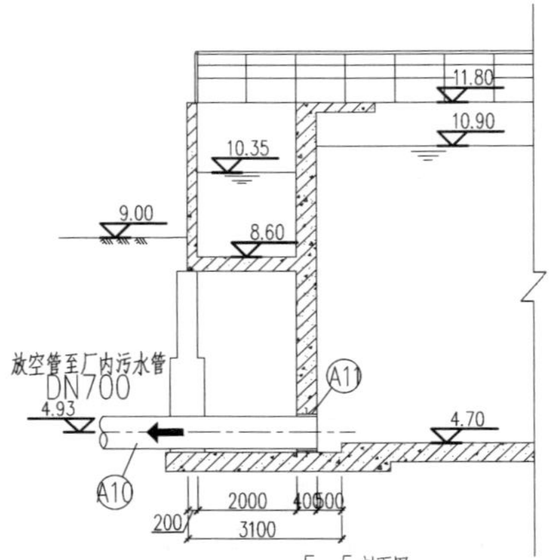

5–5剖面图

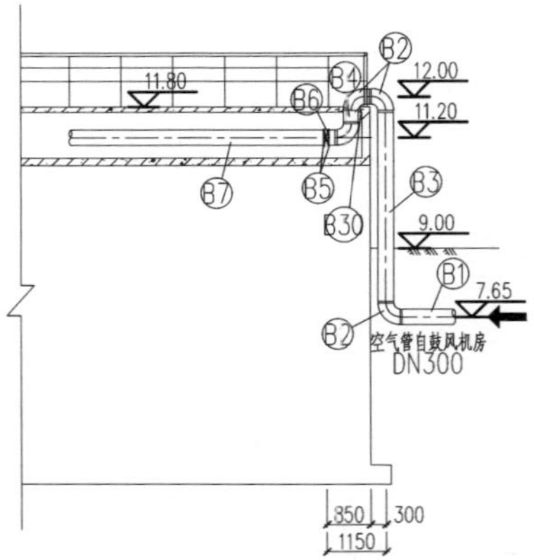

6–6剖面图

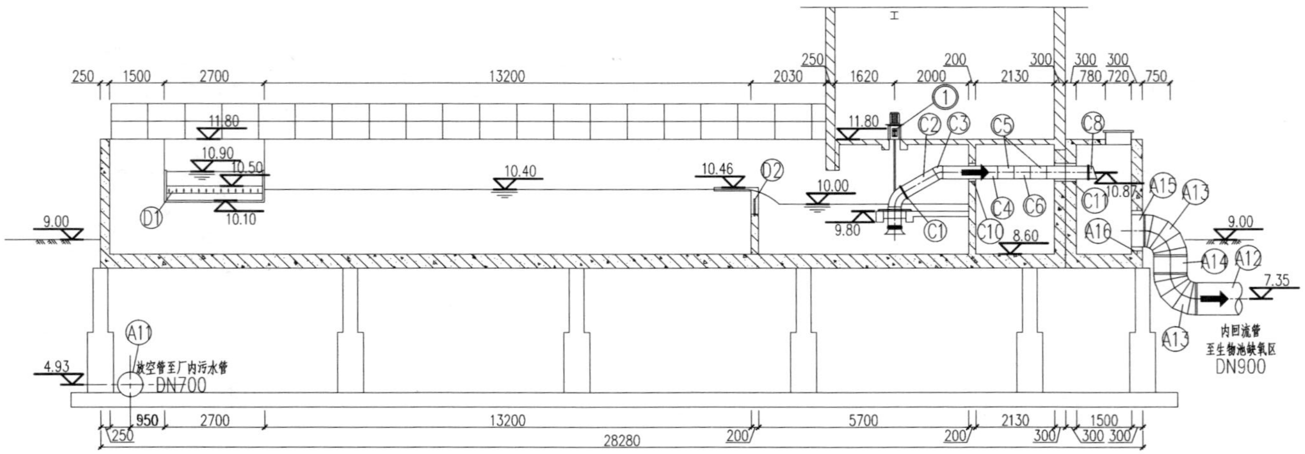

7–7剖面图

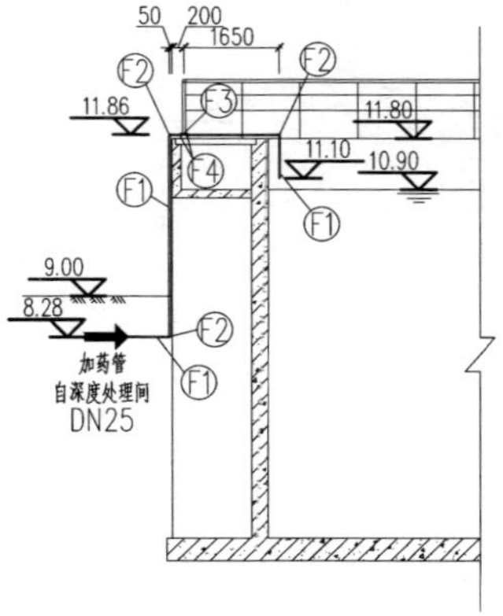

9–9剖面图

图名	1、2 好氧池剖面图	图号	9－工艺－10

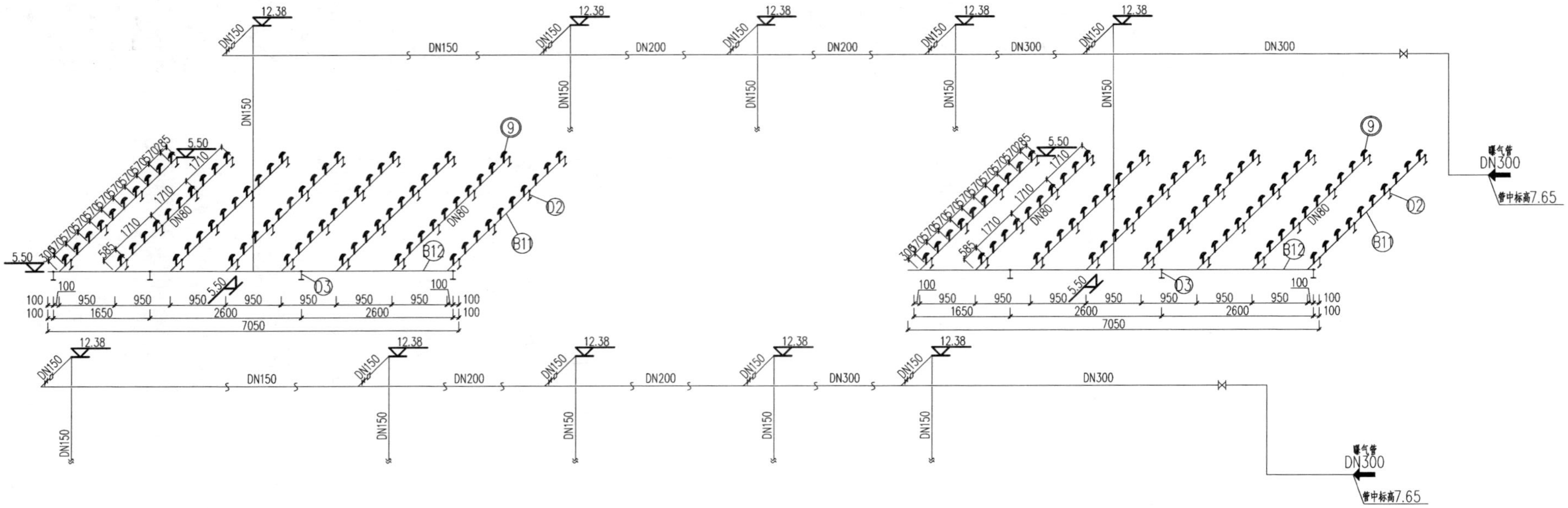

图名	1、2号好氧池曝气系统图（一）	图号	9-工艺-11

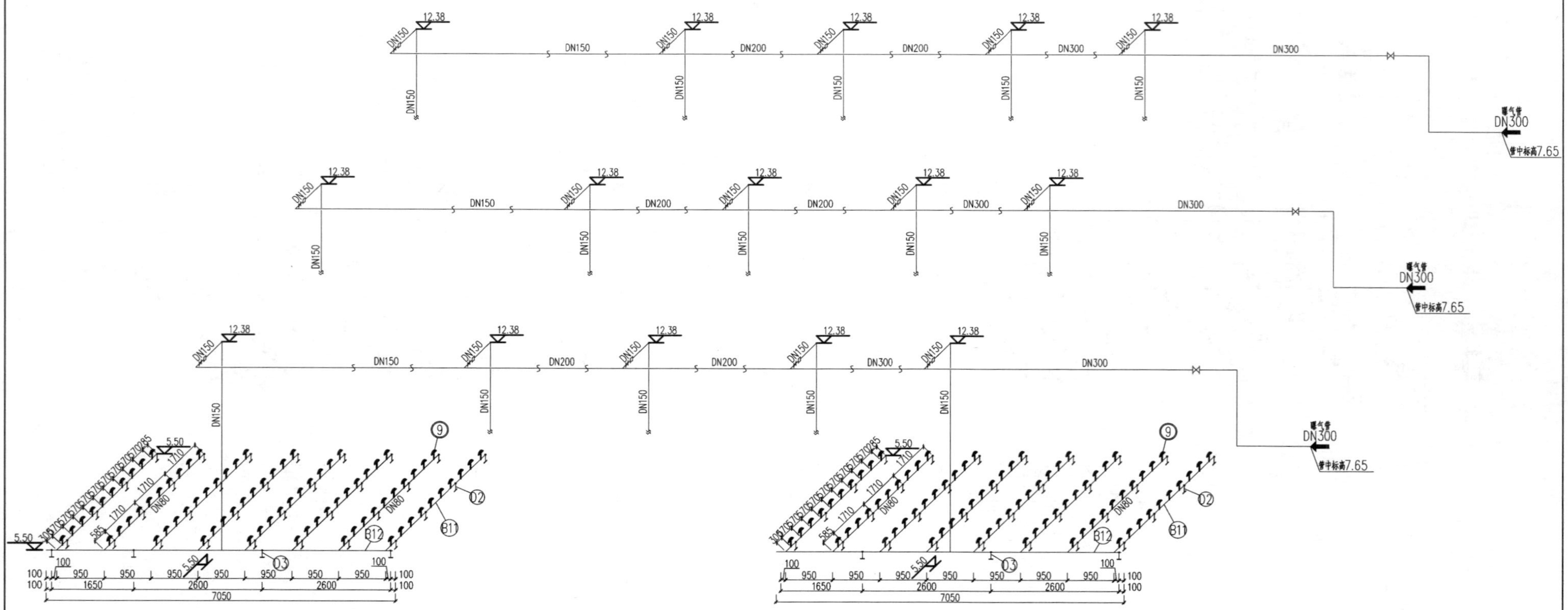

好氧池曝气系统图图 1:20

图名	1、2号好氧池曝气系统图（二）	图号	9-工艺-12

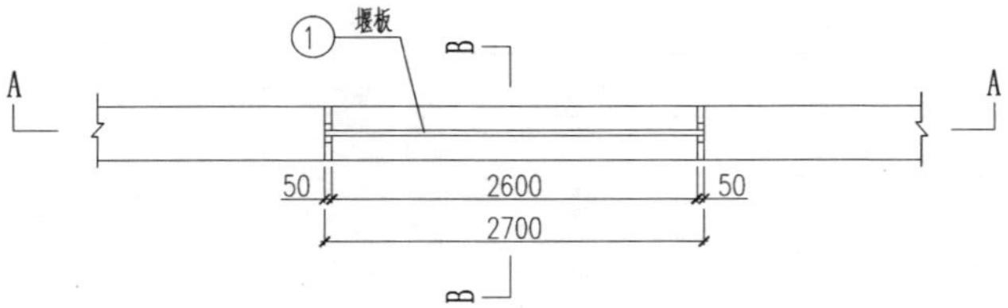

好氧池出水堰平面图

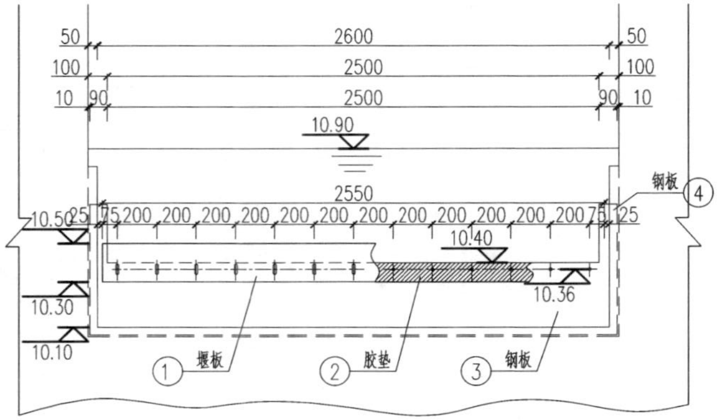

A—A 剖面图

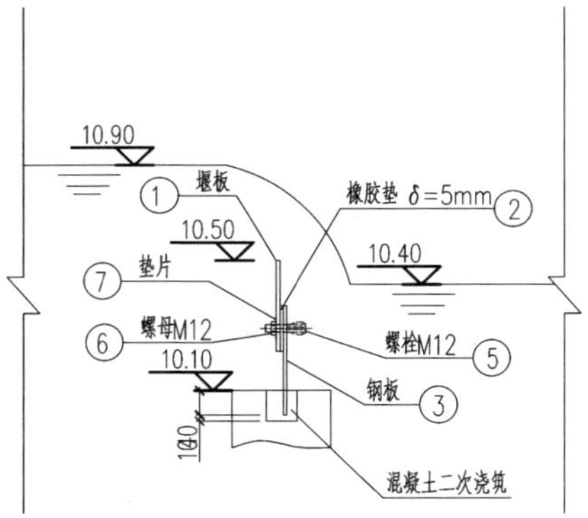

B—B 剖面图

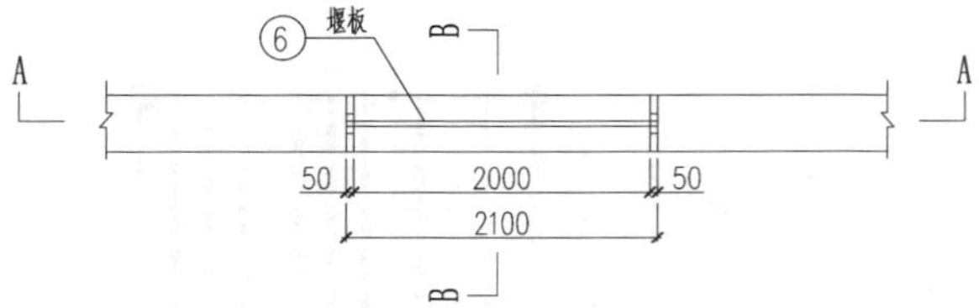

轴流泵房进水堰平面图

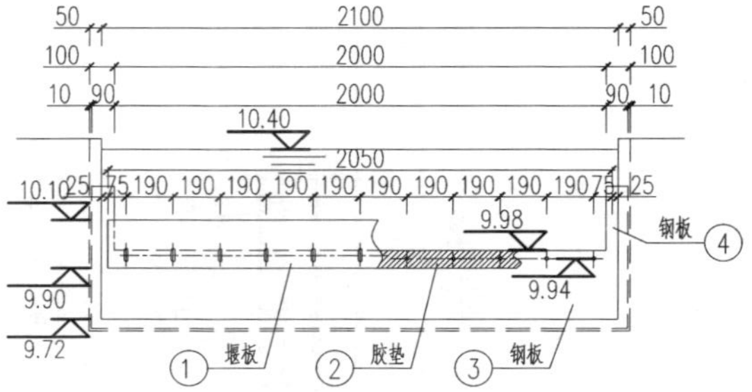

A—A 剖面图

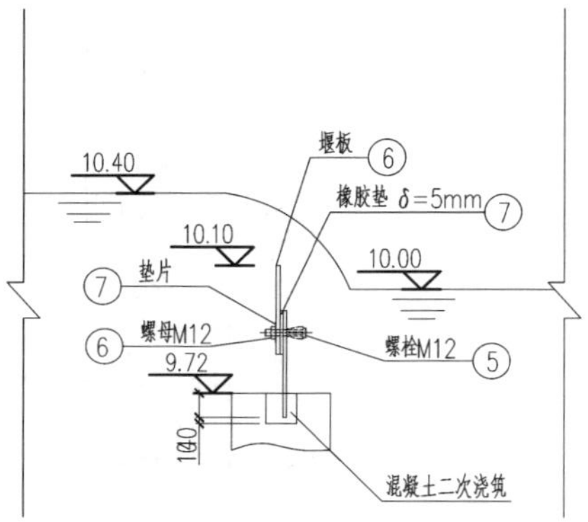

B—B 剖面图

图名	1、2号好氧池堰板加工图	图号	9－工艺－13

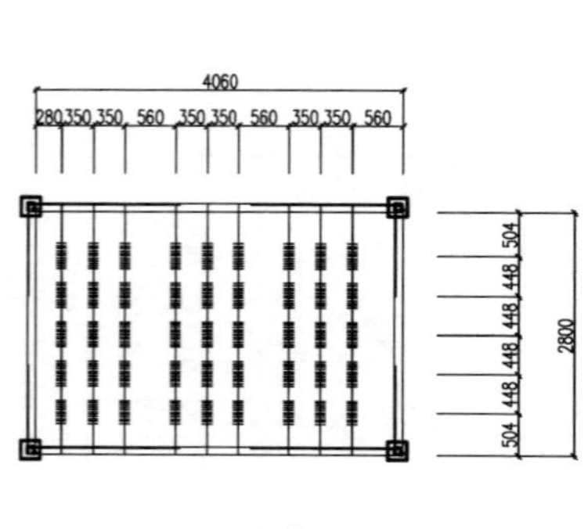

局部详图“a” 1:50

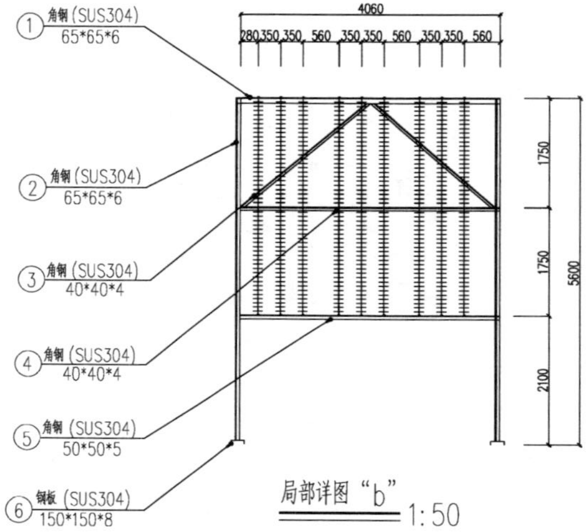

局部详图“b” 1:50

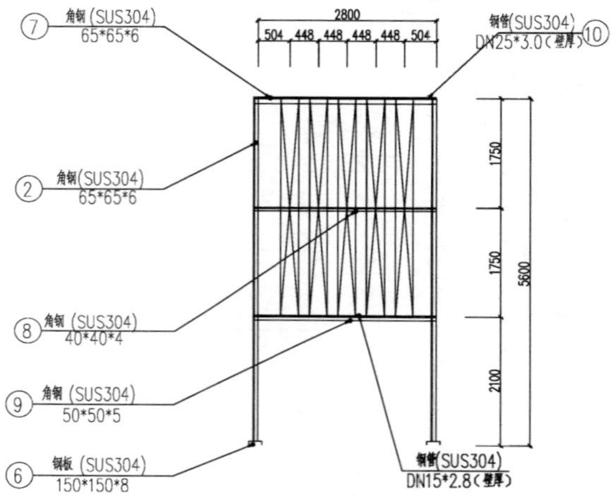

局部详图“c” 1:50

单个填料框架主要材料一览表

编号	名　称	规　格	材料	单位	数量	备　注
①	角钢	65×65×6　L=2 900 mm	S304	根	2	
②	角钢	65×65×6　L=4 000 mm	S304	根	4	
③	角钢	40×40×4　L=1 835 mm	S304	根	4	
④	角钢	40×40×4　L=2 900 mm	S304	根	2	
⑤	角钢	50×50×5　L=2 900 mm	S304	根	2	
⑥	钢板	150×150×8	S304	根	4	
⑦	角钢	65×65×6　L=2 000 mm	S304	根	2	
⑧	角钢	40×40×4　L=2 000 mm	S304	根	2	
⑨	角钢	50×50×5　L=2 000 mm	S304	根	2	
⑩	钢管	DN25×3.0　L=2 000 mm	S304	根	2	

图名	1、2号好氧池填料框架安装图	图号	9－工艺－14

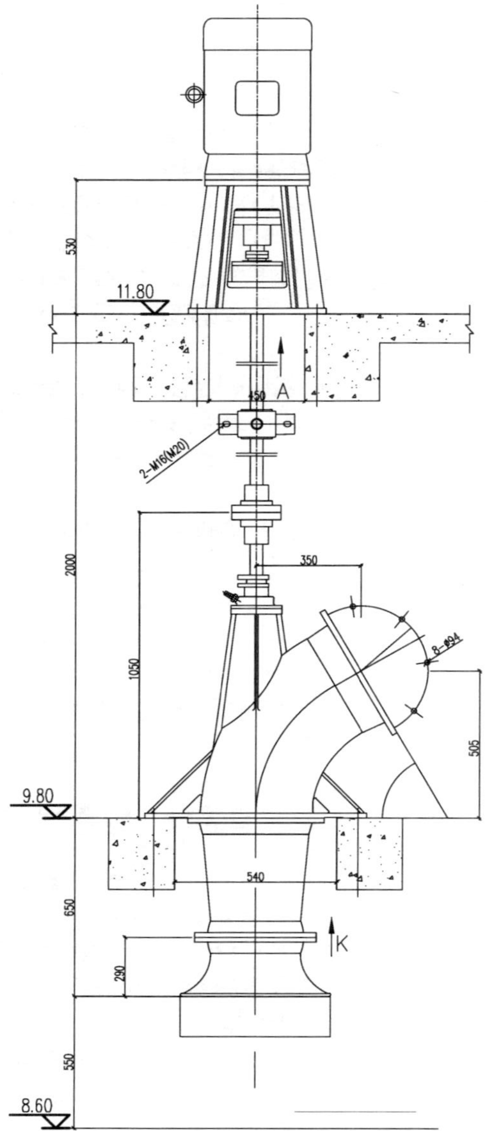

轴流泵安装图

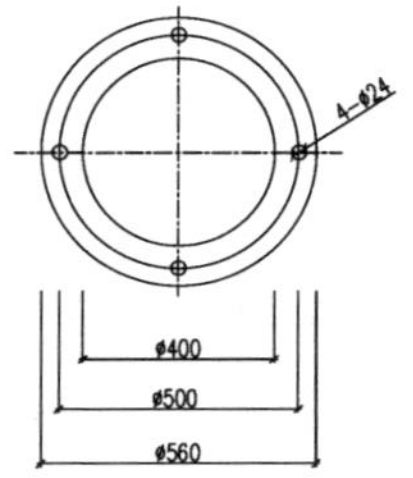

A向剖视图

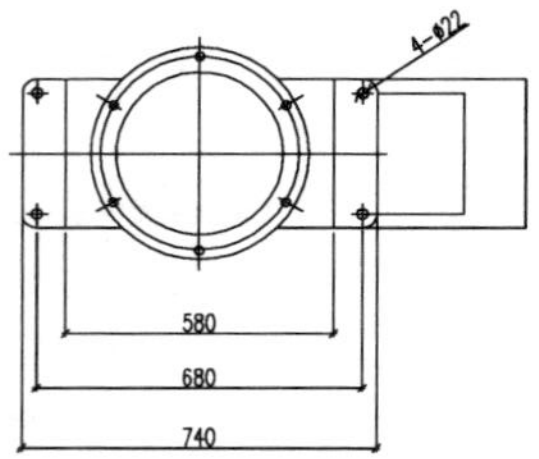

K向剖视图

图名	1、2号好氧池预埋件及预留孔详图	图号	9-工艺-15

3、4号好氧池说明

一、概述

某开发区污水处理一厂工艺升级改造工程中污水处理厂生物处理工艺改造为改良A/A/O工艺。生物池共2组，1、2号生物池为1组，3、4号生物池为一组。1、2号生物池包括1组新建对称结构“预缺氧、厌氧、缺氧池”及2座原有构筑物改造好氧池；3、4号生物池也包括1组新建对称结构“预缺氧、厌氧、缺氧池”及2座原有构筑物改造好氧池。其中1、2号生物池设计规模为平均日流量4.5×10^4 m^3/d，3、4号生物池设计规模为平均日流量3.5×10^4 m^3/d。生物池的变化系数为1.35。

工艺流程：污泥 → 预缺氧段 → 缺氧段；污水 → 厌氧段 → 缺氧段 → 好氧段 → 出水（混合液内回流泵：好氧段 → 缺氧段）

本分项为3、4号好氧池。

二、设计依据

1.《某开发区污水处理一厂升级改造初步设计》（某市市政设计研究院有限责任公司2009.12）。

2.《室外给水设计规范》（GB 50013—2006）。

3.《室外排水设计规范》（GB 50014-2006）。

三、工程设计

3、4号好氧池均布置曝气管路系统，每座好氧池出水末端均设置混合液回流泵各3台，共计6台。

四、设备及管路安装

1. 曝气管及所有设备安装应在供货商技术人员指导下进行。曝气管路系统内立管法兰（法兰距池底1米）以下所有曝气系统，包括管式曝气器、曝气主管、主管调节支架、曝气支管及与其相关的管配件、曝气管调节支架、冷凝水排污装置均采用S304不锈钢紧固件。底部曝气系统由曝气设备厂家进行设计，本图仅供参考，不作为施工依据，曝气系统由厂家指导安装。

2. 潜水排污泵、起吊架及曝气管采用不锈钢膨胀螺栓安装方式，位置现场确定。

3. 管道连接：工艺管道与设备除特殊注明为法兰连接，钢制管道与管件除特别注明外其余均为焊接。

4. 钢制管道及管件焊接均按《现场设备、工业管道焊接施工及验收规范》（GB 50236-98）执行，钢管道施工及验收按《工业金属管道工程施工及验收规范》（GB 50235-97）及《给水排水管道工程施工及验收规范》（GB 50268-97）执行，UPVC、HDPE管道施工及验收按《埋地硬聚氯乙烯排水管道工程技术规程》（CDCS:122:2001）及《埋地聚乙烯给水管管道工程技术规程》（CJJ 101-2004）和当地的其他有关规定执行。

5. 加药穿孔管安装时其孔眼应迎着水流方向安装。

6. 管道地基处理：敷设管道时，遇不良土壤应进行换填，换填厚度自管道下600mm，换填材料为级配砂石，压实系数宜大于0.9或按当地习惯做法。

7. 各设备安装要求具体详见图纸。预留螺栓孔洞间距待设备招标后在厂家确定后，需重新确认修改设计后方可施工。

8. 钢管防腐要求：

①所有的钢管件及管道支架（不锈钢除外）涂漆前必须按照《涂装前钢材表面锈蚀等级和除锈等级》（GB/T 8923-88）进行表面除锈处理，达到Sa2.5级后方可进行防腐处理。

②污水、污泥钢管内壁防腐：环氧煤沥青防腐涂料底漆一道，面漆三道。

③埋地钢管外壁防腐：采用环氧煤沥青冷缠防腐层（厚0.6mm）进行防腐。（外包混凝土钢管不做防腐）

④明敷钢管及管支架：外涂环氧富锌底漆一道，环氧云铁防锈底漆一道，环氧厚浆型防腐面漆两道。

上述要求的具体防腐施工方法应严格遵照产品说明进行操作。

五、其他技术要求

（1）防水套管的长度与所在处的墙同宽。所有预留洞，待设备安装完毕，用素混凝土封堵。

（2）所有设备的安装和验收应严格按照厂家提供的产品安装说明进行，以保证设备安全运行。

（3）穿墙套管、爬梯、钢盖板计入土建工程量，本图仅表示工艺需要。

（4）凡本说明未提及之处，均按现行国家有关规范、规程严格执行。

3、4号好氧池主要设备一览表

序号	名称	型号及规格	材料	单位	数量	备注
①	潜水排污泵	Q=303 L/s,H=7.5 m,N=37 kW	铸铁	台	6	4用2备
②	盘式曝气器	Q=4.5 m³/h	硅橡胶	个	3 240	由曝气厂家提供并指导安装，并提供所有空气管主管、支管、支架等配件
③	排气阀	DN600	铸铁	台	6	
④	纤毛填料			m²	9 640	由填料厂家提供并指导安装
⑤	填料用框架		不锈钢	吨	38	
⑥	蝶阀	DN500	铸铁	台	6	
⑦	止回阀	DN500	铸铁	台	6	

图名	生物池 3、4号好氧池说明、主要设备一览表	图号	10－工艺－01

3、4号好氧池主要材料表

分项	序号	名称	规格及型号	材料	单位	数量	备注
工艺管线	A1	直管	ø820*9 L=1 000 mm	S304	根	1	循环液回流管
	A2	三通	DN800*500		个	2	循环液回流管
	A3	直管	ø820*9 L=1 011 mm	S304	根	1	循环液回流管
	A4	异径管	DN800*500		个	1	循环液回流管
	A5	90°弯头	DN500	S304	个	1	循环液回流管
	A6	直管	ø520*9 L=556 mm	S304	根	3	循环液回流管
	A7	刚性防水套管A型	DN500		个	6	循环液回流管
	A8	直管	ø620*9 L=350 mm	S304	根	3	循环液回流管
	A9	直管	ø820*9 L=600 mm	S304	根	3	循环液回流管
	A10	直管	ø520*9 L=3 820 mm	S304	根	3	循环液回流管
	A11	直管	ø520*9 L=5 200 mm	S304	根	3	循环液回流管
	A12	90°弯头	DN500	S304	个	9	循环液回流管
	A13	直管	ø1 020*9 L=1 970 mm	S304	根	1	进水管
	A14	直管	ø1 020*9 L=1 560 mm	S304	根	1	进水管
	A15	90°弯头	DN1020	S304	个	1	进水管
	A16	刚性防水套管A型	DN1000		个	1	进水管
空气管线	B1	直管	ø620*9 L=1 000 mm	不锈钢	根	1	空气管
	B2	三通	DN600	不锈钢	个	1	空气管
	B3	管堵	DN600	不锈钢	个	1	空气管
	B4	直管	ø426*9 L=8 920 mm	不锈钢	根	1	空气管
	B5	三通	DN400*250	不锈钢	个	1	空气管
	B6	90°弯头	DN250	不锈钢	个	1	空气管
	B7	直管	ø273*8 L=2 200 mm	不锈钢	根	1	空气管
	B8	直管	ø273*8 L=4 815 mm	不锈钢	根	1	空气管
	B9	三通	DN250*150	不锈钢	个	2	空气管
	B10	直管	ø273*8 L=7 400 mm	不锈钢	根	1	空气管
	B11	直管	ø273*8 L=260 mm	不锈钢	根	1	空气管
	B12	直管	ø273*8 L=7 580 mm	不锈钢	根	1	空气管
	B13	90°弯头	DN150	不锈钢	个	1	空气管
	B14	直管	ø159*4.5 L=165 mm	不锈钢	根	1	空气管
	B15	对夹式蝶阀	DN150 0.6 Mpa	铸铁	个	18	空气管

分项	序号	名称	规格及型号	材料	单位	数量	备注
空气管线	B16	直管	ø159*4.5 L=4 450 mm	不锈钢	根	3	空气管
	B17	管道支架	DN150	铸铁	个	18	空气管
	B18	法兰盘	DN150	S304	个	18	空气管
	B19	直管	ø426*9 L=8 600 mm	不锈钢	根	1	空气管
	B20	90°弯头	DN400	不锈钢	个	3	空气管
	B21	直管	ø426*9 L=1 570 mm	不锈钢	根	1	空气管
	B22	直管	ø426*9 L=865 mm	不锈钢	根	1	空气管
	B23	三通	DN400*250	不锈钢	个	2	空气管
	B24	直管	ø426*9 L=3 690 mm	不锈钢	根	1	空气管
	B25	三通	DN400*150	不锈钢	个	2	空气管
	B26	直管	ø426*9 L=3 360 mm	不锈钢	根	1	空气管
	B27	直管	ø426*9 L=3 470 mm	不锈钢	根	1	空气管
	B28	异径管	DN400*300	不锈钢	个	1	空气管
	B29	直管	ø426*9 L=3 035 mm	不锈钢	根	1	空气管
	B30	三通	DN300*200	不锈钢	个	1	空气管
	B31	异径管	DN300*150	不锈钢	个	1	空气管
	B32	直管	ø159*4.5 L=2 640 mm	不锈钢	根	1	空气管
	B33	刚性防水套管A型	DN400		个	1	空气管
	B34	直管	ø159*4.5 L=200 mm	不锈钢	根	3	空气管
	B35	直管	ø159*4.5 L=840 mm	不锈钢	根	3	空气管
	B36	刚性防水套管A型	DN150		个	15	空气管
	B37	直管	ø159*4.5 L=3 900 mm	不锈钢	根	3	空气管
	B38	直管	ø273*8 L=340 mm	不锈钢	根	3	空气管
	B39	刚性防水套管A型	DN250		个	3	空气管
	B40	直管	ø159*4.5 L=230 mm	不锈钢	根	12	空气管
	B41	直管	ø159*4.5 L=842 mm	不锈钢	根	12	空气管
	B42	直管	ø159*4.5 L=400 mm	不锈钢	根	12	空气管
	B43	45°弯头	DN150	不锈钢	个	24	空气管
	B44	直管	ø159*4.5 L=1 000 mm	不锈钢	根	12	空气管
	B45	直管	ø159*4.5 L=2 580 mm	不锈钢	根	12	空气管

图名	生物池 3、4号好氧池主要材料表	图号	10-工艺-02

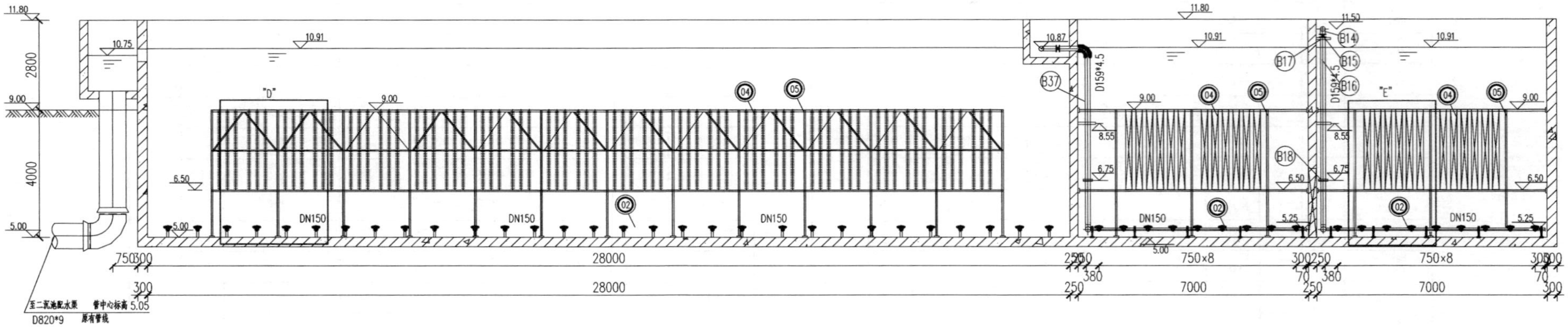

1-1剖面图

图名	生物池 3、4号好氧池1-1剖面	图号	10-工艺-07

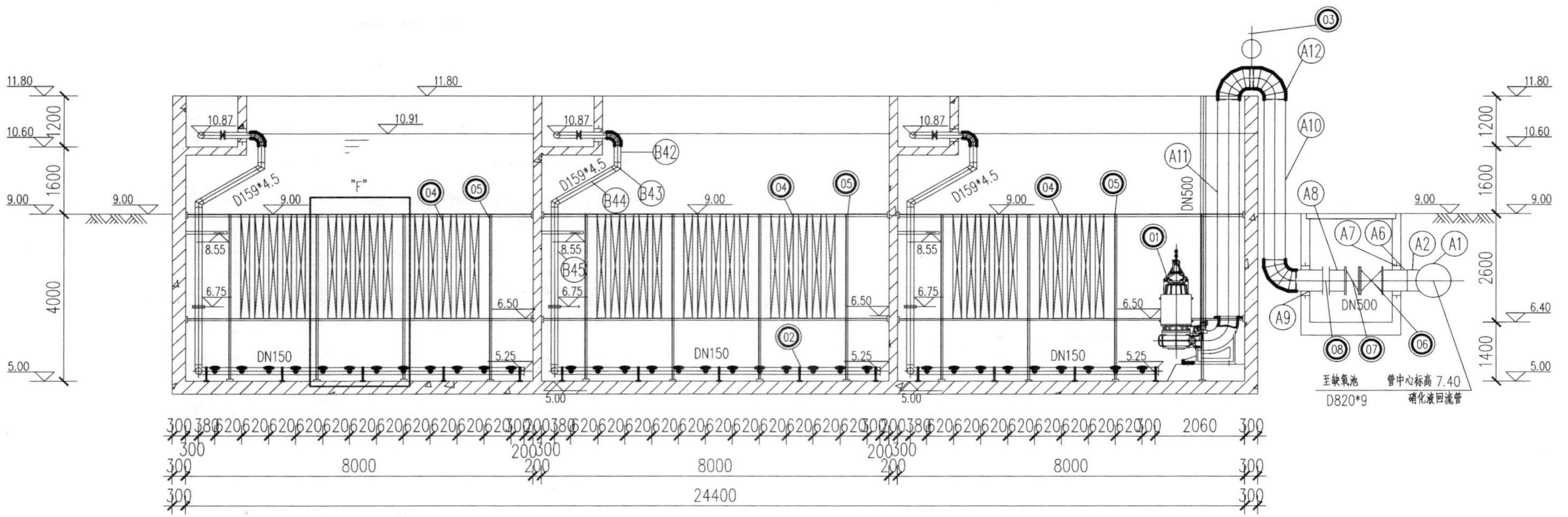

2-2剖面图

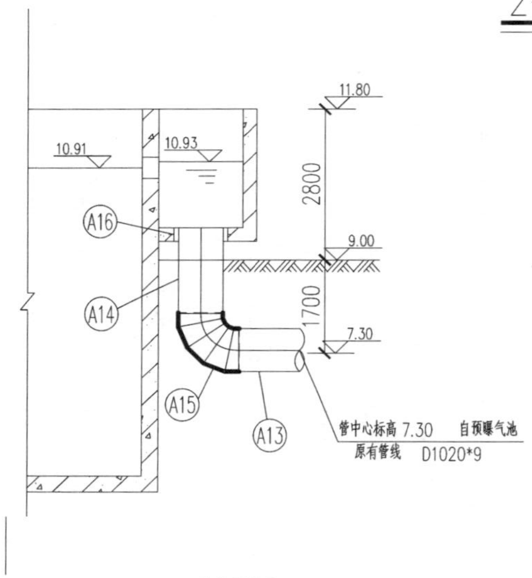

3-3剖面图

图名	生物池 3、4号好氧池2-2、3-3剖面图	图号	10-工艺-08

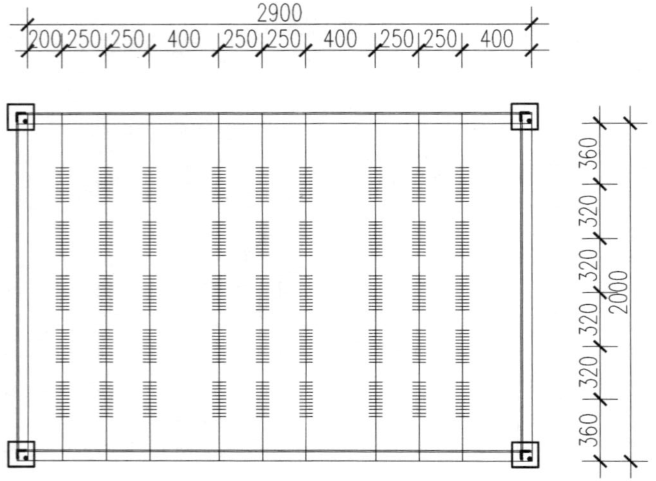

局部详图 "A"

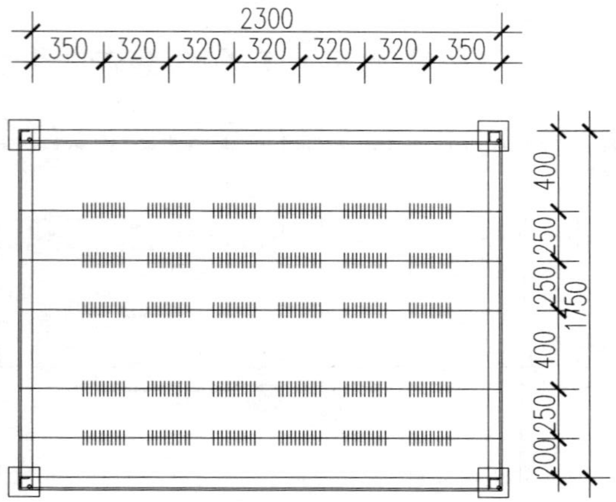

局部详图 "C"

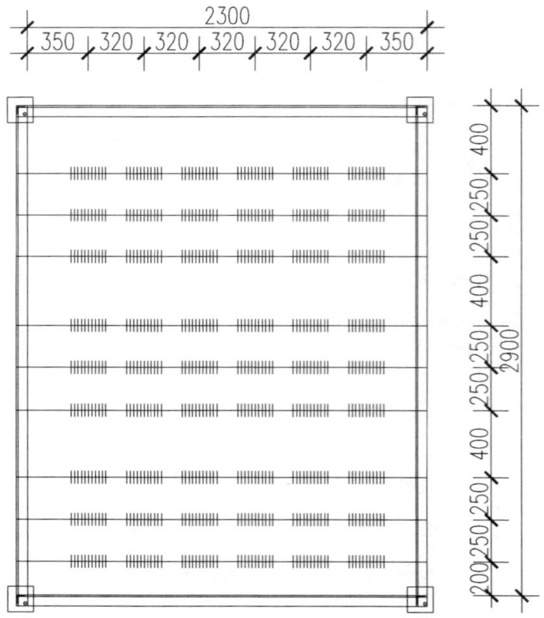

局部详图 "B"

图名	3 、4 号好氧池局部详图（一）	图号	10 - 工艺- 09

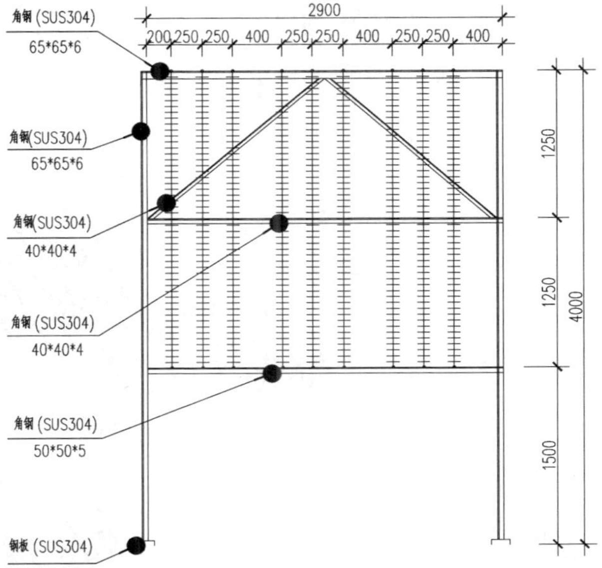

局部详图 "D"

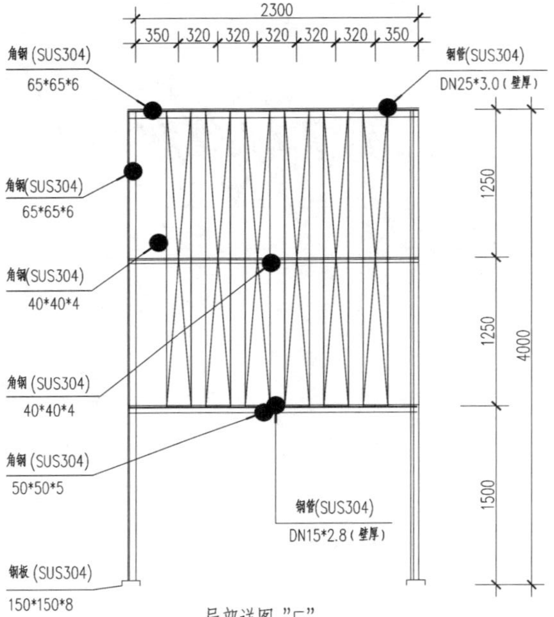

局部详图 "E"

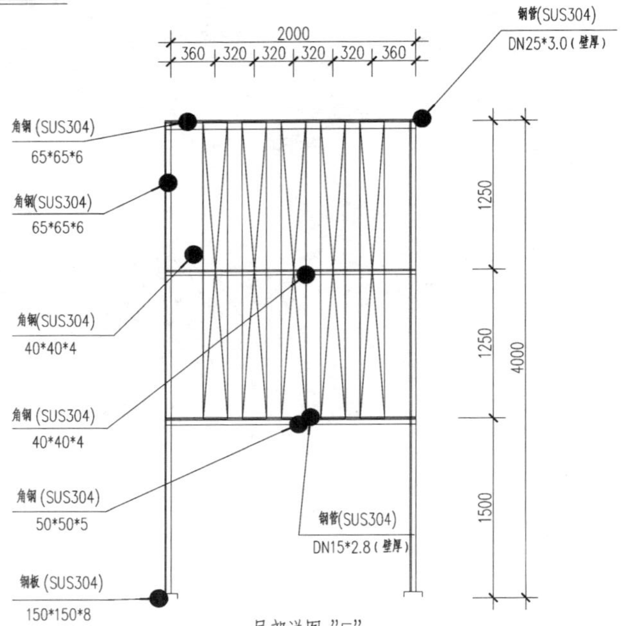

局部详图 "F"

图名	3、4号好氧池局部详图 (二)	图号	10-工艺-10

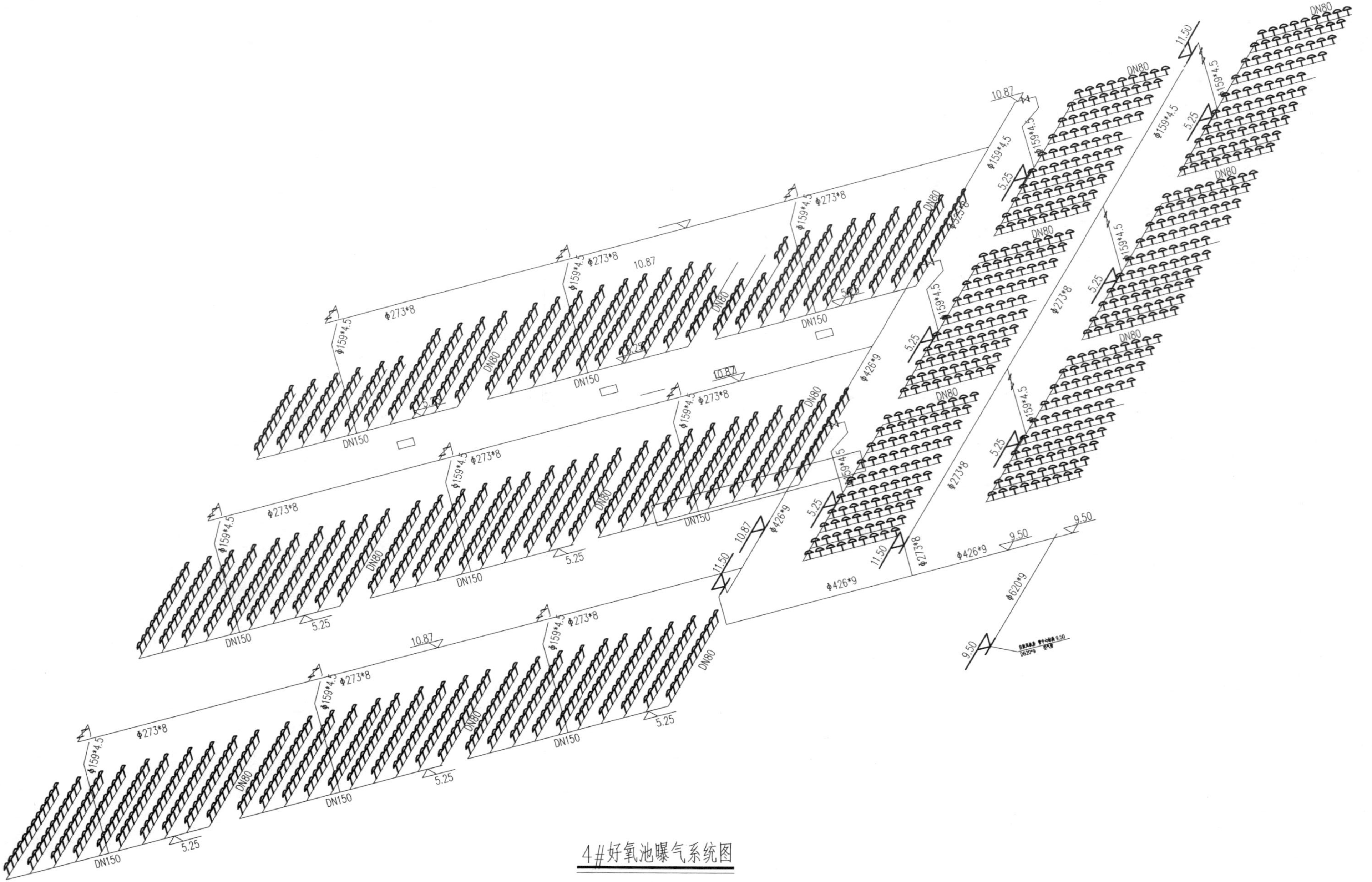

4#好氧池曝气系统图

图名	生物池 3、4 号好氧池4 # 好氧池曝气系统图	图号	10－工艺－11

3、4号预缺氧、厌氧、缺氧池、预曝气池说明

一、概述

某开发区污水处理一厂工艺升级改造工程中污水处理厂生物处理工艺改造为改良A/A/O工艺。生物池共2组，1、2号生物池为1组，3、4号生物池为1组。1、2号生物池包括1组新建对称结构"预缺氧、厌氧、缺氧池"及2座原有构筑物改造好氧池；3、4号生物池也包括1组新建对称结构"预缺氧、厌氧、缺氧池"及2座原有构筑物改造好氧池。其中1、2号生物池设计规模为平均日流量$4.5\times10^4m^3/d$，3、4号生物池设计规模为平均日流量$3.5\times10^4m^3/d$。生物池的变化系数为1.35。

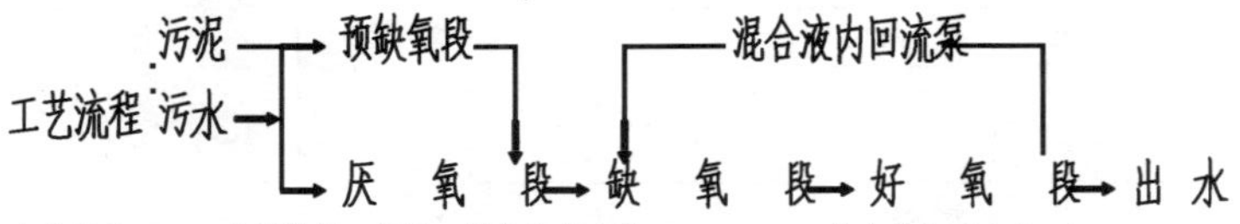

本分项为3、4号预缺氧、厌氧、缺氧池部分及1、2、3、4号生物池配水井1座。

二、设计依据

1.《某开发区污水处理一厂升级改造初步设计》（某市市政设计研究院有限责任公司 2009.12）。

2.《室外给水设计规范》（GB 50013-2006）。

3.《室外排水设计规范》（GB 50014-2006）。

三、工程设计

1. 配水井。

通过配水闸阀将平均$8\times10^4m^3/d$进水分配为$4.5\times10^4m^3/d$及$3.5\times10^4m^3/d$。$4.5\times10^4m^3/d$配水闸阀尺寸为PZ1000；$3.5\times10^4m^3/d$配水闸阀尺寸为PZ800。

2. 进水井及配水井。

进水流量调节作用：污水进入进水井后，经简易闸板进行流量分配（通过把简易闸板放到不同的闸槽实现），一部分与回流污泥混合后进入预缺氧池，另一部分进入厌氧池。污水流量的分配主要根据预缺氧段反硝化的效果根据硝氮测量仪的测量值判断）进行调整，硝氮值大时，增大进入预缺氧池的污水量，反之减小。混合液内回流泵的回流量调节根据缺氧池中反硝化效果进行。

3. 预缺氧、厌氧、缺氧池、预曝气池。

预缺氧、厌氧、缺氧池及预曝气池均设置潜水搅拌器，其中预曝气池内还增加设置曝气管。

四、设备及管路安装

1. 潜水搅拌器由设备供货厂提供全部安装附件（包括不锈钢导杆、吊索、吊架等），并负责指导安装。

2. 曝气管及所有设备安装应在供货商技术人员指导下进行。曝气管路系统内立管法兰（法兰距池底1米）以下所有曝气系统，包括管式曝气器、曝气主管、主管调节支架、曝气支管及与其相关的管配件、曝气管调节支架、冷凝水排污装置均采用S304不锈钢紧固件。底部曝气系统由曝气设备厂家进行设计，本图仅供参考，不作为施工依据，曝气系统由厂家指导安装。

3. 潜水搅拌器、起吊架及曝气管采用不锈钢膨胀螺栓安装方式，位置现场确定。

4. 管道连接：工艺管道与设备除特殊注明为法兰连接，钢制管道与管件除特别注明外其余均为焊接。

5. 钢制管道及管件焊接均按《现场设备、工业管道焊接施工及验收规范》（GB 50236-98）执行，钢管道施工及验收按《工业金属管道工程施工及验收规范》（GB 50235-97）及《给水排水管道工程施工及验收规范》（GB 50268-97）和当地的其他有关规定执行。

6. 各设备安装要求具体详见图纸。预留螺栓孔洞间距待设备招标后在厂家确定后，需重新确认，修改设计后方可施工。

7. 钢管防腐要求：

①所有的钢管件及管道支架（不锈钢除外）涂漆前必须按照《涂装前钢材表面锈蚀等级和除锈等级》（GB/T 8923-88）进行表面除锈处理，达到Sa2.5级后方可进行防腐处理。

②污水、污泥钢管内壁防腐：环氧煤沥青防腐涂料底漆一道，面漆三道。

③埋地钢管外壁防腐：采用环氧煤沥青冷缠防腐层（厚0.6mm）进行防腐。（外包混凝土钢管不做防腐）

④明敷钢管及管支架：外涂环氧富锌底漆一道，环氧云铁防锈底漆一道，环氧厚浆型防腐面漆两道。

上述要求的具体防腐施工方法应严格遵照产品说明进行操作。

五、其他技术要求

（1）防水套管的长度与所在处的墙同宽。所有预留洞，待设备安装完毕，用素混凝土封堵。

（2）所有设备的安装和验收应严格按照厂家提供的产品安装说明进行，以保证设备安全运行。

（3）穿墙套管、爬梯、钢盖板计入土建工程量，本图仅表示工艺需要。

（4）凡本说明未提及之处，均按现行国家有关规范、规程严格执行。

图名	3、4号预缺氧、厌氧、缺氧池、预曝气池说明	图号	11-工艺-01

3、4号预缺氧、厌氧、缺氧池、预曝气池主要材料表

分项	序号	名称	规格及型号	材料	单位	数量	备注
工艺管线	A1	直管	Ø1 220*12 L=1 300 mm	S304	根	1	进水管
	A2	刚性防水套管A型	DN1200		个	1	进水管
	A3	直管	DN1 020*9 L=1 300 mm	S304	根	1	进水管
	A4	刚性防水套管A型	DN1000		个	1	进水管
	A5	直管	Ø820*9 L=1 160 mm	S304	根	1	进水管
	A6	刚性防水套管A型	DN800		个	2	进水管
	A7	90°弯头	DN800	S304	个	1	进水管
	A8	直管	Ø820*9 L=1 875 mm	S304	根	1	进水管
	A9	直管	Ø820*9 L=1 000 mm	S304	根	2	循环液回流管
	A10	90°弯头	DN800	S304	个	4	循环液回流管
	A11	直管	Ø820*9 L=1357mm	S304	根	2	循环液回流管
	A12	聚氨酯	2	S304	m²		循环液回流管
	A13	直管	Ø820*9 L=1 070 mm	S304	根	2	循环液回流管
	A14	刚性防水套管A型	DN800 L=1 020 mm		个	2	循环液回流管
	A15	直管	DN1 020*9 L=1 805 mm	S304	根	2	出水管
	A16	90°弯头	DN1 000	S304	个	2	出水管
	A17	直管	DN1 020*9 L=1 840 mm	S304	根	2	出水管
	A18	刚性防水套管A型	DN1 000		个	4	出水管
	A19	直管	DN720*9 L=1 000 mm	S304	根	2	污泥回流管
	A20	90°弯头	DN700	S304	个	4	污泥回流管
	A21	直管	DN700 L=4 132 mm	S304	根	1	污泥回流管
	A22	聚氨酯	2	S304	m²		污泥回流管
	A23	直管	DN700 L=40 730 mm	S304	根	1	污泥回流管
	A24	四通	DN700	S304	个	1	污泥回流管
	A25	直管	DN700 L=9 875 mm	S304	根	1	污泥回流管
	A26	刚性防水套管A型	DN700		个	2	污泥回流管
	A27	直管	DN500 L=920 mm	S304	根	1	污泥回流管
	A28	直管	DN500 L=25 430 mm	S304	根	2	污泥回流管
	A29	法兰盘	DN500	S304	个	4	污泥回流管
	A30	刚性防水套管A型	DN500		个	8	污泥回流管
	A31	直管	DN500 L=2 000 mm	S304	根	6	放空管
空气管线	B1	直管	DN150 L=1 000 mm	不锈钢	根	8	空气管
	B2	90°弯头	DN150	不锈钢	个	24	空气管
	B3	直管	DN150 L=2 651 mm	不锈钢	根	8	空气管
	B4	法兰盘	DN150	不锈钢	个	24	空气管
	B5	对夹式蝶阀	DN150 0.6 Mpa	铸铁	个	8	空气管
	B6	直管	DN150 L=1 717 mm	不锈钢	根	8	空气管
	B7	直管	DN150 L=1 304 mm	不锈钢	根	8	空气管
	B8	直管	DN150 L=5 785 mm	不锈钢	根	8	空气管
	B9	法兰盘	DN150	ABS	个	24	空气管
	B10	直管	DN150 L=1 000 mm	ABS	根	8	空气管
	B11	直管	DN150 L=7 050 mm	ABS	根	8	空气管
	B12	直管	DN90 L=5 630 mm	ABS	根	64	空气管
	B13	管堵	DN90	ABS	个	64	空气管
堰板	C1	进水堰板					详见3-3-工艺-07
	C2	进水堰板					详见3-3-工艺-07
	C3	出水堰板					详见3-3-工艺-07
除臭喷洒系统	D1	直管	DN10	PVC	m	138	
	D2	喷头			个	6	

3、4号预缺氧、厌氧、缺氧池、预曝气池主要设备表

序号	名称	规格及型号	材料	单位	数量	备注
①	潜水搅拌器	Φ=580 mm r=475 r/min N=5.8 kW	不锈钢	套	4	
②	潜水推进器	Φ=770 mm n=360 r/min, N=5.3 kW	不锈钢	套	6	
③	潜水搅拌器	Φ=580 mm r=475 r/min N=3.3 kW	不锈钢	套	6	
④	配水闸阀	PZ800	铸铁	台	1	
⑤	配水闸阀	PZ1000	铸铁	台	1	
⑥	简易分水阀	1 250×1 600		套	1	
⑦	铸铁镶铜方闸门	DN800×400 N=0.75 kW	铸铁	台	8	手电两用含启闭机
⑧	铸铁镶铜方闸门	DN1200 N=3.0 kW	铸铁	台	1	手电两用含启闭机
⑨	手动蝶阀	DN500	铸铁	台	8	
⑩	止回阀	DN500	铸铁	台	6	
⑪	盘式曝气器	Q=4.5m³/h	[illegible]	个	504	[illegible]
⑫	电磁流量计	DN500		个	2	
⑬	电磁流量计	DN500		个	1	

图名	3、4号预缺氧、厌氧、缺氧池主要材料表、主要设备表	图号	11-工艺-02

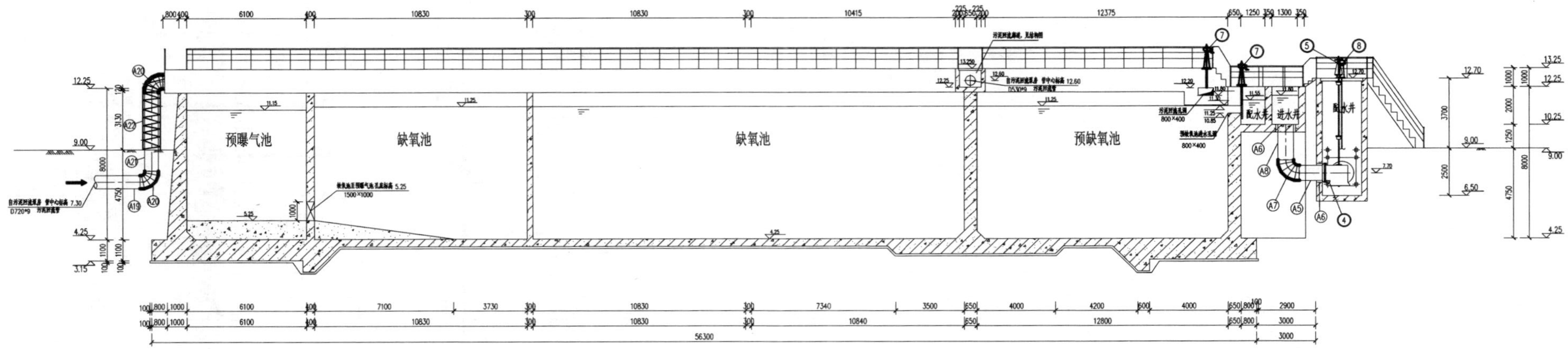

1-1剖面图

图名	3、4号预缺氧、厌氧、缺氧池1-1剖面图	图号	11-工艺-05

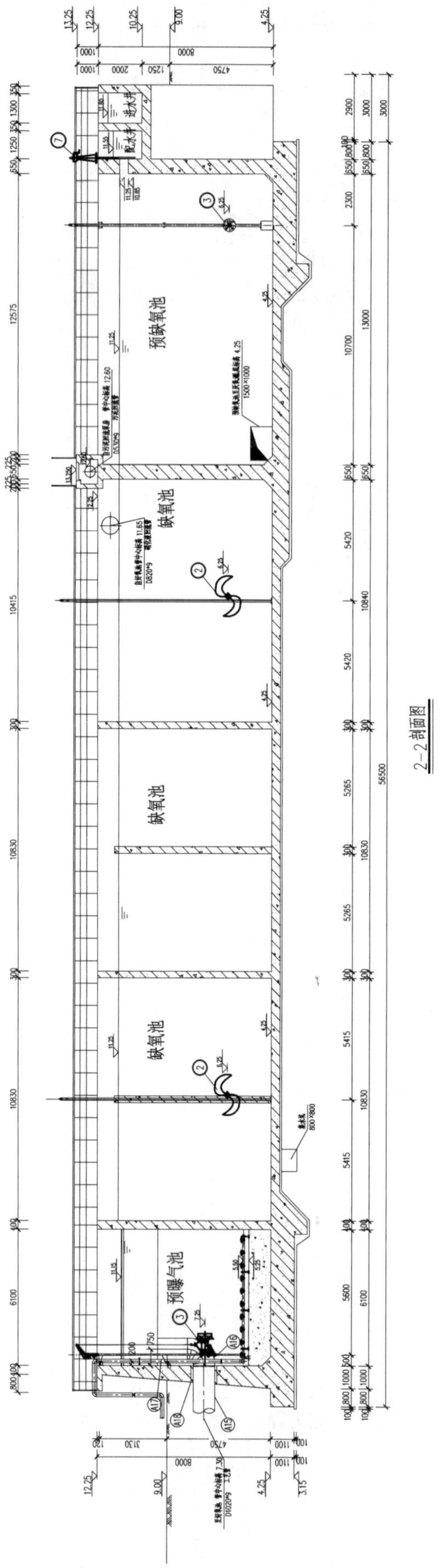

图名 3、4号预缺氧、厌氧、缺氧池2-2剖面图 图号 11-工艺-06

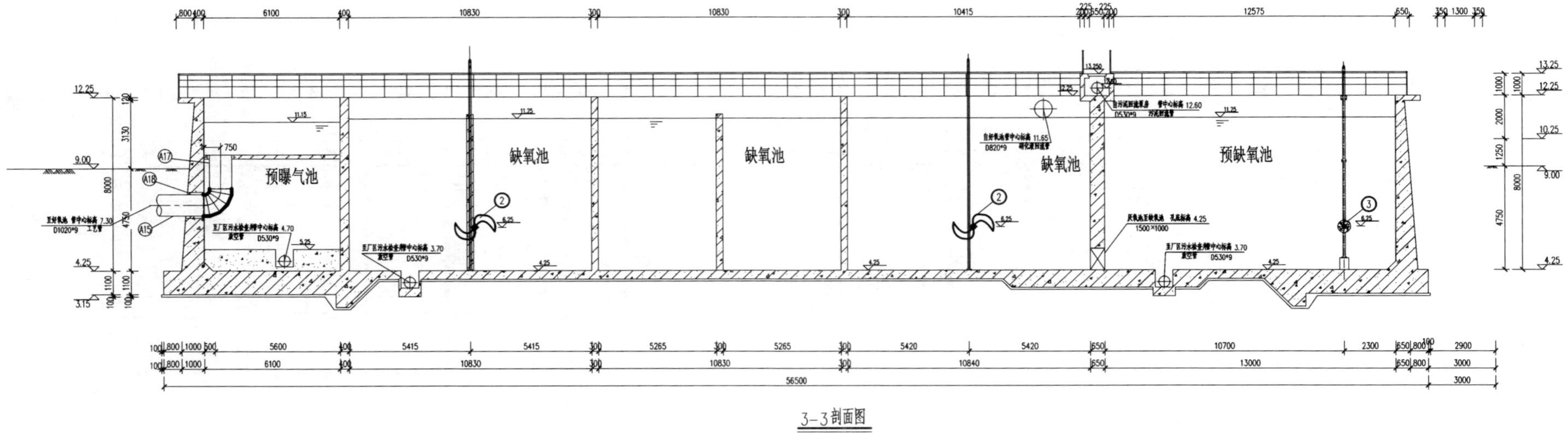

图名	3、4号预缺氧、厌氧、缺氧池3－3剖面图	图号	11－工艺－07

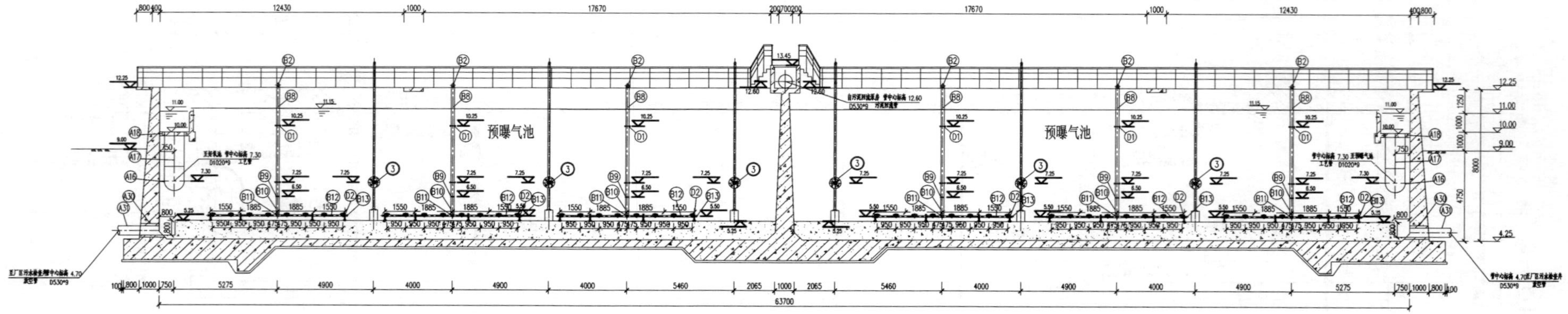

4-4剖面图

图名	3、4号预缺氧、厌氧、缺氧池4-4剖面图	图号	11-工艺-08

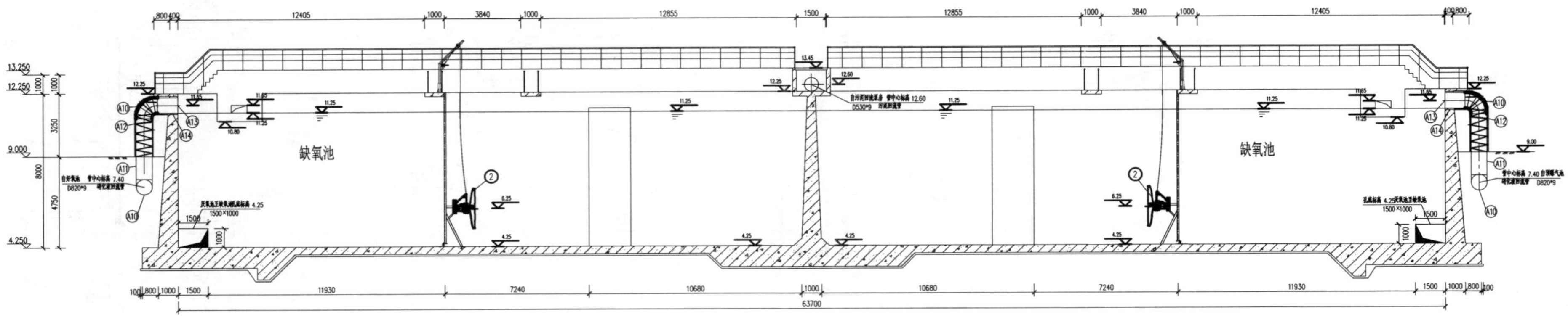

5-5剖面图

图名	3 、4 号预缺氧、厌氧、缺氧池5 - 5 剖面图	图号	11 - 工艺- 09

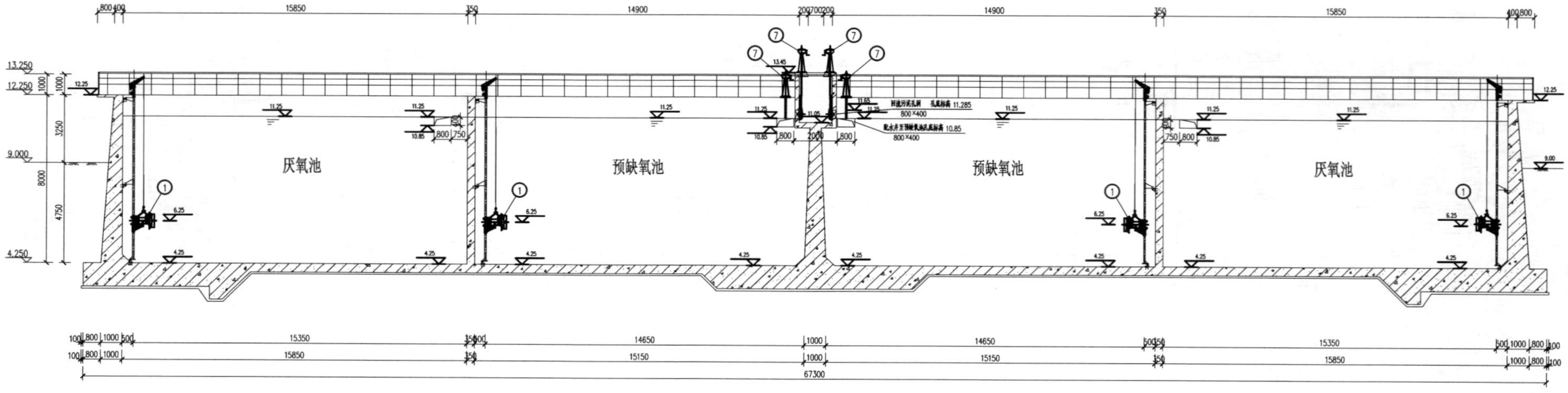

6-6剖面图

图名	3、4号预缺氧、厌氧、缺氧池6-6剖面图	图号	11-工艺-10

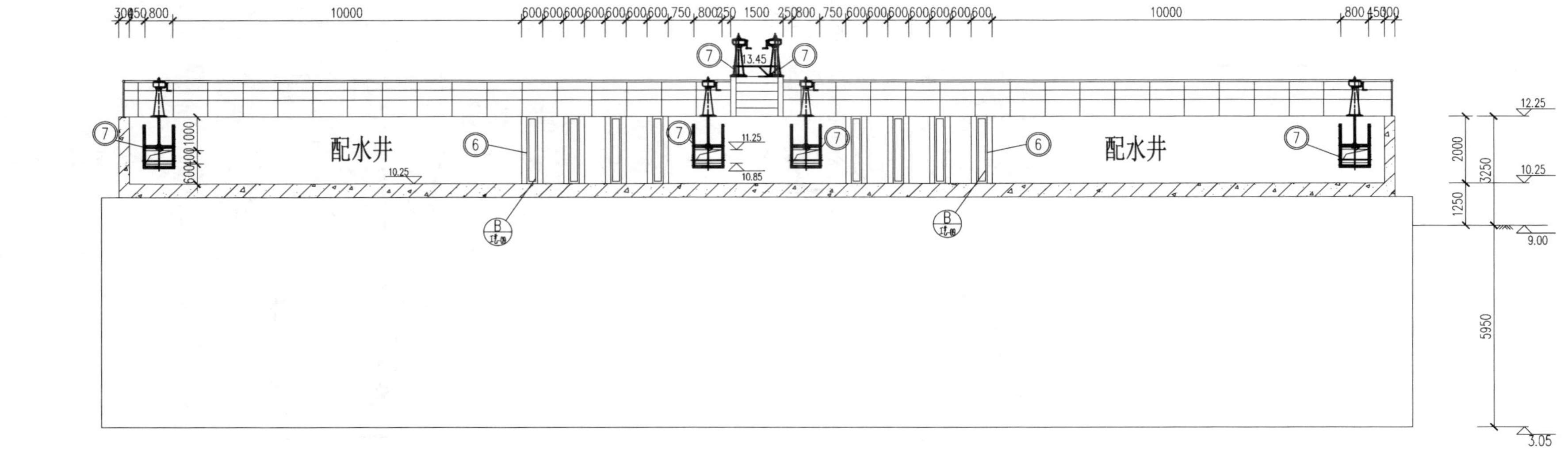

7-7剖面图

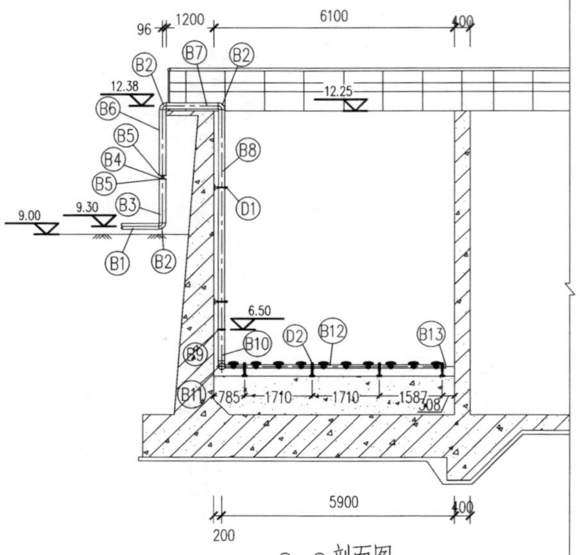

8-8剖面图

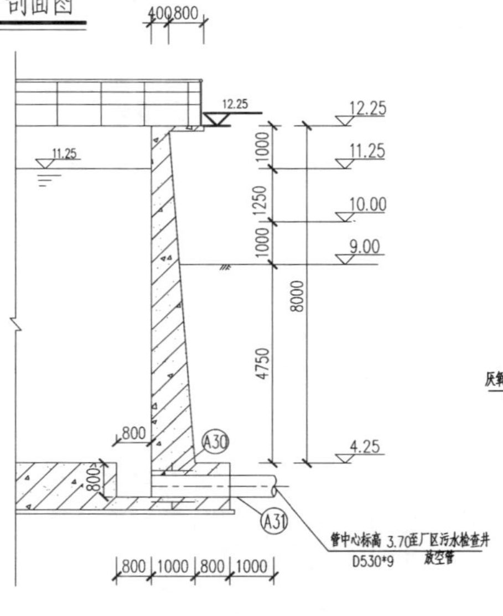

9-9剖面图

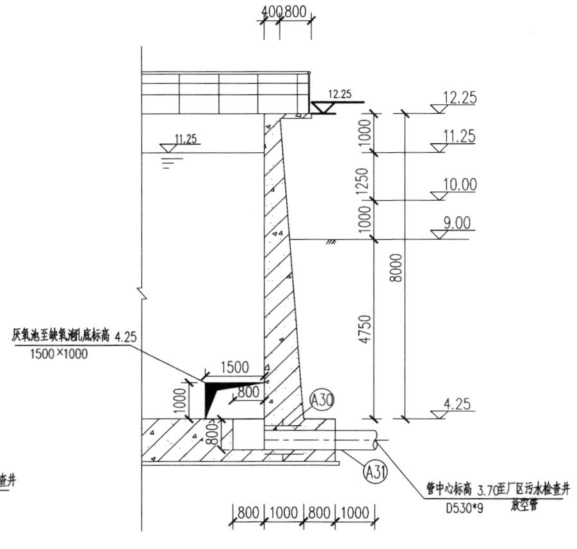

10-10剖面图

图名	3 、4 号预缺氧、厌氧、缺氧池7 － 7 ～1 0 － 1 0 剖面图	图号	1 1 － 工艺－ 1 1

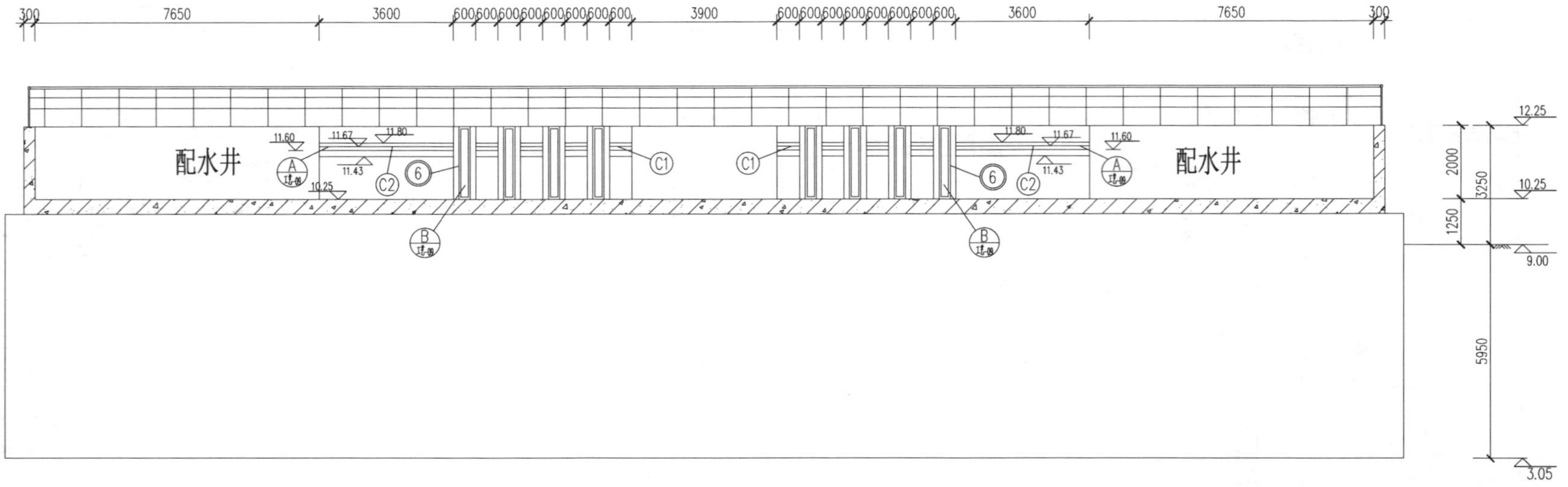

12-12剖面图

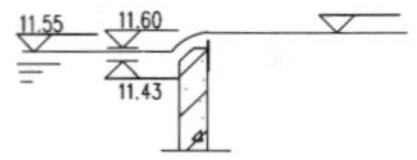

节点a详图

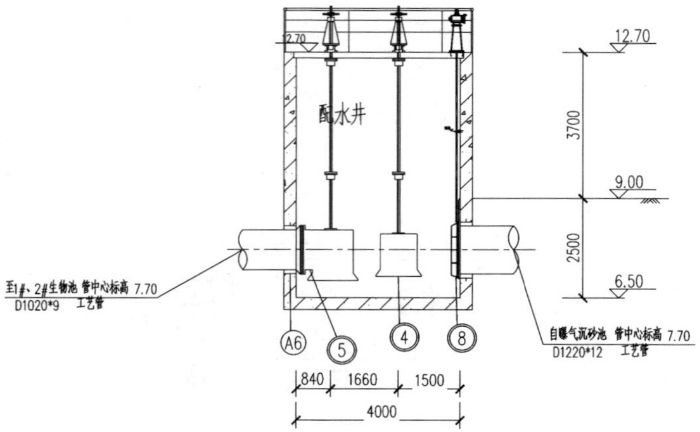

14-14剖面图

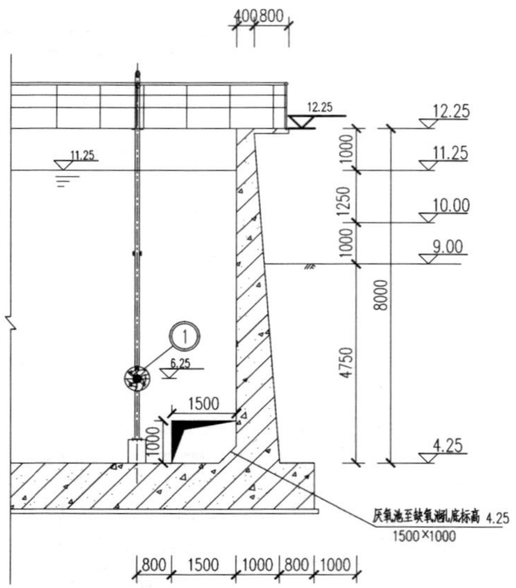

11-11剖面图

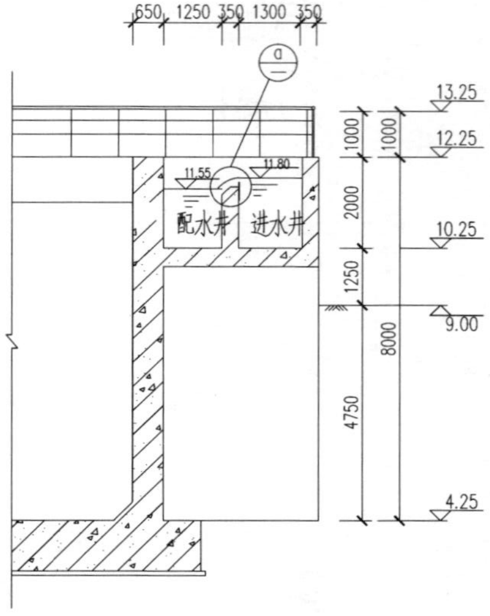

13-13剖面图

图名	3、4号预缺氧、厌氧、缺氧池11-11~14-14剖面图	图号	11-工艺-12

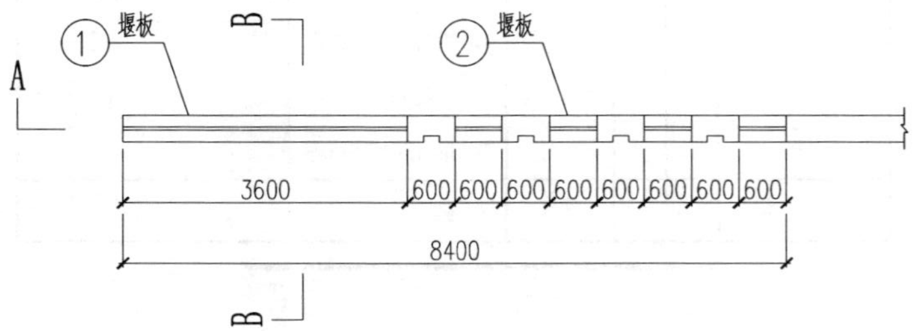

节点A平面图

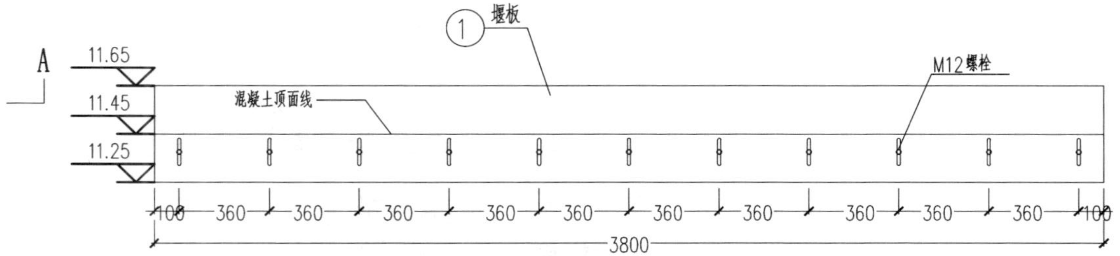

进水堰板加工图(一)

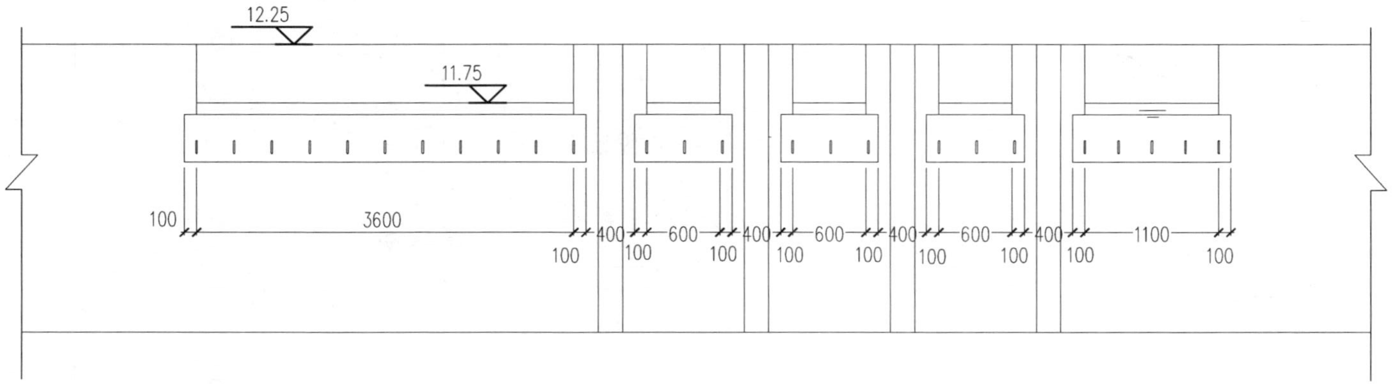

A–A剖面图

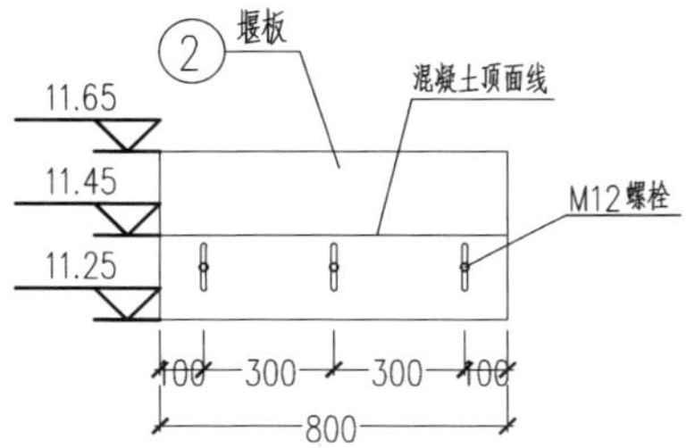

进水堰板加工图(二)

图名	3、4号预缺氧、厌氧、缺氧池进水水堰剖面图	图号	11-工艺-13

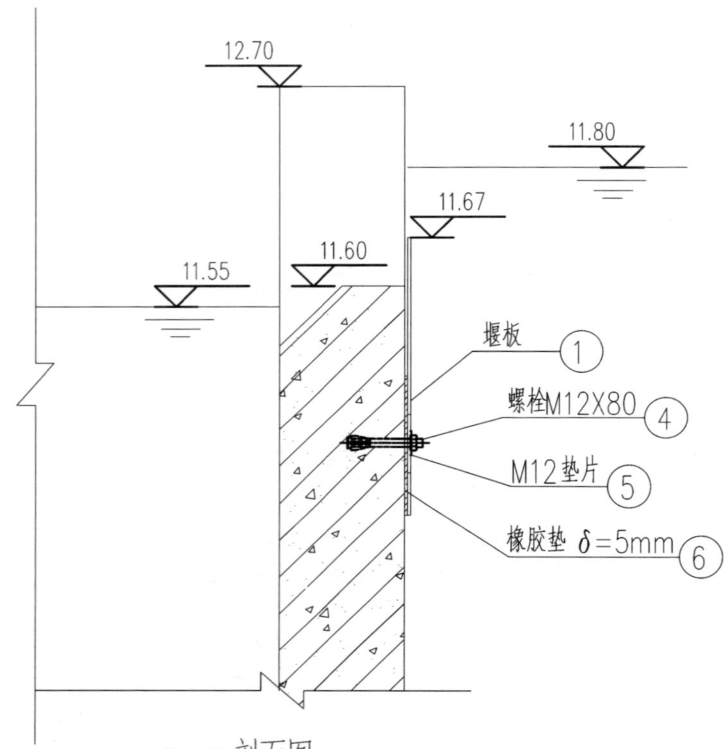

B-B 剖面图

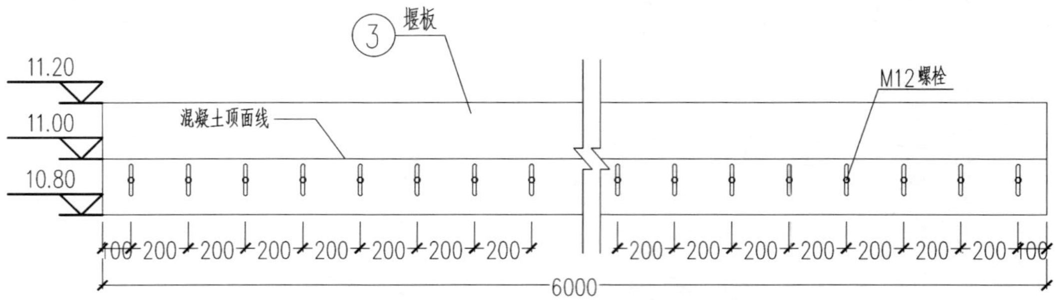

出水堰板加工图

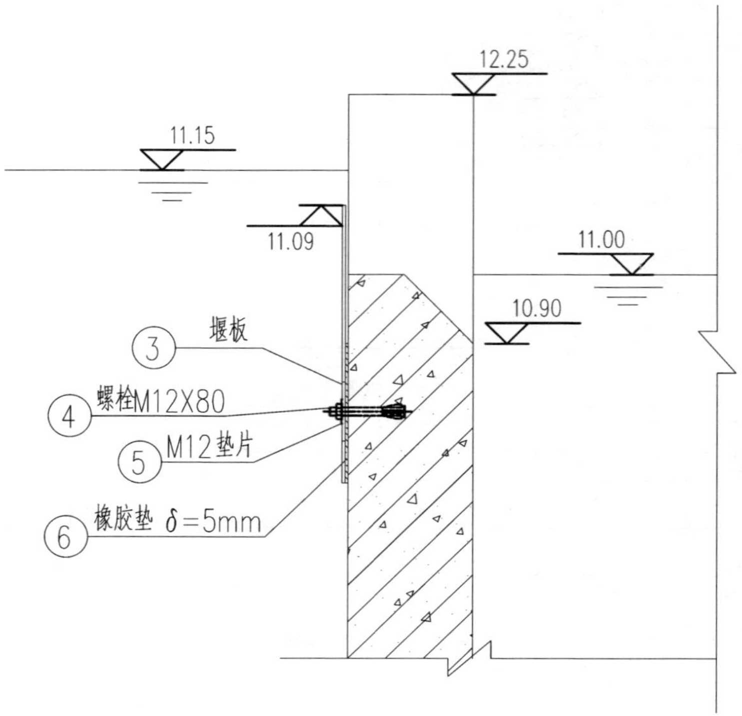

节点C 剖面图

进出水堰主要材料一览表

编号	名　称	规　格	材料	单位	数量	备　注
①	堰板	B*L*d=400*3800*6	SS304	块	2	
②	堰板	B*L*d=400*800*6	SS304	块	8	
③	堰板	B*L*d=400*6000*6	SS304	块	2	
④	螺栓	M12-80	SS304	个	80	配螺母
⑤	垫片	M12	橡胶	个	80	
⑥	橡胶垫	δ=5mm	橡胶	个	80	

图名	3 、4 号预缺氧、厌氧、缺氧池进水、出水堰板安装图	图号	11 - 工艺- 14

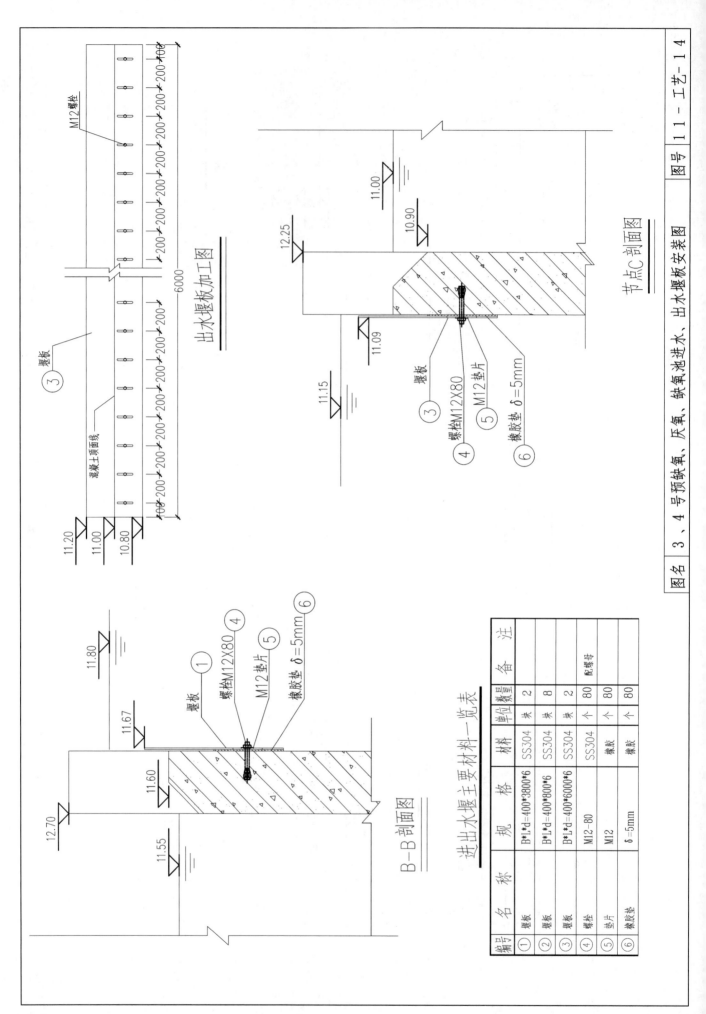

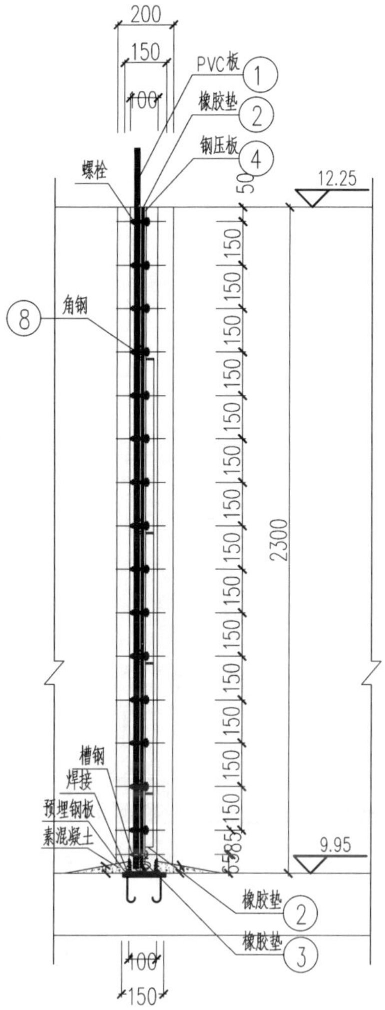

b—b 剖面图

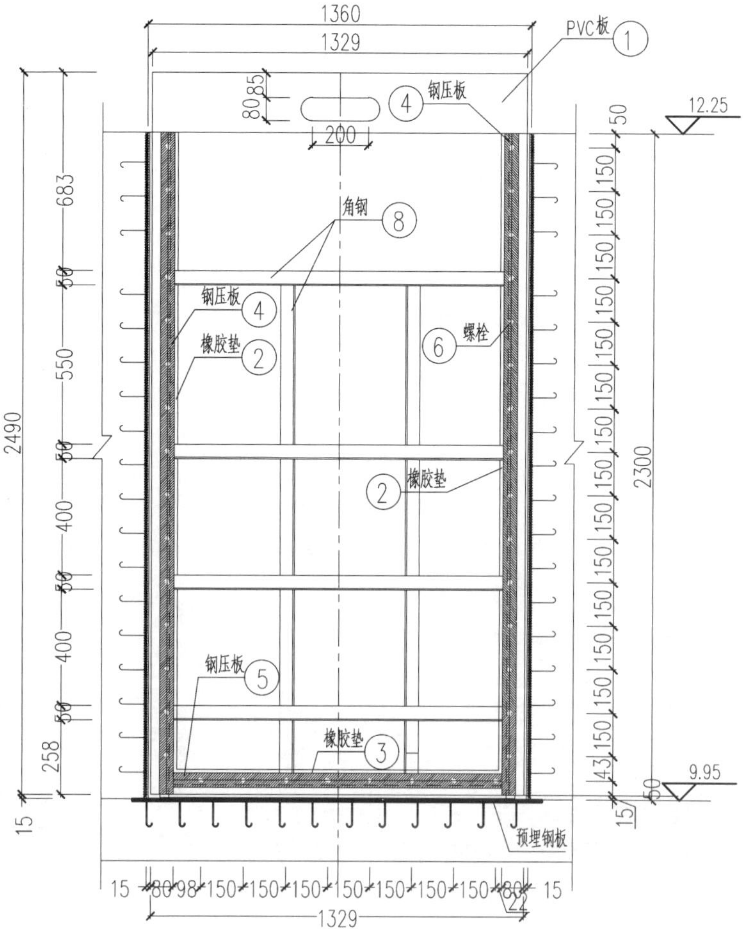

a—a 剖面图

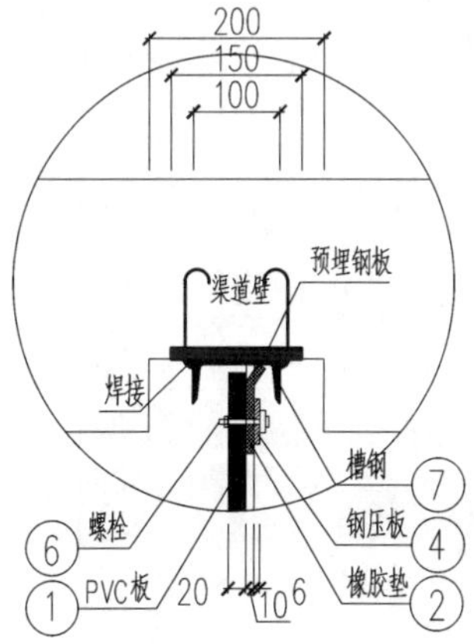

节点1大样图

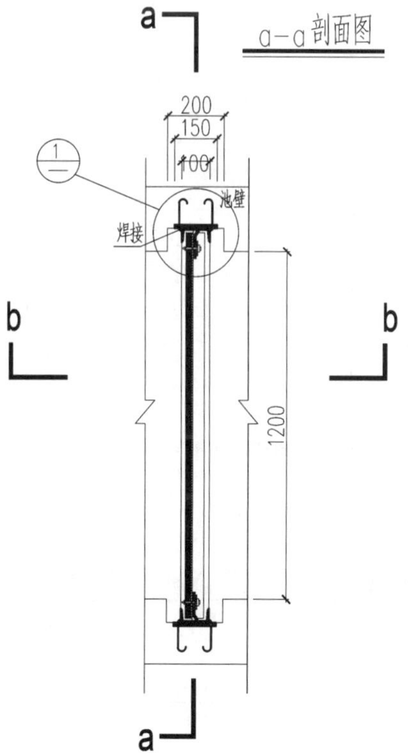

节点B平面大样图

图名	3、4号预缺氧、厌氧、缺氧池简易渠道闸安装图	图号	11-工艺-15

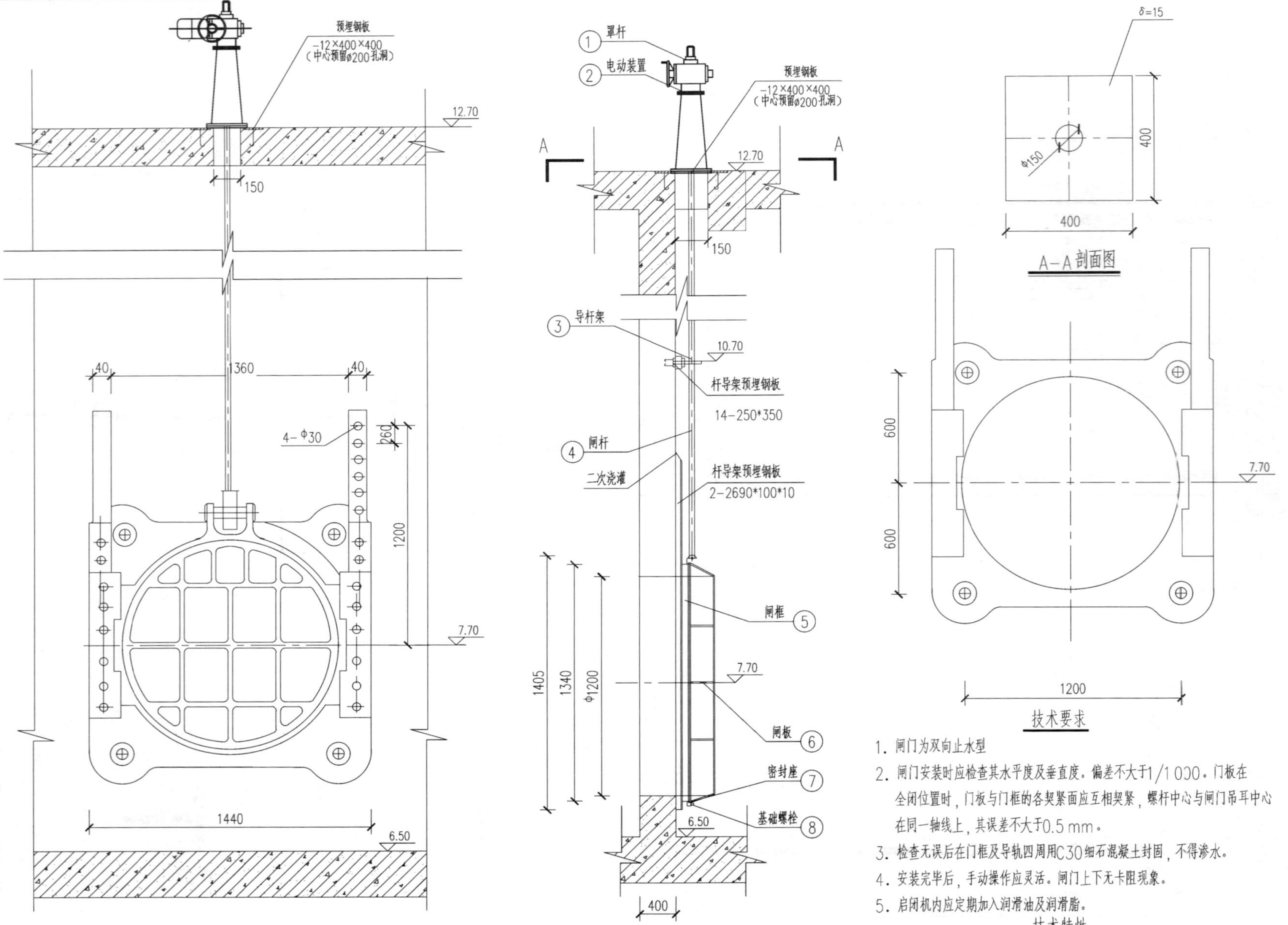

技术要求

1. 闸门为双向止水型
2. 闸门安装时应检查其水平度及垂直度。偏差不大于1/1000。门板在全闭位置时，门板与门框的各契紧面应互相契紧，螺杆中心与闸门吊耳中心在同一轴线上，其误差不大于0.5 mm。
3. 检查无误后在门框及导轨四周用C30细石混凝土封固，不得渗水。
4. 安装完毕后，手动操作应灵活。闸门上下无卡阻现象。
5. 启闭机内应定期加入润滑油及润滑脂。

技术特性

1. 闸门工程口径 Φ1200 2. 启门力 50KN 3. 功率 3KW

图名	3、4号预缺氧、厌氧、缺氧池Φ1200手电两用铸铁镶铜闸门大样图	图号	11-工艺-16

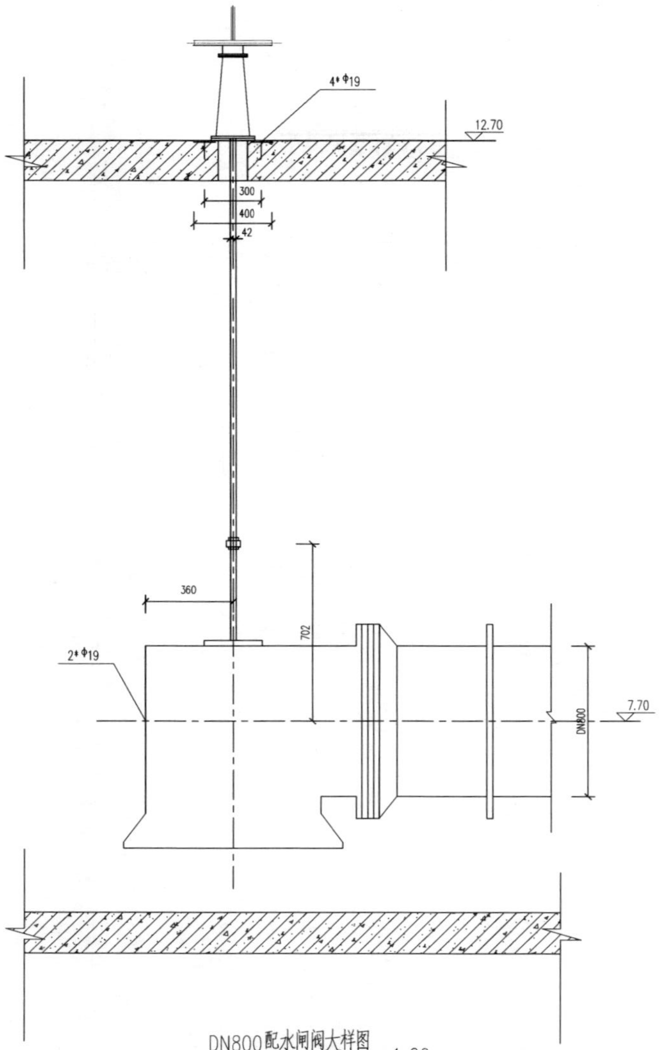

DN800配水闸阀大样图 1:20

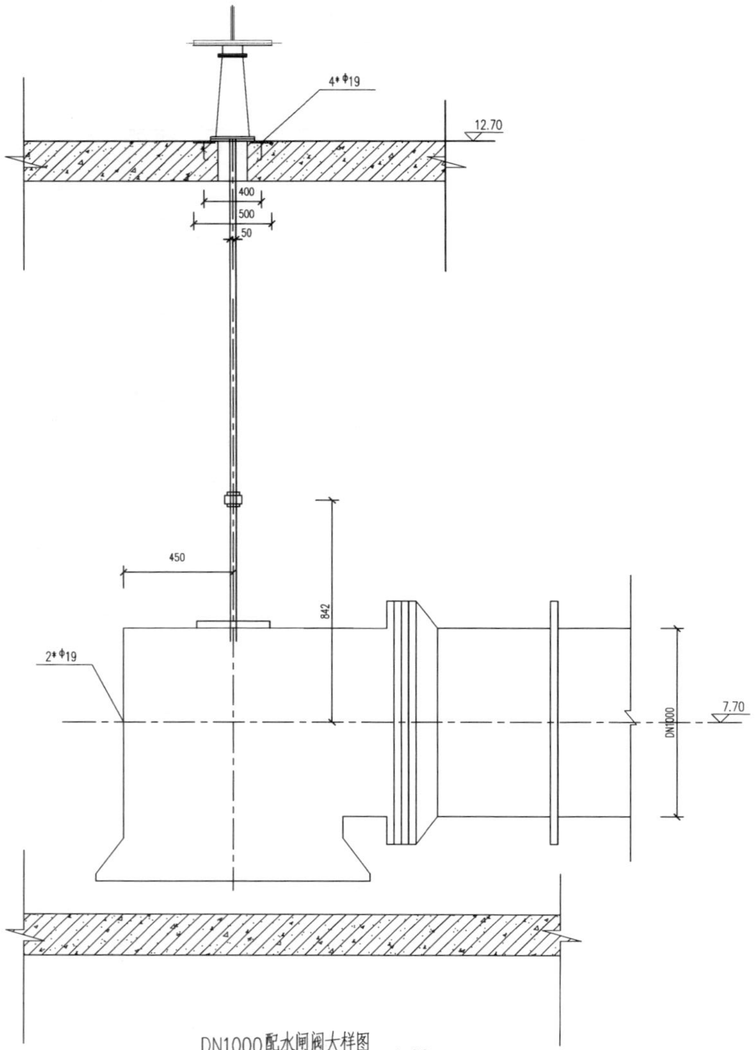

DN1000配水闸阀大样图 1:20

技术特性

1、闸门公称口径:DN800及DN1000　2、工作压力:1公斤力/平方厘米

3、型号:PZ1-800及 PZ1-1000

图名	3、4号预缺氧、厌氧、缺氧池DN1000及DN800配水闸阀大样图	图号	11-工艺-17

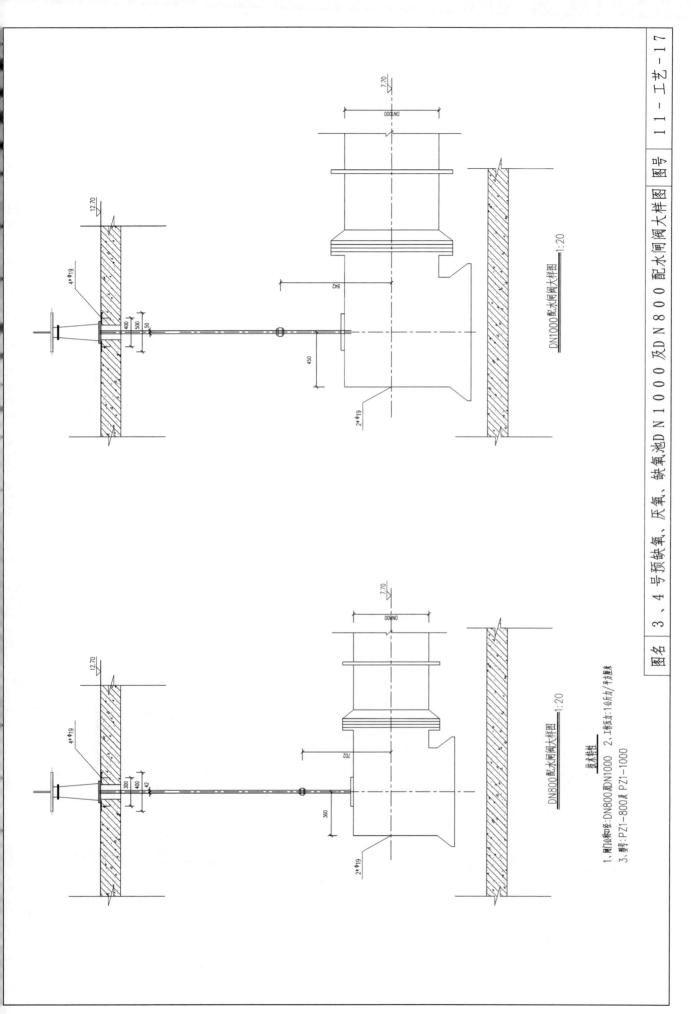

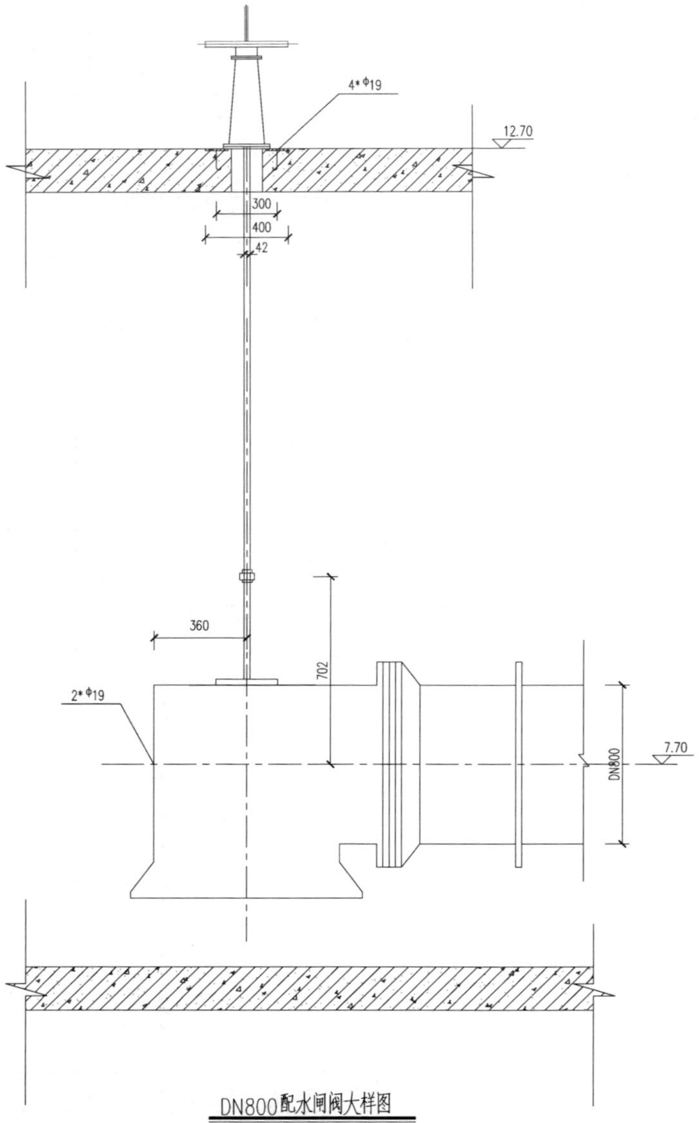

DN800配水闸阀大样图

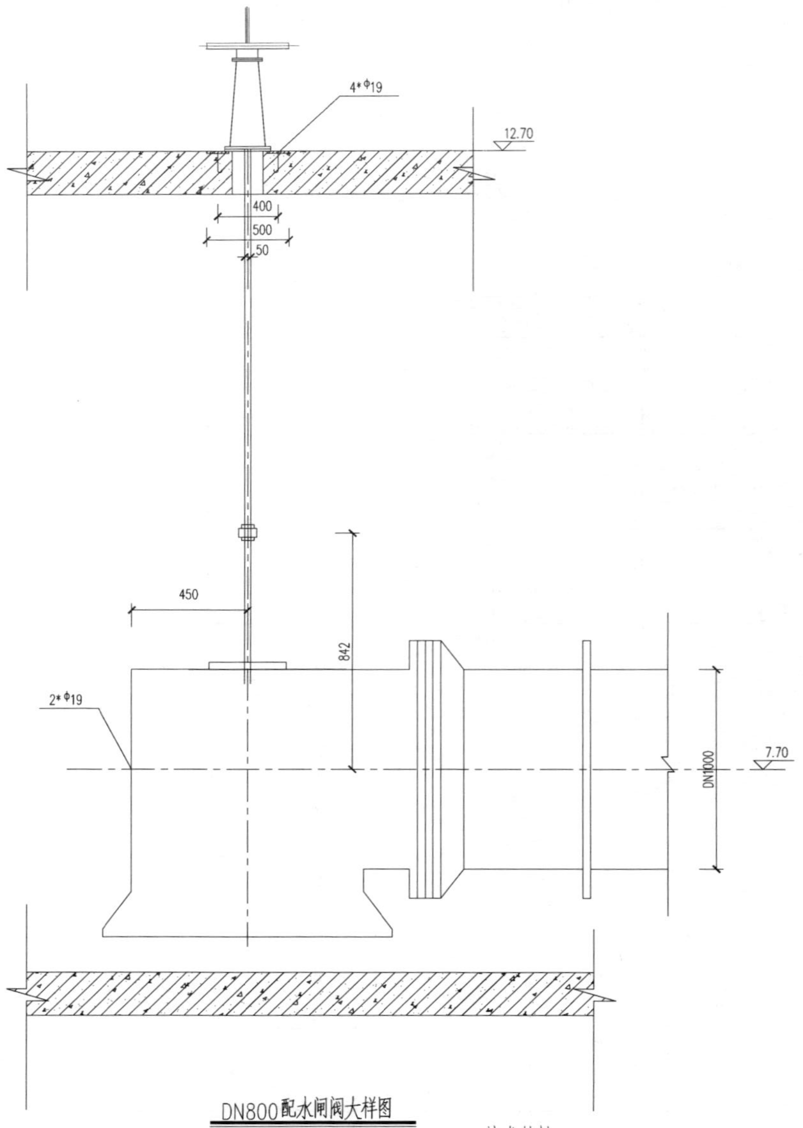

DN800配水闸阀大样图

技术特性

1. 闸门工程口径 DN800及DN1000 2. 工作压力 1公斤力/平方厘米
3. 型号PZ1-800及 PZ1-1000

图名	3、4号预缺氧、厌氧、缺氧池DN1000及DN800配水闸阀大样图	图号	11-工艺-18

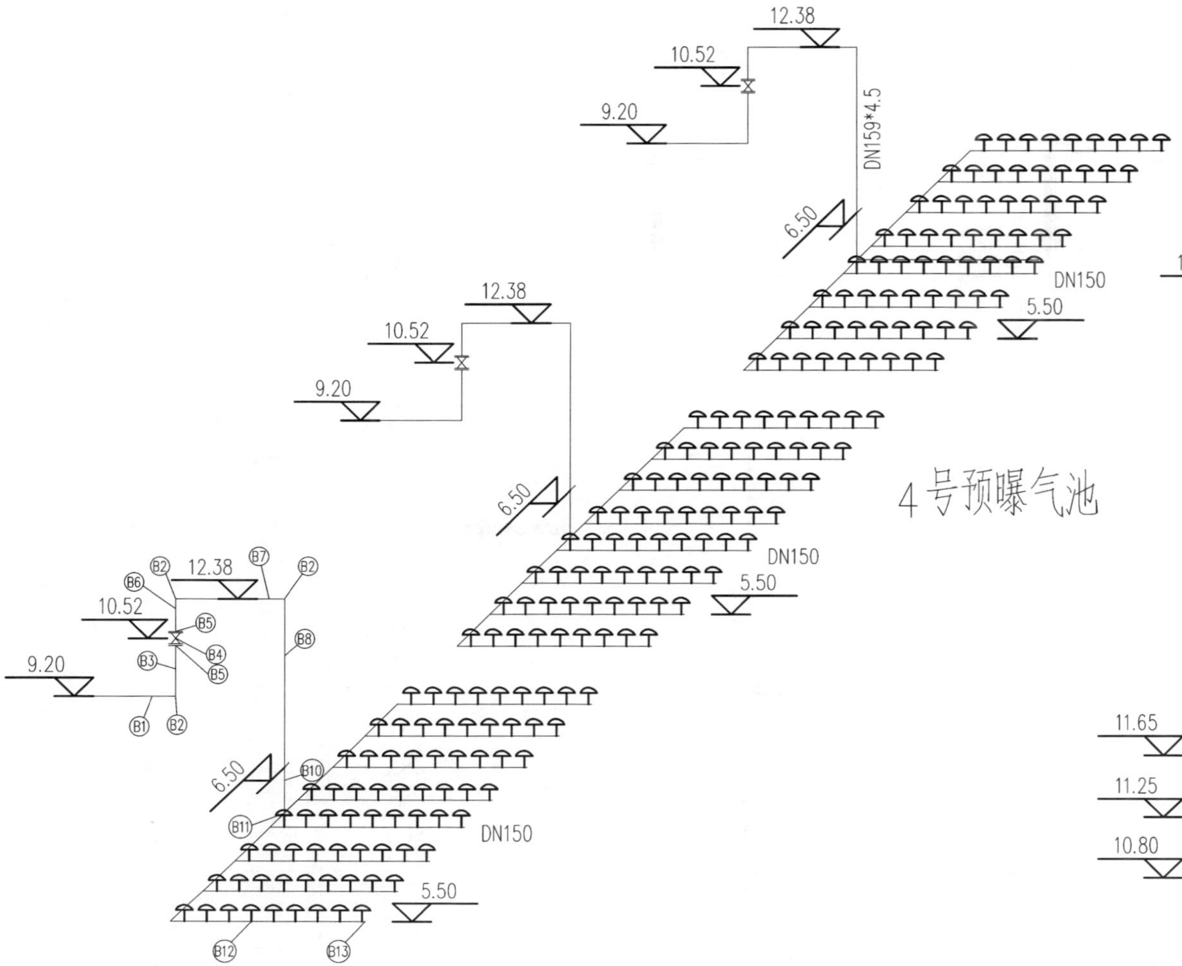

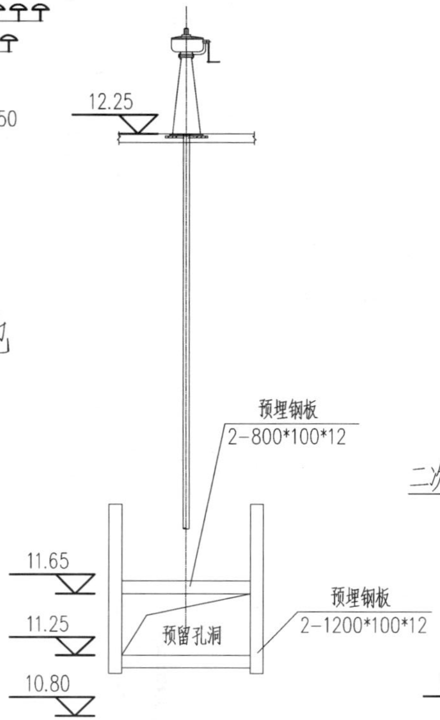

800*400闸门预埋件图

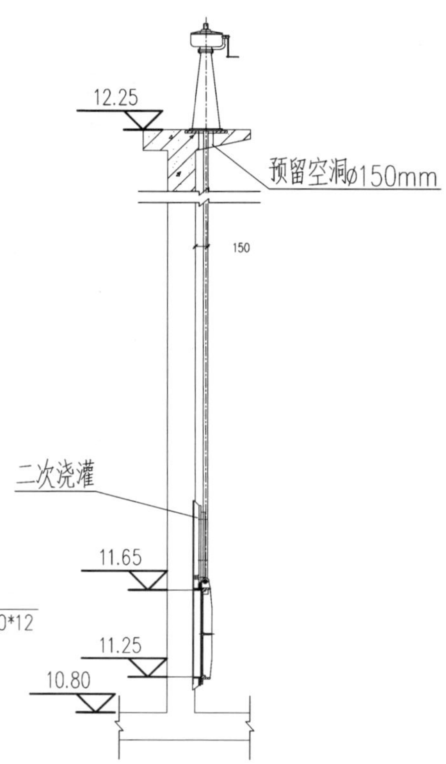

800*400闸门剖面图

图名	3、4号池闸门预埋件图及曝气系统	图号	11-工艺-19

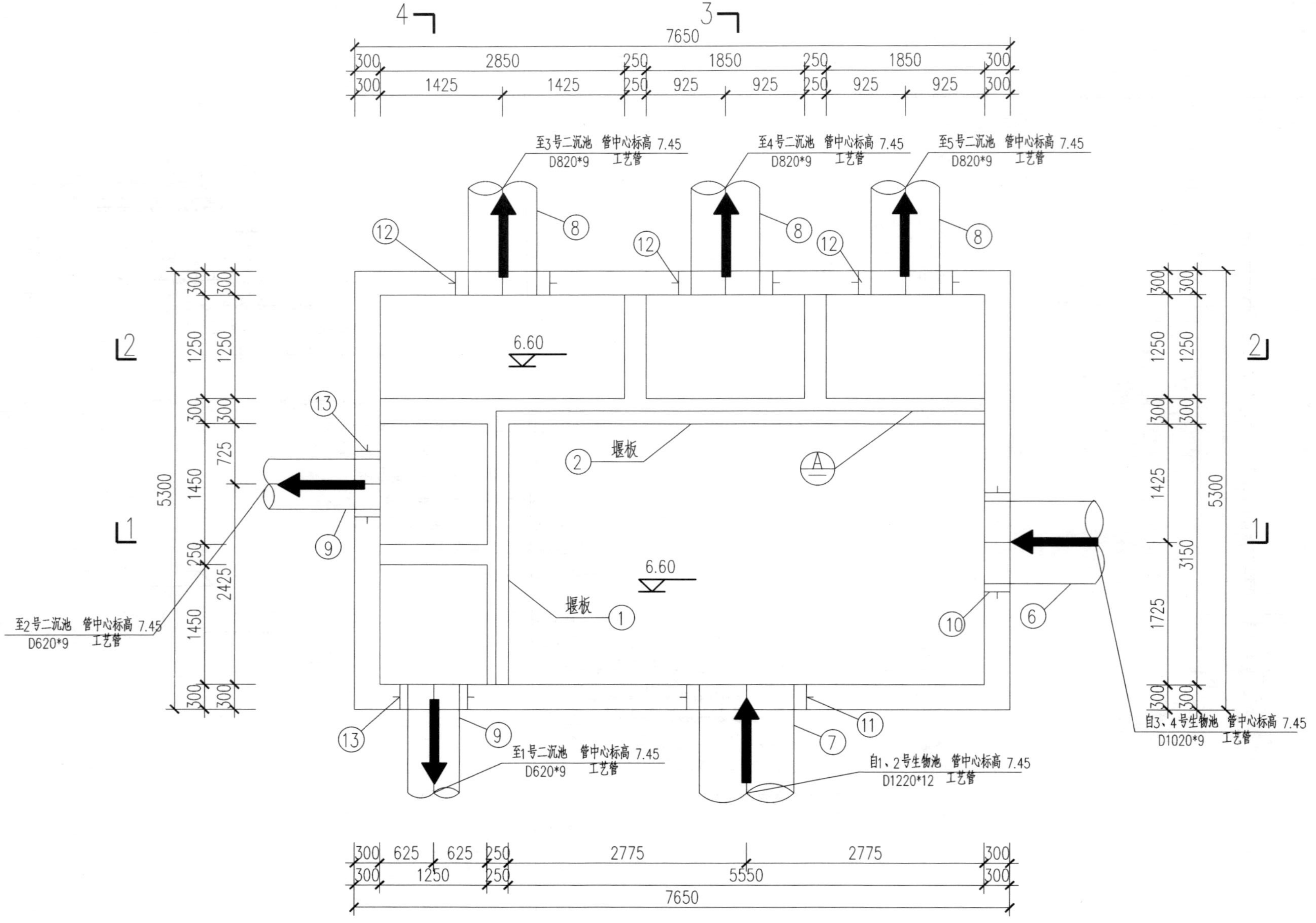

配水井平面图

图名	二沉池配水井	图号	12-工艺-01

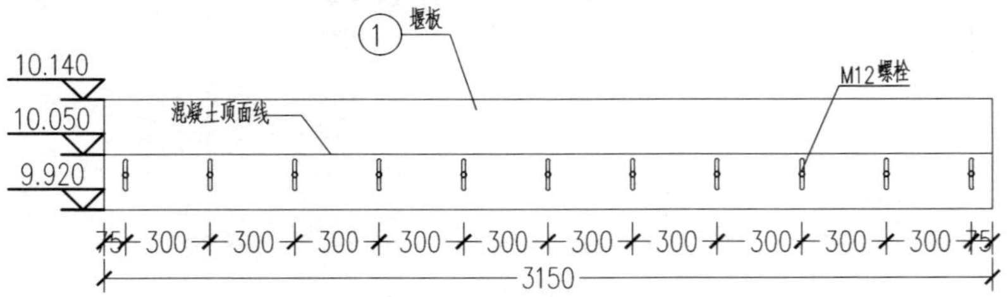

出水堰板加工图(一)

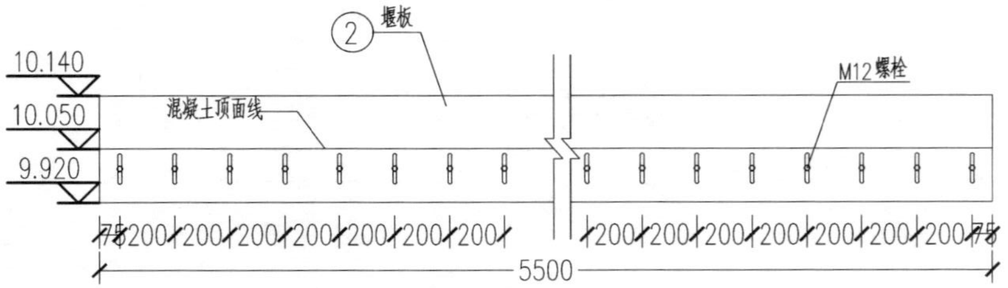

出水堰板加工图(二)

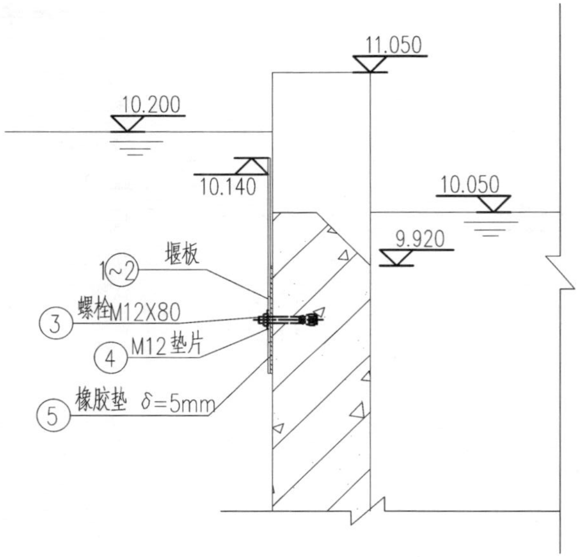

节点A 剖面图

进出水堰主要材料一览表

编号	名称	规格	材料	单位	数量	备注
①	堰板	B*L*d=300*3150*6	SS304	块	1	
②	堰板	B*L*d=300*5500*6	SS304	块	1	
③	螺栓	M12-80	SS304	个	120	配螺母
④	垫片	M12	橡胶	个	120	
⑤	橡胶垫	δ=5mm	橡胶	个	120	
⑥	钢管	D1020*9	钢	mm	1500	
⑦	钢管	D1220*12	钢	mm	1500	
⑧	钢管	D820*9	钢	mm	4500	
⑨	钢管	D620*9	钢	mm	3000	
⑩	刚性防水套管（A型）	DN1000		个	1	
⑪	刚性防水套管（A型）	DN1200		个	1	
⑫	刚性防水套管（A型）	DN800		个	3	
⑬	刚性防水套管（A型）	DN600		个	2	

图名	二沉池配水井出水堰板加工图	图号	12－工艺－02

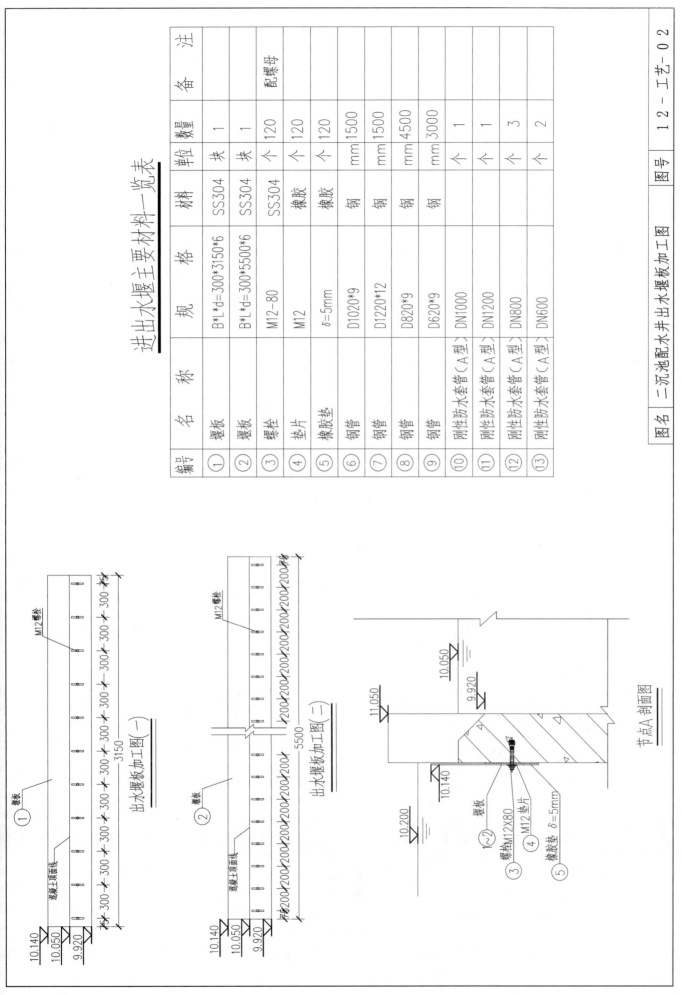

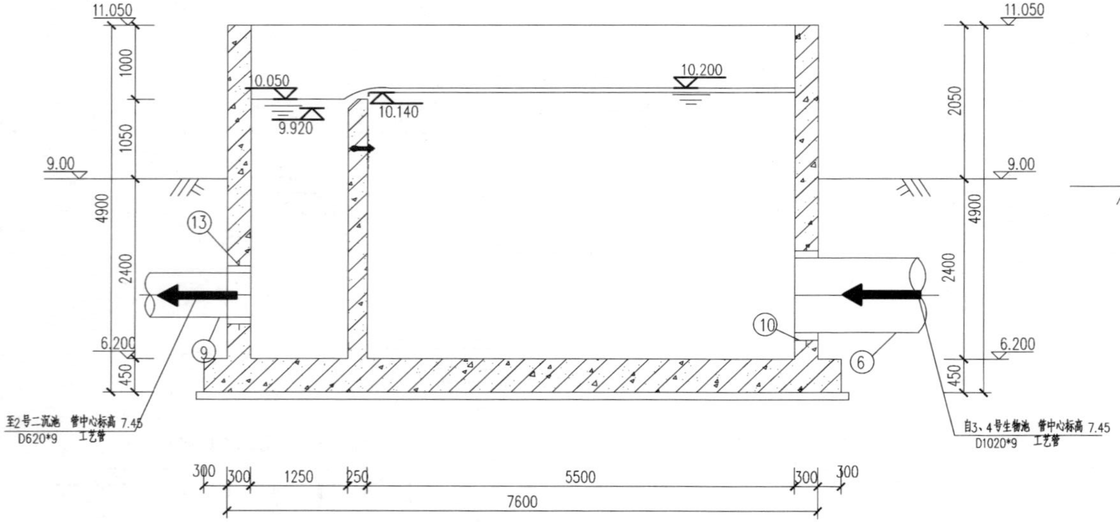

1-1剖面图

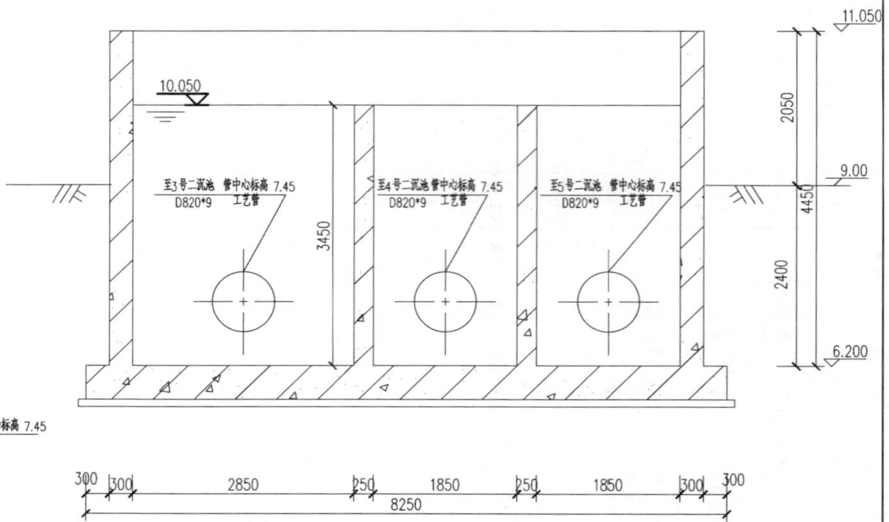

2-2剖面图

图名	二沉池配水井1－1剖面图、2－2剖面图剖面图	图号	12－工艺－03

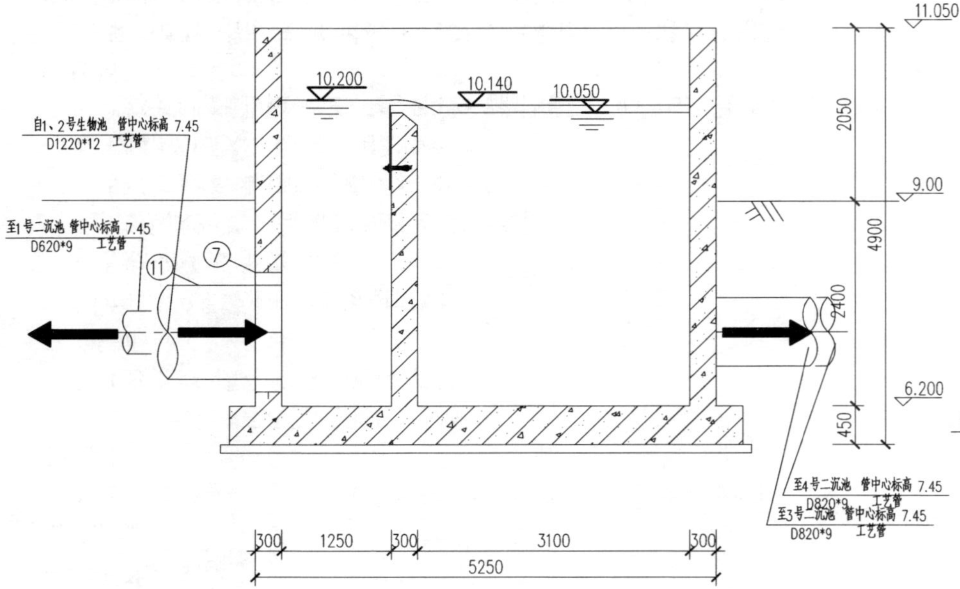

3-3剖面图

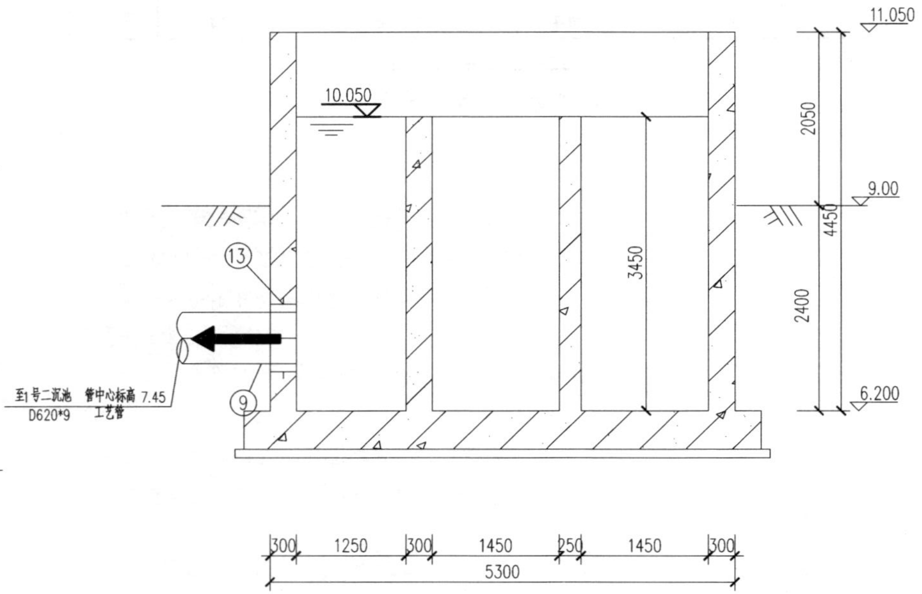

4-4剖面图

图名	二沉池配水井3－3剖面图、4－4剖面图	图号	12－工艺－04

1、2号二沉池工艺说明

一、概述

本工程为某开发区污水处理一厂工艺升级改造工程中1、2号二沉池部分。该二沉池为改造构筑物，保留原构筑物土建、管路部分，更换主要设备。本次更换的主要设备为周边传动全桥式刮吸泥机及其配套三角堰、浮渣挡板、排渣斗等设备。

二、设计依据

1.《某开发区污水处理一厂升级改造可行性研究报告》（中国市政华北市政设计研究总院2009.4）。

2.《室外给水设计规范》(GB 50013-2006)。

3.《室外排水设计规范》(GB 50014-2006)。

三、工程设计

本次设计对1、2号二沉池进行改造，改造内容如下：

1. 更换原有刮泥机、导流筒等设施。

2. 封堵原有的出水堰，在池内新建1条出水堰，采取双侧进水。

3. 废除原有出水管，根据新建出水堰，增加1根出水管。

4. 根据新刮泥机形式，更换原有排渣槽及排渣管。

5. 工艺管道与设备除特殊注明为法兰连接，钢制管道与管件除特别注明外其余均为焊接。钢管管材公称压力为1.0MPa。

6. 钢制管道及管件焊接均按《现场设备、工业管道焊接施工及验收规范》(GB 50236-98)执行，钢管道施工及验收按《工业金属管道工程施工及验收规范》(GB 50235-97)及《给水排水管道工程施工及验收规范》(GB 50268-97)和当地的其他有关规定执行。

7. 钢管防腐要求：

① 所有的钢管件及管道支架(不锈钢除外)涂漆前必须按照《涂装前钢材表面锈蚀等级和除锈等级》(GB/T 8923-88)进行表面除锈处理，达到Sa2.5级后方可进行防腐处理。

② 污水、污泥钢管内壁防腐：环氧煤沥青防腐涂料底漆一道，面漆三道。

③ 埋地钢管外壁防腐：采用环氧煤沥青冷缠防腐层(厚0.6 mm)进行防腐。(外包混凝土钢管不做防腐)

④ 明敷钢管及管支架：外涂环氧富锌底漆一道，环氧云铁防锈底漆一道，环氧厚浆型防腐面漆两道。

上述要求的具体防腐施工方法应严格遵照产品说明进行操作。

四、其他

1. 1号、2号二沉池为原有池体，池体形式相同，本图仅画出其中1座。工程量按1座二沉池统计。

2. 本图尺寸除标高以m计外，其余均以mm计。

3. 图中所示管道标高，无特殊说明，均指管中心的标高。

4. 高程系统采用1985国家高程基准，标高为绝对标高。

主要设备表(单池)

序号	名称	规格及型号	材料	单位	数量	备注
①	周边传动刮泥机	ϕ=32.2 m, N=2.2 kW	铸铁	套	1	配排查槽

图名	1、2号二沉池工艺说明及设备表	图号	13-工艺-01

主要材料表(单池)

序号	名　称	规格及型号	材料	单位	数量	备注
①	直管	DN500 L=950	Q235	根	2	出水管
②	90°弯头	DN500	Q235	个	2	出水管
③	直管	DN500 L=1 570	Q235	根	1	出水管
④	直管	DN500 L=1 000	Q235	根	1	出水管
⑤	刚性防水套管	DN500 L=400		个	1	出水管
⑥	45°弯头	DN300	Q235	个	2	排渣管
⑦	直管	DN300 L=1 260	Q235	根	1	排渣管
⑧	直管	DN300 L=2 785	Q235	根	1	排渣管
⑨	集水槽	B×H×L=0.4 m×0.6 m×96.8 m	玻璃钢	个	1	
⑩	出水堰板	B×L×δ=230×1 360×6	不锈钢	个	140	
		B×L×δ=230×1 660×6	不锈钢	个	1	
		B×L×δ=230×1 460×6	不锈钢	个	1	
⑪	浮渣挡板	B×L×δ=350×2 000×6	不锈钢	个	96	
		B×L×δ=350×1 500×6	不锈钢	个	1	

图名	1、2号二沉池材料表	图号	13-工艺-02

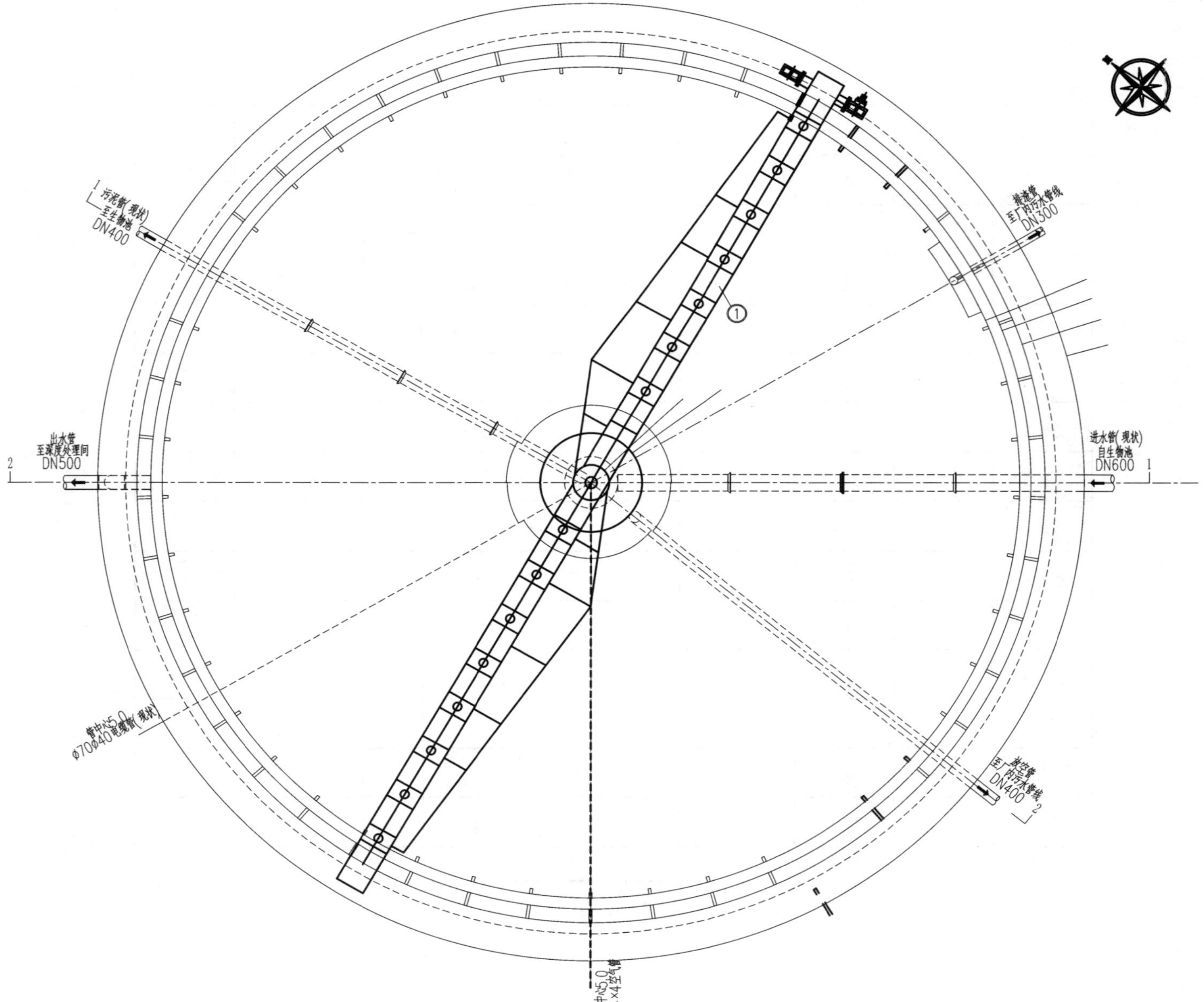

1、2号二沉池平面图 1:100

图名	1、2号二沉池平面图	图号	13-工艺-03

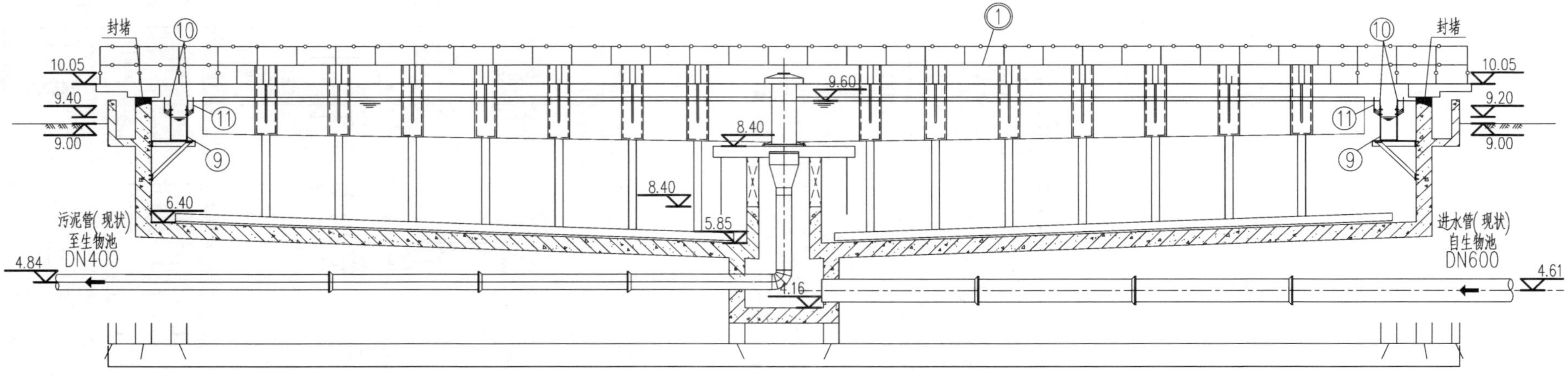

1-1剖面图 1:100

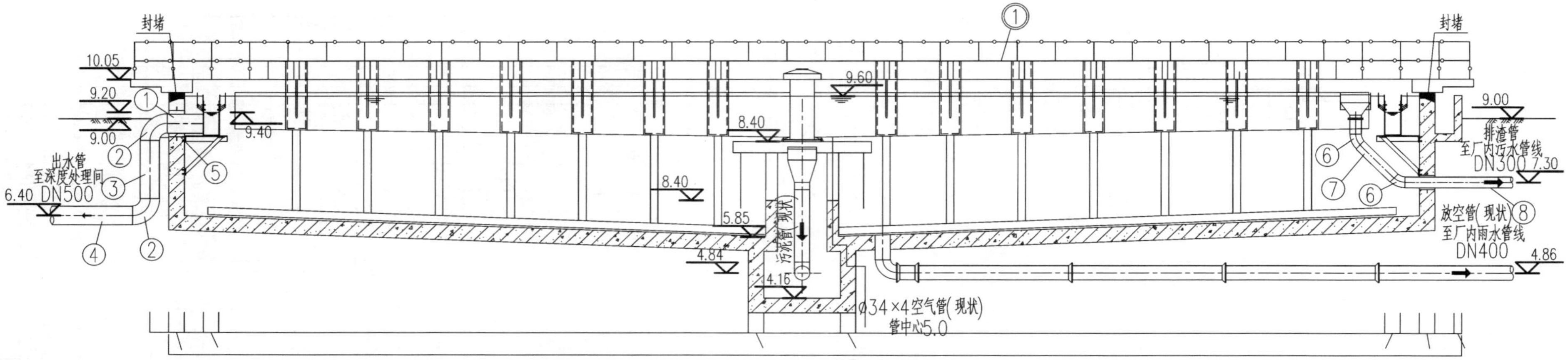

2-2剖面图 1:100

图名	1、2号二沉池1-1、2-2剖面图	图号	13-工艺-04

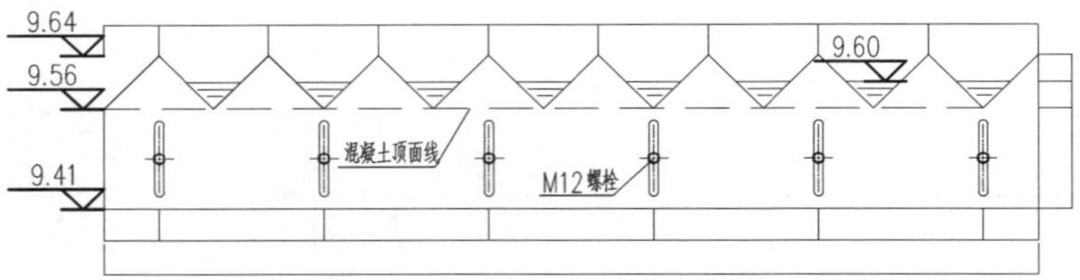

标准段出水堰板加工图

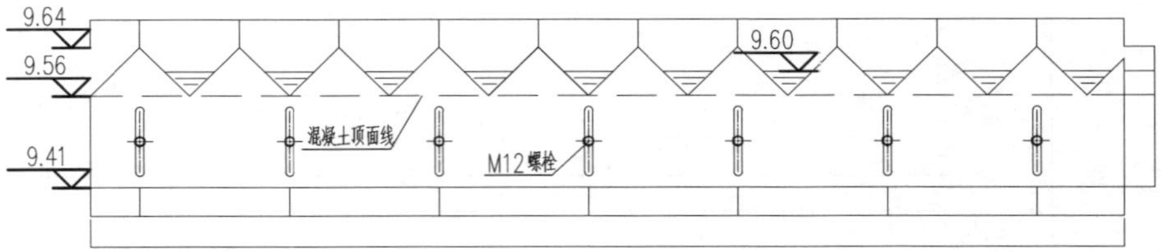

内侧末端出水堰板加工图

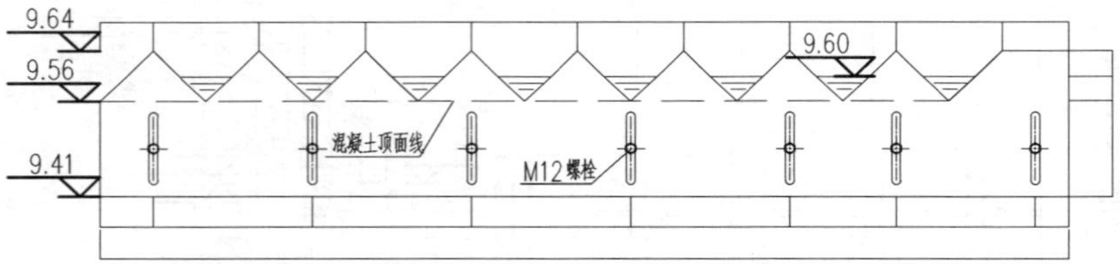

外侧末端出水堰板加工图

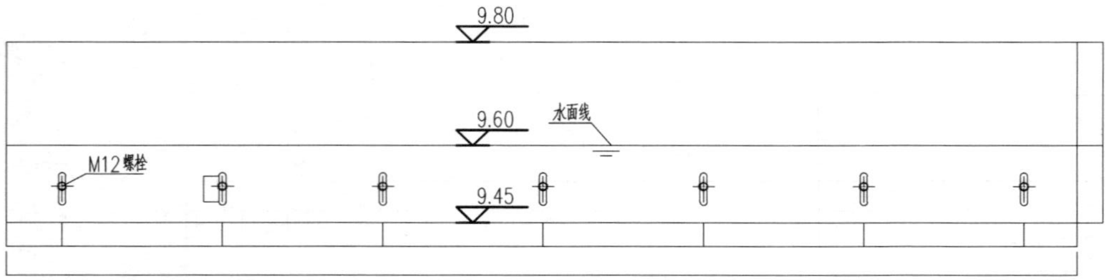

标准段浮渣挡板加工图

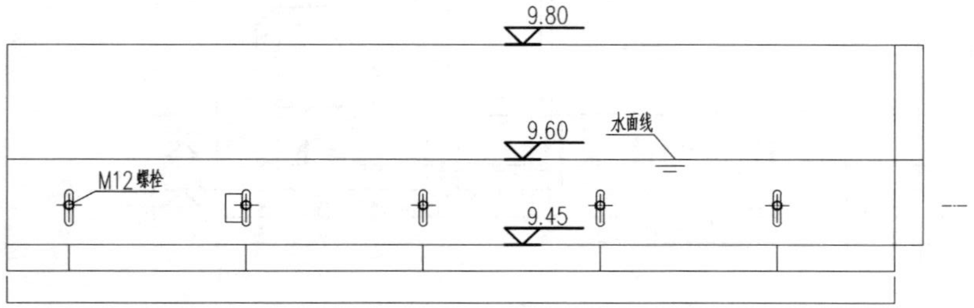

内侧末端浮渣挡板加工图

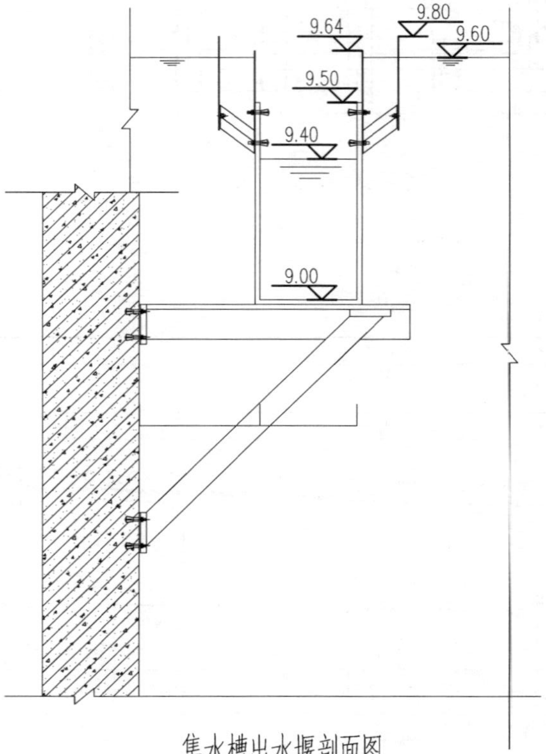

集水槽出水堰剖面图

图名	1、2号二沉池出水堰、浮渣挡板安装图	图号	13-工艺-05

5号二沉池工艺说明

一、概述

本工程为某开发区污水处理一厂工艺升级改造工程中5号二沉池部分。该二沉池为新建构筑物，采用周边进水周边出水设计。设计规模为平均日流量2.2×10^4 m³/d，变化系数为1.3，最大流量为1 192 m³/h。

二、设计依据

1.《某开发区污水处理一厂升级改造可行性研究报告》（中国市政华北市政设计研究总院 2009.4）。

2.《室外给水设计规范》(GB 50013-2006)。

3.《室外排水设计规范》(GB 50014-2006)。

三、工程设计

1. 规模。

5号二沉池直径为Φ34 m，共1座。

2. 设计参数。

单池设计规模：	2.2×10^4 t/d
变化系数：	Kz=1.30
设计二沉池直径X数量：	Ø34 mX1个
平均表面负荷：	1.00 m³/(m²·h)
最大表面负荷：	1.30 m³/(m²·h)
设计回流比：	100%
进水污泥浓度：	3.5 g/L
回流污泥浓度：	7 g/L左右
设计有效水深：	4.2 m
二沉池池深：	4.7 m

3. 设计管路系统

进水管管径为Ø820*9，出水管管径为Ø720*9，污泥回流管管径为Ø630*8，排渣管管径为Ø219*6，放空管管径为Ø325*8，管材均为钢管，连接方式为焊接。

主要材料一览表

序号	名　称	型号及规格	材料	单位	数量	备　注
①	钢管	Ø820*9　L=1 250	钢	mm	1	
②	钢管	Ø720*9　L=1 400	钢	mm	1	
③	钢管	Ø630*8　L=17 800	钢	mm	1	
④	钢管	Ø325*8　L=17 260	钢	mm	1	
⑤	钢管	Ø219*4.5　L=1 770	钢	mm	1	
⑥	三通	DN200*DN200	钢	个	1	
⑦	钢管	Ø219*6　L=1 303	钢	mm	1	
⑧	钢管	Ø159*4.5　L=595	钢	mm	1	
⑨	90°弯头	DN150	钢	个	1	
⑩	钢管	Ø159*4.5　L=1 960	钢	mm	1	
⑪	刚性防水套管（A型）	DN800		个	1	
⑫	刚性防水套管（A型）	DN700		个	1	
⑬	刚性防水套管（A型）	DN600		个	1	
⑭	刚性防水套管（A型）	DN300		个	1	
⑮	刚性防水套管（A型）	DN200		个	1	
⑯	刚性防水套管（A型）	DN150		个	1	
⑰	管堵	Ø159*4.5	钢	个	1	
⑱	钢隔板	3.1	钢	m²	1	

主要设备一览表

序号	名　称	型号及规格	材料	单位	数量	备　注
①	中心传动单管吸泥机主机	ø=34 m　$H_{有效水深}$=4.2 m　N=0.37 kW	见备注	台	1	电机和减速机采用SEW公司或FLENDER公司或NORD公司产品，齿轮箱铸铁，排渣斗、撇渣撇浮渣装置为S304不锈钢件，其余部分为碳钢防腐
二沉池附件						
②	出水三角堰	B=250 mm　L=96 m　δ=3 mm	不锈钢S304	套	1	
③	浮渣挡板	B=300 mm　L=95 m　δ=3 mm	不锈钢S304	套	1	
④	浮渣漏斗	B=300 mm　L=95 m　δ=3 mm	不锈钢S304	套	1	
⑤	挡水裙板	B≥600 mm　L=104 m　δ=3 mm	碳钢防腐	套	1	
⑥	配水孔管		碳钢镀锌	套	1	规格由设备供应商提供
⑦	配水孔管挡板		碳钢镀锌	套	1	规格由设备供应商提供
⑧	排渣堰门	BXH=500X500	不锈钢S304，丝杆2Cr13，配铸铁手轮铸铁启闭机	个	1	带手动启闭机，规格由设备供应商提供
⑨	套筒阀	DN600，最大提升高度1 500 mm	内套筒不锈钢S304，丝杆2Cr13，配铸铁手轮铸铁启闭机	个	1	

图名	5 号二沉池工艺说明、主要材料、主要设备一览表	图号	13－工艺－06

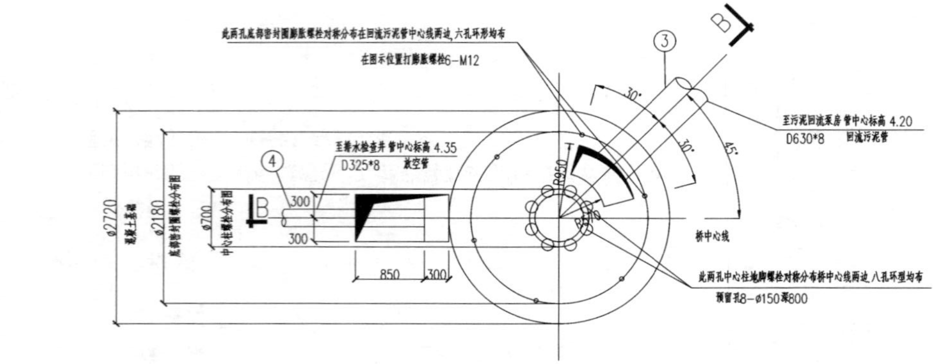

中心柱基础平面图

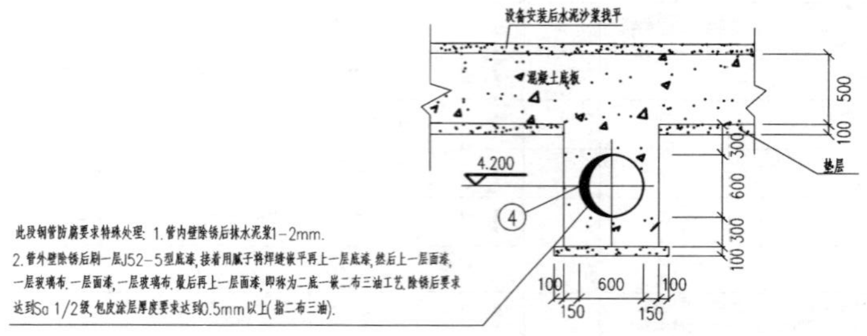

C-C 剖面

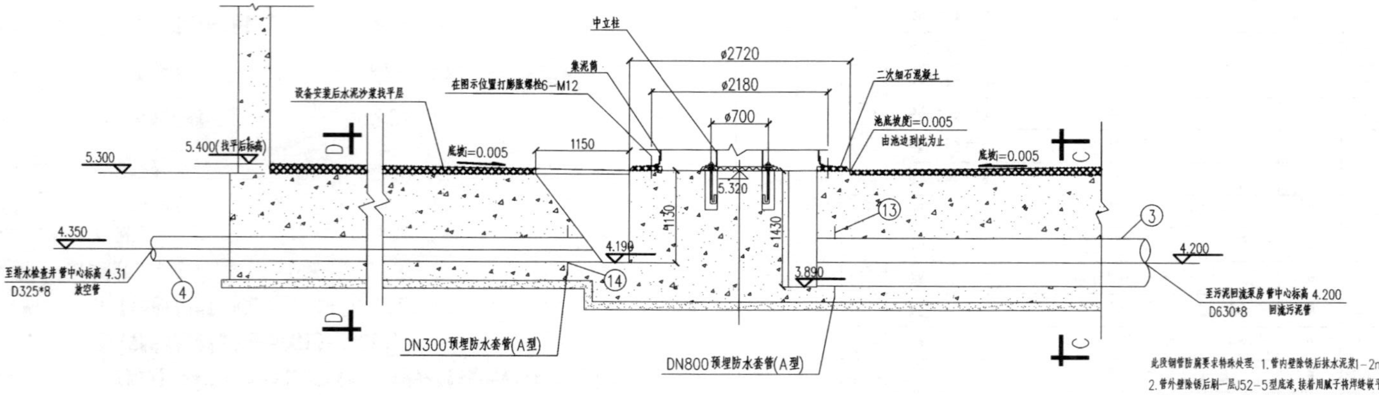

中心柱基础详图(B-B 剖面)

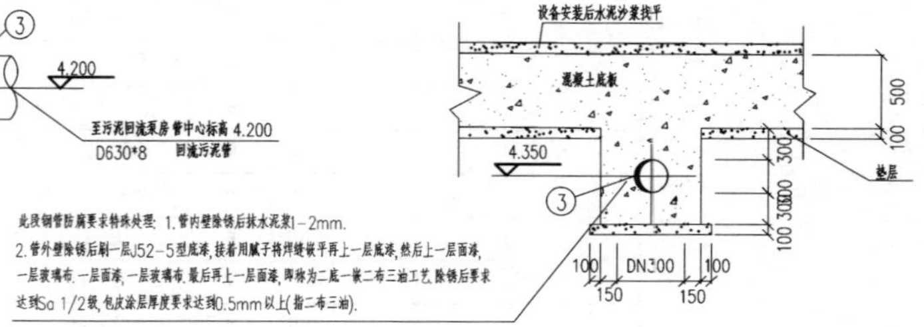

D-D 剖面

图名	5 号二沉池中心柱基础平面、剖面图	图号	13 - 工艺 - 07

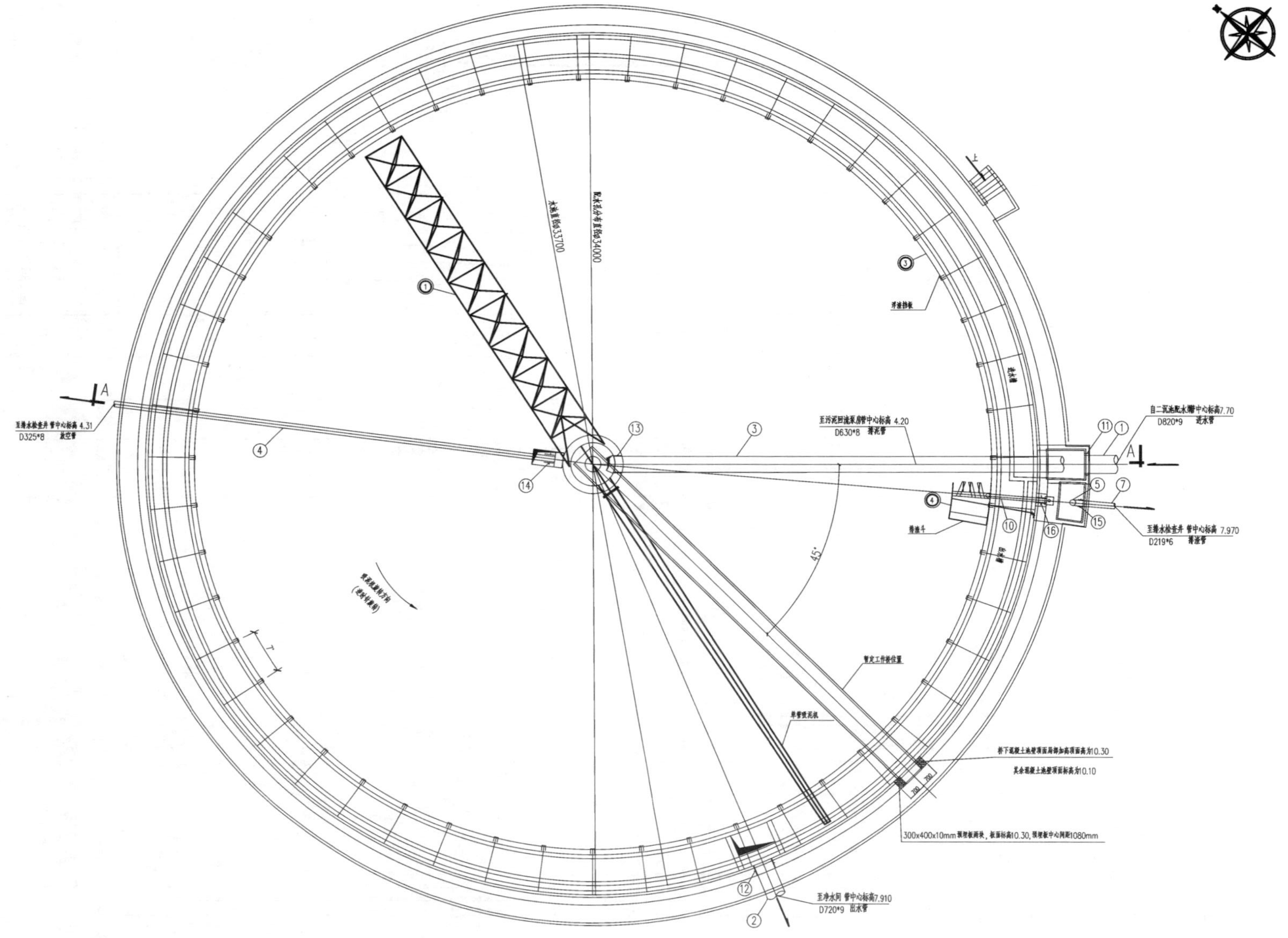

二沉池平面图 比例1:100

图名	5 号二沉池二沉池A - A 剖面图及出水槽展开图	图号	13 - 工艺- 08

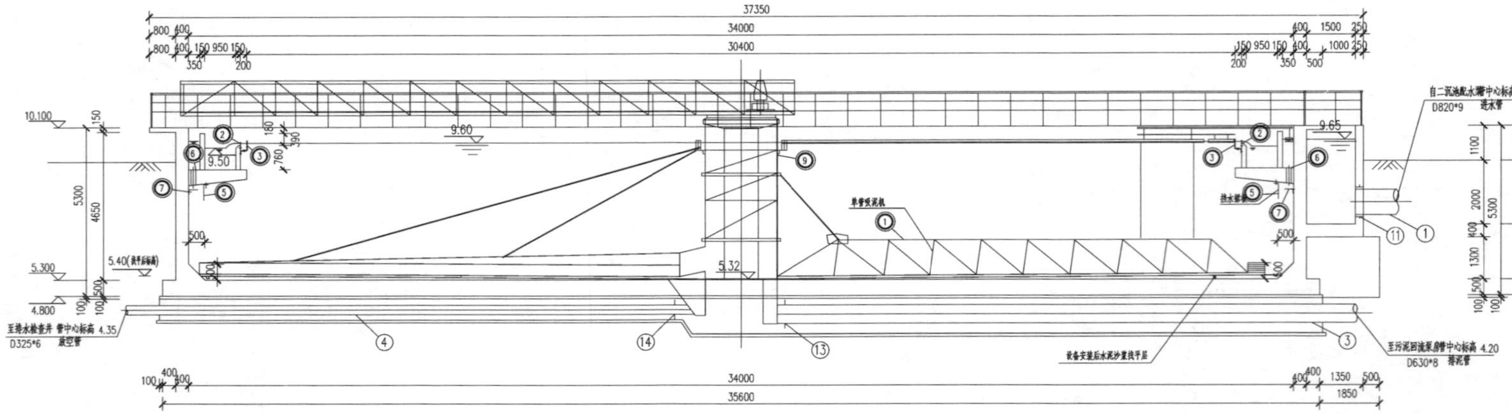

A—A 剖面图

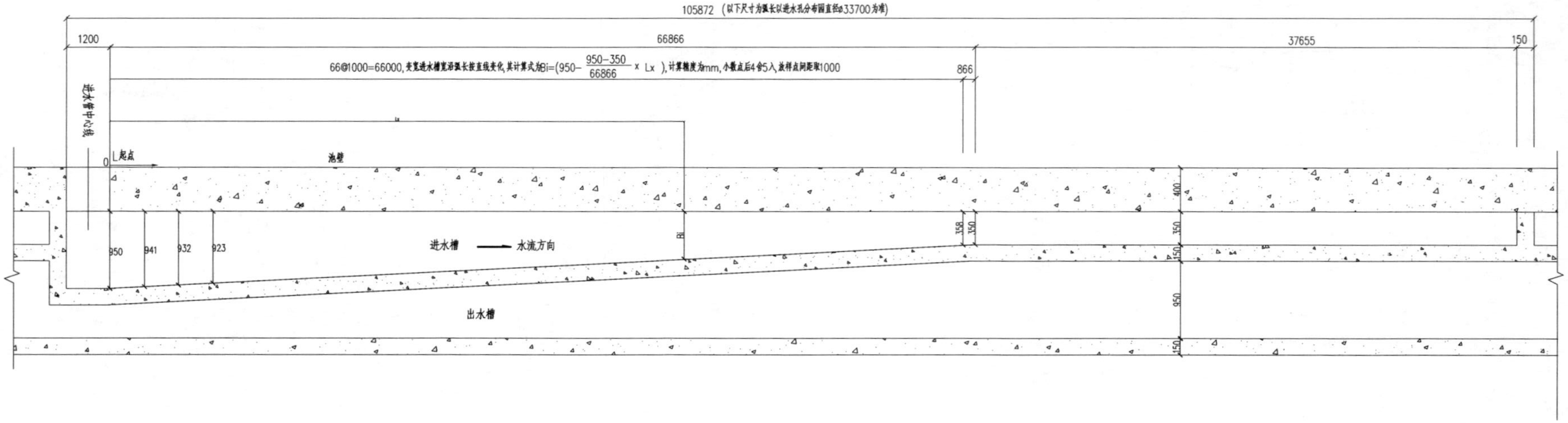

二沉池进 出水槽展开图

图名	5 号二沉池二沉池平面图	图号	13 - 工艺- 09

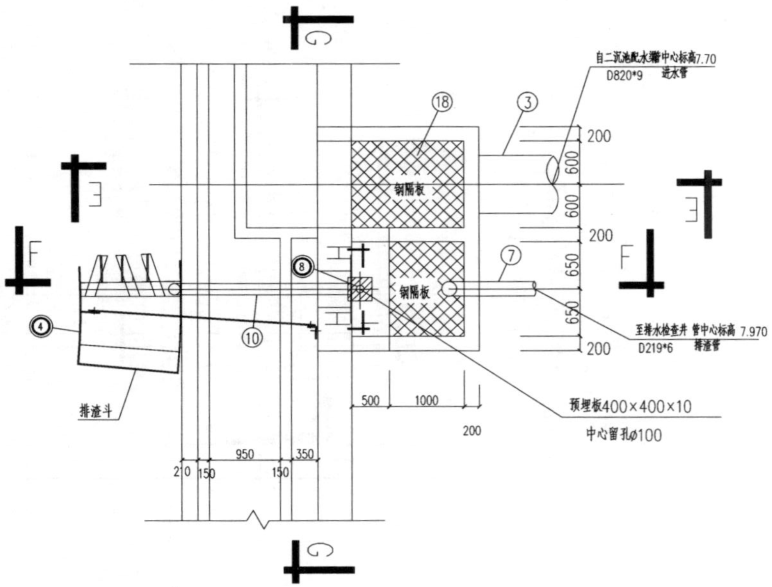

进水口及排渣斗平面图

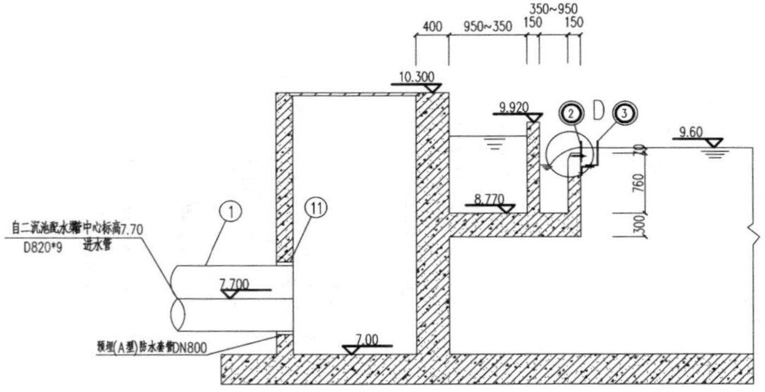

剖面E—E

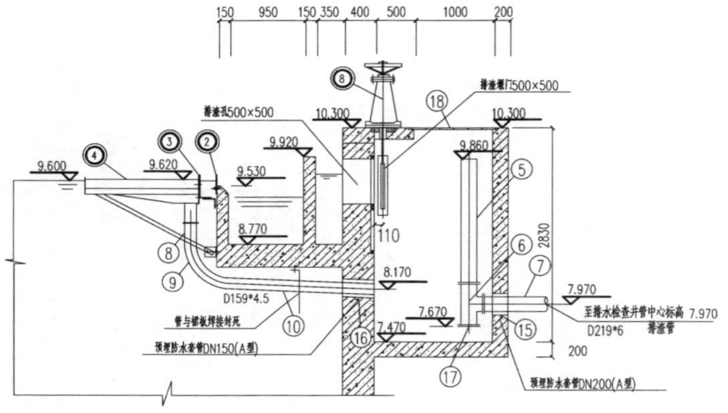

F—F剖面

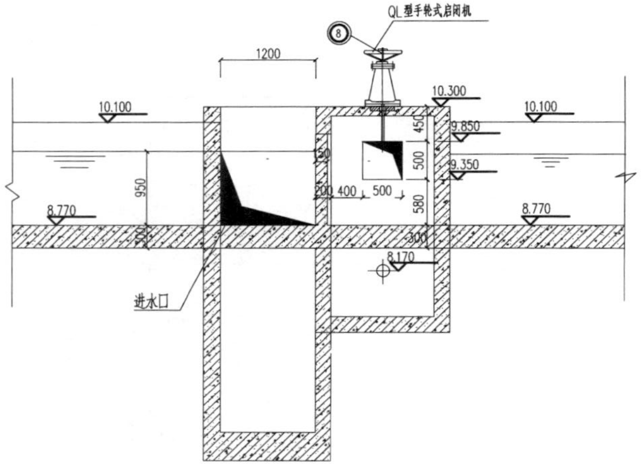

G—G剖面

图名	5 号二沉池进水口及排渣斗平面剖面图	图号	13－工艺－10

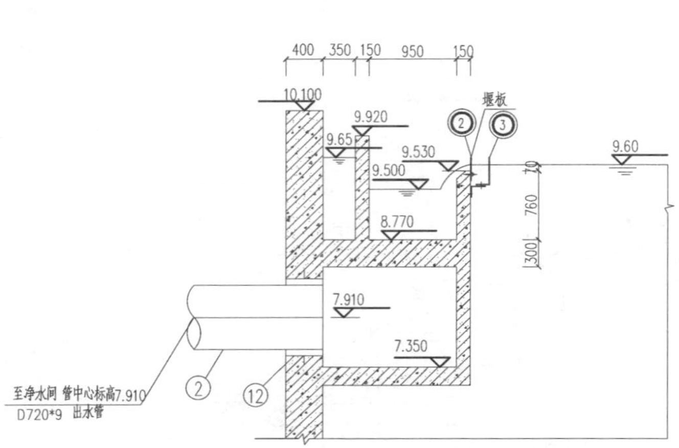

I—I剖面

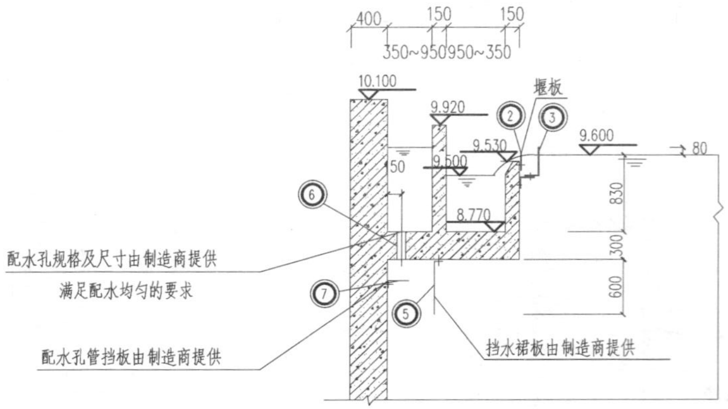

进出水槽剖面

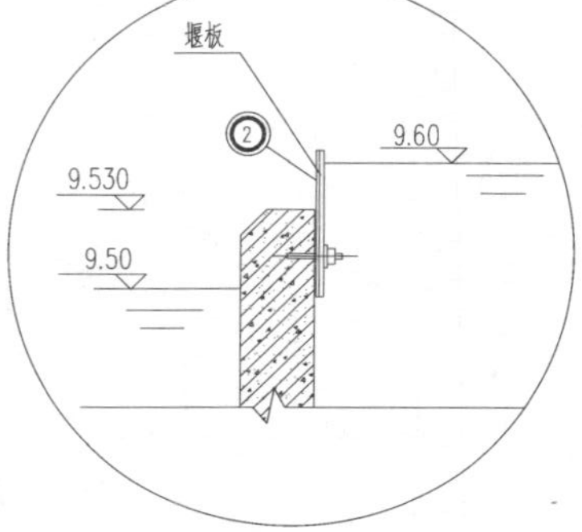

D 详图

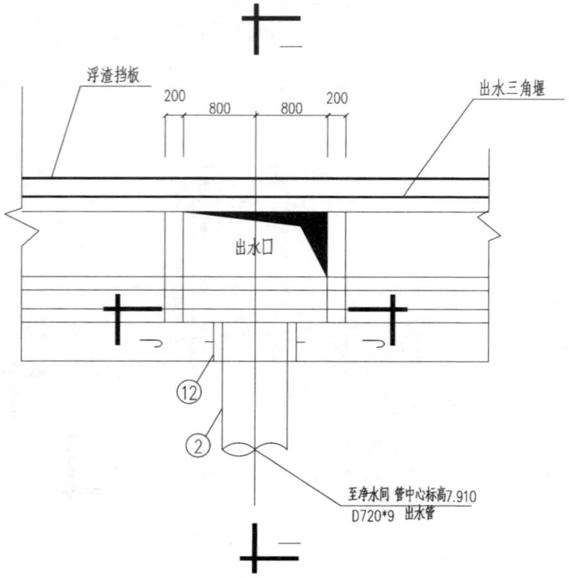

出水管节点大样

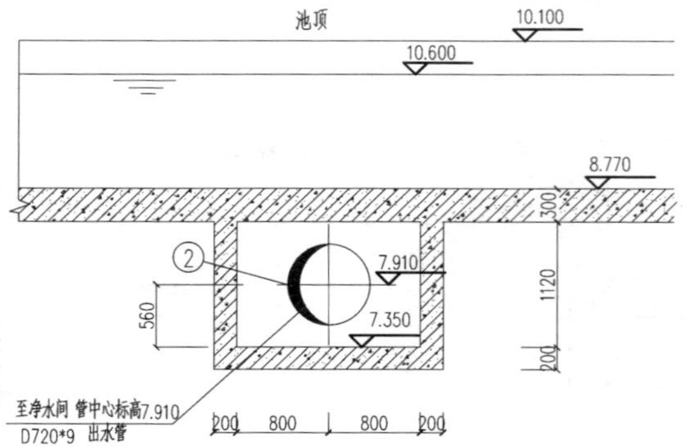

J—J剖面

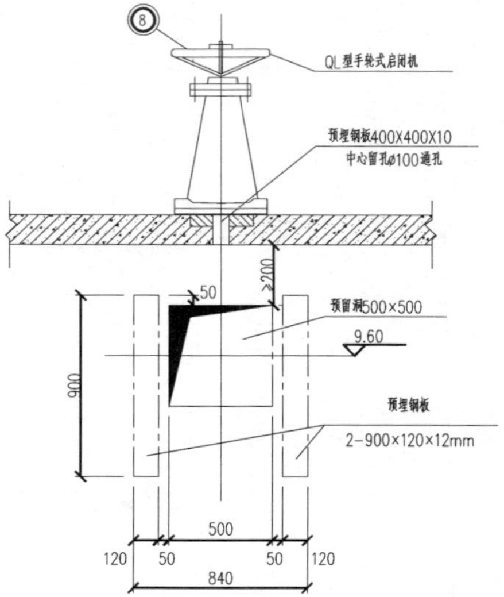

H—H剖面

图名	5 号二沉池大样、出水管节点大样及进. 出水槽剖面	图号	1 3 - 工艺- 1 1

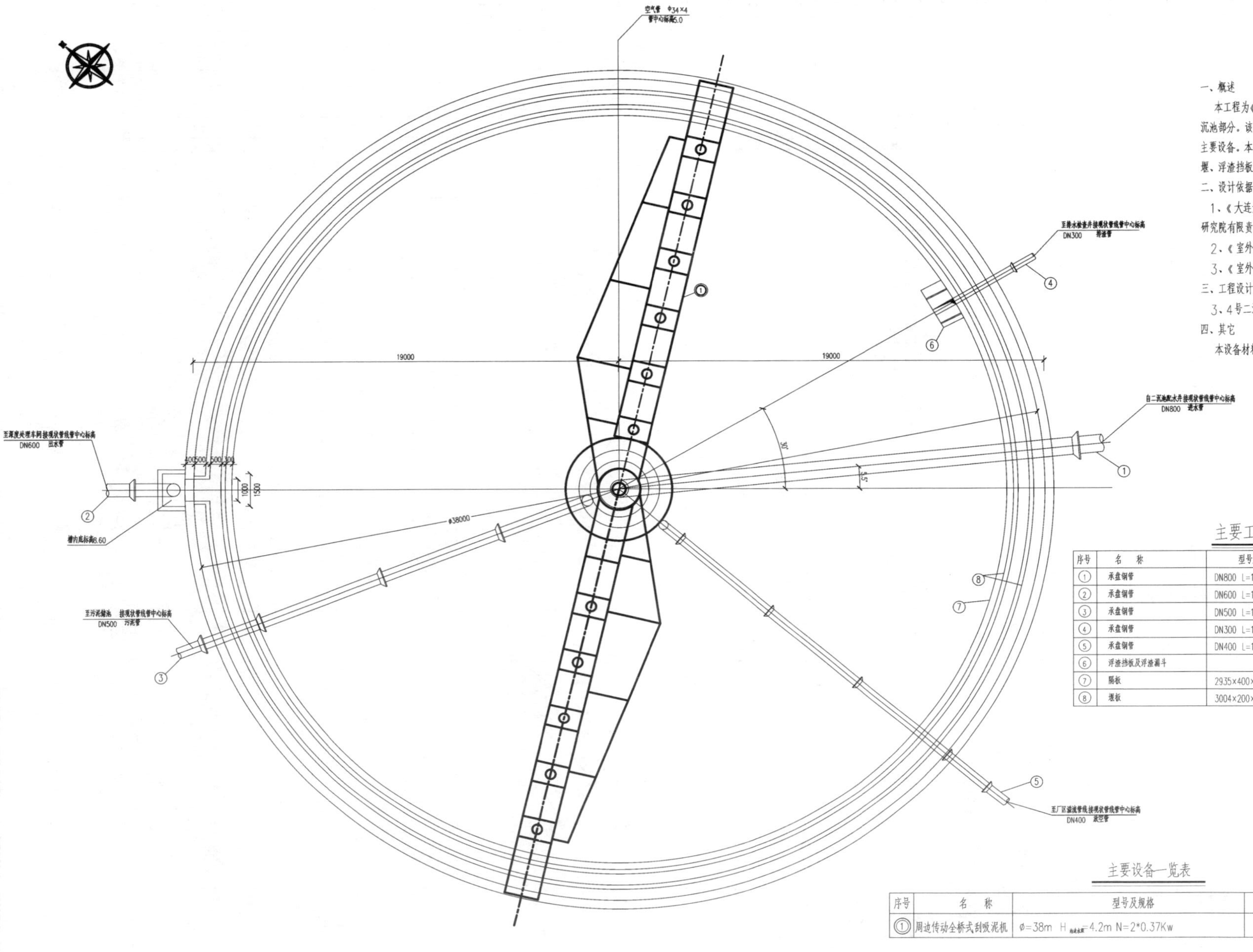

二沉池平面图

3、4号二沉池工艺说明

一、概述

本工程为《大连开发区污水处理一厂工艺升级改造工程》中3、4号二沉池部分。该二沉池为改造构筑物。保留原构筑物土建、管路部分，更换主要设备。本次更换的主要设备为周边传动全桥式刮吸泥机及其配套三角堰、浮渣挡板、排渣斗等配套设备。

二、设计依据

1、《大连开发区污水处理一厂升级改造初步设计》（大连市市政设计研究院有限责任公司 2009.12）；

2、《室外给水设计规范》（GB50013-2006）；

3、《室外排水设计规范》（GB50014-2006）；

三、工程设计

3、4号二沉池直径ϕ38m，共2座，为同样布置形式。

四、其它

本设备材料表中统计的工程量为单池工程量。

主要工程量一览表

序号	名称	型号及规格	材料	单位	数量	备注
①	承盘钢管	DN800 L=1000	钢	mm	1	
②	承盘钢管	DN600 L=1000	钢	mm	1	
③	承盘钢管	DN500 L=1000	钢	mm	1	
④	承盘钢管	DN300 L=1000	钢	mm	1	
⑤	承盘钢管	DN400 L=1000	钢	mm	1	
⑥	浮渣挡板及浮渣漏斗		钢	套	1	
⑦	隔板	2935×400×4	钢	块	27	详见5-2-工艺-02
⑧	堰板	3004×200×4	钢	块	75	详见5-2-工艺-02

主要设备一览表

序号	名称	型号及规格	材料	单位	数量	备注
①	周边传动全桥式刮吸泥机	ϕ=38m H有效水深=4.2m N=2*0.37Kw	A_3	套	1	配套三角堰板、浮渣挡板、排渣斗、连接板及螺栓等

图名	3、4号二沉池工艺说明，二沉池平面图，主要设备一览表	图号	13-工艺-12

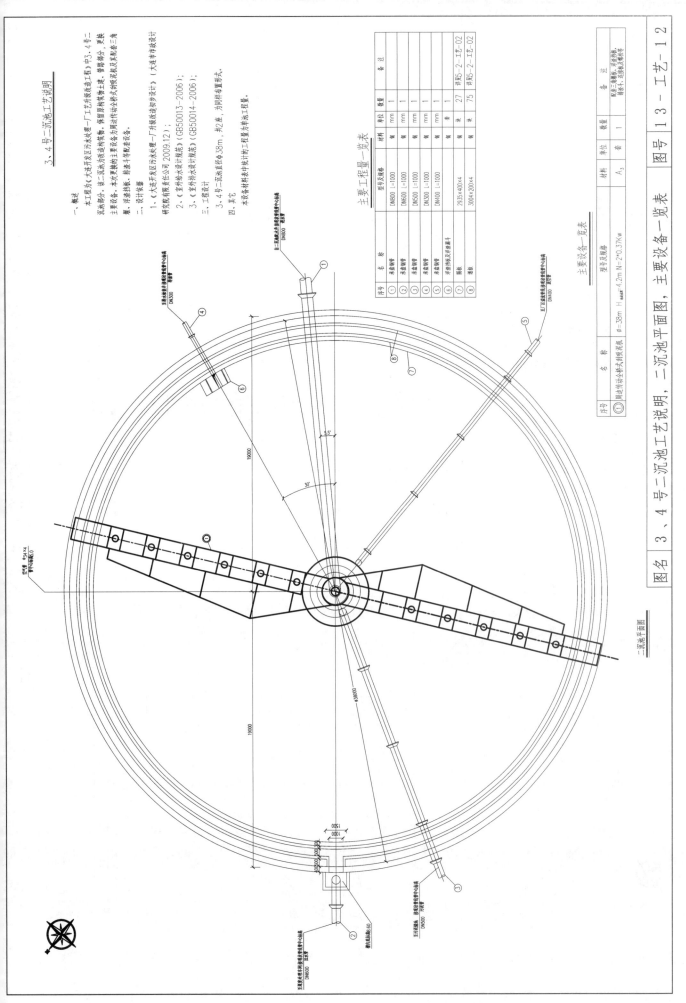

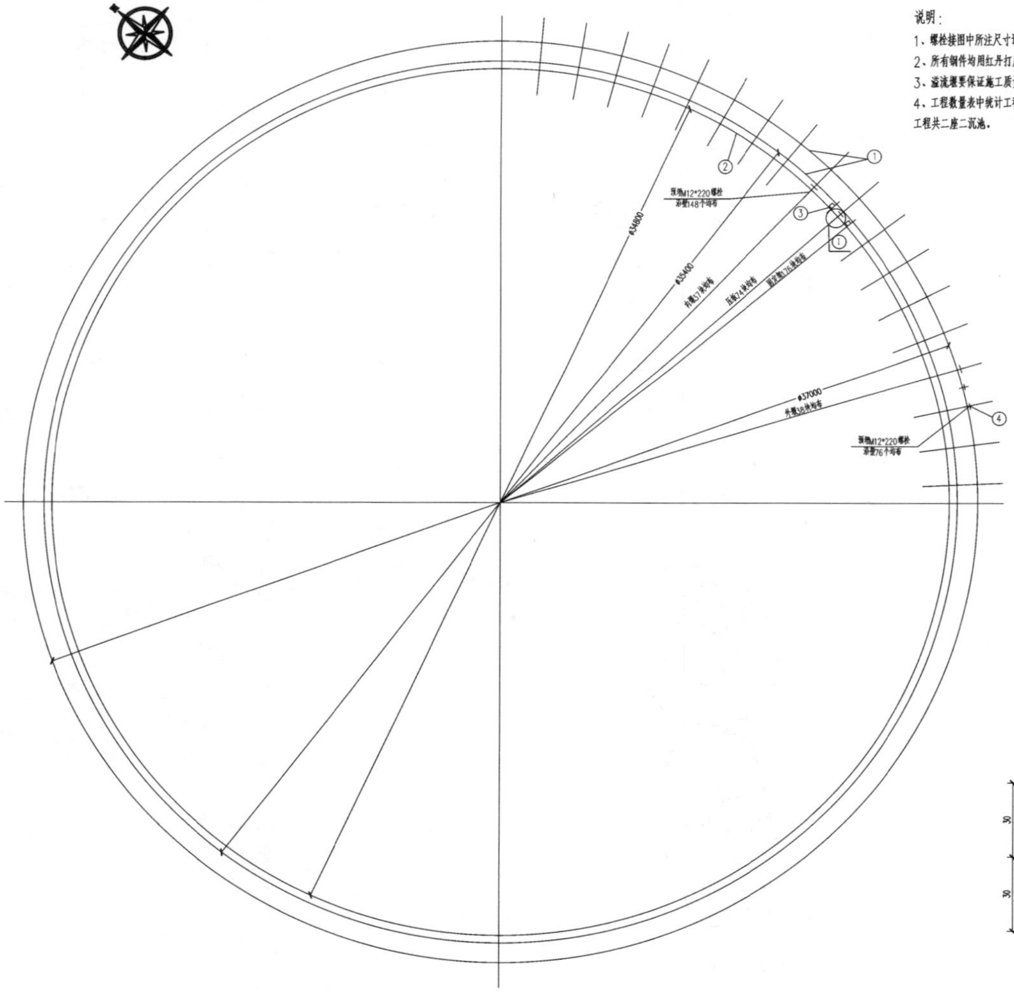

安装平面图

说明：

1、螺栓接图中所注尺寸预埋.
2、所有钢件均用红丹打底，防腐漆二遍.
3、溢流堰要保证施工质量，布置均匀，标高一致.
4、工程数量表中统计工程量为一座二沉池数量，本工程共二座二沉池.

溢流堰、隔板主要工程量一览表

序号	名称	型号及规格	材料	单位	数量	备注
①	堰板	3004*200*4	Q235A	块	75	
②	隔板	2953*400*4	Q235A	块	37	
③	固定架		Q235A	件	176	
④	压板	140*80*8	Q235A	件	152	
⑤	螺钉	M10*25			111	
⑥	螺栓	M12*220			228	GB779-76
⑦	螺母	AM12			228	GB779-76
⑧	垫圈	A12			228	GB779-76
⑤	螺栓	M10*25			148	GB779-76
⑥	螺母	AM10			259	GB779-76
⑦	垫圈	A10			259	GB779-76
⑧	垫板	80*20*4			152	

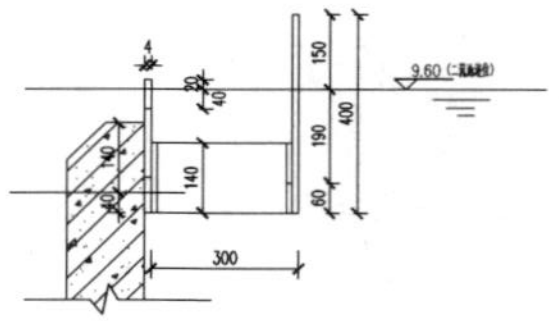

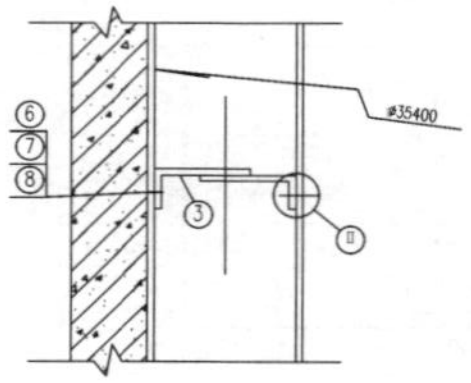

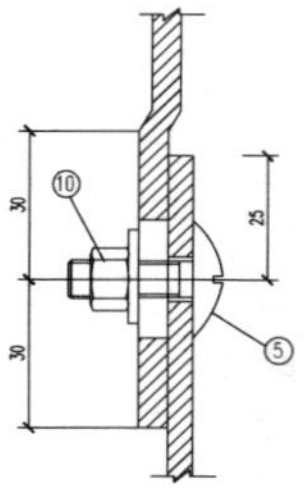

Ⅰ节点大样

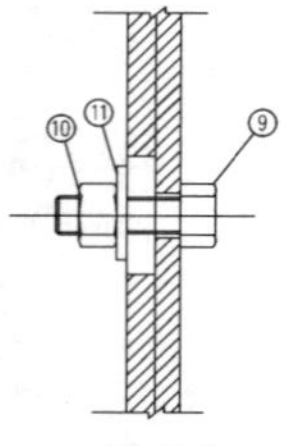

Ⅱ节点大样

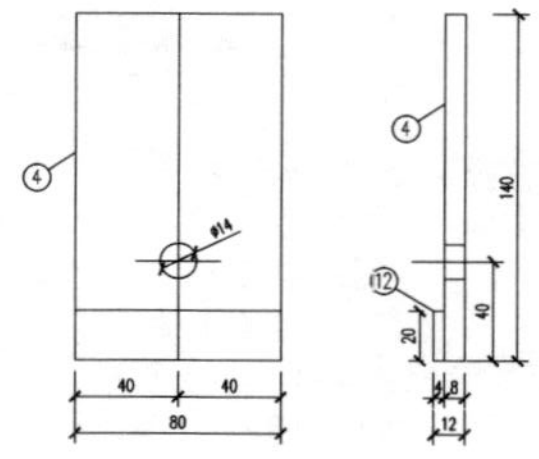

压板、垫板大样

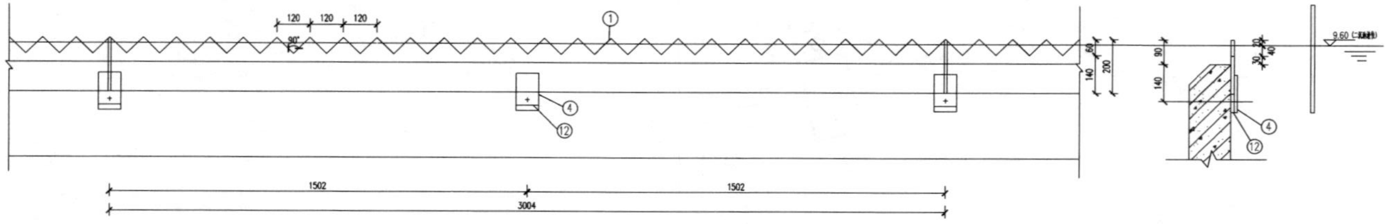

堰板剖面

图名	3 、4 号二沉池二沉池溢流堰、隔板、压板、垫板安装大样图	图号	1 3 - 工艺- 1 3

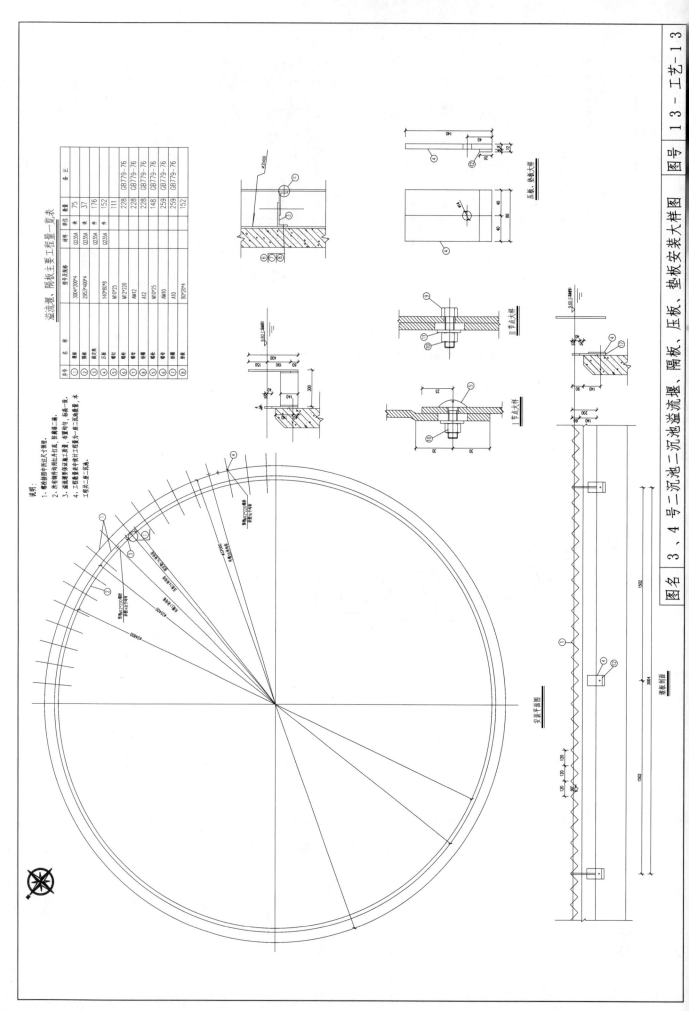

深度处理间工艺设计说明（一）

一、概况

本工程为某开发区污水处理一厂升级改造工程，工程设计规模为8×10^4 m^3/d，采用工艺为改良AAO+深度处理工艺。该部分为深度处理部分，由于开发区污水处理一厂北侧有现状中水回用水工程，规模为1×10^4 m^3/d。根据建设方要求，本次设计时深度处理设计规模为7×10^4 m^3/d；由于进水为二沉池后出水，取变化系数为1.15，取滤池自用水系数为1.05，总设计流量为3 500 m^3/h。

深度处理部分主要工艺流程如下所示：

二沉池出水→提升泵池→（提升泵）→管式混合器→网格絮凝池→小间距斜板沉淀池→V型滤池→紫外线消毒→排放

二、工程设计

1．提升泵池。

提升泵池内设3台轴流泵（2用1备），单泵流量为1 750 m^3/h，扬程为7 m。

2．絮凝沉淀池。

共设置4组絮凝沉淀池，絮凝沉淀池前端为网格絮凝池，后端为斜板沉淀池。

（1）网格絮凝池。

① 每组网格絮凝池分成对称的两部分；絮凝池共分为4档。网格絮凝池的设计参数如下：

总反应时间：13 min；

第一档竖向流速为0.106 m/s，过孔流速为0.30 m/s；

第二档竖向流速为0.087 m/s，过孔流速为0.24 m/s；

第三档竖向流速为0.062 m/s，过孔流速为0.17 m/s；

② 每组絮凝池分为31格，每格设1组网格反应箱，反应箱由供货商负责指导安装。

③ 网格絮凝池底部设有穿孔排泥管，用作排泥机放空用，反应池应定期排泥并在施工时清理干净以防排泥孔眼堵塞。

（2）斜板沉淀池。

① 沉淀池设计参数如下：

板内沉淀时间：9.02 min

清水区上升流速：1.58 mm/s

清水区深度：1.2 m

单池有效沉淀面积：154 m^2

② 沉淀池排泥采用行车式机械排泥，排泥方式为泵吸式。4座沉淀池不同时排泥，吸泥机每日运行3次，在进水SS较高时可以适当增加每日的排泥次数。

③ 沉淀池出水采用穿孔集水槽，集水槽由S304不锈钢制作，集水槽的堰上负荷为1.77 L/（s·m）。

3．V型滤池。

（1）V型滤池共设计8格滤池，单池过滤面积为72 m^2，单池过滤尺寸为8.0m*9.0 m，滤池总高为4.8 m（滤池有效水深为3.85 m），具体竖向高度如下：

支撑梁高0.9 m，滤板厚度0.1 m，承托层厚0.15 m，滤料层厚1.2 m，清水区高度1.5 m，滤池超高0.95 m。

（2）滤池反冲洗采用气水反冲洗配合表面扫洗，滤池配气配水系统为长柄滤头小阻力配气配水系统。

（3）滤料采用单层均质石英砂滤料，粒径为0.95~1.2 mm，不均系数为K_{80}=1.3。

（4）滤池主要设计参数如下：

① 设计流量：3 500 m^3/h。

② 总过滤面积：576 m^2。

③ 设计滤速：6.08 m/h。

④ 强制滤速：6.94 m/h。

⑤ 反冲洗强度：

单独气洗时，气洗强度：54 $m^3/(m^2\cdot h)$；

单独水洗时，水洗强度：15 $m^3/(m^2\cdot h)$；

气水联合反冲洗时，气洗强度：54 $m^3/(m^2\cdot h)$，水洗强度：7.5 $m^3/(m^2\cdot h)$，表面扫洗强度：6 $m^3/(m^2\cdot h)$。

⑥ 反冲洗程序：空气反冲2 min，气水同时反冲4 min，水洗3 min，单独表洗3 min，共计12 min。

⑦ 反冲洗周期：24 hr~36 hr。

（5）滤池运行采用控制室集中自动控制和现场手动控制两种方式。滤池过滤过程如下：

① 斜板沉淀池出水先进入滤池配水总渠，经由进水闸门、进水堰进入二次配水渠，然后通过两侧进水孔，由V型槽配水后进入滤池，向下穿过滤砂层、集水系统、出水堰进入出水总管，通过反冲洗泵房吸水井后接入紫外线消毒渠。

② 每格滤池在恒定液位下工作，通过滤池中的液位计信号与设定值的比较，调整滤池出水气动可调对夹蝶阀的开启度，使滤池整个系统水头损失值恒定，从而保持滤池中的水位恒定。

（6）滤池采用自动反冲洗方式，反冲洗程序根据滤池单池水头损失或时间进行控制，也可进行手动控制。当3个控制条件中的任何1个达到反冲洗设定要求后，启动反冲洗程序，反冲洗程序如下：

① 关闭滤池进水闸板，停止进水。

② 待滤池中水面降至中间排水渠顶面以下时，开启反冲洗排水闸板，待水面降至滤层顶面以上100 mm~200 mm时，关闭出水阀，停止过滤。

③ 开启排气管路上的电磁放空阀，然后开启鼓风机，待鼓风机达到额定压力时，关闭电磁放空阀，打开滤池空气反冲洗进气阀，然后以同样方式启动第2台鼓风机，滤池开始空气反冲洗约2 min。

④开启1台反冲洗水泵，延时开启反冲洗进水阀门，开始气水同时反冲洗，约4 min后关闭进气阀及全部鼓风机。

⑤ 开启电磁排气阀，排出滤池内剩余空气后，关闭电磁排气阀。

⑥ 开启第2台反冲洗水泵，滤池单独水洗及表洗，约4 min后关闭反冲洗进水阀及反冲洗水泵。

⑦ 单独表洗2 min后，关闭反冲洗排水阀，开启进水闸板，待滤池内水位上升至砂面以上1 m时，开启初滤排水阀，待滤池内水位上升至过滤水位时，关闭初滤排水阀，开启出水阀，滤池恢复过滤过程。

每格滤池反冲洗全部大约过程需要20 min，各步骤及设定的时间和反冲洗周期可在滤池运行一段时间后根据经验及季节、水质的变化做适当调整。

（7）滤池的其他控制。

滤池的出水阀（气动对夹蝶阀）为可调式蝶阀，带有开度信号输出，可由PLC控制对夹蝶阀的开启度，以保证滤池恒水位运行。

4．紫外线消毒渠。

（1）紫外线消毒渠设置2条，1条为正常运行渠道，另1条为检修维护时临时超越渠道。

（2）紫外线消毒渠设计参数如下：

紫外线设计剂量为20 mJ/cm^2；

紫外线透光率不小于65%；

模块数为22个，灯管数为176根。

（3）灯管采用低压高强紫外灯管，清洗方式为机械清洗+化学清洗。

5．加药间。

深度处理间内的加药间主要负责絮凝沉淀池的絮凝剂投加及生物池NaAC投加。因此，加药间分为两套系统，分别为PAC加药系统及NaAC加药系统。

（1）PAC加药系统。

①PAC加药系统分为溶解池、溶液池及计量泵等。PAC加药系统主要设计参数如下：

a．加药量：50mg/L；

b．投加浓度为15%；

c．溶解池调制浓度为25%，溶液池调制浓度为15%；

d．溶解池每次投药量为1 750公斤；

e．混凝剂最大投加量时，每日调制2次，其他时候视具体情况确定调制周期。

② 加药间安装3台隔膜计量泵，2用1备，具有调频调节和电动冲程调节2种功能，单泵最大投药量为585升/小时，加药泵采用膨胀螺栓与基础固定。

③ 药液具有较强腐蚀性，加药系统所有管道及配件的材质均采用PPR材料，加药间地面、药液池内外壁及泵坑底部均采用防腐面砖。

图名	深度处理间工艺设计说明（一）	图号	14－工艺－01

深度处理间工艺设计说明(二)

④ 加药间药库按每日最大用药量情况下15 d储量考虑。

⑤ 加药间自动控制要求：

a. 溶解池、溶液池的进水阀、出液阀均采用电磁阀，根据预先设定的相应的池内液位自动开闭。

b. 加药泵根据流量信号、沉淀池出水浊度的反馈信号进行复合环控制投药量。

c. 药液池和加药泵的切换均可在PLC控制下自动完成。

⑥ 药液制备过程(以1#溶解池和1#溶液池为例，其它与之相同)：

a. 打开1#溶解池进水阀，至中液位时开启溶解池搅拌器，边搅拌边加入混凝剂，至1#溶解池高液位时关闭进水阀，继续搅拌一定时间后关闭搅拌器。药液备用。

b. 当1#溶液池液位降至低液位时，关闭其出液阀(同时打开另外一组溶液池的出液阀，以保持加药泵正常工作)，打开1#溶解池的出液阀，药液由1#溶解池流入1#溶液池，当1#溶解池液位降至低液位时，关闭其出液阀，打开1#溶液池进水阀，至高液位时关闭进水阀，开启1#溶液池搅拌器，搅拌一定时间后关闭搅拌器，药液备用。

⑦ 工艺流程：

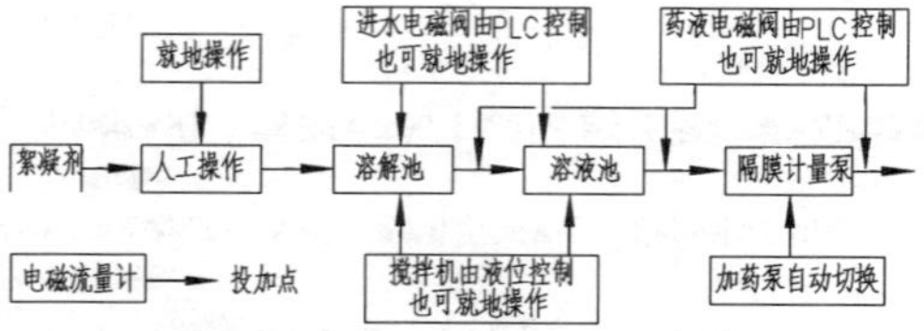

三、工艺管线及附属设备的技术要求

(1)管材：深度处理间内所有工艺管线采用焊接钢管；给水管线及加药管线采用给水PPR管；反冲洗空气管采用焊接钢管；压缩空气管路采用镀锌钢管。

(2)管道连接：焊接钢管采用焊接方式连接，PPR管采用热熔连接，镀锌钢管采用丝扣连接，设备与管道之间采用法兰连接。

(3)管道公称压力：所有管道公称压力均为0.6 MPa。

(4)阀门。

工艺管路系统采用对夹式蝶阀；加药管路阀门采用球阀；压缩空气管路采用球阀。

止回阀：反冲洗水泵设置止回阀，止回阀为微阻缓闭式止回阀；加药管路采用背压阀；鼓风机出口采用单向阀(空气用)。

(5)支墩。

过滤管路阀门、三通等位置设置支墩。

四、工艺管线及附属设备的防腐要求

1. 所有室内及室外地上钢制管道及支架需进行防腐处理，具体做法如下：

(1)所有的钢管及管道支架(不锈钢除外)涂漆前必须进行表面除锈处理，达到Sa2.5级后，方可进行防腐。

(2)管道内壁防腐：厚浆型环氧煤沥青防腐涂料(HL52-3)底漆一道，面漆三道。

(3)管道外壁及支架防腐：环氧富锌底漆(H06-1)一道，环氧云铁防锈底漆(H53-6)一道，环氧厚浆型防腐面漆(H52-2)两道。

2. 所有埋地钢管防腐要求如下：

(1)除锈及内防腐要求同室内钢管防腐除锈要求。

(2)管道外壁防腐：环氧煤沥青防腐底漆一道，玻璃布及胶料三道，面漆两道。上述要求的具体防腐施工方法应严格遵照产品说明进行操作。

五、设备安装和验收

1. 泵、阀、闸门、鼓风机、吸泥机、起重机等设备的安装和验收执行《机械设备安装工程施工及验收通用规范》(GB 50231-98)、《压缩机、风机、泵安装工程施工及验收规范》(GB 50278-98)等国家规范和标准。

2. 管道安装及验收执行《工业金属管道工程施工及验收规范》(GB 50235-97)和《给水排水管道施工及验收规范》(GB 50268-97)。

3. 网格、斜板、滤头滤板、集水槽、紫外消毒设备等工艺设备材料的安装应在生产厂家指导下进行，安装和验收执行相应的企业标准和相关规定，网格反应箱采用不锈钢膨胀螺栓固定；斜板安装后需额外采用不锈钢钢丝固定。

4. 滤池配水系统的安装和调试由承包商负责，包括以下内容：

(1)到现场监督指导滤板和支撑梁的制作，进行滤板固定螺栓的预埋，严格按照有关设计图纸和标准规范要求进行。

(2)由承包商负责支撑梁的找平(支撑梁的平整度为±1.5 mm)和过气孔的预留。

(3)滤池内滤板安装需在垃圾彻底清除后进行，并保证滤板的上表面应平整，水平误差不大于±2 mm，单池滤板的水平误差不大于± 5mm，两格滤池滤板水平误差不大于±10 mm。

(4)同格滤池所有滤头滤帽或滤柄顶表面在同一水平高度，其误差不大于±5 mm。

(5)承包商在安装时应采取必要的预防措施，保证配水系统和联通管内的绝对清洁，整个滤池中应没有阻塞配水系统和影响水流的碎片、污物或其他杂质，彻底清理滤池和水槽中的碎片和污物，操作中要防止泥浆进入任何通道和孔洞，在安装过程中要用建筑用纸或乙烯篷布覆盖在配水系统的表面，以保证清洁直至滤料铺装。

(6)承包商应严格按照安装图纸和上述要求进行滤池配水系统的安装，并应派有经验的技术人员进行现场安装，负责对配水系统进行测试，并提供详细的相关资料及说明。

5. 滤池管廊、泵房、鼓风机房沿墙或地面敷设管道直管段超过3 m处、弯头处、三通和阀门下面设置素混凝土支撑或支架。

6. 反冲洗水泵、鼓风机、加药间搅拌器、紫外线消毒渠等设备安装基础应待设备招标确定后并核实尺寸后方可施工。

7. 建议深度处理间内管道根据功能不同进行分色涂漆，并在管道上标注功能、流向等信息，具体颜色根据甲方要求确定。

8. 提升泵池水泵采用潜水轴流泵3台，采用钢筋混凝土预制井筒式安装，供货范围为：水泵、密闭法兰、自动放气阀、电缆出线、预埋件、拍门。施工中，施工方应与设备订货厂家密切配合，做好设备安装预埋件的预埋工作；设备到货后，核对无误后方可施工。

9. 加药间内由于药液具有较强腐蚀性，加药间地面采用防腐地面，做法详见建筑图纸；药液池内外壁及泵坑底部均采用碱性防腐面砖，计量泵采用膨胀螺栓固定安装，螺栓为S316不锈钢螺栓。

10. 紫外线消毒渠内及V型滤池内(砂面以下0.3 m向上至池顶部分及反冲洗排水槽内)均采用瓷砖贴面。

六、其他技术要求

(1)防水套管的长度与所在处的墙同宽，所有预留洞，待设备安装完毕，用素混凝土封堵。

(2)所有设备的安装和验收应严格按照厂家提供的产品安装说明进行，以保证设备安全运行。

(3)工程量统计至墙外1 m。

(4)设备材料统计中，管径大于等于DN300阀门均按设备统计，其余按材料统计。

(5)凡本说明未提及之处，均按现行国家有关规范、规程严格执行。

图名	深度处理间工艺设计说明(二)	图号	14-工艺-02

主要设备一览表

编号	名称	型号及规格	材料	单位	数量	安装位置	备注
1	潜水轴流泵	Q=1 750 m³/h H=7 m N=55 kW	铸铁	台	3	提升泵池	2用1备
2	手电两用圆形闸门	DN1000 启闭力T=3.0 t N=1.1 kW	铸铁	台	1		反向受压
3	手电两用圆形闸门	DN700 启闭力T=3.0 t N=1.1 kW	铸铁	台	2		正向受压
4	拍门	DN700	铸铁	台	3		与轴流泵配套供应
5	电动单梁悬挂起重机	T=2.0 t Lk=9.0 m N=0.37*2+3.0 kW		台	1		含25a工字钢10*2 m
6	涡轮传动手动蝶阀	DN500 0.6 MPa	铸铁	台	4	絮凝沉淀池	
7	管式静态混合器	DN500 L=3.0 m 水头损失0.5~1.0 m	不锈钢	台	4		每台含两个加药接口
8	网格絮凝反应箱1	2 300*1 000		套	4		具体网格层数及网格尺寸由厂家确定
9	网格絮凝反应箱2	1 150*1 000		套	40		
10	网格絮凝反应箱3	1 400*1 000		套	40		
11	网格絮凝反应箱4	1 400*1 400		套	40		
12	泵吸式吸泥行车	Lk=16.9 m N=0.37*2 kW	铸铁	台	4		
	配套排泥泵	Q=50 m³/h H=2.5 m N=1.5 kW	铸铁	台	8		排泥泵由吸泥车厂家配套
13	沉淀池斜板	(7*11)*8 m² δ=30 mm		m³	536		
14	气动快开型刀闸阀	DN200 0.6 MPa		台	32		含气动驱动头
15	手动闸阀	DN300 0.6 MPa	铸铁	台	4		沉淀池放空用
16	整体安装渠道闸	800*800	S304	套	4	V型滤池	手动驱动
17	手动方形闸门	400*400 启闭力T=0.5 t	S304	套	8		滤池源洗进水闸门
18	气动方形闸门	400*400 启闭力T=0.5 t	S304	套	8		滤池进水闸门
19	气动方形闸门	500*500 启闭力T=0.5 t	S304	套	8		滤池反冲洗排水阀门
20	对夹式气动蝶阀	DN350 0.6 MPa		套	8		滤池反冲洗进气阀门
21	对夹式气动蝶阀	DN500 0.6 MPa		套	8		滤池反冲洗进水阀门
22	对夹式气动可调蝶阀	DN350 0.6 MPa		套	8		滤池出水阀门
23	对夹式气动蝶阀	DN200 0.6 MPa		套	8		初滤水排水阀门
24	直动式电磁阀	DN50 0.6 MPa		套	8		反冲洗空气管排气阀门
25	滤板	980*980*100 mm		块	576		详见7-工艺-18
26	电动单梁悬挂起重机	T=1.0t Lk=6.0 m N=0.37*2+1.5 kW		台	1		含25a工字钢72 m
27	石英砂	d=0.95~1.2 mm k_{80}=1.3		m³	691.5		
28	紫外线消毒成套设备	Q=3 500 m³/h N=56 kW		套	1	紫外消毒间	厂家配套含配电等设备
29	手动圆形闸门	DN1200	铸铁	台	1		反向受压
30	手动圆形闸门	DN1000	铸铁	台	1		反向受压
31	整体安装渠道闸	B*H=2 240*1 000 mm	铸铁	台	1		
32	整体安装渠道闸	B*H=1 500*1 000 mm	铸铁	台	1		
33	卧式中吸双开泵	Q=540 m³/h H=10 m N=30 kW	铸铁	台	3	反冲洗泵房	2用1备
34	手动对夹式蝶阀	DN350 0.6 MPa		套	3		反冲洗进水管

主要设备一览表

编号	名称	型号及规格	材料	单位	数量	安装位置	备注
35	微阻缓闭式止回阀	DN300 0.6 MPa		套	3	反冲洗泵房	反冲洗出水管
36	手动对夹式蝶阀	DN300 0.6 MPa		套	3		反冲洗出水管
37	电动单梁悬挂起重机	T=2.0 t Lk=5.0 m N=0.37*2+3.0 kW		台	1		含25a工字钢16 m
38	罗茨鼓风机	Q=35.6 m³/min H=6 m N=45 kW	铸铁	台	3	鼓风机房	配隔音罩及远传压力表
39	立式消音器	DN200	铸铁	台	3		
40	放风阀	DN100 0.6 MPa N=0.37 kW	铸铁	台	3		
41	放风消音器	DN100	铸铁	台	3		
42	孔板流量计	DN350		个	1		
43	空压机	Q=76 m³/hr H=0.8 MPa N=11 kW	铸铁	台	2		配隔音罩
44	冷冻式压缩空气干燥机	N=1.1 kW		台	1		
45	储气罐	V=1.0 m³ D=0.8 m		个	2		带压力表、安全阀及进水阀
46	电动单梁悬挂起重机	T=1.0 t Lk=6.0 m N=0.37*2+1.5 kW		台	1		含25a工字钢16 m
47	隔膜计量泵	Q=600 L/h 3 bar N=0.55 kW		台	3	加药间	PAC加药泵
48	隔膜计量泵	Q=500 L/h 3 bar N=0.55 kW		台	6		NaAC加药泵
49	直动式电磁阀	DN50		台	16		S316阀体
50	搅拌器	ϕ=600 mm N=4.0 kW 85 r/min		台	4		叶片及转轴为S316材质
51	搅拌器	ϕ=1 000 mm N=5.5 kW 41 r/min		台	4		叶片及转轴为S316材质
52	电动单梁悬挂起重机	T=1.0 t Lk=6.0 m N=0.37*2+1.5 kW		台	1		含25a工字钢60 m
53	潜污泵	Q=10 m³/h H=6 m N=0.75 kW	铸铁	台	2		
54	混流风机	Q=180 m³/min 350 Pa N=1.5 kW	铸铁	台	1		正压进风 ϕ=600
55	混流风机	Q=90 m³/min 350 Pa N=1.1 kW	铸铁	台	2		负压排风 ϕ=500
56	台秤	T=1 000 kg		台	1		

图名	深度处理间主要设备表	图号	14-工艺-03

类别	序号	名称	型号及规格	材料	单位	数量	备注
进水管及提升泵池	A01	直管	DN1000 L=43 730 mm	Q235A	根	1	
	A02	90°弯头	DN1000	Q235A	个	1	详见02S403-8、9
	A03	直管	DN1000 L=9 910 mm	Q235A	根	1	
	A04	刚性防水套管（A型）	DN1000 L=400 mm	Q235A	个	1	详见02S404-16、17
	A05	刚性防水翼环	DN700 L=650 mm	Q235A	个	3	详见02S404-24、25
	A06	刚性防水套管（A型）	DN700 L=400 mm	Q235A	个	2	详见02S404-16、17
	A07	直管	DN1000 L=500 mm	Q235A	根	2	
	A08	90°弯头	DN7000	Q235A	个	8	详见02S403-8、9
	A09	直管	DN700 L=113 mm	Q235A	根	2	
	A10	直管	DN700 L=19 192 mm	Q235A	根	2	
	A11	直管	DN700 L=182 mm	Q235A	根	2	
絮凝沉淀池	B01	等径三通	DN700*700	Q235A	个	2	详见02S403-50、51
	B02	异径管	DN700*500	Q235A	个	4	详见02S403-55、56
	B03	直管	DN500 L=1 696 mm	Q235A	根	4	
	B04	直管	DN500 L=1 500 mm	Q235A	根	4	
	B05	直管	DN500 L=450 mm	Q235A	根	4	
	B06	法兰	DN500 0.6 MPa	Q235A	个	16	详见02S403-76、77
	B07	90°弯头	DN5000	Q235A	个	8	详见02S403-8、9
	B08	直管	DN500 L=70 mm	Q235A	根	4	
	B09	直管	DN500 L=610 mm	Q235A	根	4	
	B10	刚性防水套管（A型）	DN500 L=500 mm	Q235A	个	4	详见02S404-16、17
	B11	A型穿孔排泥管		S316	根	4	详见7-工艺-25
	B12	B型穿孔排泥管		S316	根	4	详见7-工艺-26
	B13	C型穿孔排泥管		S316	根	8	详见7-工艺-27
	B14	D型穿孔排泥管		S316	根	8	详见7-工艺-28
	B15	E型穿孔排泥管		S316	根	4	详见7-工艺-29
	B16	F型穿孔排泥管		S316	根	4	详见7-工艺-30
	B17	法兰	DN200 0.6 MPa	Q235A	个	100	详见02S403-76、77
	B18	直管	DN200 L=332 mm	Q235A	根	32	
	B19	直管	DN200 L=266 mm	Q235A	根	32	
	B20	直管	DN200 L=6840 mm	Q235A	根	4	
	B21	法兰盲板	DN200 0.6 MPa	Q235A	个	4	

类别	序号	名称	型号及规格	材料	单位	数量	备注
絮凝沉淀池	B22	刚性防水套管（A型）	DN200 L=500 mm	Q235A	个	32	详见02S404-16、17
	B23	手动快开刀闸阀	DN200 0.6 MPa		个	32	
	B24	90°弯头	DN200	Q235A	个	4	详见02S403-8、9
	B25	直管	DN200 L=197 mm	Q235A	根	4	
	B26	刚性防水套管（A型）	DN300 L=500 mm	Q235A	个	4	详见02S404-16、17
	B27	直管	DN300 L=1 190 mm	Q235A	根	4	
	B28	法兰	DN300 0.6 MPa	Q235A	个	8	详见02S403-76、77
	B29	直管	DN300 L=1 490 mm	Q235A	根	4	
	B30	砖砌阀门井	ø1 400	砖砌	个	4	详见05S502-16、17
	B31	刚性防水套管（A型）	DN300 L=300 mm	Q235A	个	4	详见02S404-16、17
	B32	角钢	L63 L=11 000 mm	Q235A	根	104	
	B33	工字钢	I25 L=6 850 mm	Q235A	根	16	
V型滤池	C01	直管	DN350 L=4 060 mm	Q235A	根	1	
	C02	等径三通	DN350*350	Q235A	个	9	详见02S403-48、49
	C03	直管	DN350 L=7 522 mm	Q235A	根	1	
	C04	直管	DN350 L=9 122 mm	Q235A	根	6	
	C05	直管	DN350 L=922 mm	Q235A	根	1	
	C06	法兰盲板	DN350 0.6 MPa		个	2	
	C07	法兰	DN350 0.6 MPa	Q235A	个	34	详见02S403-76、77
	C08	直管	DN350 L=1 872 mm	Q235A	根	8	
	C09	直管	DN350 L=461 mm	Q235A	根	8	
	C10	90°弯头	DN350	Q235A	个	8	详见02S403-8、9
	C11	直管	DN350 L=750 mm	Q235A	根	8	
	C12	刚性防水套管（A型）	DN350 L=400 mm	Q235A	个	8	详见02S404-16、17
	C13	直管	DN50 L=380 mm	Q235A	根	8	
	C14	90°弯头	DN50	Q235A	个	24	详见02S404-88
	C15	直管	DN50 L=2 450 mm	Q235A	根	8	
	C16	直管	DN50 L=550 mm	Q235A	根	8	
	C17	法兰	DN50 0.6 MPa	Q235A	个	16	详见02S403-76、77
	C18	刚性防水套管（A型）	DN50 L=400 mm	Q235A	个	8	详见02S404-16、17
	C19	刚性防水套管（A型）	DN350 L=250 mm	Q235A	个	8	详见02S404-16、17
	C20	直管	DN350 L=1 986 mm	Q235A	根	8	

图名	深度处理间主要材料表（一）	图号	14-工艺-04

类别	序号	名称	型号及规格	材料	单位	数量	备注
V型滤池	C21	异径三通	DM1000*350	Q235A	个	8	详见02S404-44、45
	C22	法兰盲板	DN1000 0.6 MPa	Q235A	个	2	
	C23	法兰	DN1000 0.6 MPa	Q235A	个	2	详见02S403-76、77
	C24	直管	DN1000 L=8 922 mm	Q235A	根	6	
	C25	直管	DN1000 L=3 072 mm	Q235A	根	1	
	C26	等径三通	DN1000*1000	Q235A	个	1	详见02S403-50、51
	C27	直管	DN1000 L=4 272 mm	Q235A	根	1	
	C28	刚性防水套管（A型）	DN1000 L=300 mm	Q235A	个	8	详见02S404-16、17
	C29	直管	DN1000 L=311 mm	Q235A	根	1	
	C30	直管	DN500 L=1 383 mm	Q235A	根	1	
	C31	等径四通	DN500*500	Q235A	个	1	详见02S403-48、49
	C32	直管	DN500 L=8 822 mm	Q235A	根	6	
	C33	等径三通	DN500*500	Q235A	个	6	详见02S403-48、49
	C34	直管	DN500 L=1 198 mm	Q235A	根	8	
	C35	直管	DN500 L=1 389 mm	Q235A	根	8	
	C36	直管	DN200 L=480 mm	Q235A	根	8	
	C37	直管	DN200 L=215 mm	Q235A	根	8	
	C38	90°弯头	DN200	Q235A	个	8	详见02S404-88
	C39	直管	DN350 L=790 mm	Q235A	根	8	
	C40	直管	DN350 L=711 mm	Q235A	根	8	
	C41	刚性防水套管（A型）	DN350 L=300 mm	Q235A	个	8	详见02S404-16、17
	C42	刚性防水套管（A型）	DN500 L=400 mm	Q235A	个	8	详见02S404-16、17
	C43	直管	DN500 L=8 822 mm	Q235A	根	2	
	C44	90°弯头	DN500	Q235A	个	2	详见02S403-8、9
	C45	直管	DN300 L=300 mm	UPVC	根	2	
	C46	90°弯头	DN500	UPVC	个	2	
	C47	直管	DN300 L=9 300 mm	UPVC	根	6	
	C48	直管	DN300 L=400 mm	UPVC	根	6	
	C49	等径三通	DN300*300	UPVC	个	6	
	C50	直管	DN300 L=11 250 mm	UPVC	根	1	
	C51	直管	DN300 L=8 750 mm	UPVC	根	1	
	C52	刚性防水套管（A型）	DN100 L=460 mm	Q235A	个	8	详见02S404-16、17

类别	序号	名称	型号及规格	材料	单位	数量	备注
V型滤池	C53	直管	DN100 L=550 mm	Q235A	根	8	
	C54	法兰	DN100 0.6 MPa	Q235A	个	16	详见02S403-76、77
	C55	对夹式蝶阀	DN100 0.6 MPa	铸铁	个	8	
	C56	直管	DN100 L=67 mm	Q235A	根	8	
	C57	90°弯头	DN100	Q235A	个	8	详见02S403-87
	C58	直管	DN800 L=1 950 mm	HDPE	根	1	
	C59	刚性防水套管（A型）	DN300 L=250 mm	Q235A	个	16	详见02S404-16、17
	C60	直管	DN300 L=1 000 mm	Q235A	根	16	
	C61	刚性防水套管（A型）	DN200 L=250 mm	Q235A	个	4	详见02S404-16、17
	C62	直管	DN200 L=970 mm	Q235A	根	2	
	C63	手动对夹蝶阀	DN200 0.6 MPa	铸铁	个	2	
	C64	直管	DN200 L=570 mm	Q235A	根	2	
	C65	90°弯头	DN200	Q235A	个	2	详见02S404-87
	C66	直管	DN200 L=440 mm	Q235A	根	2	
	C67	法兰	DN200 0.6 MPa	Q235A	个	4	详见02S403-76、77
	C68	检修孔	ø600		个	8	详见7-工艺-14
	C69	进水堰板	B*H=4 000*300	S316	块	8	详见7-工艺-19
	C70	出水堰板	B*H=1 200*300	S316	块	8	详见7-工艺-1
	C71	长柄滤头			个	32256	含滤头座及配套垫片
	C72	滤板周边固定角钢	L60 L=4 000 mm含膨胀螺栓	S316	根	32	详见7-工艺-19
	C73	滤板预埋固定螺栓	M16 L=450 mm 含螺母及垫片	S316	套	1024	详见7-工艺-18、19
	C74	空气管吊架		Q235A	套	9	详见7-工艺-21
	C75	立管支架	DN350	Q235A	个	16	详见7-工艺-31
	C76	出水罩	2 300*1 450	玻璃钢	个	8	
	C77	钢板	880*600*4	S316	块	16	详见7-工艺-14
	C78	法兰	DN200 0.6 MPa	Q235A	个	16	详见02S403-76、77
	C79	法兰	DN350 0.6 MPa	Q235A	个	16	详见02S403-76、77
	C80	法兰	DN500 0.6 MPa	Q235A	个	16	详见02S403-76、77
	D01	吸水喇叭口	DN500*350	Q235A	个	3	详见02S403-70
	D02	吸水口支架（C型）		Q235A	个	3	详见02S403-114
	D03	直管	DN350 L=1 577 mm	Q235A	根	3	
	D04	立管支架	DN350	Q235A	个	6	详见7-工艺-31

图名	深度处理间主要材料表（二）	图号	14-工艺-05

类别	序号	名称	型号及规格	材料	单位	数量	备注
反冲洗泵房	D05	90°弯头	DN350	Q235A	个	3	详见02S403-8、9
	D06	刚性防水套管（A型）	DN350 L=300 mm	Q235A	个	3	详见02S404-16、17
	D07	直管	DN350 L=1 100 mm	Q235A	根	3	
	D08	柔性橡胶接头	DN350		个	3	
	D09	偏心异径管	DN350*200	Q235A	个	3	详见02S403-61~63
	D10	异径管	DN300*150	Q235A	个	3	详见02S403-52、53
	D11	柔性橡胶接头	DN300		个	3	
	D12	直管	DN300 L=67 mm	Q235A	根	3	
	D13	异径三通	DN500*300	Q235A	个	3	详见02S403-38、39
	D14	法兰	DN350 0.6 MPa	Q235A	个	6	详见02S403-76、77
	D15	法兰	DN300 0.6 MPa	Q235A	个	6	详见02S403-76、77
	D16	法兰盲板	DN500 0.6 MPa		个	1	
	D17	法兰	DN500 0.6 MPa	Q235A	个	1	详见02S403-76、77
	D18	直管	DN500 L=1 800 mm	Q235A	根	2	
	D19	快速排气阀	DN100 0.6 MPa	铸铁	个	1	
	D20	90°弯头	DN500	Q235A	个	2	详见02S403-8、9
	D21	直管	DN500 L=142 mm	Q235A	根	1	
鼓风机房	E01	柔性橡胶接头	DN200		个	3	
	E02	直管	DN200 L=400 mm	Q235A	根	3	
	E03	法兰	DN200 0.6 MPa	Q235A	个	9	详见02S403-76、77
	E04	法兰	DN100 0.6 MPa	Q235A	个	3	详见02S403-76、77
	E05	单向阀	DN200 0.6 MPa	Q235A	个	3	空气管路用
	E06	直管	DN200 L=289 mm	Q235A	根	3	
	E07	异径管	DN250*200	Q235A	个	3	详见02S403-52、53
	E08	法兰	DN250 0.6 MPa	Q235A	个	6	详见02S403-76、77
	E09	对夹式手动蝶阀	DN250 0.6 MPa	铸铁	个	3	
	E10	异径三通	DN350*250	Q235A	个	3	详见02S403-38、39
	E11	法兰	DN350 0.6 MPa	Q235A	个	3	详见02S403-76、77
	E12	法兰盲板	DN350 0.6 MPa	Q235A	个	1	
	E13	直管	DN350 L=3 122 mm	Q235A	根	2	
	E14	直管	DN350 L=1 156 mm	Q235A	根	1	
	E15	90°弯头	DN350	Q235A	个	2	

类别	序号	名称	型号及规格	材料	单位	数量	备注
鼓风机房	E16	直管	DN350 L=1 142 mm	Q235A	根	1	
	E17	直管	DN350 L=992 mm	Q235A	根	1	
	E18	球阀	DN25		个	1	反冲洗空气管排水用
	E19	钢管	DN25 L=300 mm	Q235A	根	1	反冲洗空气管排水用
	E20	镀锌钢管	DN25		m	340	含弯头三通及堵头等配件
	E21	球阀	DN25		个	90	
	E22	空气过滤器	5 μm		个	1	
	E23	空气过滤器	1 μm		个	1	
	E24	过滤减压阀	DN25		个	80	压缩空气用
紫外消毒间	F01	刚性防水套管（A型）	DN1000 L=300 mm	Q235A	个	2	详见02S404-16、17
	F02	直管	DN1000 L=1 850 mm	Q235A	根	1	
	F03	刚性防水套管（A型）	DN1200 L=300 mm	Q235A	个	2	详见02S404-16、17
	F04	直管	DN1000 L=4 750 mm	Q235A	根	1	
	F05	直管	DN1000 L=4 050 mm	Q235A	根	1	
加药间	G01	PPR球阀	DN50	PPR	个	20	
	G02	PPR球阀	DN32	PPR	个	9	
	G03	PPR球阀	DN25	PPR	个	27	
	G04	背压阀	DN25		个	6	
	G05	背压阀	DN32		个	3	
	G06	脉冲阻尼器			个	9	与加药泵配套
	G07	安全阀	DN25		个	6	
	G08	安全阀	DN25		个	3	
	G09	电磁流量计	DN25		个	2	
	G10	电磁流量计	DN32		个	1	
	G11	Y型过滤器	DN50		个	4	
	G12	PPR给水管	DN80	PPR	m	16	
	G13	PPR给水管	DN50	PPR	m	55	
	G14	PPR给水管	DN32	PPR	m	27	
	G15	PPR给水管	DN25	PPR	m	56	
	G16	UPVC排水管	DN150	UPVC	m	20	
其他	H01	网格板		热镀锌	m²	103	
	H02	栏杆		S316	m	767	

图名	深度处理间主要材料表（三）	图号	14－工艺－06

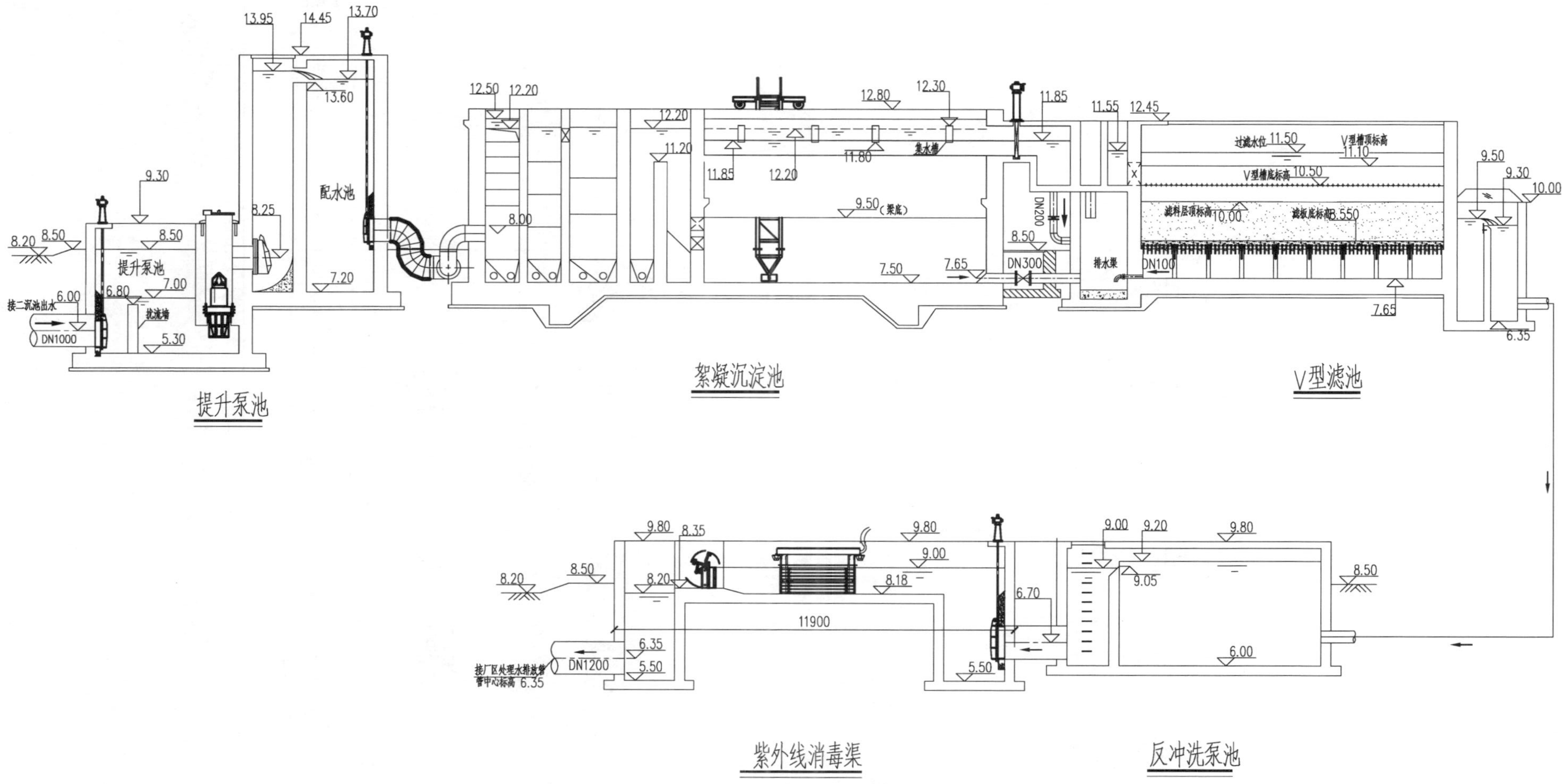

图名	深度处理间高程图	图号	14-工艺-07

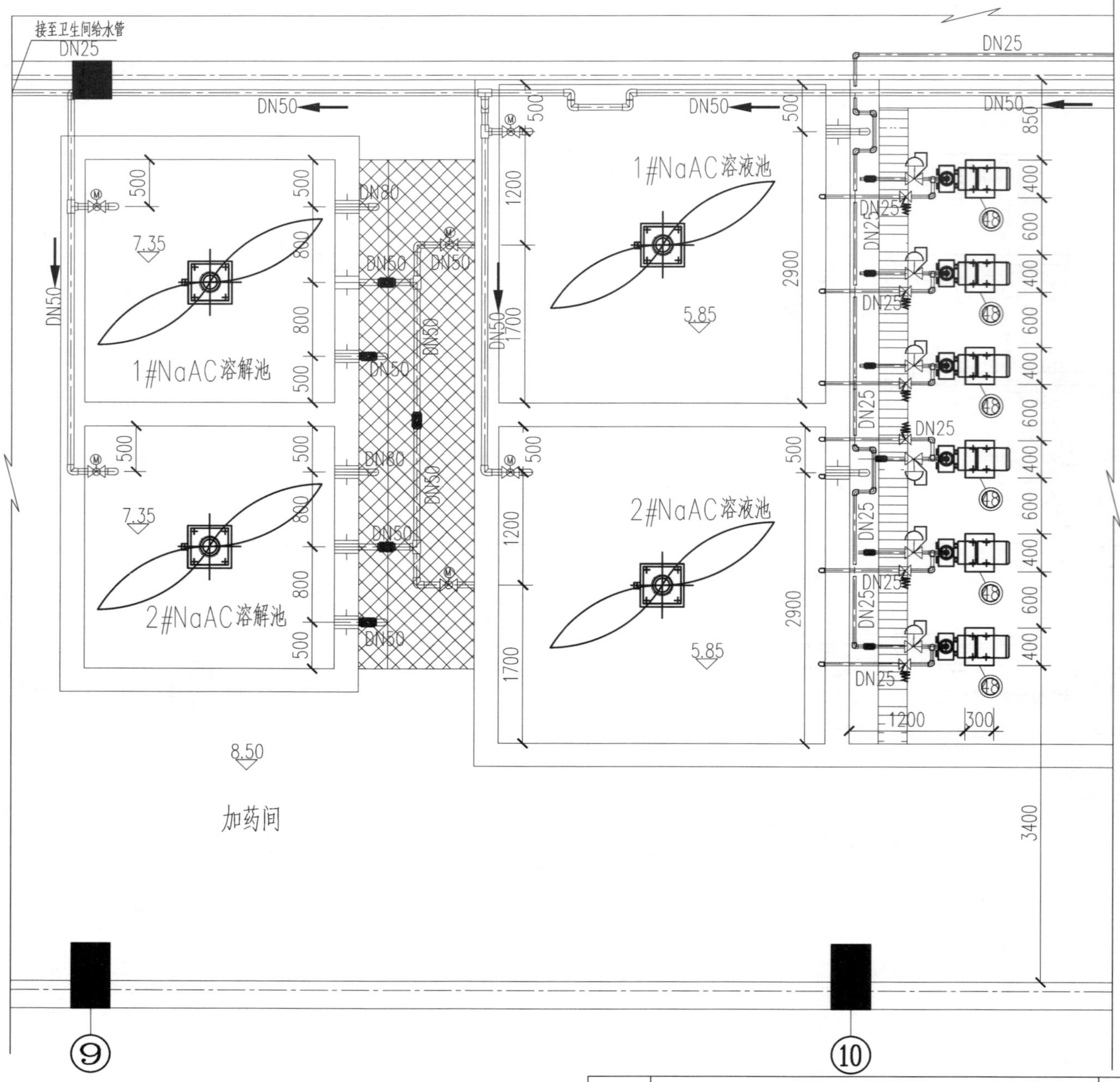

图名	深度处理间加药间上层管路布置图（左）	图号	14－工艺－17

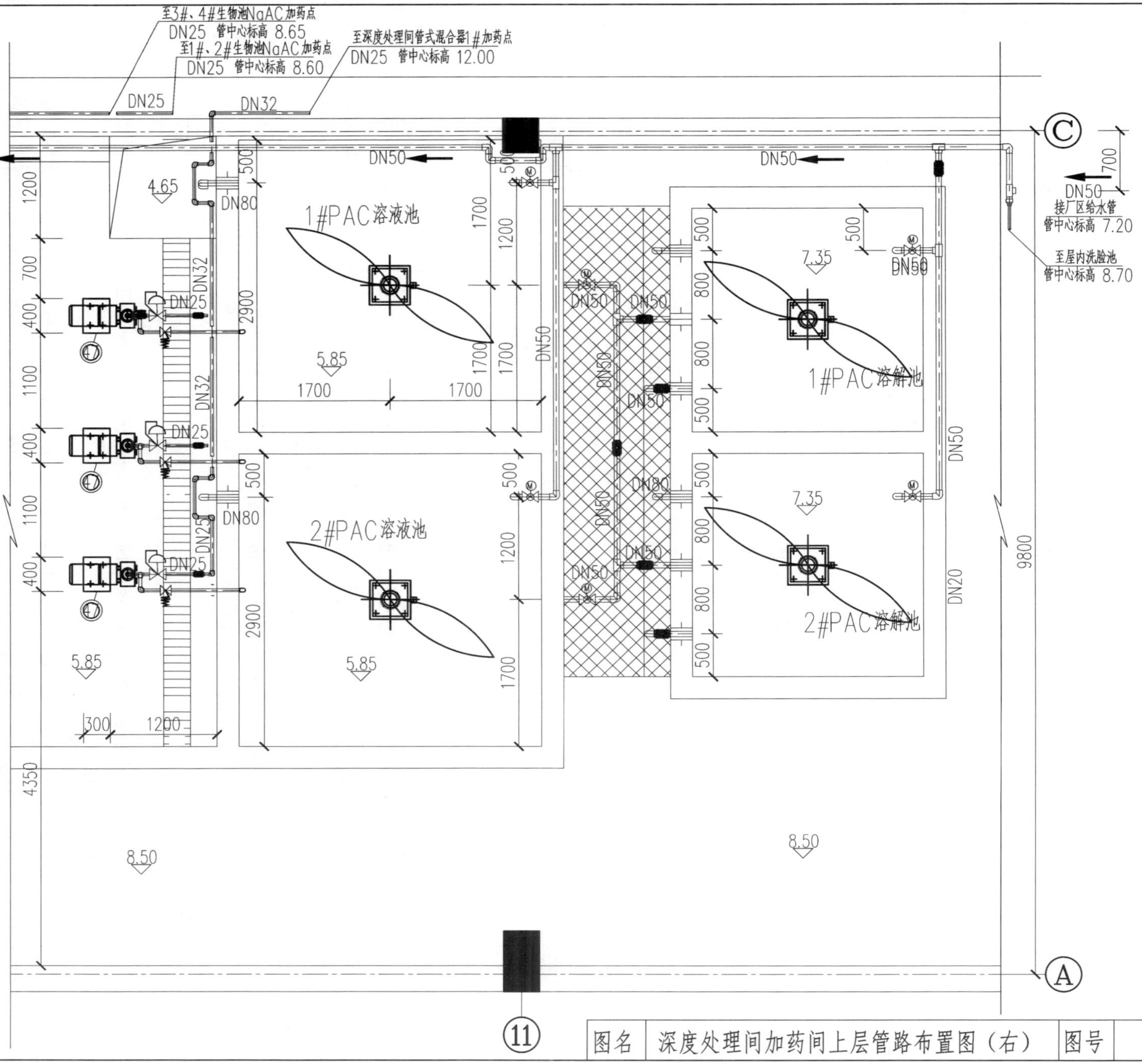

图名	深度处理间加药间上层管路布置图（右）	图号	14－工艺－18

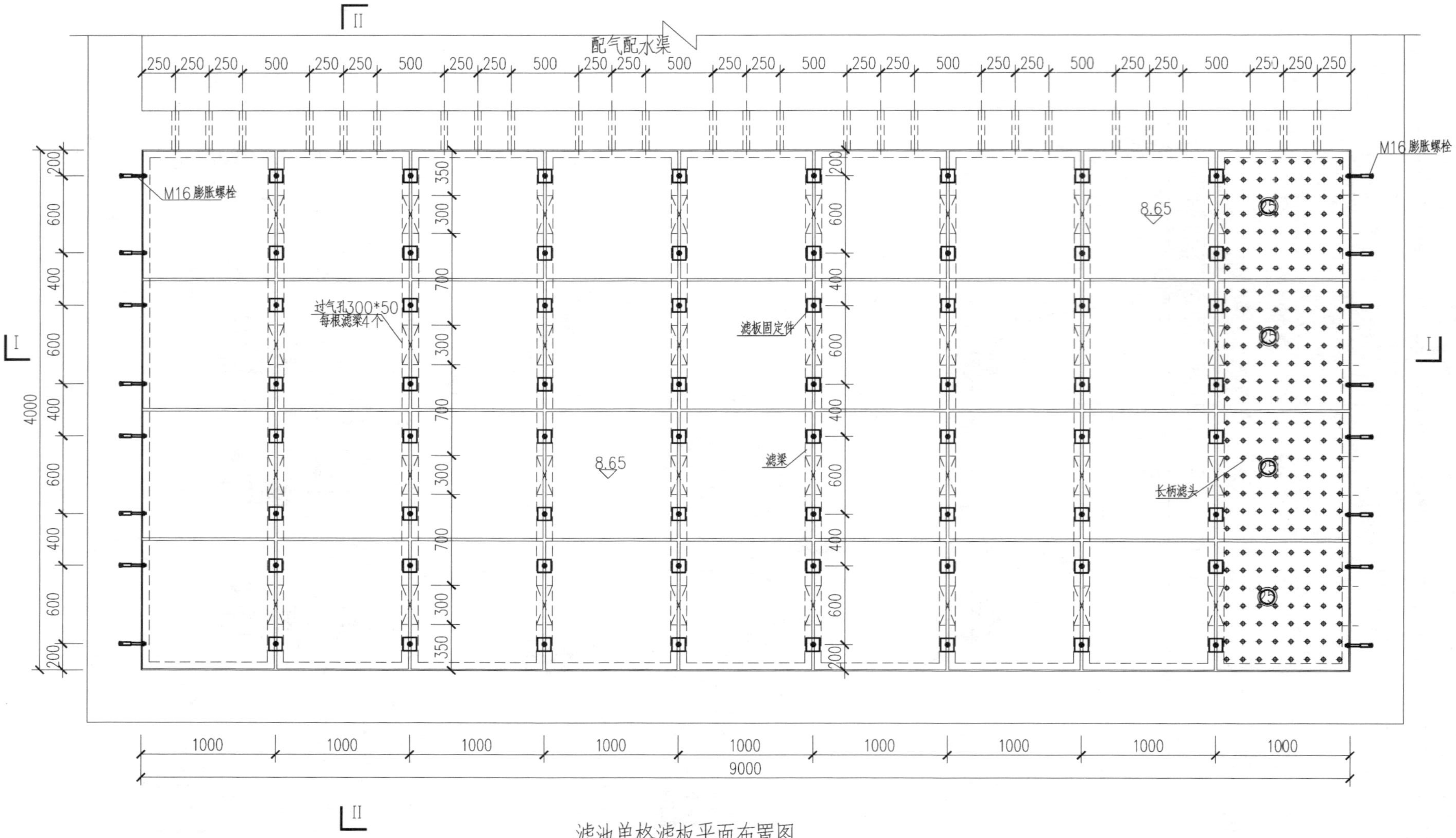

滤池单格滤板平面布置图

图名	深度处理滤池单格滤板平面布置图	图号	14-工艺-19

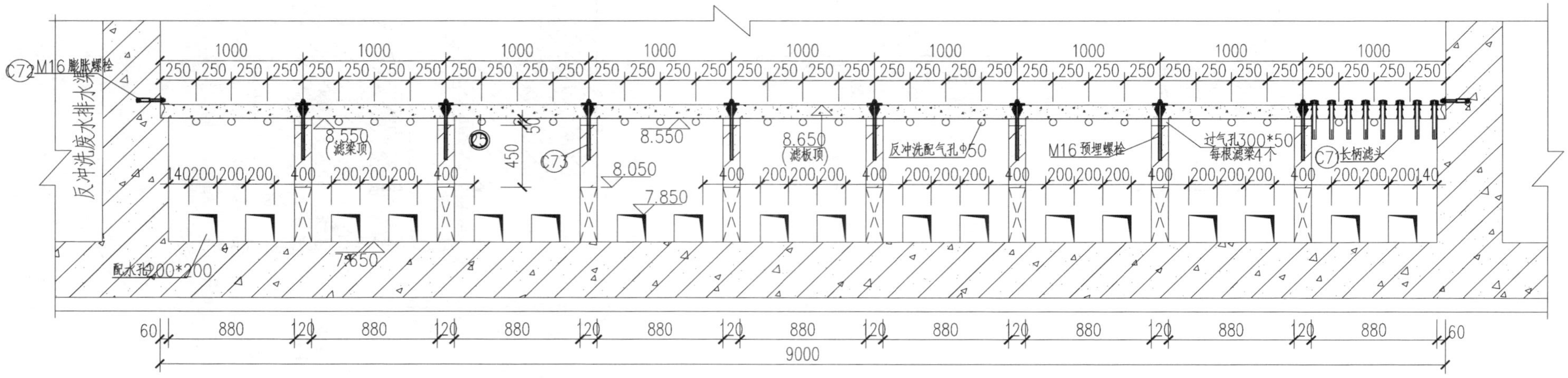

I—I 剖面图

图名	深度处理滤池单格滤板1－1 剖面图	图号	14－工艺－20

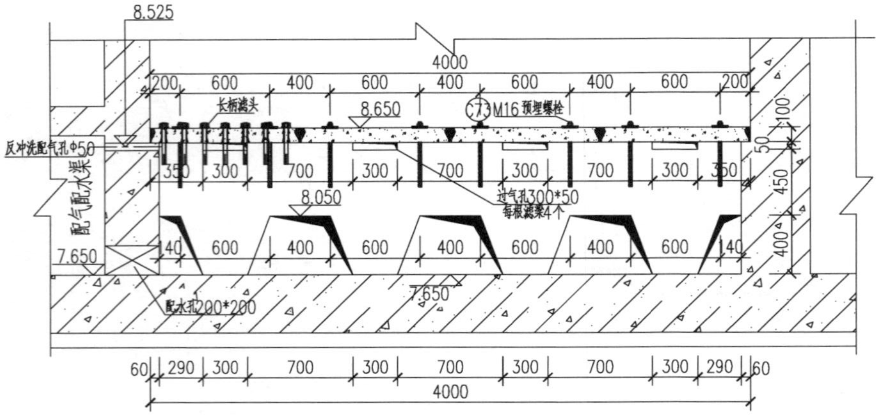

II－II剖面图 比例1:30

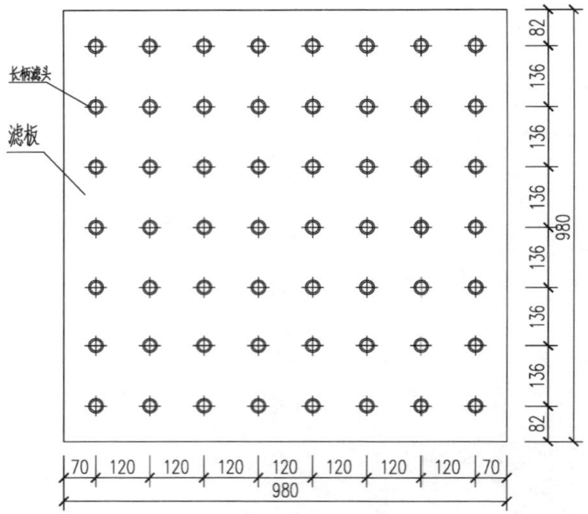

滤板大样图 比例1:10

㉕

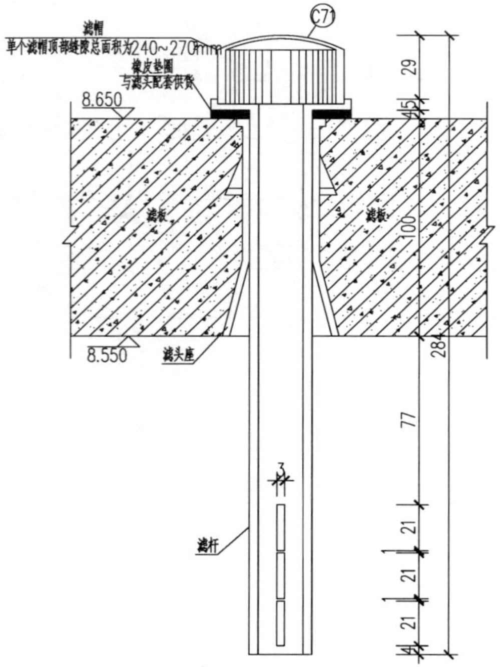

滤头大样图 比例1:2

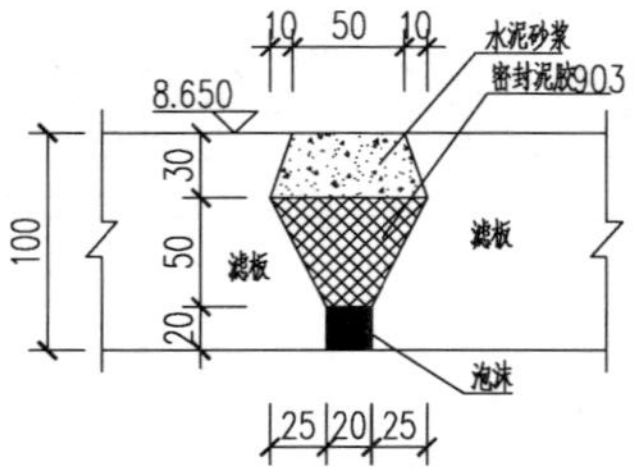

滤板接口处理大样图1 比例1:4

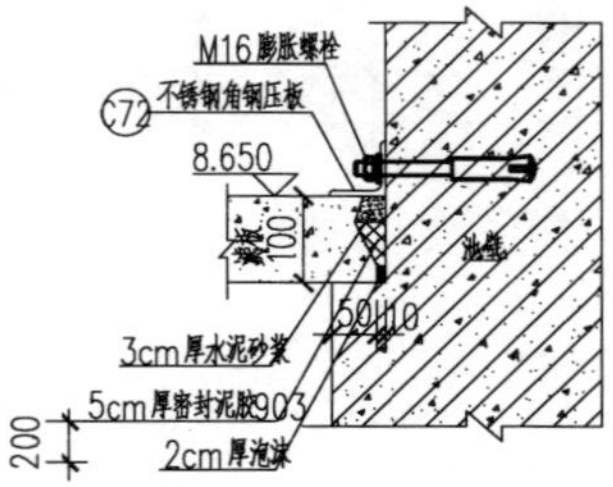

滤板接口处理大样图2 比例1:10

图名	深度处理间滤头安装及滤板安装大样图	图号	14－工艺－21

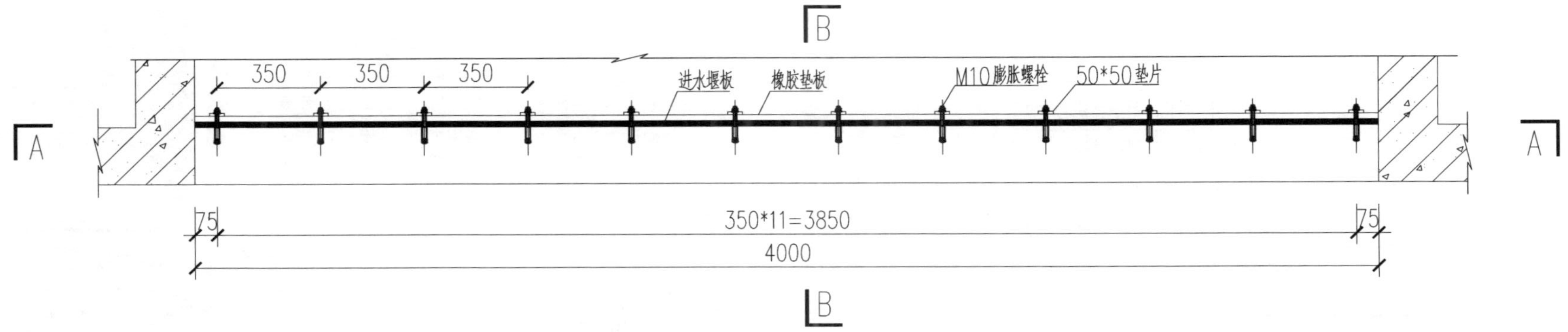

进水堰板平面图

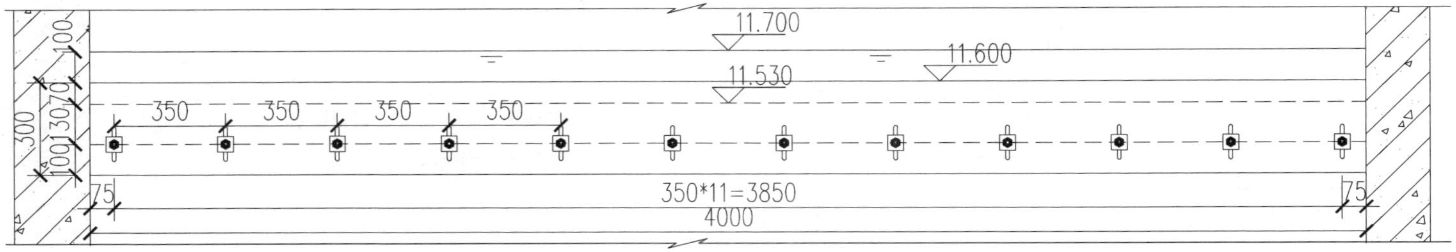

A–A剖面图

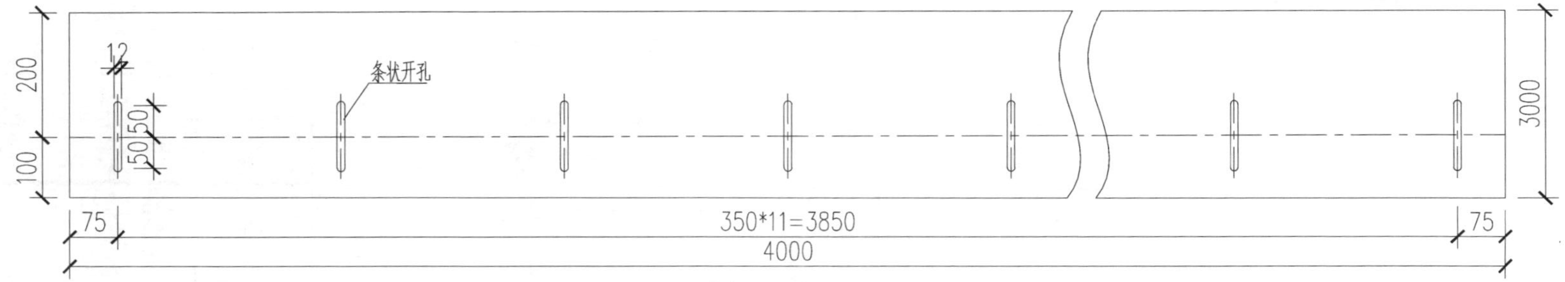

进水堰板加工图

C69

图名	深度处理间进水堰板平剖面图及加工图	图号	14－工艺－22

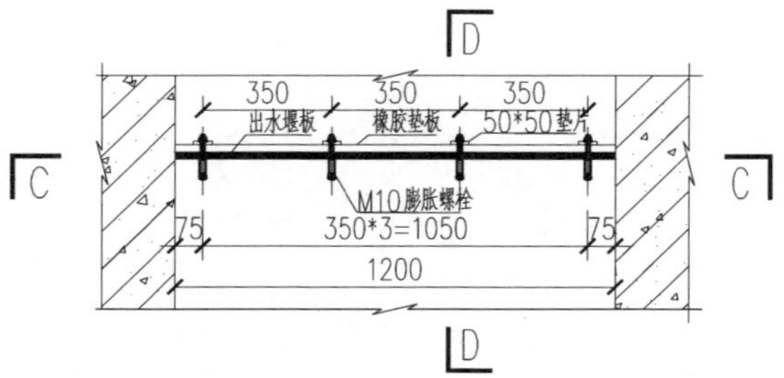

出水堰板平面图

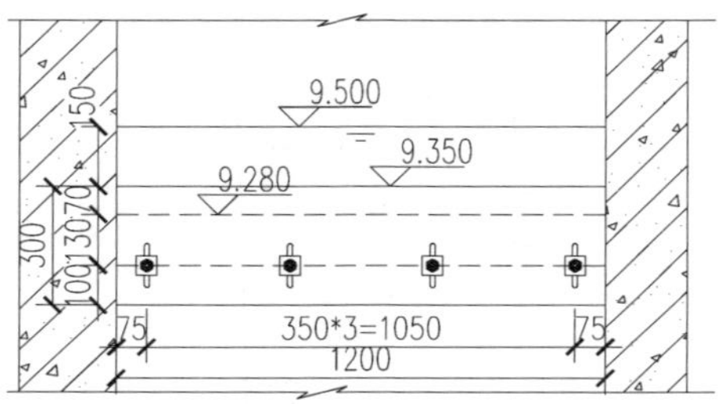

C–C 剖面图

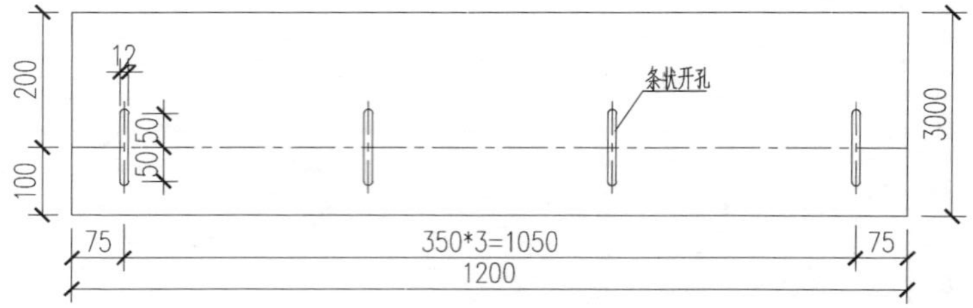

出水堰板加工图

C70

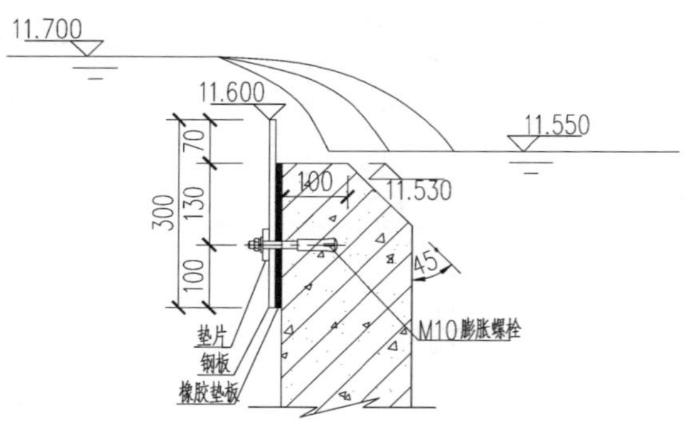

B–B 剖面图

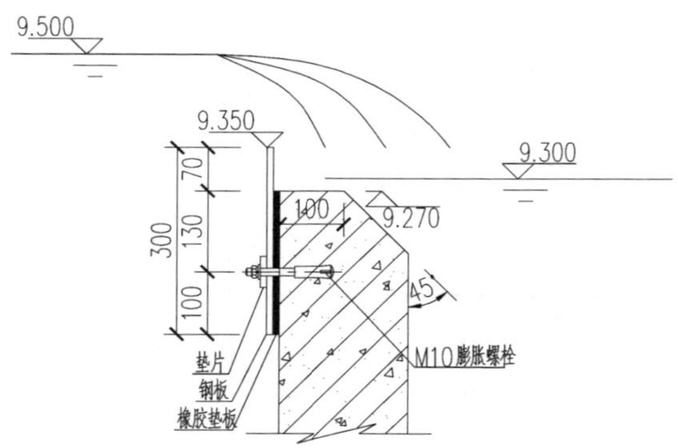

D–D 剖面图

单个出水堰板材料表

序号	名称	型号及规格	材料	单位	数量	备注
01	钢板	1200*300*4	S316	块	1	开孔见加工图
02	橡胶垫板	1200*230*4	橡胶	块	1	
03	不锈钢垫片	50*50*4	S316	个	4	中心开ø12孔
04	膨胀螺栓	M10 L=100	S316	个	4	含螺母等

单个进水堰板材料表

序号	名称	型号及规格	材料	单位	数量	备注
01	钢板	4000*300*4	S316	块	1	开孔见加工图
02	橡胶垫板	4000*230*4	橡胶	块	1	
03	不锈钢垫片	50*50*4	S316	个	12	中心开ø12孔
04	膨胀螺栓	M10 L=100	S316	个	12	含螺母等

图名	深度处理间滤池堰板安装详图	图号	14-工艺-23

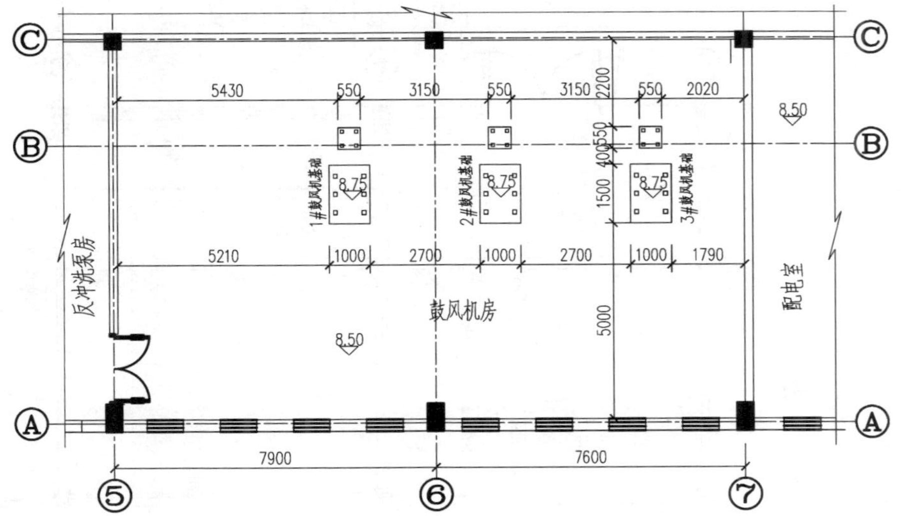

鼓风机基础平面布置图 比例1:100

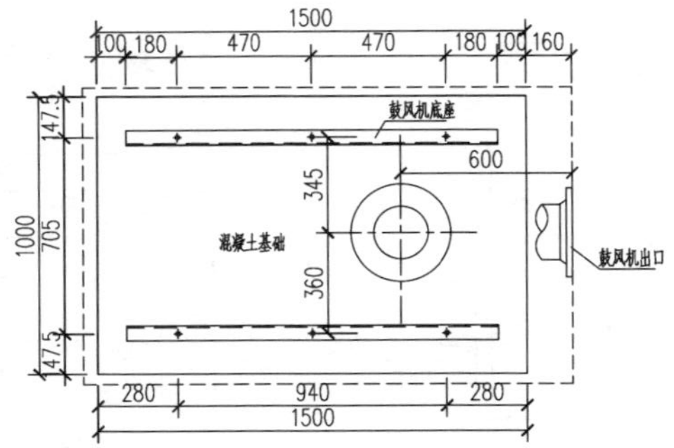

鼓风机底座安装图 比例1:20

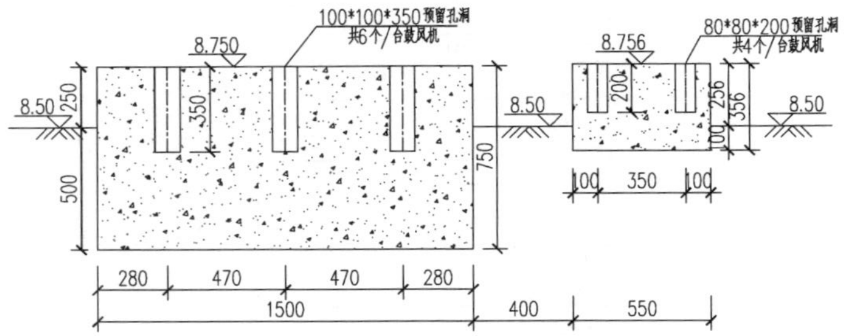

A—A 剖面图 比例1:20

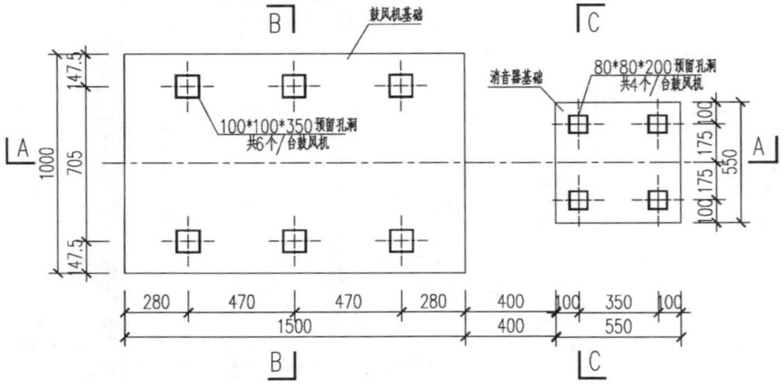

鼓风机基础平面大样图 比例1:20

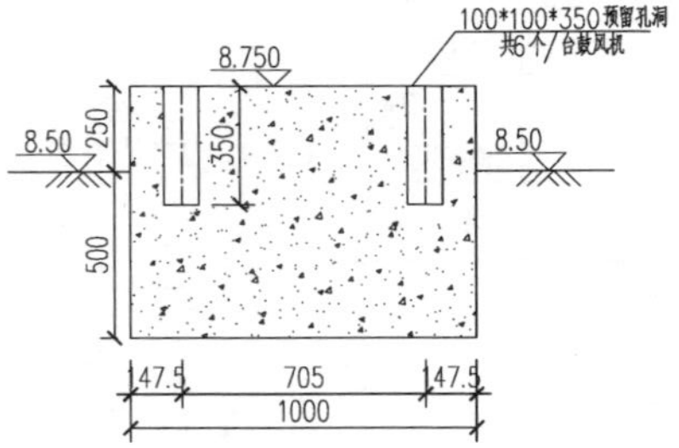

B—B 剖面图 比例1:20

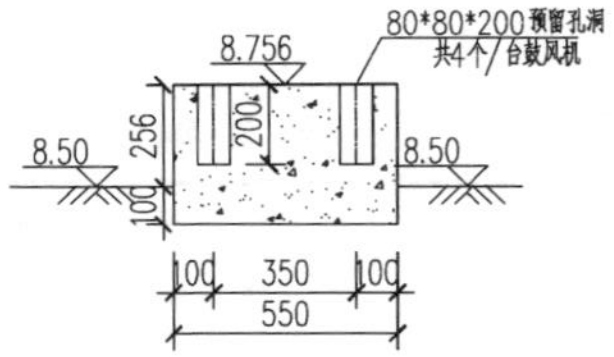

C—C 剖面图 比例1:20

图名	深度处理间鼓风机安装基础图	图号	14-工艺-24

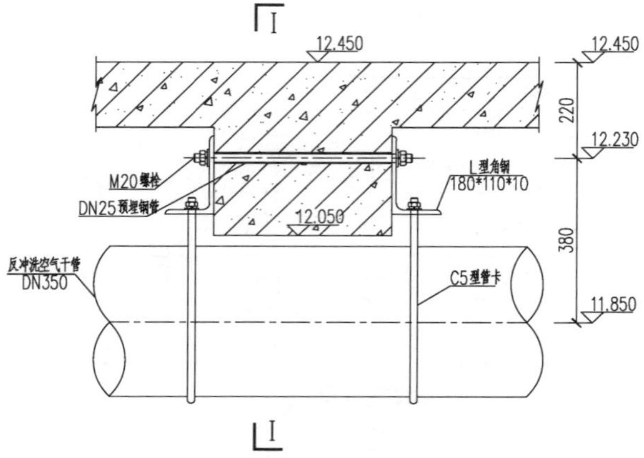

空气管吊架安装详图 比例1:10

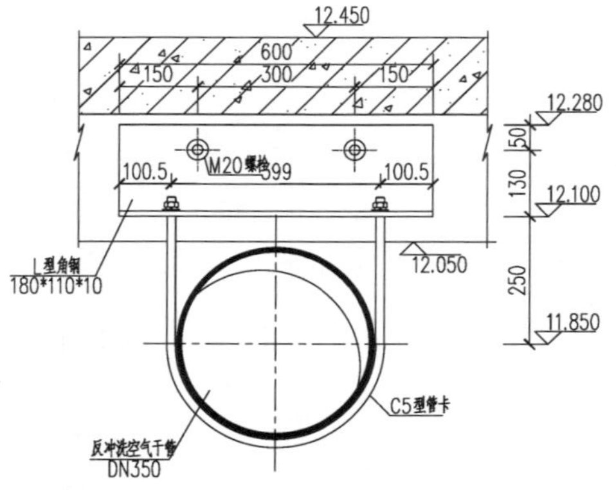

I－I 剖面图 比例1:10

反冲洗空气管吊架材料表

（单套工程量）

序号	名　称	规　格	材　料	单位	数　量	备　注
1	空气管道吊架					
	角钢	180*110*10 L=600mm	Q235a	根	2	
	C5型管卡	DN350 C5不保温型	Q235a	个	2	参见国标03S402-33
	螺栓	M20 L=350mm	Q235a	根	2	含双螺母及垫圈等

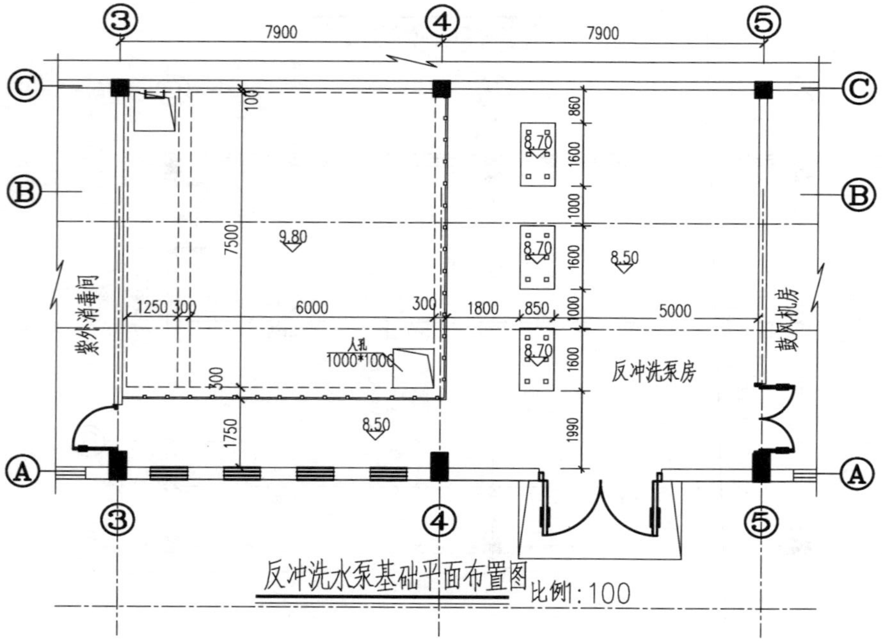

反冲洗水泵基础平面布置图 比例1:100

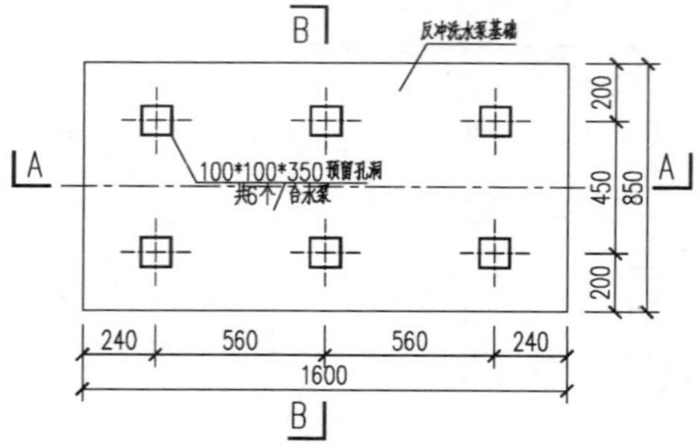

反冲洗水泵基础平面大样图 比例1:20

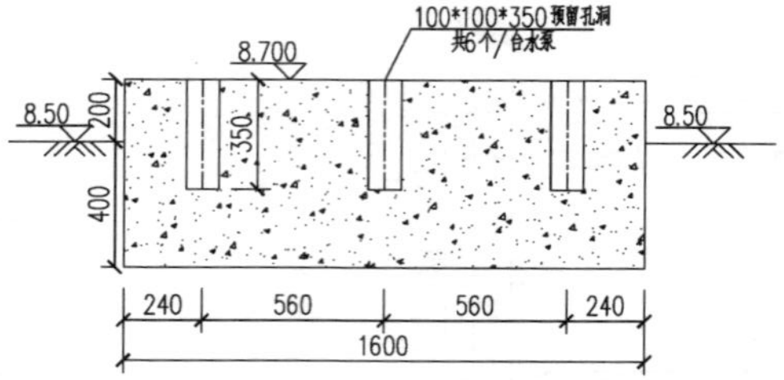

A－A 剖面图 比例1:20

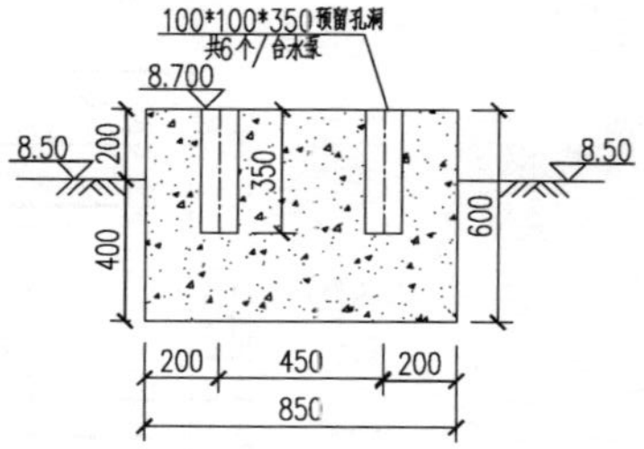

B－B 剖面图 比例1:20

图名	深度处理间空气管吊架安装详图及反冲水泵基础图	图号	14－工艺－25

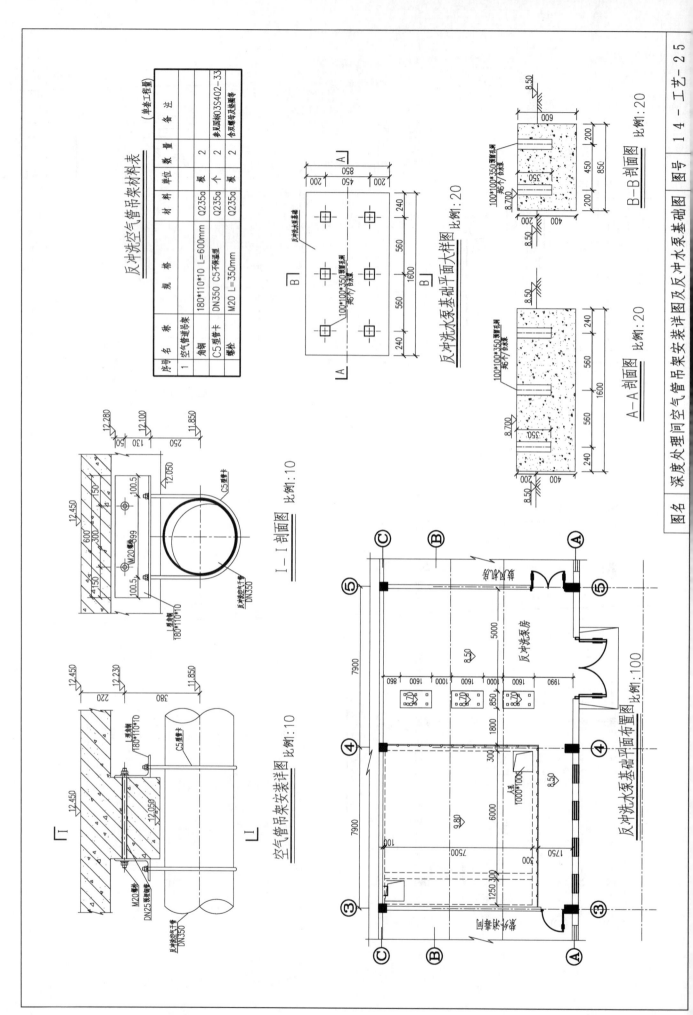

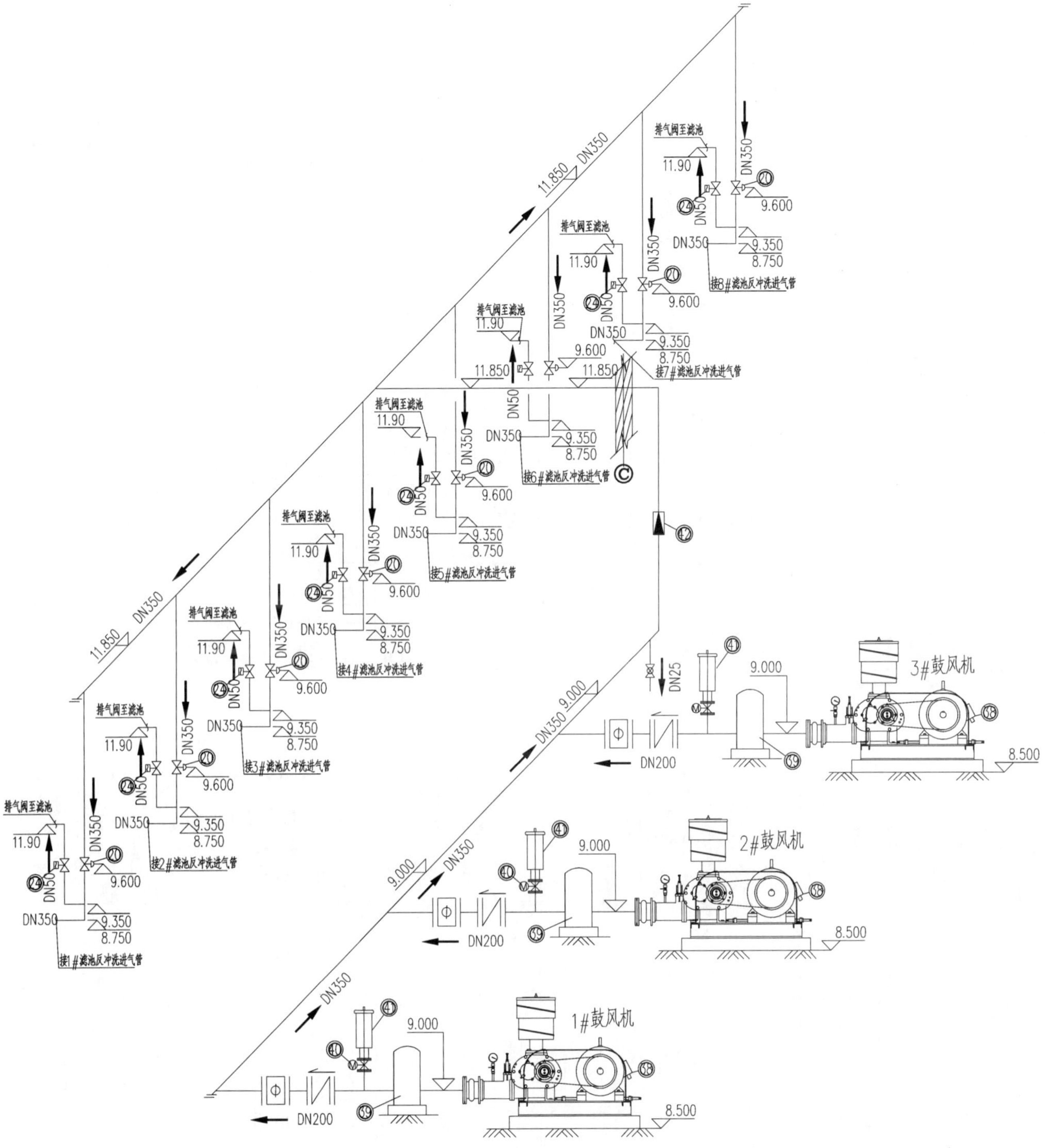

反冲洗空气管路系统图

图名	深度处理间反冲洗空气管路系统图	图号	14－工艺－26

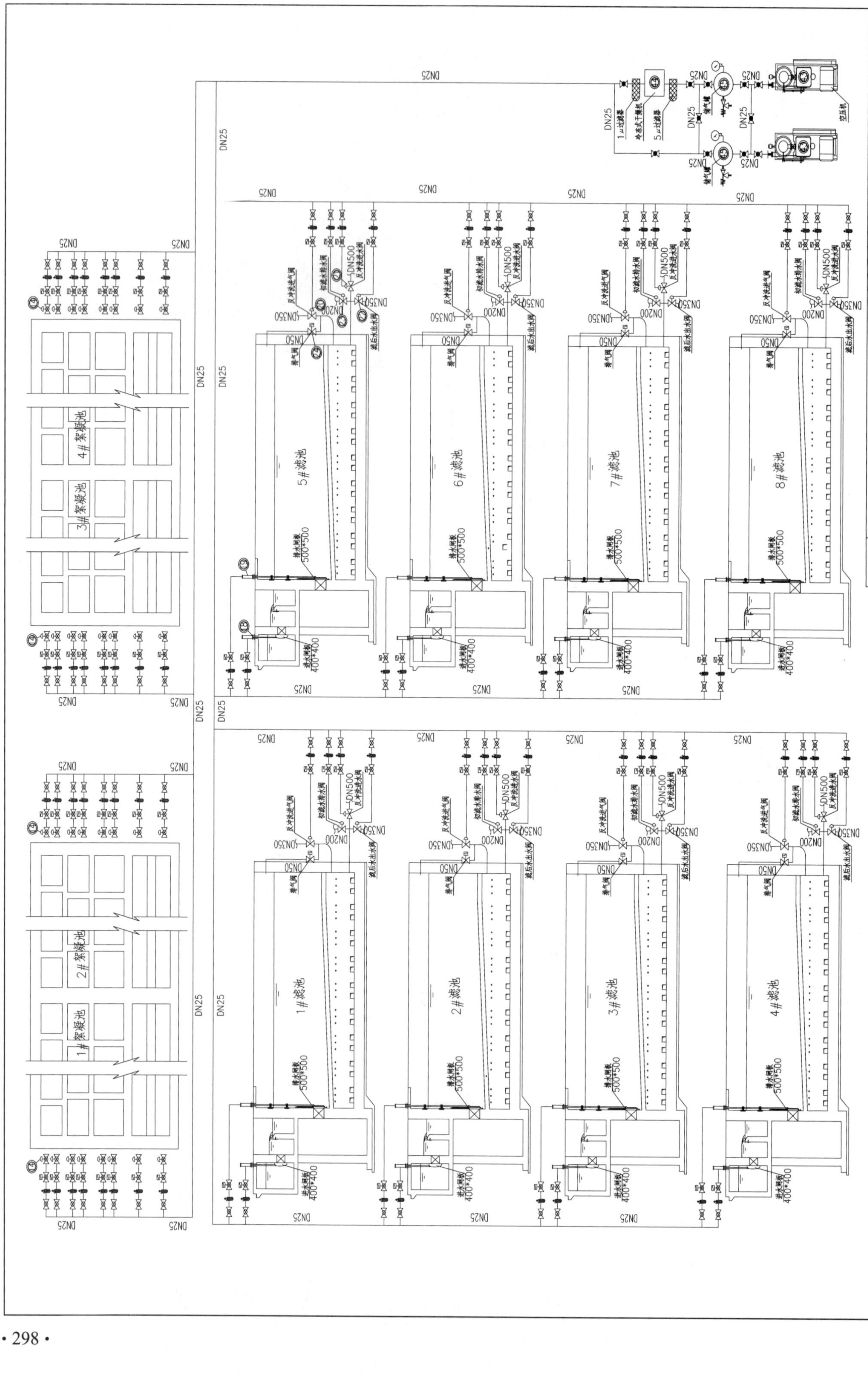

图名 深度处理间压缩空气管路原理图 图号 14-工艺-27

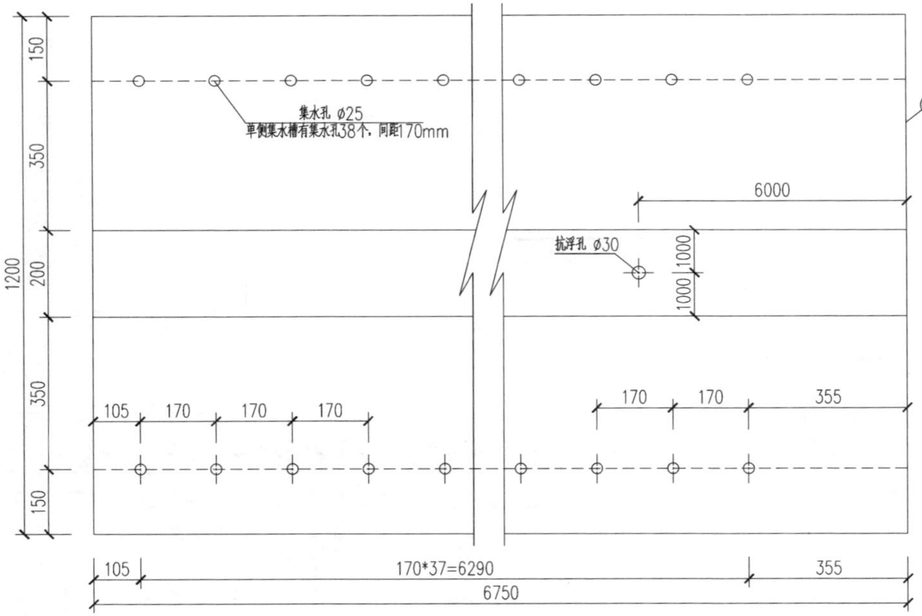

集水槽展开图

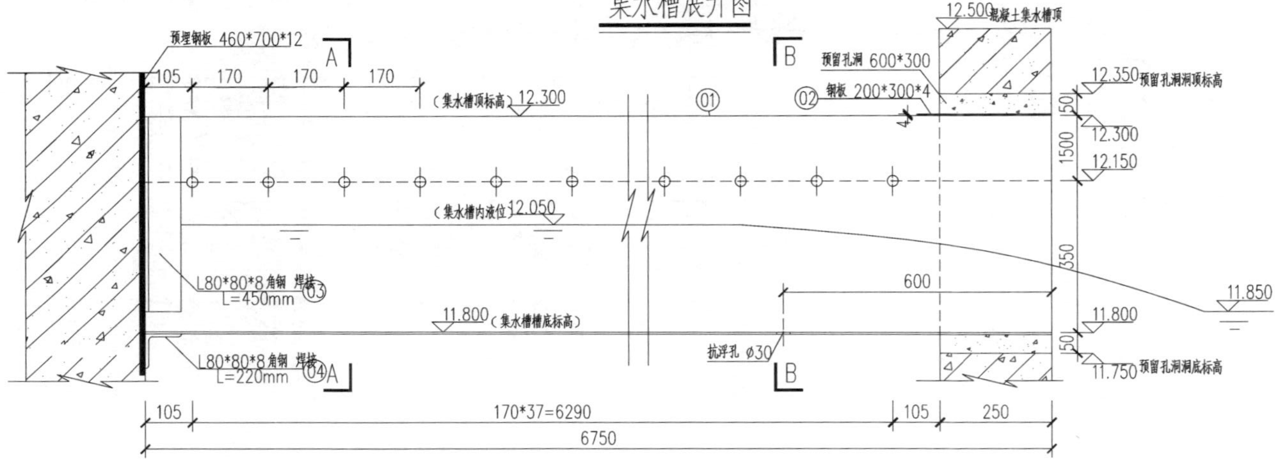

集水槽安装图

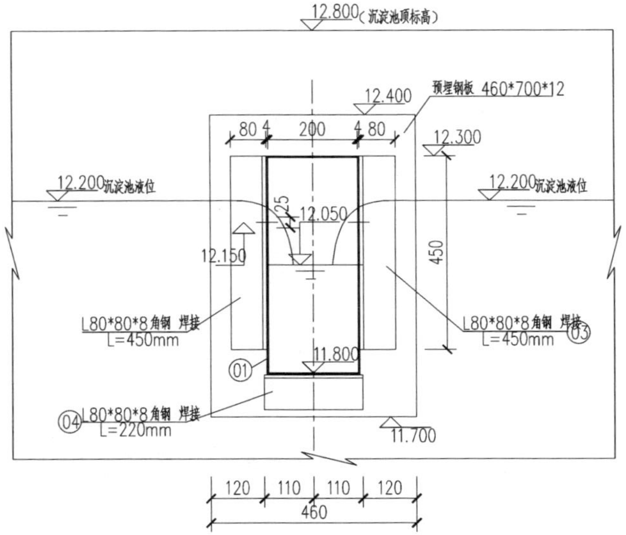

A－A 剖面图

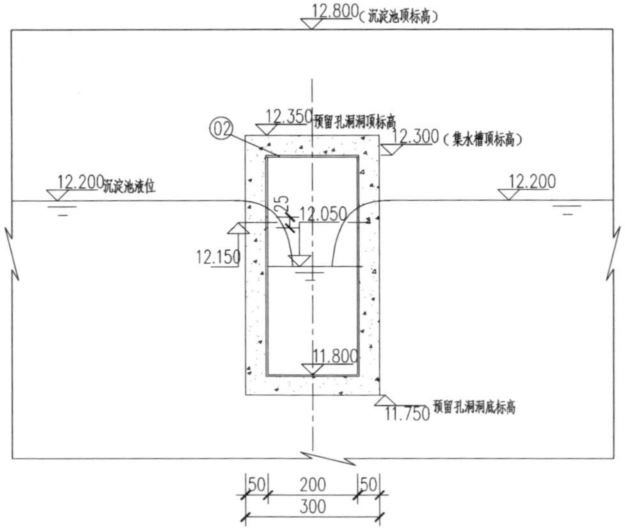

B－B 剖面图

图名	深度处理间沉淀池集水槽安装及加工图	图号	14－工艺－28

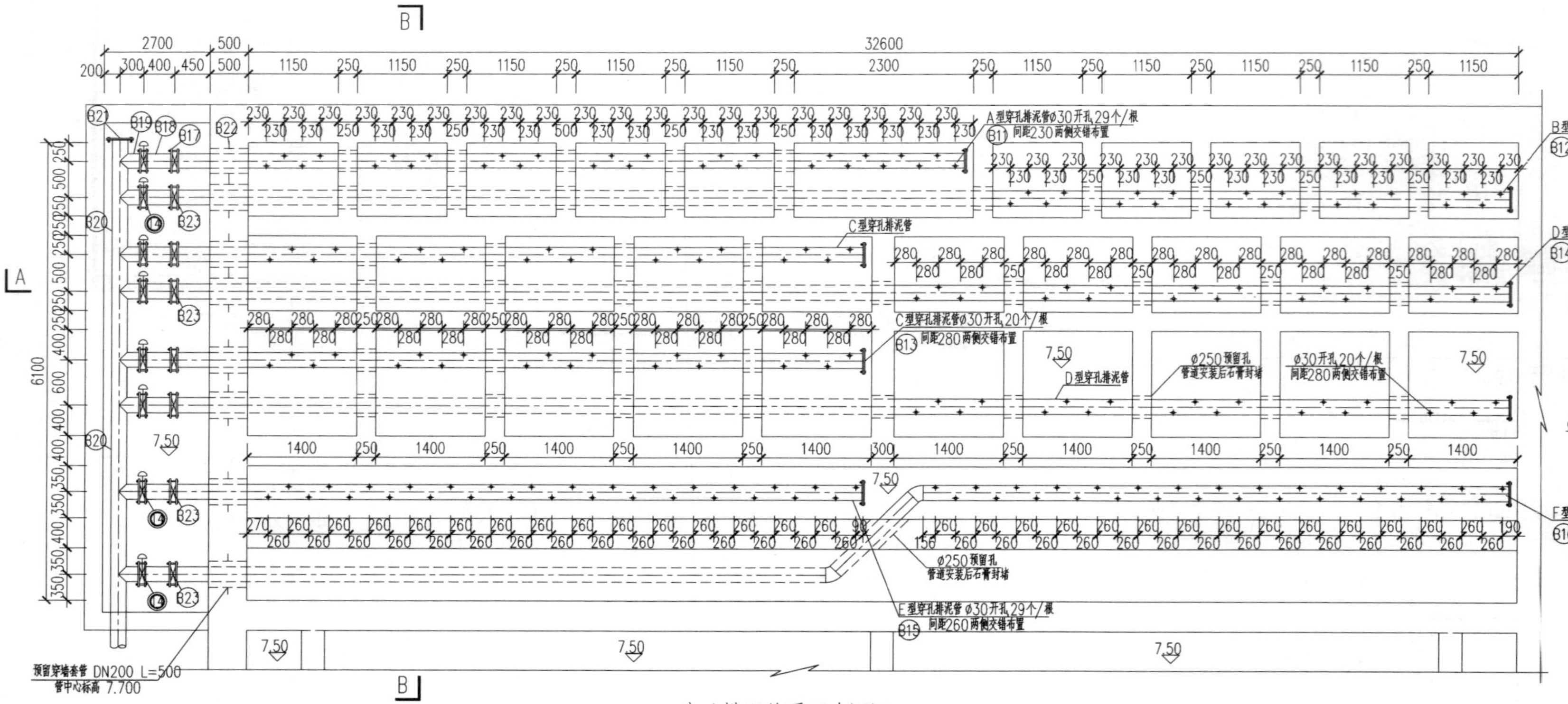

穿孔排泥管平面布置图

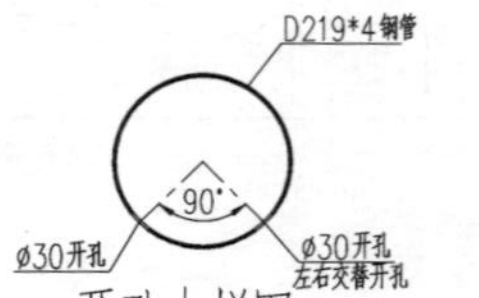

开孔大样图 比例1:10

图名	深度处理间穿孔排泥管平面布置图	图号	14－工艺－29

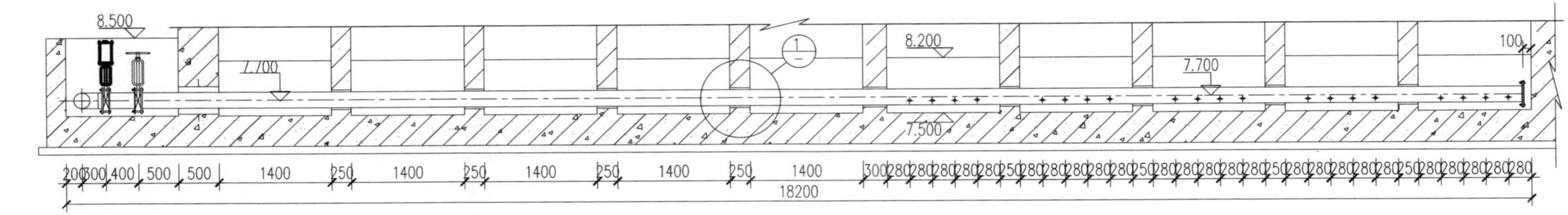

A-A剖面图

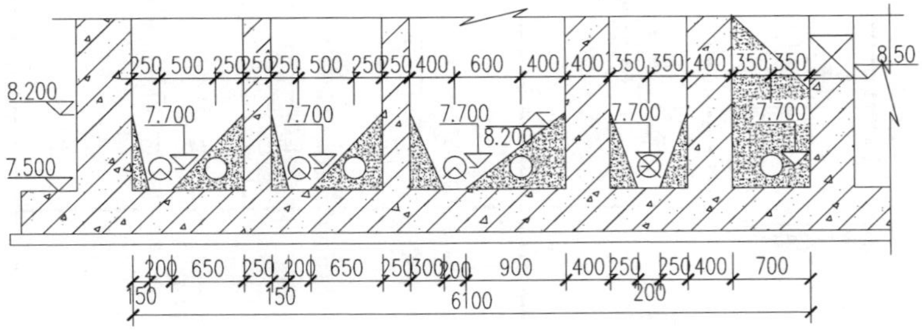

B-B剖面图

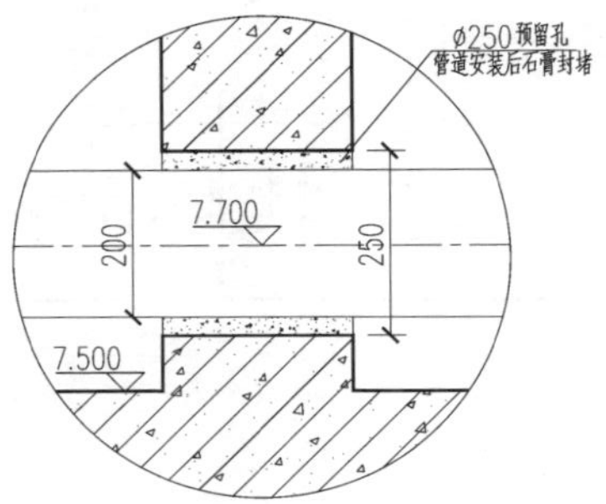

①详图

单个絮凝池排泥管工程量表

序号	名称	型号及规格	材料	单位	数量	备注	序号	名称	型号及规格	材料	单位	数量	备注
A型穿孔排泥管	穿孔管	D219*4 L=10170	S316	根	1	开孔见工艺图	D型穿孔排泥管	法兰	DN200 0.6MPa	S316	片	4	
	法兰盲板	DN200 0.6MPa	S316	个	1		E型穿孔排泥管	穿孔管	D219*4 L=8870	S316	根	1	开孔见工艺图
	法兰	DN200 0.6MPa	S316	片	2			法兰盲板	DN200 0.6MPa	S316	个	1	
B型穿孔排泥管	穿孔管	D219*4 L=17170	S316	根	1	开孔见工艺图		法兰	DN200 0.6MPa	S316	片	2	
	法兰盲板	DN200 0.6MPa	S316	个	1		F型穿孔排泥管	穿孔管	D219*4 L=10170	S316	根	1	开孔见工艺图
	法兰	DN200 0.6MPa	S316	片	2			法兰盲板	DN200 0.6MPa	S316	个	1	
C型穿孔排泥管	穿孔管	D219*4 L=8870	S316	根	2	开孔见工艺图		法兰	DN200 0.6MPa	S316	片	2	
	法兰盲板	DN200 0.6MPa	S316	个	2			钢管	D219*4 L=8395	S316	根	1	
	法兰	DN200 0.6MPa	S316	片	4			钢管	D219*4 L=1406	S316	根	1	
D型穿孔排泥管	穿孔管	D219*4 L=17170	S316	根	2	开孔见工艺图		90°弯头	DN200	S316	个	2	详见02S403-87
	法兰盲板	DN200 0.6MPa	S316	个	2								

图名	深度处理间穿孔排泥管详图及材料表	图号	14－工艺－30

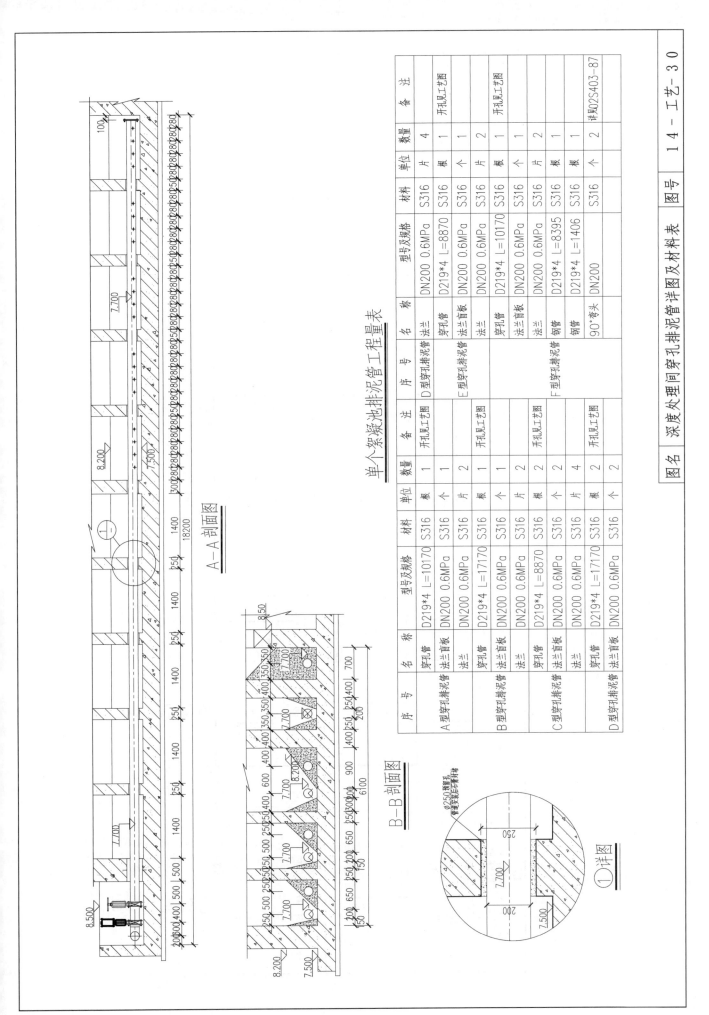

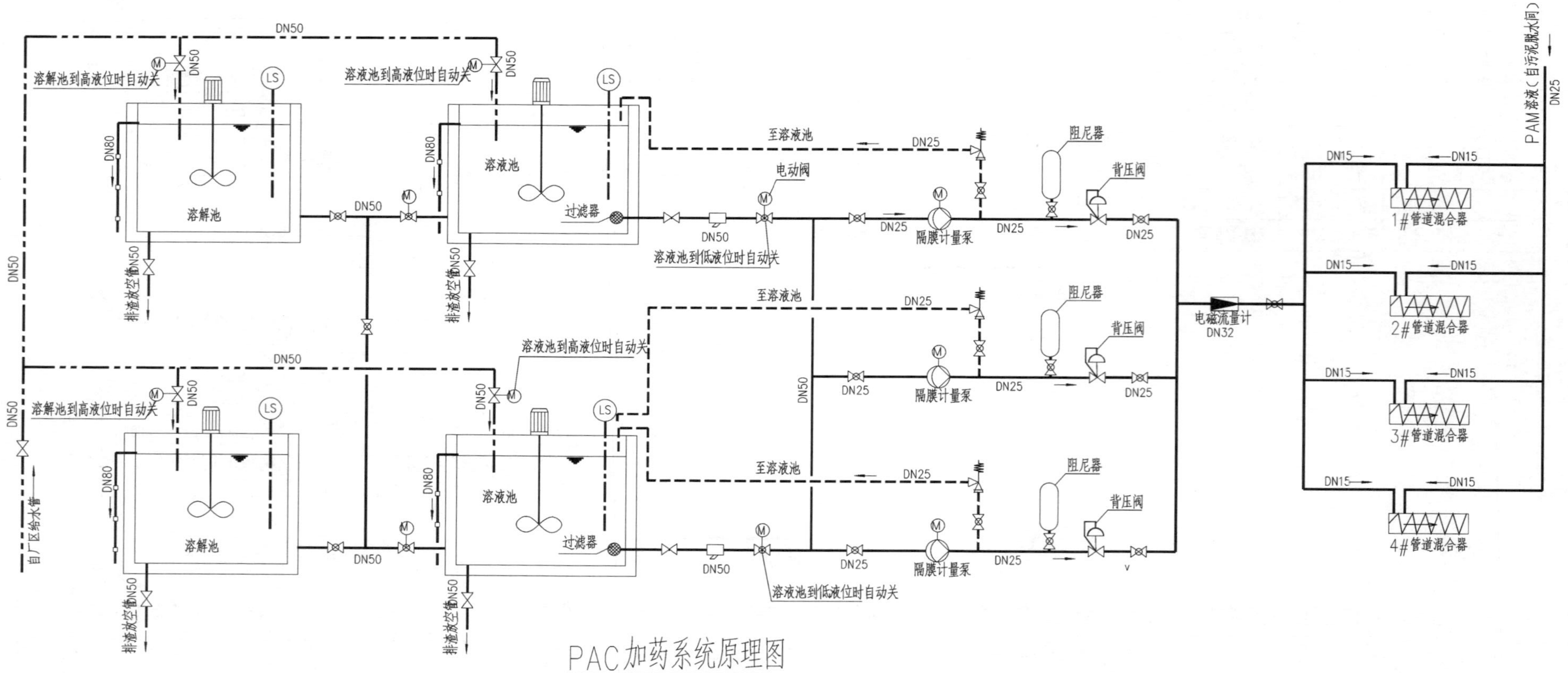

PAC加药系统原理图

图名	深度处理间PAC加药系统原理图	图号	14-工艺-31

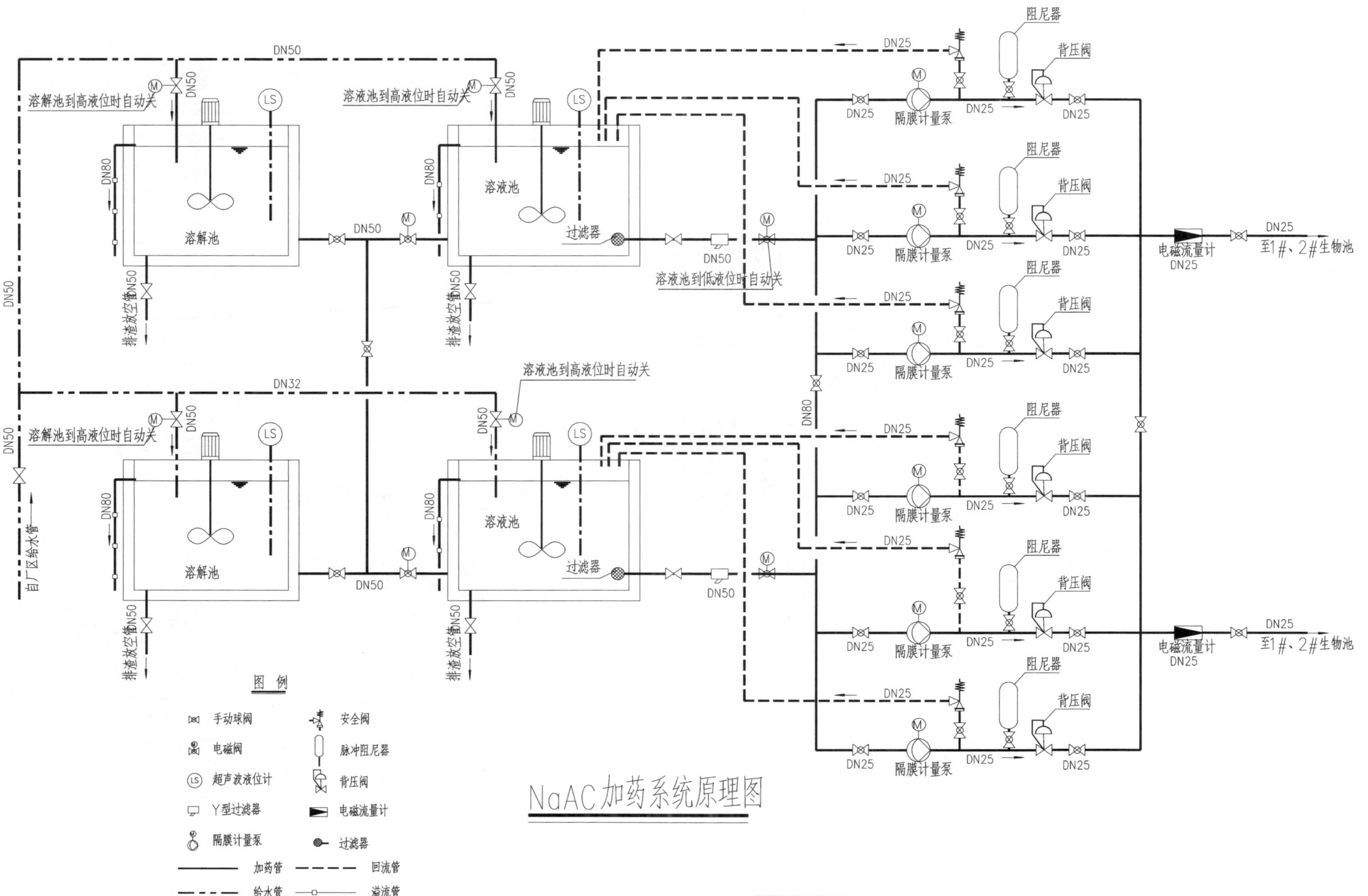

NaAC加药系统原理图

图名	深度处理间NaAC加药系统原理图	图号	14-工艺-32

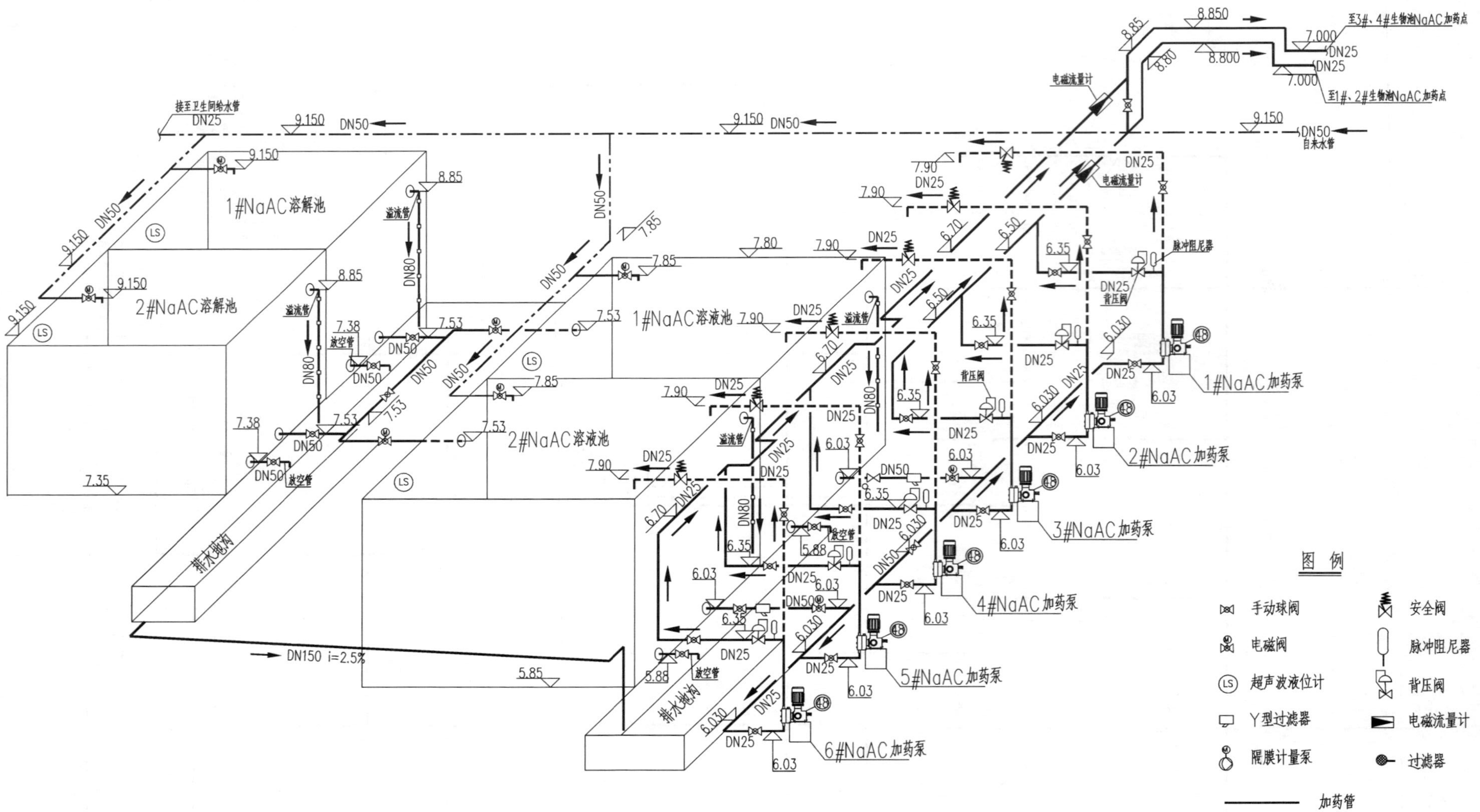

NaAC加药系统图

图名	深度处理间NaAC加药系统图	图号	14－工艺－33

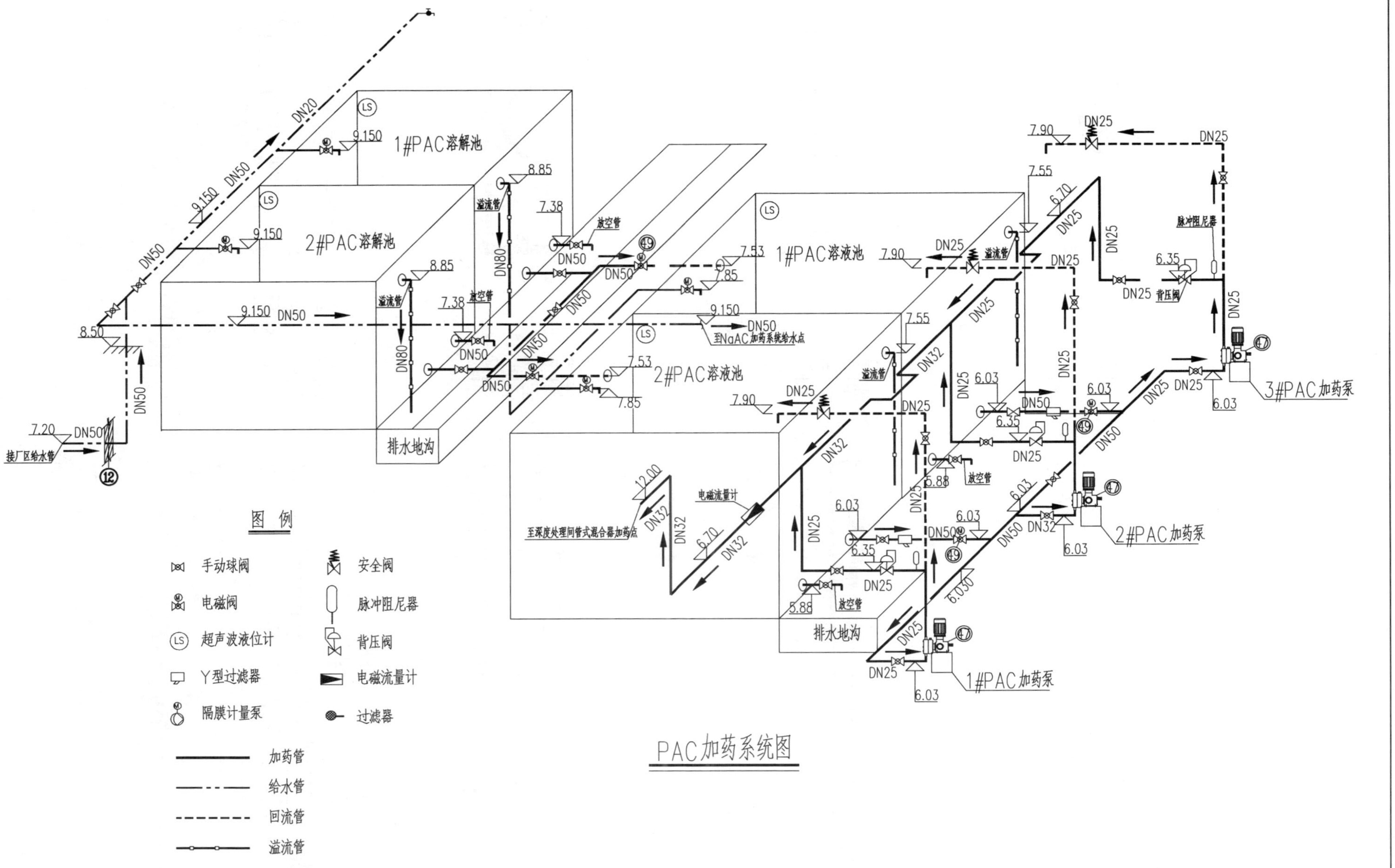

PAC加药系统图

图名	深度处理间P A C 加药系统图	图号	1 4 - 工艺- 3 4

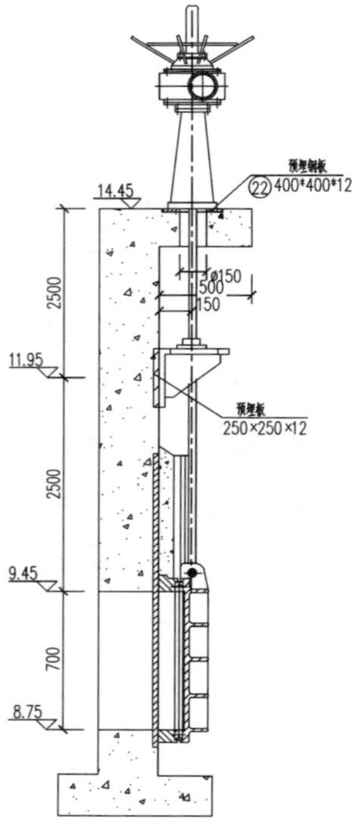

ø700闸门安装图

适用于提升泵池内

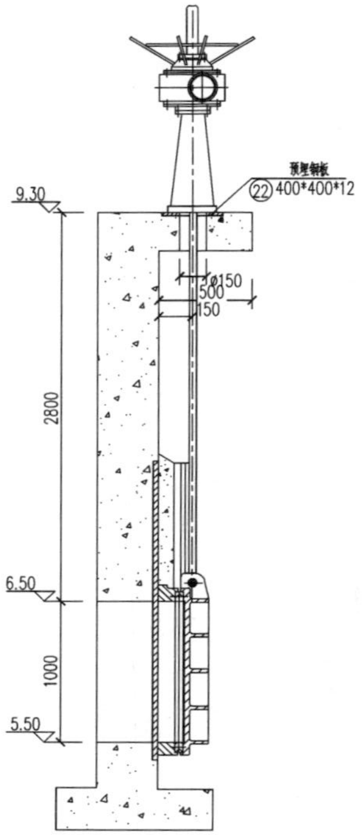

ø1000闸门安装图

适用于提升泵池内

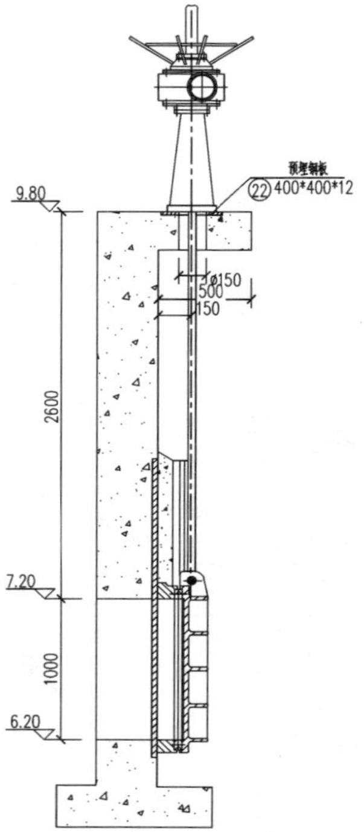

ø1000闸门安装图

适用于紫外线消毒间

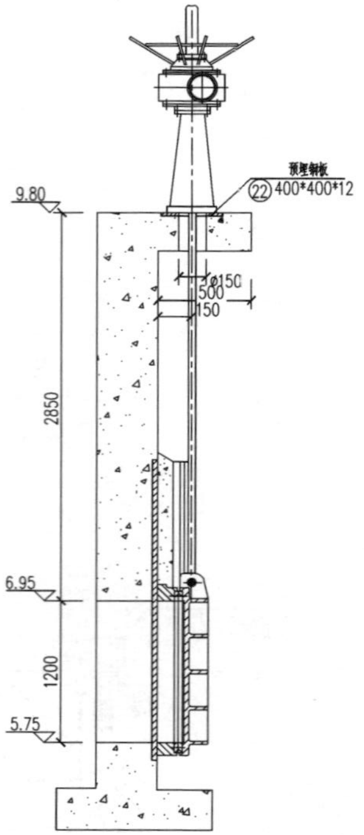

ø1200闸门安装图

适用于紫外线消毒间

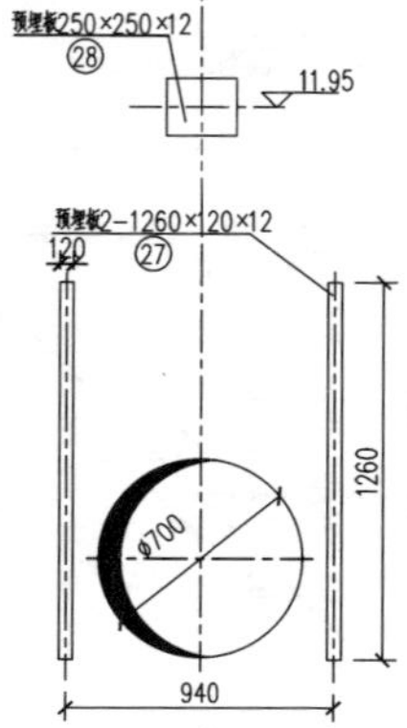

ø700闸门预埋件图

适用于提升泵池内

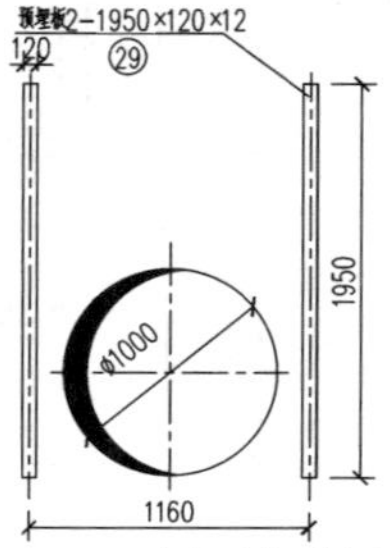

ø1000闸门预埋件图

适用于提升泵池内

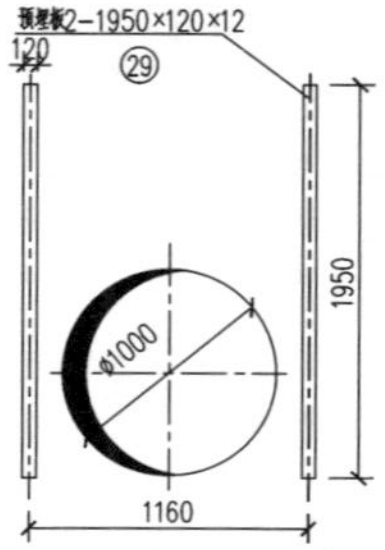

ø1000闸门预埋件图

适用于紫外线消毒间

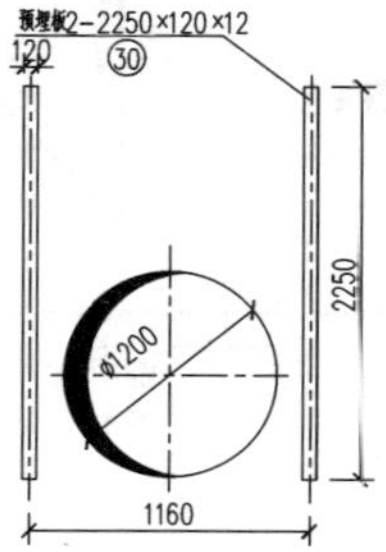

ø1200闸门预埋件图

适用于紫外线消毒间

图名	深度处理间闸门安装图（一）	图号	14-工艺-35

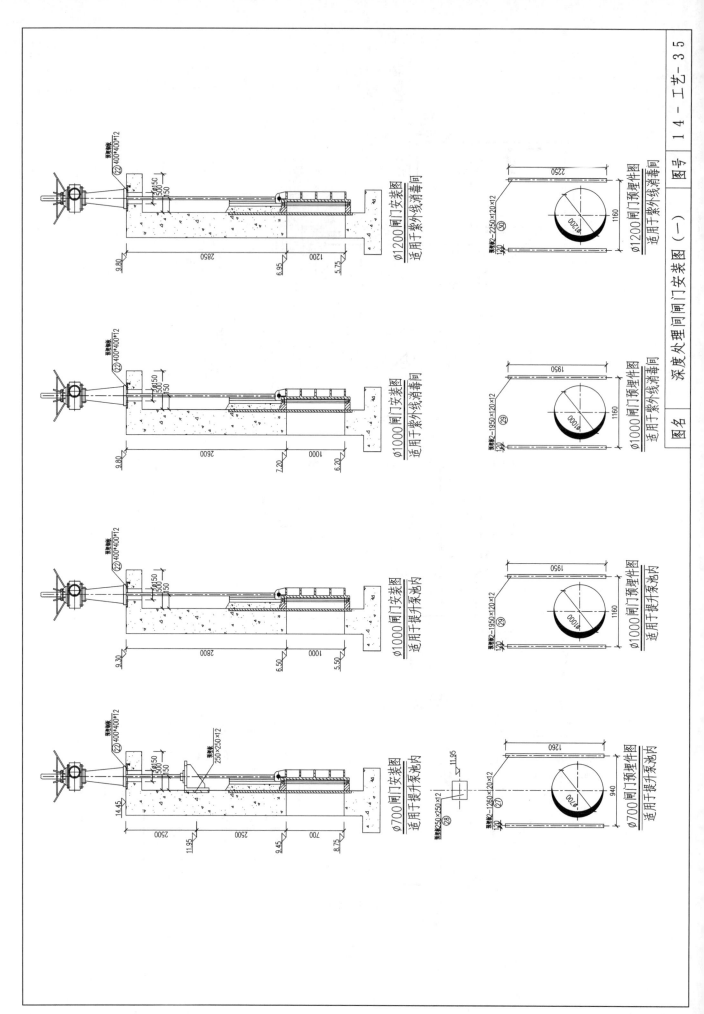

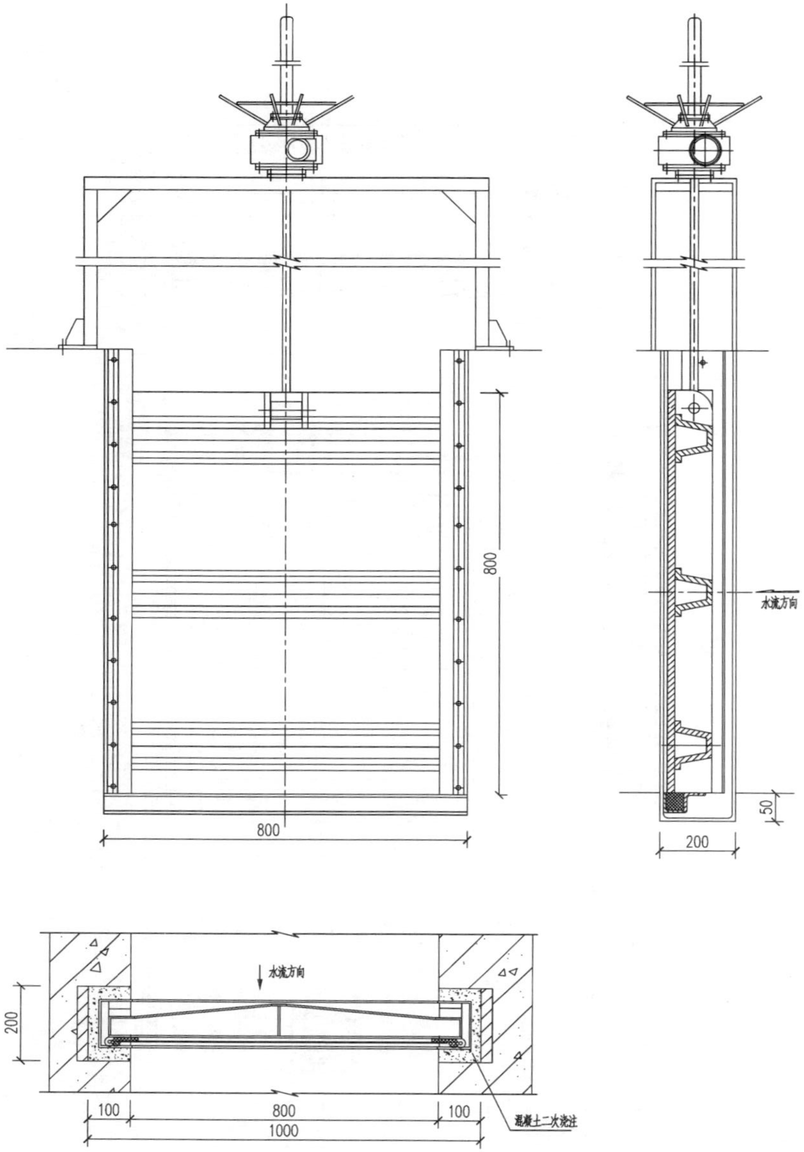

800*800渠道闸安装图

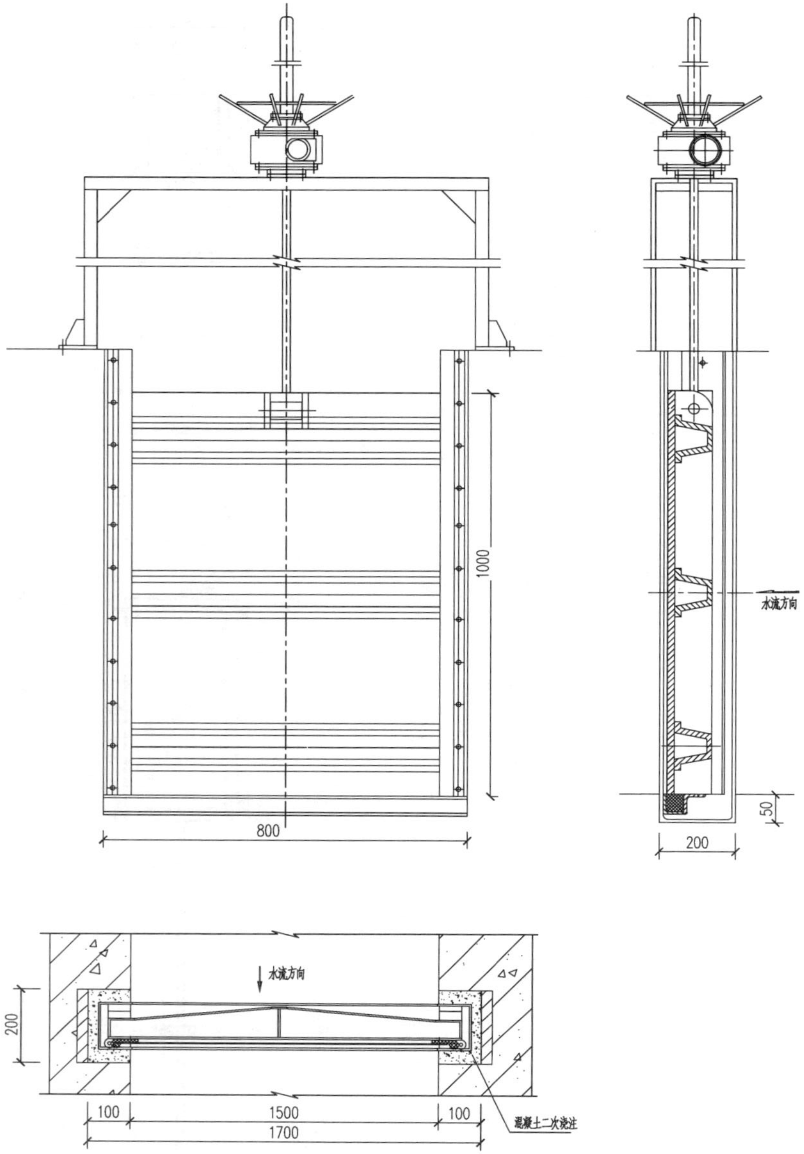

1500*800渠道闸安装图

图名	深度处理间闸门安装图（二）	图号	14－工艺－36

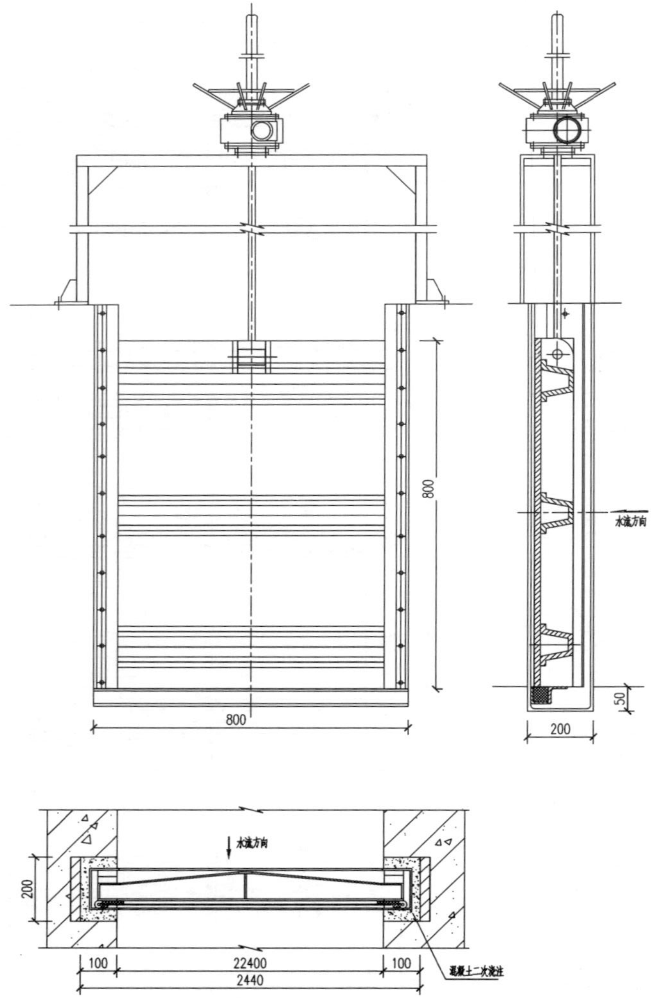

2240*1000渠道闸安装图

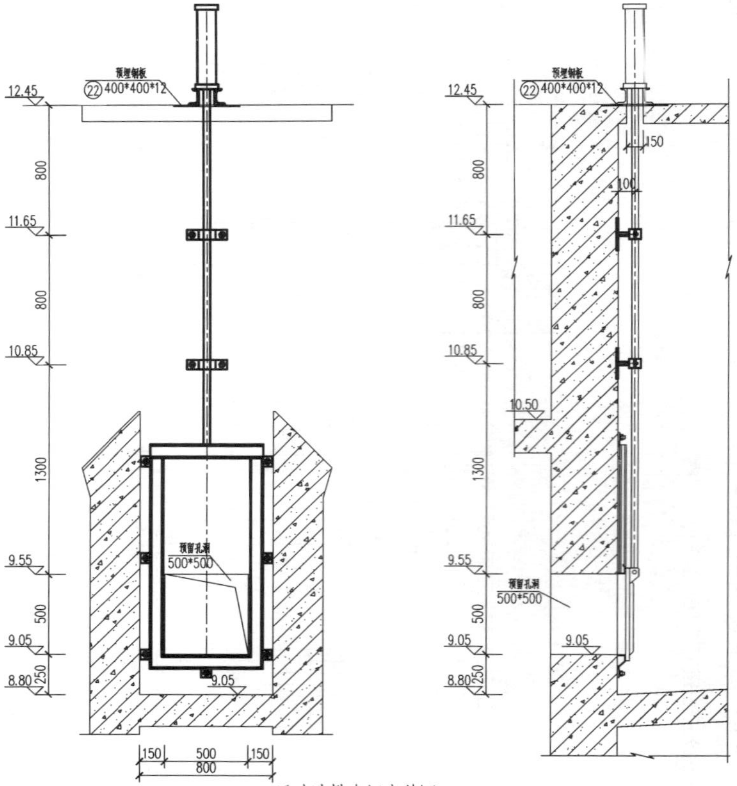

反冲洗排水闸安装图 比例1:20

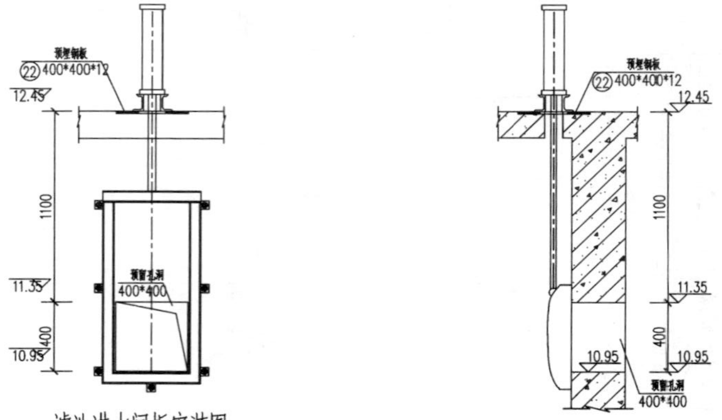

滤池进水闸板安装图 比例1:20

图名	深度处理间闸门安装图（三）	图号	14-工艺-37

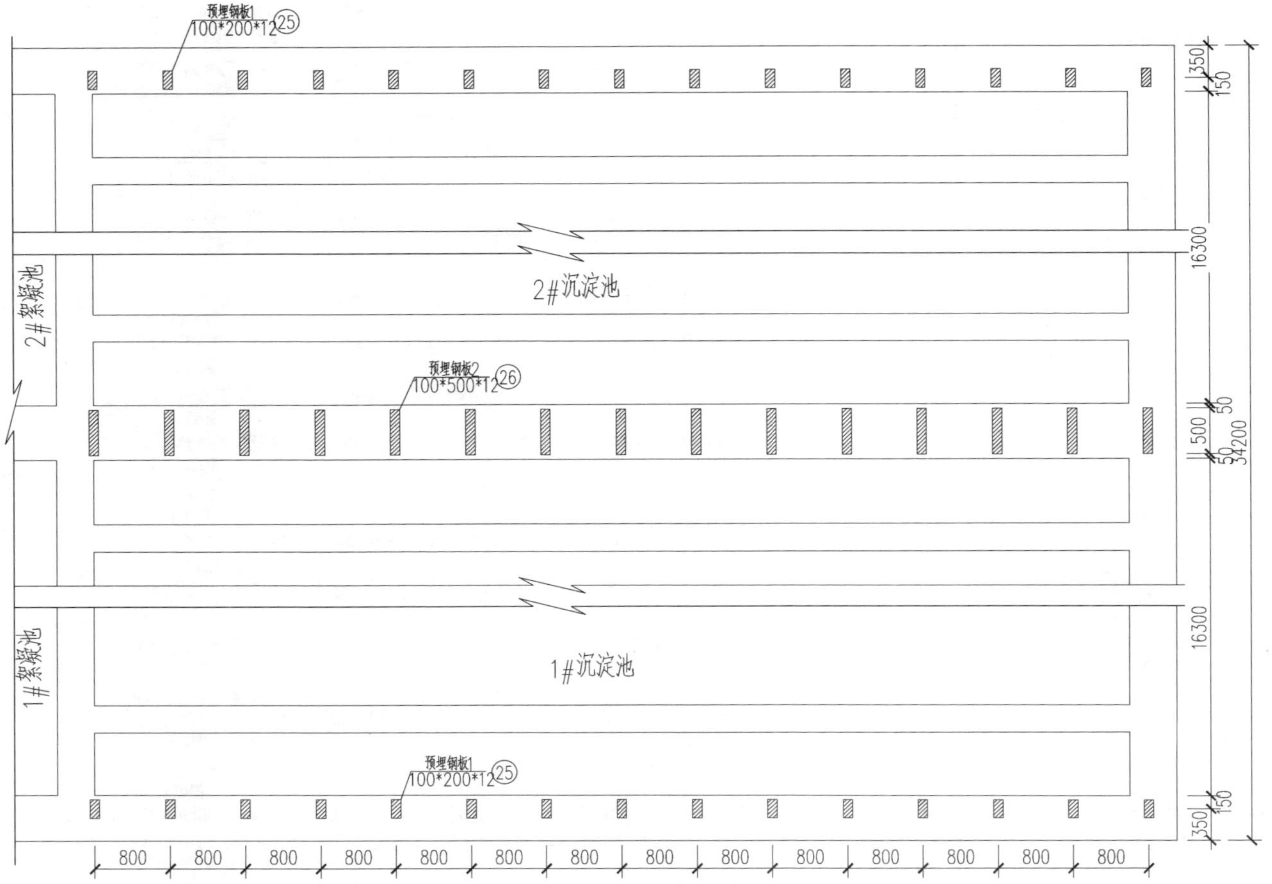

吸泥行车预埋钢板布置图

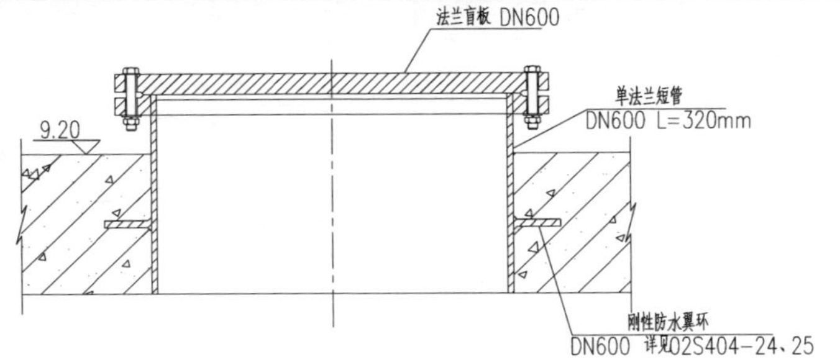

检修人孔大样图

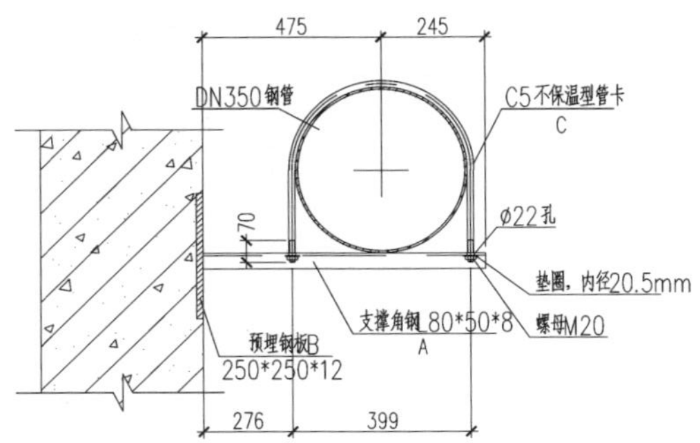

DN350单管立式支架平面图

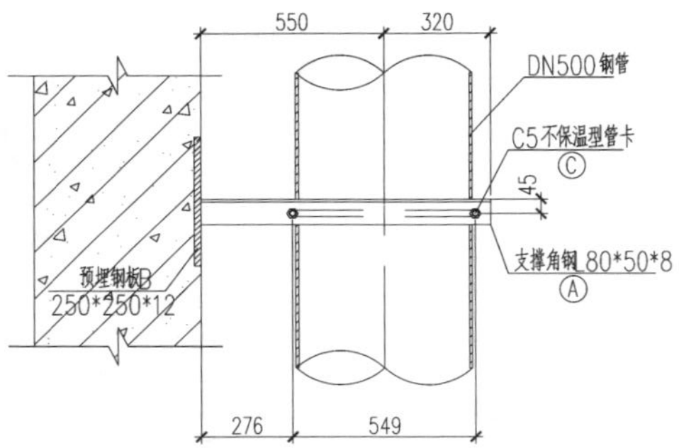

DN350单管立式支架立面图

图名	深度处理间高程图	图号	14－工艺－38

污泥脱水机房工艺说明

一、工程设计

污泥脱水机房主要包括4个部分：污泥脱水间、储药间、配药间、配电控制室，均为在现有污泥脱水机房（含配药间、配电室等）内部进行改造。

（1）污泥脱水间。

污泥脱水间平面尺寸为18.0 m×12.0 m，层高为5.0 m。其中包括带式污泥浓缩脱水一体机系统、滤带冲洗系统、供排泥系统等。主要设备包括：带式浓缩脱水一体机、空气压缩机、立式离心泵、管道过滤器、锥型混合器、污泥泵、水平螺旋输送机、泥饼泵、电伴热系统等。

（2）储药间。

储药间平面尺寸为6.6 m×4.2 m+5.4 m×7.8 m，层高为5.0 m。储药间用于储存近期消耗的药品，包括污泥压滤脱水用的脱水剂和污水深度处理使用的助凝剂。

（3）配药间。

配药间平面尺寸为6.6 m×7.8 m，层高为5.0 m。包括脱水剂配药系统、助凝剂配药系统。每个系统均由自动溶药装置和加药泵构成。自动溶药系统可以定量自动供水、自动溶药。本设计中，助凝剂为阴离子型PAM，污泥脱水剂为阳离子型PAM。

（4）配电控制室。

配电控制室平面尺寸为9.3 m×6.0 m，层高为5.0 m。污泥脱水机房内全部机电设备的集中控制柜位于该控制室。

二、工艺管线

根据工艺要求，污泥脱水间内设置管线包括给水管线、排水管线、空气管线、污泥管线、滤带冲洗管线、加药管线等。

（1）给水管线。

总进水管采用DN80PE管，管道、管件连接方式为热熔焊接，管道与阀门之间的连接采用法兰连接。室内给水管线采用给水用UPVC管，连接方式为粘接、法兰连接。

（2）排水管线。

室内排水管采用DN50、DN65、DN100UPVC管，连接方式为粘接。室外排水管采用DN400、DN200、DN50钢管，连接方式为焊接。

（3）空气管线。

压缩空气管线采用DN15钢管。带式污泥浓缩脱水一体机应自带油水分离器，对进入气缸前的压缩空气进行过滤和油水分离。

（4）污泥管线。

污泥管线采用DN150、DN300钢管，采用法兰连接及焊接连接。

（5）滤带冲洗管线。

滤带冲洗管线采用DN65UPVC管，除蝶阀处以及与压滤设备接口处采用法兰连接之外，其余均采用粘接方式连接。

（6）加药管线。

深度处理间助凝剂加药管线与污泥脱水剂加药管线全部采用DN25UPVC加药管，加药管与加药泵接口处，管道与管件、阀门连接处采用粘接连接。

（7）管线走线及固定方式。

管线用热镀锌U型卡固定，若是UPVC管线，U型卡应套以适当规格的塑料软管，以保护UPVC管线。

管卡位置由施工方视现场情况而定，间距不大于2米，立管和横管支撑间距不得大于下表的规定：

DN	20	25	32	40	50	70	80	100
立管	900	1000	1200	1400	1600	1800	2200	2400
横管	500	550	650	800	950	1100	1350	1550

（8）刚性预埋套管。

刚性预埋套管应严格按照《防水套管（02S404）》（A型）制作、安装，长度等于墙壁厚。

三、工艺管线及附属设备的技术要求

钢管管材、管件及阀门公称压力为1.0 MPa，管材应符合《低压流体输送用焊接钢管》（GB/T 3091-2001）之标准；法兰应符合《平面、突面板式平焊钢制管法兰》（GB/T 9119-2000）之标准；管件的公称直径、外径及壁厚应符合《管道元件的公称尺寸》（GB/T 1047-2005）之标准；管件的公称压力应符合《管道元件的公称压力》（GB/T 1048-2005）之标准。

UPVC管材、管件公称压力为1.0 MPa~1.6 MPa，且应符合《给水用硬聚氯乙烯（PVC-U）管材》（GB/T 10002.1-1996）及《给水用硬聚氯乙烯（PVC-U）管件》（GB/T 10002.2-88）之标准。

电伴热带安装要求见标准图集《管道和设备保温、防结露及电伴热》（03S401）中91~110页内容，保温材料应选用玻璃棉，厚度为50 mm，严禁采用聚氨酯等有机材料保温。

四、工艺管线及附属设备的防腐要求

1. 所有室内及室外地上钢制管道及支架需进行防腐处理，具体做法如下：

（1）所有的钢管及管道支架（不锈钢除外）涂漆前必须进行表面除锈处理，达到Sa2.5级后，方可进行防腐。

（2）管道内壁防腐：厚浆型环氧煤沥青防腐涂料（HI 52-3）底漆一道，面漆三道。

（3）管道外壁及支架防腐：环氧富锌底漆（H06-1）一道，环氧云铁防锈底漆（H53-6）一道，环氧厚浆型防腐面漆（H52-2）两道。

2. 所有埋地钢管防腐要求如下：

（1）除锈及内防腐要求同室内钢管防腐除锈要求。

（2）管道外壁防腐：环氧煤沥青防腐底漆一道，玻璃布及胶料三道，面漆两道。

（3）埋地不锈钢管的外防腐要求同碳钢管道外防腐要求。

上述要求的具体防腐施工方法应严格遵照产品说明进行操作。

五、设备安装

各设备安装、配管具体要求详见图纸。带式浓缩脱水一体机设备基础、预留螺栓孔洞间距及部分设备连接件尺寸等必须待设备中标厂家确定后，核对拟采购设备的相关规格尺寸，确认无误后方可施工。若有必须变更设计之情形，请与设计方沟通。

六、其他技术要求

（1）防水套管的长度与所在处的墙同宽。所有预留洞，待设备安装完毕，用素混凝土封堵。

（2）所有设备的安装和验收应严格按照厂家提供的产品安装说明进行，以保证设备安全运行。

（3）穿墙套管、爬梯、钢盖板计入土建工程量，详见建筑、结构图纸，本图仅表示工艺需要。

（4）凡本说明未提及之处，均按国家现行有关规范、规程严格执行。

主要设备表

序号	名称	型号	参数	单位	数量	备注
①	带式浓缩脱水一体机	DNY2000A	B=2.0 m, N=2.2+0.75 kW	台	3	
②	污泥泵	B1KL CDQ 4APA	Q=50-60 m³/h, N=9.2 kW	台	3	
③	滤带冲洗泵	KDL50-250(I)A	Q=23 m³/h, H=70 m, N=11 kW	台	3	
④	脱水剂自动配药装置	PT6660	N=2.2+2.2+0.18 kW	台	1	污泥脱水系统
⑤	脱水剂加药泵	NM021BY01P05B	Q=1.0-2.0 m³/h, N=1.5 kW	台	3	污泥脱水系统
⑥	空压机	FG-10	Q=0.12 m³/min, N=0.75 kW	台	2	1用1备
⑦	水平螺旋输送机	LSW360-15100	L=15.1 m, N=4.0 kW	台	1	
⑧	泥饼泵	C4H CxDQ 4AAA	Q=2-8 m³/h, N=18.5 kW	台	2	1用1备
⑨	锥形混合器	HHQ150		套	3	
⑩	助凝剂自动配药装置	Py3-2000	N=1.8 kW	套	1	供深度处理系统
⑪	助凝剂加药泵	GM1000	Q=1 000 L/h, N=0.55 kW	台	2	供深度处理系统
⑫	输泥管电伴热装置	30DXW	N=3.0 kw N=30 w/m, L=100 m	套	1	变功率（自限型）
⑬	集水坑潜污泵	CP50.75-50	Q=10 m³/h, H=10 m, N=0.75 kW	台	1	滤带冲洗泵地坑
⑭	管道过滤器		Q=30 m³/h	台	3	
⑮	污泥电磁流量计	MKULC2100-150	24 V, N=0.012 kW	台	3	
⑯	异味除臭装置		N=0.5 kW	台	2	
⑰	轴流风机		N=2.2 kW	台	1	原有、维护

图名	污泥脱水机房工艺说明及主要设备表	图号	15-工艺-01

主要材料一览表

编号	名称	规格	材料	单位	数量	重量(kg) 单重	重量(kg) 总重	备注
入泥单元主要材料表								
A1	短管	DN150 δ=4.5 mm L=1.2 m	钢	根	3			
A2	弯头	DN150 δ=5.0 mm	钢	个	24			冲压弯头
A3	短管	DN150 δ=4.5 mm L=2.364 m	钢	根	3			
A4	侧壁管支架B	槽钢100x48x5.3 mm L=0.4 m	钢	个	3			
A5	短管	DN150 δ=4.5 mm L=0.125 m	钢	根	3			
A6	法兰	DN150 PN0.6 MPa	钢	个	27			
A7	闸阀	DN150 PN0.6 MPa	铸铁	个	6			Z-45X-Q
A8	减震喉	DN150 PN0.6 MPa	橡胶	个	3			
A9	短管	DN150 δ=4.5 mm L=0.22 m	钢	根	3			
A10	短管	DN150 δ=4.5 mm L=0.216 m	钢	根	3			
A11	短管	DN150 δ=4.5 mm L=0.37 m	钢	根	3			
A12	短管	DN150 δ=4.5 mm L=1.312 m	钢	根	2			
A13	短管	DN150 δ=4.5 mm L=0.242 m	钢	根	2			
A14	短管	DN150 δ=4.5 mm L=0.23 m	钢	根	3			
A15	短管	DN150 δ=4.5 mm L=0.658 m	钢	根	3			
A16	短管	DN150 δ=4.5 mm L=0.138 m	钢	根	3			
A17	弯头	DN32 P=1.6 MPa	UPVC	个	15			
A18	短管	DN32 P=1.6 MPa L=0.4 m	UPVC	根	3			
A19	短管	DN32 P=1.6 MPa L=0.97 m	UPVC	根	3			
A20	短管	DN32 P=1.6 MPa L=0.875 m	UPVC	根	3			
A21	手动双由令球阀	DN32 P=1.6 MPa	UPVC	个	3			
A22	外螺直通	DN32 P=1.6 MPa	UPVC	个	3			
A23	短管	DN32 P=1.6 MPa L=0.22 m	UPVC	根	3			
A24	短管	DN32 P=1.6 MPa L=0.06 m	钢	根	3			
A25	法兰	DN50 P=0.6 MPa	UPVC	个	3			
A26	手动双由令球阀	DN50 P=0.6 MPa	UPVC	个	3			
A27	短管	DN50 P=0.6 MPa L=0.7 m	UPVC	根	3			
A28	短管	DN50 P=0.6 MPa L=0.4 m	UPVC	根	3			
A29	弯头	DN50 P=0.6 MPa	UPVC	个	3			
A30	短管	DN50 P=0.6 MPa L=0.53 m	UPVC	根	3			
A31	短管	DN150 P=0.6 MPa L=0.82 m	钢	根	1			
A32	短管	DN150 P=0.6 MPa L=0.276 m	钢	根	1			
A33	泥斗侧壁板	δ=4 mm	不锈钢	块	4			此3项材料必须与水平螺旋输送机之出泥口及泥饼泵之入泥口相匹配
A34	方形法兰	350x620	不锈钢	个	2			
A35	方形刀闸阀 Z-75X-R		不锈钢	个	2			

主要材料一览表

编号	名称	规格	材料	单位	数量	重量(kg) 单重	重量(kg) 总重	备注
A36	泥斗侧壁板	δ=4mm	不锈钢	块	4			
A37	异径管	DN150x300 PN0.6 MPa	钢	个	6			
A38	长径弯头	DN300 δ=8 mm	钢	个	2			
A39	蝶阀	DN65 PN1.6 MPa	UPVC	个	3			
A40	法兰	DN65 PN1.6 MPa	UPVC	个	6			
A41	外螺直通	DN65 PN1.6 MPa	UPVC	个	3			
A42	等径三通	DN65 PN1.6 MPa	UPVC	个	3			
A43	短管	DN65 PN1.6 MPa L=2.4 m	UPVC	根	3			
A44	弯头	DN65 PN1.6 MPa	UPVC	个	12			
A45	异径管	DN65x40 PN1.6 MPa	UPVC	个	6			
滤带冲洗泵地坑单元配管主要材料表								
B1	短管	DN200 δ=5 mm L=3.0 m	钢	根	1	18.20	36.40	
B2	蝶阀	DN80 PN1.0 MPa	UPVC	个	3			
B3	短管	DN80 δ=4 mm L=0.16 m	钢	根	3	9.85	19.70	
B4	法兰	DN80 P=0.6 MPa	钢	个	3	9.85	19.70	
B5	短管	DN200 δ=6.0 mm L=2.5 m	钢	根	1	9.85	19.70	
B6	减震喉	DN80 P=1.0 MPa	橡胶	个	3	9.85	19.70	
B7	短管	DN80 P=1.0 MPa L=0.065 m	UPVC	根	3			
B8	异径管	DN80x65 P=1.0 MPa	UPVC	个	3			
B9	短管	DN65 P=1.6 MPa L=0.07 m	UPVC	根	3			
B10	法兰	DN65 P=1.6 MPa	UPVC	个	16			
B11	短管	DN65 P=1.6 MPa L=0.16 m	UPVC	根	3			
B12	弯头	DN65 P=1.6 MPa	UPVC	个	6			
B13	短管	DN65 P=1.6 MPa L=0.38 m	UPVC	根	4			
B14	短管	DN65 P=1.6 MPa L=0.50 m	UPVC	根	3			
B15	DN65管支架	槽钢100x48x5.3 L=0.25 m	钢	个	6	10.86	10.86	
B16	蝶阀	DN65 P=1.6 MPa	UPVC	个	5			
B17	三通	DN65 P=1.6 MPa	UPVC	个	2			
B18	四通	DN65 P=1.6 MPa	UPVC	个	1			
B19	止回阀	DN65 P=1.6 MPa 升降式	UPVC	个	1			

说明：1、如无特别说明，材料表材质一栏中钢的含义是Q235A；不锈钢的含义是SUS304，即0Cr18Ni9。
2、材料表中UPVC材质应选用给水级材料，且满足GB/T 10002.1-1996之标准。
3、材料表中碳钢管可选用有缝钢管，且满足《低压流体输送用焊接钢管》(GB/T 3091-2001)之标准。
4、法兰应配橡胶法兰垫、螺栓、垫片等，此类低值材料于表中不再逐一列出。
5、由于图幅标注细度有限，并结合工程实际，部分小口径管材、管件采取了直接累加的方式列出。
6、表中碳钢密度取7 850 kg/m³，不锈钢密度取7 930 kg/m³。
7、如无特别说明，弯头指直角弯头；三通指等径直三通。
8、卫生洁具规格、数量由业主或安装公司确定，本设计只给出预留管及阀门。

图名	污泥脱水机房主要材料表(一)	图号	15-工艺-02

主要材料一览表

编号	名称	规格	材料	单位	数量	重量(Kg) 单重	重量(Kg) 总重	备注
(续)滤带冲洗泵地坑单元配管主要材料表								
B20	减震喉	DN65 P=1.6 MPa	橡胶	个	1			
B21	短管	DN65 P=1.6 MPa L=0.65 m	UPVC	根	3			
B22	短管	DN65 P=1.6 MPa L=0.1 m	UPVC	根	3			
B23	DN80管支架	角钢50x50x5 L=0.30 m	钢	个	1	67.69	67.99	
B24	DN200管托架	角钢50x50x5 L=0.20 m	钢	个	8	2.56	12.80	
B25	封堵	Φ220 mm δ=8 mm	钢	个	2	20.20	20.20	
B26	法兰	DN50 P=1.0 MPa	UPVC	个	1			
B27	短管	DN50 P=1.0 MPa L=0.14 m	UPVC	根	1			
B28	止回阀	DN50 P=1.0 MPa 升降式	UPVC	个	1			
B29	短管	DN50 P=1.0 MPa L=0.75 m	UPVC	根	1			
B30	双由令手动球阀	DN50 P=1.0 MPa	UPVC	个	1			
B31	短管	DN50 δ=3.8 mm L=0.35 m	钢	根	1			
B32	单内螺纹弯头	DN50 P=1.0 MPa	UPVC	个	1			
B33	钢链	Φ4 L=1.5 m	不锈钢	条	1			
B34	短管	DN50 P=1.0 MPa L=2.0 m	UPVC	根	1			
B35	法兰	DN80 P=1.0 MPa	UPVC	个	3			
B36	集水坑格栅盖板	700x700*25	玻璃钢	块	1			
B37	压力表	Φ60 外螺纹 P=0-1.0 MPa		块	3			
管沟单元配管主要材料表								
C1	管材	DN25 P=1.6 MPa L=4.0 m	UPVC	根	2			
C2	管材	DN25 P=1.6 MPa L=4.0 m	UPVC	根	3			
C3	管材	DN25 P=1.6 MPa L=4.0 m	UPVC	根	4			
C4	弯头	DN25 P=1.6 MPa	UPVC	个	70			
C5	活接	DN25 P=1.6 MPa	UPVC	个	3			
C6	外螺直通	DN25 P=1.6 MPa	UPVC	个	3			
C7	弯头	DN65 P=1.6 MPa	UPVC	个	40			
C8	管材	DN65 P=1.6 MPa L=6.0 m	UPVC	根	3			
C9	管材	DN65 P=1.6 MPa L=6.0 m	UPVC	根	2			
C10	管材	DN65 P=1.6 MPa L=6.0 m	UPVC	根	1			
C11	外螺直通	DN65 P=1.6 MPa	UPVC	个	3			
C12	活接	DN65 P=1.6 MPa	UPVC	个	3			
C13	管材	DN15 P=1.6 MPa L=4 m	钢	根	2			
C14	弯头	DN15 P=1.6 MPa	钢	个	68			
C15	管材	DN15 P=1.6 MPa L=4 m	钢	根	8			
C16	异径三通	DN65x40 P=1.6 MPa	UPVC	个	2			
C17	补芯	DN40x32 P=1.6 MPa	UPVC	个	3			

主要材料一览表

编号	名称	规格	材料	单位	数量	重量(Kg) 单重	重量(Kg) 总重	备注
C18	外接	DN25 P=1.6 MPa	UPVC	个	6			
C19	球阀	DN15 P=1.6 MPa	铜	个	4			Q-17T-T
C20	管材	DN25 P=1.6 MPa L=4.0 m	UPVC	根	9			
C21	45° 弯头	DN25 P=1.6 MPa	UPVC	个	1			
室内给排水单元配管主要材料表								
D1	短管	DN80 P=1.0 MPa L=2.0 m	PE	根	1			
D2	弯头	DN80 P=1.0 MPa	PE	个	1			
D3	管材	DN80 P=1.0 MPa L=1.9 m	PE	根	1			
D4	法兰	DN80 P=1.0 MPa	PE	个	1			
D5	蝶阀	DN80 P=1.0 MPa	UPVC	个	1			
D6	弯头	DN80 P=1.0 MPa	UPVC	个	3			
D7	短管	DN80 P=1.0 MPa L=0.55 m	UPVC	根	1			
D8	短管	DN80 P=1.0 MPa L=1.3 m	UPVC	根	1			
D9	异径三通	DN80x50 P=1.0 MPa	UPVC	个	1			
D10	补芯	DN50x25 P=1.6 MPa	UPVC	个	1			
D11	短管	DN80 P=1.0 MPa L=1.52 m	UPVC	根	1			
D12	短管	DN80 P=1.0 MPa L=1.52 m	UPVC	根	1			
D13	短管	DN25 P=1.0 MPa L=6.47 m	UPVC	根	1			
D14	弯头	DN25 P=1.0 MPa	UPVC	个	4			
D15	短管	DN25 P=1.0 MPa L=7.87 m	UPVC	根	1			
D16	双由令球阀	DN25 P=1.6 MPa L=4 m	UPVC	个	1			
D17	短管	DN25 P=1.0 MPa L=1.2 m	UPVC	根	1			
D18	短管	DN65 P=1.0 MPa L=0.65 m	UPVC	根	2			
D19	弯头	DN65 P=1.0 MPa	UPVC	个	6			
D20	短管	DN50 P=1.0 MPa L=0.6 m	UPVC	根	2			
D21	双由令手动球阀	DN50 P=1.0 MPa	UPVC	个	2			
D22	弯头	DN50 P=1.0 MPa	UPVC	个	7			
D23	短管	DN50 P=1.0 MPa L=1.2 m	UPVC	根	1			
D24	短管	DN50 P=1.0 MPa L=1.1 m	UPVC	根	1			
D25	短管	DN100 δ=4.5 mm L=2.0 m	钢	根	1			
D26	弯头	DN100 δ=5.0 mm	钢	个	1			
D27	短管	DN200 δ=5.5 mm L=2.0 m	钢	根	1			
D28	洗面器	托架式-20#，配水嘴	瓷	套	1			配托架、膨胀螺栓

说明：由于图幅所限，设计说明同图15-工艺-02，本图不再赘述。

图名	污泥脱水机房主要材料表(二)	图号	15-工艺-03

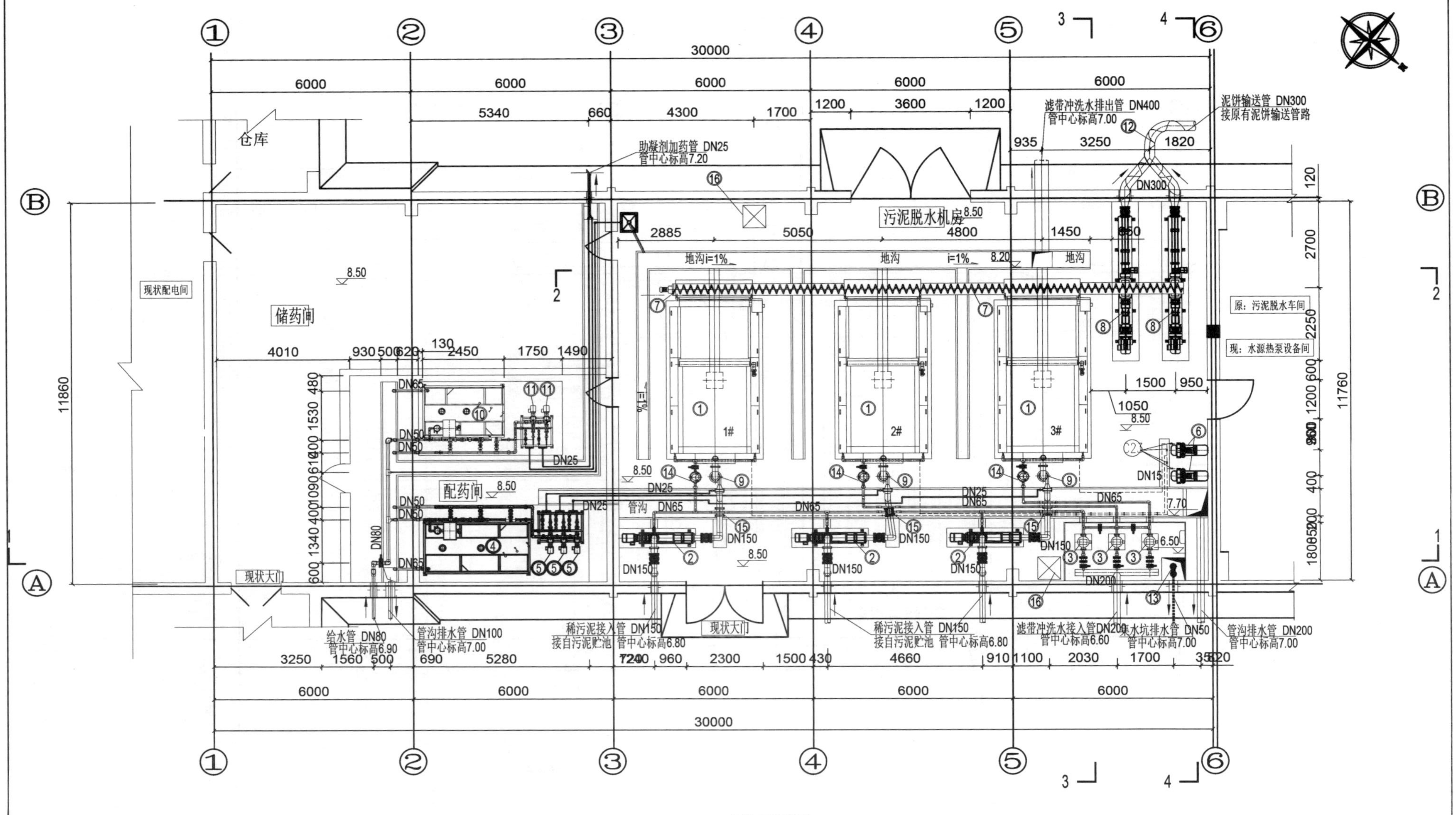

工艺平面图

图名	污泥脱水机房工艺平面图	图号	15-工艺-04

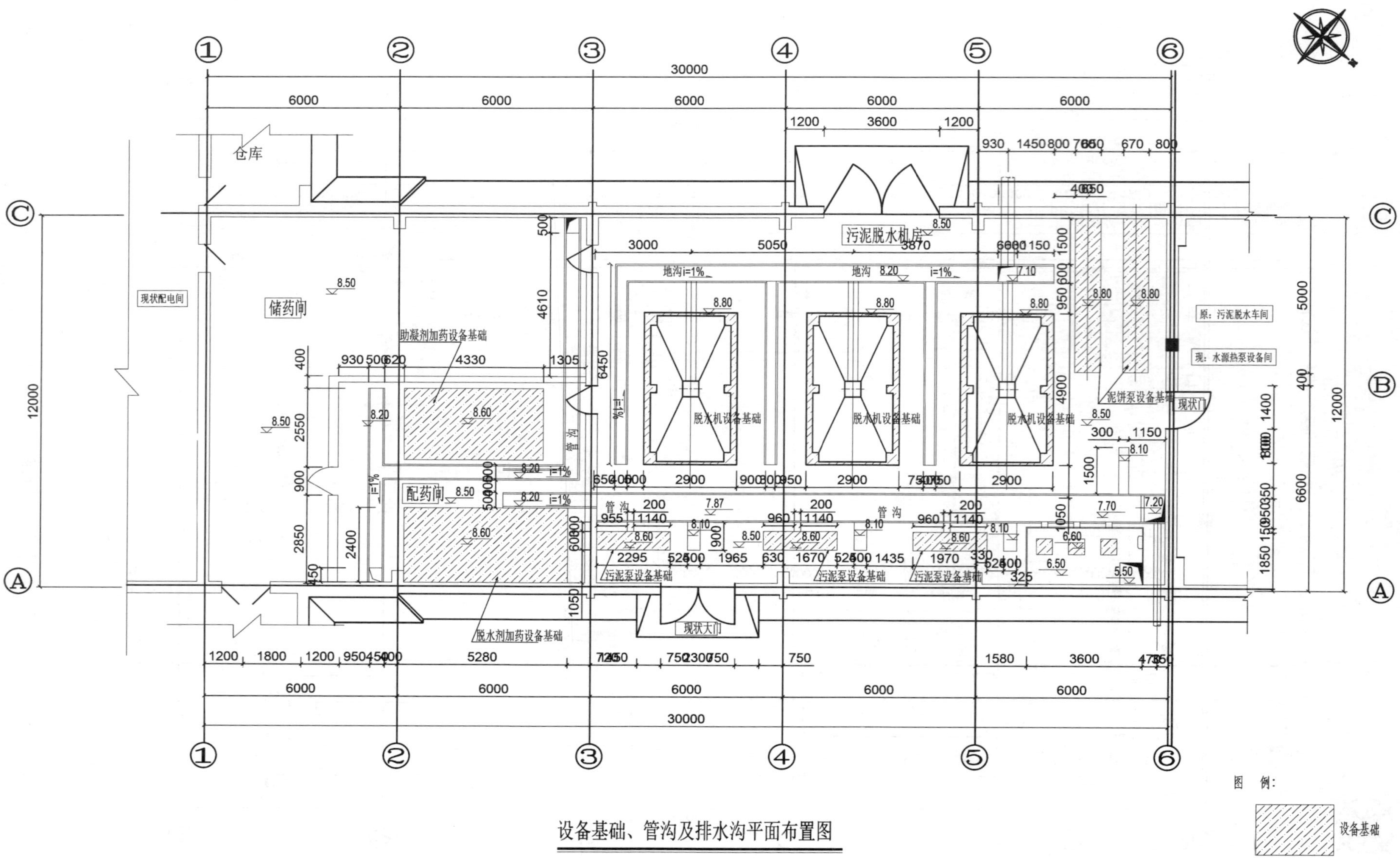

设备基础、管沟及排水沟平面布置图

图名	污泥脱水机房设备基础、管沟及排水沟平面布置图	图号	15-工艺-05

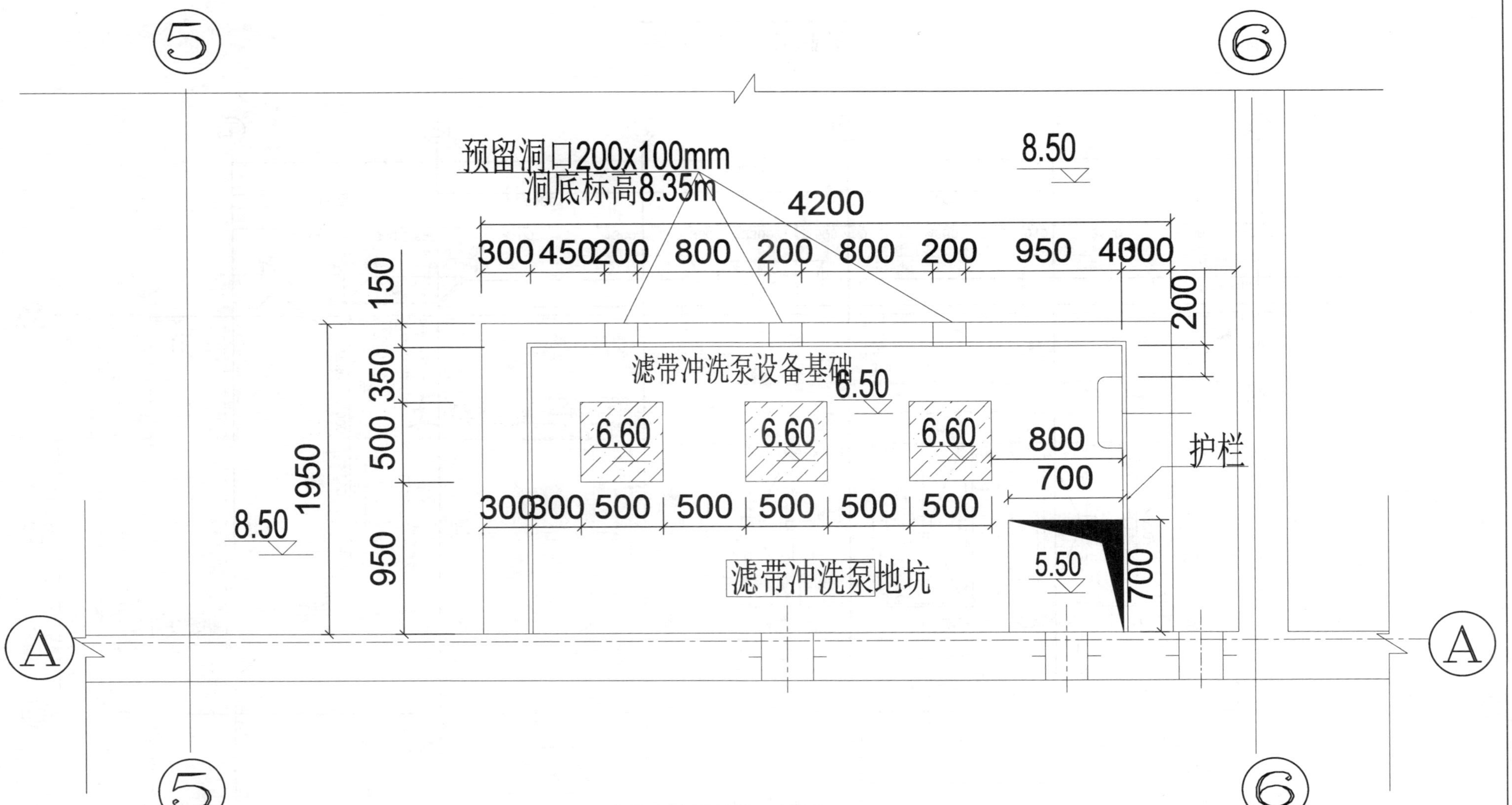

滤带冲洗泵地坑平面图

说明:

1. 本图尺寸单位:标高以m计,其余均以mm计;
2. 标高为绝对标高,高程系统采用1985国家高程基准;
3. 本图所标管径为公称直径。

图名	污泥脱水机房滤带冲洗泵地坑平面图	图号	15-工艺-06

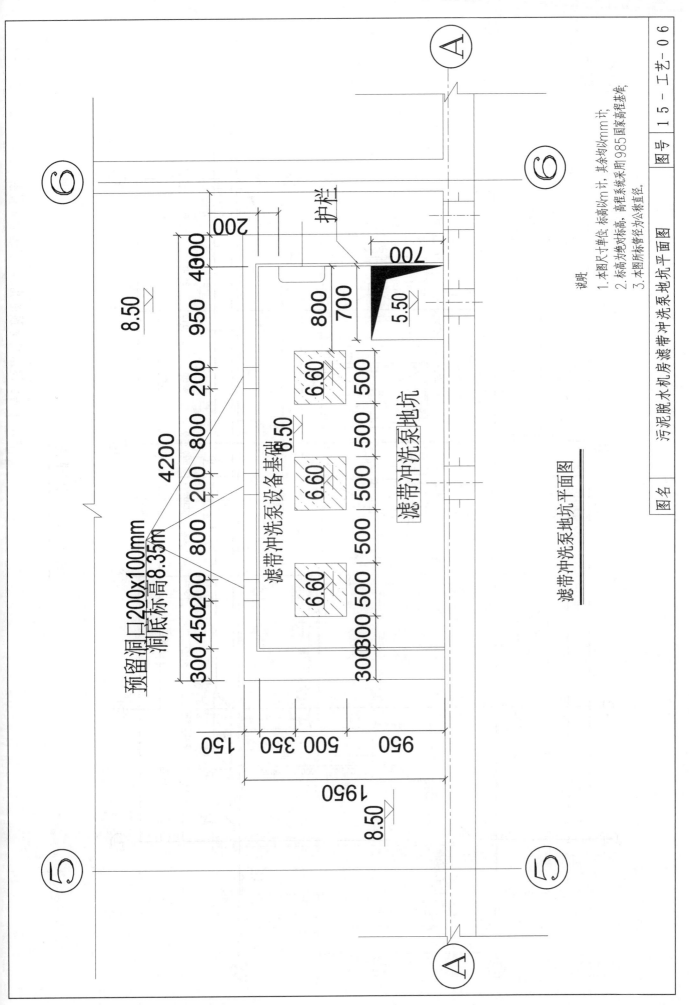

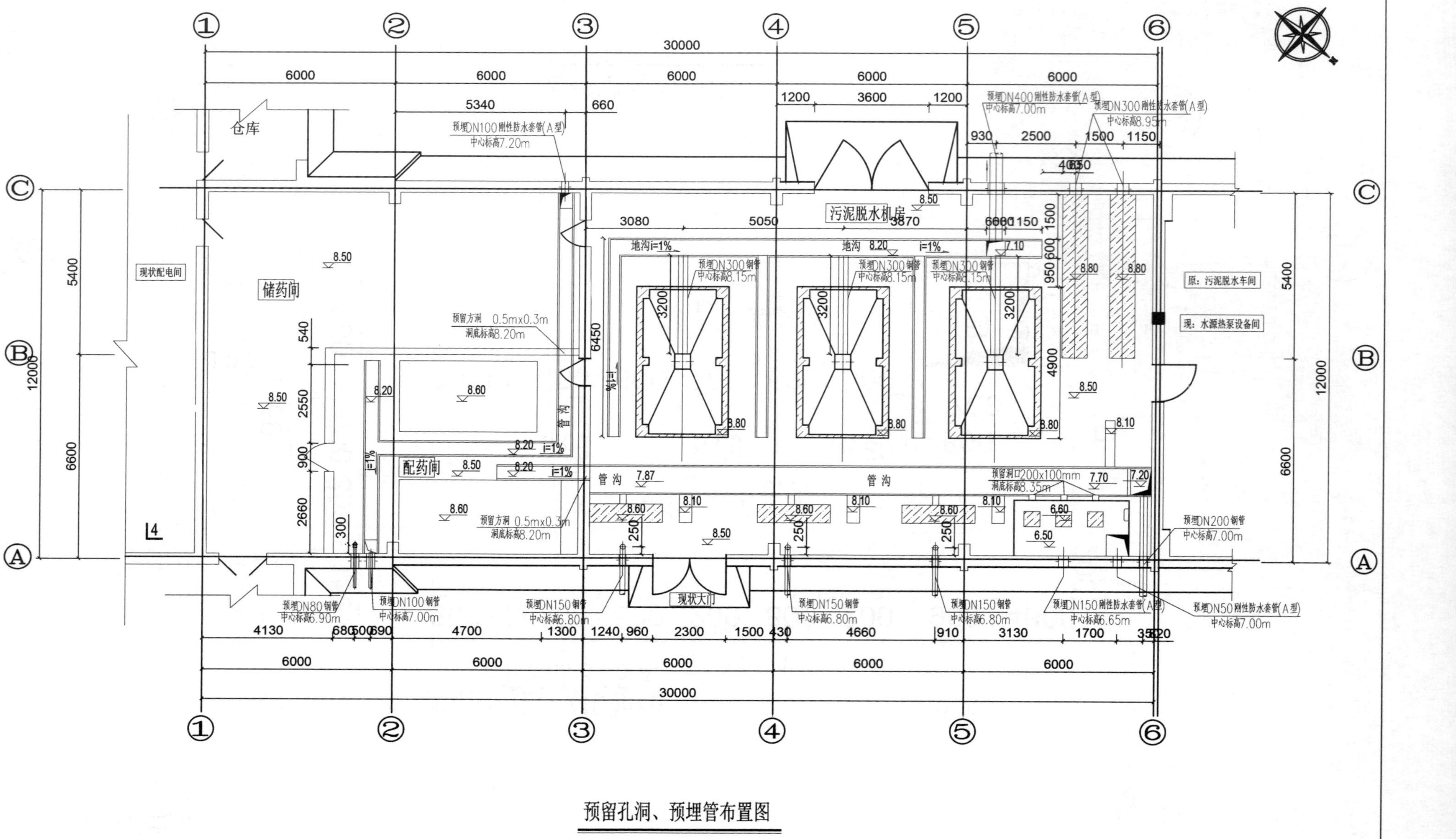

预留孔洞、预埋管布置图

图名	污泥脱水机房预留孔洞、预埋管布置图	图号	15-工艺-07

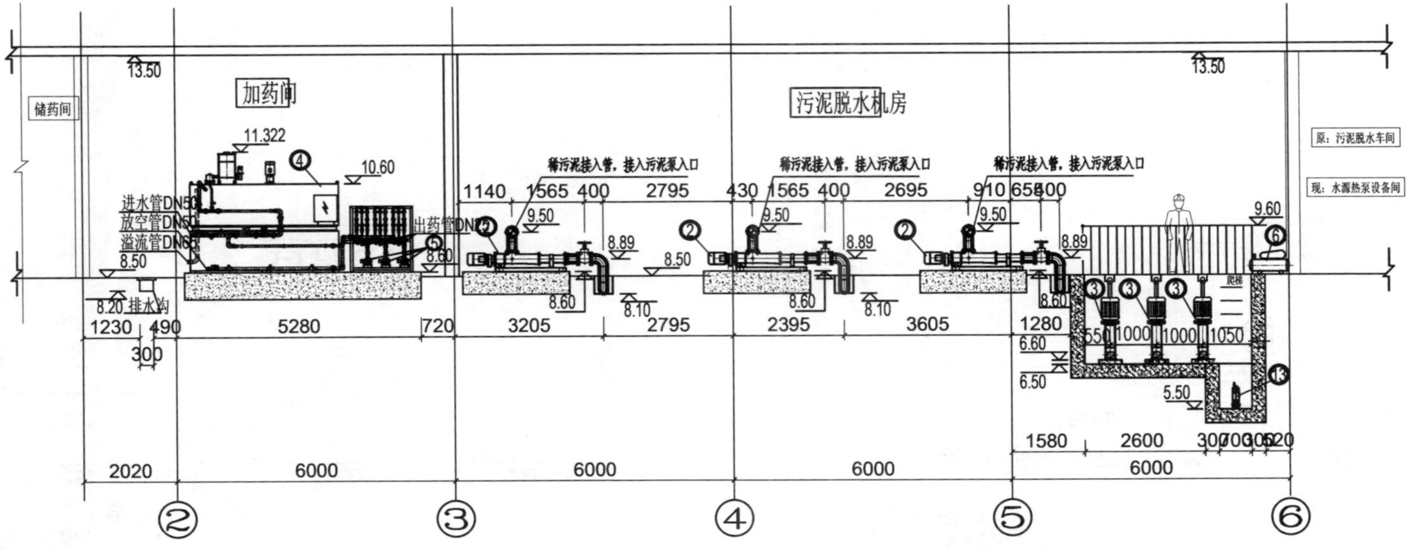

1-1剖面图

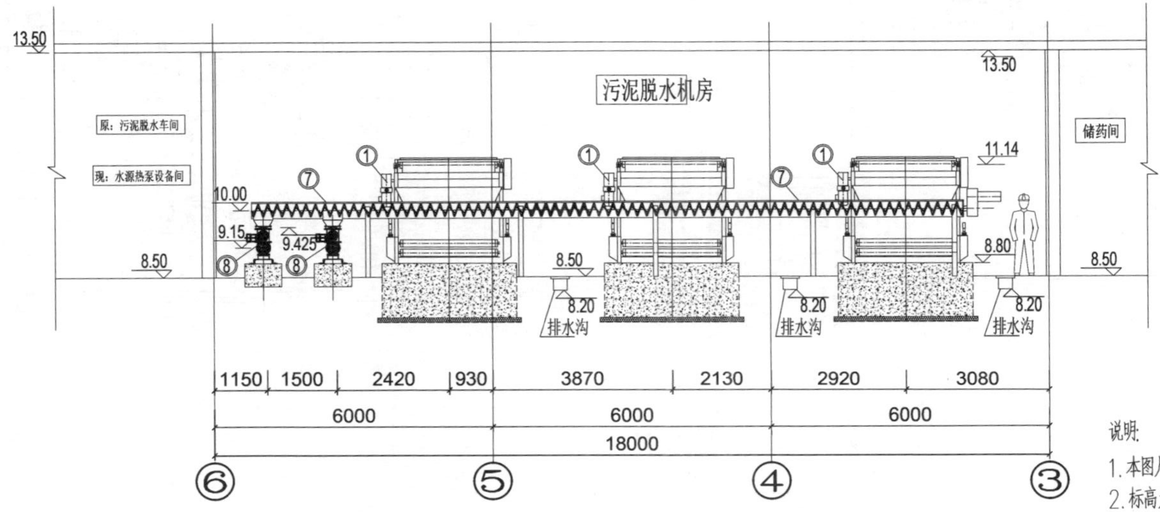

2-2 剖面图

说明：

1. 本图尺寸单位：标高以m计，其余均以mm计；
2. 标高为绝对标高，高程系统采用1985国家高程基准；
3. 本图所标管径为公称直径。

图名	污泥脱水机房1－1、2－2 剖面图	图号	15－工艺－08

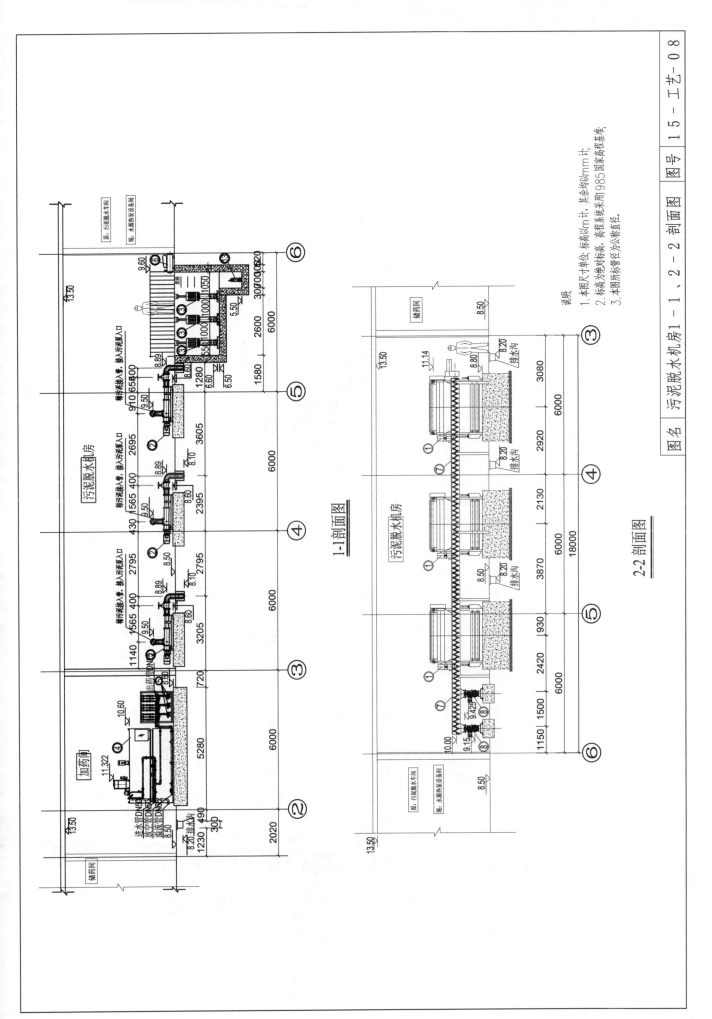

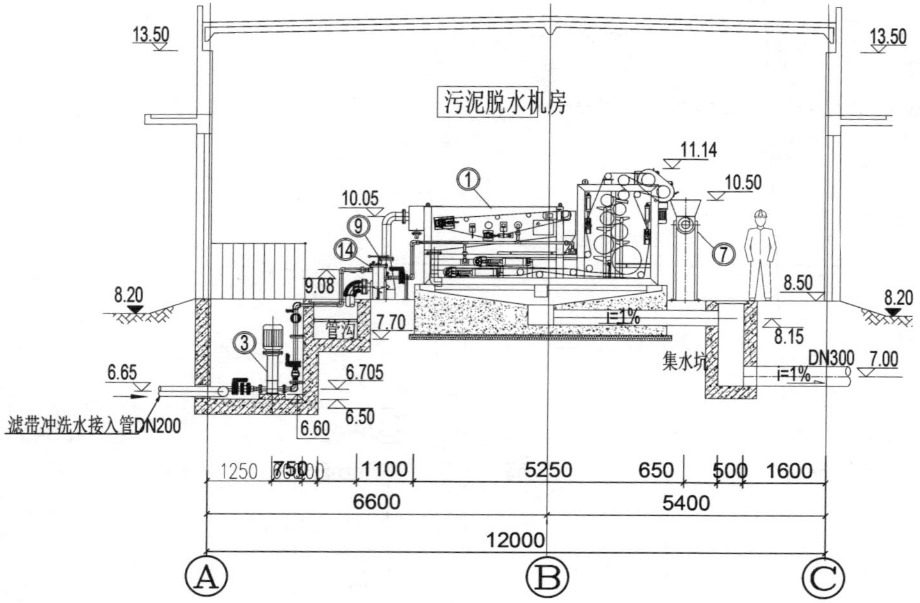

3-3 剖面图

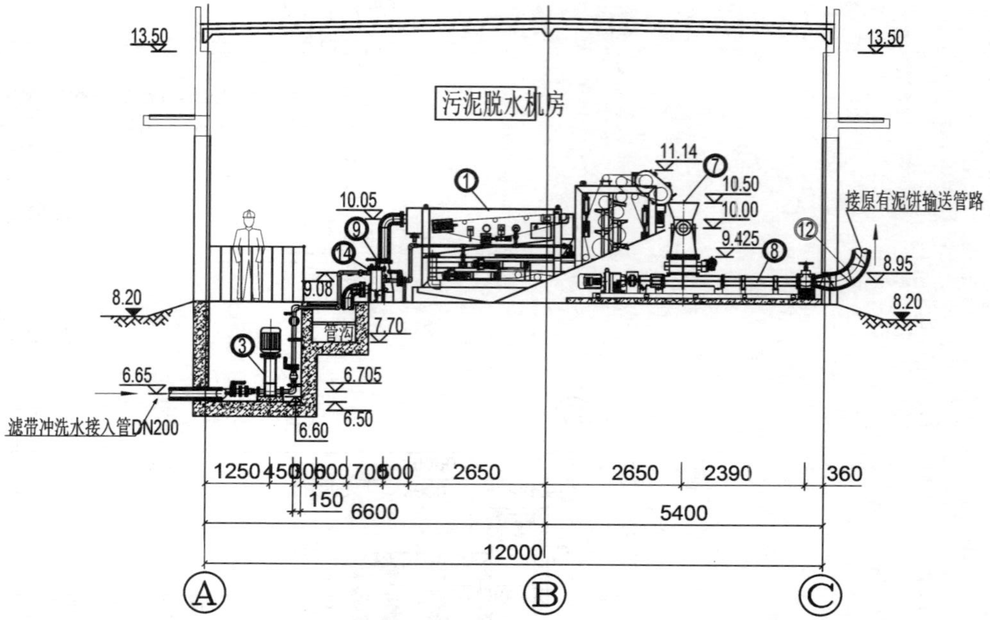

4-4 剖面图

图名	污泥脱水机房3－3、4－4 剖面图	图号	15－工艺－09

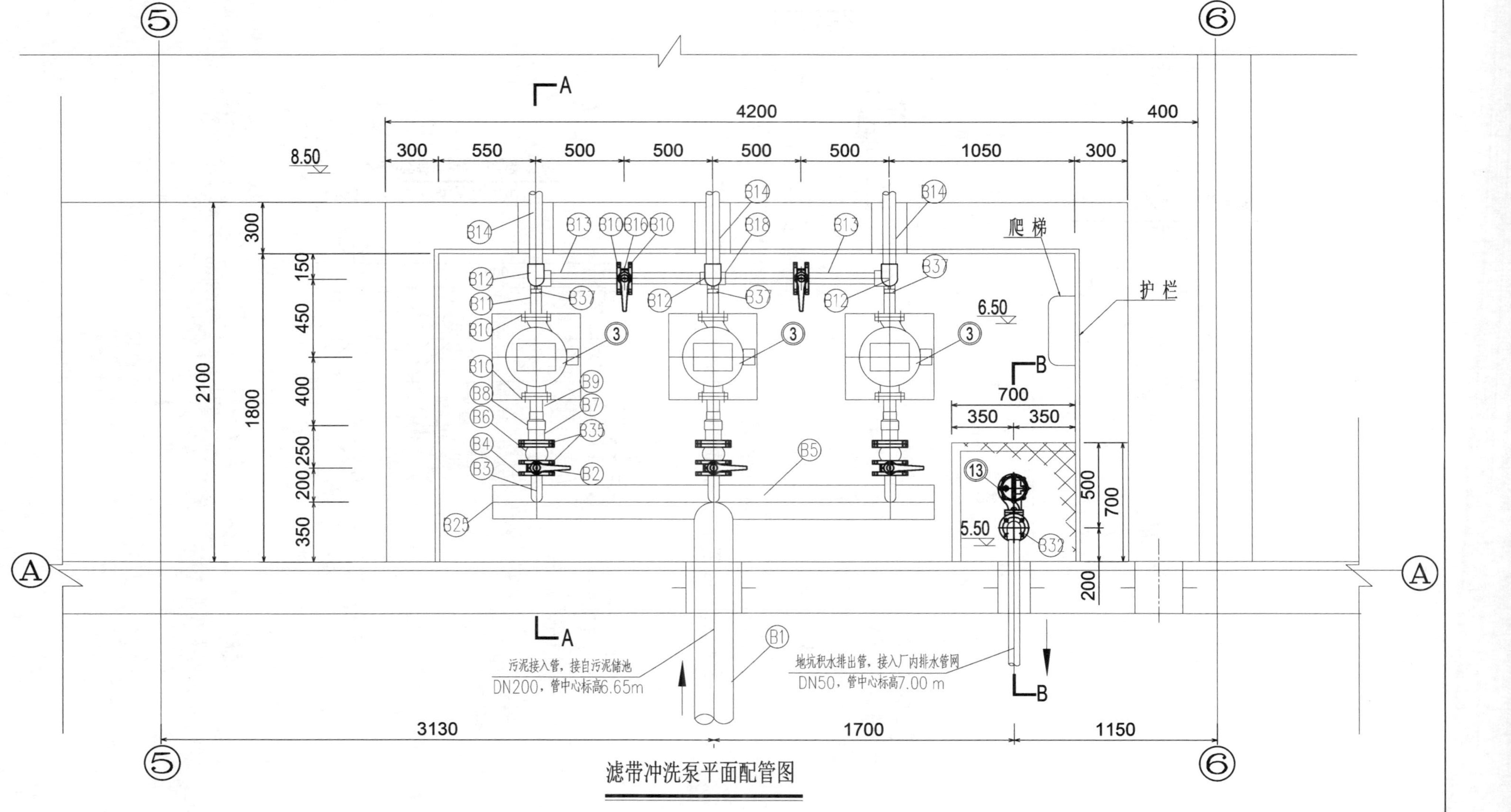

滤带冲洗泵平面配管图

图名	污泥脱水机房滤带冲洗泵平面配管图	图号	15－工艺－10

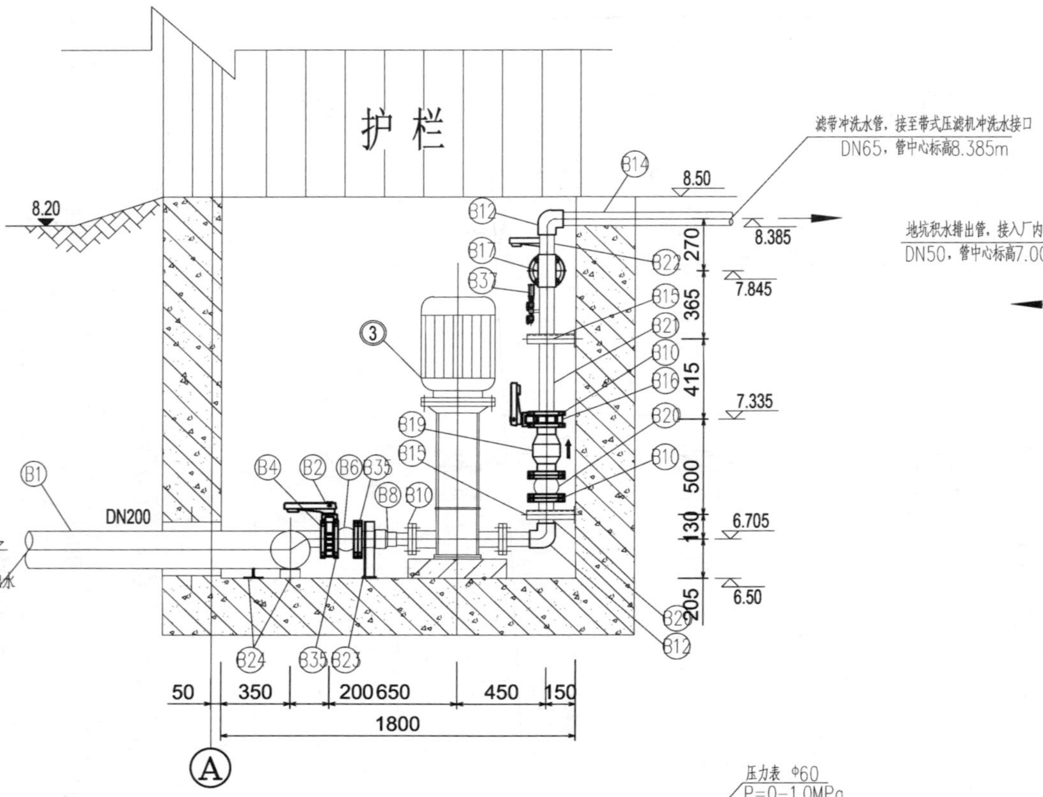

A-A剖面图

滤带冲洗泵立面配管图

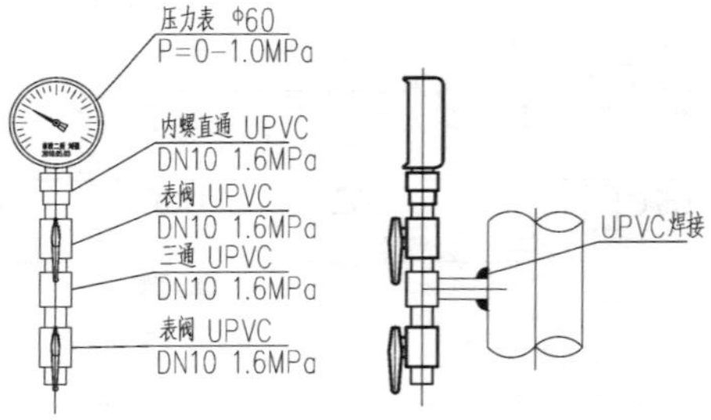

压力表配管图

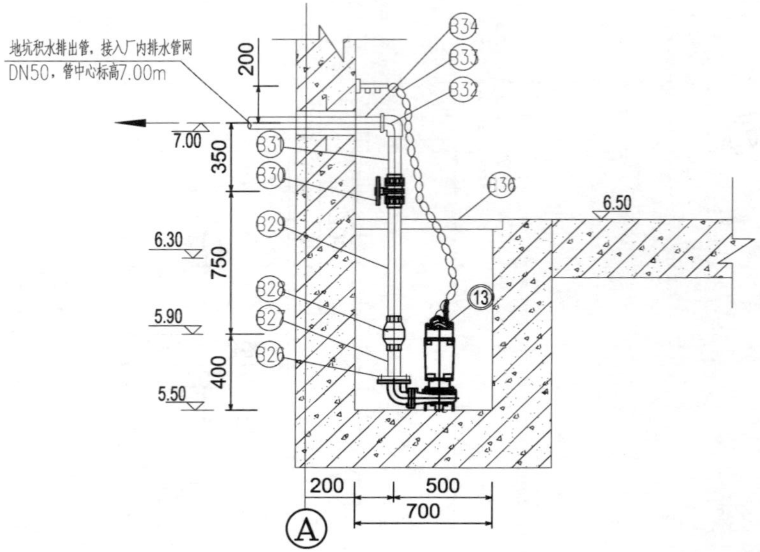

B-B剖面图

地坑积水排出泵立面配管图

说明:

1. 本图尺寸单位: 标高以m计，其余均以mm计;
2. 标高为绝对标高，高程系统采用1985国家高程基准;
3. 本图所标管径为公称直径。

图名	污泥脱水机房滤带冲洗泵地坑配管图	图号	15－工艺－11

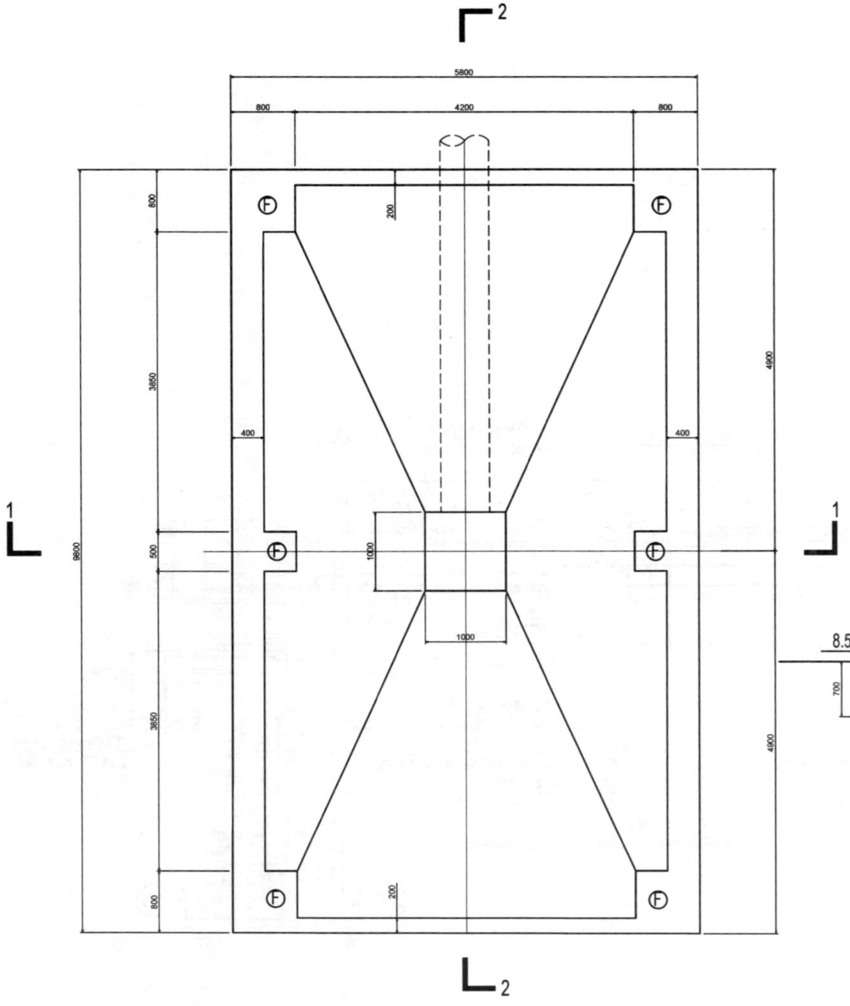

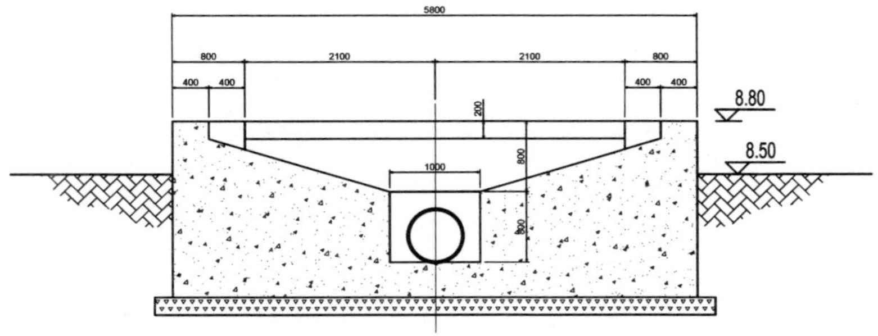

1-1 剖面

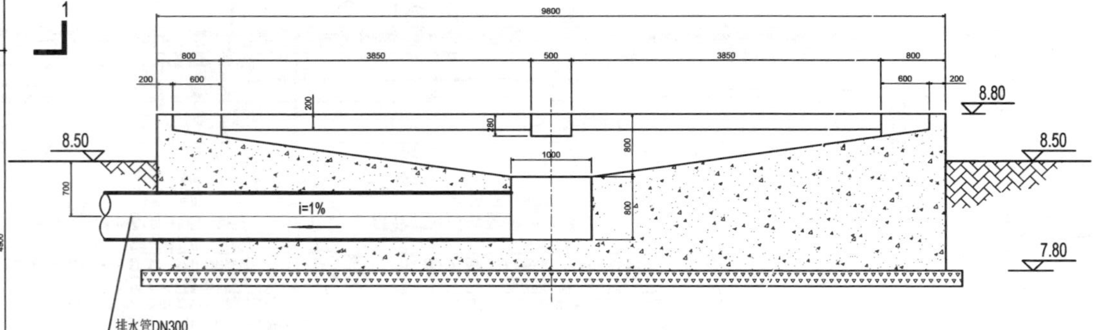

2-2 剖面

说明:

1. 本图尺寸单位: 标高以m计，其余均以mm计;
2. 标高为绝对标高，高程系统采用1985国家高程基准;
3. 本图所标管径为公称直径。
4. 主机单机质量约7500kg。
5. 主机运行重量约8100kg。
6. Ⓕ点载荷1400kg。
7. 主机水平放置于基础上,要求基础水平平整。
8. 基础四周为围堰，Ⓕ点为机架承载平面。
9. 脱水机固定用化学螺栓，具体规格依据脱水机厂家要求。

图名	污泥脱水机房压滤机基础图	图号	15－工艺－12

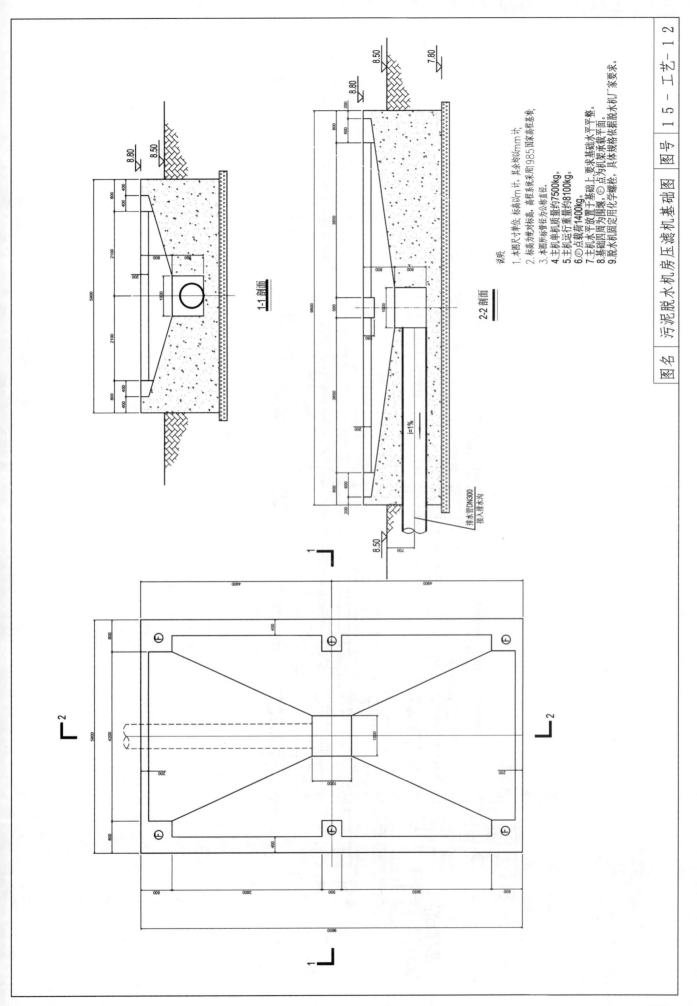

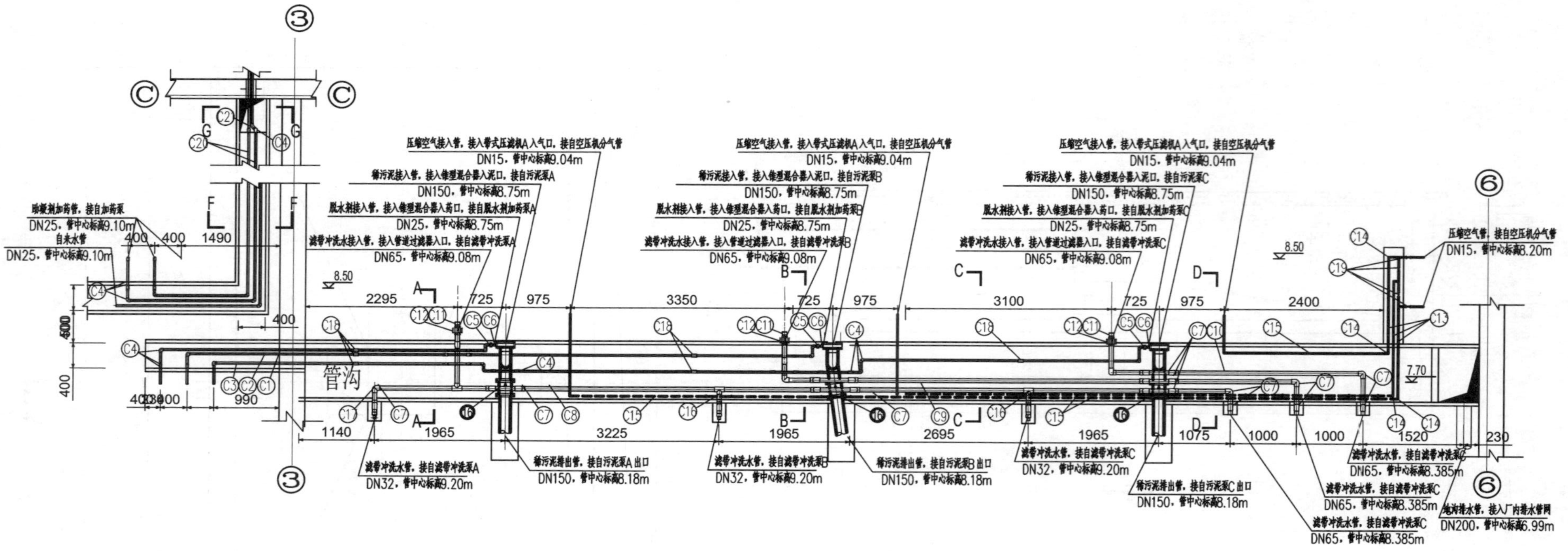

主管沟平面配管图

图名	污泥脱水机房主管沟平面配管图	图号	15－工艺－13

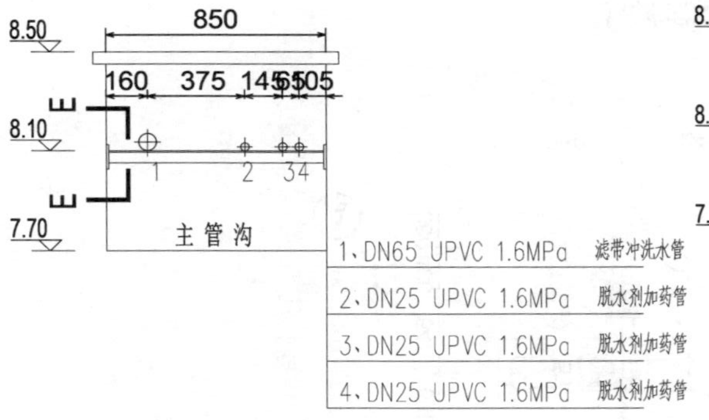

A-A剖面配管详图

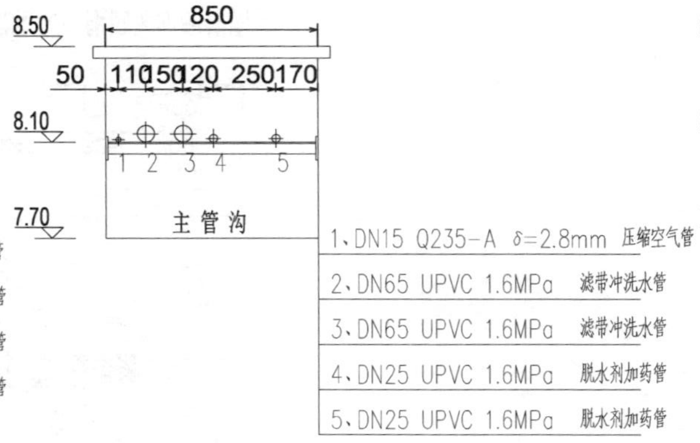

B-B剖面配管详图

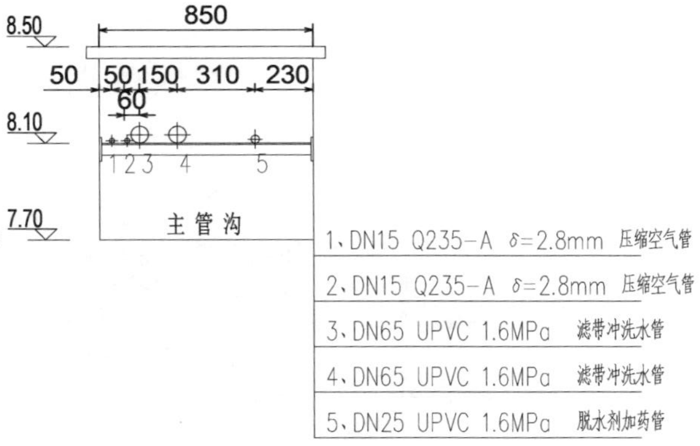

C-C剖面配管详图

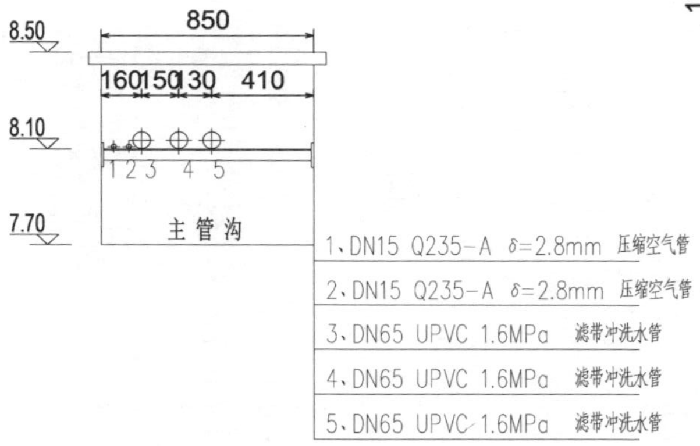

D-D剖面配管详图

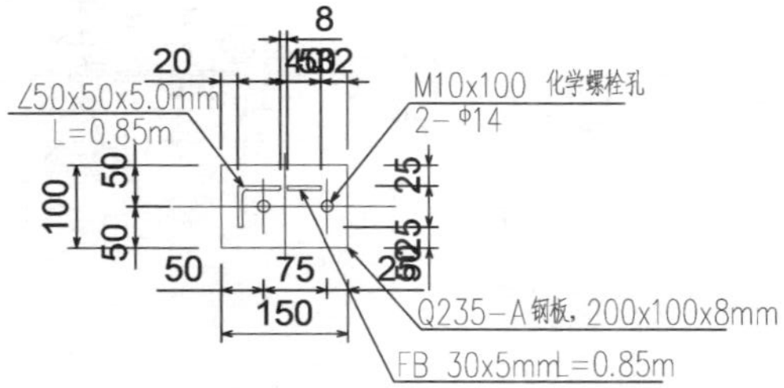

管沟支架剖面详图

E-E

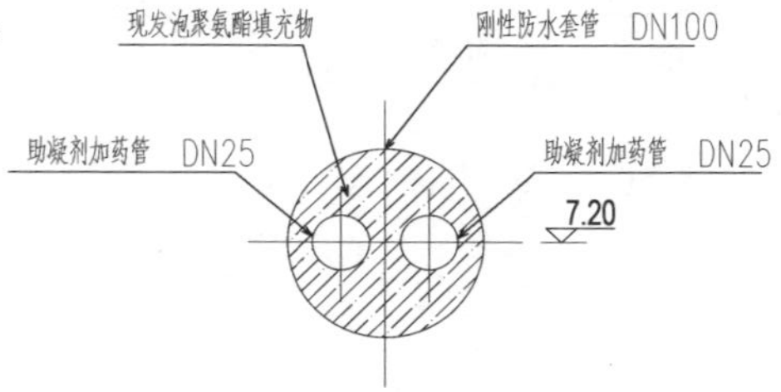

G-G剖面详图

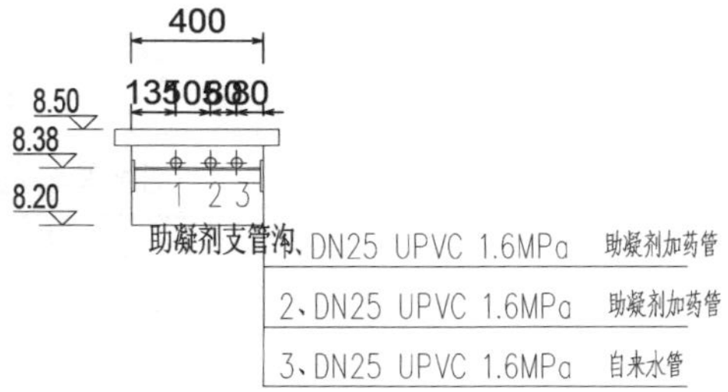

F-F剖面配管详图

说明:

1. 本图尺寸单位: 标高以m计，其余均以mm计;
2. 标高为绝对标高，高程系统采用1985国家高程基准;
3. 本图所标管径为公称直径。
4. 支架加工及管道安装要求见设计说明。

图名	污泥脱水机房主管沟单元配管详图	图号	15-工艺-14

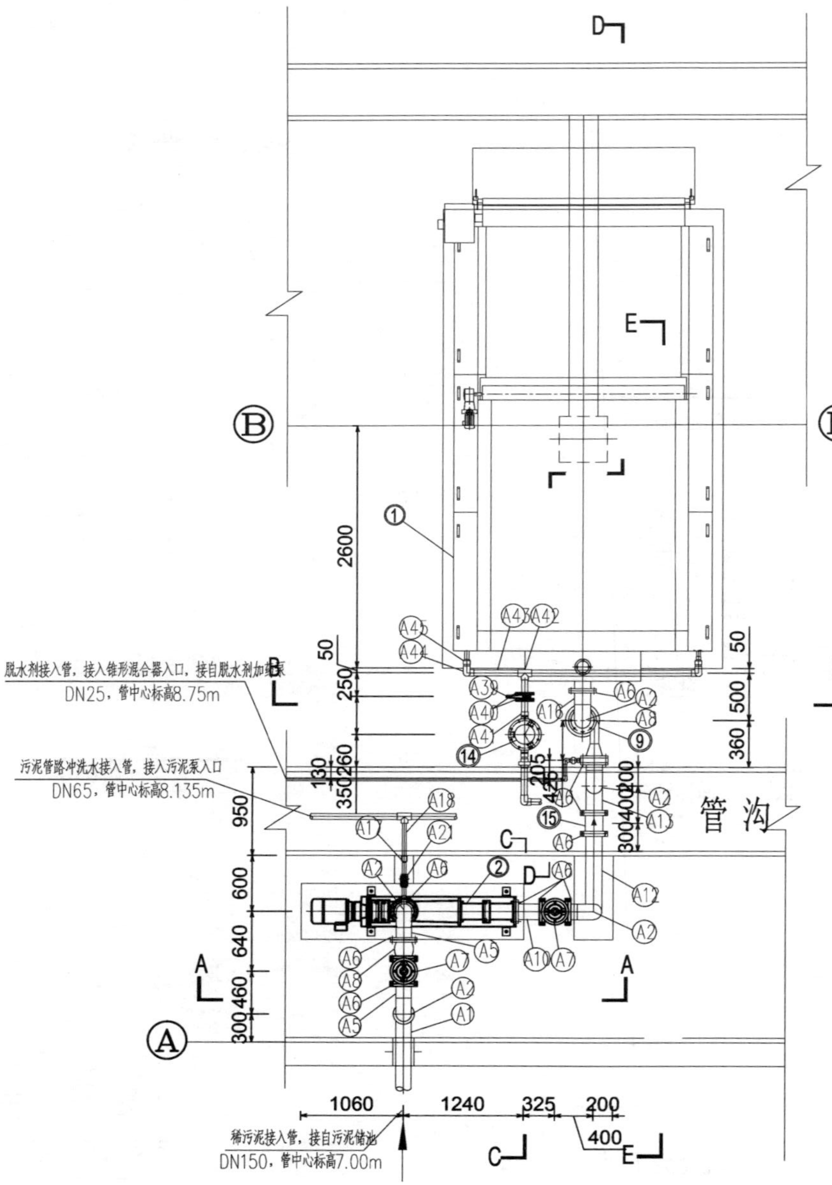

带式浓缩脱水一体机平面配管图

1#、3#带式浓缩脱水一体机

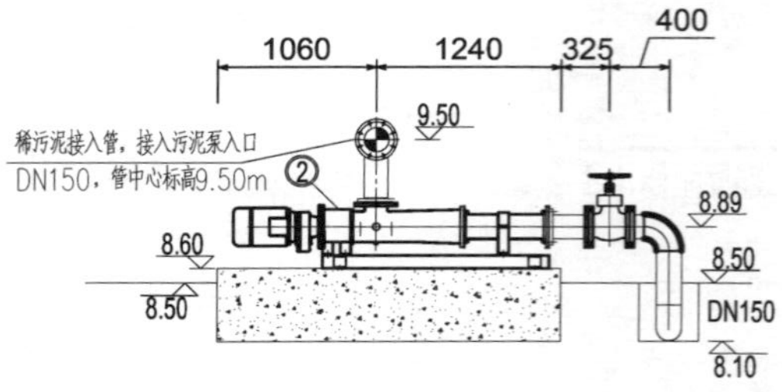

A-A剖面图

污泥泵立面配管图

说明:

1. 本图尺寸单位: 标高以m计，其余均以mm计;
2. 标高为绝对标高，高程系统采用1985国家高程基准;
3. 本图所标管径为公称直径。
4 本单元主要设备采购完成后，安装前应核对主要接管(口)的位置。
5. 管路支架及部分非标件加工图见图8-09。
6. 配管及管路支架加工要求详见设计说明。

图名	1#、3#带式浓缩脱水一体机平面配管图	图号	15-工艺-15

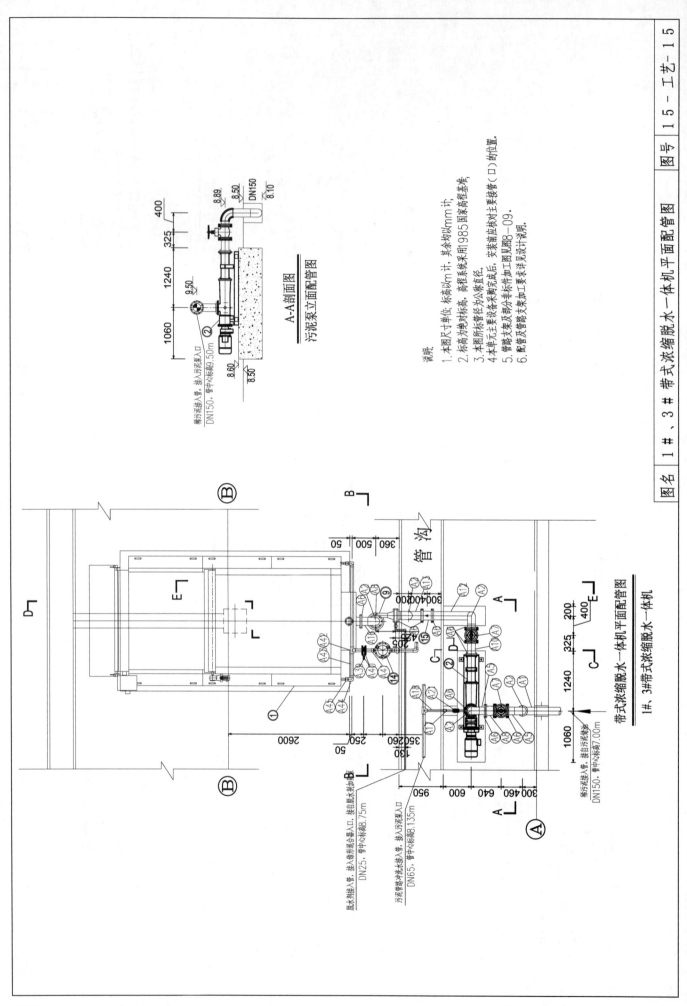

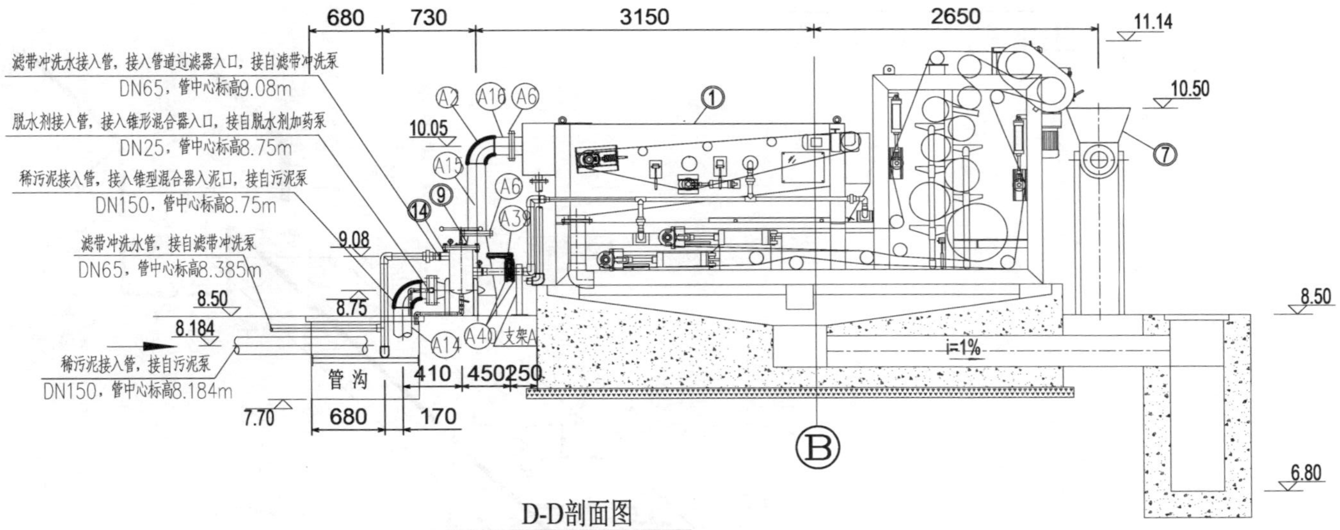

D-D剖面图

带式脱水机立面配管图

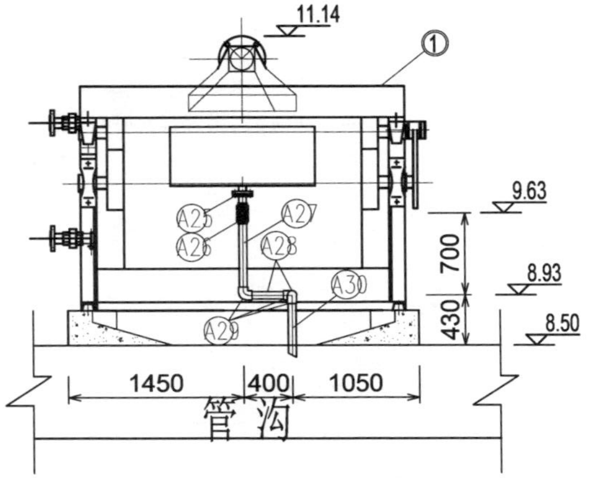

B-B剖面图

带式压滤机污泥斗放空管立面配管图

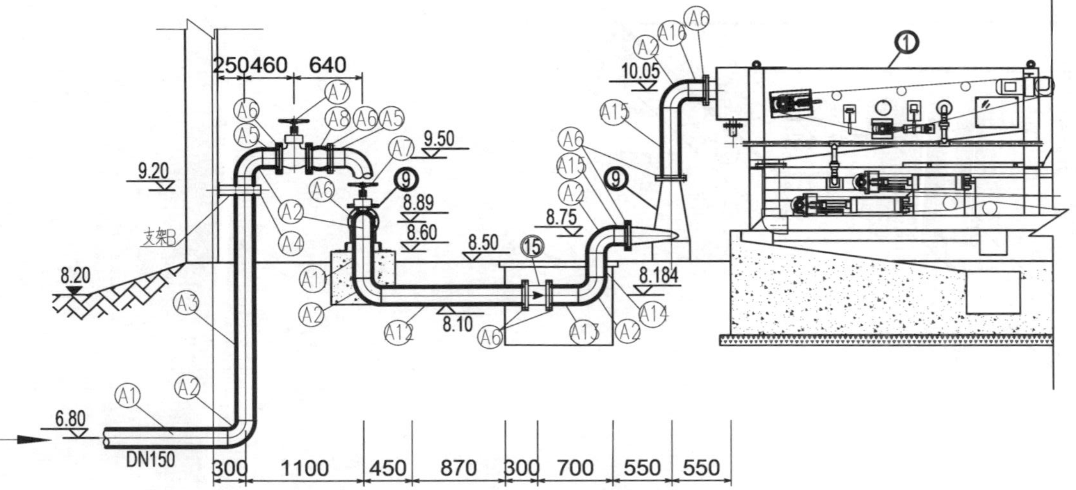

E-E剖面图

污泥泵出泥管及锥形混合器立面配管图

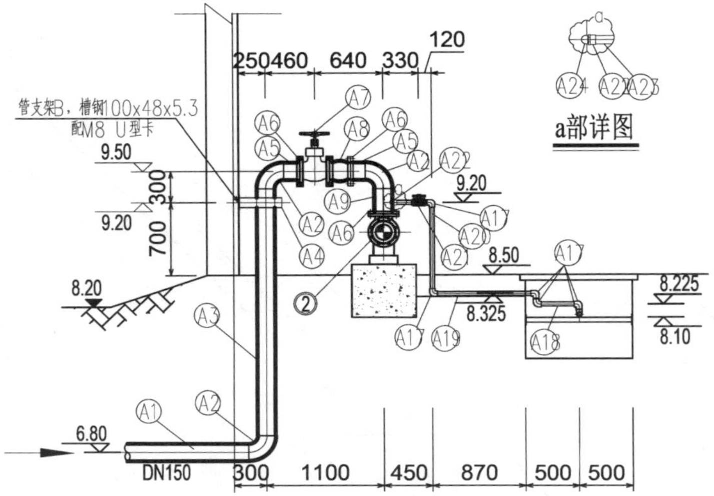

a部详图

C-C剖面图

污泥泵入泥管及冲洗管立面配管图

图名	1＃、3＃带式浓缩脱水一体机单元配管图	图号	15－工艺－16

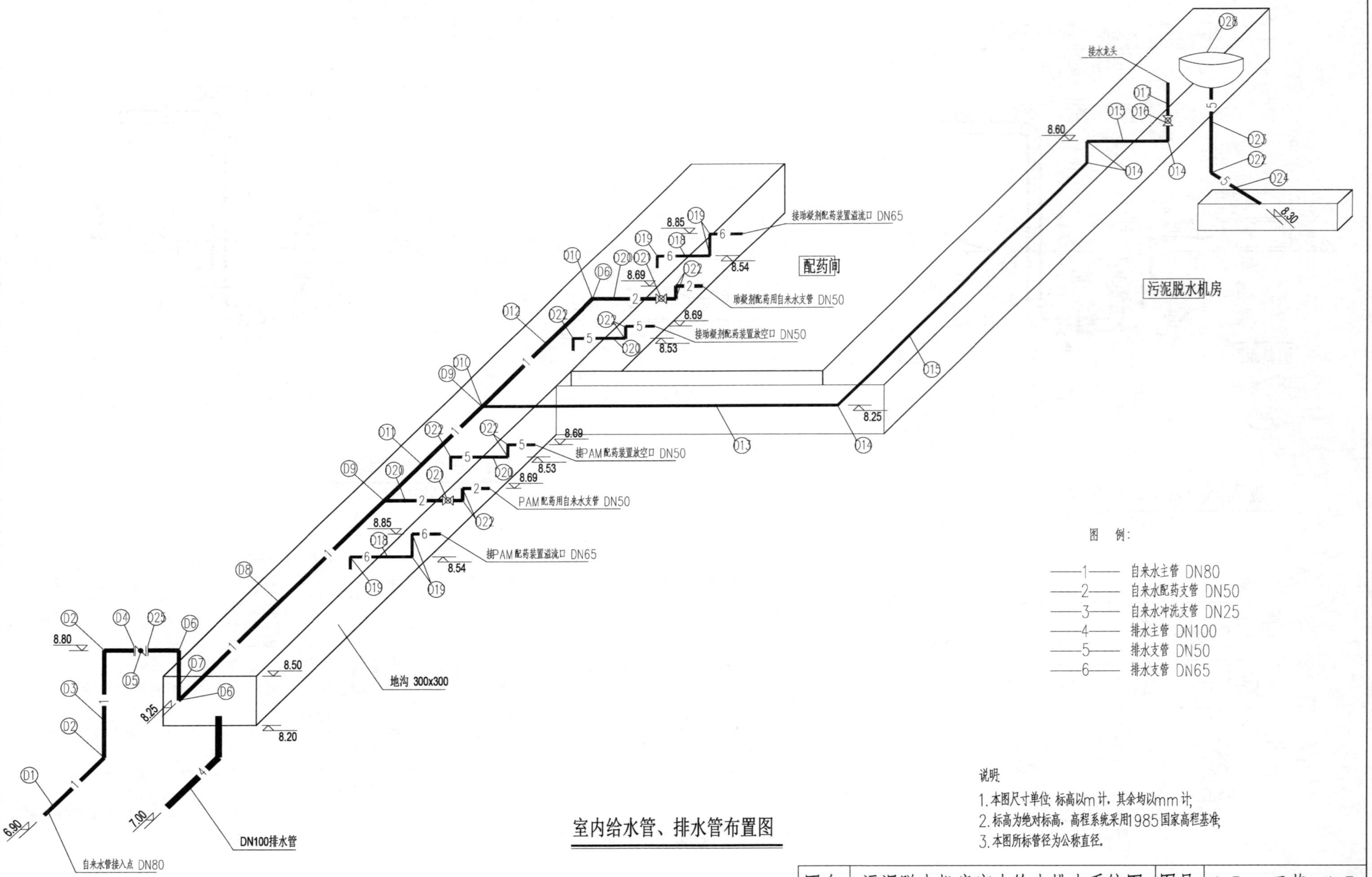

图 例:

——1—— 自来水主管 DN80
——2—— 自来水配药支管 DN50
——3—— 自来水冲洗支管 DN25
——4—— 排水主管 DN100
——5—— 排水支管 DN50
——6—— 排水支管 DN65

室内给水管、排水管布置图

说明:

1. 本图尺寸单位: 标高以m计, 其余均以mm计;
2. 标高为绝对标高, 高程系统采用1985国家高程基准;
3. 本图所标管径为公称直径。

图名	污泥脱水机房室内给水排水系统图	图号	15－工艺－17

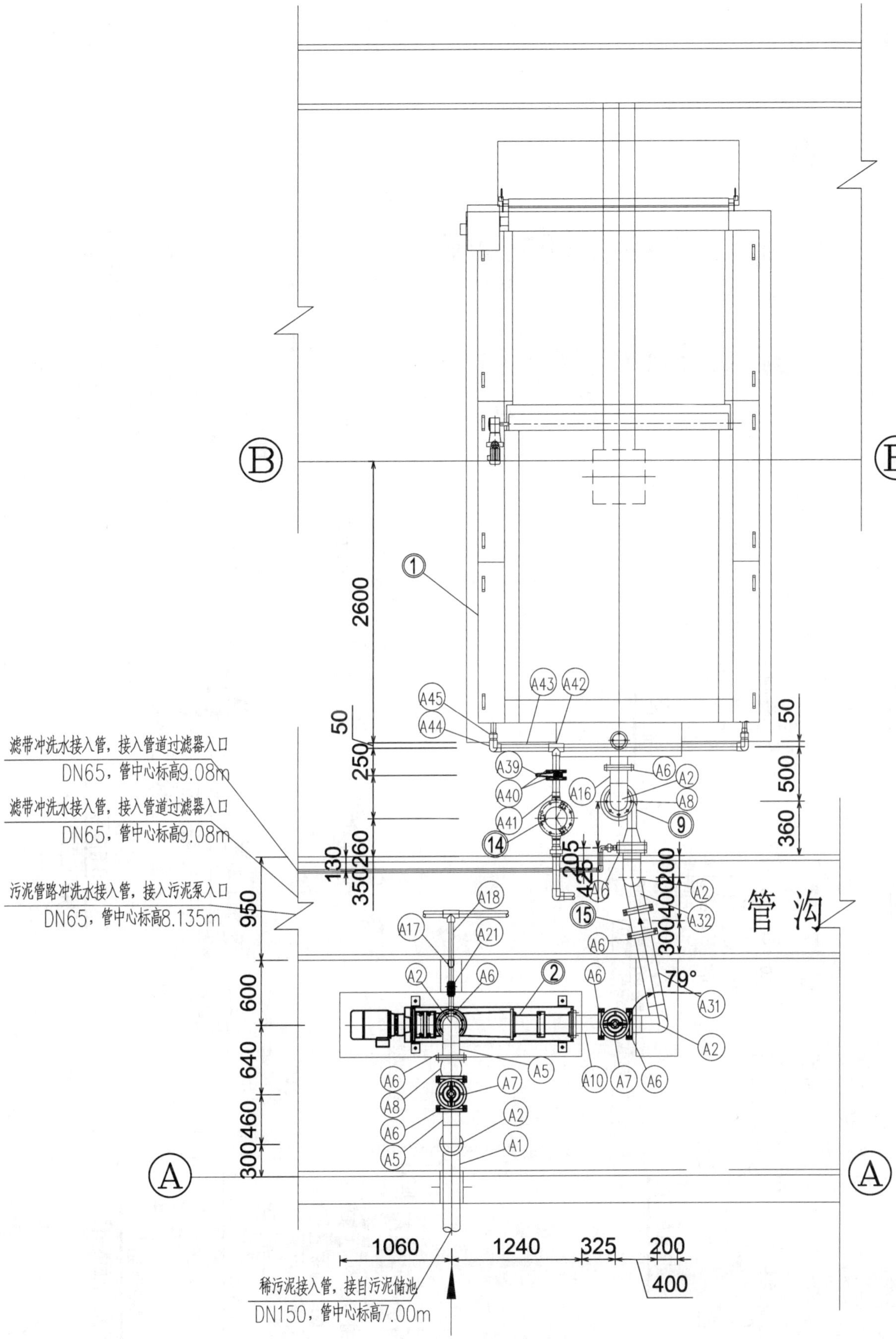

带式浓缩脱水一体机平面配管图

2#带式浓缩脱水一体机B

图名	2＃带式浓缩脱水一体机平面配管图	图号	15－工艺－18

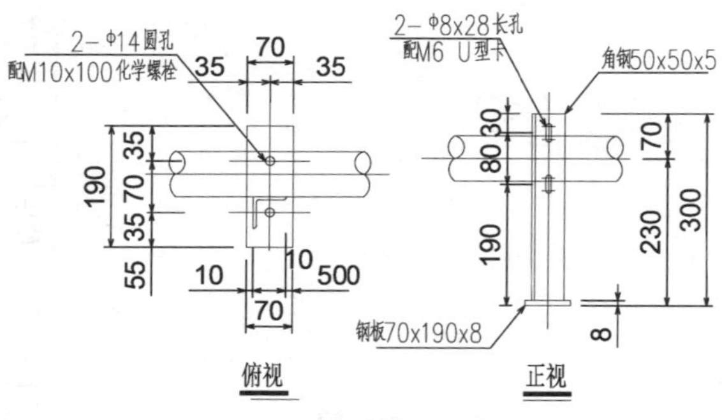

管支架A加工图

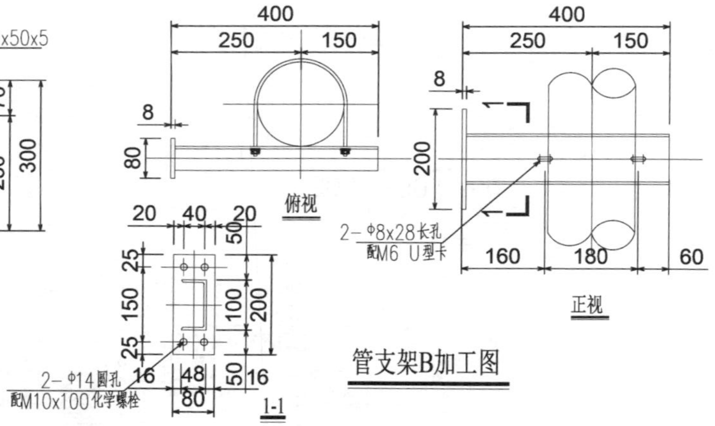

管支架B加工图

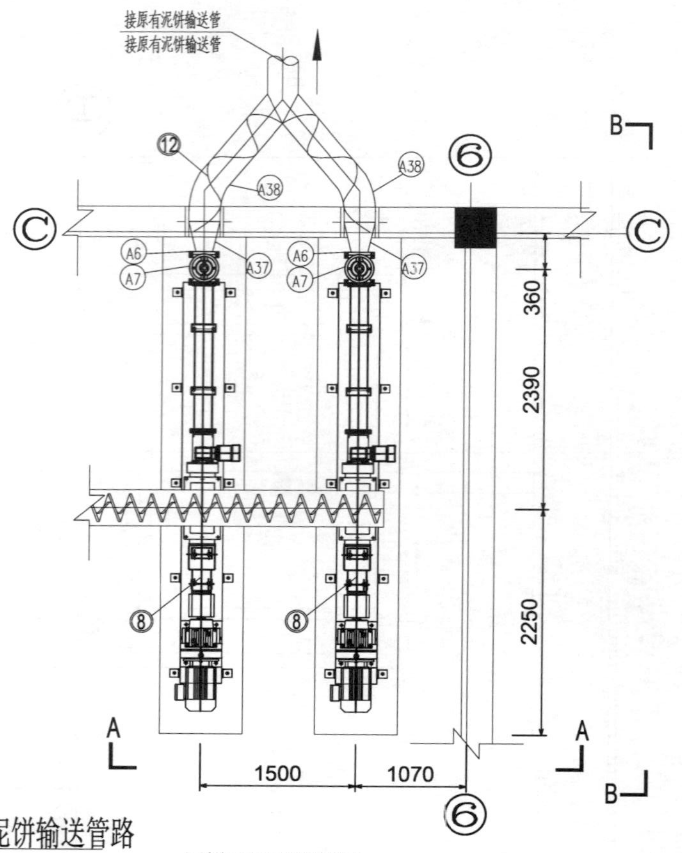

泥饼泵平面配管图

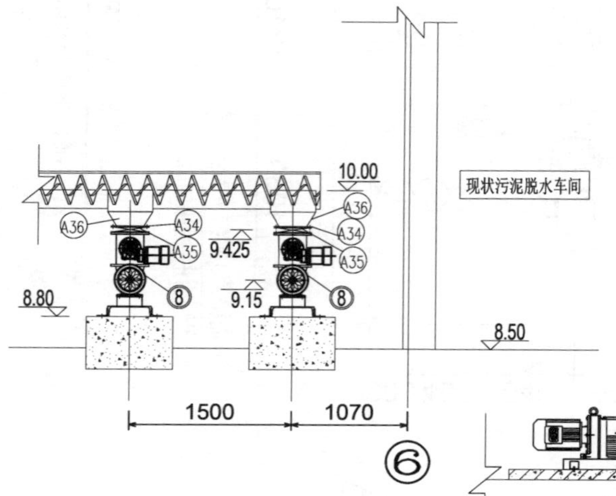

A-A剖面图

泥饼泵立面配管图

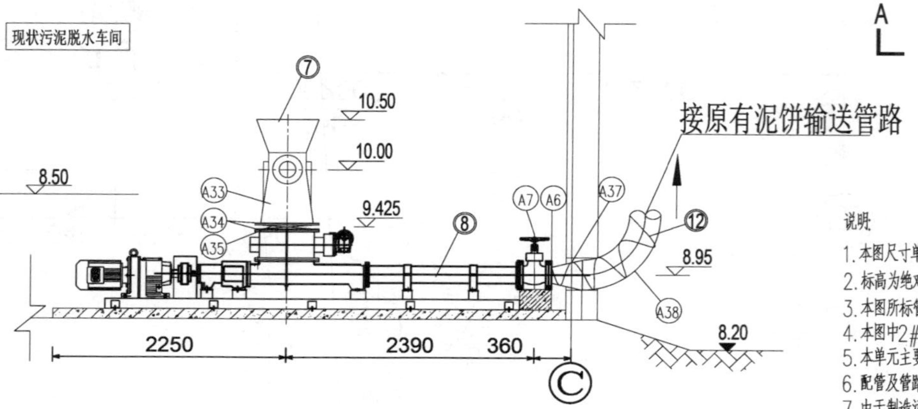

B-B剖面图

泥饼泵立面配管图

说明

1. 本图尺寸单位：标高以m计，其余均以mm计；
2. 标高为绝对标高，高程系统采用1985国家高程基准；
3. 本图所标管径为公称直径。
4. 本图中2#带式浓缩脱水一体机的立面配管与图8－08中1#、2#一体机完全相同，本图不再赘述；
5. 本单元主要设备采购完成后，安装前应核对主要接管（口）的位置。
6. 配管及管路支架加工要求详见设计说明。
7. 由于制造污泥脱水机、水平螺旋输送机及泥饼泵的各个厂家之间存在规格差异，因此安装前务必落实实际或拟采购的各设备的详细规格尺寸，并与施工图进行对照，确认无误后方可施工，若有必须变更设计之情形，请与设计方沟通。

图名	2＃带式浓缩脱水一体机单元配管图	图号	15－工艺－19

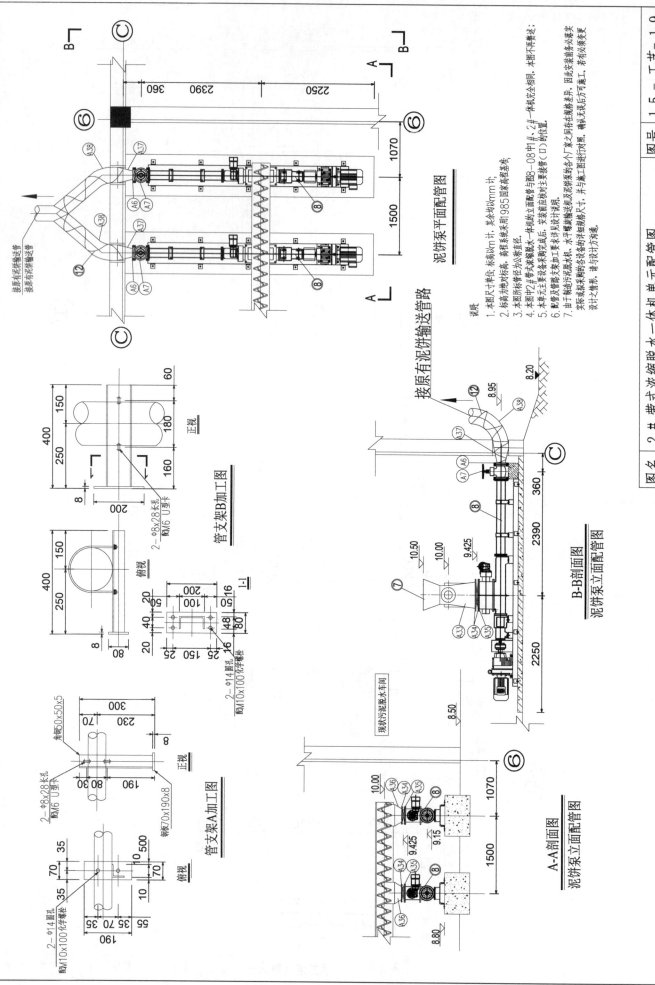

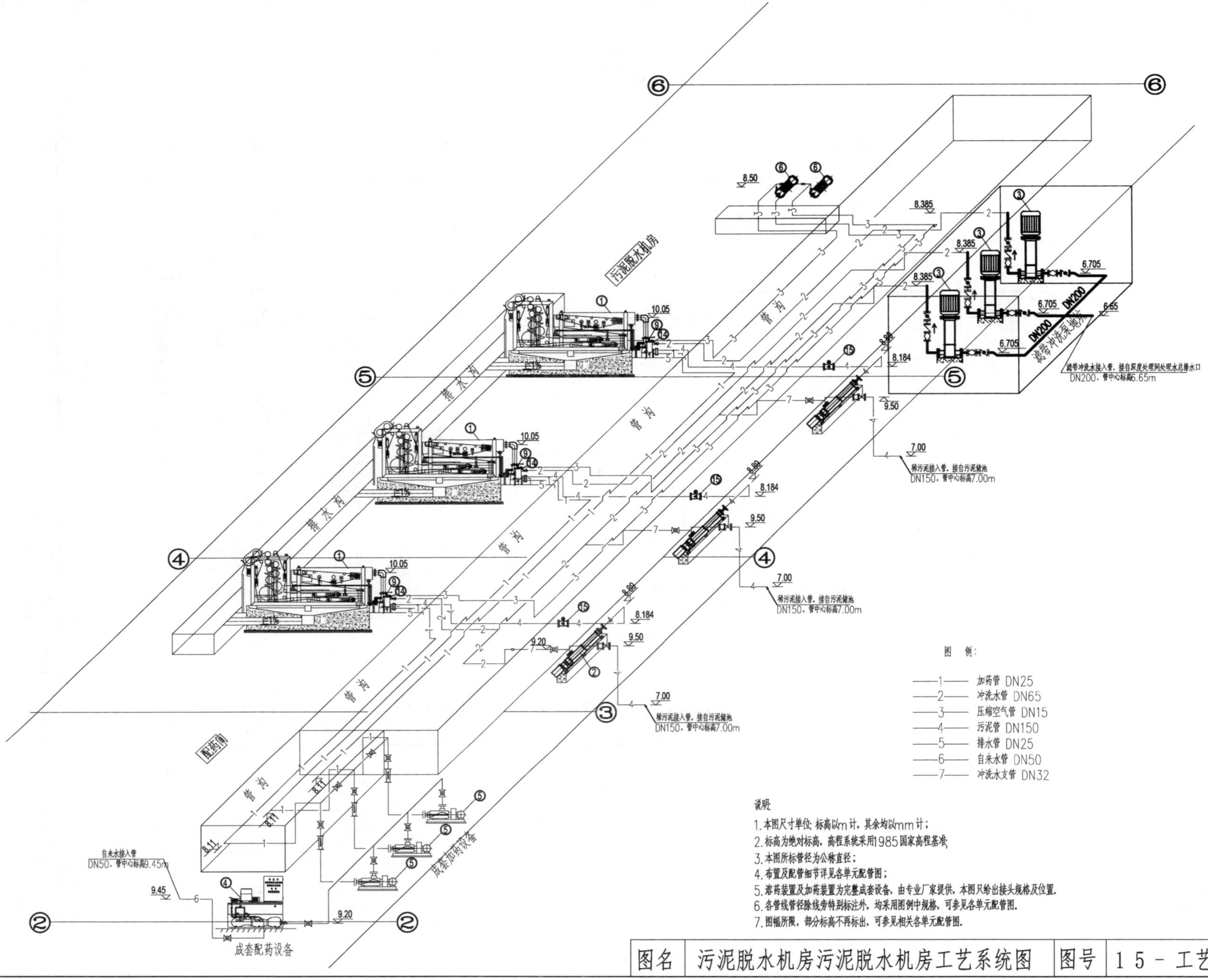

图 例：

—1— 加药管 DN25
—2— 冲洗水管 DN65
—3— 压缩空气管 DN15
—4— 污泥管 DN150
—5— 排水管 DN25
—6— 自来水管 DN50
—7— 冲洗水支管 DN32

说明

1. 本图尺寸单位：标高以m计，其余均以mm计；
2. 标高为绝对标高，高程系统采用1985国家高程基准；
3. 本图所标管径为公称直径；
4. 布置及配管细节详见各单元配管图；
5. 溶药装置及加药装置为完整成套设备，由专业厂家提供，本图只给出接头规格及位置。
6. 各管线管径除线旁特别标注外，均采用图例中规格，可参见各单元配管图。
7. 图幅所限，部分标高不再标出，可参见相关各单元配管图。

图名	污泥脱水机房污泥脱水机房工艺系统图	图号	15－工艺－20

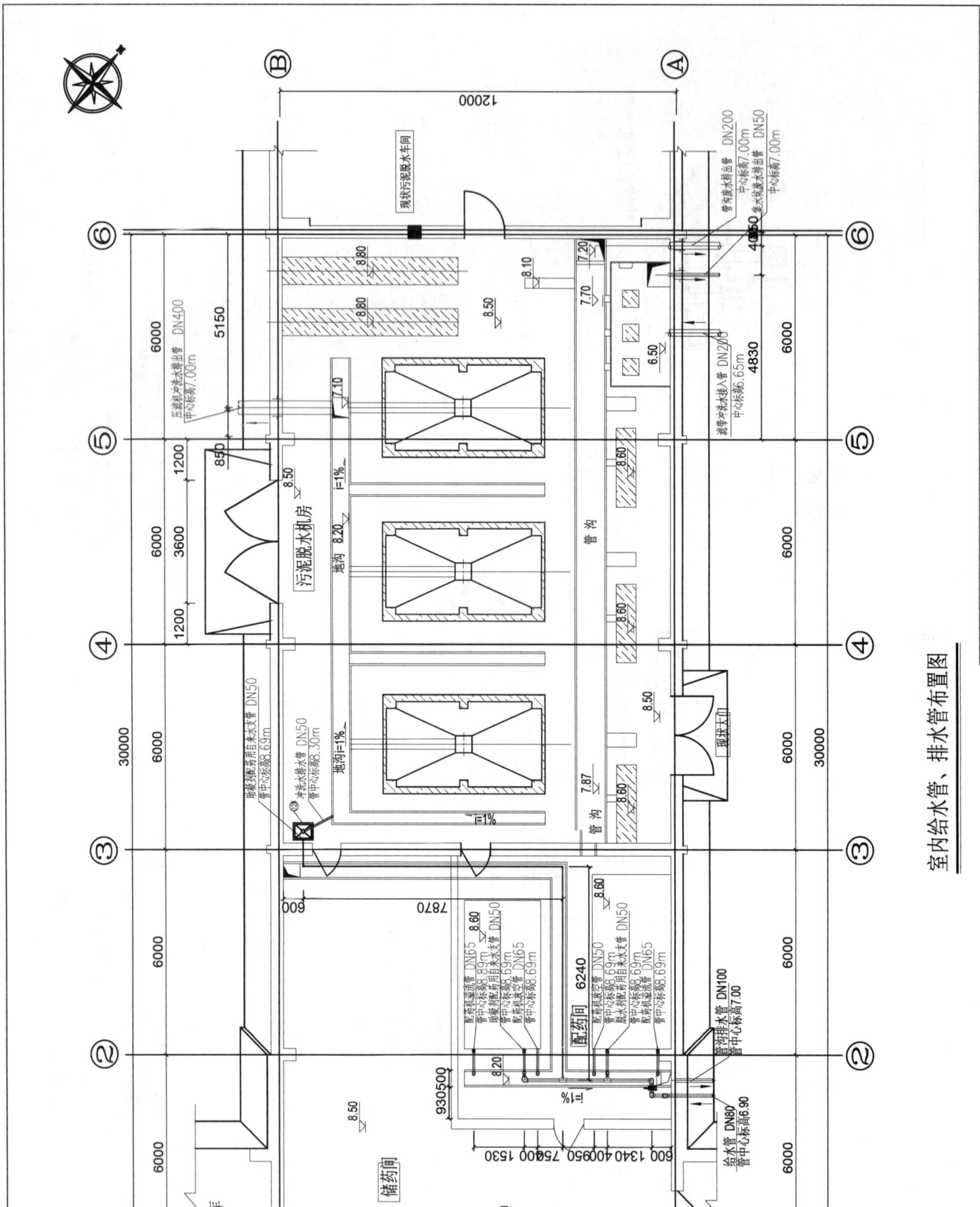

室内给水管、排水管布置图

图名	污泥脱水机房室内给水、排水管布置图	图号	15-工艺-21

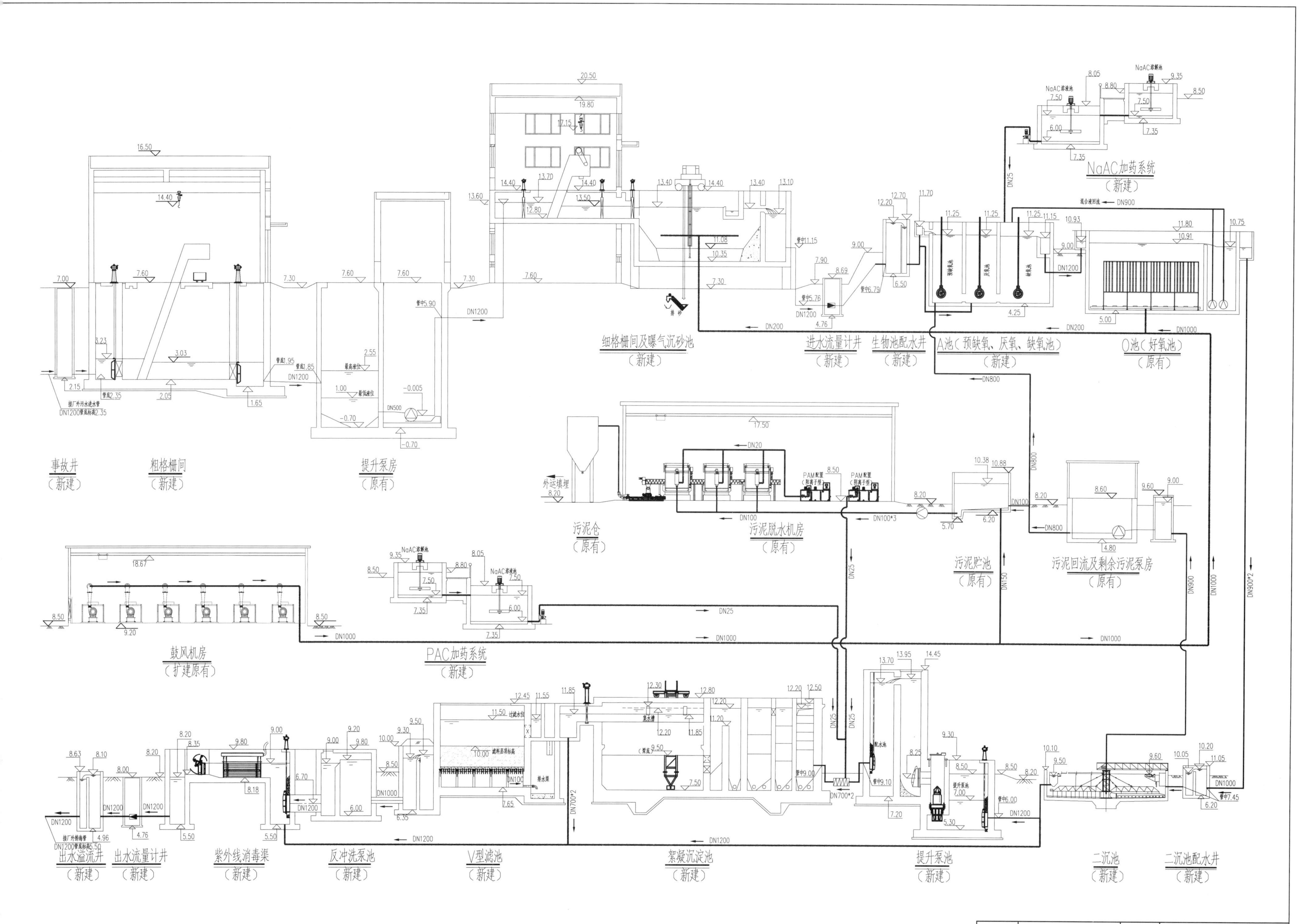

图名	水力高程总图	图号	0－工艺－04

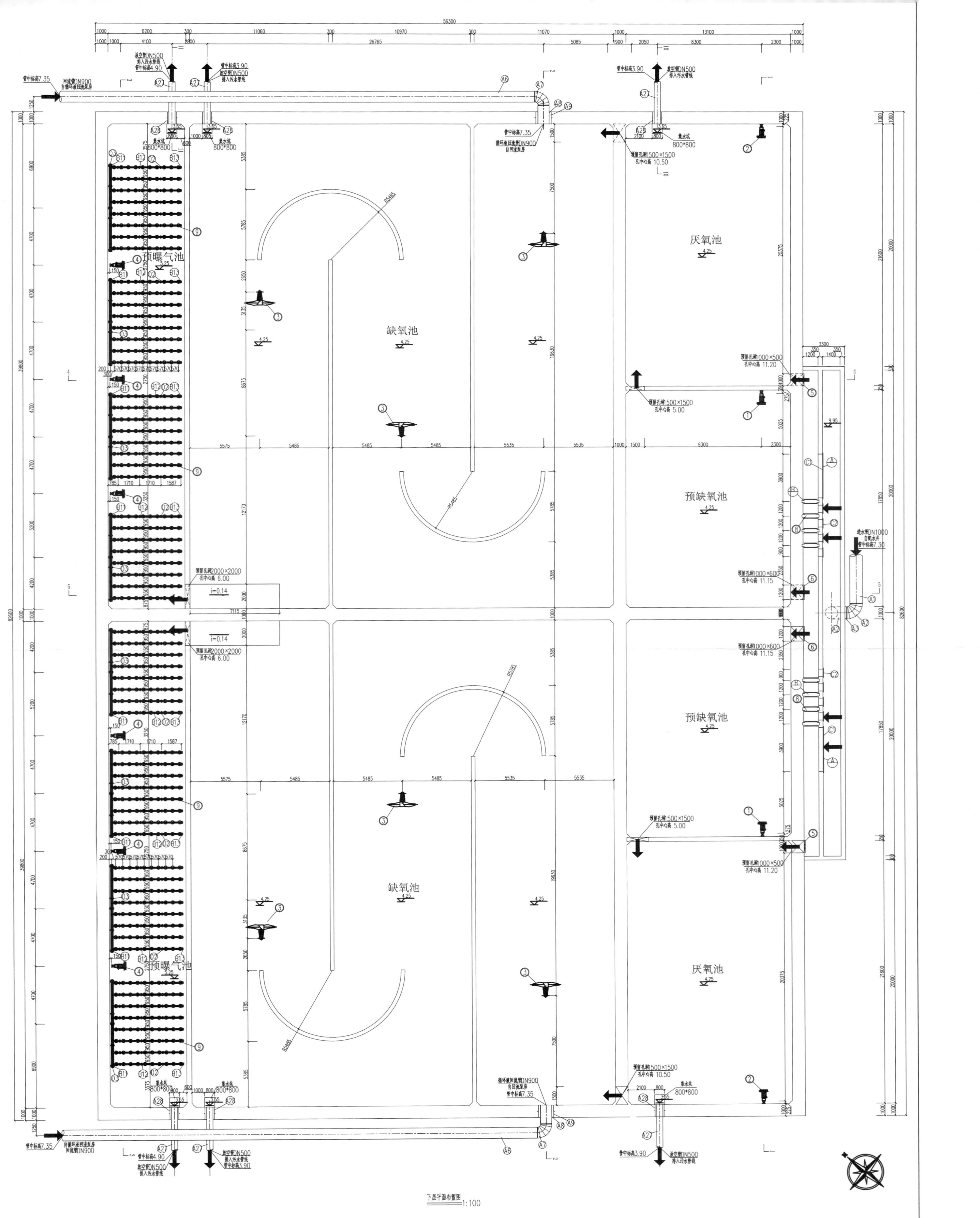

图名	1、2号预缺氧、厌氧、缺氧池下层平面布置图	图号	8-工艺-01

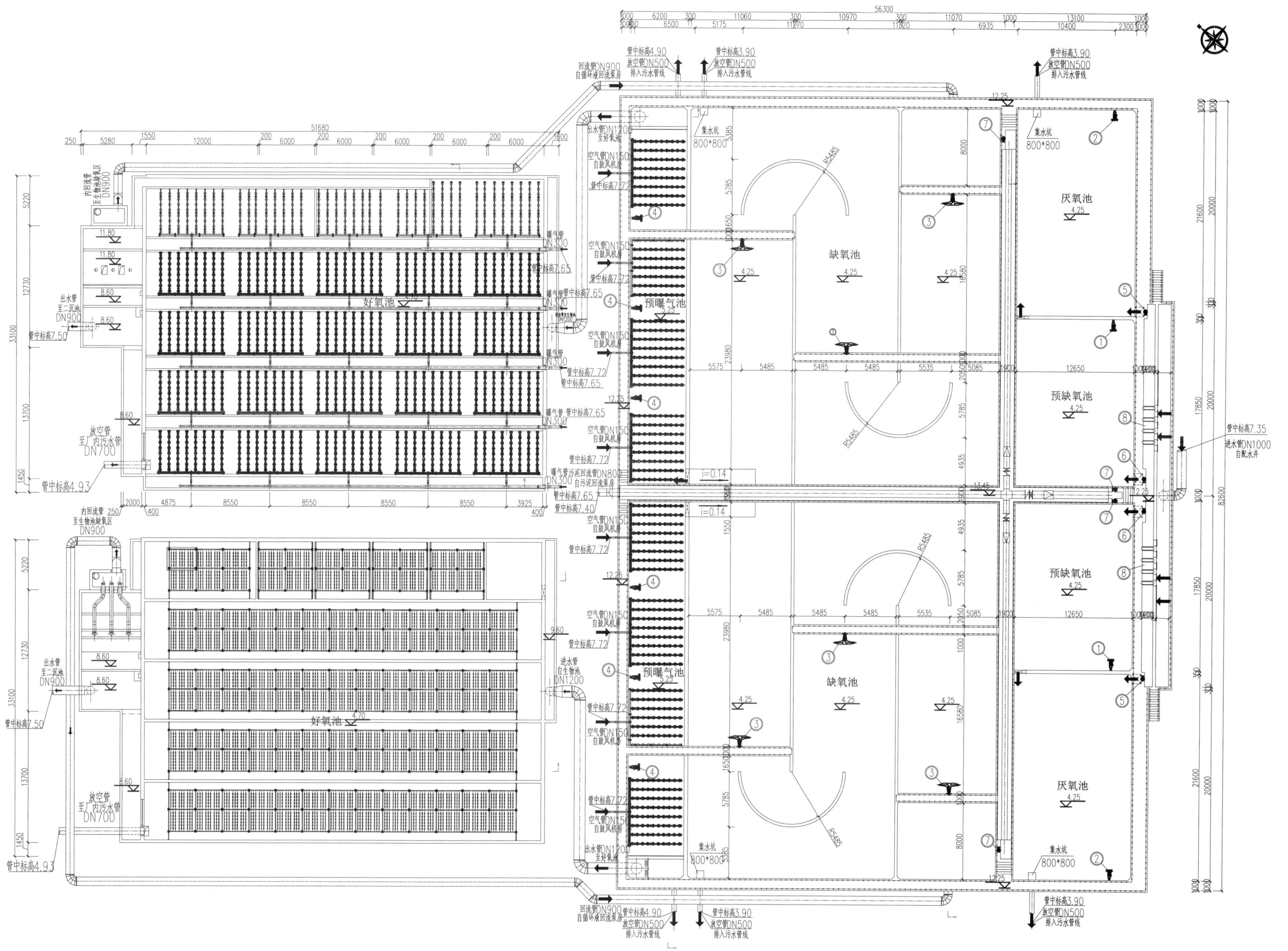

图名	1、2号好氧池生物池总平面示意图	图号	8-工艺-04

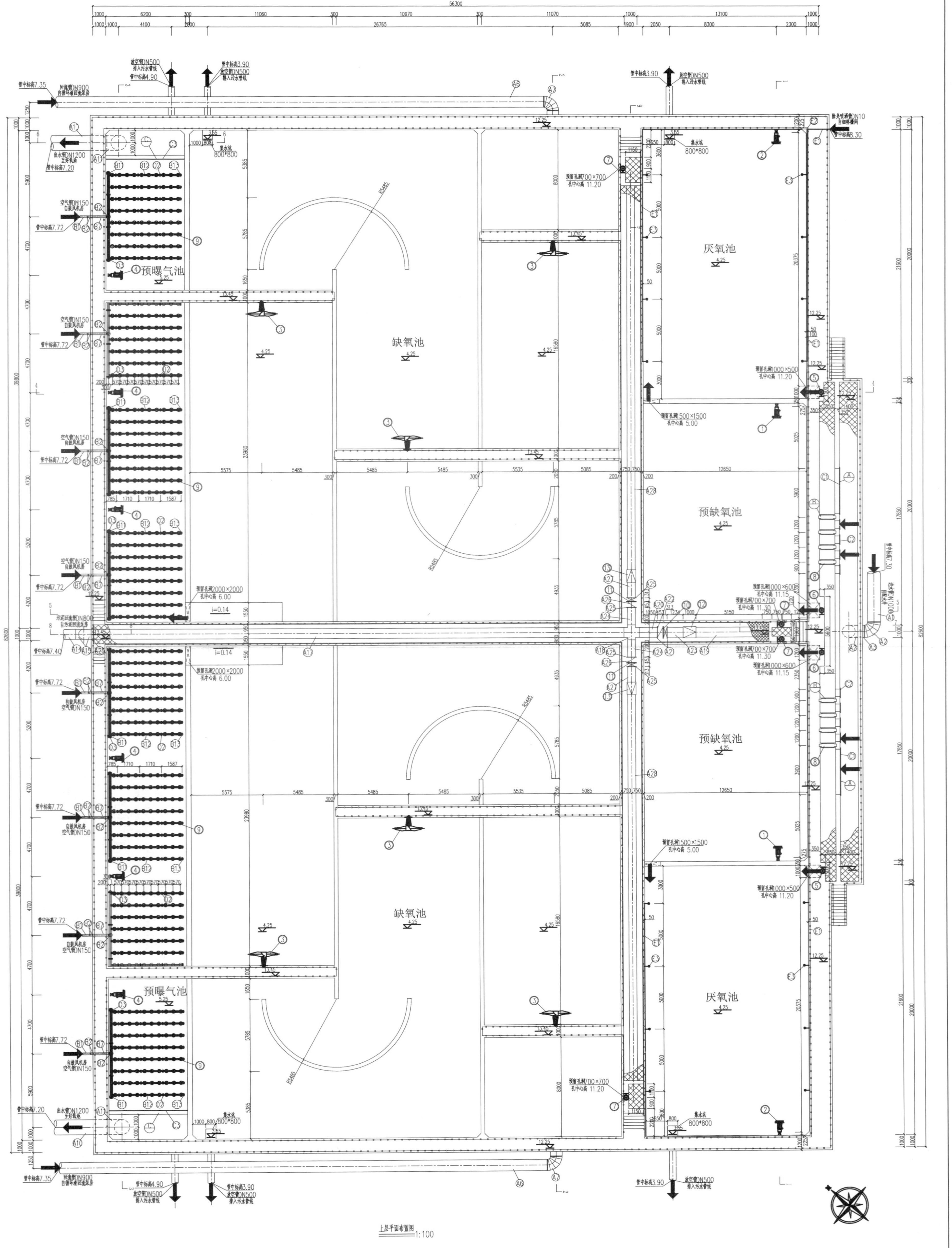

图名	1、2号预缺氧、厌氧、缺氧池上层平面布置图	图号	8-工艺-05

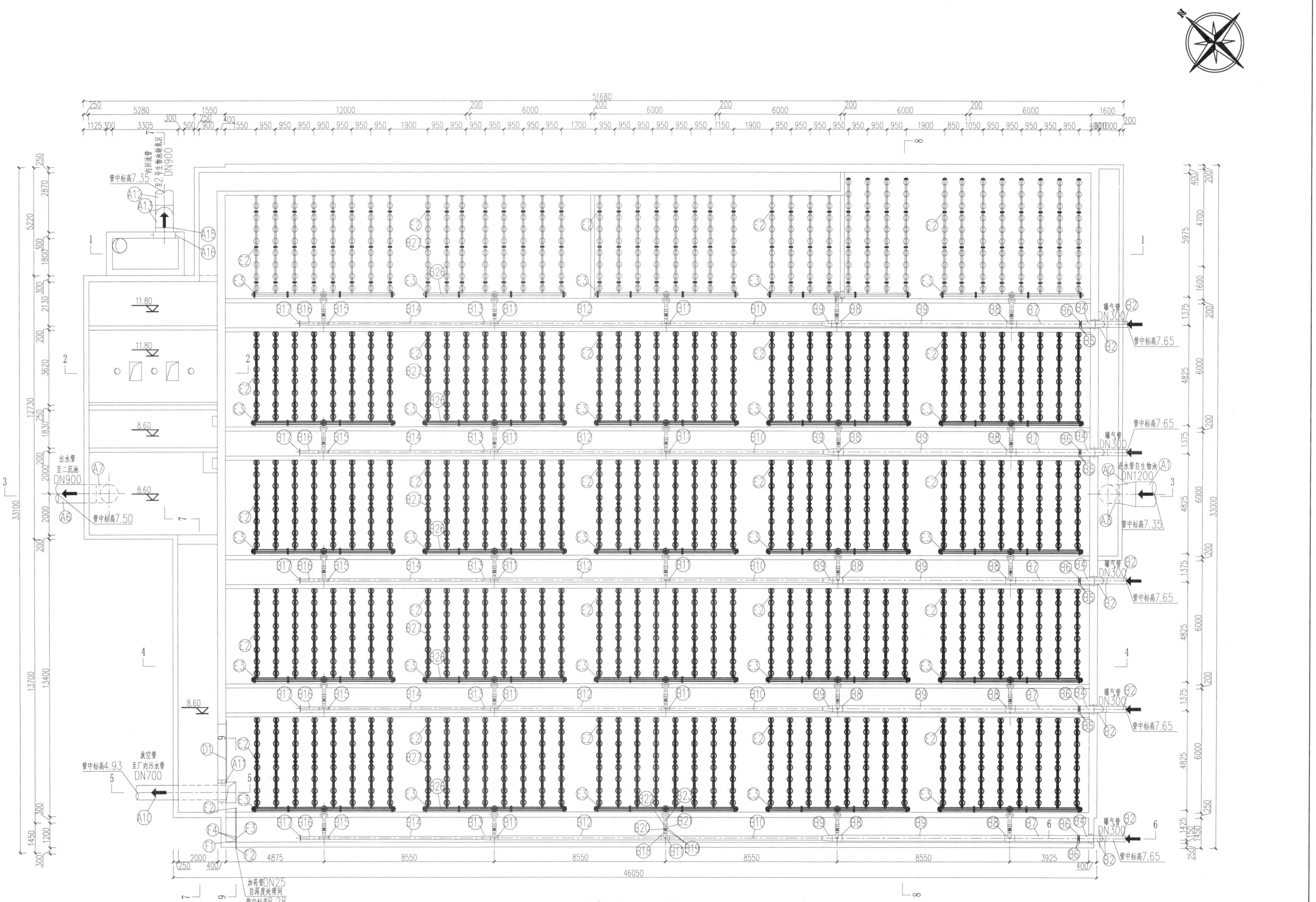

1、2号好氧池上层空气管路布置图

图名	1、2 号好氧池上层空气管路布置图	图号	9－工艺－03

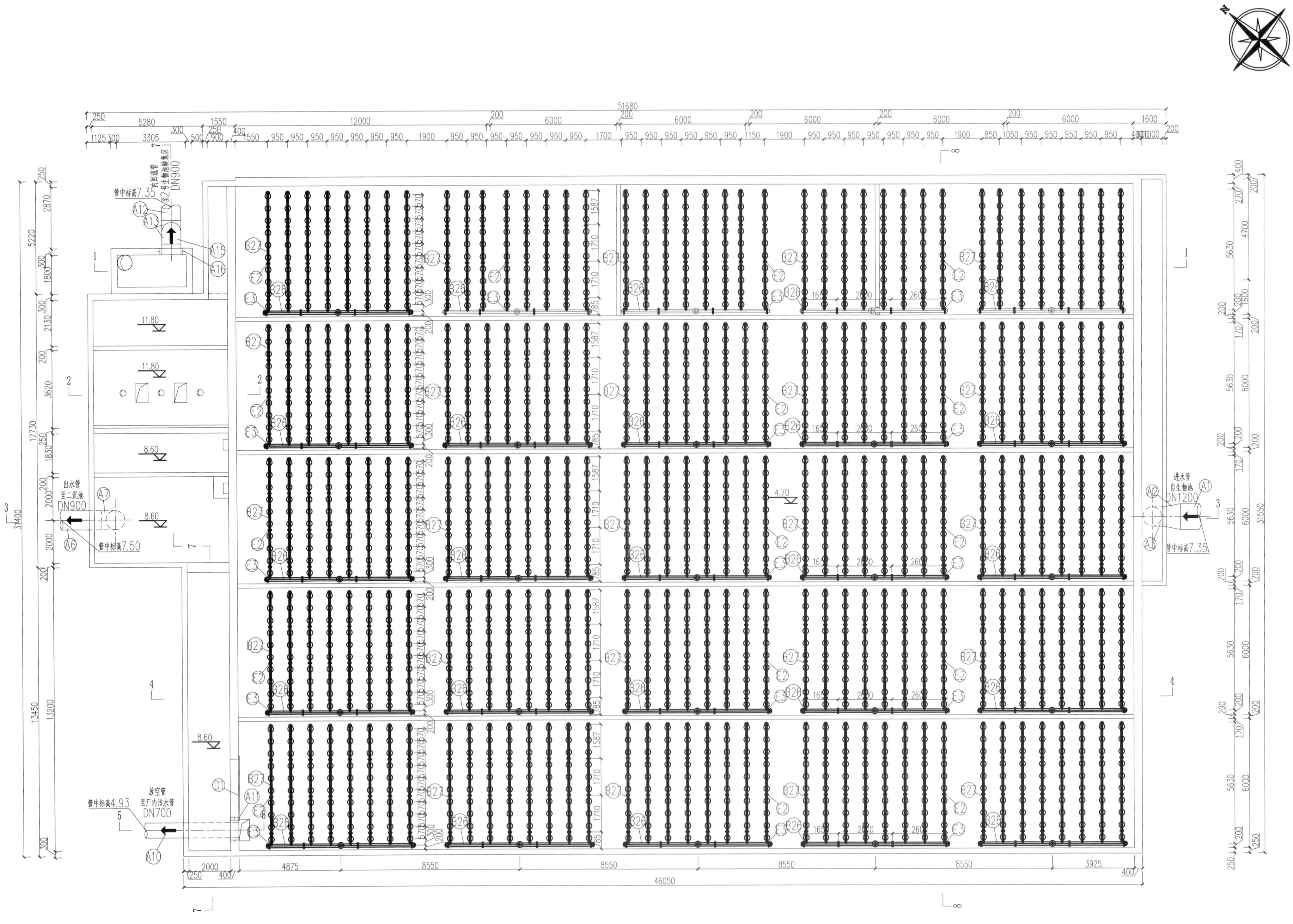

1、2号好氧池下层空气管路布置图

图名	1、2号好氧池下层空气管路布置图	图号	9-工艺-04

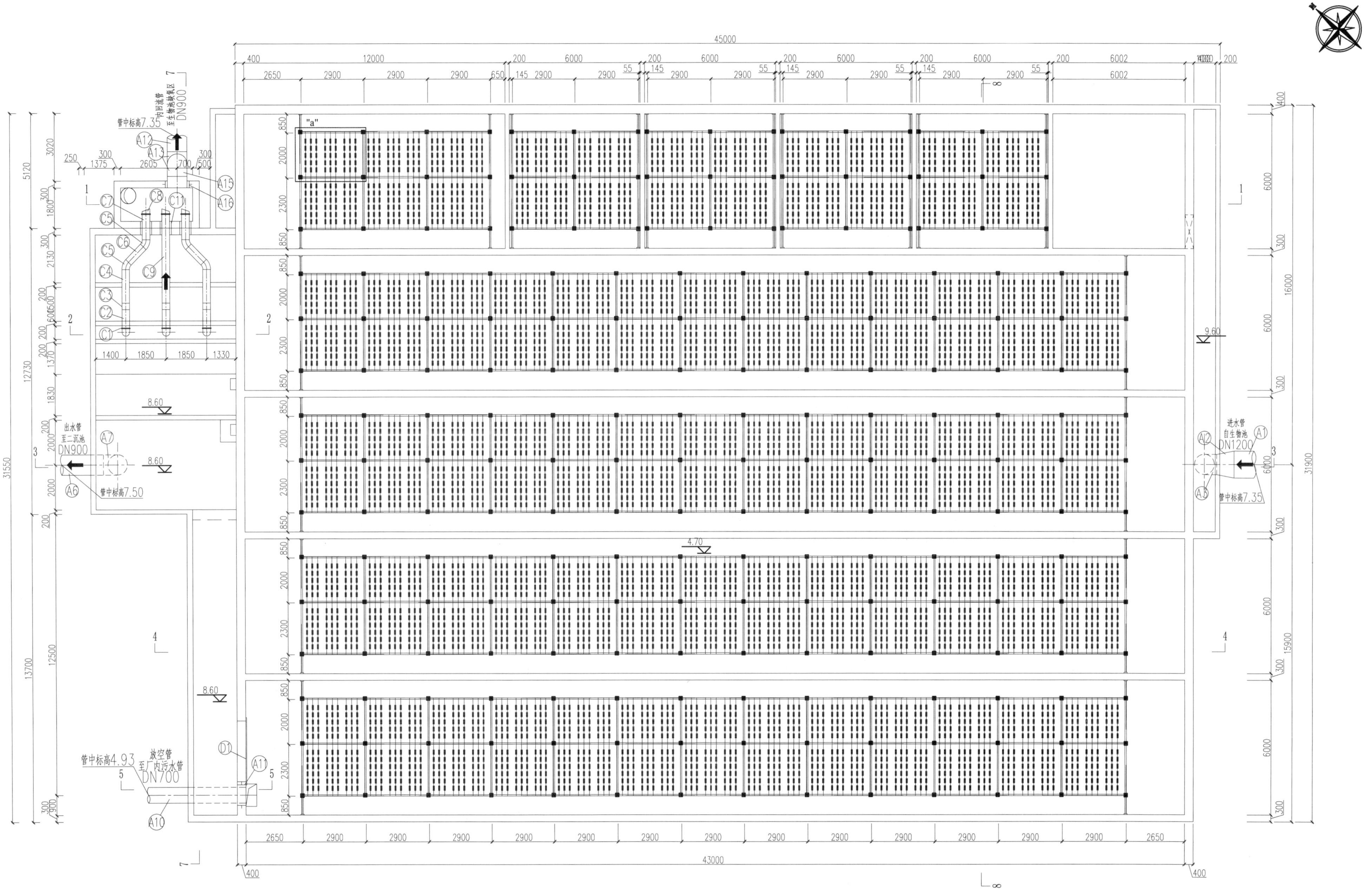

1、2号好氧池平面图及填料布置

图名	1、2 号好氧池平面图及填料布置	图号	9－工艺－05

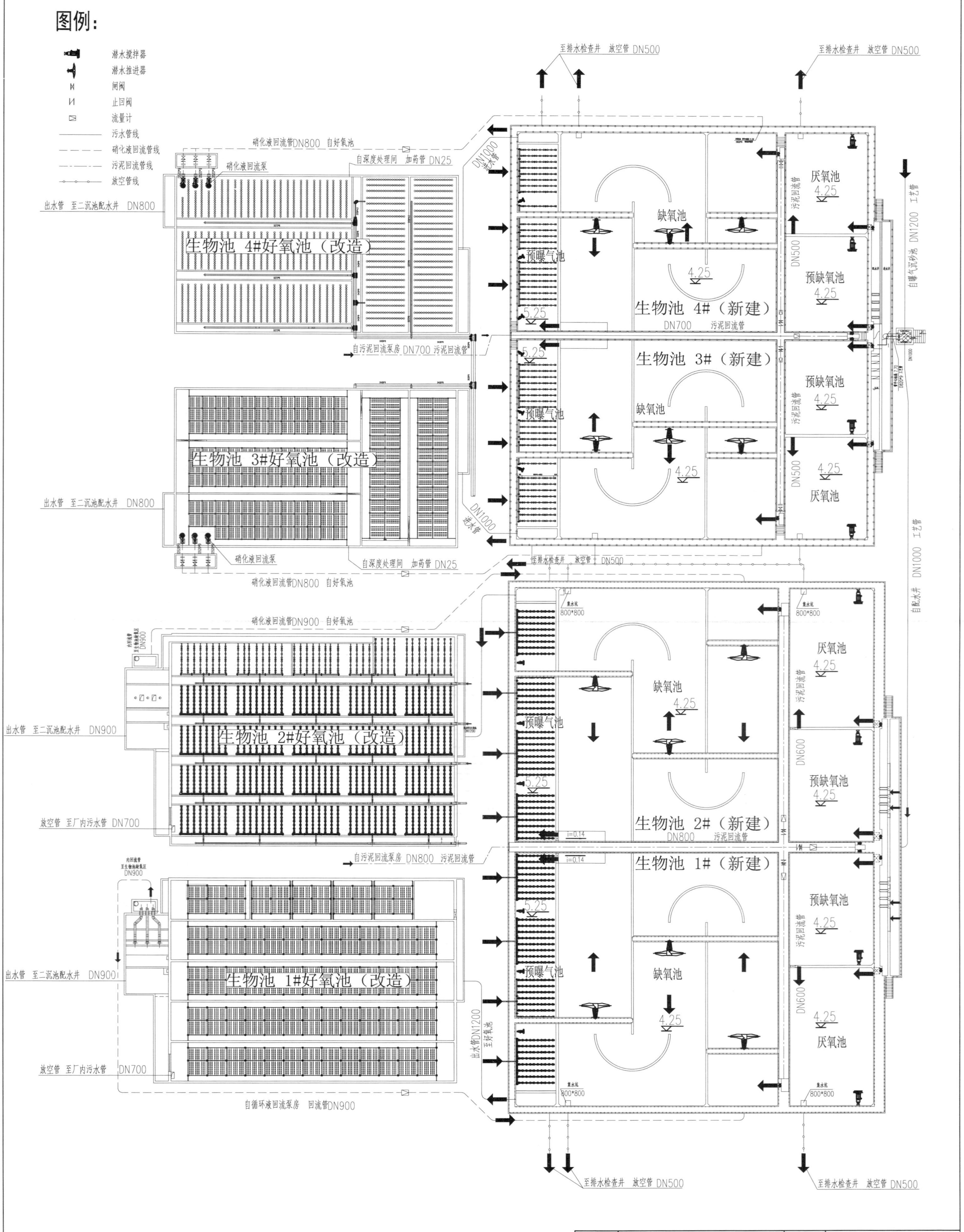

图名	生物池流程示意图	图号	10－工艺－03

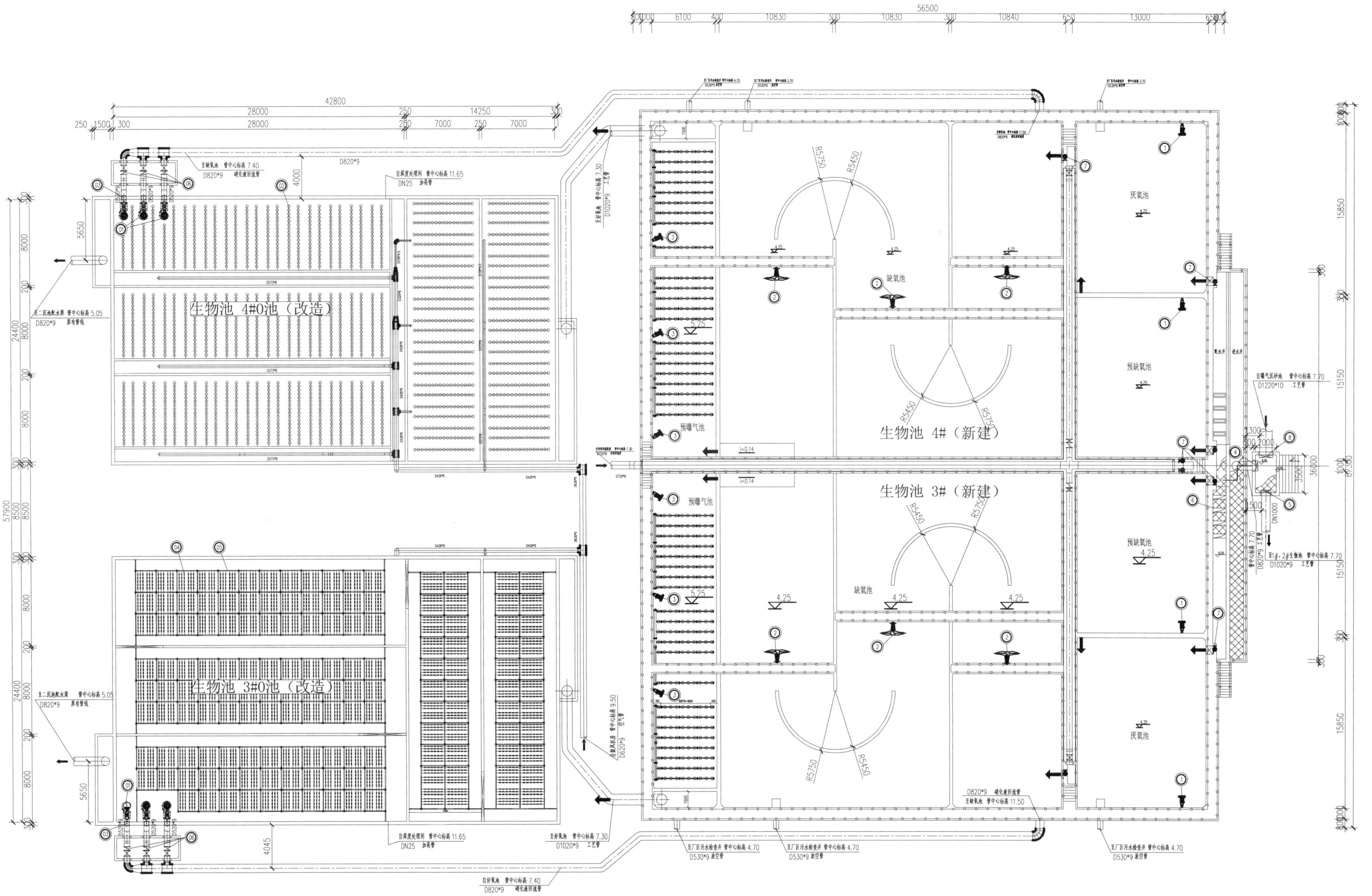

生物池总平面图

图名	生物池 3、4号好氧池生物池总平面图	图号	10-工艺-04

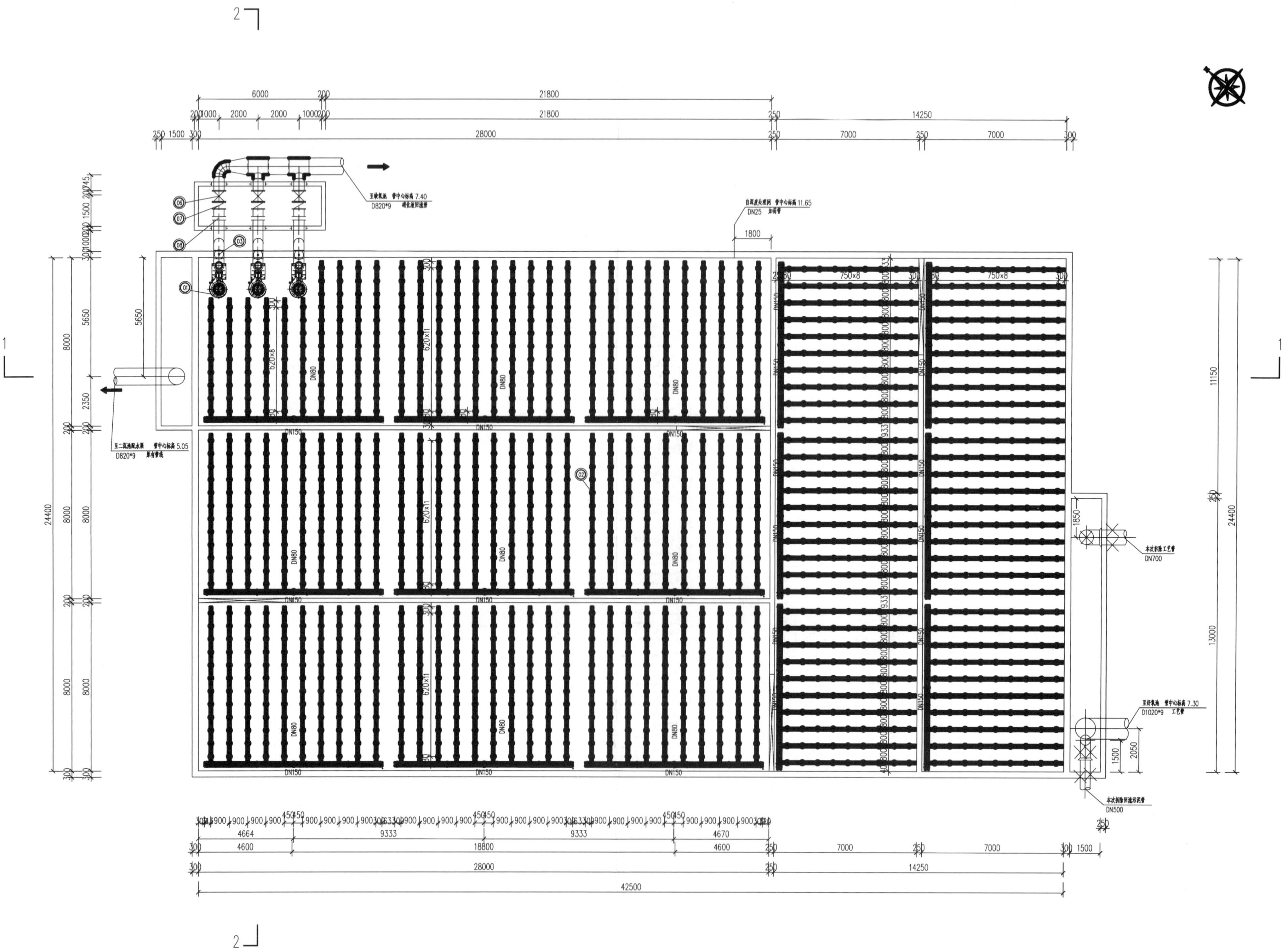

4# 生物池底层平面图

图名	4# 生物池顶层平面图	图号	10-工艺-05

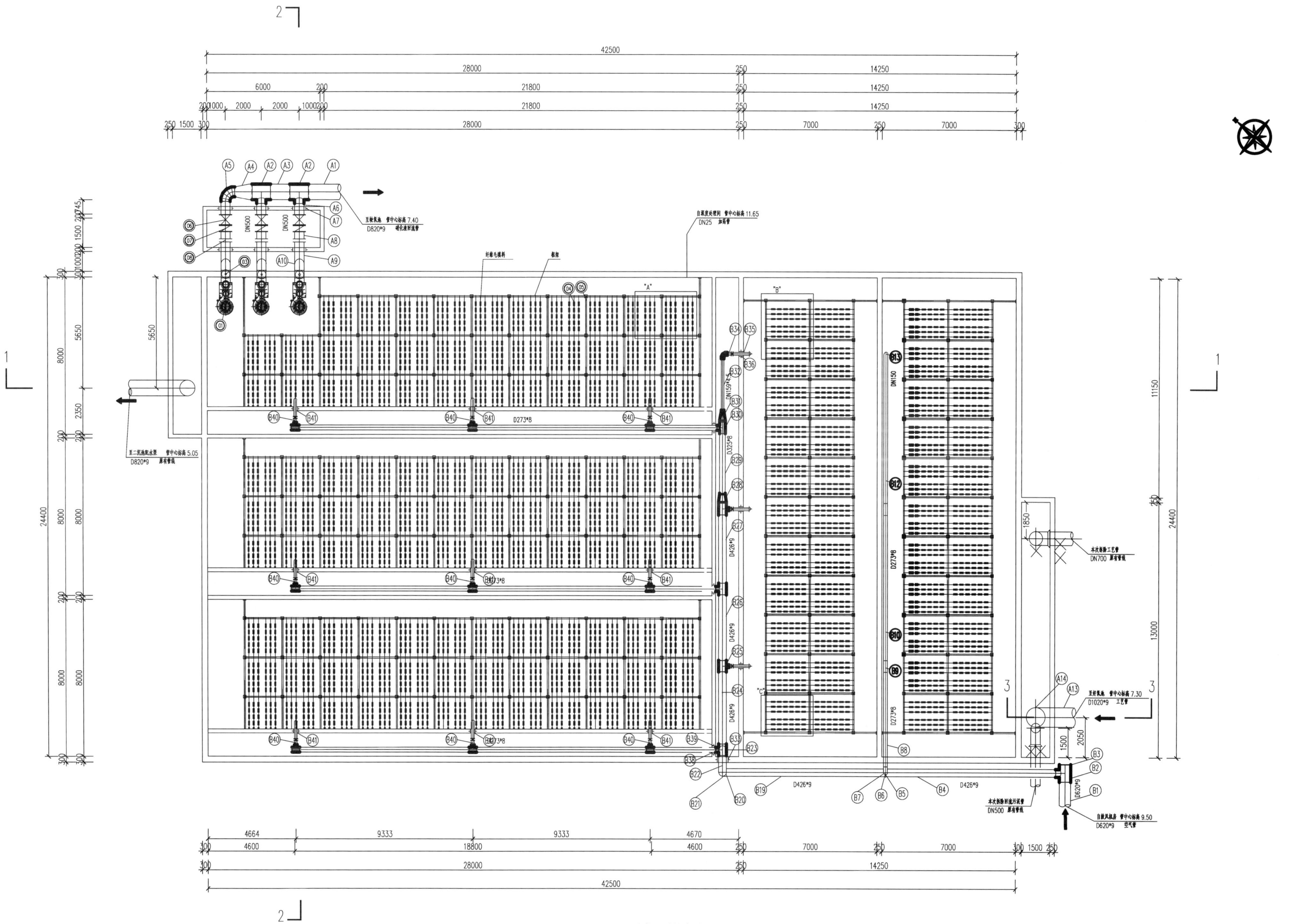

4# 生物池顶层平面图

图名	4# 生物池顶层平面图	图号	10-工艺-06

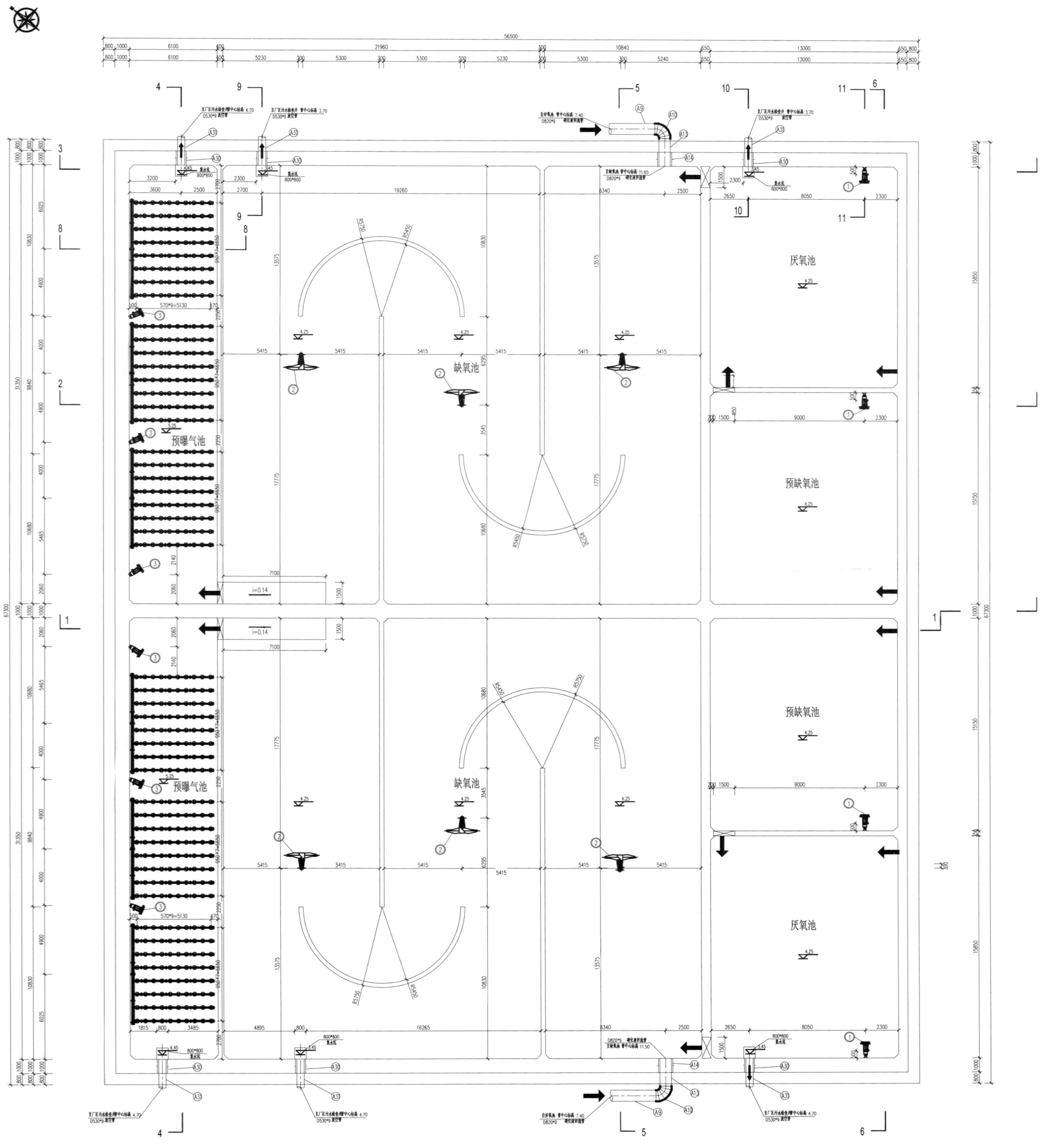

3、4号 池底层平面图

图名	3、4号池底层平面图	图号	11-工艺-03

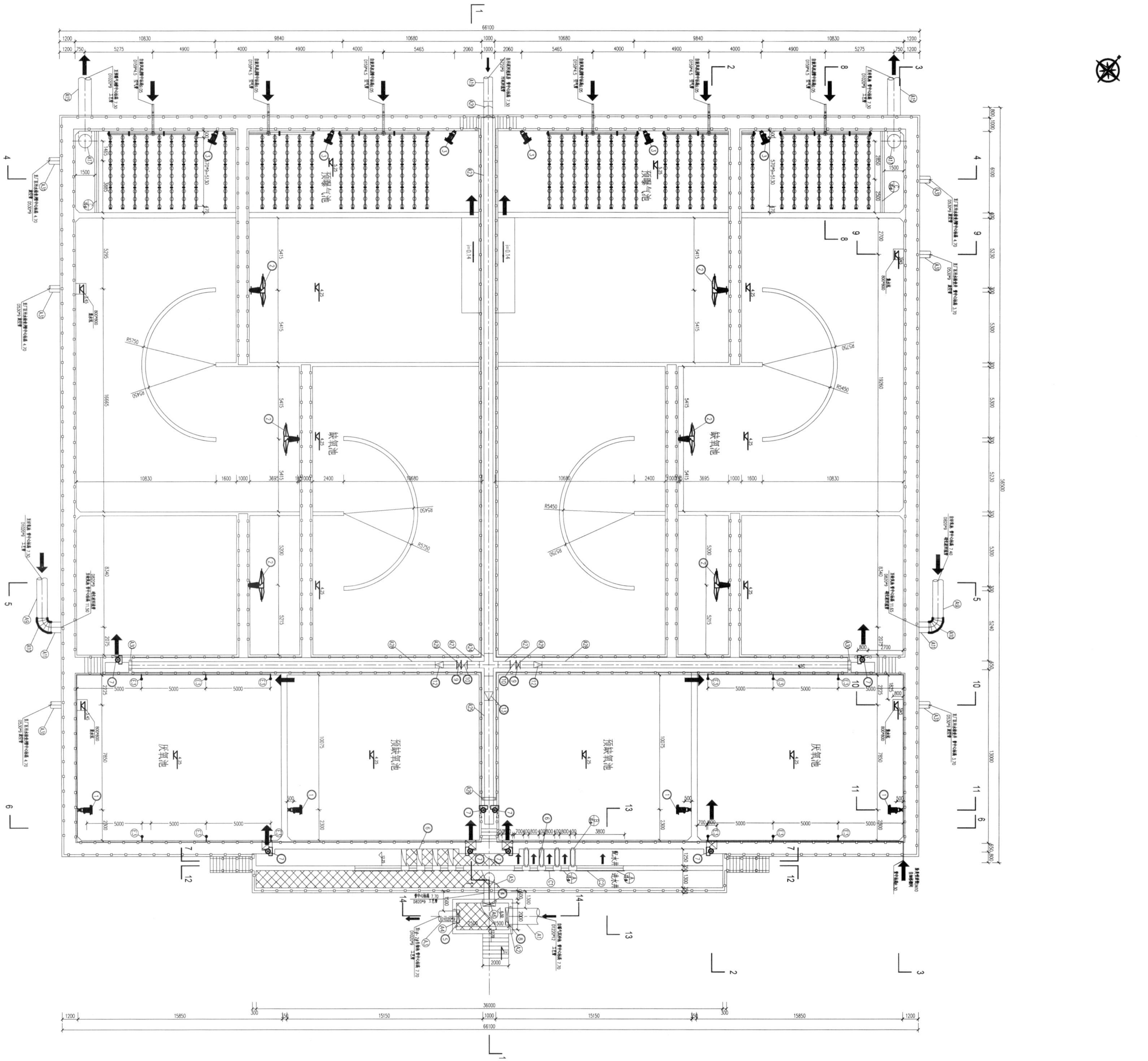

图名	3、4号池顶层平面图	图号	11-工艺-04

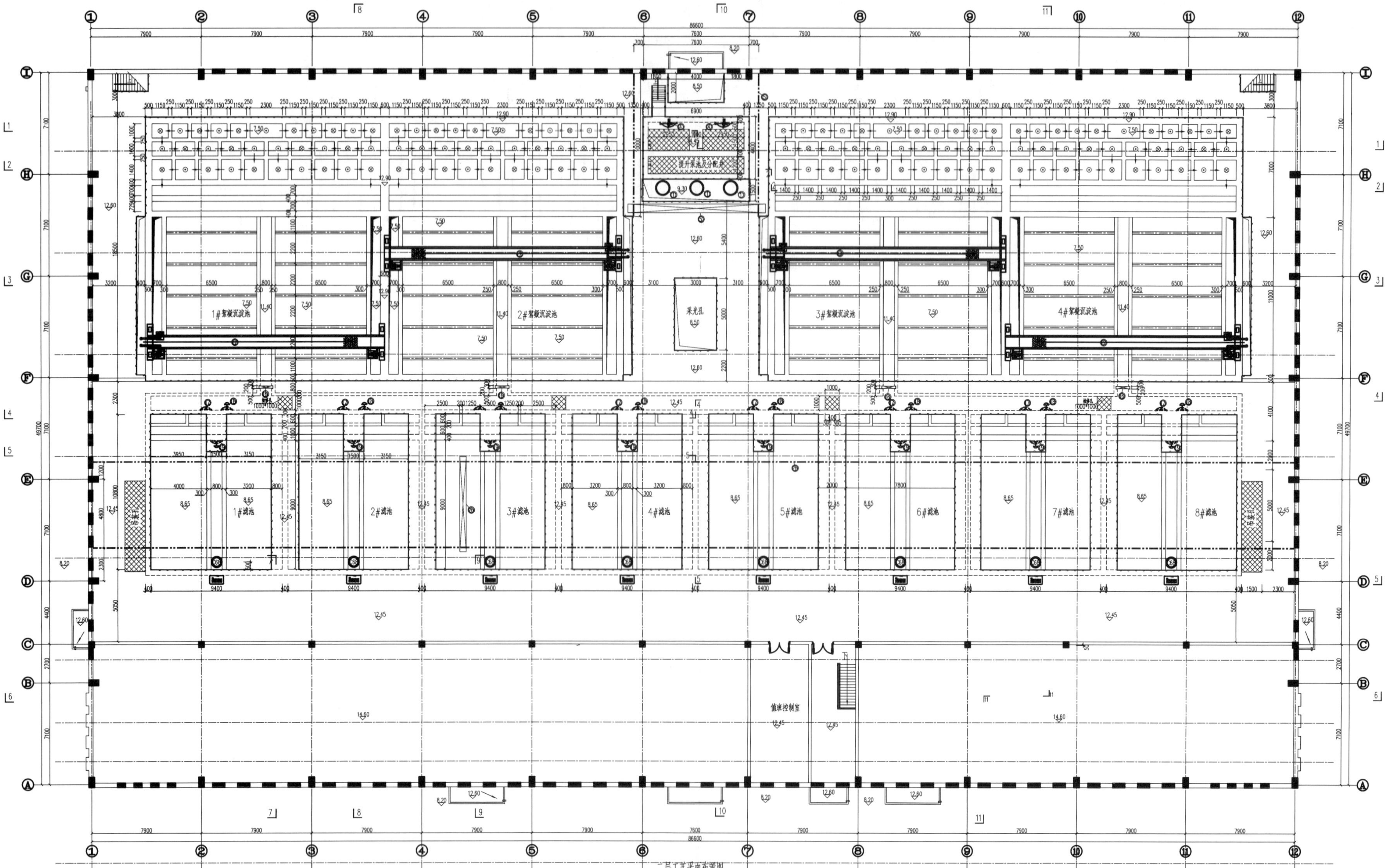

二层工艺平面布置图 比例:100

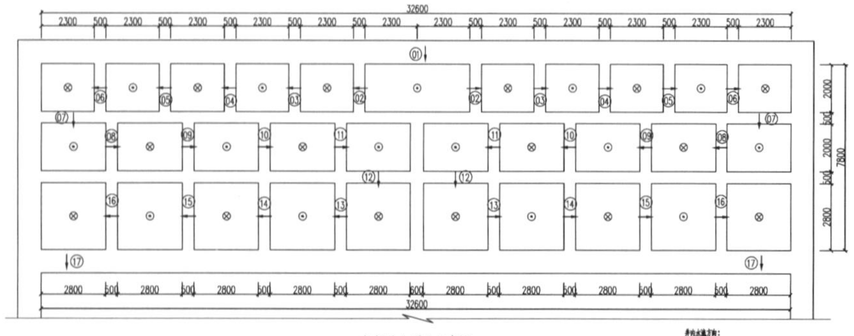

絮凝池内开孔示意图 比例:50

絮凝池孔洞参数表

孔洞编号	规格(mm)	孔底标高(m)	孔顶标高(m)
1	DN500	8.75	9.25
2	B*H=1000*400	11.80	12.20
3	B*H=1000*400	8.20	8.60
4	B*H=1000*400	11.80	12.20
5	B*H=1000*400	8.20	8.60
6	B*H=1000*400	11.80	12.20
7	B*H=1000*500	8.20	8.70
8	B*H=1000*500	11.70	12.20
9	B*H=1000*500	8.20	8.70
10	B*H=1000*500	11.70	12.20
11	B*H=1000*500	8.20	8.70
12	B*H=1400*400	11.80	12.20
13	B*H=1400*400	8.20	8.60
14	B*H=1400*400	11.80	12.20
15	B*H=1400*400	8.20	8.60
16	B*H=1400*400	11.80	12.20
17	B*H=1400*400	8.20	8.60

图名	深度处理间二层工艺平面布置图	图号	14-工艺-08

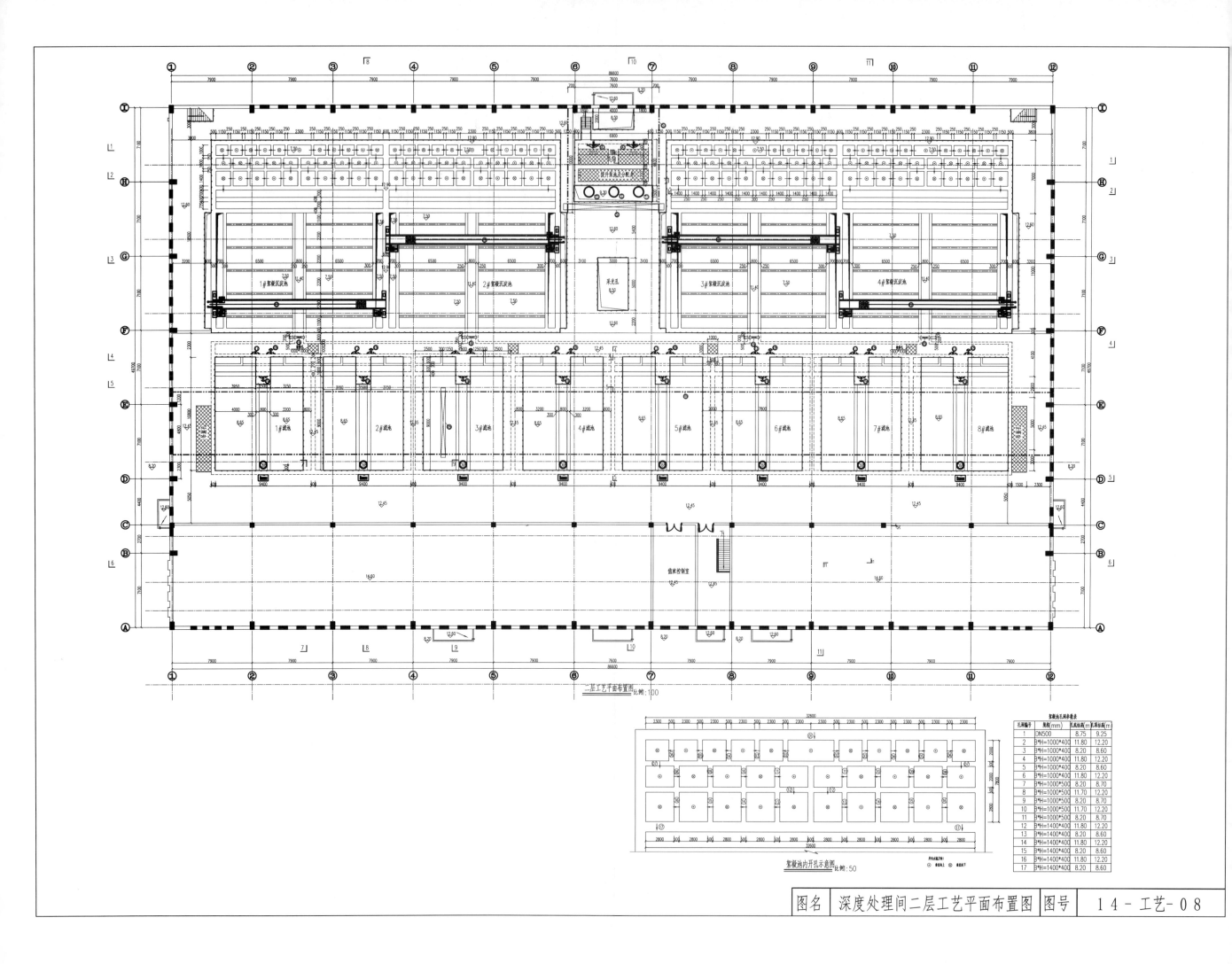

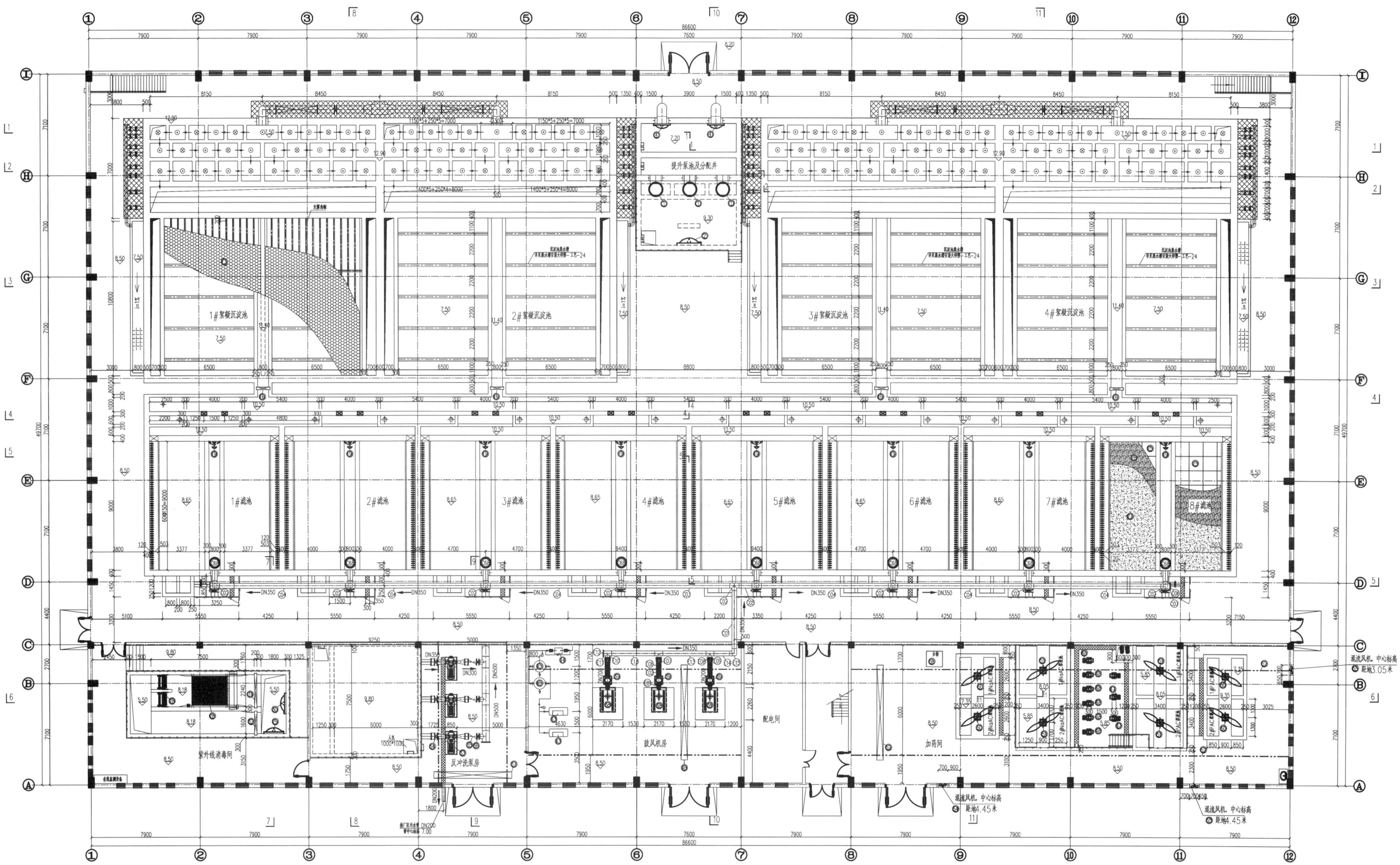

一层工艺平面布置图 比例:100

图名	深度处理间一层工艺平面布置图	图号	14－工艺－09

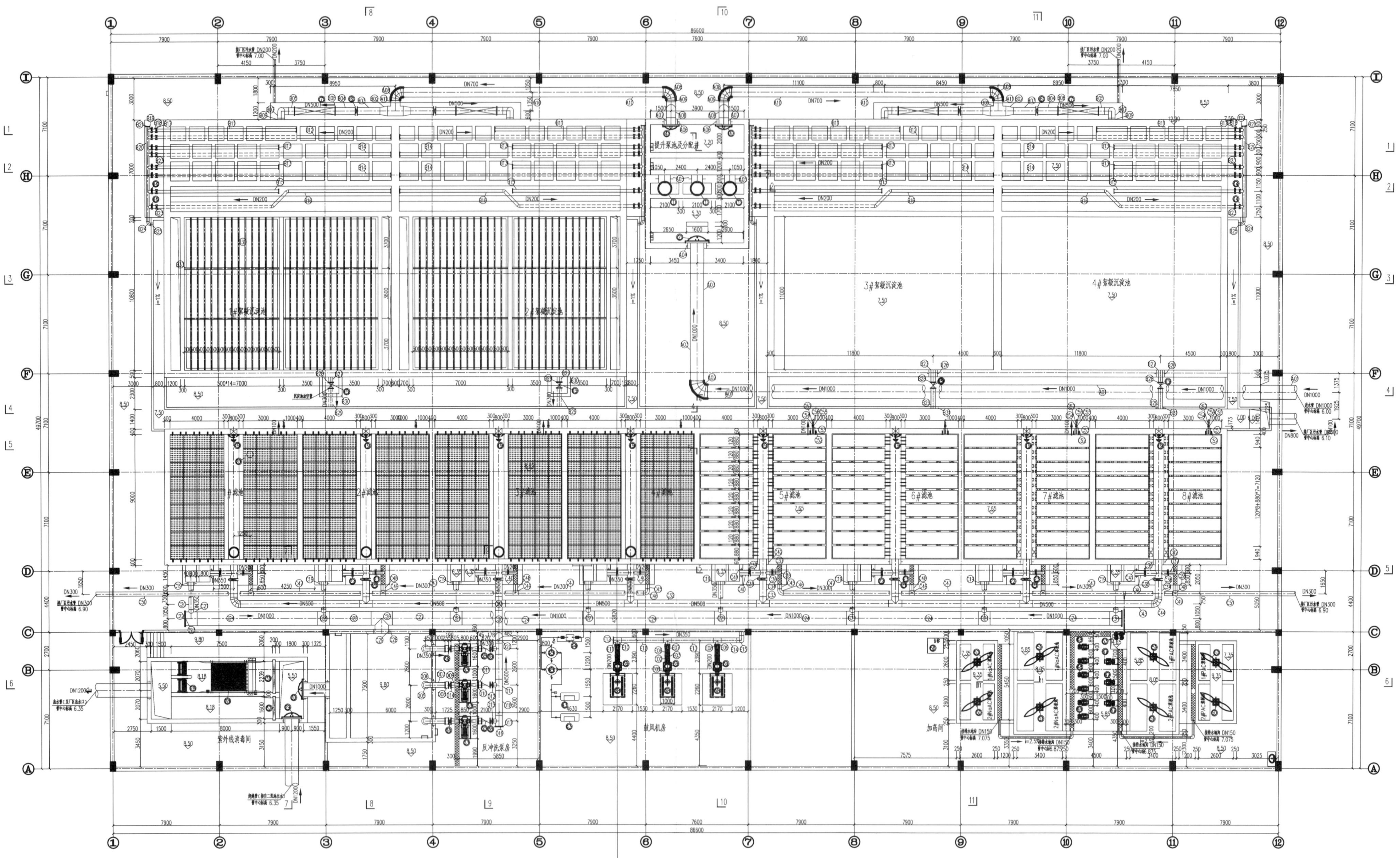

工艺管道平面布置图 比例1:100

图名	深度处理间工艺管道平面布置图	图号	14－工艺－10

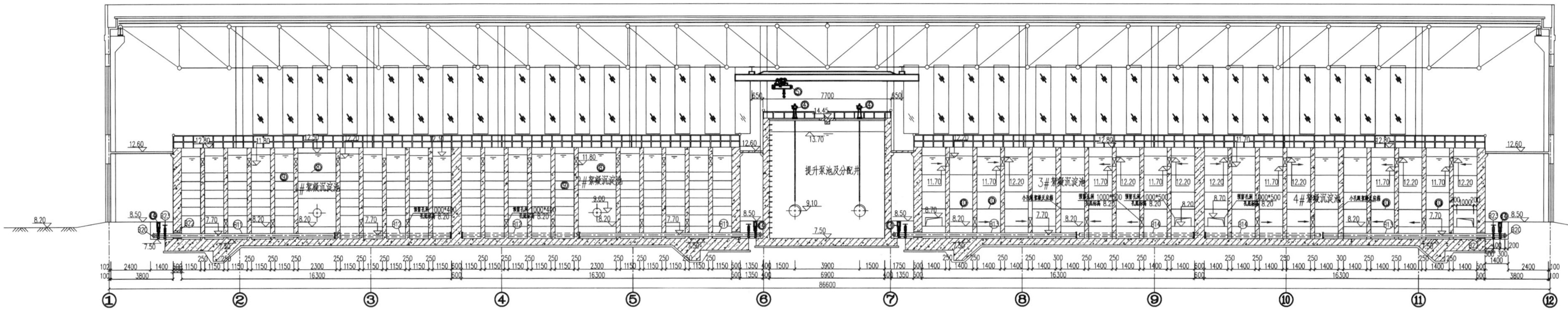

1-1 剖面图 比例1:100

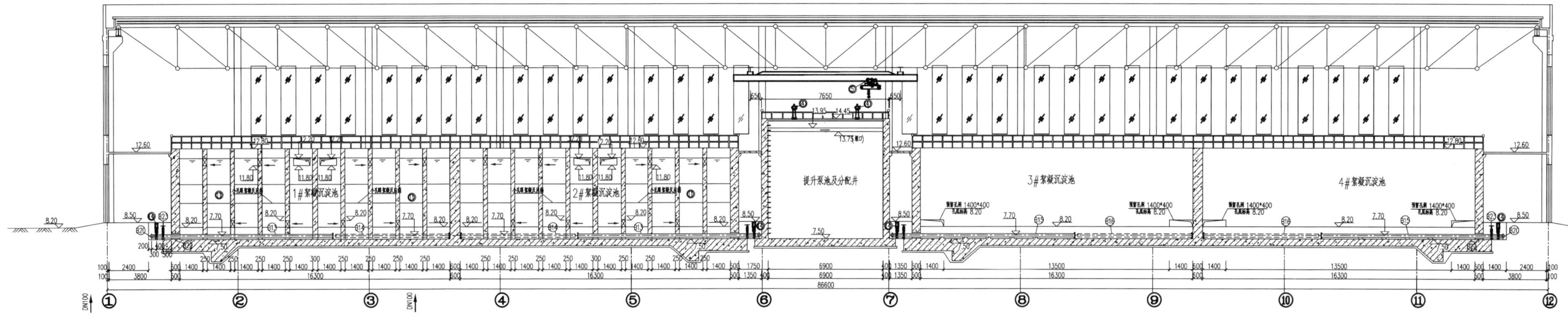

2-2 剖面图 比例1:100

图名	深度处理间1-1、2-2剖面图	图号	14-工艺-11

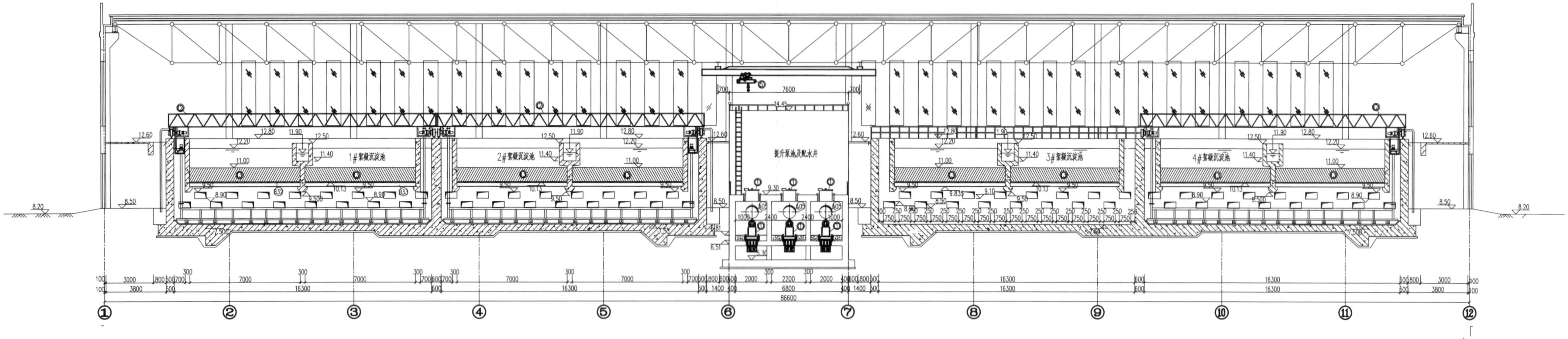

3-3剖面图 比例1:100

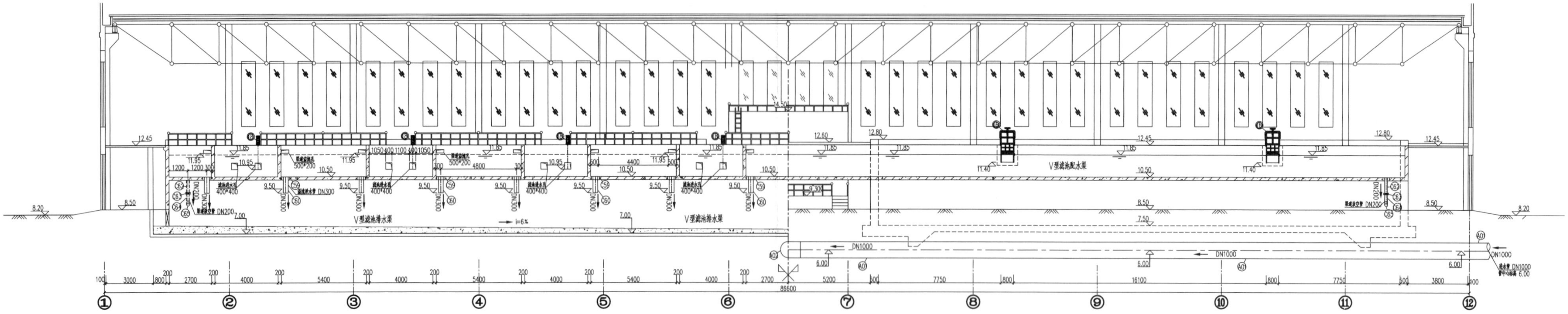

4-4剖面图 比例1:100

图名	深度处理间3－3、4－4剖面图	图号	14－工艺－12

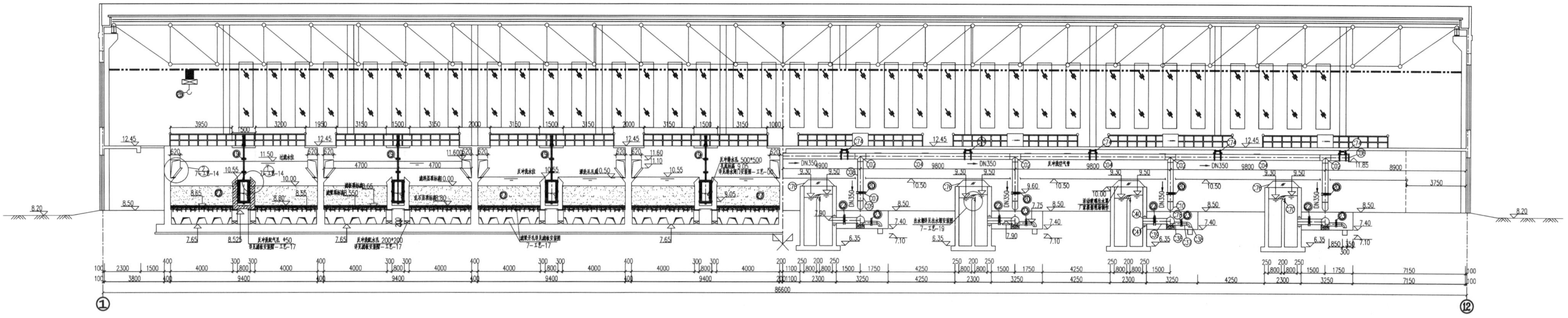

5-5剖面图 比例1:100

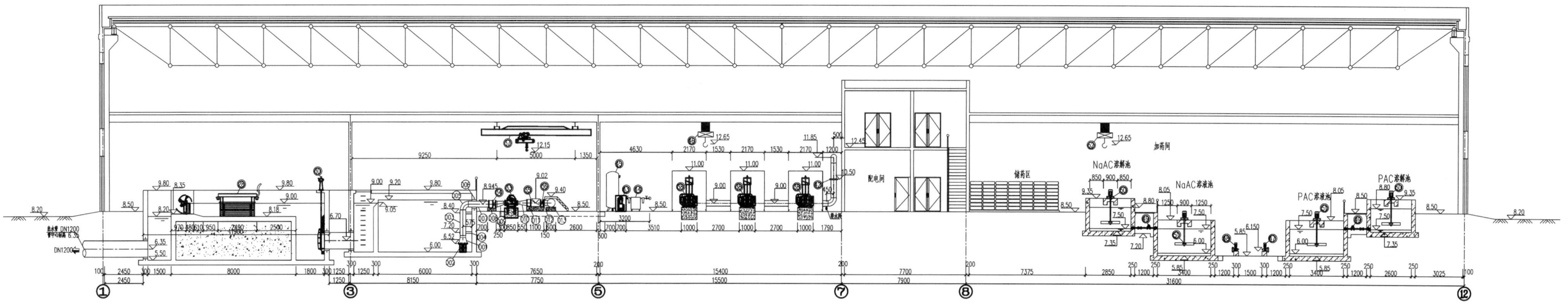

6-6剖面图 比例1:100

图名	深度处理间5－5、6－6剖面图	图号	14－工艺－13

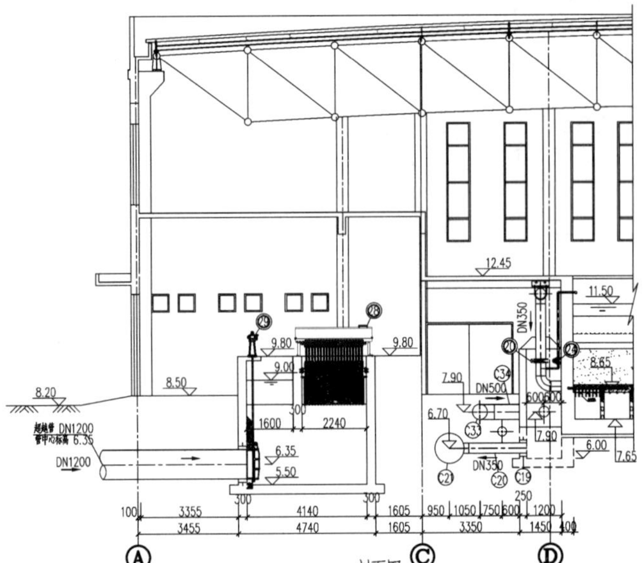

7-7剖面图 比例1:100

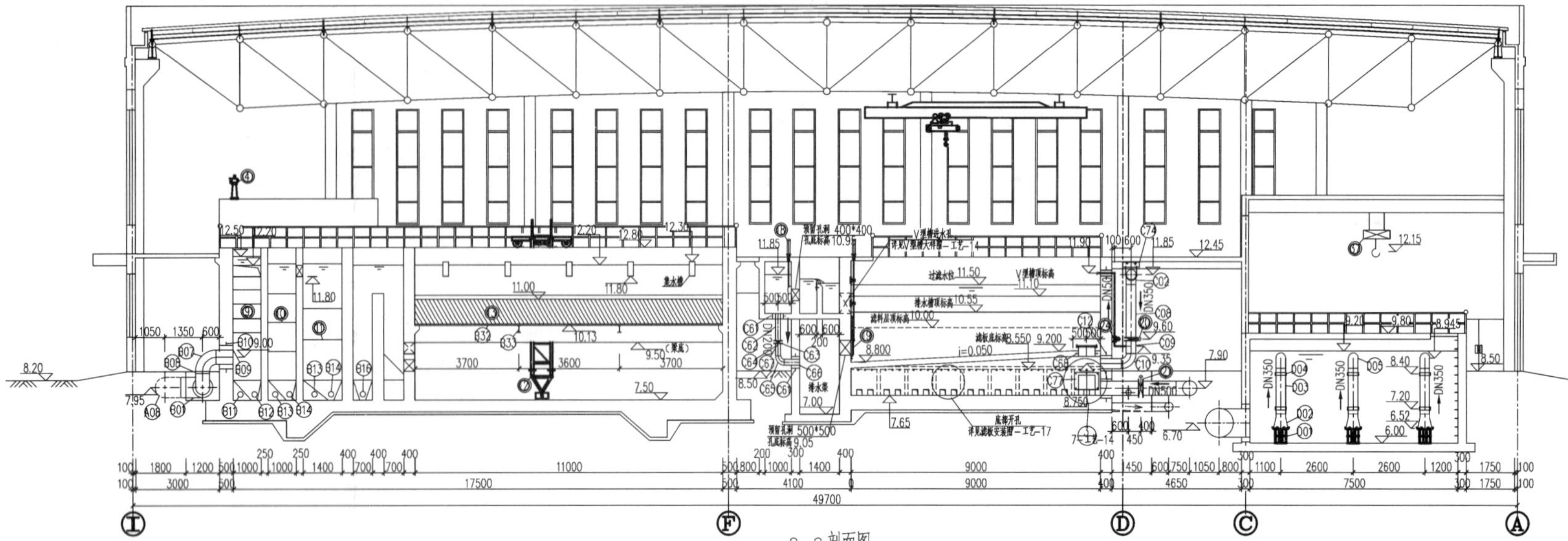

8-8剖面图 比例1:100

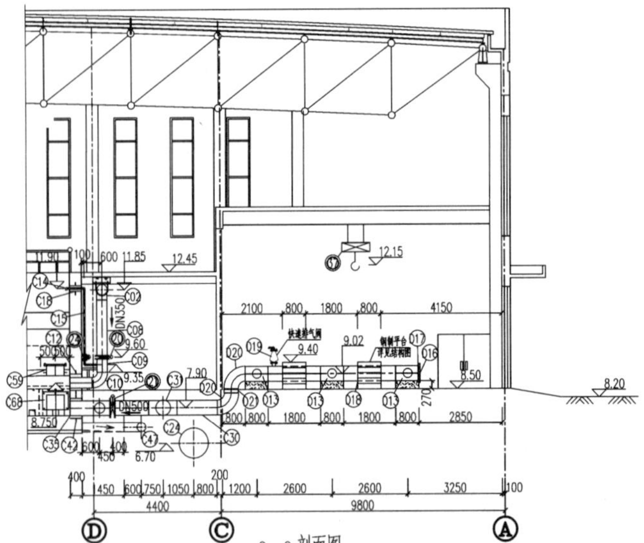

9-9剖面图 比例1:100

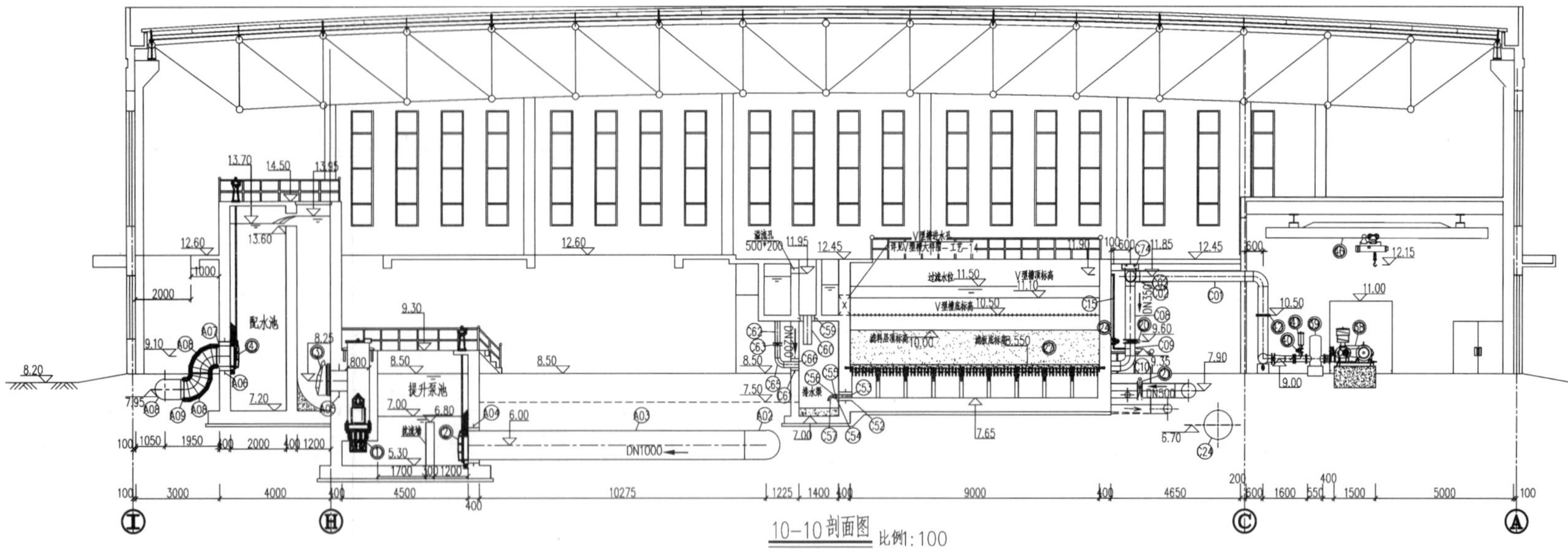

10-10剖面图 比例1:100

图名	深度处理间7－7、8－8、9－9、10－10剖面图	图号	14－工艺－14

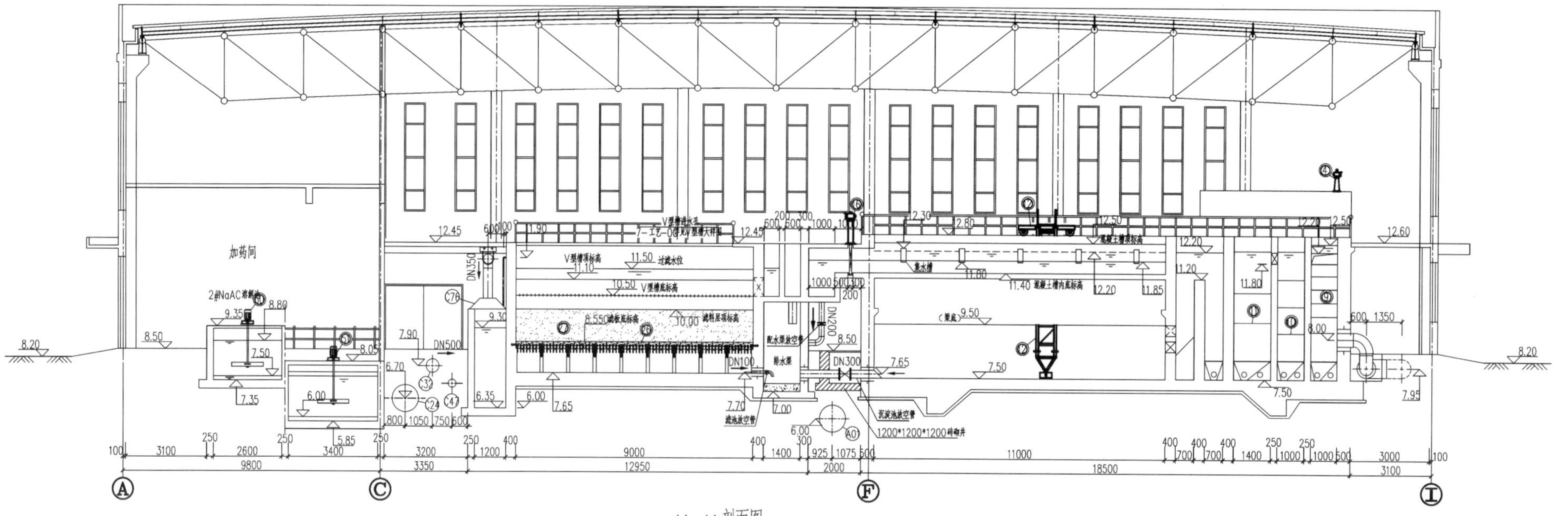

11-11剖面图 比例1:100

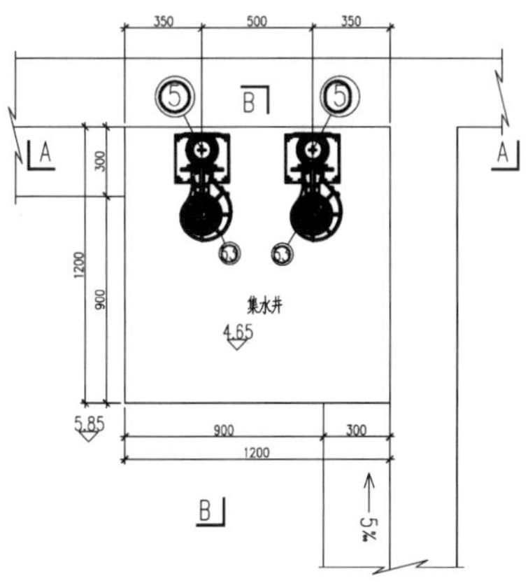

加药间集水井平面图 1:20

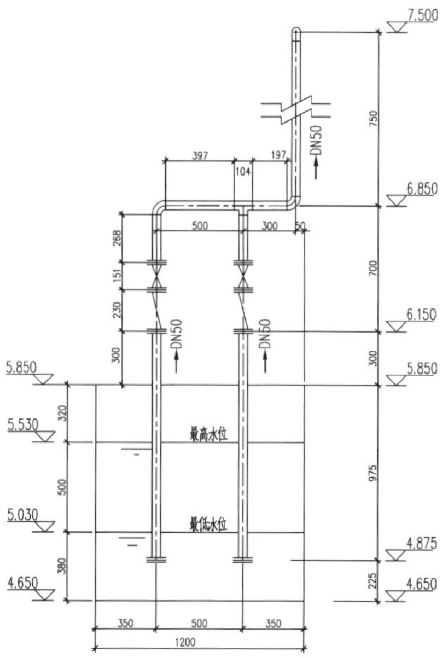

A-A剖面图 1:20

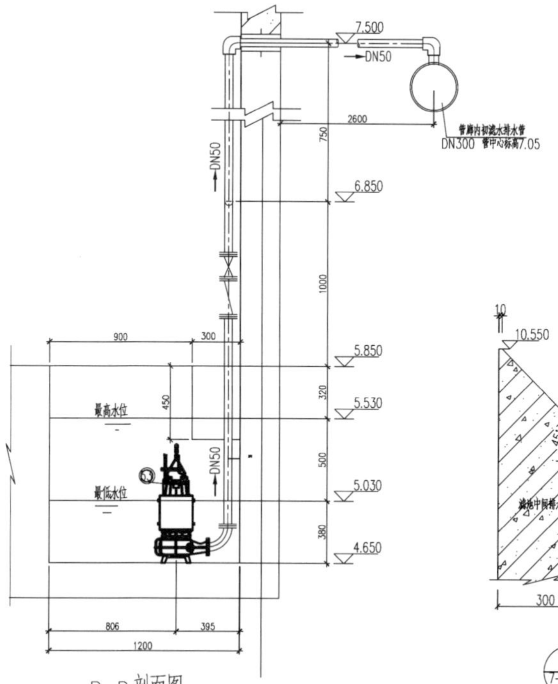

B-B剖面图 1:20

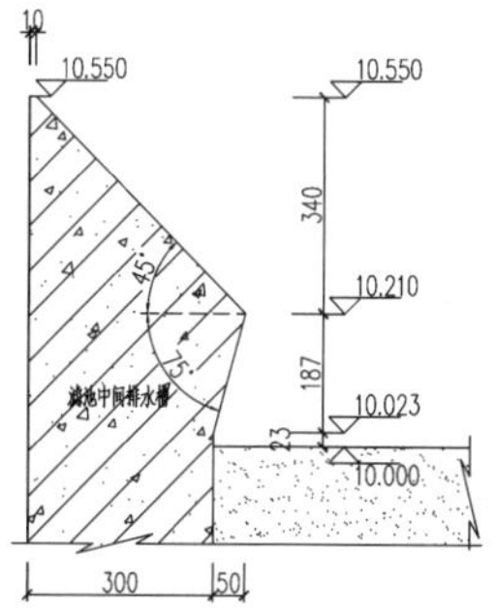

1 比例1:10

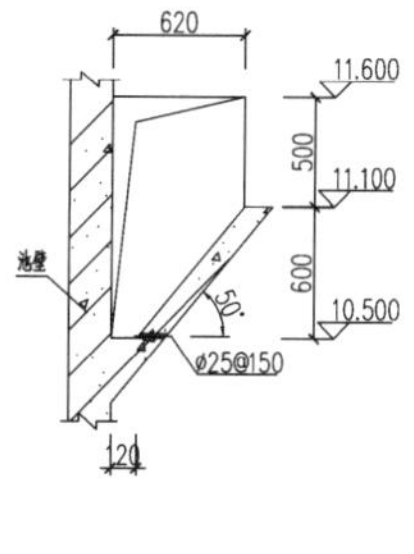

2 比例1:30

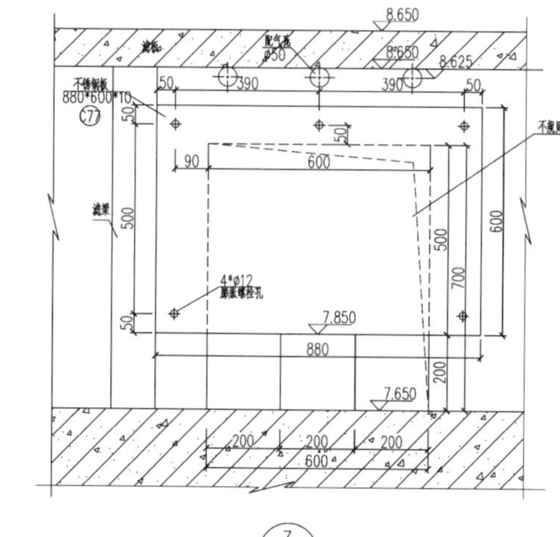

3 比例1:10

图名	深度处理间11-11剖面图及加药间集水坑大样图	图号	14-工艺-15

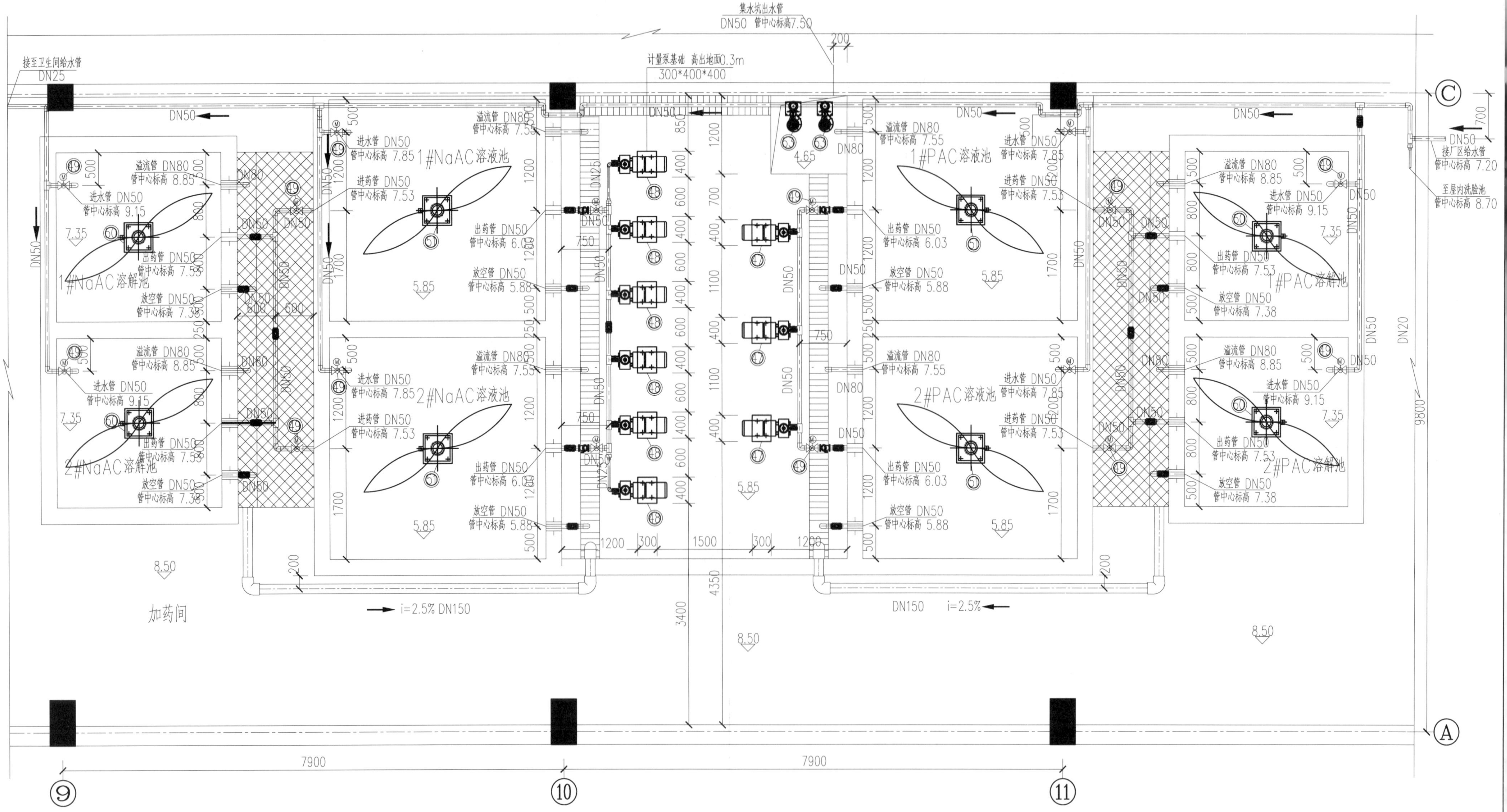

加药间下层管路布置图

图名	深度处理间加药间下层管路布置图	图号	14－工艺－16

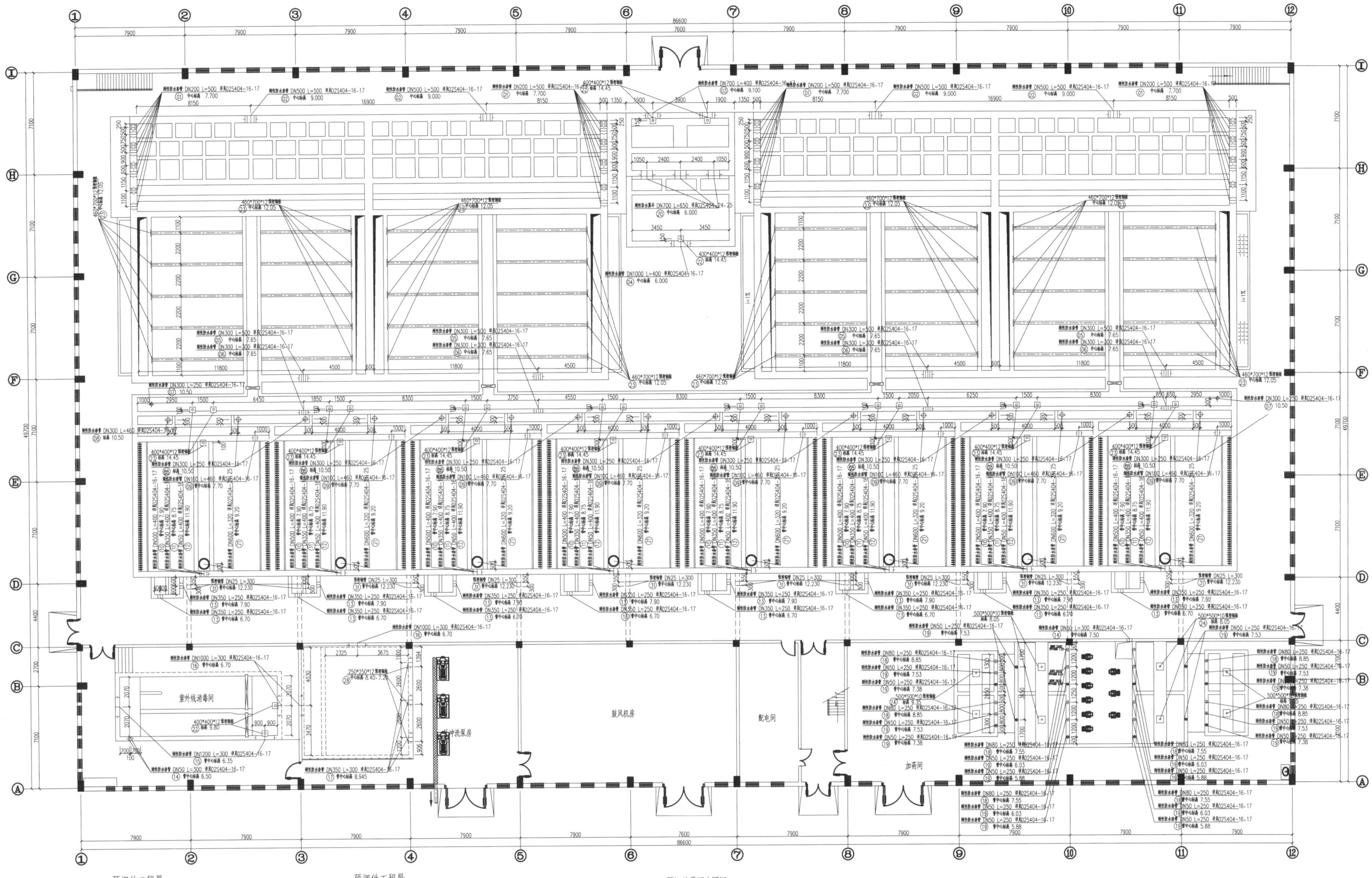

预埋件平面布置图 比例1:100

预埋件工程量

序号	名称	型号及规格	材料	单位	数量	备注
1	刚性防水套管(A型	DN200 L=500	Q235a	个	32	详见02S404-16、17
2	刚性防水套管(A型	DN500 L=500	Q235a	个	4	
3	刚性防水套管(A型	DN700 L=400	Q235a	个	2	
4	刚性防水套管(A型	DN1000 L=400	Q235a	个	1	
5	刚性防水套管(A型	DN300 L=500	Q235a	个	4	
6	刚性防水套管(A型	DN300 L=300	Q235a	个	4	
7	刚性防水套管(A型	DN300 L=250	Q235a	个	2	
8	刚性防水套管(A型	DN300 L=250	Q235a	个	8	
9	刚性防水套管(A型	DN100 L=460	Q235a	个	8	
10	刚性防水套管(A型	DN500 L=400	Q235a	个	8	
11	刚性防水套管(A型	DN350 L=400	Q235a	个	8	
12	刚性防水套管(A型	DN50 L=400	Q235a	个	8	
13	刚性防水套管(A型	DN350 L=250	Q235a	个	16	
14	刚性防水套管(A型	DN50 L=300	Q235a	个	3	
15	刚性防水套管(A型	DN1200 L=300	Q235a	个	2	
16	刚性防水套管(A型	DN1000 L=300	Q235a	个	3	

预埋件工程量

序号	名称	型号及规格	材料	单位	数量	备注
17	刚性防水套管(A型	DN350 L=300	Q235a	个	3	详见02S404-16、17
18	刚性防水套管(A型	DN80 L=250	Q235a	个	8	
19	刚性防水套管(A型	DN50 L=250	Q235a	个	20	
20	刚性防水翼环	DN700 L=650	Q235a	个	3	详见02S404-24、25
21	刚性防水翼环	DN600 L=320	Q235a	个	8	详见7-工艺-31
22	预埋钢板	400*400*12	Q235a	块	29	中心预留孔ø150
23	预埋钢板	460*700*12	Q235a	块	40	
24	预埋钢板	500*500*10	Q235a	块	8	中心预留孔ø100
25	预埋钢板	200*100*12	Q235a	块	60	详见7-工艺-31
26	预埋钢板	500*100*12	Q235a	块	30	详见7-工艺-31
27	预埋钢板	1260×120×12	Q235a	块	4	详见7-工艺-28
28	预埋钢板	250×250×12	Q235a	块	8	详见7-工艺-28
29	预埋钢板	1950×120×12	Q235a	块	4	详见7-工艺-28
30	预埋钢板	2250×120×12	Q235a	块	2	详见7-工艺-28
30	预埋钢管	DN25 L=300mm	Q235a	根	18	详见7-工艺-21

图名	深度处理间预埋件图	图号	14-工艺-39

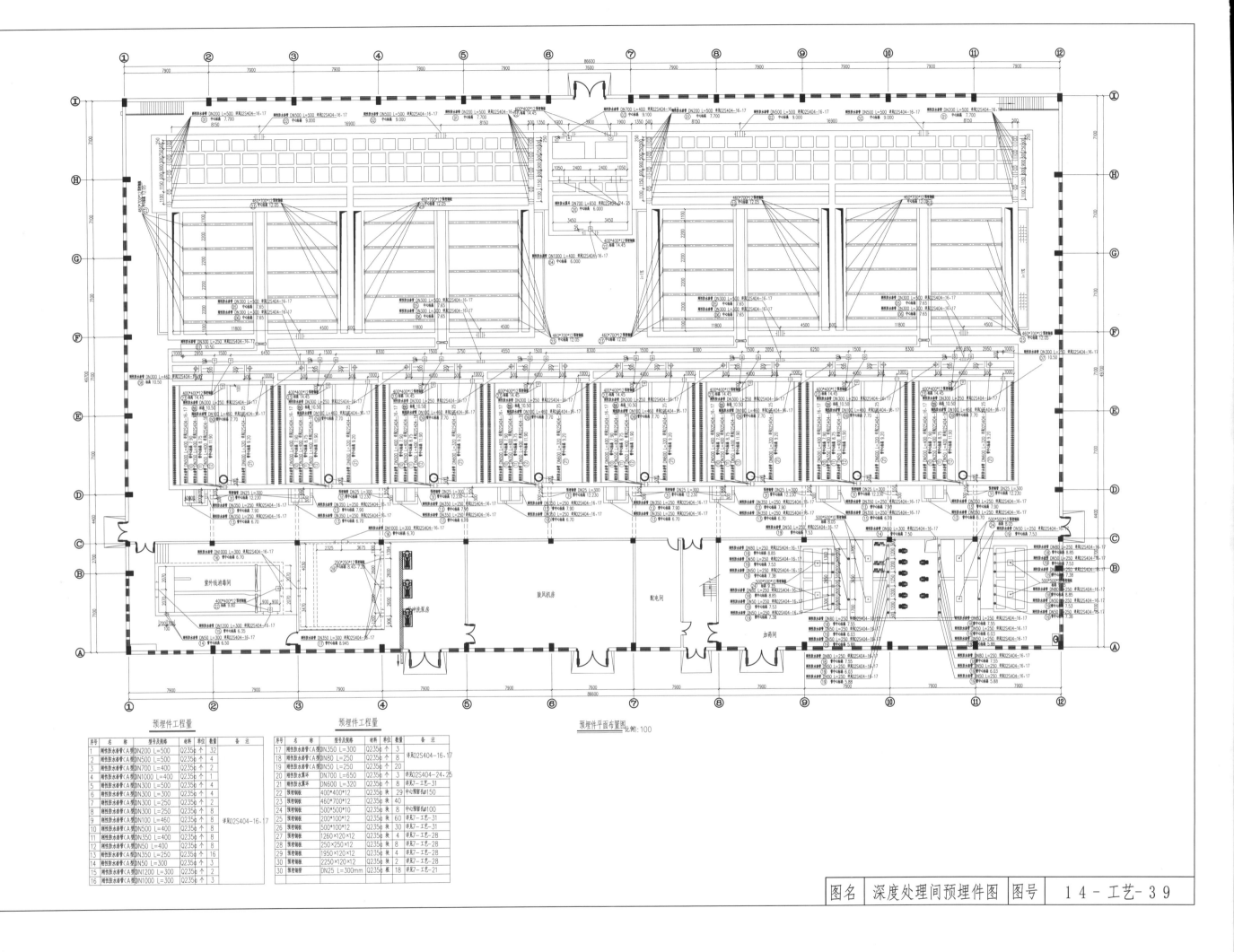